教育部哲學社會科學研究後期資助項目「莊存與《春秋正辭》校注」（項目編號：17JHQ037）結項成果

春秋正辭箋

上册

〔清〕莊存與 撰
辛智慧 箋

中華書局

圖書在版編目(CIP)數據

春秋正辭箋/(清)莊存與撰;辛智慧箋. —北京:中華書局,2020.11
ISBN 978-7-101-14816-9

Ⅰ.春…　Ⅱ.①莊…②辛…　Ⅲ.中國歷史-春秋時代-史籍　Ⅳ.K225.04

中國版本圖書館 CIP 數據核字(2020)第 193120 號

責任編輯:許慶江

春秋正辭箋

(全二册)

〔清〕莊存與 撰

辛智慧 箋

*

中 華 書 局 出 版 發 行

(北京市豐臺區太平橋西里 38 號　100073)

http://www.zhbc.com.cn

E-mail:zhbc@zhbc.com.cn

北京瑞古冠中印刷廠印刷

*

850×1168 毫米 1/32 · 23¾印張 · 4 插頁 · 470 千字

2020 年 11 月北京第 1 版　2020 年 11 月北京第 1 次印刷

印數:1-3000 册　定價:85.00 元

ISBN 978-7-101-14816-9

目録

上册

春秋正辭卷三

内辭第三上

春秋正辭卷四

内辭第三中

下册

春秋正辭卷八

春秋正辭卷九

春秋正辭卷十

春秋正辭卷十一

附　録

前言

一

《春秋正辭》，莊存與撰，是清代公羊學的開山之作，對清代後期公羊學的復興與發展有重大影響。然而該書並没有最終定稿，現存的作品是一個綱目體例已經設定，内容基本完整，而細部時有缺略的未完成本，由莊存與的後人初刻於道光七年（一八二七）。

莊存與生於康熙五十八年（一七一九），卒於乾隆五十三年（一七八八），壽七十。乾隆十年（一七四五）以一甲二名榜眼及第，歷任翰林院編修、侍講、侍讀學士、湖南學政、詹事府少詹事兼翰林院侍講學士、内閣學士兼禮部侍郎、順天學政、禮部右侍郎、河南學政、禮部左侍郎等職。乾隆五十一年以禮部左侍郎「原品致休」，兩年後即「患脾泄」而卒[一]。

除上述任職經歷之外，莊存與同大多數翰林官一樣，還屢出主文衡：乾隆十六年十二月，充湖北鄉試副考官；十七年，充會試同考官；十八年，充湖北鄉試正考官；二十一年，充浙江鄉試正考官；三十六年三月，充會試副總裁。此外，莊存與曾於乾隆十七年，入值南書房。三十三年、四十七年，兩度入值上書房。並於三十七年，被命教習庶吉士。此類職務，雖爲兼差，但或爲朝廷掄才，或爲皇子授讀，亦頗見顯要。可以說，莊存與的一生，主要是在翰林院、學政衙署和禮部任職，雖致身卿貳，但工作没有脱離皇子與士子的教育、科考等内容，故其主要身份，當爲乾隆朝的文化教育官員，即所謂「禮樂名臣」（莊勇成《少宗伯養恬兄傳》）。

莊存與所出身的毗陵莊氏，乃一累世簪纓之族，據學者統計，自萬曆年間第八世始，至光緒年間第二十世止，常州莊氏家族「共出進士三十五名，舉人七十九名。卿貳二名，京堂二名，翰詹十一名」。其中清代所中進士，「占清代武進縣進士總數的百分之十二点九八」[二]。具體到莊存與一家，其父莊柱爲雍正丁未（一七二七）進士，累遷至浙江温處兵備道副使；其弟莊培因乃乾隆甲戌（一七五四）狀元，累官至翰林院侍講學士，充福建學政[三]。一門之内，父子聯科，兄弟鼎甲，其家族狀況在當時可謂興盛。

莊存與獨特的出身與經歷，對《春秋正辭》一書的旨趣有重要影響。劉桂生先生指出，該書與莊存與教授皇子有密切關係，或原即爲授讀皇子的教本[四]，揆諸莊存與其他著作的成書過程與内容，這一論斷是可信的。該書最初的寫作年份已不可考知，不過莊存與初次入值上書房是乾隆三十三年，而其孫莊綬甲稱莊存與平生的著作，多寫作於丁父憂服闋還朝的乾隆二十七年至乾隆四十一年之間[五]，並稱莊存與著述的順序爲先治《周禮》《詩》《書》，然後才及《春秋》〔六〕，因此判定《春秋正辭》的寫作年份大約在乾隆三十三年之後，應當是不錯的。莊存與於乾隆五十一年（一七八六）致仕之後，原本有打算整理刊刻自己著作的計畫〔七〕，但因短短兩年後即因病過世，所以整理工作未克完成，這是包括《春秋正辭》在内的莊存與著作，大多體現出未完稿樣貌和最終均由後人編輯刊刻的根本原因。

二

《春秋正辭》全書共十一卷，借鑒了元代趙汸總結《春秋》義例的方法，重新將《春秋》一書中的所有經文條目類分爲九「辭」，以「櫽括其條，正列其義」，分别爲：《奉天辭》《天子辭》《内辭》《二伯辭》《諸夏辭》《外辭》《禁暴辭》《誅亂辭》和《傳疑辭》。其中除《内辭》分爲上中下三卷之外，其他辭皆一辭一卷。《傳疑辭》是解釋《春秋》書法，其他八辭分别是對《春秋》中與「天」「天子」「魯國」「齊桓公和晉文公」「諸夏國」「夷狄國」「暴行」「亂行」等相關内容的分類與討論。可見此一章節安排，基本遵從一種從上到下、從内至外的天人秩序，體現出傳統公羊家的慣有認識。

在每一「辭」之下，又分若干小辭目，並在每一辭目下，首列小序，以概述該辭目的主旨，後列《春秋》經文中從屬於該辭目的經例，並爲之解説。另在全書首，冠有《春秋正辭敘目》，以統領九「辭」，類同於九辭的小序。由此可知，在體例上，《春秋正辭》是以「敘目」——「辭目及序」——「經例及解」爲主線，綱目井然、議論渾成的一本著作，運用的是春秋學中「屬辭比事」的傳統方法。

由於莊存與的著作在其身前並未整理定稿，故全書的篇章時有缺略或不完整的情形，主要體現在兩個方面：

一是明顯缺略，如第一卷《奉天辭》，最後兩條辭目「張三世」「俟後聖」即僅有小序而無經例及解説。與之相反，全書最後一卷《傳疑辭》，在經例及解説中所討論的「闕文」一目，卻在該卷的辭目及小序中沒有出現。

二是經例不完整，如上所述，《春秋正辭》是將《春秋》全書中的經文打散，從新按照九「辭」及九辭下「辭目」來分類解説的一本著作，依照此一體例，《春秋》中從屬於每一辭目的經文，應當悉數收入該辭目才對，然而現在看到的《春秋正辭》的經例，卻常有欠缺。如卷十《誅亂辭》之辭目「叛人」，後文僅列出襄二十六年孫林父入戚以叛一條經例，而實際上《春秋》共書叛人四次，其他三次分别爲：定十一年「春，宋公之弟辰，及仲佗、石彄、公子池自陳入於蕭以叛」；定十三年「秋，晉趙鞅入於晉陽以叛」以及同一年的「冬，晉荀寅及士吉射入於朝歌以叛」。顯然《春秋正辭》有所缺略。另外，莊存與爲每一辭目所撰之小序，常是對該辭目所有經例的總括闡説，但目前看到的文本，經常出現小序中言及的經例，在後文的經例及解説中卻並未出現。如卷九《禁暴辭》之辭目「滅國」的小序中提到「吴復踵焉，幾及上國」，即指作爲夷狄的吴國效尤楚國，侵滅其他諸侯國，幾乎到危及魯國的地步。《春秋》中的相關經例共有三條，即昭十三年「吴滅州來」，昭二十四年「冬，吴滅巢」，昭三十年「冬十有二月，吴滅徐」。然而「滅國」這一辭目後文的經例及解説中，卻並没有出現此三條經例。

以上所言及的缺略及不完整的狀況，在《春秋正辭》一書中所在多有。這應當是莊存與從致仕到過世，僅有兩年，没有來得及進一步詳細核定全書、統一體例、彌補罅漏所致。不過該書綱目大體已具，主體内容也已齊備，讀者自可根據其架構，推知其欠缺的内容，因此並不十分影響對該書主旨及特色的理解。

另外，《春秋正辭》另有兩卷附録，分别爲《春秋舉例》和《春秋要指》各一卷。《春秋舉例》共枚舉十條書法，其中前九條皆來自《公羊傳》，最後一條來自《春秋繁露》（亦見於何休《春秋公羊經傳解詁》），藉以標明《春秋》一書的義例宗主。《春秋要指》是莊存與自己所總結的義例書法，同時結合部分經例做了闡説，目的還在於明確《春秋》非記事之史，以筆法可以推明其大義。這兩卷附録，提綱挈領，言簡意賅，可以看到莊存與對《春秋》一經的精深體悟，非常值得重視。

三

《春秋正辭》作爲清代公羊學的開山之作，不論是在全書的架構、佈局上，還是在諸義例的解讀上，皆多恪守公羊家法，發揮公羊精義，體現出以《公羊》爲《春秋》正宗的漢儒傳統。其闡述公羊家法最集中的篇章，是卷一《奉天辭》。該卷所列的十辭目，實即爲莊存與所提煉的十條公羊義例，分别爲：建五始、宗文王、大一統、通三通、備四時、正月日、審天命廢興、察五行祥異、張三世、俟後聖。質言之，此十條義例，基本牢守公羊家解經立場，莊存與主要徵引公羊子、董仲舒、何休之説以闡明己見，雖然在個别辭目上略有發揮，但是均建立在傳統公羊家的論説之上，并非他空穴來風，獨樹新意。

尤其是對公羊學而言最爲重要的大義「三科九旨」，即「通三通」「張三世」「異内外」三義，莊存與亦做了較爲完整的恢復與解説。其中，對前二義語多矜慎，對其間與大一統之治無甚妨害者，如通三統中的取鑒前代，張三世中的三世異辭，多有認可和解説。而對於其中與大一統王權並不能完全匹配，甚至有抵觸者，如通三統中的新王改制、王魯，張三世中的三世漸進，則要麼但述師説，不做任何發揮，要麼乾脆不予認可，分寸感十足。其之所以如此主張，應有其當身的政治考量，即其夫子自道：苟非至聖，如此作經，則「不免於篡弑之誅，死罪之名」（《諸夏辭》）。在乾隆朝文治大一統的時代，這樣的主張是可以理解的。而對于異内外，莊存與有完整繼承，從《外辭》可以看出，他注重《春秋》對内外的判分，强調華夏和夷狄的界限，這與突出異内外中夷狄進至於爵、天下遠近小大如一的劉逢禄、康有爲等人有所不同。綜合而言，雖然莊存與對「三科九旨」的繼承，有所選擇，不做過多發揮，但我們還是可以發現，相對於他之前的學者，莊存與已然全面恢復了公羊家法，即使其未主要發揮者，亦以但述師説的態度存而不論，改變了歷代以來「妖妄迂怪」「猥劣」等譏評態度，有著明確的爲漢儒繼絶學的特徵。

因此，將莊存與的學問視作公羊學，將其個人視爲清代公羊學的開創者，是完全符合實際的。衆所周知，公羊學在東漢之後，其家法或曰師法就逐漸走向衰落，迨及晚唐啖助、趙匡和陸淳等人，更以「舍傳求經」相倡，帶來宋人蔑棄三傳，「各爲作傳以明聖人之旨」〔八〕的局面。公羊家法至此掃地盡矣。這一狀況一直持續到清代中葉，並未有明顯改變。因此，莊存與對以三科九旨爲代表的公羊家法的信守和闡發，其意義就是破天荒的，能够遠邁唐宋、直接漢儒，有截斷衆流、卓絶一時的氣魄。而他對晚清後來學術走向的影響更爲劇烈，客觀上確實起到了復興絶學、以啓山林的效果。其之所以在後世能被當作清代公羊學的「開創者」「初祖」，其所復興的公羊學能在晚清蔚爲主潮，當有很大部分的原因與此有關。

四

《春秋》一經，雖然「文成數萬，其指數千」（《史記·太史公自序》），但在歷代的實際發展過程中，最重要的大義，厥有二端：

一，司馬遷所述董仲舒之言，即以「禮義」爲基礎的君君臣臣、父父子子、男女有別、善善惡惡，賢賢賤不肖，一言以蔽之，即「上明三王之道，下辨人事之紀」，亦即王道禮秩而已（《史記·太史公自序》）。這一大義中的「君君臣臣」，亦即所謂「尊王」之義，是其中偏重於政治層面的一端，在歷代以來，曾被單獨發揮，如宋代和民國抗戰期間的春秋家，皆對之有過不少論説，但它僅是王道禮秩的一端而已，卻不能如皮錫瑞等學者所述，將之當作全部。這是必須明確的。

二，經過董仲舒的闡發，尤其是經過何休對「三科九旨」的總結發揚，使得春秋學具備了改制革命的意涵。不論是在何休時代，還是在晚清劉逢禄以下的公羊學，皆將之看作是《春秋》之爲《春秋》的根本所在。但是在東漢至晚清之間的長時段裏，這一義法卻被看做是「非常異義可怪之論」，不爲絶大多數學者所認可。

如上所述，《春秋正辭》雖然改變了歷代以來對三科九旨的批評，以但述師説的方式予以恢復，但他也並没有主要發揮三科九旨，而其主要發揮的，實際上是以奉天、尊尊、親親、賢賢、謹男女之别、嚴夷夏大防、責秕政惜民命爲内容的，納天道、政治、社會、人倫於其中的禮教秩序，或曰「王道禮秩」〔九〕。究其本質，蓋繼承的是董仲舒、司馬遷一脈的傳統公羊家對《春秋》大義的理解。需要注意的是，此一理解雖不悖於大一統君王的統治訴求，但並不完全無原則地一味尊王，而是更看重以「禮義」爲中心的秩序安排，並含有以天正王的學術祈向。故更具有意識形態性，顯示了繼承傳統儒生精神的闊大氣象。在乾嘉短於風議、長於求是的時代氛圍中，莊存與這種議論風發、結構天人的大儒格局，尤顯得難能可貴。弟子稱他「所貴儒者，天人貫通」〔一〇〕，正可謂心知其意。職是之故，他也得到了時人極大認可，被譽爲「當代之儒宗，士林之師表」〔一一〕。

晚清以來，經過莊存與的外孫劉逢禄的紹揚之後，《春秋正辭》所開創的常州公羊學，蔚爲時代風潮，從學者鬱起，錢穆先生稱之爲「足以掩脅晚清百餘年來之風氣而震盪摇撼之」〔一二〕，其聲勢可見一斑。不過劉逢禄所發揮的，卻主要是「三科九旨」一義，如稱：「無三科九旨，則無《公羊》；無《公羊》，則無《春秋》矣。」〔一三〕這無疑與莊存與二義並存、默述三科九旨的態度是不同的。

經過劉逢禄的這一轉手，晚清公羊學又經過戴望、譚獻、王闓運、廖平、康有爲、夏曾佑、梁啓超等人的鑿深揚高，最終以改制革命爲旗幟，對晚清的思想、政治産生了人所共知的巨大衝擊，也使得公羊學在晚清大放異彩，爲這一思想從《春秋正辭》以來的百年發展補上了最後的點睛之筆。

五

莊存與「學貫六藝」（朱珪《春秋正辭序》），其包括《春秋正辭》在内的著作，被後人總匯爲《味經齋遺書》，共包括著作十三種，含《易》類五種：《彖傳論》《彖象論》《繫辭傳論》《八卦觀象解》《卦氣論》；《尚書》類二種：《尚書既見》《尚書説》；《詩經》類一種：《毛詩説》；《周禮》類二種：《周官記》《周官説》；《春秋》類一種：《春秋正辭》（附《春秋舉例》《春秋要指》各一卷）；樂類一種：《樂説》；《四書》類一種：《四書説》。可見，時人贊其「康成而後，經神載見」（邵晉涵《莊養恬先生祭文》），是有理由的。此書爲逐年遞修而成，共有六種本、七種本、十三種本、九種本四個版本，其刊刻及版本情況如下：

最早刊刻者爲不分卷本《尚書既見》，刊刻於乾隆癸丑年（一七九三），後經莊存與孫莊綬甲重新編輯增補爲三卷本《尚書既見》和一卷本《尚書説》，刊行于道光七年（一八二七）。

第二本刊刻的著作爲六卷本《周官記》，刊刻於嘉慶癸亥年（一八〇三），後同樣經莊綬甲在道光七年（一八二七）重新編輯增補爲五卷本《周官記》和五卷本《周官説》。此外，《毛詩説》《春秋正辭》同樣由莊綬甲初刻于道光七年。

以上道光七年綬甲所刻之書，即爲現存六種本《味經齋遺書》的全部内容。

道光十八年（一八三八），李兆洛整理刊刻《象傳論》一卷、《象象論》一卷、《繫辭傳論》二卷、《八卦觀象解》二卷、《卦氣解》一卷、《樂説》二卷、《四書説》一卷。此爲現存七種本《味經齋遺書》的全部内容。

道光十八年，莊氏後人合六種本和七種本印刷《味經齋遺書》十三種本，即爲最完整之寶硯堂版。光緒八年（一八八二），莊氏後人重刻《味經齋遺書》，但缺印《樂説》《周官記》《周官説》《四書説》四種，另存九種，此爲目前最常見之九種本《味經齋遺書》。

對於《春秋正辭》而言，《味經齋遺書》六種本、十三種本、九種本中的三個家刻本，實際上是同一個版本系統的不斷重印（刻）。道光七年本（一八二七）是此一系統的祖本，其來源是莊存與的手稿本。

除道光七年本外，《春秋正辭》另被阮元收入《清經解》，其來源是劉逢禄寄送的從莊綬甲處抄録的本子，當亦爲手稿本的副録本。從阮元所作的《莊方耕宗伯經説序》可以推知，其刊刻時間略晚於莊綬甲的刻本，大約在一八二七至一八二九年之間〔一四〕。此一版本略有校字，且依照《清經解》的體例，每卷末皆署有校勘人姓名。此一版本爲家刻本外唯一别本。

道光七年本已收入《續修四庫全書》，本次整理即以此本爲底本，以《清經解》本爲校本，施以標點及箋釋。

這一箋釋工作，作爲博士論文的副産品，從始至終是在筆者博士導師張勇教授的指導下完成的，傾注了張勇師的大量心血，教誨深恩，永誌不忘。開始這一工作，已忽忽六年，雖然增删改併，七易其稿，但遺憾依舊孔多。蓋莊存與素稱魁儒，其著作辭華典贍，即使先輩大儒亦苦其奥衍艱晦，在箋事、箋意之間，殊難平衡。若事意兼周，則難免費詞，且其書本非爲入門所設，嚼飯哺人，恐既無補于初學，又見譏于高明。因此本箋釋着重箋事，酌情顧及箋意，蓋事明則意自瞭然，惟在讀者詳參細讀耳。筆者自知末學淺識，錯誤、疵纇在所不免，敬請海内通人不吝賜教。

辛智慧　二〇一九年八月

【注釋】

〔一〕莊貴甲等：《先考匯川府君行述》，莊怡孫等編：《毗陵莊氏增修族譜》卷二十下《事述志補遺》，光緒元年（一八七五）刻本，第五頁。

〔二〕丁蓉：《科舉、教育與家族：明清常州莊氏家族研究——以毗陵莊氏族譜文獻爲中心》，第一一九、一三四頁。

〔三〕有關莊存與親屬的履歷，見莊魯駉（字斯才）等編《武進莊氏增修族譜》卷十《世表》，道光十八年（一八三八）刻本，第一七至二一頁。國家圖書館古籍館善本閱覽室藏，索書號A02422。

〔四〕劉桂生：《從莊存與生平看清初公羊學之起因》，趙和平等編：《周一良先生八十生日紀念論文集》，中國社會科學出版社，一九九三年。

〔五〕莊綬甲：《味經齋遺書總跋》，《拾遺補藝齋文鈔》，《清代詩文集彙編》第五一二册，上海古籍出版社，二〇〇九年，第四〇四頁。

〔六〕莊綬甲：《味經齋遺書總跋》稱莊存與「最初治《禮經》，次《詩》《書》，次《春秋》，次《周易》，次樂律，其間説《論語》《中庸》《大學》《孟子》，爲聖言釋指。」（《拾遺補藝齋文鈔》，《清代詩文集彙編》第五一二册，第四〇三頁。）

〔七〕據莊存與門弟子魯九皋《祭莊座主文》稱：「前年尚奉手書，謂平生于諸經疑義，皆有訓釋，今得歸田，將訂正成書，命九皋進與校字之役。顧九皋以老母多疾，未克端趨函丈朝夕請業。」該文作於乾隆五十四年十二月(陽曆已跨入一七九〇年)。見《魯山木先生文集》卷十二，《清代詩文集彙編》第三七八册，第一九七頁。

〔八〕郝經：《春秋三傳折衷序》，朱彝尊撰，林慶彰主編：《經義考新校》，上海古籍出版社，二〇一〇年，第三五三八頁。

〔九〕莊存與門弟子邵晉涵對此已有體察，稱存與「麟義公羊，折中王道。」邵晉涵：《莊養恬先生祭文》，《南江文鈔》卷十，《續修四庫全書》第一四六三册，上海古籍出版社，二〇〇三年，第五一四頁。

〔一〇〕邵晉涵：《莊養恬先生祭文》，《續修四庫全書》第一四六三册，第五一四頁。

〔一一〕朱珪：《春秋正辭序》，莊存與：《春秋正辭》卷首。

〔一二〕錢穆：《中國近三百年學術史》，商務印書館，一九九七年，第五八二頁。

〔一三〕劉逢禄：《春秋論下》，《劉禮部集》卷三，《清代詩文集彙編》第五一七册，第一四〇頁。

〔一四〕該序阮元《揅經室集》失收，最早見於一八三八年刊刻的寶硯堂《味經齋遺書》十三種本卷首，晚於載有魏源序的《味經齋遺書》七種本。序文云：「綬甲虞子孫不克世守，既次弟付梓行世，元復爲之序其大略，刊入《經解》，以告世之能讀是書者。」綬甲所刻之著爲《味經齋遺書》六種本，刊刻於一八二七年。阮刻《清經解》開刻於一八二五年，完成於一八二九年。因此，暫繫此序於一八二七至一八二九年之間。

凡例

一、本書以道光七年本爲底本，而以《清經解》本爲校本，施以新式標點及箋釋。凡底本誤者，皆徑改並出校記。校本誤者，亦酌情出校，以便讀者參考。

二、莊存與素稱魁儒，文辭奥衍。行文中引用、化用、活用、暗用歷代注疏乃至其他典籍處比比皆是。故箋釋方面，不論莊氏之援用是步趨原意，還是僅襲字面，抑或暗與論辯，皆對其所徵引之典籍做儘可能徹底之勾稽，以爲研究該書之參考。但爲避繁瑣，除非必要，一般不對徵引文字做疏釋。

三、歷代著名典籍，一般皆有知名注疏，甚至某些典籍之注疏不只一種。故在箋注莊存與所引典籍原文意有不備時，則亦依莊存與文意，采先儒注疏若干種以補足之。一般以「著者加注述方式」標示，不再使用書名號，如，何休《春秋公羊經傳解詁》，則略爲「何休解詁」；胡安國《春秋胡氏傳》，則略爲「胡安國傳」；蔡沈《書集傳》，則略爲「蔡沈集傳」等。

四、《春秋正辭》中，莊存與對每一《春秋》經例的講説，常融貫各家舊解，以闡新意。因此在箋注時，若其融貫者，原本即是對該條經例的舊解，則徑以作者加著述方式，或以書名的方式標注，不再重複標識經例原有年份。如，《内辭·公繼世》隱公「元年春王正月」條，莊存與解説的開篇數句，均與《春秋胡氏傳》《日講春秋解義》《公羊傳》等對此條經文的傳説有關，則注釋徑以「胡安國傳」「《日講》」「公羊子傳」標示，不再標注爲「《春秋胡氏傳·隱公元年》」「《日講春秋解義·隱公元年》」「《公羊傳·隱公元年》」，以避繁瑣。

五、莊存與經説與其時代關係密切，故本箋注在必要時，亦略注意比較《春秋正辭》與清代官修春秋學三書《欽定春秋傳説彙纂》《日講春秋解義》《御纂春秋直解》（分别簡稱《彙纂》《日講》《直解》）的異同，以廣見聞。

六、爲便於閲讀，酌情對原文進行分段，以清眉目。但有些篇章，爲保持原有段落之痕跡以利理解，則以空一行表示原分段處。

七、原文中雙行夾注，統一改爲單行小字夾注。

八、某些注解已見别章，亦儘量不避重複再次出注，前後或有偏重，亦以免兩讀之勞。

九、莊存與引用他人文字，偶有不嚴格依循原文之處，此爲古人素習，整理時仍加引號，以明起訖。

十、凡遇日曰、士土等刻工不分之字及避諱闕筆字等，皆據文意是正，不出校記。

春秋正辭序

朱珪

漢興，傳《春秋》者不一家。鄒、夾無師〔一〕，虞、鐸微闕〔二〕，《左氏》失之夸，《穀梁》病其短〔三〕。將以求微言于未墜，尋大義之所存，其惟《公羊》乎！公羊家世傳業，平、地衍其續，敢、壽暢其風，〔四〕胡毋子都乃著《條例》〔五〕，董生大儒，用資講授，〔六〕邵公專精，隱括繩墨，〔七〕述三科九旨〔八〕之意，依類託輔〔九〕，筆削之權〔一〇〕，如發矇矣。然在東京之世，賈鄭之徒已緣隙奮筆〔一一〕，相與爲難；戴宏《解疑》，亦隨二創〔一二〕。魏晉而下，經學破碎，肄及唐、宋，師儒偏蔽，苟取頑曹之語〔一三〕，不顧師法之傳，謂日月爲虛設，鄙起問爲無端〔一四〕。獨逞庸臆，妄測非常。既違「偏其反而」〔一五〕之旨，烏覩「析薪杝矣」〔一六〕之理。使《公羊》之例當乖，即《春秋》之義幾廢，承學之士所共閔歎也。

夫《春秋》一經，人事浹、王道備〔一七〕，「以矯枉撥亂爲受命品道之端、正德之紀」〔一八〕，非紀事之書。昔孔子云：「吾志在《春秋》，行在《孝經》。」〔一九〕又曰：「我欲托之空言，不如見之行事。」〔二〇〕又曰：「其義則某竊取之矣。」〔二一〕又曰：「屬辭比事，《春秋》教也。」〔二二〕然則本志以立事，考義以定詞，苟非因端覩指〔二三〕、別嫌明微〔二四〕，精求于繁殺之間，嚴辨于同異之故，率詞揆方〔二五〕各得其序，守文持論鮮有能通者焉。

前輩少宗伯莊方耕先生，學貫六藝，才超九能〔二六〕，始入翰林，即以經學受主知。群經各有論著：斐然述作，遂造其深；率爾簡札，必衷于道。疇昔之歲，與余同官禁近，朝夕論思，無間術業。挹其淵醰，如飲醇醴；窺厥原本，疑入寶藏。洵當代之儒宗，士林之師表也。公之孫雋甲，爲余丙午典試江南所得士，偕其弟貴甲來京師，持公所纂《春秋正辭》一書問序于余。余受而讀之，義例一宗《公羊》，起應〔二七〕寔述何氏，事亦兼資《左氏》，義或拾補《穀梁》，條列其目，屬比其詞，若網在綱，如機省括，義周旨密，博辨宏通。近日説經之文，此爲卓絶。用以詔茲來哲，庶幾得所折衷。由是抉經心、執聖權，則偏惑乖方之誚，吾知免矣。

嘉慶六年龍集〔二八〕辛酉四月望大興朱珪序。

【箋】

〔一〕《漢書·藝文志》：「《春秋》所貶損大人當世君臣，有威權勢力，其事實皆形於傳，是以隱其書而不宣，所以免時難也。及末世口説流行，故有公羊、穀梁、鄒、夾之傳。四家之中，公羊、穀梁立於學官，鄒氏無師，夾氏未有書。」

〔二〕《史記·十二諸侯年表》：「鐸椒爲楚威王傅，爲王不能盡觀《春秋》，采取成敗，卒四十章，爲

《鐸氏微》。趙孝成王時，其相虞卿上采《春秋》，下觀近勢，亦著八篇，爲《虞氏春秋》。」而《漢書·藝文志》録《虞氏微傳》僅有二篇，《鐸氏微》僅三篇。

〔三〕范甯《春秋穀梁傳序》：「《左氏》艷而富，其失也誣；《穀梁》清而婉，其失也短；《公羊》辯而裁，其失也俗。」

〔四〕何休《春秋公羊傳序》徐彦疏引戴宏曰：「子夏傳與公羊高，高傳與其子平，平傳與其子地，地傳與其子敢，敢傳與其子壽。至漢景帝時，壽乃共弟子齊人胡毋子都著于竹帛，與董仲舒皆見于圖讖。」

〔五〕胡毋生著有《條例》（見何休《春秋公羊傳序》），乃以例解《公羊》之始作。

〔六〕董仲舒解《公羊》，重在講説大「義」，與胡毋生、何休等人的重「例」不同。史稱其「下帷講誦，弟子傳以久次相受業，或莫見其面」（《史記·儒林列傳》）。

〔七〕何休，字邵公，隱括《公羊》以就繩墨，使《公羊》例大明。

〔八〕《公羊傳·隱公第一》徐彦疏：「問曰：『《春秋説》云：《春秋》設三科九旨，其義如何？』答曰：『何氏（何休）之意以爲三科九旨，正是一物。若揔言之，謂之三科，科者，段也；若析而言之，謂之九旨，旨者，意也，言三個科段之内，有此九種之意。故何氏作《文謚例》云：「三科九旨者，新周、故宋、以《春秋》當新王，此一科三旨也。」又云：「所見異辭，所聞異辭，所傳聞異辭，二科六旨也。」又「内其國而外諸夏，内諸夏而外夷狄，是三科九旨也。」』問曰：『案宋氏（宋衷）之注《春秋説》，三科者：一曰張三世，二曰存三統，三曰異外内，是三科也；九旨者，一曰時，二曰月，三曰日，四曰王，五曰天王，六曰天子，七曰譏，八曰貶，九曰絶。時與日月，詳略之旨也；王與天王、天子，是録遠近親疏之旨也；譏與貶、絶，則輕重之旨也。如是，三科、九旨，聊不相干，何故然乎？』答曰：『《春秋》之内，具斯二種理，故宋氏又有此説，賢者擇之。』」

〔九〕《公羊傳・隱公第一》徐彦疏引《文謚例》：「六輔者，公輔天子，卿輔公，大夫輔卿，士輔大夫，京師輔君，諸夏輔京師是也。二類者，人事與災異是也。」

〔一〇〕謂孔子著《春秋》下筆矜慎，通過行使書與不書的權力，以隱含大義。《史記・孔子世家》：「孔子在位聽訟，文辭有可與人共者，弗獨有也。至於爲《春秋》，筆則筆，削則削，子夏之徒不能贊一辭。」

〔一一〕何休《春秋公羊傳序》：「至使賈逵緣隙奮筆，以爲《公羊》可奪，《左氏》可興。」徐彦疏：「賈逵者，即漢章帝時衛士令也。言『緣隙奮筆』者，莊、顔之徒説義不足，故使賈逵得緣其隙漏，奮筆而奪之，遂作《長義》四十一條，云《公羊》理短，《左氏》理長，意望奪去《公羊》而興《左氏》矣。鄭衆亦作《長義》十九條十七事，專論《公羊》之短，《左氏》之長，在賈逵之前。」

〔一二〕何休《春秋公羊傳序》：「恨先師觀聽不決，多隨二創。」徐彦疏：「此先師，戴宏等也」，「『多隨二創』者，上文云『至有背經任意、反傳違戾』者，與《公羊》爲一創；又云『援引他經失其句讀』者，又與《公羊》爲一創。今戴宏作《解疑論》多隨此二事，故曰『多隨二創』也。而舊云公羊先師説《公羊》義不著，反與《公羊》爲一創，賈逵緣隙奮筆奪之，與《公羊》爲二創，非也。」

〔一三〕何休《春秋公羊傳序》徐彦疏：「顔安樂等解此《公羊》，苟取頑曹之語，不顧理之是非，若世人云『雨雪其雱，臣助君虐』之類是也。」

〔一四〕日月，即公羊家以爲《春秋》所書時月日有義例可尋，如宋衷即以「九旨」之前三者爲「一曰時，二曰月，三曰日」，何休亦稱：「此《傳》皆以日月爲例」（隱公元年解詁，《傳》指《公羊傳》）。起問，又作起文，指《春秋》有意以某些特别書法引人疑惑發問，以寓藏大義。如，《春秋·隱公四年》：「夏，公及宋公遇于清。」公羊子傳：「遇者何？不期也。一君出，一君要之也。」何休解詁：「言及者，起公要之，明非常遇也。」再如《公羊傳·隱公七年》：「《春秋》貴賤不嫌，同號；美惡不嫌，同辭。」何休解詁：「貴賤不嫌者，通同號稱也。若齊亦稱侯，滕亦稱侯；微者亦稱人，貶亦稱人。皆有起文，貴賤不嫌同號是也。」

〔一五〕《論語·子罕》：「『唐棣之華，偏其反而，豈不爾思？室是遠而。』子曰：『未之思也，夫何遠之有？』」何晏集解：「逸詩也。唐棣，移也。華反而後合，賦此詩者，以言權道反而後至於大順。」

〔一六〕《詩·小雅·小弁》：「伐木掎矣，析薪杝矣。」毛傳：「伐木者掎其巔，析薪者隨其理。」鄭箋：「掎其巔者，不欲妄踣之。杝，謂觀其理也。必隨其理者，不欲妄挫折之。」

〔一七〕《史記·十二諸侯年表序》：「是以孔子明王道，干七十余君，莫能用，故西觀周室，論史記舊聞，興于魯而次《春秋》，上記隱，下至哀之獲麟，約其辭文，去其煩重，以制義法，王道備，人事浹。」

〔一八〕《公羊傳・隱公第一》徐彦疏引《文謚例》云：「此《春秋》五始、三科、九旨、七等、六輔、二類之義，以矯枉撥亂爲受命品道之端，正德之紀也。」矯枉撥亂，即指「撥亂世，反諸正」，語出《公羊傳・哀公十四年》。受命品道，指夫子于端門受命制作，爲漢代通説，如《公羊傳・哀公十四年》何休解詁引《易演孔圖》：「得麟之後，天下血書魯端門，曰：趨作法，孔聖没，周姬亡。彗東出，秦政起，胡破術，書紀散，孔不絶。子夏明日往視之，血書飛爲赤烏，化爲白書，署曰演孔圖，中有作圖制法之狀。」又如《公羊傳・隱公第一》徐彦疏引《解疑論》云：「聖人不空生，受命而制作，所以生斯民，覺後生也。西狩獲麟，知天命去周，赤帝方起，麟爲周亡之異、漢興之瑞，故孔子曰：『我欲託諸空言，不如載諸行事』。又聞端門之命，有制作之狀，乃遣子夏等求周史記，得百二十國寶書，修爲《春秋》。」

〔一九〕何休《春秋公羊傳序》引。

〔二〇〕《史記・太史公自序》：「子曰：『我欲載之空言，不如見之於行事之深切著明也。』」《春秋繁露・俞序》：「孔子曰：『吾因其行事而加乎王心焉，以爲見之空言，不如行事博深切明也。』」

〔二一〕《孟子・離婁下》：「晉之《乘》，楚之《檮杌》，魯之《春秋》，一也。其事則齊桓、晉文，其文則史。孔子曰：『其義則丘竊取之矣。』」丘，後人因避孔子諱，讀作 mǒu，常寫作「某」。

〔二二〕《禮記・經解》：「孔子曰：『入其國，其教可知也。其爲人也，温柔敦厚，《詩》教也；疏通知遠，

《書》教也；廣博易良，樂教也；絜静精微，《易》教也；恭儉莊敬，禮教也；屬辭比事，《春秋》教也。』」

〔二三〕因端覩指，謂見一端而知其意指所在。《春秋繁露·精華》：「是故爲《春秋》者，得一端而多連之，見一空而博貫之，則天下盡矣。」

〔二四〕别嫌明微，指通過分辨彼此疑似之處，而明其微旨。《春秋繁露·玉英》：「《春秋》理百物，辨品類，别嫌微，修本未者也。」

〔二五〕語出《易·繫辭下》：「初率其辭，而揆其方，既有典常。」韓康伯注：「能循其辭以度其義，原其初以要其終，則唯變所適，是其常典也。」

〔二六〕九能，《詩·鄘風·定之方中》毛傳：「建邦能命龜，田能施命，作器能銘，使能造命，升高能賦，師旅能誓，山川能説，喪紀能誄，祭祀能語，君子能此九者，可謂有德音，可以爲大夫。」

〔二七〕起應，指起問與應問。起問，又作起文，指《春秋》以某些特定書法引人疑惑發問，以寓藏大義。應問，指對疑問的回應。《春秋繁露·玉杯》：「《春秋》起問數百，應問數千，同留經中。翻援比類，以發其端。卒無妄言而得應於傳者。」另見本書附録《春秋要指》莊存與之解説。

〔二八〕龍集，猶言歲次。龍，指歲星。集，次于。王莽《銅權銘》：「歲在太梁，龍集戊辰。」

春秋正辭叙目

存與讀趙先生汸《春秋屬辭》而善之，輒不自量，爲隱括其條、正列其義，更名曰《正辭》，備遺忘也。以尊聖尚賢，信古而不亂〔一〕，或庶幾焉。叙曰：

大哉受命〔二〕，釗〔三〕我至聖，弗庸踐於位〔四〕，皇惟饗德〔五〕，乃配天地。正奉天辭弟一。

【箋】

〔一〕《禮記·經解》：「故《詩》之失愚，《書》之失誣，樂之失奢，《易》之失賊，禮之失煩，《春秋》之失亂。」

〔二〕《公羊傳·隱公第一》徐彦疏引《解疑論》云：「聖人不空生，受命而制作，所以生斯民，覺後生也。西狩獲麟，知天命去周，赤帝方起，麟爲周亡之異、漢興之瑞，故孔子曰：『我欲託諸空言，不如載諸行事』。又聞端門之命，有制作之狀，乃遣子夏等求周史記，得百二十國寶書，修爲《春秋》。」

〔三〕《爾雅·釋詁下》：「釗，見也。」郝懿行義疏：「郭引逸《書》曰：『釗我周王』。梅《書》作『昭我周王』。《孟子》作『紹我周王』。」

〔四〕庸，用也。《書·堯典》：「帝曰：『疇咨若時？登庸。』」孔安國傳：「庸，用也。」踐位，指登上王位。

〔五〕皇，大。《書·無逸》：「小人怨汝詈汝，則皇自敬德。」孔安國傳：「小人怨詈汝者，則大自敬德，增脩善政。」孔穎達疏：「《釋詁》云：『皇，大也。』故傳言『大』。」饗德，向慕有德者。饗，通「嚮」。《禮記·禮器》：「故君子有禮，則外諧而內無怨。故物無不懷仁，鬼神饗德。」孔穎達疏：「鬼神聰明正直，依人而行，物既懷仁，故神亦饗德也。」

王者承天，以撫萬邦，爲生民共主。嗟嗟周德，光於文武〔一〕。亦越既東〔二〕，元命〔三〕永固。永固在下，諸侯以僭，大夫陪隸〔四〕。用貴治賤〔五〕，挈諸王者。正天子辭弟二。

【箋】

〔一〕謂周德光大于周文王、周武王。

〔二〕謂周室東遷。亦越，連接詞，相當於「亦于」。《書·立政》：「亦越成湯陟」。孔安國傳：「亦于成湯之道得升」。蔡沈集傳：「亦越者，繼前之辭也。」

〔三〕元命，天命。《書·多士》：「惟時天罔念聞，厥惟廢元命，降致罰。」孔安國傳：「其惟廢其天命，下致天罰。」

〔四〕陪隸，即陪臣，指臣之臣，此處動用，與前文互文足義，指大夫作爲陪隸亦僭越。《後漢書·袁紹傳》：「臣以負薪之資，拔於陪隸之中。」

〔五〕《穀梁傳·昭公四年》：「《春秋》之義，用貴治賤，用賢治不肖，不以亂治亂也。」

於乎厚哉〔一〕！周公光大，成文武德〔二〕。勞謙不伐，萬民以服〔三〕。元子在東〔四〕，有典有册〔五〕。欲觀周道，舍魯奚適〔六〕。聖人無我，曰父母國〔七〕。正内辭弟三。

【箋】

〔一〕於乎，即嗚呼。《詩·大雅·雲漢》：「王曰於乎，何辜今之人，天降喪亂，饑饉薦臻。」朱熹集傳：「於，音烏。乎，音呼。」

〔二〕《禮記·中庸》：「周公成文、武之德，追王大王、王季。」

〔三〕《易·謙》九三：「《象》曰：『勞謙君子，萬民服也。』」

〔四〕元子，天子或諸侯的嫡長子，此處指伯禽。周公在朝輔政，成王封伯禽東侯于魯。《詩·魯頌·閟宫》：「王曰叔父，建爾元子，俾侯于魯。」朱熹集傳：「叔父，周公也。元子，魯公伯禽也。」

〔五〕謂有先世所遺留之典籍與册書，語出《書·多士》：「惟爾知惟殷先人，有册有典。」孔安國傳：「殷先世有册書、典籍。」

〔六〕《禮記·禮運》：「孔子曰：『於呼哀哉！我觀周道，幽、厲傷之，吾舍魯何適矣！』」《左傳·昭公二年》晉侯使韓宣子來聘，「見《易象》與《魯春秋》，曰：『周禮盡在魯矣，吾乃今知周公之德與周之所以王也。』」

〔七〕謂夫子内魯，非因私己，乃因魯爲父母之邦。《論語·子罕》：「子絶四，毋意、毋必、毋固、毋我。」《史記·仲尼弟子列傳》：「田常欲作亂於齊，憚高、國、鮑、晏，故移其兵欲以伐魯。孔子聞之，謂門弟子曰：『夫魯，墳墓所處，父母之國，國危如此，二三子何爲莫出？』」

三王之道，仁義爲大。假之以爲功，乃救罪不暇〔一〕。一匡天下，實惟桓公〔二〕。晉文繼之，亦惟在王功〔三〕。曰正曰譎，一奪一予〔四〕。楚莊、晉悼，彼何足數！正二伯辭弟四。

【箋】

〔一〕謂仁義乃三王之至道，二伯借行仁義以爲己功，其補救己罪尚且不暇，安敢冒竊？救罪不暇，語出《北史·韓禽傳》韓禽曰：「弼至夕方扣北掖門，臣啓關而納之，斯乃救罪不暇，安得與臣爲比！」

〔二〕《論語·憲問》：「子曰：『管仲相桓公，霸諸侯，一匡天下，民到于今受其賜。微管仲，吾其被髮左衽矣。』」

〔三〕王功，即王業。《周禮·夏官·司勳》：「王功曰勳。」鄭玄注：「王功，輔成王業，若周公。」

〔四〕《論語·憲問》：「子曰：『晉文公譎而不正，齊桓公正而不譎。』」

自天地生民以來，神聖有攸〔一〕經緯，〔二〕於是焉在〔三〕。聖所貴，貴其民，循厥〔四〕理〔五〕。惟庶邦君〔六〕，以厥臣續大命〔七〕，孽孽其無殆。黜乃心〔八〕，毋底〔九〕罪。正諸夏辭弟五。

【箋】

〔一〕攸，所。《左傳·昭公二十六年》：「竄在荆蠻，未有攸厎。」杜預集解：「攸，所也。」

〔二〕經緯，規劃管理。《左傳·昭公二十九年》：「夫晉國將守唐叔之所受法度，以經緯其民，卿大夫以序守之。」

〔三〕語出《左傳·昭公三十二年》：「天子有命，敢不奉承，以奔告於諸侯。遲速衰序，於是焉在。」

〔四〕《爾雅·釋言》：「厥，其也。」

〔五〕《左傳·昭公二十九年》：「仲尼曰：『晉其亡乎？失其度矣。夫晉國將守唐叔之所受法度，以經緯其民，卿大夫以序守之。民是以能尊其貴，貴是以能守其業。貴賤不愆，所謂度也。……今棄是度也，而爲刑鼎，民在鼎矣，何以尊貴？貴何業之守？貴賤無序，何以爲國？』」

〔六〕庶，衆也。邦君，指諸侯。《書·大誥》：「爾庶邦君。」

〔七〕大命，王命。《書·太甲上》：「天監厥德，用集大命，撫綏萬方。」孔安國傳：「天視湯德，集王命於其身。」

〔八〕《書·盤庚上》：「王若曰：『格汝衆，予告汝訓，汝猷黜乃心，無傲，從康。』」孔安國傳：「謀退汝違上之心，無傲慢，從心所安。」

〔九〕厎，同厎，致也。《左傳·昭公元年》：「厎禄以德，德鈞以年，年同以尊。」杜預集解：「厎，致也。」

蕩蕩覆載，聖則無私〔一〕。疇〔二〕不即工，聖其念之〔三〕。明明〔四〕時夏，懿德所經〔五〕。頑嚚聾昧〔六〕，乃狄之行。於乎慎哉。正外辭弟六。

【箋】

〔一〕《禮記·孔子閒居》：「孔子曰：『天無私覆，地無私載，日月無私照。奉斯三者以勞天下，此之謂三無私。』」

〔二〕疇，誰。《書·説命上》：「疇敢不祗若王之休命？」孔安國傳：「誰敢不敬順王之美命而諫者乎？」

〔三〕語出《書·益稷》：「苗頑弗即工，帝其念哉。」孔安國傳：「惟三苗頑凶，不得就官。」

〔四〕《詩·大雅·常武》：「赫赫明明，王命卿士。」毛傳：「明明然，察也。」

〔五〕時夏，諸夏。懿德，美德。《詩·周頌·時邁》：「我求懿德，肆于時夏。」鄭箋：「懿，美；肆，陳也。」朱熹集傳：「夏，中國也。言求懿美之德以布陳於中國。」

〔六〕《左傳·文公十八年》：「頑嚚不友，是與比周。」陸德明釋文：「心不則德義之經爲頑，口不道忠信之言爲嚚。」

若之何，弗弔天〔一〕，不享右〔二〕。罔愛於居圉〔三〕多辟〔四〕，罔克究於永祀〔五〕。侵戎〔六〕虐我黎服〔七〕，潰潰〔八〕靡所止〔九〕。聖乃欽底罰於有辭〔一〇〕，以差厥罪。俾寅念〔一一〕於天嗣天民〔一二〕，越指疆土〔一三〕。明哉！明哉！天伐章〔一四〕哉！正禁暴辭弟七。

【箋】

〔一〕弗弔天，即天弗弔。《書・大誥》：「弗弔天，降割于我家，不少延。」蔡沈集傳：「弔，恤也，猶《詩》言『不弔昊天』之『弔』。言我不爲天所恤，降害于我周家，武王遂喪而不少待也。」

〔二〕享右，祭祀儀式之一。享，向尸（代表死者受祭的活人）獻酒食；右，向尸勸食。《周禮・春官・大祝》：「以享右祭祀。」鄭玄注：「享，獻也，謂朝獻饋獻也。右，讀爲侑，侑勸尸食而拜。」

〔三〕《詩・大雅・召旻》：「民卒流亡，我居圉卒荒。」孔穎達疏：「居謂城中所居之處，圉謂邊境。」

〔四〕多辟，指衆諸侯。《詩・商頌・殷武》：「天命多辟，設都于禹之績。」毛傳：「辟，君。」鄭箋：「多，衆也。」

〔五〕永祀，永保祭祀，意爲令國祚綿長。《書・多方》：「弗永寅念于祀。」蔡沈集傳：「不深長敬念以保其祭祀。」

〔六〕侵戎，指戎狄侵陵。《書・文侯之命》：「侵戎我國家純。」蔡沈集傳：「戎狄侵陵，爲我國家之害甚大。」

〔七〕黎服，即黎民。《楚辭・天問》：「帝乃降觀，下逢伊摯。何條放致罰，而黎服大説？」

〔八〕《詩・大雅・召旻》：「昏椓靡共，潰潰回遹，實靖夷我邦。」毛傳：「潰潰，亂也。」

〔九〕靡所止，即無所止。《詩・小雅・祈父》：「胡轉予于恤，靡所厎止。」

〔一〇〕欽，意爲「敬」。《書・立政》：「帝欽罰之。」孔安國傳：「故敬罰之」。底，同厎，致也。罰于有辭，即有辭于罰，《書・多士》：「凡四方小大邦喪，罔非有辭于罰。」孫星衍注疏：「凡四方小大國喪亡，無非有罪狀而天誅伐之。」

〔一一〕寅念，敬念。《書・多方》：「洪惟天之命，弗永寅念于祀，惟帝降格于夏。」孔安國傳：「大惟爲王謀天之命，不長敬念于祭祀。」

〔一二〕天民，指上天所生養之民。《禮記・王制》：「此四者，天民之窮而無告者也。」

〔一三〕越，與，及。《書・梓材》：「皇天既付中國民，越厥疆土。」指，通「旨」，美。《書・大誥》：「率寧人有指疆土。」孫星衍注疏：「指，《書》疏三云『旨意』，皆作『旨』，知經文之『指』是後人所改。《說文》云：『旨，美也。』」

〔一四〕章，顯明。《國語・周語下》：「夫見亂而不惕，所殘必多，其飾彌章。」

噫嘻！臯〔一〕女民以生〔二〕，其女曷克生生〔三〕？女怙於口實〔四〕，乃惟怙於天德。於乎！德卒喪，多罪顯聞於上，遏之絶之，乃殄滅之。殄靡有遺，民乃其蘇，時乃敬明。於聖之志，匪憮用怒〔五〕。尚隱哉〔六〕，其懼！正誅亂辭弟八。

【箋】

〔一〕臯，通「告」。《周禮・春官・樂師》：「詔來瞽臯舞。」鄭衆注：「臯，當爲告。」

〔二〕《禮記・緇衣》：「詩云：『昔吾有先正，其言明且清，國家以寧，都邑以成，庶民以生。』」

〔三〕《書・盤庚中》：「汝萬民乃不生生。」蔡沈集傳：「樂生興事，則其生也厚，是謂『生生』。」

〔四〕口實，《清經解》本誤作「日實」。《易・頤》：「自求口實。」孔穎達疏：「求其口中之實也。」高亨注：「須自求口中之食物。」

〔五〕幠，覆，掩蓋。《儀禮・士喪禮》：「死于適室，幠用斂衾，」鄭玄注：「幠，覆也。」

〔六〕《書・盤庚下》：「嗚呼！邦伯、師長、百執事之人，尚皆隱哉！」孔安國傳：「言當庶幾相隱括共爲善政。」

聖秉道垂文，辭惟義之訓，憗〔一〕事之違。匪從惟從，匪述惟述〔二〕，折厥衷，見天則〔三〕。正傳疑辭弟九。

【箋】

〔一〕憗，同「憖」，寧願，寧肯。

〔二〕謂夫子作《春秋》，非惟從述前修，乃自爲筆削以見義。《史記・孔子世家》：「孔子在位聽訟，文辭有可與人共者，弗獨有也。至於爲《春秋》，筆則筆，削則削，子夏之徒不能贊一辭。」

〔三〕語出《易・乾》：「乾元用九，乃見天則。」

春秋正辭卷一

奉天辭第一

初一曰建五始〔一〕。「元」正天端，自貴者始。同日并建，相須成體。天人大本，萬物所繫〔二〕。《春秋》上之，欽若丕指〔三〕。

【箋】

〔一〕五始，指《春秋》開篇之元年、春、王、正月、公即位五事。

〔二〕語本何休解詁，見後文經例。何休語或本《春秋合誠圖》：「黃帝立五始，制以天道。春者，四時之始；王者，受命之始；正月者，政教之始；公即位者，一國之始。五者同日并見，相須而成。」

〔三〕上，崇尚。欽若，敬順。《書·堯典》：「乃命羲和，欽若昊天。」孔安國傳：「堯命之，使敬順昊天。」丕指，大意旨。

次二曰宗文王〔一〕。文王受命，武王述之。文武既没，文不在兹〔二〕？稽古堯舜〔三〕，道法所祖。聞而知之〔四〕，萬世以爲土〔五〕。

【箋】

〔一〕《春秋·隱公元年》：「元年春王正月。」公羊子傳：「元年者何？君之始年也。春者何？歲之始也。王者孰謂？謂文王也。」何休解詁：「以上繫王於春，知謂文王也。文王，周始受命之王，天之所命，故上繫天端。方陳受命制正月，故假以爲王法。不言謚者，法其生，不法其死，與後王共之，人道之始也。」

〔二〕《論語·子罕》：「子畏于匡，曰：『文王既没，文不在兹乎？』」

〔三〕《書·堯典》：「曰若稽古帝堯，曰放勛。」《書·舜典》：「曰若稽古帝舜，曰重華。」孫星衍注疏：「史遷説，『帝堯者，名放勛』。馬融曰：『順考古道。』」

〔四〕指文王爲聞而知之。《孟子·盡心下》：「孟子曰：『由堯、舜至於湯，五百有餘歲，若禹、皋陶則見而知之，若湯則聞而知之；由湯至於文王五百有餘歲，若伊尹、萊朱則見而知之，若文王則聞而知之；由文王至於孔子五百有餘歲，若太公望、散宜生則見而知之，若孔子則聞而知之。』」

〔五〕《漢書·五行志上》：「土，中央，生萬物者也。」莊存與此處是否此類意涵，待考。

次三曰大一統〔一〕。天無二日，民無二王〔二〕。郊社宗廟，尊無二上〔三〕。治非王則革，學非聖則黜〔四〕。

【箋】

〔一〕《春秋·隱公元年》：「元年春王正月。」公羊子傳：「何言乎王正月？大一統也。」何休解詁：「統者，始也，總繫之辭。夫王者始受命改制，布政施教於天下，自公侯至於庶人，自山川至於草木昆蟲，莫不一一繫於正月，故云政教之始。」

〔二〕《孟子·萬章上》：「孔子曰：『天無二日，民無二王。』」

〔三〕《禮記·曾子問》：「孔子曰：『天無二日，土無二王，嘗禘郊社，尊無二上。』」

〔四〕參見後文經例所引董仲舒語。

次四曰通三統〔一〕。三代建正，受之於天〔二〕。文質再復〔三〕，制作備焉〔四〕。師法在昔，恭讓則聖〔五〕。矧乃有監，匪獨一姓〔六〕。

【箋】

〔一〕《春秋》書「王正月」之外，偶有「王二月」「王三月」之文。周曆以冬至所在的建子之月（即夏曆的十一月）爲歲首，殷曆以建丑之月（即夏曆的十二月）爲歲首，夏曆以建寅之月（即夏曆的一月）爲歲首。由於《春秋》以周曆爲准，故「王二月」，實即爲殷曆之「王正月」；「王三月」，即爲夏曆之「王正月」。故公羊家以爲，《春秋》的此類書法，包含有忠（夏）、質（商）、文（周）三統循環，後王取鑒前代之意，即所謂「通三統」。

〔二〕指夏正建寅，殷正建丑，周正建子，皆本於天。《白虎通·三正》：「正朔有三何？本天有三統，謂三微之月也。明王者當奉順而成之，故受命各統一正也。」陳立疏證：「《後漢書·章帝紀》：元和二年，詔曰：『《春秋》於春每月書「王」者，重三正，慎三微也。』注引《斗威儀》云：『三微者，三正之始，萬物皆微，物色不同，故王者取法焉。』」

〔三〕《春秋繁露·三代改制質文》：「何謂再而復，四而復？……一商一夏，一質一文。商質者主天，夏文者主地，《春秋》者主人。」《白虎通·三正》引《禮三正記》：「正朔三而改，文質再而復也。」

〔四〕謂夫子受命作《春秋》，其義備于文質再復。

〔五〕《春秋·隱公三年》：「春，王二月。」何休解詁：「二月、三月皆有王者，二月，殷之正月也；三月，夏之正月也。王者存二王之後，使統其正朔，服其服色，行其禮樂，所以尊先聖，通三統，師法之義，恭讓之禮，于是可得而觀之。」

〔六〕《漢書·劉向傳》：「王者必通三統，明天命所授者博，非獨一姓也。」

次五曰備四時〔一〕。謹於尊天，慎於養人。聖人以順動〔二〕，則日月光明〔三〕、庶物露生〔四〕。陰佐不可右，刑謚不可任〔五〕。五辰〔六〕之正，群生在命。

【箋】

〔一〕《春秋》經文中，偶有「王正月」「夏四月」「秋七月」或「冬十月」，而無下文。《公羊傳》認爲：「此無事，何以書？《春秋》雖無事，首時過則書。首時過則何以書？《春秋》編年，四時具，然後爲年。」故莊存與稱之爲「備四時」。

〔二〕《易·豫》：「天地以順動，故日月不過，而四時不忒。聖人以順動，則刑罰清而民服。」

〔三〕《漢書·魏相傳》：「君動静以道，奉順陰陽，則日月光明，風雨時節，寒暑調和。」

〔四〕《禮記·孔子閒居》：「風霆流形，庶物露生。」孔穎達疏：「『庶物露生』，庶，衆也。言衆物感此『神氣風霆』之形，露見而生。」

〔五〕《漢書·董仲舒傳》：「仲舒對曰：……天道之大者在陰陽。陽爲德，陰爲刑；刑主殺而德主生。是故陽常居大夏，而以生育養長爲事；陰常居大冬，而積於空虚不用之處。以此見天之任德不任刑也。天使陽出布施於上而主歲功，使陰入伏於下而時出佐陽；陽不得陰之助，亦不能獨成歲。終陽以成歲爲名，此天意也。王者承天意以從事，故任德教而不任刑。刑者不可任以治世，猶陰之不可任以成歲也。」另，《書·舜典》：「欽哉！欽哉！惟刑之恤哉！」《史記·堯本紀》引作：「欽哉！欽哉！惟刑之静哉！」裴駰集解：「徐廣曰：『今文云「惟刑之謐哉」，《爾雅》曰「謐，静也」。』」

〔六〕古人謂五星分主四時（木主春、火主夏、金主秋、水主冬、土分屬四時），故稱四時爲「五辰」。語出《書·皋陶謨》：「撫于五辰，庶績其凝。」

次六曰正月日〔一〕。幾乎！幾乎〔二〕！其惟日乎！仁與不仁，同此日乎？孰能慎微，日無不吉。載而始之，端在朔月〔三〕。民主愛日，不遑暇食〔四〕。夜曰日餘，天光在牖〔五〕；閏曰歲餘，門以聽候〔六〕。

【箋】

〔一〕《春秋》經中的時間性名詞，公羊家向來以爲含藏大義，莊存與此處亦同。

〔二〕幾，事之微，吉凶之先見者。《後漢書·陳寵傳》：「君子見幾而作。」

〔三〕朔月，即月朔，指農曆每月初一。《儀禮·士喪禮》：「朔月，奠用特豚、魚、腊，陳三鼎，如初。」鄭玄注：「朔月，月朔日也。」

〔四〕《書·無逸》：「周公曰：『嗚呼！厥亦惟我周太王、王季，克自抑畏。文王卑服，即康功、田功，徽柔懿恭，懷保小民，惠鮮鰥寡，自朝至于日中昃，不遑暇食，用咸和萬民。』」

〔五〕意爲夜以繼日，勤於所職，不覺東方之既白。《三國志·魏書·王肅傳》裴松之注引《魏略》：「冬者歲之餘，夜者日之餘，陰雨者時之餘也。」

〔六〕《禮記·玉藻》：「〔天子〕玄端而朝日於東門之外，聽朔於南門之外，閏月則闔門左扉，立於其中。」鄭玄注：「天子廟及路寢，皆如明堂制。明堂在國之陽，每月就其時之堂而聽朔焉，卒事反宿。路寢亦如之。閏月，非常月也。聽其朔於明堂門中，還處路寢門終月。」陳澔集説：「朝日，春風之禮也。聽朔者，聽月朔之事也。東門、南門，皆謂國門。」

次七曰審天命廢興〔一〕。攴與？壞與？飫歌戒與〔二〕？民不聽罪，聖人覺與？

【箋】

〔一〕依《春秋》慣例，十二公每年的開篇文字，當書作某年「春王正月」。但是《春秋》中有不少篇章僅書某年「春」「春正月」「春二月」或「春王二月」「春王三月」，或無「王」，或非「正月」，或二者皆無。莊存與以爲，此類書法乃貶僭越者，以其不審天命所在。

〔二〕《國語·周語下》：「周詩有之曰：『天之所支，不可壞也。其所壞，亦不可支也。』昔武王克殷而作此詩也，以爲飫歌，名之曰《支》，以遺後之人，使永監焉。」韋昭注：「支，柱也。」

次八曰察五行祥異〔一〕。天乎與人，甚可畏也，欲止其亂，心仁愛也〔二〕。上下之間，匪虛而實。元氣澹澹，殽撰相易〔三〕。神乎難知，勿謂不然。所貶所譏，惟聖同天。

【箋】

〔一〕重災異是公羊學的重要特點，莊存與亦同。

〔二〕《漢書·董仲舒傳》：「董仲舒曰：『臣謹案，《春秋》之中，視前世已行之事，以觀天人相與之際，甚可畏也。國家將有失道之敗，而天迺先出災害以譴告之，不知自省，又出怪異以警懼之，尚不知變，而傷敗迺至。以此見天心之仁愛人君，而欲止其亂也。』」

〔三〕《春秋繁露·天地陰陽》：「天地之間，有陰陽之氣常漸人者，若水常漸魚也。所以異於水者，可見與不可見耳，其澹澹也。然則人之居天地之間，其猶魚之離水，一也。其無間若氣而淖於水。水之比於氣也，若泥之比於水也。是天地之間，若虛而實，人常漸是澹澹之中，而以治亂之氣，與之流通相殽饌也。」蘇與義證：「離，附也。凌云：《群經音辨》：『殽，相雜錯也。』」饌，據鍾兆鵬校釋，宋本、王本、殿本有該字，盧本、凌本、蘇本以爲衍文，删。莊存與此處當以爲通「撰」，即出自《易・繫辭下》：「陰陽合德而剛柔有體，以體天地之撰。」陸德明釋文：「撰，《廣雅》云：定也。」

次九曰張三世〔一〕。據哀録隱，隆薄以恩〔二〕。屈信之志，詳略之文〔三〕。智不危身，義不訕上〔四〕。有罪未知，其辭可訪〔五〕。撥亂啓治，漸於昇平，十二有象，大平以成〔六〕。

【箋】

〔一〕張三世有二義，其基本義爲「三世異辭」（書法義），其推廣義爲「三世漸進」（由衰亂、升平漸至太平）。

〔二〕《公羊傳・隱公元年》：「所見異辭，所聞異辭，所傳聞異辭。」何休解詁：「異辭者，見恩有厚薄，義有淺深，……故《春秋》據哀録隱，上治祖禰。」

〔三〕《春秋繁露・楚莊王》：「《春秋》分十二世以爲三等：有見，有聞，有傳聞。有見三世，有聞四世，有傳聞五世。故哀、定、昭，君子之所見也。襄、成、文、宣，君子之所聞也。僖、閔、莊、桓、隱，君子之所傳聞也。所見六十一年，所聞八十五年，所傳聞九十六年。於所見微其辭，於所聞痛其禍，於傳聞殺其恩，與情俱也。是故逐季氏而言『又雩』，微其辭也。子赤殺，弗忍書日，痛其禍也。子般殺而書『乙未』，殺其恩也。屈伸之志，詳略之文，皆應之。」

〔四〕《春秋繁露・楚莊王》：「《春秋》，義之大者也。視其温辭，可以知其塞怨。是故於外，道而不顯；於内，諱而不隱。於尊亦然，於賢亦然。此其别内外、差賢不肖而等尊卑也。義不訕上，智不危身。故遠者以義諱，近者以智畏。畏與義兼，則世逾近而言逾謹矣。此定、哀之所以微其辭。以故用則天下平，不用則安其身，《春秋》之道也。」

〔五〕《公羊傳・定公元年》：「定、哀多微辭。主人習其讀而問其傳，則未知己之有罪焉爾。」何休解詁：「此假設而言之，主人謂定、哀也。設使定、哀習其經而讀之，問其傳解詁，則不知己之有罪於是。此孔子畏時君，上以諱尊隆恩，下以辟害容身，慎之至也。」

〔六〕《公羊傳・隱公元年》：「所見異辭，所聞異辭，所傳聞異辭。」何休解詁：「於所傳聞之世，見治起於衰亂之中，用心尚麤觕，故内其國而外諸夏，先詳内而後治外，録大略小，内小惡書，外小惡不書，大國有大夫，小國略稱人，内離會書，外離會不書是也。於所聞之世，見治升平，内諸夏而外夷狄，書外離會，小國有大夫，宣十一年『秋，晉侯會狄於攢函』，襄二十三年『邾婁鼻我來奔』是也。至所見之世，著治大平，夷狄進至於爵，天下遠近小大若一，用心尤深而詳，故崇仁義，譏二名，晉魏曼多、仲孫何忌是也。所以三世者，禮爲父母三年，爲祖父母期，爲曾祖父母齊衰三月，立愛自親始，故《春秋》據哀録隱，上治祖禰。所以二百四十二年者，取法十二公，天數備足，著治法式。」

次十曰俟後聖〔一〕。舊典禮經〔二〕，左丘多聞；淵乎公羊，温故知新；穀梁繩愆〔三〕，子夏所傳〔四〕，拾遺補闕，歷世多賢〔五〕。《春秋》應天，受命作制〔六〕，孟子輿有言：「天子之事。」〔七〕以託王法，魯無愒焉〔八〕；以治萬世，漢曷覬焉〔九〕。

【箋】

〔一〕《公羊傳·哀公十四年》：「制《春秋》之義，以俟後聖，以君子之爲，亦有樂乎此也。」

〔二〕語本杜預《春秋經傳集解序》：「韓宣子適魯，見《易象》與《魯春秋》，曰：『周禮盡在魯矣。吾乃今知周公之德與周之所以王。』韓子所見，蓋周之舊典禮經也。」

〔三〕繩愆，糾正過失。《書·冏命》：「繩愆糾謬，格其非心。」

〔四〕范甯《春秋穀梁傳序》楊士勛疏：「穀梁子名淑，字元始，魯人，一名赤，受經於子夏，爲經作傳，故曰《穀梁傳》。傳孫卿，孫卿傳魯人申公，申公傳博士江翁。其後魯人榮廣大善《穀梁》，又傳蔡千秋，漢宣帝好《穀梁》，擢千秋爲郎，由是《穀梁》之傳大行於世。」

〔五〕謂除三傳之外，後世另多有拾遺補缺之作，也均是歷代賢人所作。

〔六〕《公羊傳·哀公十四年》：「撥亂世，反諸正，莫近諸《春秋》。」何休解詁引《易演孔圖》：「得麟之後，天下血書魯端門，曰：趨作法，孔聖没，周姬亡。彗東出，秦政起，胡破術，書紀散，孔不絕。子夏明日往視之，血書飛爲赤烏，化爲白書，署曰演孔圖，中有作圖制法之狀。」

〔七〕《孟子·滕文公下》：「《春秋》，天子之事也。」

〔八〕謂《春秋》因魯史以托王法，非王魯也。愒，意爲「貪羨」。《左傳·昭公元年》：「主民，翫歲而愒日，其與幾何？」杜預集解：「翫、愒，皆貪也。」

〔九〕謂《春秋》爲萬世制法，漢不得獨有。

建五始

元年春王正月

何休曰：「政莫大於正始，故《春秋》以元之氣，正天之端；以天之端，正王之政；以王之政，正諸侯之即位；以諸侯之即位，正竟内之治。諸侯不上奉王之政，則不得即位，故先言正月，而後言即位；政不由王出，則不得爲政，故先言王而後言正月；王者不承天以制號令，則無法，故先言春而後言王；天不深正其元，則不能成其紀〔一〕，反推之以明其自然。故先言元而後言春。五者同日并建〔二〕，相須成體，乃天人之大本，萬物之所繫，不可不察也。」〔三〕董仲舒曰：「臣謹案：《春秋》謂『一』『元』之義，『一』者，萬物之所從始也；『元』者，辭之所謂大也；謂『一』爲『元』者，示大始而欲正本也。《春秋》深探其本，而反自貴者始。「元年正月」辭，不自《春秋》始，曾子曰「衆信弗主」〔四〕，《春秋》得主之者，道在故也。《尚書》著而弗備也〔五〕，魯史繫而弗敢有也〔六〕，其餘則僭而亂也。不使《春秋》主之者，亂之大者也。《孝經》曰：「非聖人者無法。」〔七〕故爲人君者，正心以正朝廷，正朝廷以正百官，正百官以正萬民，正萬民以正四方。四方正，遠近莫敢不壹于正，而無有邪氣奸其間者。是以陰陽調而風雨時，群生和而萬民殖，五穀孰而草木茂，天地之間被潤澤而大豐美，四海之内聞盛德而皆徠臣，諸福之物、可致之祥，莫不畢至而王道終矣。孔子曰：『鳳鳥不至，河不出圖，吾已矣夫。』自悲可致此物，而身賤不得致也。」〔八〕

【箋】

〔一〕紀，阮刻《春秋公羊傳注疏》作「化」。

〔二〕建，阮刻《春秋公羊傳注疏》作「見」。

〔三〕《公羊傳·隱公元年》：「公何以不言即位？」何休解詁。

〔四〕《大戴禮記·曾子立事》。盧辯注：「不主，謂僉議所同，不爲主。」孔廣森補注：「衆言所同，而己不爲主，猶『三人占則從二人之言』也。」

〔五〕稱「一年」爲「元年」，并非始于《春秋》，《尚書》中已見，如《伊訓》篇即有「太甲元年」、「惟元祀」，《酒誥》篇有「惟元祀」，《洛誥》篇有「作元祀」、「稱秩元祀」等辭。但《尚書》中僅偶一見之，著而不備。《春秋》之所以得以將變「一」爲「元」當作自家大義，乃因夫子秉道制作所致。

〔六〕《春秋》博列國之載，夫子借魯史以明義。故雖繫魯史于「元年正月」辭之下，非魯史所得有也。

〔七〕《孝經·五刑章》。李隆基注：「聖人制作禮樂，而敢非之，是無法也。」

〔八〕《漢書·董仲舒傳》。

宗文王

春王

公羊子曰：「王者孰謂？謂文王也。」〔一〕聞之曰：受命之王曰大祖，嗣王曰繼體〔二〕。繼體也者，繼大祖也；不敢曰受之天，曰受之祖也，自古以然。文王，受命之祖也。成、康以降，繼文王之體者也。武王有明德，受命必歸文王，是謂天道。武王且不敢專，子孫其敢或干焉？命曰文王之命，位曰文王之位，法曰文王之法〔三〕，所以尊祖，所以尊天也。《大雅》云：「上天之載，無聲無臭，儀刑文王，萬邦作孚。」〔四〕聖人之志也。《君牙》曰：「丕顯哉，文王謨！丕承哉，武王烈！啓佑我後人，咸以正罔缺。」〔五〕天子之事守也。

【箋】

〔一〕《公羊傳・隱公元年》。

〔二〕《史記・外戚世家》：「自古受命帝王及繼體守文之君，非獨内德茂也，蓋亦有外戚之助焉。」司馬貞索隱：「繼體，謂非創業之主，而是嫡子繼先帝之正體而立者也。」

〔三〕《公羊傳・文公九年》：「毛伯來求金何以書？譏。何譏爾？王者無求，求金，非禮也。然則是王者與？曰：非也。非王者則曷爲謂之王者？王者無求。曰：是子也，繼文王之體，守文王之法度，文王之法無求而求，故譏之也。」

〔四〕《詩·大雅·文王》。毛傳：「載，事。刑，法。孚，信也。」鄭箋：「天之道難知也，耳不聞聲音，鼻不聞香臭，儀法文王之事，則天下咸信而順之也。」

〔五〕《書·君牙》。孔安國傳：「歎文王所謀大顯明。言武王業美，大可承奉。文武之謀業，大明可承奉，開助我後嗣，皆以正道無邪缺。」

大一統

王正月

公羊子曰：「何言乎王正月？大一統也。」〔一〕《記》曰：「天無二日，土無二王，國無二君，家無二尊，以一治之也。」〔二〕「子曰：『吾說夏禮，杞不足徵也。吾學殷禮，有宋存焉。吾學周禮，今用之，吾從周。』王天下有三重焉，其寡過矣乎。」〔三〕王陽曰：「《春秋》所以大一統者，六合同風，九州共貫也。」〔四〕董生曰：「《春秋》大一統者，天地之常經，古今之通誼也。今師異道，人異論，百家殊方，指意不同。是以上無以持一統，法制數變，下不知所守。臣愚以爲，諸不在六藝之科、孔子之術者，皆絕其道，勿使并進。邪辟之説滅息，然後統紀可一，而法度可明，民知所從矣。」〔五〕此非《春秋》事也，治《春秋》之義莫大焉。

【箋】

〔一〕《公羊傳·隱公元年》。

〔二〕《禮記·喪服四制》。

〔三〕《禮記·中庸》。

〔四〕《漢書·王吉傳》。王吉，字子陽。

〔五〕《漢書·董仲舒傳》。

通三統

春王正月　春王二月　春王三月

何休曰：「夏以斗建寅之月爲正，平旦爲朔，法物見，色尚黑；殷以斗建丑之月爲正，鷄鳴爲朔，法物芽，色尚白；周以斗建子之月爲正，夜半爲朔，法物萌，色尚赤。」〔一〕「二月、三月，皆有王者。二月，殷之正月也；三月，夏之正月也。王者存二王之後，使統其正朔，服其服色，行其禮樂，所以尊先聖、通三統，師法之義、恭讓之禮，于是可得而觀之。」〔二〕子曰：「殷因於夏禮，所損益，可知也；周因於殷禮，所損益，可知也。」〔三〕「周監於二代，郁郁乎文哉！」〔四〕子曰：「行夏之時，乘殷之輅，服周之冕，樂則韶舞。」〔五〕《召誥》曰：「相古先民有夏，天廸從子保，面稽天若；今時既墜厥命。今相有殷，天廸格保，面稽天若；今時既墜厥命。」〔六〕劉向曰：「王者必通三統，明天命所授者博，非獨一姓也。」〔七〕按：日月星辰之行，始於日至〔八〕；陰陽風雨之氣，徵於丑仲〔九〕；王政民事之序，揆於寅正〔一〇〕。三正並行而不悖，尚矣。《夏書》曰「怠棄三正」〔一一〕，子、丑非春，其諸後儒之惑與！

【箋】

〔一〕《公羊傳·隱公元年》：「曷爲先言王而後言正月？王正月也。」何休解詁。

〔二〕《公羊傳·隱公三年》：「春，王二月。」何休解詁。

〔三〕《論語·爲政》。

〔四〕《論語·八佾》。

〔五〕《論語·衛靈公》。

〔六〕《書·召誥》。蔡沈集傳：「從子保者，從其子而保之，謂禹傳之子也。面，鄉也。視古先民有夏，天固啓迪之，又從其子而保佑之，禹亦面考天心敬順無違，宜若可爲後世憑藉者，今時已墜厥命矣。今視有殷，天固啓迪之，又使其格正夏命而保佑之，湯亦面考天心敬順無違，宜亦可爲後世憑藉者，今時已墜厥命矣。以此知天命誠不可恃以爲安也。」

〔七〕《漢書・劉向傳》。

〔八〕日至，此處指冬至，即農曆十一月，爲子月。

〔九〕丑仲，指農曆十二月。

〔一〇〕寅正，指農曆正月。

〔一一〕《書・甘誓》。蔡沈集傳：「三正，子、丑、寅之正也。夏正建寅。『怠棄』者，不用正朔也。」

備四時

春王正月莊公五年　**夏四月**桓公九年　**秋七月**隱公六年　**冬十月**桓公元年

公羊子曰：「此無事，何以書？《春秋》雖無事，首時過則書。首時過則何以書？《春秋》編年，四時具，然後爲年。」何休曰：「明王者當奉順四時之正也。《尚書》曰：『欽若昊天，歷象日月星辰，敬授人時』是也。」〔一〕魏相曰：「天地變化，必繇陰陽，陰陽之分，以日爲紀。日冬夏至，則八風之序立，萬物之性成，各有常職，不得相干。明王謹於尊天，慎于養人，故立羲和之官。君動静以道，奉順陰陽，則日月光明，風雨時節，寒暑調和。臣愚以爲，陰陽者，王事之本、群生之命，自古賢聖未有不繇者也。天子之義，必純取法天地而觀於先聖。」〔二〕《書》曰：「撫于五辰，庶績其凝。」〔三〕

【箋】

〔一〕《公羊傳·隱公六年》。

〔二〕《漢書·魏相傳》。

〔三〕《書·皋陶謨》。蔡沈集傳：「撫，順也。五辰，四時也。木、火、金、水旺于四時，而土則寄旺于四季也。《禮運》曰『播五行于四時』者是也。凝，成也。言百工趨時，而衆功皆成也。」

正日月〔一〕

十二月〔二〕　**閏月**〔三〕文公六年　**六十日**〔四〕　**上辛季辛**〔五〕　**朔**〔六〕　**晦**〔七〕　**日中**〔八〕　**日下昃**〔九〕　**夜**　**夜中**〔一〇〕

《書》曰：「協時月正日。」〔一〕左氏曰：「天子有日官，諸侯有日御。日官居卿以底日，日御不失日，以授百官于朝。」〔二〕又曰：「閏以正時，時以作事，事以厚生，生民之本於是乎在。」〔三〕《記》曰：「天子玄冕而朝日于東門之外，聽朔于南門之外。閏月則闔門左扉，立于其中。皮弁以日視朝。」「諸侯皮弁以聽朔于大廟，朝服以日視朝于內朝。」〔四〕《魯語》曰：「天子大采朝日，與三公、九卿祖識地德，日中考政，師尹惟旅、牧、相宣序民事。少采夕月，與大史、司載糾虔天刑。日入監九御，使潔奉禘、郊之粢盛，而後即安。諸侯朝修天子之業命，晝考其國職，夕省其典刑，夜儆百工，使無慆淫，而後即安。」〔一五〕《庭燎》之詩曰：「夜如何其？夜未央。」〔一六〕《齊詩》曰：「不能辰夜，不夙〔一七〕則莫。」〔一八〕

【箋】

〔一〕原文如此，卷首小序作「正月日」。本節經例之題頭按照月、日、時排序，故作「正月日」當更合理。

〔二〕指《春秋》所書之月。因一年共有十二個月，故總稱「十二月」。

〔三〕《春秋·文公六年》：「閏月，不告月，猶朝于廟。」公羊子傳：「不告月者何？不告朔也。曷爲不告朔？天無是月也，閏月矣。何以謂之天無是月？非常月也。猶者何？通可以已也。」左氏傳：「閏月不告朔，非禮也。閏以正時，時以作事，事以厚生，生民之道於是乎在矣。不告閏朔，棄時政也，何以爲民？」另《春秋·哀公五年》：「冬，叔還如齊。閏月，葬齊景公。」公羊子傳：「閏不書，此何以書？喪以閏數也。喪曷爲以閏數？喪數略也。」何休解詁：「略猶殺也。以月數，恩殺，故并閏數。」指居喪之禮，以月來計算，恩殺，故將閏月也計算在內。

〔四〕指《春秋》所書之日。因天干地支所能配合指示者共六十日，故總稱「六十日」。

〔五〕《春秋·昭公二十五年》：「秋七月，上辛，大雩。季辛，又雩。九月乙亥，公孫于齊，次于陽州。」參見下文《察五行祥異·恒暘·秋七月上辛大雩季辛又雩》條。

〔六〕《公羊經》書「朔」三十次，《穀梁經》書「朔」二十九次，少文公元年一次。《公羊傳·僖公十六年》：「晦則何以不言晦？《春秋》不書晦也。朔有事則書，晦雖有事不書。」

〔七〕《春秋》書「晦」二次，分别爲，僖公十五年：「己卯，晦，震夷伯之廟。」公羊子傳：「晦者何？冥也。」成公十六年：「甲午，晦。」公羊子傳：「晦者何？冥也。何以書？記異也。」

〔八〕《春秋·宣公八年》：「冬十月己丑，葬我小君頃熊，雨不克葬。庚寅，日中而克葬。」

〔九〕《春秋·定公十五年》：「丁巳，葬我君定公，雨不克葬。戊午，日下昃，乃克葬。」

〔一〇〕《春秋·莊公七年》：「夏四月辛卯，夜，恒星不見。夜中，星隕如雨。」

〔一一〕《書·舜典》：「協時月正日，同律度量衡。」孔安國傳：「合四時之氣節，月之大小，日之甲乙，使齊一也。」

〔一二〕《左傳·桓公十七年》。杜預集解：「日官、日御，典曆數者。日官，天子掌曆數者，不在六卿之數而位從卿，故言居卿也。底，平也，謂平曆數。」

〔一三〕《左傳·文公六年》。杜預集解：「四時漸差，則致閏以正之。順時命事，事不失時則年豐。」

〔一四〕《禮記·玉藻》。陳澔集説：「朝日，春風之禮也。聽朔者，聽月朔之事也。東門、南門，皆謂國門。」鄭玄注：「天子廟及路寢，皆如明堂制。明堂在國之陽，每月就其時之堂而聽朔焉，卒事反宿。路寢亦如之。閏月，非常月也。聽其朔於明堂門中，還處路寢門終月。凡聽朔，必以特牲，告其帝及神，配以文王、武王。」陳澔集説：「皮弁服，天子常日視朝之服也。諸臣同此服。」

「方氏曰：『天子聽朔于南門，示受之于天。諸侯聽朔于太廟，示受之于祖。原其所自也。天子、諸侯皆三朝，外朝在庫門之外，治朝在路門之外，内朝在路門之内，亦曰燕朝也。』」

〔一五〕《國語·魯語下》。韋昭注：「禮，天子以春分朝日，示有尊也。虞説曰：『大采，衮織也。』祖，習也。識，知也。地德所以廣生。』昭謂：《禮·玉藻》，天子玄冕以朝日。冕服之下則大采，非衮織也。周禮：『王者搢大圭，執鎮圭，藻五采五就以朝日。』則大采謂此也。言天子與公卿因朝日以修陽政而習地德，因夕月以理陰教而糾天刑。日照晝，月照夜，各因其照以修其事。宣，徧也。序，次也。三君云：『師尹，大夫官也，掌以美制王。』維，陳也。旅，衆士也。牧，州牧也。相，國相也。皆百官政事之所及也。』一曰：『師尹，公也。』詩云：「赫赫師尹。」』夕月以秋分。糾，恭也。虔，敬也。刑，法也。或云：『少采，黼衣也。』昭謂：朝日以五采，則夕月其三采也。載，天文也。司天文謂馮相、保章氏，與大史相儷偶也。因夕月而恭敬觀天法、考行度以知妖祥也。監，視也。九御，九嬪之官，主粢盛、祭服者也。即，就也。業，事也。命，令也。典，常也。刑，法也。儆，戒也。工，官也。慆，慢也。」

〔一六〕《詩·小雅·庭燎》。小序：「《庭燎》，美宣王也，因以箴之。」鄭箋：「諸侯將朝，宣王以夜未央之時問夜早晚。『美』者，美其能自勤以政事。『因以箴』者，王有鷄人之官，凡國事爲期，則告之以時。王不正其官，而問夜早晚。」

〔一七〕夙，原文誤作「宿」，據阮刻《毛詩正義》改。

〔一八〕《詩・齊風・東方未明》。毛傳：「辰，時。夙，早。莫，晚也。」鄭箋：「此言不任其事者，恒失節數也。」另小序稱：「《東方未明》，刺無節也。朝廷興居無節，號令不時，挈壺氏不能掌其職也。」鄭箋：「號令，猶召呼也。挈壺氏，掌漏刻者。」

審天命廢興

二年春　三年春王二月　四年春王二月　五年春　六年春　七年春王三月　八年春　九年春　十年春王二月此正月也，隱無正，故辟之也。　**十一年春**隱公

穀梁子曰：「隱十年無『正』，隱不自正也。元年有『正』，所以正隱也。」〔一〕正隱不使讓。

【箋】

〔一〕《穀梁傳・隱公十一年》。

八年春隱公

有三月，曷不繫諸時〔一〕？決不月也〔二〕。遇在內不月也〔三〕，況在外乎！不月則不言「春王」。春，天時也；月，王月也。此有三月矣，曷不繫之于王？王繫之春，然後以月繫之王。歲之始，莫先于臨天下之一人，而後有萬不同之事物，無不繫之於王月。以月承春，王不可闕也；不以月承春，王不可以不闕也。據亂而作〔四〕，苟非桓公之策

書，則不忍輒以爲無王矣〔五〕，慎言哉！

【箋】

〔一〕意爲既然下文有「三月」，爲何不繫於起首之「春」之下，即《春秋・隱公八年》：「春，宋公、衛侯遇于垂。三月，鄭伯使宛來歸祊。」

〔二〕決，副詞，表肯定，相當于「必定」。《穀梁傳・桓公十二年》：「再稱日，決日義也。」楊士勛疏：「『決日』者，謂二事決宜書日，故經兩舉日文也。」

〔三〕遇例時而不月。《春秋・隱公四年》：「夏，公及宋公遇于清。」何休解詁：「遇例時。」徐彦疏：「即隱八年『春，宋公、衛侯遇於垂』，莊三十年『冬，公及齊侯遇于魯濟』，及此之屬皆是。而僖十四年『夏，六月，季姬及鄫子遇于防』，書月者，彼注云『甚惡内』是也。」

〔四〕何休《春秋公羊傳序》：「傳《春秋》者非一，本據亂而作。」徐彦疏：「孔子本獲麟之後得端門之命，乃作《春秋》。公取十二，則天之數，是以不得取周公、成王之史，而取隱公以下，故曰『據亂而作』，謂據亂世之史而爲《春秋》也。」

〔五〕《穀梁傳・桓公元年》：「桓無王，其曰王，何也？謹始也。其曰無王，何也？桓弟弒兄，臣弒君，天子不能定，諸侯不能救，百姓不能去，以爲無王之道，遂可以至焉爾。」楊士勛疏：「徐邈云：『桓公篡立，不顧王命，王不能討，故無王。又且桓公終始十八年，唯元年、二年、十年、十八年有王，自外皆無王，故傳據以發問，而曰桓無王』。」

元年春王正月桓公

穀梁子曰：「桓無王，其曰王，何也？謹始也。所以治桓也。」

二年春王正月

其曰王，何也？程子曰：「正督〔一〕之罪也。」〔二〕

【箋】

〔一〕《春秋·桓公二年》：「春王正月戊申，宋督弒其君與夷及其大夫孔父。」

〔二〕程頤傳：「桓公無王，而書王正月，正宋督之罪也。弒逆之罪，不以王法正之，天理滅矣。」胡安國傳：「桓無王，而元年書『春王正月』，以天道王法正桓公之罪也。桓無王，而二年書『春王正月』，以天道王法正宋督之罪也。程子曰：『弒逆者，不以王法正之，天理滅矣。督雖無王，而天理未嘗亡也。』其説是矣。」

十年春王正月

其曰王，何也？盈數也。十年必棄，書王，紀常也。本胡氏〔一〕。

【箋】

〔一〕胡安國傳：「桓無王，今復書王何也？十者，盈數也。天道十年則亦周矣，人事十年則亦變矣，故《易》稱守貞者十年而必反。（箋注者按：《易·屯》六二：「女子貞不字，十年乃字。」《象》曰：「十年乃字，反常也。」）《傳》論遠惡者十年而必棄（按：見《左傳·昭公四年》）。桓公至是，其數已盈，宜見誅於天人矣。十年書王，紀常理也。」

十有八年春王正月

其曰王，何也？曰：謹其終也。《易》曰：「物不可以終否。」〔一〕

【箋】

〔一〕《易·序卦》。韓康伯注：「否則思通。」

三年春正月〔一〕特會〔二〕不恒月〔三〕，其月何〔四〕？決不王也〔五〕。**四年春正月**狩不月，此月〔六〕，決不王也。**五年春正月**鮑卒不「正」，決非以與夷、終生故王也〔七〕。**六年春正月**來不恒月〔八〕，決不王也。**七年春二月**　**八年春正月**　**九年春**曷不月？月則不可不王，不月則無嫌于不王，尊王后也〔九〕。**十有一年春正月**　**十有二年春正月**　**十有三年春正月**　**十有四年春正月**　**十有五年春二月**曷爲月？求車則輕矣。〔一〇〕**十有六年春正月**　**十有七年春正月**

穀梁子曰：「桓弟弒兄，臣弒君，天子不能定誅之也，諸侯不能救伐之也，百姓不能去不能討則宜去，以爲無王之道，遂可以至焉爾。」〔一一〕聞之曰：去名以存實也〔一二〕。

【箋】

〔一〕《清經解》本作「王月」，誤。

〔二〕特會，指魯公與别公的兩公相會。《左傳・桓公二年》：「特相會，往來稱地，讓事也。」杜預集解：「特相會，公與一國會也。」

〔三〕如《春秋》隱公二年：「春，公會戎于潛。」隱公九年：「冬，公會齊侯于邴。」等。

〔四〕《春秋・桓公三年》：「春正月，公會齊侯于嬴。」

〔五〕《春秋》例書「王」于月份前，此處謂月不恒書而書者，爲了更凸顯不「王」。

〔六〕《春秋・桓公四年》：「春正月，公狩于郎。」何休解詁：「狩例時。此月者，譏不時也。」徐彦疏：「即莊四年『冬，公及齊人狩于郜』，僖二十八年冬，『天王狩于河陽』是也。」

〔七〕穀梁子以爲，桓二年、十年書王，是正宋公、曹伯之卒，即《春秋・桓公二年》：「春，王正月戊申，宋督弑其君與夷及其大夫孔父。」穀梁子傳：「桓無『王』，其曰王，何也？正與夷之卒也。」《春秋・桓公十年》：「春，王正月庚申，曹伯終生卒。」穀梁子傳：「桓無『王』，其曰王，何也？正終生之卒也。」莊存與不贊同此説，並舉一反例，桓五年陳侯卒，但《春秋》並未書王正之，即《春秋・桓公五年》：「春正月，甲戌、己丑，陳侯鮑卒。」

〔八〕《春秋・桓公六年》：「春正月，寔來。」此處莊存與意爲，《春秋》書「來」，并不皆書月（如閔元年「冬，齊仲孫來」，僖二十九年「冬，介葛盧來」，皆書時不書月），此處書月，同樣是爲了凸顯不書王。

〔九〕《春秋・桓公九年》：「春，紀季姜歸于京師。」桓公九年，天王迎娶紀季姜爲后。莊存與以爲，若書月，則彰顯出「春」與月份之間無「王」，非匹敵之意，嫌于不尊紀姜也。若不書月，則亦可不書王，而無嫌于不尊紀姜。故此處爲了不王，亦不書月。

〔一〇〕《春秋・桓公十五年》：「春二月，天王使家父來求車。」公羊子傳：「何以書？譏。何譏爾？王者無求，求車，非禮也。」何休解詁：「求例時，此月者，桓行惡不能誅，反從求之，故獨月。」

〔一一〕《穀梁傳・桓公元年》。

〔一二〕明卓爾康《春秋辯義・卷首一》以爲《春秋》辯名實有二義：一爲「去名以存實」，一爲「去名以責實」。

王

不稱天〔一〕，何也？貶。天子可貶乎？曰：以天道臨之，可也。君臣之義〔二〕，嫡妾之辨〔三〕，人莫大焉，天莫大焉。

【箋】

〔一〕《春秋》王不稱天共三次，即莊公元年「王使榮叔來錫桓公命」，文公五年「王使榮叔歸含且賵」、「王使召伯來會葬」。

〔二〕《春秋・莊公元年》：「王使榮叔來錫桓公命。」何休解詁：「不言天王者，桓行實惡，而乃追錫之，尤悖天道，故云爾。」胡安國傳：「啖助曰：『不稱天王，寵篡弒以瀆三綱也。』」

〔三〕《春秋》文公四年：「冬十有一月壬寅，夫人風氏薨。」文公五年「春王正月，王使榮叔歸含且賵。

三月辛亥，葬我小君成風。王使毛伯來會葬。」胡安國傳：「夫婦人倫之本，王法所尤謹者。今成風以妾僭嫡，王不能正，又使大夫歸含賵焉，而成之爲夫人，則王法廢，人倫亂矣。是謂弗克若天而悖其道，非小失耳，故特不稱『天』，以謹之也。」「成風薨，王使榮叔歸含且賵，既不稱『天』矣。及召伯來會葬，又與貶焉，何也？歸含且賵，施於妾母已稠疊矣，又使卿來會葬，恩數有加焉，是將祔之於廟也，而致禮於成風盡矣。聘一也，含賵而又葬，則其事益隆，亂人倫、廢王法甚矣。再不稱『天』者，聖人於此，尤謹其戒而不敢略也。」

四年春　夏　七年春　夏桓公

程子曰：「人理滅矣，天運乖矣，陰陽失序，歲功不成矣。故不具四時。」〔一〕聞之《書》曰：「今其有今罔後，汝何生在上？」〔二〕其不具于是年，何也？其諸以朝聘之者與〔三〕？

【箋】

〔一〕《春秋》桓公四年、七年，皆只有春、夏，無秋、冬，即所謂不具四時。《春秋·桓公四年》：「夏，天王使宰渠伯糾來聘。」程頤傳：「桓公弒君而立，天子不能治，天下莫能討，而王使其宰聘之，示加尊寵。天理滅矣，人道無矣。書天王，言當奉天也，而其爲如此。名糾，尊卑貴賤之義亡也。人理既滅，天運乖矣，陰陽失序，歲功不能成矣，故不具四時。」

〔二〕《書·盤庚中》。蔡沈集傳：「有今，猶言有今日也。罔後，猶言無後日也。上，天也。今其有今罔後，是天斷棄汝命，汝有何生理于天乎？」

〔三〕《春秋》桓公四年：「夏，天王使宰渠伯糾來聘。」桓公七年：「夏，穀伯綏來朝。鄧侯吾離來朝。」胡安國傳：「古者賞以春夏，刑以秋冬，象天道也。桓弟弒兄，臣弒君，而天討不加焉，是陽而無陰，歲功不能成矣，故特去秋冬二時，以志當世之失刑也。獨於四年、七年闕焉，何也？按周制大司馬：諸侯而有賊殺其親則正之，放弒其君則殘之。桓弒隱公而立，大司馬九伐之法雖未之舉，猶有望也。及使冢宰下聘，恩禮加焉，則天下之望絶矣，故四年宰糾書名而去秋冬二時，以見天王之不復能用刑也。田常弒其君，孔子請討之，以從大夫之後，不敢不告也。桓弒隱公而立，雖方伯連帥環視而未之恤，猶有望也。及穀、鄧二國自遠來朝，則天下諸侯莫有可望者矣，故七年穀伯、鄧侯各書其名而去秋冬二時，以見諸侯之不復能修其職也。然則見之行事不亦深切著明矣乎？故曰：『《春秋》成而亂臣賊子懼。』」

夏五月莊公二十有二年

五月不首時，其首時何〔一〕？著異也。忘父葬母〔二〕、謀取仇女〔三〕，異之大者也。以天時爲于此焉變矣，著變以存其常焉爾。本何休〔四〕。

【箋】

〔一〕四月爲夏之首月，此處書五月，故問。

〔二〕莊公母文姜與庶兄齊襄公通淫，并且謀殺了丈夫魯桓公，而莊公忘父仇而葬母。即《春秋》莊公二十一年：「秋七月戊戌，夫人姜氏薨。」二十二年春：「癸丑，葬我小君文姜。」

〔三〕齊國于莊公有殺父之仇，但莊公卻迎娶齊女。即《春秋》莊公二十二年：「冬，公如齊納幣。」二十四年：「夏，公如齊逆女。秋，公至自齊。八月丁丑，夫人姜氏入。」

〔四〕何休解詁：「以五月首時者，譏莊公取仇國女，不可以事先祖、奉四時祭祀，猶五月不宜以首時。」

元年春王三月定公

穀梁子曰：「不言正月，定無正也。定之無正，何也？昭公之終，非正終也；定之始，非正始也。昭無正終，故定無正始。」〔一〕

【箋】

〔一〕《穀梁傳·定公元年》。魯昭公爲季氏所逐，死於外。六月喪至，定公不待來年正月，隨即即位。

十有四年春　夏　秋定公

去「冬」，何也？不終也。本何休〔一〕。是年也齊歸女樂，季孫受之而孔子行，故曰不終。《易》曰「无喪无得」，其吾聖人與？「汔至亦未繘井，羸其瓶，凶」，夫季桓子與〔二〕？昭公十年，不説義何〔三〕？曰：可以無闕，闕而不書，慎也；不可以具，闕而無削，明也。昭公無「冬」，上下皆見，「夏五」〔四〕類也。今上下之文未有以明見〔五〕，必如「郭公」〔六〕類也。夫子親于其時，奚不可具哉！故曰削也。猥以爲闕〔七〕，非明也，其陋也；非慎也，其惑也。夫乃以聖人之去國爲淺事也而可哉！

【箋】

〔一〕何休解詁：「去『冬』者，是歲蓋孔子由大司寇攝相事，政化大行，粥羔豚者不飾，男女異路，道無拾遺，齊懼，北面事魯，饋女樂以間之。定公聽季桓子受之，三日不朝。當坐淫，故貶之。歸女樂不書者，本以淫受之，故深諱其本。又三日不朝，孔子行。魯人皆知孔子所以去。附嫌近害，雖可書猶不書。」

〔二〕《易·井》。王弼注：无喪无得，「德有常也」；汔至亦未繘井，羸其瓶，凶，「已來至而未出井也。井道以已出爲功也。幾至而覆，與未汲同也。」

〔三〕《春秋·昭公十年》：「九月，叔孫舍如晉。葬晉平公。十有二月甲子，宋公戌卒。」公羊無傳。何休解詁：「去『冬』者，蓋昭公取吴孟子之年，故貶之。」

〔四〕《春秋·桓公十四年》：「夏五，鄭伯使其弟語來盟。」杜預集解：「不書月，闕文。」范甯集解：「孔子在于定哀之世，而録隱桓之事，故承闕文之疑不書月，明皆實録。」

〔五〕指定公十四年無冬，《春秋》上下文無有明顯月份可判定有冬季之事，即《春秋·定公十四年》：「秋，齊侯宋公會于洮。天王使石尚來歸脤。衛世子蒯聵出奔宋。衛公孟彄出奔鄭。宋公之弟辰自蕭來奔。大蒐于比蒲。邾子來會公。城莒父及霄。」

〔六〕指爲夫子筆削。《春秋·莊公二十四年》：「赤歸於曹。郭公。」公羊子傳：「赤者何？曹無赤者，蓋郭公也。郭公者何？失地之君也。」何休解詁：「倒郭公置赤下者，欲起曹伯爲戎所殺，故使若曹伯死，謚之爲郭公。」

〔七〕反杜預之説，杜預以爲定公十四年無冬，是「史闕文」。

察五行祥異

《洪範》曰：「一，五行：一曰水，二曰火，三曰木，四曰金，五曰土。水曰潤下，火曰炎上，木曰曲直，金曰從革，土爰稼穡。」「二，五事：一曰貌，二曰言，三曰視，四曰聽，五曰思。貌曰恭，言曰從，視曰明，聽曰聰，思曰睿。恭作肅，從作乂，明作哲，聰作謀，睿作聖。」「八，庶徵。曰休徵：曰肅，時雨若；曰乂，時暘若；曰哲，時燠若；曰謀，時寒若；曰聖，時風若。曰咎徵：曰狂，恒雨若；曰僭，恒暘若；曰豫，恒燠若；曰急，恒寒若；曰蒙，恒風若。曰王省惟歲，卿士惟月，師尹惟日。」

《傳》〔一〕曰：「田獵不宿，飲食不享，出入不節，奪民農時，及有姦謀，則木不曲直。」「棄法律，逐功臣，殺大子，以妾爲妻，則火不炎上。」「脩宫室，飾臺榭，内淫亂，犯親戚，侮父兄，則稼穡不成。」「好戰攻，輕百姓，飾城郭，侵邊竟，則金不從革。」「簡宗廟，不禱祠，廢祭祀，逆天時，則水不潤下。」

「貌之不恭，是謂不肅，厥咎狂，厥罰恒雨，厥極惡。時則有服妖，時則有龜孽，時則有鷄旤，時則有下體生上之痾，時則有青眚青祥。惟金沴木。」「說曰：凡草木之類謂之妖，蟲豸之類謂之孽，及六畜謂之旤，及人謂之痾，異物生謂之眚，自外來謂之祥，氣相傷謂之沴。每云『時則』以絶之，言非必俱至，或有或亡，或在前或在後也」〔二〕。「凡六沴之作，歲之朝，月之朝，日之朝，則后王受之。咎不由下，《書》曰：「予一人有罪」〔三〕。歲之中，月之中，日之中，則正卿受之。咎由斯人不進賢黜惡，則其流及上，《詩》曰：「惟王之卬」〔四〕。歲之夕，月之夕，日之夕，則庶民受之。民爲邦本，王者所依。天災及之，危之至也。《書》曰：「爽惟天其罰殛我，我其不怨。」〔五〕其二辰以次相將，其次受之。」〔六〕鄭康成曰：「歲以四月爲別，月以一旬爲別，日則始平旦，訖黄昏，間三時爲別。〔七〕又曰：「二辰，日月也。假令歲之朝也，日月中則上公，日月夕則下公。歲之中也，日月朝則孤卿，日月夕則大夫。歲之夕也，日月朝則上士，日月中則下士。其餘差以尊卑、多少，則悉矣。」〔八〕竊謂天下有道，其不善者受之，天下無道，則殆及善者。《詩》曰：「民雖靡膴，或哲或謀，或肅或乂。如彼泉流，無淪胥以敗。」〔九〕

「言之不從，是謂不乂。厥咎僭，厥罰恒暘，厥極憂。時則有詩妖，時則有介蟲之孽。介蟲之孽，金也〔一〇〕。明「貌」有毛蟲之孽矣〔一一〕。云「龜孽」者，金木雜也，以此見金之有虎孽也〔一二〕。時則有犬旤，時則有口舌之痾，時則有白眚白祥。惟木沴金。」

「視之不明，是謂不哲。厥咎豫，厥罰恒燠，厥極疾。時則有草妖，時則有蠃蟲〔一三〕之孽，「師古曰：『螽、螟之類，無鱗甲毛羽。』」〔一四〕按：羽蟲者，火也；蠃蟲者，土也。不言羽蟲者，火病則兼其下也〔一五〕。 時則有羊旤，時則有目痾，時則有赤眚赤祥。惟水沴火。」「説曰：燠則冬温，故有草妖。凡妖，貌則以服，言則以詩，聽則以聲，視則以色。五色，物之大分，在于眚祥，故聖人以爲草妖，失秉之明也」〔一六〕。

「聽之不聰，是謂不謀，厥咎急，厥罰恒寒，厥極貧。時則有鼓妖，時則有魚孽，時則有豕旤，時則有耳痾，時則有黑眚黑祥。惟火沴水。」

「思之不睿，是謂不聖。厥咎霿，厥罰恒風，厥極凶短折。時則有脂夜之妖，時則有華孽，木勝，土彊則木不能令，土弱則木侮之。 時則有牛旤，時則有心腹之痾，時則有黃眚黃祥，時則有金木水火沴土。」

「皇之不極，是謂不建。厥咎眊，厥罰恒陰，厥極弱。時則有射妖，時則有龍蛇之孽，時則有馬旤，時則有下人伐上之痾，時則有日月亂行、星辰逆行。」不言五行沴天而曰日月亂行、星辰逆行者，爲若下不敢沴天，尊尊之義也。

「六沴作見，若是共禦，五福乃降。若不共禦，六極其下。」〔一七〕

【箋】

〔一〕以下引文皆出自《漢書·五行志》《後漢書·五行志》所轉引的伏生《尚書大傳》。

〔二〕節引自《漢書·五行志中之上》。王鳴盛《十七史商榷·漢書七·五行志所引》：「《五行志》先引『經曰』一段，是《尚書·洪範》文，次引『傳曰』一段，是伏生《洪範五行傳》文，又次引『說曰』一段，是歐陽、大小夏侯等說，乃當時列於學官，博士所習者。」

〔三〕《書·湯誥》：「其爾萬方有罪，在予一人。予一人有罪，無以爾萬方。」

〔四〕《詩·小雅·巧言》：「匪其止共，維王之邛。」鄭箋：「邛，病也。小人好爲讒佞，既不共其職事，又爲王作病。」

〔五〕《書·康誥》。孔安國傳：「明惟天其以民不安罰誅我，我其不怨天。」

〔六〕《後漢書·五行志一》劉昭注轉引。

〔七〕《後漢書·五行志一》劉昭注引鄭玄曰：「自正月盡四月爲歲之朝，自五月盡八月爲歲之中，自九月盡十二月爲歲之夕。上旬爲月之朝，中旬爲月之中，下旬爲月之夕。平旦至食時爲日之朝，隅中至日跌爲日之中，晡時至黄昏爲日之夕。」

〔八〕《後漢書·五行志一》劉昭注轉引。

〔九〕《詩·小雅·小旻》。鄭箋：「膴，法也。民雖無法，其心性猶有知者，有謀者，有肅者，有艾者，王何不擇焉？置之於位而任之爲治乎？淪，率也。王之爲政，當如原泉之流，行則清。無相牽卒爲惡，以自濁敗。」

〔一〇〕《後漢書·五行志一》：「時則有介蟲之孽。」劉昭注：「鄭玄曰：『蝝、螽、蜩、蟬之類，生於火而藏於秋者也，屬金。』」

〔一一〕此處意在駁正劉歆之説。劉歆以爲，言之不從，時有毛蟲之孽。見《漢書·五行志中之上》。

〔一二〕意爲因言之不從有介蟲之孽，可推知貌之不恭當有毛蟲之孽（毛蟲，指獸類，如麟、麋、虎等，屬木），傳曰龜孽者，乃因金沴木也（即指上文貌之不恭，時則有龜孽，惟金沴木）。由此可見，金，同樣有毛蟲之孽。

〔一三〕蠃蟲，原文誤作「贏蟲」，據《漢書·五行志中之下》改。下同。

〔一四〕《漢書·五行志中之下》顔師古注。

〔一五〕劉歆以爲視之不明，時則有羽蟲之孽。《漢書·五行志中之下》：「劉歆『視』傳曰有羽蟲之孽，鷄禍。」

〔一六〕《漢書·五行志中之下》。

〔一七〕據莊存與以上引文，特繪製五行詳異對應表，以清眉目。其中白底表格，出自經（《洪範》），暗底表格，出自傳（《尚書大傳·洪範傳》）。

洪範九疇							尚書大傳
一、五行		**水**	**火**	**木**	**金**	**土**	
	五行之性	潤下	炎上	曲直	從革	稼穡	
	味道	鹹	苦	酸	辛	甘	
	五行失其常性之緣由	簡宗廟不禱祠廢祭祀逆天時	棄法律逐功臣殺太子以妾爲妻	田獵不宿飲食不享出入不飭奪民農時及有奸謀	好戰攻輕百姓飾城郭侵邊竟	脩宮室飾臺榭內淫亂犯親戚侮父兄	皇極
二、五事		**聽**	**視**	**貌**	**言**	**思（心）**	皇
	五事之性	聰	明	恭	從	睿	極
		謀	哲	肅	乂	聖	建

續表

洪範九疇							尚書大傳
八、庶徵		寒	燠	雨	暘	風	陰
	休徵	謀，時寒若	哲，時燠若	肅，時雨若	乂，時暘若	聖，時風若	建，時陰
	咎徵	急，恒寒若	豫，恒燠若	狂，恒雨若	僭，恒暘若	蒙，恒風若	眊，恒陰
		鼓妖 魚孽 豕旤 耳痾 黑眚黑祥 惟火沴水	草妖 蠃蟲之孽 羊旤 目痾 赤眚赤祥 惟水沴火	服妖 龜孽 鷄旤 下體生上之痾 青眚青祥 惟金沴木	詩妖 介蟲之孽 犬旤 有口舌之痾 白眚白祥 惟木沴金	脂夜之妖 華孽 牛旤 心腹之痾 黃眚黃祥 金木水火沴土	射妖 龍蛇之孽 馬旤 下人伐上之痾 日月亂行、星辰逆行 （沴天）
九、五福		富	壽	攸好德	康寧	考終命	
六極		貧	疾	惡	憂	凶短折	弱

曰：經所不言，何故傳之〔一〕？不殆于誣乎？曰：烏是何言與！天有五行，地有五行，陳天之五，合地之五，明天道也，重皇極也。昧者見以爲六也〔二〕，故疑之；明者知其爲合也，故信之。且夫皇極所以立命，故曰「建」；五事所以事天，故曰「敬」〔三〕。事一不修，敬有闕爾；皇之不極，非不克建而已，乃蕩然大壞，逆天道甚也。是故五事有變，傷其質，五沴是也。質具于地；皇極不建，沴其象，日月星辰是也。象見于天。獨不見夫《易》乎！貌、言、視、聽如六子〔四〕然，思如坤，皇極如乾，傳五行不傳皇極，是知坤藏不知乾君也〔五〕。并五事在皇極，是知成象不知效法也〔六〕。知地而不知天，則悖矣；知一而不知二，則謬矣。不此之誣，而以傳爲誣，是何言也。獨不見夫《易》乎！

曰：然則經不言，何也？曰：有之。歲也、月也、日也，天道也〔七〕。歲、月、日、時無易，皇極之建，應此矣。日、月、歲、時既易，皇極不建，應此矣。

其曰「厥咎眊」，何也？蒙甚也，天奪其鑒已。在《易》《明夷》之《賁》曰「不明晦，初登于天，後入于地」〔八〕，殆此謂矣。霧亂五官，地也；眊亂五性，天也。

「厥罰恒陰」，何也？風甚也，或覩其物已。《詩》曰：「終風且曀。」〔九〕下則爲雲物，尚在下。上則爲祲象，則已高。凡十五物皆繫于日，其在《周禮》春官職之〔一〇〕。

厥咎類蒙，厥罰類風，不别著象，何也？一以管四者，心也；一以行四者，風也。天無不覆，地無不載，各以五配而不能爲六也。

雨、暘、燠、寒，非天乎？曰：其本在地，地道无成，故歸諸天。然則恒陰亦地也？曰：天氣擾地不應，《易》曰：「密雲不雨，已上也。」[一]

「射妖」，何也？曰：其在晝乎？男子事也。用是見「脂夜之妖」蓋女子象也。

「龍蛇之孽」，何也？曰：極陰疑陽，其將戰乎？在《易》《坤》之《剥》曰：「龍戰于野，其血玄黄。」

「馬旤」，何也？馬健行地，其象配乾，故屬皇極。

五事盡失，六極不盡應，獨歸之「弱」，何也？曰：其知天道乎？是謂「天之所壞，不可支也」。自有生民以來，墜命亡氏、踣其國家者，胥在此。人見其弱也，而悲之，而閔之，不知天之棄之也。威莫甚于此矣。凡以蕩然大壞，逆天道甚故爾，豈曰一事偶失哉！

曰：日月有常行，何謂「亂」？星之逆行亦常也，何謂「沴」？曰：苟以爲常，生必有死，興必有廢，治必有亂，存必有亡，莫非常也，則將不復危懼，晏晏如故，奚不祥甚哉！

曰：此天之命，不可知也，故曰異。若天之行，則可知也，何異之有？曰：昧者皆不知，神者盡知之，蔽者一知一不知。畸常畸異奚足以定是非！余寧知禍之逮人也，天不有期焉？聖不先覺焉？女尚良知日月之眚，聖弗克知女短長之命，信乎？否也？

曰：聖知之不以告人，亦以爲非常云爾？曰：固非常也。聖人曷常以日月之行之故告人乎？《春秋》書「日有食之」，不著其食之者。老聃云：「安知其不見星也。」〔一二〕古之人不以日月之眚諄諄然示人，亦明矣，敬天故也。若夫禍福之故，聖人則既告女曰：「作善降之百祥，作不善降之百殃。」〔一三〕重之以蓍龜，臨之以明哲，中之以誓誥，勸之以歌誦，皆是物也。夫乃以爲非常也，固聖人之所以爲大常也。

曰：日月星辰之沴固非常矣，是亦亟矣，乃必使人罹于咎乎？曰：非日月星辰之變使罹咎也，極之不建，實自取謫焉。苟有壞國、喪家、亡人〔一四〕，其小大亦良應之，甚可畏也。

曰：家人亦應之乎？曰：奚在其不應也。傳曰：「謂母之子也可，謂天之子也可。尊者取尊稱焉，卑者取卑稱焉。」〔一五〕經曰「時人斯其惟皇之極」〔一六〕，固古今貴賤之達理也。苟有庶人，傲狠明德以亂天常，雖當天地之災，不異焉，奚在其不應也。《中庸》記曰「國家將亡，必有妖孽」，初不在大也。孟子曰「修身以俟之，所以立命」〔一七〕，亦不在小也。

【箋】

〔一〕指《洪範》論皇極，是將其與五行、五事、八政等并列的「九疇」之一。而伏生的《洪範傳》卻將之與五事并列，地位類同于第六事，且盛論其事應。

〔二〕指貌、言、視、聽、思，再加皇極。

〔三〕《書·洪範》：「次二曰敬用五事」，「次五曰建用皇極」。孔安國傳：「五事在身，用之必敬乃善。」皇極，歷來有三種釋義，孔安國傳稱：「皇，大。極，中也。凡立事當用大中之道」；班固稱：「皇，君也；極，中；建，立也。」（《漢書·五行志下之上》「王莽篡位」條）；朱熹稱：「蓋皇者，君之稱也；極者，至極之義，標準之名，常在物之中央，而四外望之以取正焉者也。」綜合莊存與前後文，其應當贊同朱子之解。

〔四〕六子，謂震、巽、坎、離、艮、兑六卦。八卦之中，乾爲父，坤爲母，震爲長男，巽爲長女，坎爲中男，離爲中女，艮爲少男，兑爲少女，故云六子。

〔五〕《易·説卦》：「乾以君之，坤以藏之。」

〔六〕《易·繫辭上》：「成象之謂乾，效法之謂坤。」韓康伯注：「擬乾之象，效坤之法。」孔穎達疏：「謂畫卦成乾之象，擬乾之健，故謂卦爲乾也。謂畫卦效坤之法，擬坤之順，故謂之坤也。」

〔七〕《書·洪範》：「四、五紀：一曰歲，二曰月，三曰日，四曰星辰，五曰曆數。」

〔八〕《易·明夷》上六。王弼注：「處《明夷》之極，是至晦者也。本其初也，在乎光照，轉至于晦，遂入于地。」

〔九〕《詩·邶風·終風》。毛傳：「陰而風曰曀。」陸德明釋文：「終風，終日風也。」

〔一〇〕雲物五，保章氏掌之。祲象十，眡祲掌之。凡十五物。《周禮·春官·保章氏》：「以五雲之物，辨吉凶、水旱降豐荒之祲象。」鄭玄注：「物，色也。視日旁雲氣之色。降，下也，知水旱所下之國。鄭司農云：『以二至二分觀雲色，青爲蟲，白爲喪，赤爲兵荒，黑爲水，黄爲豐。』」《周禮·春官·眡祲》：「眡祲，掌十煇之灋，以觀妖祥、辨吉凶。一曰祲，二曰象，三曰鑴，四曰監，五曰闇，六曰瞢，七曰彌，八曰叙，九曰隮，十曰想。」鄭玄注：「鄭司農云：『祲，陰陽氣相侵也。象者，如赤鳥也。鑴，謂日旁氣四面反鄉，如煇狀也。監，雲氣臨日也。闇，日月食也。瞢，日月瞢瞢無光也。彌者，白虹彌天也。叙者，雲有次序如山在日上也。隮者，升氣也。想者，煇光也。』玄謂鑴讀如『童子佩鑴』之鑴，謂日旁氣刺日也。監，冠珥也。彌，氣貫日也。隮，虹也。《詩》云『朝隮于西』。想，雜氣有似可形想。」

〔一一〕《易·小過》：「《象》曰『密雲不雨』，已上也。」王弼注：「夫雨者，陰在於上，而陽薄之而不得通，則烝而爲雨。今艮止於下而不交焉，故不雨也。是故《小畜》尚往而亨，則不雨也；《小過》陽不上交，亦不雨也。雖陰盛於上，未能行其施也。」

〔一二〕《禮記・曾子問》：「曾子問曰：『葬引至于堩，日有食之，則有變乎？且不乎？』孔子曰：『昔者吾從老聃，助葬於巷黨。及堩，日有食之。老聃曰：「丘，止柩就道右，止哭以聽變，既明反而後行，曰禮也。」反葬而丘問之曰：「夫柩不可以反者也。日有食之，不知其已之遲數，則豈如行哉？」老聃曰：「諸侯朝天子，見日而行，逮日而舍奠。大夫使，見日而行，逮日而舍。夫柩，不蚤出，不莫宿。見星而行者，唯罪人與奔父母之喪者乎！日有食之，安知其不見星也。且君子行禮，不以人之親痁患。」吾聞諸老聃云。』」

〔一三〕《書・伊訓》。書序：「伊尹作《伊訓》」。

〔一四〕語出《禮記・禮運》：「故唯聖人爲知禮之不可以已也。故壞國、喪家、亡人，必先去其禮。」

〔一五〕《穀梁傳・莊公三年》。鍾文烝補注：「凡爲母之子者，皆天之子也。」范甯集解：「王者尊，故稱天子。衆人卑，故稱母子。」

〔一六〕《書・洪範》。蔡沈集傳：「此言庶民也」，「是人斯其惟皇之極矣。」

〔一七〕《孟子・盡心上》：「殀壽不貳，脩身以俟之，所以立命也。」

《高宗肜日》曰：「『民有不若德，不聽罪。天既孚命，正厥德。』乃曰：『其如台？』嗚呼！王司敬民，罔非天胤，典祀無豐于昵。」〔一〕此事應也。事天如事親，父母怒之，必誠求其所以然，多方擬議之，既得而後已，此之謂脩省。怒而不知懼，頑也；懼而不知捄，慢也；捄而不察類，舛也；不當而不問其人，傲也。頑則絶之，慢則疏之，舛則謫之，傲則厭之。天地之大者在五行，各一其性，不得相干。徵召若影響，其失也，不知捄則已，如欲捄之，不敢不察其故。所謂「《春秋》之道，舉往以明來」〔二〕也。五行之失如疾，然氣雖亂，各有所主。不存其意，不貫其理，以此事天，何異許止之不嘗藥也〔三〕。五行之變，非盡變也，非不遽復也，謂和則俱和、失則俱失，是乃誣天地也。不然，夫祖己之言，亦曰「正厥事」可矣，又曰「典祀無豐于昵」，非所捄之事當用此與？人臣之義，陳善必列其宜，匡失必舉其敗，不敢爲無端崖之辭以溷其上而藏其姦，敬之至也。今曰恐懼脩省云爾，將俾盡革其政與？抑擇所振捄與？抑空言無施而百官萬事皆自若與？此固姦以事君者所欲得以飾其惡也。欺君不祥，誣天地不祥，逆五行不祥〔四〕，一言而不祥者三，不説事應之謂也〔五〕。

【箋】

〔一〕《書·高宗肜日》：「高宗肜日，越有雊雉。祖己曰：『惟先格王，正厥事。』乃訓于王曰：『惟天監下民，典厥義，降年有永有不永。非天夭民，民中絶命。民有不若德、不聽罪，天既孚命，正厥德。乃曰：「其如台？」嗚呼！王司敬民，罔非天胤，典祀無豐于昵。』」孔安國傳：「祭之明日又祭，殷曰肜，周曰繹。」「於肜日有雉異。言至道之王遭變異，正其事而異自消。」蔡沈集傳：「不若德，不順于德。不聽罪，不服其罪。謂不改過也。孚命者，以妖孽爲符信而譴告之也。言民不順德，不服罪，天既以妖孽爲符信而譴告之，欲其恐懼修省以正德。民乃曰：『妖孽，其如我何？』則天必誅絶之矣。」「司，主。胤，嗣也。王之職，主于敬民而已，徼福于神非王之事也。況祖宗莫非天之嗣，主祀其可獨豐于昵廟乎？」

〔二〕《漢書·五行志上》「遼東高廟災」條引董仲舒對語。

〔三〕《春秋·昭公十九年》：「夏，五月戊辰，許世子止弒其君買。」「冬，葬許悼公。」公羊子傳：「賊未討，何以書葬？不成于弒也。曷爲不成于弒？止進藥而藥殺也。止進藥而藥殺，則曷爲加弒焉爾？譏子道之不盡也。其譏子道之不盡奈何？曰：樂正子春之視疾也，復加一飯，則脱然愈；復損一飯，則脱然愈；復加一衣，則脱然愈；復損一衣，則脱然愈。止進藥而藥殺，是以君子加弒焉爾。」

〔四〕「逆五行不祥」，原文脱，據莊存與《尚書説》補。

〔五〕本段闡説，亦見於莊存與《尚書説》。

春王正月，雨木冰成公十有六年

公羊子曰：「雨木冰者何？雨而木冰也。何以書？記異也。」「劉向以爲：冰者，陰之盛而水滯者也。木者，少陽，貴臣卿大夫之象也。此人將有害，則陰氣脅木，木先寒，故得雨而冰也。是時，叔孫僑如出奔，公子偃誅死。」〔一〕

木不曲直

【箋】

〔一〕《漢書·五行志上》。

秋八月壬申，御廩災桓公十有四年

公羊子曰：「御廩災，何以書？記災也。」「董仲舒以爲：先是四國共伐魯，大破之於龍門，百姓傷者未瘳，怨諮未復，而君臣俱惰，内怠政事，外侮四鄰，非能保守宗廟終其天年者也，故天災御廩以戒之。劉向以爲：御廩，夫人、八妾所舂米之臧以奉宗廟者也。時夫人有淫行，挾逆心，天戒若曰，夫人不可以奉宗廟。桓不寤，與夫人俱會齊，夫人譖桓公于齊侯，齊侯殺桓公。」〔一〕

【箋】

〔一〕《漢書·五行志上》。

夏，齊大災莊公二十年

穀梁子曰：「其志，以甚也。」「劉向以爲：齊桓好色，聽女口，以妾爲妻，適庶數更，故致大災。桓公不寤，及死，適庶分爭，九月不得葬。」〔一〕公羊子曰：「大災者何？大瘠也。大瘠者何？痢也。何以書？記災也。外災不書，此何以書？及我也。」「董仲舒以爲：魯夫人淫於齊，齊桓姊妹不嫁者七人。國君，民之父母。夫婦，生化之本。本傷則末夭，故天災所予也」〔二〕。

【箋】

〔一〕《漢書·五行志上》。

〔二〕《漢書·五行志上》。

五月乙巳，西宫災僖公二十年

公羊子曰：「西宫者何？小寢也。小寢則曷爲謂之西宫？有西宫則有東宫矣。魯子曰：『以有西宫，亦知諸侯之有三宫也。』西宫災何以書？記異也。」不志事應，何也？疑誤則闕之。

夏，成周宣榭火宣公十有六年

公羊子曰：「宣榭者何？宣宫之榭也。何以書？記災也。」穀梁子曰：「其曰宣榭，何也？以樂器之所藏，目之〔一〕也。」左氏曰：「凡火，人火曰火，天火曰災。」「董仲舒、劉向以爲：十五年王札子殺召伯、毛伯，天子不能誅。天戒若曰，不能行政令，何以禮樂爲而藏之？」〔三〕按：成周者，天子之下都也。

【箋】

〔一〕目之，亦作目言之，謂《春秋》將之列爲一條目，即筆之于書之意。

〔三〕《漢書·五行志上》。

甲子，新宫災，三日哭成公三年二月

公羊子曰：「新宫災，何以書？記災也。」何休以爲：「此象宣公篡立，當誅絶，不宜列昭穆。」天道莫明于此矣。

春，宋災襄公九年

公羊子曰：「何以書，記災也。外災不書，此何以書？爲王者之後記災也。」「劉向以爲：先是，宋公聽讒，逐其大夫，華若出奔魯。」〔一〕

【箋】

〔一〕《漢書·五行志上》。

五月甲午〔二〕**，宋災**襄公三十年

「劉向以爲：先是，宋公聽讒而殺太子痤，應火不炎上之罰也。」〔二〕

【箋】

〔一〕甲午，原作「甲子」，誤，據《春秋》原文改。

〔二〕《漢書·五行志上》。

夏四月，陳災昭公九年

左氏曰：「鄭裨竈曰：『五年陳將復封，封五十二年而遂亡。』子産問其故，對曰：『陳，水屬也，而楚所相也。今火出而火陳，逐楚而建陳也。妃以五成，故曰五年。歲五及鶉火，而後陳即亡，楚克有之，天之道也。』」〔一〕雜占〔二〕非經義也，志雜占何也？明所用廣，不舉一而廢百也。

【箋】

〔一〕杜預集解：「陳，顓頊之後，故爲水屬。」「相，治也。楚之先祝融，爲高辛氏火正，主治火事。」「妃，合也。五行各相妃合，得五而成，故五歲而陳復封，爲十三年陳侯吴歸于陳傳。」

〔二〕占，《味經齋遺書》誤作「古」，據《清經解》本改。下同。雜占，卜筮之外的其它各種占卜術，此處特指陳國之火災。《漢書·藝文志》：「雜占者，紀百事之象，候善惡之徵。《易》曰：『占事知來。』衆占非一，而夢爲大，故周有其官。」

夏五月壬午，宋、衛、陳、鄭災昭公十有八年公羊子曰：「何以書？記異也。何異爾？異其同日而俱災也。外異不書，此何以書？爲天下記異也。」穀梁子曰：「其日，以同日也。」「董仲舒以爲：象王室將亂，天下莫救，故災四國，言亡四方也。又宋、衛、陳、鄭之君，皆荒淫于樂，不恤國政，與周室同行。陽失節則火災出，是以同日災也。劉向以爲：宋、陳，王者之後；衛、鄭，周同姓也。時周景王老，劉子、單子事王子猛，尹氏、召伯、毛伯事王子朝。子朝，楚之出也。及宋、衛、陳、鄭，亦皆外附于楚，亡尊周室之心。後三年，景王崩，王室亂，故天災四國。天戒若曰，不救周、反從楚、廢世子、立不正，以害王室，明同辠也。」〔一〕

【箋】

〔一〕《漢書·五行志上》。

夏五月壬辰，雉門及兩觀災定公二年

公羊子曰：「其言雉門及兩觀災何？兩觀微也。然則曷爲不言雉門災及兩觀？主災者，兩觀也。時災者兩觀則曷爲後言之？不以微及大也。何以書？記災也。」「董仲舒、劉向以爲：此皆奢僭過度者也。先是，季氏逐昭公，昭公死於外。定公即位，既不能誅季氏，又用其邪説，淫于女樂，而退孔子。天戒若曰，去高顯而奢僭者」〔一〕。

【箋】

〔一〕《漢書·五行志上》。

五月辛卯，桓宫、僖宫災哀公三年

公羊子曰：「何以不言及？敵也。何以書？記災也。」「董仲舒、劉向以爲：此二宫違禮者也。哀公以季氏之故不用孔子，孔子在陳聞魯災，曰：『其桓、釐〔一〕之宫乎？』以桓，季氏之所出；釐，使季氏世卿者也。」〔二〕按：此毁廟〔三〕也，言災何？宜毁不毁也。

【箋】

〔一〕釐，即僖。

〔二〕《漢書·五行志上》。

〔三〕毁廟，指桓、僖于哀公，遠過五世，當爲親盡迭毁之廟。《公羊傳·文公二年》：「毁廟之主，陳于大祖。」何休注：「毁廟，謂親過高祖，毁其廟，藏其主于大祖廟中。」

六月辛丑，亳社災哀公四年

穀梁子曰：「亳社者，亳之社也。亳，亡國也。亡國之社以爲廟屏，戒也。其屋亡國之社，不得達上也。」〔一〕公羊子曰：「蒲社災，何以書？記災也。」〔二〕「董仲舒、劉向以

爲：天戒若曰，國將危亡，不用戒矣。《春秋》火災屢于哀、定之間，不用聖人而縱驕臣，將以亡國，不明甚也。」〔三〕

火不炎上

【箋】

〔一〕范甯集解：「立亳之社於廟之外，以爲屏蔽，取其不得通天，人君瞻之而致戒心。必爲之作屋，不使上通天也。緣有屋，故言災。」

〔二〕亳社，《公羊》作「蒲社」。

〔三〕《漢書·五行志上》。

無麥苗莊公七年秋〔一〕

公羊子曰：「無苗，則曷爲先言無麥，而後言無苗？一災不書，待無麥，然後書無苗。何以書？記災也。」何休以爲：「先是，莊公伐衛納朔，用兵踰年，夫人數出淫泆，民怨之所生。」

【箋】

〔一〕本條《漢書·五行志上》將之歸入「水不潤下」項。

大無麥禾莊公二十有八年〔一〕

穀梁子曰：「大者，有顧之辭也；於無禾及無麥也。」「劉向以爲：不書水旱，而曰大亡麥禾者，土氣不養，稼穡不成也。是時，夫人淫於二叔，外内無别，故應是而稼穡不成。遂不改寤，四年而死，禍流二世，奢淫之患也。」〔二〕董仲舒曰：「《春秋》他穀不書，至于麥、禾不成則書之，以此見聖人于五穀最重麥與禾也。」〔三〕

【箋】

〔一〕本條是《漢書·五行志上》僅有的一條屬於「稼穡不成」的事應。

〔二〕《漢書·五行志上》。

〔三〕《漢書·食貨志上》。

饑宣公十年冬〔一〕

公羊子曰：「何以書？以重書也。」不志事應，與「大水」同。〔二〕

【箋】

〔一〕本條《漢書·五行志上》將之歸入「水不潤下」項。下兩條《五行志》未采釋，但援例亦當在「水不潤下」項。

〔二〕指與該年之「大水」爲同一事應。《春秋·宣公十年》：「秋大水。」「饑」。

饑宣公十有五年冬。不志事應，與「蝝生」同〔一〕。

【箋】

〔一〕指與該年之「蝝生」爲同一事應。《春秋·宣公十五年》：「冬，蝝生。饑。」

大饑襄公二十有四年冬

有死傷曰饑，死傷甚曰大饑。此皆凶年也，曷爲或書其本，或書其末？書其本，無備也，上怠也；書其末，不恤也，怠乎怠者也。民力單矣，王澤竭矣。

稼穡不成

秋，大水桓公元年

左氏曰：「凡平原出水爲大水。」穀梁子曰：「高下有水，曰大水。」高，原也；下，隰也。古之治田也，其察高下則微。何以書？記災也。「董仲舒、劉向以爲：桓弑君兄，臣民痛隱而賤桓。後宋督弑其君，桓會諸侯，受宋賂而歸，又仍交兵結讎，伏尸流血，百姓愈怨，故十三年夏復大水。劉歆則謂，桓易許田，不祀周公，廢祭祀之罰也。」〔一〕歆之説可兼也，不可專也，桓罪重故也。按：災曷爲或專舉水旱，或并言二穀？舉水旱，察也；言二穀，重也。「災」之爾則輕，無則重。麥、苗俱則重，兼他穀，則輕不重。弗識弗別，不察《春秋》之辭也。

【箋】

〔一〕節引自《漢書・五行志上》。

夏，大水桓公十有三年

《漢志》又以爲：「夫人驕淫，將弒君，桓不寤，卒弒死。」〔一〕又説〔二〕，何也？擬議之也。

【箋】

〔一〕《漢書・五行志上》。

〔二〕指桓公元年大水已説義，十三年大水再次説義。

秋，大水莊公七年。事應在「無麥苗」

秋，宋大水莊公十有一年

穀梁子曰：「外災不書，此何以書？王者之後也。」公羊子曰：「及我也」二説，何也？母質也〔一〕。「董仲舒以爲：時魯、宋比年爲乘丘、鄑之戰，百姓愁怨，陰氣盛，故二國俱水。劉向以爲：時宋愍公驕慢，睹災不改，明年宋萬弒公。」〔二〕

【箋】

〔一〕母質，即毋質。《禮記・曲禮上》：「疑事毋質，直而勿有。」鄭玄注：「質，成也。」孔穎達疏：

「若成言疑事，後爲賢人所譏，則傷己智也。」

〔二〕節引自《漢書·五行志上》。

大水莊公二十有四年秋

「董仲舒以爲：夫人哀姜淫亂不婦，陰氣盛也。劉向以爲：哀姜初入，大夫宗婦見用幣，又淫于二叔，公弗能禁，臣下賤之，故明年仍大水。歆則謂：先是飾宗廟以夸夫人，簡宗廟之罰也。」〔一〕飾不當，故曰簡。

【箋】

〔一〕節引自《漢書·五行志上》。

秋，大水莊公二十有五年

大水宣公十年秋

「董仲舒以爲：時比伐邾取邑，亦見報復。兵讎連結，百姓愁怨。劉向以爲：宣公殺子赤而立，以濟西田賂齊。又比與邾交兵，臣下懼齊之威，創邾之虣，皆賤公行非其正也。」〔一〕竊謂先是遂不伏辜，仍寵其子，三桓專政自此始，陰盛極矣〔二〕。

【箋】

〔一〕節引自《漢書·五行志上》。

〔三〕遂，即公子遂，東門氏，即襄仲。文公卒，襄仲在齊惠公默許下，殺嫡子子赤，而立庶子俀爲宣公，襄仲得以專魯國政。宣公八年襄仲卒，其子公孫歸父得以繼續專魯政。期間，三桓因反對東門氏，而逐漸崛起。

秋，大水成公五年

「董仲舒、劉向以爲：時成幼弱，政在大夫，前此一年再用師，明年復城鄆以彊私家，蔑與僑如顓會晉、宋〔一〕，陰勝陽。」〔二〕

【箋】

〔一〕《春秋·成公五年》：「仲孫蔑如宋。夏，叔孫僑如會晉荀秀于穀。」

〔二〕《漢書·五行志上》。

大水襄公二十有四年秋

「董仲舒以爲：國小兵弱，數敵彊大，百姓愁怨，陰氣盛。劉向以爲：慢鄰國，鄰國亟伐，百姓騷動，穀大不成，其災甚也。」〔一〕竊按：自是無水災與？曰未可知也。雖有，其不書也。其不書，何也？以志災則莫恤民矣，以志戒則莫畏天矣。其志者，地震云乎？雨雹云乎？凡怪異云乎？惟火災之爲亟，以是爲人之所震而動也。《書》曰：「惟時天罔念聞，厥惟廢元命，降致罰。」〔二〕

水不潤下

【箋】

〔一〕節引自《漢書・五行志上》。

〔二〕《書・多士》。孔安國傳：「惟是桀惡有辭，故天無所念聞。言不佑。其惟廢其天命，下致天罰。」

三月癸酉，大雨震電　庚辰，大雨雪 隱公九年

左氏曰：「癸酉，大雨霖以震，與經異文者，釋大雨乃霖雨也。書始也。庚辰，大雨雪，亦如之。書，時失也。凡雨，自三日以往爲霖。平地尺爲大雪。」穀梁子曰：「震，雷也；電，霆也。志疏數也〔一〕。八日之間，再有大變，陰陽錯行，故謹而日之也。」公羊子曰：「何以書？記異也。」「劉向以爲：周三月，今正月也。當雨水，雪雜雨，雷電未可以發也。既已發，則雪不當復降。皆失節。於《易》，雷以二月出，其卦曰《豫》，言萬物隨雷出地，皆逸豫也。以八月入，其卦曰《歸妹》，言雷復歸。入地則孕毓根荄，保藏蟄蟲，辟盛陰之害；出地則長養華實，發陽隱伏，宣盛陽之德。入能除害，出能興利，人君之象也。謂諸侯。是時隱居位久，翬有逆心，天見其將然，故正月大雨水而雷電。是陽不閉陰，出涉危難而害萬物。天戒若曰，賊弟、佞臣將作亂矣。

後八日，大雨雪，陰見間隙而勝陽，篡弑之禍將成也。公不寤，後二年而弑。」〔二〕

恒雨

【箋】

〔一〕楊士勛疏：「謂災有遠近，遠者爲疏，近者爲數也。」

〔二〕《漢書·五行志中之上》。

己卯晦，震夷伯之廟僖公十有五年九月

公羊子曰：「震之者何？雷電擊夷伯之廟也。其稱夷伯何？大之也。曷爲大之？天戒之，故大之也。何以書？記異也。」穀梁子曰：「夷伯，魯大夫也。因此以見天子至于士，皆有廟。天子七廟，諸侯五，大夫三，士二。故德厚者流光，德薄者流卑，是以貴始，德之本也。始封必爲祖。」左氏説，展氏之廟也，在朔言朔，在晦言晦〔一〕。「劉向以爲：夷伯，世大夫。天戒若曰，勿使大夫世官，將專事。明年，季友卒，果世官，政在季氏。」〔二〕

雷〔三〕

【箋】

〔一〕左氏傳：「夷伯，魯大夫展氏之祖父。」孔穎達疏：「《公羊》《穀梁傳》皆以『晦』爲『冥』，謂晝日

暗冥也。杜以長歷推，己卯晦，九月三十日。《春秋》值朔書朔，值晦書晦，無義例也。」

〔二〕節引自《漢書·五行志下之上》。

〔三〕《漢書·五行志下之上》，將本節所引條目歸在「思心之不睿」的「恒風」項下。

冬，不雨莊公三十有一年

公羊子曰：「何以書？記異也。」何休以爲：「先是，比築三臺，慶、牙〔一〕專政之應。」竊謂一時不雨，則以異書何？志戒也。用是見魯有君子謂其臣，猶克慎微而先戒，故因而著之也。《詩》曰：「莫肯念亂，誰無父母。」〔二〕

【箋】

〔一〕慶，指公子慶父；牙，指公子牙。與季友皆爲魯桓公之子。

〔二〕《詩·小雅·沔水》。鄭箋：「莫，無也。無肯念此於禮法爲亂者，女誰無父母乎？言皆生於父母也。臣之道，資於事父以事君。」

冬十月，不雨僖公二年　**春王正月，不雨**　**夏四月，不雨**僖公三年

穀梁子曰：「不雨者，勤雨也。」「一時言不雨者，閔雨也。閔雨者，有志乎民者也。」左氏曰：「自十月不雨至于五月，不曰旱，不爲災也。」公羊子曰：「何以書，記異也。」《漢

志》：「先是，敗邾、莒，獲莒挐，炕陽之應。」〔一〕

【箋】

〔一〕節引自《漢書·五行志中之上》。

六月，雨僖公三年

穀梁子曰：「雨云者，喜雨也。喜雨者，有志乎民者也。」何休曰：「大平一月不雨即書，春秋亂世，一時乃書。此月者，僖公能退辟正殿，飭過求己，循省百官，放佞臣郭都等。理冤獄四百餘人，精誠感天，不雩而得澍雨。故詳録之，明天人相與之際，不可不察其意」〔一〕。

【箋】

〔一〕節引何休解詁。

自十有二月不雨，至于秋七月文公二年

穀梁子曰：「歷時而言不雨，文〔一〕不憂雨也。不憂雨者，無志乎民也。」公羊子曰：「何以書？記異也。大旱以災書，此亦旱也，曷爲以異書？大旱之日短而云災，故以災書。此不雨之日長而無災，故以異書也。」何休曰：「京房《易傳》曰：『旱異者，旱久而不害物

也。斯禄去公室，福由下作，故陽雖不施，而陰道獨行，以成萬物也。』」〔二〕政在公子遂之所致。

【箋】

〔一〕文，指魯文公。

〔二〕《公羊傳·莊公三十一年》：「冬，不雨。」何休解詁。

自正月不雨，至于秋七月文公十年

何休曰：「公子遂之所致。」

自正月不雨，至于秋七月文公十有三年

何休曰：「遂之所致。」按：文無志乎民，則曷爲亟書之？仁之也。何用仁之也？天未厭之也，自是無書者矣。《易》曰：「憂悔吝者存乎介。」〔一〕

【箋】

〔一〕《易·繫辭上》。韓康伯注：「介，纖介也。王弼曰：『憂悔吝之時，其介不可慢也。』即悔吝者，言乎小疵也。」

夏，大旱僖公二十有一年

公羊子曰：「何以書？記災也。」「董仲舒、劉向以爲：外倚彊楚，炕陽失衆，又作南

門，勞民興役」之應〔一〕。竊謂自後比歲伐邾，敗于升陘，有起兵動衆之憂，主言不從也〔二〕。

【箋】

〔一〕《漢書·五行志中之上》。

〔二〕《尚書大傳》：「言之不從，是謂不乂。厥咎僭，厥罰恒暘，厥極憂。」

大旱宣公七年秋

上連兵伐萊，下公見執辱〔一〕，外憂也，主言不從之罰。

【箋】

〔一〕《春秋·宣公七年》：「夏，公會齊侯伐萊。秋，公至自伐萊。大旱。冬，公會晉侯、宋公、衛侯、鄭伯、曹伯于黑壤。」左氏傳：「晉侯之立也，公不朝焉，又不使大夫聘。晉人止公于會。盟于黃父，公不與盟，以賂免，故黑壤之盟不書，諱之也。」

秋，大雩襄公五年

左氏曰：「旱也。」按：旱則其曰雩何？所救非所救也。其曰雩何也？無以旱書者矣。書雩始此乎？前此矣〔一〕。前此書旱，其曰雩，徵過也，志僭也。自此不書旱，其曰雩，志旱也，惡僭也。僭所以旱也，以僭救旱，非所救矣。

【箋】

〔一〕《春秋》首書雩于桓公五年，公羊子傳：「大雩者何？旱祭也。則何以不言旱？言雩則旱見，言旱則雩不見。何以書？記災也。」

秋九月，大雩襄公八年　**大雩**襄公十有六年秋　**九月，大雩**襄公十有七年　**秋八月，大雩**襄公二十有八年　**八月，大雩**昭公三年　**秋九月，大雩**昭公六年　**大雩**昭公八年秋　**九月，大雩**昭公十有六年　**秋八月，大雩**昭公二十有四年

秋七月上辛，大雩；季辛，又雩昭公二十有五年

左氏曰：「書再雩，旱甚也。」穀梁子曰：「季者，有中之辭也。又，有繼之辭也。」竊謂僭甚矣，憂至矣。然而不書旱，不繫乎災也。自是而公孫矣〔一〕。舉日不舉辰，尊祀事也據取郜、取防〔二〕。曰「季」不曰「下」，尊之也。

【箋】

〔一〕《春秋》本條經文之下，緊接著是「九月，己亥，公孫于齊，次於揚州」。孫，意爲「遜遁」，諱逃遁。

〔二〕《春秋·隱公十年》：「六月，壬戌，公敗宋師于菅。辛未，取郜。辛巳，取防。」公羊子傳：「取邑不日，此何以日？一月而再取也。何言乎一月而再取？甚之也。」

九月大雩定公元年

大雩定公七年秋　**九月，大雩**

再雩，旱也。曷不言「又」，其日疏矣。何以書？志瀆也〔一〕。或月或不月，詳略之文也。陪臣執國命，僭甚矣〔二〕。内憂也，言不從之罰。

恒暘

【箋】

〔一〕莊存與後文《内辭中》「雩」小序稱：「雩以大爲僭，過則書。昉於桓，成於僖。有以瀆書，有以旱書。」

〔二〕陪臣，指臣之臣，此處指陽虎。《左傳·定公七年》：「齊人歸鄆陽關，陽虎居之以爲政。」

無冰桓公十有四年春

穀梁子曰：「無冰，時燠也。」公羊子曰：「何以書，記異也。」左氏曰：「古者日在北陸而藏冰，西陸朝覿而出之。其藏冰也，深山窮谷，固陰沍寒，于是乎取之。其出之也，朝之禄位，賓、食、喪、祭于是乎用之。其藏之也，黑牡、秬黍以享司寒。其出之也，桃弧、棘矢以除其災。其出入也時，食肉之禄，冰皆與焉。大夫命婦喪浴用冰，祭寒而藏之，獻羔而啓之，公始用之，火出而畢賦，自命夫命婦至于老疾，無不受冰。山人取之，縣人傳之，輿人納之，隸人藏之。夫冰以風壯，而以風出。其藏之也周，其用之也徧，則冬無愆陽，夏無伏陰，春無淒風，秋無苦雨，雷出不震，無菑霜雹，癘疾不降，民不夭札。《七月》之卒章，藏冰〔一〕之道也。」〔二〕「劉向以爲：先是連兵鄰國，三戰而再敗。內失百姓，外失諸侯，鄭伯突篡兄而立，公與相親，長養同類，不明善惡之罰也。董仲舒以爲：夫人不正，陰失節也。」〔三〕

【箋】

〔一〕冰，原文誤作「兵」，據《清經解》本改。

〔二〕《左傳·昭公四年》。

〔三〕《漢書·五行志中之下》。

無冰成公元年春

「董仲舒以爲：方有宣公之喪，君臣無悲哀之心，而作丘甲，陽失節。劉向以爲：時公幼弱，政舒緩也。」〔一〕

【箋】

〔一〕《漢書·五行志中之下》。

春，無冰襄公二十有八年

何以書？記異也。臣專兵不志〔一〕，君築宮不志，志無冰而已矣，明天道也。《詩》曰：「哀今之人，胡憯莫懲。」〔二〕公失政，豫而無立，志臣下不稟命而專行，役于彊大，身往朝楚，季氏因取卞，忍而不能治〔三〕，歸作楚宮，卒薨于此〔四〕，不明甚矣。

《漢志》曰：「水旱之災，寒暑之變，天下皆同。故曰『無冰』，天下異也。桓公内弒君兄，外成宋亂，與鄭易邑，背畔周室。成公時，楚横行中國，王札子殺召伯、毛伯，天子不能討。襄公時，天下諸侯之大夫皆執國權，君不能制，漸將日甚。善惡不明，誅伐不行，周失之舒，秦失之急，故周衰亡寒歲，秦滅亡奥年。」〔五〕

恒燠

【箋】

〔一〕何休解詁：「豹、羯爲政之所致。」徐彦疏：「成元年『無冰』之下，注云『《尚書》曰：「舒，恒燠若。」《易》京房傳曰：「當寒而温，倒賞也。」是時成公幼少，季孫行父專權而委任之所致』，即其義也。而偏指豹、羯者，正以數年以來，專見豹、羯之事，不見季孫見經，明是時豹、羯用事故也，即上二十三年，『叔孫豹帥師救晉，次于雍渝』；二十四年，『叔孫豹如晉。仲孫羯帥侵齊』；二十七年『夏，叔孫豹會晉趙武』以下『于宋』；案下文秋，『仲孫羯如晉』；二十九年夏，『仲孫羯會晉荀盈』以下『城杞』之屬是也。」

〔二〕《詩·小雅·十月之交》。

〔三〕襄公二十九年夏四月，葬楚康王，魯襄公及陳侯、鄭伯、許男赴楚送葬。還及方城，季武子取卞，以守卞者將叛爲辭。公欲無入，榮成伯賦《式微》，乃歸。季氏專權，公忍而不能治。詳見《左傳》。

〔四〕《春秋·襄公三十一年》：「夏六月辛巳，公薨于楚宫。」左氏傳：「公作楚宫。」杜預集解：「適楚，好其宫，歸而作之。」

〔五〕《漢書·五行志中之下》。其中「奥年」，原文作「燠年」。

冬十月，雨雪桓公八年

公羊子曰：「何以書？記異也。何異爾？不時也。」何休曰：「此陰氣大盛，兵象也。是後有郎師、龍門之戰，流血尤深。」「劉向以爲：凡雨，陰也，雪又雨之陰也，出非其時，迫近象也。」〔一〕

【箋】

〔一〕《漢書·五行志中之下》。

冬，大雨雪僖公十年

何以書？記異也。何異爾？陰盛甚也。左氏曰：「平地尺爲大雪。」〔一〕

【箋】

〔一〕《左傳·隱公九年》。

秋，大雨雹僖公二十有九年

左氏曰：「爲災也。」「劉向以爲：盛陽雨水，温煖而湯熱，陰氣脅之不相入，則轉而爲雹；盛陰雨雪，凝滯而冰寒，陽氣薄之不相入，則散而爲霰。故沸湯之在閉器，而湛于寒泉，則爲冰，及雪之銷，亦冰解而散，此其驗也。故雹者，陰脅陽也；霰者，陽薄陰也。《春秋》不書霰，猶月食也。僖公末年信用公子遂，遂專權自恣，將至于弑君，故陰脅陽之象先見。」〔一〕

【箋】

〔一〕《漢書·五行志中之下》。

冬，大雨雹昭公三年

《漢志》：「是時季氏專權，脅君之象見，昭公不寤，卒逐昭公。」〔一〕

【箋】

〔一〕《漢書·五行志中之下》。

春王正月，大雨雹昭公四年。事應同三年

冬十月，隕霜殺菽定公元年

穀梁子曰：「未可以殺而殺，舉重；可殺而不殺，舉輕。其曰菽，舉重也。」公羊子曰：「何以書？記異也。此災菽也，曷爲以異書？異大乎災也。」劉向以爲：十月于卦爲《觀》，陰氣未至君位而殺，誅罰不由君出，在臣下之象也。是時季氏逐昭公，公死于外，定初得立，故天見異以示之也。」〔一〕

恒寒

【箋】

〔一〕《漢書·五行志中之下》。

春王正月戊申朔，隕石于宋五。是月，六鷁退飛過宋都僖公十有六年

左氏曰：「隕石于宋五，隕星也。六鷁退飛過宋都，風也。」穀梁子曰：「先隕而後石，何也？隕而後石也。于宋四竟之内曰宋。後數，散辭也，耳治也。」「是月，決不日而月也。異日而不著其甲子。六鷁退飛過宋都，先數，聚辭也，目治也。子曰：『石，無知之物；鷁，微有知之物。石無知，故日之；鷁微有知，故月之。日月有義乎？曰：著詳略之文也，于以正外内，于以定尊卑，

于以審輕重，于以紀遠邇，于以徵敬怠，于以別同異，如之何其可廢也。然則無知何以日？微有知何以月？曰：不過乎物以事天也，無知而變，變出于天；有知而變，變出于地；或日或不日，尊卑之辭也。君子之於物，無所苟而已。』石、鶂且猶盡其辭，而況於人乎？故五石、六鶂之辭不設，則王道不亢矣。民所聚曰都。」

公羊子曰：「曷爲先言霣而後言石？霣石記聞，聞其磌然，視之則石，察之則五。曷爲先言六而後言鷁？六鷁退飛，記見也；視之則六，察之則鷁，徐而察之則退飛。五石六鷁何以書？記異也。外異不書，此何以書？爲王者之後記異也。」「劉向曰：鶂，陽也；六，陰數也。象陽而陰行，必衰退。」〔一〕何休曰：「宋襄欲行霸事，不納公子目夷之謀。耿介自用，卒以五年見執，六年終敗，如五石、六鶂之數。天之與人，昭昭著明，甚可畏也。」

按：内史叔興之言〔二〕，何謂也？曰：是乃可懼矣，固非吉凶所生也，而吉凶所應也。人實自敗，非由妖敗。妖由人興也，人無釁焉，妖不自作。女忘諸乎？女聞吉凶由人，而謂陰陽不由人也，其可乎？夫人，神之主也，天地之心也。主而曠之，心而遠之，其存者與有幾？襄公能遂覺寤，安有危身喪師之禍？此内史告人意也，非預之所知也。《大甲》曰「天作孽，猶可違；自作孽，不可逭」〔三〕，天人〔四〕不相邇也。《多士》曰「惟我下民秉爲，惟天明畏」，天人不相遠也，其知之矣。

恒風〔五〕

【箋】

〔一〕《穀梁傳·僖公十六年》楊士勛疏引。

〔二〕左氏傳：「春，隕石于宋五，隕星也。六鷁退飛，過宋都，風也。周内史叔興聘于宋，宋襄公問焉，曰：『是何祥也？吉凶焉在？』對曰：『今兹魯多大喪，明年齊有亂，君將得諸侯而不終。』退而告人曰：『君失問。是陰陽之事，非吉凶所生也。吉凶由人。吾不敢逆君故也。』」

〔三〕《書·太甲中》。孔安國傳：「孽，災。逭，逃也。言天災可避，自作災不可逃。」

〔四〕天人，原文作「天下」，《清經解》本同。據文意，當作「天人」，徑改。

〔五〕本節所引條目，《漢書·五行志下之下》將之歸到「皇之不極」的厥罰「恒陰」項下，因爲該項對應的異徵有「日月亂行，星辰逆性」。

隕霜不殺草，李、梅實僖公三十有三年冬

公羊子曰：「何以書？記異也。何異爾？不時也。」「劉向以爲：今十月，周十二月。于《易》五爲天位，爲君位，九月陰氣至，五通于天位，其卦爲《剥》。剥落萬物，始大殺矣，明陰從陽命〔一〕，臣受君令，而後殺也。今十月隕霜而不能殺草，此君舒緩之應也。是時公子遂顓權，三桓始世官，天戒若曰，自此之後，將皆爲亂矣。」「李、梅當剥落，今反華實，先

華而後實，不書華，舉重也。陰成陽事，象臣顓君，作威福。」「董仲舒以爲：李、梅實，臣下彊也。《記》曰：『不當華而華，易大夫；不當實而實，易相室。』」〔二〕

草妖華孽〔三〕

【箋】

〔一〕命，原文脱，《清經解》本同，據《漢書》補。

〔二〕《漢書·五行志中之下》。

〔三〕本節所引條目，《漢書·五行志中之下》將之歸爲「視之不明」的厥罰「恒燠」下，因爲該項下「時則有草妖」。

冬，多麋莊公十有七年

公羊子曰：「何以書？記異也。」何異爾？多則異也。「劉向以爲：莊公將取齊女，其象先見。天戒若曰，勿取齊女，淫而迷國。莊公不寤，幾亡社稷。」〔一〕

毛蟲之孽〔二〕

【箋】

〔一〕《漢書·五行志中之上》。

〔二〕本節所引條目，《漢書·五行志中之上》將之歸到「言之不從」的厥罰「恒暘」下，因爲此項「劉歆言傳曰時則有毛蟲之孽」。

螟隱公五年秋

公羊子曰：「何以書？記災也。」穀梁子曰：「蟲災也。甚則月，不甚則時。」按：食苗心曰螟。「董仲舒、劉向以爲：時公觀魚于棠，貪利之應。」〔一〕

【箋】

〔一〕《漢書·五行志下之上》。

螟隱公八年秋

《漢志》以爲：「鄭以邴易許田，隱有貪利心。」〔一〕

【箋】

〔一〕《漢書·五行志下之上》。隱，指魯隱公。

螟莊公六年秋

「董仲舒、劉向以爲：齊人歸衛寶，魯受之，貪利應也。」〔一〕

【箋】

〔一〕《漢書·五行志下之上》。

螽桓公五年秋

公羊子曰：「何以書？記災也。」穀梁子曰：「螽，蟲災也。甚則月，不甚則時。」按：螽，蝗也。《漢志》以爲：桓公「取鼎易邑，興役起城。」〔一〕何休曰：「煩擾之所生。」

【箋】

〔一〕《漢書·五行志中之下》。

八月，螽僖公十有五年

劉向以爲：「兵比三年在外。」〔一〕

【箋】

〔一〕《漢書·五行志中之下》。

雨螽于宋文公三年秋

公羊子曰：「雨螽者何？死而墜也。何以書？記異也。外異不書，此何以書？爲王者之後記異也。」何休曰：「群臣爭彊相殘賊之象，是後大臣比爭鬭相殺，司城逃、子哀奔，國家廓然，朝廷空無人。」

螽文公八年冬

何休曰：「先是，公如晉，公孫敖、公子遂比出不可使，勢奪于大夫，煩擾之應。」

秋八月，螽宣公六年

劉向以爲：「先是伐莒，後再如齊，謀伐萊。」〔一〕

【箋】

〔一〕《漢書·五行志中之下》。

秋，螽宣公十有三年

《漢志》以爲：「公孫歸父又會伐莒。」〔一〕

【箋】

〔一〕《漢書·五行志中之下》。

秋，螽宣公十有五年

《漢志》以爲：「宣亡熟歲，數有軍旅。」〔一〕

【箋】

〔一〕《漢書·五行志中之下》。宣，指魯宣公。

冬，蝝生宣公十有五年

公羊子曰：「未有言蝝生者？此其言蝝生何？幸之也。幸之者何？猶曰受之云爾。受之云爾者何？上變古易常，應是而有天災，其諸則宜于此焉變矣。」董仲舒曰：「臣謹案，《春秋》之中，視前世已行之事，以觀天人相與之際，甚可畏也。國家將有失道之敗，而天迺先出災害以譴告之，不知自省，又出怪異以警懼之，尚不知變，而傷敗迺至。以此見天心之仁愛人君，而欲止其亂也。」〔一〕又曰：「天意有欲也，有不欲也。所欲、所不欲者，人内以自省，宜有懲於心；外以觀其事，宜有驗於國。故見天意者之於災異也，畏之而不惡也。以爲天欲振吾過、救吾失，故以此告我也。《春秋》之法，上變古易常，應是而有天災者，謂幸國。聖主、賢君，尚樂受忠臣之諫，而況受天譴也。」〔二〕

【箋】

〔一〕《漢書·董仲舒傳》。

〔二〕《春秋繁露·必仁且智》。

八月，螽襄公七年

是夏也，用衆城費。費，季氏邑也，易常擾民之應〔一〕。

【箋】

〔一〕何休解詁:「先是,邾、小邾婁來朝,有賓主之賦,加以城費,季孫宿如衛,煩擾之應。」

冬十有二月,螽哀公十有二年

災曠不志矣,其書螽何?以用田賦〔一〕,不可不書螽也。蝝生猶言之,而况螽乎!此災也。言十有二月何?志失閏也,非記異也〔二〕。董仲舒曰:「孔子作《春秋》,上揆之天道,下質諸人情,參之於古,考之於今。故《春秋》之所譏,災害之所加也;《春秋》之所惡,怪異之所施也。書邦家之過,兼災異之變;以此見人之所爲,其美惡之極,乃與天地流通而往來相應,此亦言天之一端也。」〔三〕

【箋】

〔一〕《春秋·哀公十二年》:「春,用田賦。」公羊子傳:「何以書?譏。何譏爾?譏始用田賦也。」何休解詁:「田,謂一井之田。賦者,斂取其財物也。言用田賦者,若今漢家斂民錢,以田爲率矣。不言井者,城郭里若亦有井,嫌悉賦之。禮,税民公田,不過什一,軍賦十井不過一乘。哀公外慕彊吴,空盡國儲,故復用田賦,過什一。」

〔三〕杜預集解:「周十二月,今十月,是歲置閏,而失不置。雖書十二月,實今之九月。司曆誤一月。九月之初尚温,故得有螽。」

〔三〕《漢書·董仲舒傳》

九月，螽哀公十有三年　**十有二月，螽**

再書螽何？甚之也。宣書「蝝生」，繼歲書「大有年」，以存民也；哀比年而三書「螽」，國幾亡矣。《詩》曰：「周餘黎民，靡有孑遺。」〔一〕其月何？志失閏也。

蠃蟲之孽〔二〕

【箋】

〔一〕《詩·大雅·雲漢》。

〔二〕本節所引條目，與「螟」相關者，《漢書·五行志下之上》將之歸入「思心之不睿」項下，因該項下有「裸蟲之孽」。與「螽」相關者，《漢書·五行志中之下》將之歸入「聽之不聰」項下，因「劉歆以爲貪虐取民則螽，介蟲之孽也，與魚同占」。

秋，有蜮莊公十有八年〔一〕

穀梁子曰：「一有一亡曰有。蜮，射人者也。」公羊子曰：「何以書？記異也。」「劉向以爲：蜮猶惑也，南越亂氣所生。」〔二〕竊謂莊公之時，亂既極矣，惑亦甚矣。天之示異，昭昭著明，可不懼哉！

【箋】

〔一〕《漢書・五行志下之上》將本條歸入「皇之不極」項下，屬「射妖」。

〔二〕節引《漢書・五行志下之上》。

秋，有蜚莊公二十有九年〔一〕

眚氣所生

公羊子曰：「何以書？記異也。」竊謂淫亂之所生，爲戒明矣〔二〕。

【箋】

〔一〕《漢書・五行志中之上》將本條歸入「聽之不聰」項下，屬「介蟲之孽」。

〔二〕《漢書・五行志中之上》：「劉向以爲，蜚色青，近青眚也，非中國所有。南越盛暑，男女同川澤，淫風所生，爲蟲臭惡。是時莊公取齊淫女爲夫人，既入，淫於兩叔，故蜚至。天戒若曰，今誅絶之尚及，不將生臭惡，聞於四方。莊不寤，其後夫人與兩叔作亂，二嗣以殺，卒皆被辜。董仲舒指略同。」

有鸜鵒來巢昭公二十有五年〔一〕

公羊子曰：「何以書？記異也。何異爾？非中國之禽也，宜穴又巢也。」劉向以爲：

「陰居陽位，臣逐君之象。」

祥氣所致

【箋】

〔一〕《漢書·五行志中之下》將本條歸入「視之不明」項下，屬「羽蟲之孽」。

郊牛之口傷，改卜牛，牛死宣公三年

穀梁子曰：「之口，緩辭也。傷自牛作也。」「劉向以爲：近牛禍也。宣公殺子赤而立，又以喪取，天甚惡之，禍雖不及其身，生則不饗其祀，死則災燔其廟。」〔一〕

【箋】

〔一〕《漢書·五行志下之上》。

鼷鼠食郊牛角，改卜牛，鼷鼠又食其角成公七年〔一〕

劉向以爲：「成公時，三家始顓政，魯將從此衰。天愍周公之德，痛其將有敗亡之旤，故於郊祭而見戒。鼠，小蟲，性盜竊，鼷又其小者。牛，大畜，祭天尊物也。角，兵象，在上，君威也。鼷鼠食郊牛角，象季氏乃陪臣盜竊之人，將執國命，傷君威，而害周公之祀。『改卜牛，鼷鼠又食其角』，天重語之也。」〔二〕成公不寤，三家之權成，公室遂卑。

【箋】

〔一〕《漢書·五行志中之上》將本條及下兩條歸入「貌之不恭」項下，屬「牛旤」。

〔二〕《漢書·五行志中之上》。

鼷鼠食郊牛，牛死定公十有五年

公羊子曰：「曷爲不言其所食，漫也。」〔一〕「劉向以爲：定公知季氏辜〔二〕惡如彼，孔子聖德如此，卒用季桓而退孔子，無道甚矣。」〔三〕竊謂所食漫，禍浸深也，五月定公薨。

【箋】

〔一〕何休解詁：「漫者，徧食其身，災不敬也。」

〔二〕辜，《清經解》本及《漢書》原文，皆作「辠」。

〔三〕《漢書·五行志中之上》。

鼷鼠食郊牛角哀公元年

比歲見食，天重戒之。哀公不寤，卒奔於越。定之終無始，哀之始無終。仲舒曰「不時不見」〔一〕，信哉！

牛旤

【箋】

〔一〕《漢書·五行志上》「遼東高廟災」引董仲舒對奏：「不時不見，天之道也。」指天災不至其時則不現。

冬十月甲午，叔孫得臣敗狄於鹹文公十有一年

公羊子曰：「狄者何？長狄也。其言敗何？大之也。其日何？大之也。其地何？大之也。何以書？記異也。」劉向以爲：「不行禮義，大爲夷狄之行，將必敗亡。其後魯及齊、晉皆有簒弒之禍，近下人伐上之痾也。」〔一〕

下人伐上之痾

【箋】

〔一〕《漢書·五行志下之上》。

世室屋壞文公十有三年

劉向以爲：文公棄禮數矣，「內爲貌不恭而狂，外爲言不從而僭。逆祀之歲，自十有二月不雨，至于秋七月，若是者三，而大室屋壞矣。屋，其上重屋，尊高者也，象魯自是而

陵夷也」〔一〕。

金沴木

【箋】

〔一〕《漢書·五行志中之上》。但《五行志》未明言此爲誰氏之言。

秋八月辛卯，沙鹿崩僖公十有四年

公羊子曰：「沙鹿者何？河上之邑也。此邑也，其言崩何？襲邑也。沙鹿崩何以書？記異也。外異不書，此何以書？爲天下記異也。」何休以爲：「河者，陰之精，象齊桓將卒，霸道毀，夷狄動，宋襄爲楚所執之應。」穀梁子曰：「林屬于山爲麓。沙，山名也。無崩道而崩，故志之也。其日，重其變也。」劉向以爲：「麓在山下平地，臣象，陰位也。崩者，臣下散落背叛不事上之象。」〔二〕「後齊桓死，天下散而從楚。王札子殺二大夫，晉敗天子之師，莫能征討，從是陵遲。」〔二〕「左氏説：沙麓，晉地；沙，山名。地震而麓崩，不書震，舉重者也。」〔三〕

【箋】

〔一〕《穀梁傳·僖公十四年》楊士勛疏引。

〔二〕《漢書·五行志下之上》。

〔三〕《漢書·五行志下之上》。

九月癸酉，地震文公九年

公羊子曰：「何以書？記異也。」穀梁子曰：「震，動也。地，不震者也。震，故謹而日之也。」何休以爲：「地動者，象陰爲陽行。是時，魯文公制于公子遂，齊、晉失道，四方叛德。」「劉向以爲，先是，齊桓、晉文、魯釐，二伯、賢君新没，周襄王失道，楚商臣弑父，諸侯皆不肖，權傾于下。天戒若曰，臣下彊盛者將動爲害。後宋、魯、晉、莒、陳、齊皆弑君。」〔一〕

【箋】

〔一〕《漢書·五行志下之上》。

梁山崩成公五年夏

公羊子曰：「梁山者何？河上之山也。何以書？記異也。何異爾？大也。何大爾？梁山崩，壅河三日不沵。外異不書，此何以書？爲天下記異也。」何休以爲：「此象諸侯失勢，王道絶，大夫擅恣，爲海内害。六十年之中，弑君十四，亡國三十二，湨梁之盟，偏刺天下之大夫。」「劉向以爲：山陽，君也；水陰，民也。天戒若曰，君道崩壞，下亂，百姓將失其所矣。後晉暴殺三卿，厲公以弒，其後孫、甯出衛獻，三家逐魯昭，單、尹亂王室」〔一〕。

【箋】

〔一〕《漢書·五行志下之上》。莊氏原文脱「單」，據《五行志》補。

五月甲子，地震襄公十有六年

何休以爲：「是時，溴梁之盟，政在臣下。其後叛臣二，弒君五，楚滅舒鳩，齊侯襲莒，大夫乖離出奔，兵事最甚。」劉向以爲：「自後崔氏專齊，欒盈亂晉，良霄傾鄭，閽殺吴子，燕逐其君，楚滅陳、蔡。」〔一〕

【箋】

〔一〕《漢書·五行志下之上》。

己卯，地震昭公十有九年夏五月

何休以爲：「季氏稍盛，宋南里以叛，王室大亂，諸侯莫救，晉人圍郊，吴勝鷄父，尹氏立王子朝之應。」「劉向以爲：是時，季氏將有逐君之變。其後宋三臣、曹會皆以地叛，蔡、莒逐其君，吴敗中國，殺二君。」〔一〕

【箋】

〔一〕《漢書·五行志下之上》。

八月乙未，地震昭公二十有三年

何休以爲：「猛、朝更起，與王爭入，晉陵周竟，吴敗六國，季氏逐昭公，吴光弑僚、滅徐，故地爲再動。」「劉向以爲：是時，劉、單立王子猛，尹氏立子朝。其後季氏逐昭公，黑肱叛邾，宋五大夫、晉二大夫皆以地叛。」〔一〕

【箋】

〔一〕《漢書·五行志下之上》。

夏四月甲午，地震哀公三年

何休以爲：「象季氏專政，蒯聵〔一〕犯父命。是後蔡大夫專相放，盜殺蔡侯申，辟伯晉而京師楚，黄池之會，吴大爲主。」「劉向以爲，是時，諸侯皆信邪臣，莫能用孔子，盜殺蔡侯，齊陳乞弑君。」〔二〕

金木水火沴土

【箋】

〔一〕聵，原文作「瞶」，據《春秋》經文改。

〔二〕《漢書·五行志下之上》。

春秋正辭卷二

天子辭第二

正王伐曰：思古明王，賞善罰惡〔一〕。祈父〔二〕不聽，《兔爰》〔三〕其作。

【箋】

〔一〕語出《詩·小雅·瞻彼洛矣》小序：「刺幽王也。思古明王能爵命諸侯，賞善罰惡焉。」

〔二〕《詩·小雅·祈父》：「祈父，予王之爪牙。胡轉予于恤？靡所止居。」朱熹集傳：「軍士怨於久役，故呼祈父而告之。」小序：「刺宣王也。」鄭箋：「刺其用祈父，不得其人也。官非其人則職廢。」

〔三〕《詩經·王風·兔爰》小序：「閔周也。桓王失信，諸侯皆叛，構怨連禍，王師傷敗，君子不樂其生焉。」

正王守曰：以臣召君，不可以訓〔一〕。顧瞻有河〔二〕，未改天命〔三〕。

【箋】

〔一〕《春秋·僖公二十八年》：「天王狩于河陽。」狩，左氏、公羊同，穀梁作「守」。左氏傳：「仲尼曰：『以臣召君，不可以訓。』故書曰『天王狩于河陽』。」

〔二〕意指周室都城牢固，天命未改。《史記·周本紀》載定都洛邑：「〔武王曰〕『我南望三塗，北望嶽鄙，顧詹有河，粵詹雒、伊，毋遠天室。』營周居於雒邑而後去。」司馬貞索隱：「杜預云三塗在陸渾縣南。嶽，蓋河北太行山。鄙，都鄙，謂近嶽之邑。」張守節正義：「粵者，審慎之辭也。言審慎瞻雒、伊二水之陽，無遠離此爲天室也。」

〔三〕《左傳·宣公三年》：「周德雖衰，天命未改，鼎之輕重，未可問也。」

正王出曰：疾恒不死，未亡其中〔一〕。思而不懼，在周之東〔二〕。襄不監惠，禍迺有再〔三〕。以親屏周〔四〕，憂其所恃〔五〕。

【箋】

〔一〕《易·豫》：「六五：貞疾，恒不死。《象》曰：『六五貞疾，乘剛也。恒不死，中未亡也。』」孔穎達疏：「以乘九四之剛，故正得其疾，恒不死也。『中未亡』者，以其居中處尊，未可亡滅之也。」

〔二〕《左傳·襄公二十九年》季札觀樂，「爲之歌《王》，曰：『美哉！思而不懼，其周之東乎！』」杜預集解：「宗周隕滅，故憂思；猶有先王之遺風，故不懼。」

〔三〕周惠王和周襄王父子兩代，均有王族作亂争位，天王出奔之事，即王子頹之亂（詳見《左傳》莊公十九、二十、二十一年）和王子帶之亂（詳見《左傳》僖公二十四年）。

〔四〕《左傳·僖公二十四年》富辰諫周襄王語有「扞禦侮者，莫如親親，故以親屏周。」

〔五〕語出韓愈《雜説四首・醫説》：「四支雖無故，不足恃也，脈而已矣。四海雖無事，不足矜也，紀綱而已矣。憂其所可恃，懼其所可矜，善醫善計者爲之。」

正王居曰：遠有力臣〔一〕，邇有親臣〔二〕。剛德不疚〔三〕，師聖友賢。《渙》五正位〔四〕，克定厥家。王無一焉，曷云其居〔五〕？安不言居，危不言出〔六〕。《匪風》之傷，以存周室〔七〕。

【箋】

〔一〕《禮記・玉藻》：「凡自稱，天子曰『予一人』，伯曰『天子之力臣』。」

〔二〕親臣，可親任之臣。《孟子・梁惠王下》：「王無親臣矣。」趙岐注：「今王無可親任之臣。」

〔三〕《易・履》彖曰：「剛中正，履帝位而不疚，光明也。」孔穎達疏：「『剛中正履帝位』者，謂九五也。以剛處中，得其正位，居九五之尊，是『剛中正履帝位』也。『而不疚光明』者，能以剛中而居帝位，不有疚病，由德之光明故也。」

〔四〕《易・渙》：「九五：渙漢其大號。渙王居，無咎。《象》曰：『王居無咎，正位也』」。

〔五〕《春秋》昭公二十二年：「劉子、單子以王猛居于皇。秋，劉子、單子以王猛入于王城。冬十月，王子猛卒。」昭公二十三年：「天王居于狄泉。」公羊傳：「此未三年，其稱天王何？著有天子也。尹氏立王子朝。」此時周室發生王子猛和王子朝爭立之亂。

〔六〕《禮記・曲禮下》：「天子不言出，諸侯不生名，君子不親惡。」

〔七〕《詩·檜風·匪風》：「匪風發兮，匪車偈兮。顧瞻周道，中心怛兮。」小序：「思周道也。國小政亂，憂及禍難，而思周道焉。」

正王入曰：亂其定乎〔一〕，汔可小愒〔二〕。無輔無民，僅亦守位。

【箋】

〔一〕《春秋·昭公二十六年》：「冬十月，天王入于成周。」公羊傳：「成周者何？東周也。其言入何？不嫌也。尹氏、召伯、毛伯以王子朝奔楚。」

〔二〕《詩·大雅·民勞》：「民亦勞止，汔可小愒。惠此中國，俾民憂泄。」毛傳：「愒，息。泄，去也。」

正王崩葬〔一〕曰：君子知敝〔二〕，並建聖哲〔三〕。懼於不終〔四〕，日慎一日〔五〕。武王遘疾，周公憂悴〔六〕。《離》「明兩作」〔七〕，「突如」可畏〔八〕。同召六卿，道揚末命〔九〕。成、康之隆，萬世其訓。方喪三年〔一〇〕，同軌畢至〔一一〕。宅憂不言〔一二〕，容衣〔一三〕可事。

【箋】

〔一〕《春秋》志天王崩九次，分別見隱公三年、桓公十五年、僖公八年、文公八年、宣公二年、成公五年、襄公元年、襄公二十八年、昭公二十二年；志王葬五次，分別是：莊公三年：「五月，葬桓王。」文公九年：「辛丑，葬襄王。」宣公三年：「葬匡王。」襄公二年：「葬簡王。」昭公二十二年：「葬景王。」

〔二〕語出《易·歸妹》：「《象》曰：『澤上有雷，歸妹。君子以永終知敝。』」王弼注：「歸妹，相終始之道也，故以『永終知敝』。」

〔三〕《左傳·文公六年》：「古之王者知命之不長，並建聖哲。」

〔四〕《史記·孝文本紀》孝文帝遺詔：「朕既不敏，常畏過行，以羞先帝之遺德；惟年之久長，懼於不終。」

〔五〕《資治通鑑·唐紀九》唐太宗語侍臣曰：「今中國幸安，四夷俱服，誠自古所希，然朕日慎一日，唯懼不終，故欲數聞卿輩諫争也。」

〔六〕武王有疾，周公祓齋，願以身代王，事見《書·金縢》。

〔七〕《易·離》：（離上離下）「《象》曰：『明兩作，離。大人以繼明照于四方。』」孔穎達疏：「今明之爲體，前後各照，故云『明兩作，離』，是積聚兩明，乃作於離。若一明暫絶，其離未久，必取兩明前後相續，乃得作離卦之美，故云『大人以繼明照於四方』，是繼續其明，乃照於四方。若明不繼續，則不得久爲照臨，所以特云『明兩作，離』，取不絶之義也。」

〔八〕《易·離》「九四：突如其來如，焚如，死如，棄如。《象》曰：『突如，其來如，無所容也。』」孔穎達疏：「『突如其來如』者，四處始變之際，三爲始昏，四爲始曉。三爲已没，四爲始出，突然而至，忽然而來，故曰『突如其來如』也。『焚如』者，逼近至尊，履非其位，欲進其盛，以焚炎其上，故云『焚如』也。『死如』者，既焚其上，命必不全，故云『死如』也。『棄如』者，違於離道，無應無承，衆所不容，故云『棄如』。是以《象》云：『無所容也。』」

〔九〕《書·顧命》載成王將崩，召六卿太保奭、芮伯、彤伯、畢公、衛侯、毛公，「皇后憑玉几，道揚末命」。孔安國傳：「大君成王言憑玉几，所道稱揚終命。」

〔一〇〕《禮記·檀弓上》：「事君有犯而無隱，左右就養有方，服勤至死，方喪三年。」孔穎達疏：「方謂比方也。有比方父喪禮以喪君。」

〔一一〕《左傳·隱公元年》：「天子七月而葬，同軌畢至。」杜預集解：「言同軌，以别四夷之國。」

〔一二〕《書·説命上》：「王宅憂，亮陰三祀。」孔安國傳：「陰，默也，居憂信默，三年不言。」

〔一三〕容衣，指帝王生前的衣冠，陳設以供人祭奠。又稱魂衣。

正王世子〔一〕曰：元良〔二〕之位，尊如社宗。名號蚤繫，蠱佞不生。貴戚、執政，咸有臣志。固將君我而入學以齒〔三〕，慎惟深哉，是謂「無妄」。左右正矣，習與智長。匪正有眚，不宜有往〔四〕。

【箋】

〔一〕《春秋·僖公五年》：「公及齊侯、宋公、陳侯、衛侯、鄭伯、許男、曹伯會王世子于首止。」

〔二〕元良，太子的代稱。《禮記·文王世子》：「一有元良，萬國以貞，世子之謂也。」

〔三〕《禮記·文王世子》：「世子齒于學，國人觀之曰：『將君我而與我齒讓，何也？』曰：『有父在則禮然。』然而衆知父子之道矣。」

〔四〕《易・無妄》：「無妄：元亨利貞。其匪正有眚，不利有攸往。」孔穎達疏：「無妄者，以剛爲内主，動而能健，以此臨下，皆無敢詐僞虚妄。俱行實理，所以大得亨通，利于貞正，故曰『元亨利貞』也。『其匪正有眚，不利有攸往』者，物既無妄，當以正道行之。若其匪依正道，則有眚災，不利有所往也。」

正王子〔一〕曰：鳲鳩均養七子，上下如一〔二〕。奚爲制禮？接子〔三〕以及冠、昏，每事殊異於適。有義有方，陪以秉德〔四〕。何嫌何疑，愛不自克。愛不自克，胡能有定。階而引之，俾毒其正。是曰不愛，能愛惟順。

【箋】

〔一〕《春秋》志王子者爲：文公三年「夏五月，王子虎卒。」襄公三十年：「王子瑕奔晉。」昭公二十二年：「冬十月，王子猛卒。」昭公二十三年：「尹氏立王子朝。」昭公二十六年：「尹氏、召伯、毛伯以王子朝奔楚。」

〔二〕《詩・曹風・鳲鳩》：「鳲鳩在桑，其子七兮。」毛傳：「鳲鳩之養其子，朝從上下，莫從下上，平均如一。」

〔三〕接子，子生三日所舉行之禮。《禮記・内則》：「凡接子，擇日。冢子則大牢，庶人特豚，士特豕，大夫少牢，國君世子大牢。」孔穎達疏：「此是三日接子之禮，故牲牢如此。」

〔四〕語出《史記·孝文本紀》，有司請立太子，文帝答曰：「楚王，季父也，春秋高，閲天下之義理多矣，明于國家之大體。吴王于朕，兄也，惠仁以好德。淮南王，弟也，秉德以陪朕。豈爲不豫哉！諸侯王、宗室昆弟、有功臣，多賢及有德義者，若舉有德以陪朕之不能，終是社稷之靈、天下之福也。今不選舉焉，而曰必子，人其以朕爲忘賢有德者而專于子，非所以憂天下也。朕甚不取也。」

正王后〔一〕曰：天地之基，爲宗廟主。敬慎重正，咨親咨禮〔二〕。三代興廢，莫不由此。仁貪異生，各以其母。母養乳虎，將傷天下。素成之道，爲後世戒〔三〕。

【箋】

〔一〕《春秋》志王后，除後文所引兩經例外，另有襄公十五年「劉夏逆王后于齊。」

〔二〕《左傳·襄公四年》：「訪問于善爲咨，咨親爲詢，咨禮爲度，咨事爲諏，咨難爲謀。」

〔三〕《大戴禮記·保傅》：「鳳凰生而有仁義之意，虎狼生而有貪戾之心，兩者不等，各以其母。嗚呼，戒之哉！無養乳虎，將傷天下。故曰素成。胎教之道，書之玉版，藏之金匱，置之宗廟，以爲後世戒。」

正王姬〔一〕曰：二女釐降，欽哉帝典〔二〕。天乙歸妹〔三〕，陰禮則闈〔四〕。肅雍之貴，不在車服〔五〕。同姓主之〔六〕，咸正無缺〔七〕。

【箋】

〔一〕《春秋》志王姬者爲：莊公元年：「夏，單伯送王姬。秋，築王姬之館于外。……王姬歸于齊。」莊公二年：「秋七月，齊王姬卒。」莊公十一年：「冬，王姬歸于齊。」

〔二〕《書·堯典》：「女于時，觀厥刑于二女。釐降二女于潙汭，嬪于虞。」孔安國傳：「女，妻；刑，法也。堯於是以二女妻舜，觀其法度接二女，以治家觀治國。」「降，下；嬪，婦也。舜爲匹夫，能以義理下帝女之心于所居潙水之汭，使行婦道于虞氏。」

〔三〕《易·歸妹》：「六五：帝乙歸妹。」孔穎達疏：「『帝乙歸妹』者，六五居《歸妹》之中，獨處貴位，是帝王之所嫁妹也，故曰『帝乙歸妹』。」

〔四〕陰禮，指婚嫁之禮。《周禮·地官·大司徒》：「三曰以陰禮教親，則民不怨。」鄭玄注：「陰禮，謂男女之禮。」闡，顯明。《易·繫辭下》：「夫易，彰往而察來，而微顯闡幽。」韓康伯注：「闡，明也。」

〔五〕《詩·國風·何彼襛矣》：「曷不肅雝？王姬之車。」小序：「美王姬也。雖則王姬，亦下嫁于諸侯，車服不系其夫，下王后一等，猶執婦道以成肅雝之德也。」

〔六〕《春秋·莊公元年》：「夏，單伯逆王姬。」公羊子傳：「逆之者何？使我主之也。曷爲使我主之？天子嫁女乎諸侯，必使諸侯同姓者主之。諸侯嫁女于大夫，必使大夫同姓者主之。」

〔七〕語出《孟子·滕文公下》：「《書》曰：『丕顯哉文王謨！丕承哉武王烈！佑啓我後人，咸以正無缺。』」亦見《書・君牙》。

正王母弟曰：人道親親〔一〕，念我二人。天子亦無多所厚，所厚惟世子、母弟〔二〕。推而放之，準乎四海。富而貴之，常常見之。同其好惡〔三〕，曷問是非。一人果有所私，則萬姓咸喜。矧有師保，養以聖度〔四〕。如何不思，亦莫不顧。

【箋】

〔一〕《禮記・大傳》：「是故人道親親也，親親故尊祖。」

〔二〕《春秋・襄公三十年》：「天王殺其弟佞夫。」穀梁子傳：「《傳》曰：諸侯且不首惡，況於天子乎？君無忍親之義，天子諸侯所親者，唯長子、母弟耳。天王殺其弟佞夫，甚之也。」另《春秋・宣公十年》：「秋，天王使王季子來聘。」公羊子傳：「王季子者何？天子之大夫也。其稱王季子何？貴也。其貴奈何？母弟也。」

〔三〕《禮記・中庸》：「尊其位，重其禄，同其好惡，所以勸親親也；官盛任使，所以勸大臣也。」

〔四〕聖度，謂聖賢之气度。

正王臣内難曰：聖賢生於其時，亦無以立於天下。周德之衰，箕子先戒曰：「于其毋好德，汝雖錫之福，其作汝用咎。」〔一〕乖離不和，殃禍所起。官人以世，實違天紀〔二〕。

【箋】

〔一〕《書・洪範》。孔安國傳：「于其無好德之人，汝雖與之爵禄，其爲汝用惡道以敗汝善。」

〔三〕指世卿制，實違反上天之綱紀。本條後文缺經例，或指周室庶子争立之禍，即周惠王時，王子頽争立，世卿蘇子助之；周襄王時，王子帶作亂，頽叔、桃子助之；周悼、敬之際，王子朝争立，世卿召氏、毛氏、尹氏等助之。

正王臣外難曰：本彊則精神折衝，本弱則招殃致凶〔一〕。天子之吏，殆辱於戎裔〔二〕。詩人所哀，「逢此百罹」〔三〕。

【箋】

〔一〕《漢書·眭兩夏侯京翼李傳》：「夫本强則精神折衝，本弱則招殃致凶，爲邪謀所陵。」

〔二〕《春秋·隱公七年》：「冬，天王使凡伯來聘。戎伐凡伯于楚丘，以歸。」公羊子傳：「凡伯者何？天子之大夫也。此聘也，其言伐之何？執之也。執之則其言伐之何？大之也。曷爲大之？不與夷狄之執中國也。」

〔三〕《詩·王風·兔爰》。小序：「閔周也。桓王失信，諸侯皆叛，構怨連禍，王師傷敗，君子不樂其生焉。」

正王使曰：王所以撫邦國、諸侯者，行人有常數矣。古者有分土，無分民〔一〕，王靈所及〔二〕，民功〔三〕以爲紀。路節〔四〕不寧，隼飛安止〔五〕？苟以爲榮，盍思其愧。瀆之謂何，徵求自兹始〔六〕。刺在大夫，況乃王之宰〔七〕。

【箋】

〔一〕《後漢書・竇融傳》：「王者有分土，無分民，自適己事而已。」

〔二〕王靈，靈訓爲寵，指王之恩寵。《左傳・昭公十五年》：「晉居深山，戎狄之與鄰，而遠王室，王靈不及，拜戎不暇，其何以獻器？」杜預集解：「言王寵靈不見及」。

〔三〕民功，治民有勞績。《周禮・夏官・司勛》：「民功曰庸。」　鄭玄注：「法施於民，若后稷。」

〔四〕路節，出使者所持行路的憑證，此處代指使者。《周禮・秋官・環人》：「掌送逆邦國之通賓客，以路節達諸四方。」鄭玄注：「路節，旌節也。」

〔五〕《詩・小雅・采芑》：「鴥彼飛隼，其飛戾天，亦集爰止。」鄭箋：「隼，急疾之鳥也，飛乃至天，喻士卒勁勇，能深攻入敵也。爰，於也。亦集於所止，喻士卒須命乃行也。」

〔六〕《春秋》隱公三年：「秋，武氏子來求賻。」桓公十五年：「天王使家父來求車。」文公九年：「毛伯來求金。」此三則，公羊子皆傳爲王者無求，所求非禮，故書以爲譏。

〔七〕參見後文經例。

正王臣會諸侯曰：曷敢不信，要於至尊〔一〕。齊桓知節〔二〕，晉文已慎〔三〕。尹、單將間，以「同盟」云〔四〕。借曰「外楚」，冠裳等夷〔五〕。召陵既會，散兮愈卑〔六〕。

【箋】

〔一〕指下文齊桓、晉文邀盟周室，《春秋》皆書時或月，以著信。《春秋・隱公元年》：「九月，及宋人盟于宿。」徐彦疏：「《春秋》之例，若尊者之盟，則大信時，小信月，不信日，見其責也。若其微者，不問信與不信，皆書時，悉作信文以略之。」

〔二〕《春秋》僖公五年夏：「公及齊侯、宋公、陳侯、衛侯、鄭伯、許男、曹伯，會王世子于首止。秋八月，諸侯盟于首止。」僖公八年：「春王正月，公會王人、齊侯、宋公、衛侯、許男、曹伯、陳世子款，盟于洮。」僖公九年：「夏，公會宰周公、齊侯、宋子、衛侯、鄭伯、許男、曹伯于葵丘。……九月戊辰，諸侯盟于葵丘。」此三會，皆爲王臣會諸侯，主會者爲齊桓公。此時齊侯尚守本分，猶知尊王（所謂「知節」），如公羊子傳此三會稱：「曷爲殊會王世子？世子貴也。」「王人者何？微者也。曷爲序乎諸侯之上？先王命也。」「宰周公者何？天子之爲政者也。」

〔三〕晉文公主諸侯會，始以臣召君，顛倒上下。《春秋》僖公二十八年：「冬，公會晉侯、齊侯、宋公、蔡侯、鄭伯、陳子、莒子、邾人、秦人于温。天王狩于河陽。壬申，公朝于王所。」公羊子傳：「狩不書，此何以書？不與再致天子也。」穀梁子傳：「日繫於月，月繫於時。壬申公朝于王所，其不月，失其所繫也，以爲晉文公之行事爲已傎矣。」

〔四〕指尹氏和單氏將有隙（至魯昭公二十二年周景王薨，尹文公「名圉」擁立王子朝，單穆公「名旗」、劉文公「名狄，又名卷」擁立王子猛，周室亂），故云「同盟」。《春秋・成公十七年》：「夏，公會尹子、單子、晉侯、齊侯、宋公、衛侯、曹伯、邾人伐鄭。六月乙酉，同盟于柯陵。」

〔五〕《穀梁傳・文公十四年》傳「同盟」曰：「同者，有同也，同外楚也。」故此處莊存與認爲，成十七年尹子、單子與衆諸侯之「同盟」，雖藉口「外楚」，但實爲王臣、諸侯、微者（邾人）之盟會，乃淆亂了華夏禮制秩序，故曰「冠裳等夷」。

〔六〕晉定公召陵之會，爲晉主華夏的最後一會，此後春秋霸業隳，諸侯散。《春秋·定公四年》：「三月，公會劉子、晉侯、宋公、蔡侯、衛侯、陳子、鄭伯、許男、曹伯、莒子、邾子、頓子、胡子、滕子、薛伯、杞伯、小邾子、齊國夏于召陵，侵楚。」左氏傳：「晉人假羽旄於鄭，鄭人與之。明日或旆以會，晉於是乎失諸侯。」

正王臣會陪臣曰：侯大夫入天子國曰士〔一〕，禮不會公侯，矧王官伯〔二〕乎？重而不正，翟泉爲甚〔三〕。嗟乎！羝羊僅亦觸藩〔四〕，牧羊者力能決之。

【箋】

〔一〕《禮記·曲禮下》：「列國之大夫，入天子之國，曰『某士』，自稱曰『陪臣某』。」

〔二〕王官伯，指天子之重臣。《左傳·昭公十一年》：「今單子爲王官伯，而命事於會。」《左傳·定公四年》：「三月，劉文公合諸侯于召陵，謀伐楚也。」杜預集解：「文公，王官伯也。」孔穎達疏：「劉子是天子大臣，故言『王官伯也』。」

〔三〕《春秋·僖公二十九年》：「夏六月，會王人、晉人、宋人、齊人、陳人、蔡人、秦人盟于翟泉。」左氏傳：「夏，公會王子虎、晉狐偃、宋公孫固、齊國歸父、陳轅濤塗、秦小子憖，盟於翟泉，尋踐土之盟，且謀伐鄭也。卿不書，罪之也。」

〔四〕《易·大壯》：「九三：小人用壯，君子用罔，貞厲。羝羊觸藩，羸其角。」孔穎達疏：「罔，羅罔也。羝羊，羖羊也。藩，藩籬也。羸，拘累纏繞也。九三處《乾》之上，是『健之極』也。又『以陽居陽』，是健而不謙也。健而不謙，必用其壯也。小人當此，不知恐懼，即用以爲壯盛，故曰『小人用壯』。君子當此即慮危難，用之以爲羅罔於己，故曰『君子用罔』。以壯爲正，其正必危，故云『貞厲』也。以此爲正，狀似『羝羊觸藩』也，必拘羸其角矣。」

正王臣卒葬曰：始於踐土〔一〕，終於召陵〔二〕。皆奬王室，晉主夏盟〔三〕。虎也要言〔四〕，卷實不度〔五〕。親臣處内，同外諸侯之爵〔六〕。姑曰「顛趾」〔七〕，寢乎折其足〔八〕。

【箋】

〔一〕《春秋·僖公二十八》：「五月癸丑，公會晉侯、齊侯、宋公、蔡侯、鄭伯、衛子、莒子，盟于踐土。陳侯如會。」主會者爲晉文公。

〔二〕《春秋·定公四年》：「三月，公會劉子、晉侯、宋公、蔡侯、衛侯、陳子、鄭伯、許男、曹伯、莒子、邾婁子、頓子、胡子、滕子、薛伯、杞伯、小邾婁子、齊國夏于召陵，侵楚。」主會者爲晉定公。

〔三〕晉國從文公開始，歷襄、靈、成、景、厲、悼、平、昭、傾、定，皆上尊王室，下令諸侯，爲諸夏盟主。《左傳·襄公二十四年》：「晉主夏盟」。杜預集解：「晉爲諸夏之盟主」。

〔四〕《春秋·文公三年》：「夏五月，王子虎卒。」公羊子傳：「王子虎者何？天子之大夫也。外大夫不卒，此何以卒？新使乎我也。」《左傳·僖公二十八年》，五月癸丑，晉文公爲踐土之盟，周襄王派尹氏及王子虎、内史叔興父策命文公爲侯伯。「癸亥，王子虎盟諸侯于王庭，要言曰：『皆獎王室，無相害也。有渝此盟，明神殛之，俾隊其師，無克祚國，及而玄孫，無有老幼。』君子謂是盟也信，謂晉于是役也能以德攻。」

〔五〕《春秋·定公四年》：「劉卷卒」、「葬劉文公」。不度，不守禮度，《漢書·五行志中之上》：「是人也，居喪而不哀，在慼而有嘉容，是謂不度。」顔師古注：「不度，不遵禮度也。」魯定公四年三月，劉文公合諸侯于召陵，謀伐楚。同年秋即卒，遂葬。在會盟序周班時，劉卷欲長蔡於衛，遭衛臣祝佗駁正。此當爲莊存與「卷實不度」之義。

〔六〕王子虎，封爲王叔文公（《左傳·文公三年》）；劉卷，封爲劉文公。依照《公羊傳》文三年、定四年之傳，王子虎、劉卷皆爲「天子之大夫」，故依照「天子三公稱公，王者之後稱公，其餘大國稱侯，小國稱伯、子、男」（《公羊傳·隱公五年》）的禮制，王子虎、劉卷皆不當稱公，即不當與外諸侯爵位同。《春秋·定公四年》：「葬劉文公。」徐彦疏：「正以天子大夫，本無稱公之義。今言葬劉文公，乃與葬晉文公之屬相似故也。」

〔七〕《易·鼎》：「初六：鼎顛趾。」王弼注：「鼎之爲物，下實而上虚。而今陰在下，則是爲覆鼎也，鼎覆則趾倒矣。」

〔八〕寖，逐漸。《易·鼎》：「九四：鼎折足，覆公餗，其刑渥，凶。」孔穎達疏：「餗，糝也。八珍之膳，鼎之實也。」王弼注：「渥，沾濡之貌也。既『覆公餗』，體爲渥沾。知小謀大，不堪其任，受其至辱，災及其身，故曰『其形渥，凶』也。」

正王臣私交曰：「有至尊者，不貳之」，祭，吾同祖〔一〕，不得受其私〔二〕。天子大夫，親不與諸侯通〔三〕，則順則宜。忿生〔四〕之嗣，我又何求〔五〕，諱其要君，比以爲尤〔六〕。

【箋】

〔一〕祭（音 zhài），指祭國，與魯同爲周公之後。《左傳·僖公二十四年》：「凡、蔣、邢、茅、胙、祭，周公之胤也。」

〔二〕《春秋·隱公元年》：「冬十有二月，祭伯來。」穀梁子傳：「來者，來朝也。其弗謂朝，何也？寰內諸侯，非有天子之命，不得出會諸侯，不正其外交，故弗與朝也。聘弓鍭矢不出竟埸，束脩之問不行竟中，有至尊者，不貳之也。」

〔三〕《春秋·桓公十七年》：「秋八月，蔡季自陳歸於蔡。」何休解詁：「天子大夫，不得與諸侯親通，故魯季子、紀季皆去其氏。唯卒以恩録親，季友、叔肸卒是也。」

〔四〕指周武王的開國功臣蘇忿生，後封于蘇，都于温。

〔五〕《春秋·文公十年》：「及蘇子盟于女栗。」趙匡曰：「公及之也，不書公，諱獨與天子大夫盟。」《公羊傳·隱公元年》：「及，我欲之。」

〔六〕要君，要挾周王。比，親合。尤，罪過。關於蘇國，《左傳》有如下記述。魯莊公十九年，五大夫因蘇氏以作亂，奉子頹以伐王，不克。蘇子奉子頹以奔衛，并立子頹爲王。魯莊公二十一年，鄭厲公聯合虢叔，平王子頽之亂，殺子頽及五大夫，復惠王。魯僖公十年，「狄滅温，蘇子無信也。蘇子叛王即狄，又不能於狄，狄人伐之，王不救，故滅。蘇子奔衛。」至魯文公十年，「秋七月，及蘇子盟于女栗。頃王立故也。」杜預集解認爲僖十年，「蘇子奔衛，今復見，蓋王復之。」故莊存與認爲，此次與蘇子盟，并非魯與蘇有何瓜葛而求盟，而是周王欲復蘇子，蘇子當要求盟王以取信，故魯代周王盟。夫子書此，亦在諱飾蘇子要王而已。但同時認爲，魯與蘇這樣的叛臣親合，亦爲罪尤。

正王師曰：宣榭志災，乃志王師〔一〕。以自敗爲文，實晉與戎敗之，晉罪可勝誅乎〔二〕？晉曰勤王，曾不言從王〔三〕，其人已微，其禮已亢〔四〕。王室蠢蠢爾，侯伯也，曾不若嫠婦憂宗周之隕〔五〕。

【箋】

〔一〕《春秋·宣公十六年》：「夏，成周宣榭災。」榭，公羊作「謝」。公羊子傳：「成周者何？東周也。宣謝者何？宣宫之謝也，何言乎成周宣謝災？樂器藏焉爾。成周宣謝災何以書？記災也。外災不書，此何以書？新周也。」此二「新周」義爲莊存與所不采。《彙纂》引黄仲炎曰：「臺望氛祥，榭講軍實，成周之地有宣榭者，興王之遺迹也。宣王承幽王之後，積勢衰弱，於是修車馬、備器械，南征北討，中興王業，其用武於四方則必有講肄之所，即成周宣榭是也。宣榭火，興王之迹泯矣，故聖人重之而書，示不忘古也。」

〔二〕《春秋·成公元年》：「秋，王師敗績于貿戎」。公羊子傳：「孰敗之，蓋晉敗之，或曰貿戎敗之。然則曷爲不言晉敗之？王者無敵，莫敢當也。」左氏傳：「元年春，晉侯使瑕嘉平戎于王，單襄公如晉拜成。劉康公徼戎，將遂伐之。叔服曰：『背盟而欺大國，此必敗。背盟，不祥；欺大國，不義；神人弗助，將何以勝？』不聽，遂伐茅戎。三月癸未，敗績于徐吾氏。」

〔三〕如《春秋·桓公五年》：「秋，蔡人、衛人、陳人從王伐鄭。」

〔四〕周襄王時，發生王子帶之亂，襄王出居于鄭，《左傳·僖公二十五年》載：「秦伯師于河上，將納王。狐偃言於晉侯曰：『求諸侯莫如勤王，諸侯信之，且大義也。繼文之業，而信宣於諸侯，今爲可矣。』……晉侯辭秦師而下。三月甲辰，次于陽樊，右師圍温，左師逆王。夏四月丁巳，王入于王城，取大叔（王子帶）于温，殺之于隰城。戊午，晉侯朝王。王饗醴，命之宥。請隧，弗許，曰：『王章也。未有代德，而有二王，亦叔父之所惡也。』與之陽樊、温、原、欑茅之田。」晉侯，晉文公。杜預集解：「闕地通路曰隧，王之葬禮也。諸侯皆縣柩而下。」

〔五〕《左傳·昭公二十四年》：「抑人亦有言曰：『嫠不恤其緯，而憂宗周之隕，爲將及焉。』今王室蠢蠢焉，吾小國懼矣。」杜預集解：「蠢蠢，動擾貌。」

正王都邑土田曰：以爲民極，服於土中〔一〕。有德易以興，無德易以亡〔二〕。相宅則復，即辟于周〔三〕。日夜勞來我西土，一豐一鎬相述作〔四〕。豐水之事，豈不詒子孫謀哉〔五〕！厲頻幽蹙，平徙於洛〔六〕。魚以況民，亦匪克樂〔七〕。萇叔之謀，乃城成周〔八〕。欲復文武，不知用尼甫〔九〕，卻行以走〔一〇〕，没身不得於道。

【箋】

〔一〕《周禮·天官·冢宰》：「惟王建國，辨方正位，體國經野，設官分職，以爲民極。」《書·召誥》：「王來紹上帝，自服於土中。」孔安國傳：「言王今來居洛邑，繼天爲治，躬自服行教化於地勢正中。」

〔二〕《書·蔡仲之命》：「皇天無親，惟德是輔。」

〔三〕指周公營雒邑成，成王至而察視之（相宅），隨即復歸鎬京，就君於周。《書·洛誥》：「王曰：『公，予小子其退，即辟于周，命公後。』」蔡沈集傳：「成王言我退即居于周，命公留後治洛。蓋洛邑之作，周公本欲成王遷都，以宅天下之中，而成王之意，則未欲捨鎬京而廢祖宗之舊，故於洛邑舉祀發政之後，即欲歸居于周，而留周公治洛。」

〔四〕指文王都豐，武王都鎬，皆苦心經營而成。豐鎬位在關中，居雒邑之西，故曰西土。《史記·周本紀》：「日夜勞來，定我西土」。張守節正義：「日夜勞民，又安定我之西土。」

〔五〕謂武王營鎬京，爲子孫謀長遠。《詩·大雅·文王之聲》：「考卜維王，宅是鎬京。維龜正之，武王成之。武王烝哉！豐水有芑，武王豈不仕？詒厥孫謀，以燕翼子。武王烝哉！」朱熹集傳：「芑，草名。仕，事。詒，遺。燕，安。翼，敬也。子，成王也。鎬京猶在豐水下流，故取以起興。言豐水猶有芑，武王豈無所事乎？『詒厥孫謀，以燕翼子』，則武王之事也。謀及其孫，則子可以無事矣。」

〔六〕頻，危急。蹙，困窘。周厲王專利、暴虐、侈傲，國人道路以目，乃相與襲王，厲王出奔并死于彘。周幽王，乃厲王孫，在位期間，嬖愛褒姒，廢嫡立庶，好諛用佞，烽火戲諸侯，致使申侯聯合犬戎攻之，滅西周。太子宜臼，東遷洛邑，是爲平王。

〔七〕《詩·小雅·正月》：「魚在于沼，亦匪克樂。潛雖伏矣，亦孔之炤。」毛傳：「沼，池也。」鄭箋：「池魚之所樂而非能樂，其潛伏於淵，又不足以逃，甚炤炤易見。」小序稱：「《正月》，大夫刺幽王也。」莊存與認爲該詩「終其永懷，又窘陰雨」以下，乃刺平王也。（《毛詩説·卷三·正月》）另外，鄭箋以爲此處「魚」以喻賢者，而莊存與認爲是「况民」。

〔八〕《春秋·昭公三十二年》：「冬，仲孫何忌會晉韓不信、齊高張、宋仲幾、衛世叔申、鄭國參、曹人、莒人、薛人、杞人、小邾人城成周。」《左傳·定公元年》：「城三旬而畢，乃歸諸侯之戍。齊高張後，不從諸侯。晉女叔寬曰：『周萇弘、齊高張，皆將不免。萇叔違天，高子違人。天之所壞，不可支也；衆之所爲，不可奸也。』」《國語·周語下》：「敬王十年，劉文公與萇弘欲城周，爲之告晉。魏子爲政，説萇弘而與之。」

〔九〕尼甫，指孔子。

〔一〇〕郤行以走，倒退而行。《孔子家語·觀周》：「未有以異於郤走而欲求及前人也，豈不惑哉！」

正畿内侯國邑曰：虞公、虢公，天子之三公也〔一一〕。河内、河外、河東，天子之股肱也〔二〕。《傳》忘其舊〔三〕，誰與發蒙〔四〕？滑外列會〔五〕，鄭割甸服〔六〕。於乎有哀，戎乃在洛〔七〕。父兄甥舅〔八〕，半爲秦臣〔九〕。《終南》〔一〇〕作歌，憤兮其謂諸侯「君」〔一一〕。

【箋】

〔一〕虞公、虢公，皆爲畿内諸侯而入爲王臣者。

〔二〕河東，山陝交界之黄河呈南北走向，故稱今山西境内地區爲河東。河内，太行山以東，黄河以北地區，稱河内。河外，黄河以南地區稱河外。此三地圍繞周王城雒邑，爲諸夏各國所居，乃王城蔽障。

〔三〕《公羊傳·隱公五年》：「天子三公者何？天子之相也。天子之相則何以三？自陝而東者，周公主之；自陝而西者，召公主之；一相處乎内。」何休解詁：「陝者，蓋今弘農陝縣是也。」

〔四〕發蒙，清除蒙昧。《易·蒙》：「初六，發蒙。」孔穎達疏：「以能發去其蒙也。」

〔五〕《春秋·莊公十六年》：「冬十有二月，會齊侯、宋公、陳侯、衛侯、鄭伯、許男、曹伯、滑伯、滕子，同盟於幽。」滑作爲畿内姬姓諸侯，在此次盟會中被置於序列之末，甚至在姜姓之許國之後，有違周禮（《左傳·隱公十一年》稱：「周之宗盟，異姓爲後。」），其不受各國諸侯尊重已可見。莊存與于後文《二伯辭》「齊桓盟會」引此條經例，解説曰：「前此有事，後此有事，未有書『滑伯』者，書『滑伯』，罪其爲天子大夫而同外諸侯也，王畿于是乎日削矣。」

〔六〕甸服，依《周禮》，指王畿外方五百里至千里之間的地區。《周禮·夏官·職方氏》：「方千里曰王畿，其外五百里曰侯服，又其外五百里曰甸服。」鄭所割占者，或指戴與許，即《春秋·隱公十年》：「宋人、蔡人、衛人伐戴，鄭伯伐取之。」杜預集解：「三國伐戴，鄭伯因其不和，伐而取之。書伐，用師徒也。書取，克之易也。戴國，今陳留外黄縣東南有戴城。」《春秋·隱公十一年》：「秋七月壬午，公及齊侯、鄭伯入許。」許爲姜姓諸侯，杜預集解：「許，潁川許昌縣。」此爲鄭國蓄謀已久後的行動，割占許國後，復使許叔居許東偏以奉許祀。桓公十五年，許叔因鄭亂而復國。

〔七〕《左傳·僖公十一年》：「夏，揚拒、泉皋、伊雒之戎同伐京師。入王城，焚東門，王子帶召之也。秦、晉伐戎以救周。秋，晉侯平戎于王。」

〔八〕《左傳·成公二年》：「兄弟甥舅，侵敗王略。」杜預集解：「兄弟，同姓國；甥舅，異姓國。」

〔九〕周平王避犬戎之難，東遷雒邑。秦襄公因救周有功，被封爲諸侯，獲賜岐以西之地。後經幾代人開拓，秦國逐漸東服彊晉，西霸戎夷，盡有原西周畿輔之地。

〔一〇〕《詩·秦風·終南》小序：「戒襄公也。能取周地，始爲諸侯，受顯服，大夫美之，故作是詩以戒勸之。」

〔一一〕《詩·秦風·終南》：「終南何有？有條有梅。君子至止，錦衣狐裘。顔如渥丹，其君也哉！」《禮記·坊記》子云：「禮：君不稱天，大夫不稱君，恐民之惑也。」

正王命伐國曰：倍上則誅，犯令則絶。宗盟謂何〔一〕？若茲不睦。惠以請齊〔二〕，襄乃出狄〔三〕，曰「伐」以著之，曾是以爲義乎？取櫟之役，犯中國云爾。赫赫明明〔四〕，王命焉在矣。

【箋】

〔一〕宗盟，同宗之盟，指周天子與諸夏諸侯之盟。《左傳·隱公十一年》：「周之宗盟，異姓爲後。」孔穎達疏：「服虔以宗盟爲同宗之盟。」

〔二〕惠，指周惠王。《左傳·莊公二十七年》：「王使召伯廖賜齊侯命，且請伐衛，以其立子頹也。」《春秋·莊公二十八年》：「春，王三月甲寅，齊人伐衛。衛人及齊人戰，衛人敗績。」左氏傳：「二十八年春，齊侯伐衛。戰，敗衛師，數之以王命，取賂而還。」

〔三〕襄，指周襄王。《春秋·僖公二十四年》：「夏，狄伐鄭。」左氏傳：「鄭公子士、洩堵俞彌帥師伐滑。王使伯服、游孫伯如鄭請滑。鄭伯怨惠王之入，而不與厲公爵也，又怨襄王之與衛滑也，故不聽王命而執二子。王怒，將以狄伐鄭，富辰諫曰……王弗聽。使頹叔、桃子出狄師。夏，狄伐鄭，取櫟。」

〔四〕赫赫明明，顯盛光明貌。語出《詩·大雅·大明》：「明明在下，赫赫在上。」毛傳：「明明，察也。文王之德，明明於下，故赫赫然著見於天。」

正朝王曰：「朝」言恭也，獨我乎？爲之者，晉重〔一〕也。晉重請之，王惟從之也，臣節未盡，不可以言恭也〔二〕。在盟之既〔三〕，不恭大也。自我言之，固無罪也。日不繫月，昭乎辨也〔四〕。

【箋】

〔一〕晉重，指晉文公重耳。

〔二〕《春秋·僖公二十八年》：「五月癸丑，公會晉侯、齊侯、宋公、蔡侯、鄭伯、衛子、莒子盟于踐土，陳侯如會。公朝于王所。」何休解詁：「時晉文公年老，恐霸功不成，故上白天子曰『諸侯不可卒致，願王居踐土』，下謂諸侯曰『天子在是，不可不朝』，迫使正君臣，明王法，雖非正，起時可與，故書朝，因正其義。不書諸侯朝者，外小惡不書，獨録内也。」

〔三〕盟，指踐土之盟。既，畢也，終也。

〔四〕《春秋·僖公二十八年》：「冬，公會晉侯、齊侯、宋公、蔡侯、鄭伯、陳子、莒子、邾人、秦人于温。天王狩于河陽。壬申，公朝于王所。」何休解詁：「不月而日者，自是諸侯不繫天子，若日不繫於月。」

正錫命曰：三志錫命，稱名則殊〔一〕。自褻其天，盍思出言定名之自上祐乎〔二〕！王實承天，爲天之子。隱之繫之，以爵稱之〔三〕。爲天下君，縱忍自輕，若上帝臨女何〔四〕？

【箋】

〔一〕《春秋》三志賜命，分別稱周王爲王、天王、天子。即莊公元年冬「王使榮叔來錫桓公命」；文公元年夏「天王使毛伯來錫公命」；成公八年「秋七月，天子使召伯來錫公命」。

〔二〕指《春秋·莊公元年》：「王使榮叔來錫桓公命。」胡安國傳：「啖助曰：『不稱天王，寵篡弒以瀆三綱也。』《春秋》書王必稱天，所履者天位也，所行者天道也，所賞者天命也，所刑者天討也。今桓公殺君篡國，而王不能誅，反追命之，無天甚矣。桓無王，王無天，其失非小惡也。」另《易·損》：「象曰：六五元吉，自上祐也。」孔穎達疏：「自上祐者，上謂天也，故與『自天祐之，吉無不利』義同也。」

〔三〕隱之，指王不稱天，即「王」。繫之，指王稱天，即「天王」。以爵稱之，指「天子」。《春秋·成公八年》：「秋七月，天子使召伯來錫公命。」何休解詁：「天子者，爵稱也。聖人受命，皆天所生，故謂之天子。」

〔四〕語出《詩·大雅·大明》：「上帝臨女，無貳爾心」。鄭箋：「臨，視也。」

正大夫見天子曰：殷見者，守臣也；殷頫者，陪臣也〔一〕。諸侯之大夫，以時接見乎天子〔二〕，則恩相逮也，偶以晉、卑於齊也〔三〕。拜命弗親〔四〕，天災弗葵也〔五〕，見不如弗見，幸王吏之不余治也。失常且以爲常，哀哉！承學之士，愚而不能違也。

【箋】

〔一〕守臣，指諸侯。陪臣，指諸侯之卿大夫。《周禮·春官·大宗伯》：「時見曰會，殷見曰同，時聘曰問，殷覜曰視。」鄭玄注：「殷猶衆也。十二歲王如不巡守，則六服盡朝，朝禮既畢，王亦爲壇，合諸侯以命政焉。所命之政，如王巡守。殷見，四方四時分來，終歲則徧。」「殷覜，謂一服朝之歲，以朝者少，諸侯乃使卿以大禮衆聘焉。一服朝在元年、七年、十一年。」

〔二〕《儀禮·喪服》：「諸侯之大夫，以時接見乎天子。」鄭玄注：「接，猶會也。」

〔三〕似指《春秋》僖公三十年：「公子遂如京師，遂如晉。」宣公九年：「春王正月，公如齊。公至自齊。夏，仲孫蔑如京師。」前一事，待晉國如京師。後一事，宣公得齊助以弑立，故重齊，遣大夫如京師而親自如齊。故莊氏曰「偶以晉、卑於齊也。」

〔四〕《春秋·文公元年》：「天王使毛伯來錫公命。……叔孫得臣如京師。」文公不是親自，而是遣大夫拜天子賜命。另僖公三十年：「冬，天王使宰周公來聘。公子遂如京師，遂如晉。」僖公亦遣臣拜天王聘。

〔五〕指《春秋·襄公二十四年》：「叔孫豹如京師。大饑。」不恤魯災而如京師。葵，同「揆」，揆度。

王伐

秋，蔡人、衛人、陳人從王伐鄭桓公五年

蔡、衛、陳皆何以稱人？侯不行，使大夫從也，其與幾何〔一〕！《春秋》不志王室事，天子伐國不可見，以從王伐國者見之。曷爲見之？非所以伐也，鄭伯當誅矣〔二〕。王躬不可以不省，不可以不重，輕用其民，王室危；輕用其身，天下危。從命、拒命，不竟録也。鄭罪既盈於誅，《春秋》之義，務全至尊而立人紀焉。月不繫王，傷三王之道〔三〕壞也。諸侯

不知有天子，此可忍言，孰不可忍言。以天下言之曰天王，王承天也，繫王於天，一人匪自號曰天王也；自侯氏言之，從王焉，朝于王焉，至尊者王也，不上援於天。若王后、王世子、王子、王姬，繫於王則止，皆不得以不稱天爲疑問矣〔四〕。

【箋】

〔一〕《直解》：「皆稱人，將卑師少以微者行也。」

〔二〕鄭莊公與虢公同爲王卿士，周王貳于虢，鄭伯怨王，取温之麥及成周之禾。王不禮鄭伯，且取其田。周鄭交惡，魯桓公五年，「王奪鄭伯政，鄭伯不朝。秋，王以諸侯伐鄭，鄭伯禦之。」參見《左傳》隱公三年、六年、十一年及桓公五年傳。

〔三〕《史記·太史公自序》：「夫《春秋》，上明三王之道，下辨人事之紀，別嫌疑，明是非，定猶豫，善善惡惡，賢賢賤不肖，存亡國，繼絶世，補敝起廢，王道之大者也。」

〔四〕莊存與此處意在駁斥胡安國以來對王不稱天的闡釋，胡安國傳曰：「《春秋》書王必稱天者，所章則天命也，所用則天討也。王奪鄭伯政而怒其不朝，以諸侯伐焉，非天討也，故不稱天。」

王崩葬

三月庚戌，天王崩隱公三年　平王

魯史義不志王室事，是故天子不志即位。以諸侯爲天子服喪三年〔一〕志天王崩，則我君爲平王喪三年矣。《春秋》禮不備，雖有事焉而不書。書曰「三月庚戌，天王崩」，以無大不備焉而敬書之。苟小不備而遂削不書，非所以奉至尊而立中國之人紀也。曷以知其小不備？於「來求賻」見之也〔二〕。言求之，不言歸之，求而後歸則如弗歸，言求以見不歸之惡。雖然，放飯流歠，遑問齒決乎〔三〕！曷以知其無大不備？以書「來求賻」見之也，譏不歸賻則奔喪無闕矣〔四〕。吁，平王五十一載天子也，雖曰王室既卑，魯猶是姬姓，必將復先王之職焉，慭置天崩地坼之變於若罔聞，知乎必不然也。

然則《春秋》何以作乎？法文王也，樂道堯舜之道也〔五〕。豈曰天子亦克能脩其職、諸侯服享其職，而遂以王迹爲不熄乎？夫王迹在朝覲、享獻、賀喜、弔災云爾乎？在舉一世而甄陶之，嗥嗥〔六〕如也〔七〕。平王祚東周二十餘世而後亡〔八〕，禮樂、典章，夫子問萇叔時〔九〕具存無恙，豈後世京邑亂亡，四方莫或饋餉，百官采梠拾薪以自給者比也〔一〇〕！而謂懿親如魯，東遷之始已不奔天王喪乎！孟子言曰：「《小弁》之怨，親親也。親親，仁也。」〔一一〕且曰：「名之曰幽、厲，雖孝子慈孫，百世不能改也。」〔一二〕夫不以平王爲孝子、桓王以下爲慈孫乎？三代之祚，無過二三十世，而孟子必曰百世，古之聖人其文辭孫順固如此！《傳》曰「《文王》，兩君相見之樂也」〔一三〕，周公欲天下諸侯師文王也〔一四〕，服事可師〔一五〕，受命〔一六〕益可師，周之子孫得如虞、夏、商之子孫，不亦可乎！少康中興，虞思之力也〔一七〕，孰謂三代之王天下，天下不爲公也。

【箋】

〔一〕《周禮・春官・司服》：「凡喪，爲天王斬衰，爲王后齊衰。」《白虎通・喪服》：「諸侯爲天子斬衰三年何？普天之下，莫非王土，率土之賓，莫非王臣，臣之于君，猶子之于父，明至尊、臣子之義也。」

〔二〕《春秋・隱公三年》：「秋，武氏子來求賻。」公羊子傳：「武氏子來求賻，何以書？譏。何譏爾？喪事無求，求賻，非禮也，蓋通于下。」

〔三〕《孟子・盡心上》：「不能三年之喪，而緦小功之察；放飯流歠，而問無齒決：是之謂不知務。」朱熹集注：「放飯，大飯；流歠，長歠：不敬之大者也。齒決，齧斷乾肉，不敬之小者也。問，講求之意。」

〔四〕《春秋》「擇其重者而譏焉」（《公羊傳・莊公四年》），故僅譏不歸賻，則知重於歸賻之奔喪無缺矣。

〔五〕《公羊傳・哀公十四年》：「君子曷爲爲《春秋》？撥亂世，反諸正，莫近諸《春秋》。則未知其爲是與？其諸君子樂道堯舜之道與？末不亦樂乎堯舜之知君子也？制《春秋》之義，以俟後聖，以君子之爲，亦有樂乎此也。」

〔六〕嗥嗥，《清經解》本作「皞皞」。

〔七〕《孟子·盡心上》：「孟子曰：『霸者之民，驩虞如也；王者之民，皞皞如也。殺之而不怨，利之而不庸。民日遷善而不知爲之者。夫君子，所過者化，所存者神，上下與天地同流，豈曰小補之哉！』」朱熹集注：「皞皞，廣大自得之貌。」「君子，聖人之通稱也。……是其德業之盛，乃與天地之化同運並行，舉一世而甄陶之，非如霸者但小小補塞其罅漏而已。此則王道之所以爲大，而學者所當盡心也。」

〔八〕據《史記·周本紀》，東周歷平、桓、莊、釐、惠、襄、頃、匡、定、簡、靈、景、悼、敬、元、定、哀、思、考、威烈、安、烈、顯、慎靚、赧，二十五世。于赧王時東西周分治，同爲秦所滅。

〔九〕《史記·樂書》司馬貞索隱引《大戴禮》：「孔子適周，訪禮於老聃，學樂於萇弘。」《史記·天官書》張守節正義：「萇弘，周靈王時大夫也。」

〔一〇〕據《後漢書·孝獻帝紀》，董卓劫獻帝西都長安，驅徙京師百姓悉入關，而大焚洛陽宮廟及人家。後董卓死，獻帝車駕至洛陽，「是時，宮室燒盡，百官披荆棘，依墻壁閒。州郡各擁强兵，而委輸不至，群僚饑乏，尚書郎以下自出采稆，或饑死墻壁閒，或爲兵士所殺。」

〔一一〕《孟子·告子下》：「公孫丑問曰：『高子曰：《小弁》，小人之詩也。』孟子曰：『何以言之？』曰：『怨。』曰：『固哉，高叟之爲詩也！有人於此，越人關弓而射之，則己談笑而道之，無他，疏之也；其兄關弓而射之，則己垂涕泣而道之，無他，戚之也。《小弁》之怨，親親也，親親，仁也。固矣夫，高叟之爲詩也！』」《小弁》小序：「刺幽王也」，有如下詩句：「踧踧周道，鞫爲茂草。

我心憂傷，惄焉如擣。」

〔一二〕《孟子・離婁上》：「不以舜之所以事堯事君，不敬其君者也；不以堯之所以治民治民，賊其民者也。孔子曰：『道二，仁與不仁而已矣。暴其民甚，則身弒國亡；不甚，則身危國削。名之曰幽、厲，雖孝子慈孫，百世不能改也。』」

〔一三〕《左傳・襄公四年》。杜預集解：「《文王》之三（即《大雅》開篇之《文王》《大明》《緜》），皆稱文王之德，受命作周，故諸侯會同以相樂。」

〔一四〕《孟子・離婁上》：「今也小國師大國而耻受命焉，是猶弟子而耻受命於先師也。如耻之，莫若師文王。師文王，大國五年，小國七年，必爲政於天下矣。」

〔一五〕《孟子・梁惠王下》：「惟仁者爲能以大事小，是故湯事葛，文王事昆夷。」

〔一六〕受命，聽命。《孟子・離婁上》：「齊景公曰：『既不能令，又不受命，是絶物也。』」朱熹集注：「受命，聽命於人也。」

〔一七〕有過氏滅夏帝相，帝相之妃方娠，逃于有仍氏，生少康。再逃于有虞氏，虞思於是妻少康以二姚，而邑諸綸。有田一成，有衆一旅，少康能布其德，遂滅有過氏，中興有夏。詳見《左傳・哀公元年》。

三月乙未，天王崩桓公十有五年　桓王

恒辭也。不以禮不備不書〔一〕，至尊也。

【箋】

〔一〕天子七月而葬，周桓王七年方葬，故莊存與以爲禮不備。《春秋・莊公三年》：「五月，葬桓王。」左氏傳：「夏五月，葬桓王，緩也。」杜預集解：「以桓十五年三月崩，七年乃葬，故曰緩。」

王后

祭公來，遂逆王后于紀桓公八年

辭不異於祭伯來〔一〕，則若非王命然也。逆王后，非王命則不可，雖曰不稱主人〔二〕，王命也。可以遂事乎？《公羊》傳之，「逆天下之母若逆婢妾，將謂海内何哉」〔三〕？聖人之辭恭而有禮，曰「王后」，其辭成矣〔四〕，以立諸夏之人紀也。

【箋】

〔一〕《春秋・隱公元年》：「冬，十有二月，祭伯來。」公羊子傳：「祭伯者何？天子之大夫也。何以不稱使？奔也。奔則曷爲不言奔？王者無外，言奔，則有外之辭也。」穀梁子傳：「來者，來朝也。其弗謂朝，何也？寰内諸侯，非有天子之命，不得出會諸侯，不正其外交，故弗與朝也。聘弓鍭矢，不出竟場；束脩之肉，不行竟中；有至尊者，不貳之也。」左氏傳：「十二月，祭伯來，非王命也。」

〔二〕《公羊傳·隱公二年》："「婚禮不稱主人，然則曷稱？稱諸父兄師友。」

〔三〕公羊子傳："「祭公者何？天子之三公也。何以不稱使？婚禮不稱主人。遂者何？生事也。大夫無遂事，此其言遂何？成使乎我也。其成使乎我奈何？使我爲媒，可則因用是往逆矣。」何休解詁："「婚禮成於五：先納采、問名、納吉、納徵、請期，然後親迎。時王者遣祭公來，使魯爲媒，可則因用魯往迎之，不復成禮。疾王者不重妃匹，逆天下之母若逆婢妾，將謂海内何哉？故譏之。」

〔四〕公羊子傳："「女在其國稱女，此其稱王后何？王者無外，其辭成矣。」

春，紀季姜歸于京師桓公九年

自父母言之，尊爲王后必曰吾季姜〔一〕。不以君臣之義，奪人父子之親。雖然，王后無出道，非若諸侯以下婦人有歸宗之義也〔二〕。成之曰「王后」，「王者無外」，則王后無出也。曰「季姜」，本之於父母以見其貴。故曰「腐木不可以爲柱，卑人不可以爲主」〔三〕矣。天子所居，必以衆大之辭言之曰京師〔四〕，辭不失舊，晉士知之矣〔五〕。將有其名而已乎！夫子告哀公曰「彊蔓未虧，人民未變，鬼神未亡，水土未絪，糟者猶糟，實者猶實，玉者猶玉，血者猶血，酒者猶酒」〔六〕，此所謂「天子之在者，惟祭與號」〔七〕也。雖然，生死之服物采章，輕重布之者〔八〕，其數尚如初也。賈誼有言："「五伯征而諸侯從」，春秋之世也；

「内守外附而社稷存」，戰國之世也；謂之「五序得其道」〔九〕。夏有羿、澆〔一〇〕，實甚於周之東焉。京師，諸夏之父母也，「若衣服之有冠冕，水木之有本原，人民之有謀主」〔一一〕。季子聞《王風》而歎曰：「美哉，思而不懼，其周之東乎。」〔一二〕「必以衆大之辭言之」，而其實不誣矣。

【箋】

〔一〕公羊子傳：「其辭成矣，則其稱紀季姜何？自我言，紀父母之於子，雖爲天王后，猶曰吾季姜。」

〔二〕《儀禮·喪服傳》：「婦人雖在外，必有歸宗，曰小宗。」鄭玄注：「歸宗者，父雖卒，猶自歸宗，其爲父後持重者，不自絶於其族類也。」賈公彦疏：「天子諸侯夫人父母卒，不得歸宗，以其人君絶宗，故許穆夫人，衛侯之女，父死不得歸，賦《載馳》詩是也。」

〔三〕《漢書·劉輔傳》。

〔四〕公羊子傳：「京師者何？天子之居也。京者何？大也。師者何？衆也。天子之居，必以衆大之辭言之。」

〔五〕《左傳·襄公二十六年》：「晉韓宣子聘于周，王使請事，對曰：『晉士起將歸時事於宰旅，無他事矣。』王聞之曰：『韓氏其昌阜於晉乎！辭不失舊。』」杜預集解：請事，「問何事來聘。」「起，宣子名。禮：諸侯大夫入天子國稱士。時事，四時貢職。宰旅，冢宰之下士，言獻職貢于宰旅，不敢斥尊。」

〔六〕《大戴禮記・少閒》：「〔哀〕公曰：『然則何以謂失政？』子曰：『所謂失政者：疆蔓未虧，人民未變，鬼神未亡，水土未絪，糟者猶糟，實者猶實，玉者猶玉，血者猶血，酒者猶酒。優以繼愖，政出自家門，此之謂失政也。』」盧辯注：「言疆域與草木皆未易於常也，民神猶依附之。絪，猶亂，《韓詩外傳》曰：『陰陽相勝，氛祲絪氳』也。糟以喻惡，實以喻善，亦言善惡之物仍錯亂也。玉以喻善人，言尚賢其賢。血，憂色也，酒以喻樂，猶憂其可憂而樂其所樂。愖，猶忍也。言天下安然，人物不亂，方優佚樂，繼之出其忍政也。」

〔七〕《穀梁傳・昭公三十二年》：「天子微，諸侯不享覲。天子之在者，惟祭與號。」

〔八〕《國語・周語中》：「亦唯是死生之服物采章，以臨長百姓而輕重布之，王何異之有？」韋昭注：「采章，采色文章也，死之服，謂六隧之民引王柩輅也。輕重布之，貴賤各有等也。王何異之有，帝王皆然也。」

〔九〕《史記・秦始皇本紀》引賈誼《過秦論》：「先王知雍蔽之傷國也，故置公、卿、大夫、士，以飾法設刑，而天下治。其强也，禁暴誅亂而天下服。其弱也，五伯征而諸侯從。其削也，内守外附而社稷存。故秦之盛也，繁法嚴刑而天下振；及其衰也，百姓怨望而海内畔矣。故周五序得其道，而千餘歲不絶。秦本末並失，故不長久。」司馬貞索隱：「《賈誼書》『五』作『王』。」

〔一〇〕有夏氏方衰，后羿因夏民以代夏政，棄老臣而用寒浞爲相。浞行媚于内而施賂于外，外内咸服。羿猶不悛，爲家衆所殺。羿臣靡奔有鬲氏。浞因羿室，生澆及豷，使澆用師，滅斟灌及斟尋氏。

處澆于過，處豷于戈。靡自有鬲氏，收二國之燼以滅浞，而立少康。少康滅澆于過，后杼滅豷于戈，有窮由是遂亡。詳見《左傳·襄公四年》。

〔二〕《左傳·昭公九年》。

〔三〕《左傳·襄公二十九年》。

王臣外難

戎伐凡伯于楚丘，以歸隱公七年〔一〕

重王命以重王使，伐國之罪，猶且降等焉，故大之也〔二〕。《春秋》有不可書，則辟之，此何以書？孰驕此戎者？我與有責焉耳矣〔三〕。「于楚丘」，罪其地之主人〔四〕；「以歸」，罪凡伯辱天王之命也，王室之從政者固若此乎！「不與夷狄之執中國」，豈與執天子之使哉！非「愈乎執」〔五〕也，執亦不言執也，《王風》是以諷于役〔六〕。閔矣，東方之侯，有一人起而問此戎者乎！

【箋】

〔一〕本條與《外辭》「戎」之例重出。

〔二〕公羊子傳：「凡伯者何？天子之大夫也。此聘也，其言伐之何？執之也。執之則其言伐之何？大之也。曷爲大之？不與夷狄之執中國也。其地何？大之也。」

〔三〕魯隱公與戎盟會，故云。《春秋・隱公二年》：「春，公會戎于潛。」「秋八月庚辰，公及戎盟于唐。」

〔四〕穀梁子傳：「楚丘，衛之邑也。」杜預集解：「楚丘，衛地。」

〔五〕穀梁子傳：「以歸，猶愈乎執也。」

〔六〕《詩・王風・君子于役》小序：「刺平王也。君子行役無期度，大夫思其危難以風焉。」

冬，晉人執虞公僖公五年

此滅虞也，曷爲書執而已？忌也。虞，畿内之國，滅而不忌，是無天子也。虞曰公，王官也；晉曰人，晉侯也。目人以執王官，罪既盈於誅矣。舉可誅而人之，以不失罪；不書〔一〕滅以隱之〔二〕，而不傷義。故曰：史，事也；《春秋》者，道也。

【箋】

〔一〕書，原文誤作「甚」，據《清經解》本改。

〔二〕公羊子傳：「虞已滅矣，其言執之何？不與滅也。曷爲不與滅？滅者，亡國之善辭也；滅者，上下之同力者也。」

王使

冬，天王使凡伯來聘隱公七年

此天子之使，其言聘何？天子所以撫諸侯者，存、頫、省、問〔一〕，皆聘也。「北面稱臣，受之於大廟」，則何以書？榮之也，喜之也〔二〕。諸侯有功德於其民，則天子使問之云爾。魯使可以自省矣，有則榮之，無則愧之。孰往？公如京師也。曷爲不言公如京師？常事也〔三〕。我之往者不書，見公之往也。凡伯者何？天子之上大夫也。凡，采；伯，字也。天子之上大夫繫字於采，公羊家傳之矣〔四〕。

【箋】

〔一〕《周禮·秋官·小行人》：「朝、覲、宗、遇、會、同，君之禮也；存、覜、省、聘、問，臣之禮也。」

〔二〕何休解詁：「書者，喜之也。古者諸侯有較德，殊風異行，天子聘問之，當北面稱臣，受之于大廟，所以尊王命，歸美於先君，不敢以己當之。」

〔三〕《公羊傳·桓公四年》：「常事不書」。

〔四〕《春秋·隱公元年》：「冬十有二月，祭伯來。」何休解詁：「祭者，采邑也。伯者，字也。天子上大夫字，尊尊之義也。」。

春，天王使南季來聘隱公九年

八年於兹，公不一如京師，又不使大夫聘，天王則再使上大夫來聘，周德雖衰，不若是甚也。公如京師矣，以爲常事而不書也〔一〕。宋公不王而謀伐之，在此歲矣〔二〕。齊人朝王在往年矣〔三〕。書曰「天王使南季來聘」，見公之朝於天子也。公一朝，王比使聘，則以爲非常數而志之矣。得其常數不志於《春秋》，《春秋》非記事之史也。

【箋】

〔一〕莊存與此處意在反駁胡安國，胡氏傳曰：「按《周禮·行人》：『王者待諸侯，有時聘以結好，閑問以諭志。』而穀梁子何以獨言『聘諸侯，非正也』？古者諸侯於天子，比年一小聘，三年一大聘，五年一朝。天子於諸侯，不可以若是恝，故亦有聘問之禮焉。隱公即位九年于此，而史策不書遣使如周，則是未嘗聘也。亦不書公如京師，則是未嘗朝也。一不朝則貶其爵，再不朝則削其地，如隱公者，貶爵、削地可也。刑則不舉，遣使聘焉，其斯以爲不正乎？」

〔二〕《春秋·隱公九年》：「秋七月。冬，公會齊侯于防。」左氏傳：「宋公不王，鄭伯爲王左卿士，以王命討之，伐宋。宋以入郛之役怨公，不告命。公怒，絶宋使。秋，鄭人以王命來告伐宋。冬，公會齊侯于防，謀伐宋也。」《春秋·隱公十年》：「春王二月，公會齊侯、鄭伯于中丘。夏，翬帥師會齊人、鄭人伐宋。六月壬戌，公敗宋師于菅，辛未，取郜。辛巳，取防。」

〔三〕《左傳·隱公八年》：「八月丙戌，鄭伯以齊人朝王，禮也。」

夏，天王使宰渠伯糾來聘桓公四年

爲天下君，曾可以亂獄有所歸，遂不探其情、不加誅於弑君之賊乎〔一〕！積月而歲，四年於兹，力不能討，繫可閔也，聖人不責也。崇奬亂人，豈天意哉！王使來聘，「文王作罰」〔二〕，於是蕩然，三綱絶矣〔三〕。是歲有事，舉不足録也，以天時爲於此焉變矣〔四〕。辭非有所嫌，則「天王」不改也〔五〕。宰，官也；渠，名也；伯糾，字也。以官氏，名且字，下大夫也〔六〕。

【箋】

〔一〕胡安國傳：「在周制，大司馬九伐之法，諸侯而有賊殺其親則正之，放弑其君則殘之。桓公之行當此二者，舍曰不討，而又聘焉，失天職矣。」

〔二〕語出《書·康誥》。孔安國傳：「文王所作違教之罰」。

〔三〕胡安國傳：「夫咺賵仲子，糾聘桓公，其事皆三綱之所繫也。」

〔四〕《春秋》桓公四年，只有春夏，無秋冬，故云。

〔五〕《公羊傳·隱公七年》：「《春秋》貴賤不嫌，同號；美惡不嫌，同辭。」

〔六〕公羊子傳：「宰渠伯糾者何？天子之大夫也。其稱宰渠伯糾何？下大夫也。」何休解詁：「天子下大夫，繫官氏，名且字。」

天王使仍叔之子來聘桓公五年

比年而聘，何爲乎謹而志之？不可得而略也〔一〕。何言乎「仍叔之子」？公羊子曰：「譏父老子代從政也。」賢者之路絶矣〔二〕，孝子之行薄矣〔三〕。

【箋】

〔一〕《直解》：「一聘已非，況再聘乎！」

〔二〕胡安國傳：「『仍叔之子』云者，譏世官非公選也，帝王不以私愛害公選，故仕者世禄而不世官。任之不以其賢也，使之不以其能也，卿大夫子弟，以父兄故而見使，則非公選，而政由是敗矣。」

〔三〕穀梁子傳：「微其君臣而著其父子，不正父在子代仕之辭也。」

天王使家父來聘桓公八年

聘者三至，不可以已乎？不勝譏，既譏其始，不復譏也〔一〕，且不可得削。家，氏也；父，字也。不以伯仲別，中大夫也〔二〕。

【箋】

〔一〕胡安國傳：「下聘弑逆之人而不加貶，何也？既名冢宰於前，其餘無責焉，乃同則書重之意。」

按「不加貶」，指「家父」，稱字不稱名。

〔二〕何休解詁：「家，采地。父，字也。天子中大夫氏采，故稱字，不稱伯仲也。」

冬，天王使宰周公來聘僖公三十年

何言乎「天王使宰周公來聘」？非常事也。其爲非常事奈何？齊桓長諸侯，王使不下聘，晉文繼之，再致天子〔一〕，使晉士盟天子之大夫〔二〕，時則以天子之聘爲非常事焉而志之〔三〕。時則絶不志晉之聘，使不得與齊、衛爲倫比，辟天子也〔四〕。

【箋】

〔一〕城濮之戰後，晉文公于夏、冬兩次召君。《春秋·僖公二十八年》：「五月癸丑，公會晉侯、齊侯、宋公、蔡侯、鄭伯、衛子、莒子盟于踐土。陳侯如會，公朝于王所。」「冬，公會晉侯、齊侯、宋公、蔡侯、鄭伯、陳子、莒子、邾人、秦人于温。天王狩于河陽。壬申，公朝于王所。」

〔二〕《春秋·僖公二十九年》：「夏六月，會王人、晉人、宋人、齊人、陳人、蔡人、秦人，盟于翟泉。」左氏傳：「夏，公會王子虎、晉狐偃、宋公孫固、齊國歸父、陳轅濤塗、秦小子慭，盟于翟泉。尋踐土之盟，且謀伐鄭也。」

〔三〕《直解》：「襄王以晉文兩合諸侯而朝之，遂以三公下聘，蓋因聘晉而歷聘朝王之諸侯，非特聘魯也。」

〔四〕城濮之戰後，《春秋》志齊、衛之聘（僖公三十三年：「齊侯使國歸父來聘。」文公四年：「衛侯使甯俞來聘。」）卻不志晉聘。莊存與認爲，蓋晉文公上僭周襄王，《春秋》既已志王使，則不書晉聘，以尊王而抑晉也。

秋，武氏子來求賻隱公三年

來求賻，何以書？譏不歸賻也。天王之喪，一小不備，謹而志之，尊尊之義篤焉。有司正其過足矣，使人求之，閔宗周也。君子爲禄仕，陽陽然無所用心，必至此云爾。何言乎「武氏子」？公羊子曰：「父卒，子未命」，則微矣〔一〕。何以氏之？以大夫之禮行，以大夫之禮待之，故氏之。稱之曰「子」，其私喪未畢，必以子道正之也。不稱「使」，左丘氏曰「王未葬」，公羊子曰「當喪，未君」。非王命不行於天下，則其不稱使何？「天子之宰，通於四海」〔二〕，總己以聽〔三〕，惟此時爲得通。雖然，王命在節，使必持節，則王命在所使者矣。故曰：「惟名與器，不可以假人。」〔四〕

【箋】

〔一〕何休解詁：「時雖世大夫，緣孝子之心，不忍便當父位，故順古先試一年，乃命於宗廟。武氏子，父新死，未命而便爲大夫，薄父子之恩，故稱氏言子，見未命以譏之。」

〔二〕《穀梁傳·僖公三十年》。

〔三〕《論語·憲問》：「君薨，百官總己以聽于冢宰三年。」

〔四〕孔子語，見《左傳·成公二年》。

天王使家父來求車桓公十有五年

王者懷諸侯之典，厚往薄來，必無辭讓，亦無徵求。求車，非也〔一〕。則未知爲乘車與，兵車與，田車與？器貢也〔二〕，有常數矣，車何必不貢〔三〕！貢之則可，求之則不可。

【箋】

〔一〕穀梁子傳：「古者諸侯時獻于天子，以其國之所有，故有辭讓，而無徵求。求車，非禮也。」

〔二〕《周禮·天官·大宰》：「以九貢致邦國之用：一曰祀貢，二曰嬪貢，三曰器貢……」鄭玄注：「器貢，銀鐵石磬丹漆也。」

〔三〕左氏傳：「十五年春，天王使家父來求車，非禮也。諸侯不貢車服，天子不私求財。」

王臣會諸侯

夏五月，公自京師，遂會晉侯、齊侯、宋公、衛侯、鄭伯、曹伯、邾人、滕人伐秦成公十有三年

此與秦戰，曷爲不言戰？義不繫乎戰也。諸侯不王，因伐秦而後王〔一〕，晉有秦怨〔二〕，連東諸侯之師，踰數千里越河山而伐秦，「伐」則已著矣，義不繫乎戰也，且不使秦得以敵乎諸侯也。王官不書，以爲非天下之事也。

【箋】

〔一〕《春秋·成公十三年》：「三月，公如京師。夏五月，公自京師，遂會晉侯、齊侯、宋公、衛侯、鄭

伯、曹伯、邾人、滕人伐秦。」左氏傳：「公及諸侯朝王，遂從劉康公、成肅公會晉侯伐秦。」

〔三〕晉侯使呂相絶秦，歷數秦晉之怨，參見左氏傳。

王臣會陪臣

夏六月，會王人、晉人、宋人、齊人、陳人、蔡人、秦人盟于翟泉〔一〕僖公二十有九年

翟泉，天子之側也〔二〕。孰會之？公也。公則曷爲不言公？諱盟天子之大夫也。「王人」者孰謂？王子虎也。何以稱人？微之也。曷爲微之？與陪臣盟也。諱公、王子虎不書，使若微者然，故曰不正。是晉狐偃、宋公孫固也，其皆稱人何〔三〕？「列國之大夫，入天子之國曰士」〔四〕，固人也。大夫始會，不得以名見也〔五〕。大夫入天子之國，不見天子乎？曰：是殷頫也〔六〕，内無大夫焉則不可以見，外大夫之見。然則公不見天子乎？朝也。朝則曷爲不言「公如京師」？諸侯以大夫頫而公朝焉，恭也，以爲常事焉而不書也。公如京師不書，公適諸侯書之。

公如京師，曷爲皆不書？禮曰：「一不朝則貶其爵，再不朝則削其地，三不朝則六師移之。」〔七〕不事天子，誅絶之罪也。「天子微，諸侯不享覲」〔八〕，《春秋》朝諸侯，有天下〔九〕，以三王爲法。諸侯不王，不可勝誅，内有大惡，臣子當爲君父諱。一書「公如京

師」，則其百不如京師不可諱矣，使皆若常事不書者然，辟不事天子也。然則何以見公之如京師與？不如京師與？不志大夫如京師，公猶如京師也；志大夫如京師，公不復如京師也。奔喪、會葬皆若是。

公適諸侯，曷爲書之？禮曰：「諸侯之邦交，歲相問也，殷相聘也，世相朝也。」〔一〇〕「考禮正刑一德，以尊天子」〔一一〕，各于其州有道之國以習之，宗廟、社稷、民人之守重矣。是故君非民事不舉〔一二〕。天子微，諸侯相爲朋黨，「小役大、弱役强」〔一三〕，《春秋》養諸侯，兵不用〔一四〕，以三王爲法。諸侯相如，不可勝譏，内有小惡，君子當先自詳正，「躬自厚而薄責于人」〔一五〕。適大則舉必書，皆以非常事書也。于變之中又有言焉，安危榮辱之義備矣。

公如京師皆不書，然而有所書之，存天下之大防也；公適諸侯皆書之，然而有所不書，存天下之大防也。水行者表深，治民者表亂，《春秋》以禮表天下之亂〔一六〕，凡所書者，皆所表也。表之而不循，幾何而不陷乎哉！

【箋】

〔一〕經文從左氏，公、穀「會」前有「公」字。

〔二〕杜預集解：「翟泉，今洛陽城内大倉西南池水也。」

〔三〕左氏傳：「夏，公會王子虎、晉狐偃、宋公孫固、齊國歸父、陳轅濤塗、秦小子慭，盟于翟泉。尋踐土之盟，且謀伐鄭也。卿不書，罪之也。」

〔四〕《禮記·曲禮下》。

〔五〕《彙纂》引陳傅良曰：「今以大夫盟王子，文公之志荒矣。大夫之交政於是始，文公爲之也。」

〔六〕《周禮·春官·大宗伯》：「時見曰會，殷見曰同，時聘曰問，殷覜曰視。」鄭玄注：「殷猶衆也。」「殷覜，謂一服朝之歲，以朝者少，諸侯乃使卿以大禮衆聘焉。一服朝在元年、七年、十一年。」

〔七〕《孟子·告子下》。

〔八〕《穀梁傳》僖公五年，亦見于昭公三十二年。

〔九〕朝，謂使諸侯來朝，語出《孟子·公孫丑上》：「武丁朝諸侯，有天下，猶運之掌也。」

〔一〇〕《周禮·秋官·大行人》。

〔一一〕《禮記·王制》。

〔一二〕《左傳·莊公二十七年》：「天子非展義不巡守，諸侯非民事不舉，卿非君命不越竟。」

〔一三〕《孟子·離婁上》：「天下無道，小役大，弱役强。」

〔一四〕語出《禮記·聘義》：「諸侯相厲以禮，則外不相侵，內不相陵。此天子之所以養諸侯，兵不用，而諸侯自爲正之具也。」

〔一五〕《論語·衛靈公》。

〔一六〕《荀子·大略》：「水行者表深，使人無陷；治民者表亂，使人無失。禮者，其表也，先王以禮表天下之亂。」

王臣卒葬

夏四月辛卯，尹氏卒隱公三年

天子之大夫不書卒，此何以書？公羊子曰：「天王崩，諸侯之主也。」禮相接斯恩相及矣，則恩録之乎〔一〕？以公奔喪録之也。《春秋》以諸侯奔天王之喪爲常事而不書，諱他年之不奔喪也，以吾君主尹氏而録其卒，則奔喪見矣。要必書大夫如京師，而後不奔喪之實乃亦益見，故曰：「微而顯，志而晦也。」〔二〕

書王子虎〔三〕、劉卷〔四〕，皆有譏焉〔五〕，尹氏無譏焉，何以氏之而不名〔六〕？且終氏其末孫之奔楚者亦終不名〔七〕，公羊子曰：「譏世卿。世卿，非禮也。」其聖人之志乎？制《春秋》以俟後聖〔八〕，後世之變，害家凶國〔九〕不皆以世卿故，聖人明於憂患與故，豈不知之，則何以必譏世卿？告爲民上者知天人之本、篤君臣之義也。告哀公曰：「義者，宜也，尊賢爲大。」〔一〇〕述湯武之書曰：「帝臣不蔽，簡在帝心」，「雖有周親，不如仁人」〔一一〕。是故非賢不可以爲卿。君不尊賢，則失其所以爲君。彼世卿者，失賢之路、蔽賢之蠹也。不然好賢如《緇衣》〔一二〕，豈曰世卿而譏之乎？伊陟、巫賢，非「保乂有殷」之臣乎〔一三〕？「世卿非禮」，譏不尊賢、養賢，不必其害家凶國。則凡國家之大患，靡不禁於未然之前矣，其善志哉！世祿，文王之典也；世卿，非文王之典也。「無故無新，惟仁之親」〔一四〕，尊賢、養賢之家法也。保其宗廟、守其祭祀，卿、大夫、士之孝也〔一五〕，聖人誨之矣。如曰仕者不可世祿，國可以無世臣，則非譏世卿之指矣。

【箋】

〔一〕何休解詁：「時天王崩，魯隱往奔喪，尹氏主儐贊諸侯，與隱交接而卒。恩隆於王者，則加禮録之，故爲隱恩録痛之。日者，恩録之，明當有恩禮。」

〔二〕《左傳·成公十四年》：「故君子曰『《春秋》之稱，微而顯，志而晦，婉而成章，盡而不汙，懲惡而勸善，非聖人誰能修之？』」

〔三〕《春秋·文公三年》：「夏五月，王子虎卒。」公羊子傳：「王子虎者何？天子之大夫也。外大夫不卒，此何以卒？新使乎我也。」

〔四〕《春秋·定公四年》：「劉卷卒。」公羊子傳：「劉卷者何？天子之大夫也。外大夫不卒，此何以卒？我主之也。」穀梁子傳：「此不卒，而卒者，賢之也。寰內諸侯也，非列土諸侯，此何以卒也？天王崩，爲諸侯主也。」

〔五〕參見前文小序「虎也要言，卷實不度」注。

〔六〕稱氏卑于稱名。《公羊傳·莊公十年》：「州不若國，國不若氏，氏不若人，人不若名，名不若字，字不若子。」

〔七〕《春秋·昭公二十六年》：「冬十月，天王入于成周。尹氏、召伯、毛伯以王子朝奔楚。」

〔八〕《公羊傳·哀公十四年》：「制《春秋》之義，以俟後聖」。

〔九〕語出《書·洪範》：「害于而家，凶于而國。」

〔一〇〕《禮記·中庸》。

〔一一〕《論語·堯曰》。

〔一二〕《禮記·緇衣》：「子曰：好賢如《緇衣》，惡惡如《巷伯》，則爵不瀆而民作願，刑不試而民咸服。」另，《詩·鄭風·緇衣》小序：「美武公也。父子並爲周司徒，善於其職，國人宜之，故美其德，以明有國善善之功焉。」

〔一三〕伊尹爲商湯之相，其子伊陟爲商王太戊之相；巫咸爲商王太戊之賢臣，其子巫賢亦爲商王祖乙之賢臣。《書·君奭》稱他們「保乂有殷，故殷禮陟配天，多歷年所。」孔安國傳：「以安治有殷，故殷禮能升配天，享國久長，多歷年所。」

〔一四〕《後漢書·中屠剛傳》：「無舊無新，唯仁是親。」李賢注：「《尚書大傳》曰：武王入殷，周公曰『各安其宅，各田其田，無故無新，唯仁之親。』」

〔一五〕《孝經·卿大夫章》：「非先王之法服不敢服，非先王之法言不敢道，非先王之德行不敢行。……三者備矣，然後能守其宗廟，蓋卿大夫之孝也。」《孝經・士章》：「故以孝事君則忠，以敬事長則順。忠順不失，以事其上，然後能保其禄位而守其祭祀，蓋士之孝也。」

王臣私交

冬十有二月，祭伯來隱公元年

此來朝也，王命曰聘，非王命〔一〕則如曰朝，而奪之曰來。穀梁子曰：「不正其外交，故弗與朝也。」〔二〕《春秋》内其國，則曷以爲外交？天子辭也。祭，采也；伯，字也；天子之上大夫〔三〕，辭曷爲與介葛盧同〔四〕？不嫌也〔五〕。何以知祭伯來之爲朝〔六〕？諸侯相爲賓謂之相朝〔七〕，天子之上大夫六命，出封加一等，則侯伯相若也〔八〕，故曰諸侯相爲賓。寰内諸侯，行外諸侯之禮，故曰「不正」。「聘弓、鍭矢，不出竟易」，正也；「束修之問不行竟中」，無乃已甚乎？天子上大夫不與諸侯親通，古之訓也〔九〕。非以主人在喪而奪賓之禮與？曰：有主書以立教也，約其文辭而指博，主書於公之盟〔一〇〕，則不庸主書於祭伯之來。執一者不知問〔一一〕，亂之所以爲失也。

【箋】

〔一〕左氏傳：「十二月，祭伯來，非王命也。」

〔二〕穀梁子傳：「來者，來朝也。其弗謂朝，何也？寰内諸侯，非有天子之命，不得出會諸侯，不正其外交，故弗與朝也。聘弓、鍭矢不出竟場，束修之問不行竟中。有至尊者，不貳之也。」

〔三〕何休解詁：「祭者，采邑也。伯者，字也。天子上大夫字，尊尊之義也。」

〔四〕《春秋·僖公二十九年》：「春，介葛盧來。」公羊子傳：「介葛盧者何？夷狄之君也。何以不言朝？不能乎朝也。」

〔五〕《公羊傳·隱公七年》：「《春秋》貴賤不嫌，同號；美惡不嫌，同辭。」

〔六〕公羊子傳：「祭伯者何？天子之大夫也。何以不稱使？奔也。奔則曷爲不言奔？王者無外，言奔，則有外之辭也。」爲莊氏所不采。

〔七〕《周禮·秋官·司儀》：「凡諸公相爲賓」。鄭玄注：「謂相朝也。」

〔八〕《周禮·春官·典命》：「侯伯七命，其國家、宫室、車旗、衣服、禮儀皆以七爲節。……王之三公八命，其卿六命，其大夫四命，及其出封，皆加一等，其國家、宫室、車旗、衣服、禮儀亦如之。」

〔九〕《春秋·桓公十七年》：「秋八月，蔡季自陳歸於蔡。」何休解詁：「天子大夫，不得與諸侯親通，故魯季子、紀季皆去其氏，唯卒以恩録親，季友、叔肸卒是也。」

〔一〇〕《春秋·隱公元年》：「九月，及宋人盟于宿。」公羊子傳：「孰及之？内之微者也。」莊存與認爲，魯隱公在喪，故不身親之，而派大夫盟，有損禮之意。參見《内辭下》「大夫盟會」隱元年經例。

〔二〕指泥于一端者不知起問。《孟子·盡心上》：「所惡執一者，爲其賊道也，舉一而廢百也。」趙岐注：「所以惡執一者，爲其不知權，以一知而廢百道也。」

王師

晉人圍郊昭公二十有三年

此二師圍郊，專目晉人何〔一〕？外晉於王也。諸侯勤王，則師皆王師，義不書晉，晉自以爲晉矣。不書從王師，伉也；不書王師，不使伉也。晉曰人，是固人也〔二〕。「列國之大夫，入天子之國曰某士」〔三〕者，上大夫也，兹故微而人之。不書潰，非潰也。「民逃其上曰潰」〔四〕，王師在是而何潰之有！

【箋】

〔一〕左氏傳：「二十三年春，王正月，壬寅朔，二師圍郊。癸卯，郊、鄩潰。丁未，晉師在平陰，王師在澤邑。王使告間，庚戌，還。」杜預集解：「討子朝也。郊，周邑。」「郊、鄩二邑，皆子朝所得。」

〔二〕《左傳·昭公二十二年》：「十二月庚戌，晉籍談、荀躒、賈辛、司馬督帥師軍于陰、于侯氏、于谿泉，次于社。王師軍于氾、于解，次于任人。閏月，晉箕遺、樂徵、右行詭濟師，取前城，軍其東南。王師軍于京楚。辛丑，伐京，毁其西南。」

〔三〕《禮記・曲禮下》。

〔四〕《左傳・文公三年》：「凡民逃其上曰潰，在上曰逃。」

王都邑土田

冬，仲孫何忌會晉韓不信、齊高張、宋仲幾、衛世叔申、鄭國參、曹人、莒人、薛人、杞人、小邾人城成周昭公三十二年

成周者何？下都也〔一〕。王在是，曷爲不言京師？城而後爲京師也。城而後爲京師者，不忘舊也，郊社在焉，宗廟在焉。

【箋】

〔一〕《日講》：「王城自平王東遷以來，天子世居之，其城完固。敬王避子朝之黨，居于成周，遂定都焉。」

三月，鄭伯使宛來歸祊。庚寅，我入祊隱公八年

言「歸」則不言「取」，如言「取」則不言「歸」。苟非叛人，則不以地名其人〔一〕。言某人歸某邑、某田云爾〔二〕，其相授受不以天子命，尚猶責之略焉。茲何以言「鄭伯使宛來歸祊」？謝鄭伯之辭也，不啻與莒牟夷、邾黑肱〔三〕等。必且曰「庚寅，我入祊」，受叛人惡已見，

干王章惡難見，不諱而目言之，以是爲罪之不敢赦者也。湯沐之邑〔四〕，四井之邑也，爲田幾何？何若是乎其重之？方岳之下，王者所以供給神祇、昭上帝之有赫〔五〕也，自《帝典》〔六〕以來，封域有數，至尊至重，天子且不敢以私與人，而諸侯乃以爲吾之賜邑，彼專其地，此盜其土乎！侵上帝所居歆〔七〕，壞百王所事守，其可赦乎？不可赦乎？是以目言之也。誦《詩》讀《書》，美矣！富矣！存于今日者，漢文帝使諸生刺六經中所作之《王制》也〔八〕。

【箋】

〔一〕指如果非叛人，《春秋》不因地而書其主人之名。見下注。另穀梁子傳：「名宛，所以貶鄭伯，惡與地也。」

〔二〕如《春秋》宣公十年：「齊人歸我濟西田。」定公十年：「齊人來歸運、讙、龜陰田。」哀公八年：「齊人歸讙及闡。」

〔三〕《春秋》襄公二十一年：「邾庶其以漆、閭丘來奔。」昭公五年：「夏，莒牟夷以牟婁及防、茲來奔。」昭公三十一年：「冬，黑肱以濫來奔。」左氏傳：「冬，邾黑肱以濫來奔。賤而書名，重地故也。君子曰：『名之不可不慎也如是。夫有所有名，而不如其已。』以地叛，雖賤，必書地，以名其人。終爲不義，弗可滅已。……邾庶其、莒牟夷、邾黑肱，以土地出，求食而已，不求其名，賤而必書。……是以《春秋》書齊豹曰『盜』，三叛人名，以懲不義，數惡無禮，其善志也。」

〔四〕祊，公、穀作「邴」，讀音同。公羊子傳：「邴者何？鄭湯沐之邑也。天子有事于泰山，諸侯皆從泰山之下，諸侯皆有湯沐之邑焉。」左氏傳：「鄭伯請釋泰山之祀而祀周公，以泰山之祊易許田。三月，鄭伯使宛來歸祊，不祀泰山也。」

〔五〕《詩·大雅·皇矣》：「皇矣上帝，臨下有赫。監觀四方，求民之莫」。鄭箋：「大矣！天之視天下，赫然甚明。」

〔六〕《禮記·大學》：「《帝典》曰：『克明峻德』。」朱熹注：「《帝典》，《堯典》、《虞書》。」

〔七〕《詩·大雅·生民》：「其香始升，上帝居歆，胡臭亶時？」鄭箋：「其馨香始上行，上帝則安而歆饗之，何芳臭之誠得其時乎？」

〔八〕《史記·封禪書》：「〔文帝〕使博士諸生刺六經中作《王制》，謀議巡狩封禪事。」

鄭伯以璧假許田桓公元年

目「鄭伯以璧」，以者，不以者也。「假許田」，假非所宜假也。許田，我朝宿之邑，畿内之土田也〔一〕。言鄭假之，不言桓予之，緣先君之志以爲之辭〔二〕，此桓罪之薄者。賊重？黨賊者重〔三〕？私天子之田，在鄭伯則罪均，在桓公則輕重殊科，是以不言桓之予之〔四〕。且見畿内重於諸侯之分地，猶不若祊之爲邑，自古及周，皆以此爲祀上帝之田也〔五〕。

【箋】

〔一〕公羊子傳：「其言以璧假之何？易之也。易之則其言假之何？爲恭也。曷爲爲恭？有天子存，則諸侯不得專地也。許田者何？魯朝宿之邑也。諸侯時朝乎天子，天子之郊，諸侯皆有朝宿之邑焉。則曷爲謂之許田？諱取周田也。諱取周田，則曷爲謂之許田？繫之許也。曷爲繫之許，近許也。」胡安國傳：「魯，山東之國，與祊爲鄰；鄭，畿内之邦，許田近地也。」

〔二〕魯隱公八年，鄭伯請釋泰山之祀而祀周公，以泰山之祊易許田，至本年（桓公元年）魯始歸許田。

〔三〕賊，指魯桓公，弑君兄得立。黨賊者，指鄭伯。左氏傳：「元年春，公即位，修好于鄭。鄭人請復祀周公，卒易祊田，公許之。三月，鄭伯以璧假許田，爲周公祊故也。夏四月丁未，公及鄭伯盟于越，結祊成也。」杜預集解：「公以篡立而修好於鄭，鄭因而迎之，成禮於垂，終易二田，然後結盟。」

〔四〕魯桓公罪重，故不書其予之，而書鄭伯假之，蓋内大惡諱也。《春秋·隱公十年》：「《春秋》録内而略外。於外大惡書，小惡不書；於内大惡諱，小惡書。」

〔五〕謂儘管畿内之田原本重於諸侯之封地，但許田猶不如祊重要，蓋因祊乃鄭祀泰山之田故也。因此《春秋》録小惡而諱大惡，書作以璧假許田，而不書作以祊易許田。

王畿内侯國邑

虞師、晉師滅下陽〔一〕僖公二年

邑何以滅？重畿内之邑也〔二〕。下陽滅，而虢不書滅，舉可書而誅之，君子以爲雖滅國，罪不加於邑矣。目「虞師」，外虞師於王也〔三〕。外虞於王者，虞自外也。諸侯不得專地〔四〕，則不得專滅。暨於四海矣，何獨重於畿内？曰：知畿内之重，天下重治矣。《詩》曰「肇域彼四海」〔五〕，語其盛也；《易》曰「自邑告命」〔六〕，謂其衰也。

【箋】

〔一〕下陽，虢國之邑。虞公貪晉賄，忘脣齒之義，假途滅虢，卒遭晉滅。三傳皆有詳細本事，可參看。

〔二〕穀梁子傳：「非國而曰滅，重夏陽也。」夏陽，左氏作「下陽」。

〔三〕虞公爲周天子卿士，而書作「虞師」，不書作「王師」，乃外虞也。

〔四〕《公羊傳・桓公元年》：「有天子存，則諸侯不得專地也。」

〔五〕《詩・商頌・玄鳥》：「邦畿千里，維民所止，肇域彼四海。」鄭箋：「止，猶『居』也。肇，當作『兆』。王畿千里之内，其民居安，乃後兆域正天下之經界。言其爲政自内及外。」

〔六〕《易・泰》上六：「自邑告命，貞吝。」孔穎達疏：「『自邑告命貞吝』者，否道已成，物不順從，唯於自己之邑而施告命，下既不從，故『貞吝』。」

狄滅温，温子奔衛僖公十年

畿内國不言滅，此其言滅何？敗於列侯不言敗，敗於戎言敗〔一〕；列侯滅國不言滅，取

邑言滅〔二〕，狄滅言滅。「如知此者，由文矣哉！由文矣哉！」〔三〕

【箋】

〔一〕《春秋·成公元年》：「秋，王師敗績于貿戎。」公羊子傳：「孰敗之？蓋晉敗之。或曰貿戎敗之。然則曷爲不言晉敗之？王者無敵，莫敢當也。」

〔二〕即《春秋·僖公二年》：「虞師、晉師滅下陽。」

〔三〕語出《禮記·雜記下》：「孔子曰：『伯母、叔母疏衰，踊不絕地。姑姊妹之大功，踊絕於地。如知此者，由文矣哉！由文矣哉！』」鄭玄注：「由，用也。言知此踊絕地、不絕地之情者，能用禮文哉！能用禮文哉！美之也。」

鄭人入滑僖公二十年

滑，畿內之國，鄭入之，無異文何？曰：善如問也，是鄭滑也〔一〕，言內則皆內也，言外則皆外也，不內滑而外鄭也。虞視晉，晉則外矣；滑視秦，秦則外矣。不內滑而外鄭，不私滑也。皆外之，罪鄭也。皆外之之爲罪鄭何？鄭親而滑疏也，曰孰親而自外？

【箋】

〔一〕鄭滑，意爲視滑如鄭。

春王二月，秦人入滑僖公三十有三〔一〕年鄭人入滑曰入，秦人滅滑曰入〔二〕？不使滅也。自是無滑矣，秦雖弗有，滑固滅矣，則曰入何〔三〕？畿内之國也。「狄滅温」目言之，方狄秦〔四〕而弗目秦何？狄伐周而不忌，秦則有勤王之功焉〔五〕。方將狄之，非故狄也。

【箋】

〔一〕三，原文誤作「二」，據《春秋》原文改。

〔二〕秦千里勞師以襲鄭，爲鄭商人弦高所沮，不得已滅滑而還。詳見《左傳》。

〔三〕《公羊傳·隱公二年》：「入者何？得而不居也。」

〔四〕《春秋》單書國名，乃夷狄之也。如《春秋·僖公三十三年》：「夏四月辛巳，晉人及姜戎敗秦于殽。」公羊子傳：「其謂之『秦』何？夷狄之也。」

〔五〕《左傳·僖公十一年》：「夏，揚拒、泉皋、伊雒之戎同伐京師。入王城，焚東門，王子帶召之也。秦、晉伐戎以救周。秋，晉侯平戎于王。」

大夫見天子

公子遂如京師，遂如晉僖公三十年

大夫如京師，昉於此乎？曰：前此矣，前此有公如京師焉則不書。公往不書，書大夫往乎？自此公不復如京師焉則書之。不書大夫往，則孰往者乎？書之矣，猶以爲常事焉而不悉書也。此何以書？以京師遂乎晉也。其言遂何？生事也[一]。聘必以圭幣，受命而行，遂[二]不生事也，其以生事之辭言之何？辟不敬之罪于君也[三]。辟不敬之罪于君者，尊京師也[四]。遂與圖事[五]，受命而行，則歸惡焉爾。聘常不專行[六]，「無行，則重賄反幣」[七]，《春秋》志聘，舍是則悉以專行之辭言之何？書所重者也。以京師遂乎晉，重晉若京師也，重晉若京師則惡矣。舍是無所兼重乎？曰：自我言之，皆爲適者[八]，苟皆爲適者，專之可也，偶之可也，可則不志，重晉若京師則志。周公欲天下之一乎周也[九]，二之以晉則不可。其不可于是始，君子謹而志之，欲天下之一乎周也。「發憤忘食，樂以忘憂」[一〇]，以君子之爲《春秋》，有所憤乎？此也；亦有所樂乎？此也。

【箋】

〔一〕《公羊傳·桓公八年》：「遂者何？生事也。」何休解詁：「生猶造也，專事之辭。」

〔二〕遂，指公子遂。

〔三〕《春秋·僖公三十年》：「冬，天王使宰周公來聘。公子遂如京師，遂如晉。」《直解》：「公不入覲以拜王命之辱，乃使陪臣報聘，且『如京師』『如晉』，以二事出，是夷周於晉也。《春秋》書『遂』，若大夫之專事者，爲魯諱惡，且尊王也。」

〔四〕穀梁子傳：「以尊遂乎卑，此言不敢叛京師也。」

〔五〕遂，指公子遂。《儀禮·聘禮》：「聘禮。君與卿圖事，遂命使者。」鄭玄注：「圖，謀也。謀聘故及可使者。」

〔六〕胡安國傳：「大夫出疆，有以二事出者，有以一事出而專繼事者，其書皆曰『遂』。公子遂如周及晉，與祭公自魯逆王后，皆所謂以二事出者也；公子結往媵而及齊、宋盟，則專繼事者也。」

〔七〕《儀禮·聘禮》：「無行，則重賄反幣。」鄭玄注：「無行，謂獨來，復無所之也。必重其賄與反幣者，使者歸，以得禮多爲榮，所以盈聘君之意也。反幣，謂禮玉、束帛、乘皮，所以報聘君之享禮也。」

〔八〕適者，即敵者，指魯與諸夏諸侯地位匹敵。

〔九〕語出《公羊傳·文公十三年》：「然則周公之魯乎？曰：不之魯也，封魯公以爲周公主。然則周公曷爲不之魯？欲天下之一乎周也。」

〔一〇〕《論語·述而》。

叔孫得臣如京師文公元年

常事不書，此何以書？以非常事書也。天王錫命而大夫拜焉，其失常也大矣〔一〕。曷不辟之？曰：吾君在喪，未可以見天子也，錫之者亦有過焉，則有辭於禮矣。非所如而如之，而後諱，諱不事天子也。

【箋】

〔一〕《春秋·文公元年》：「天王使叔服來會葬。夏四月丁巳，葬我君僖公。天王使毛伯來錫公命。晉侯伐衛。叔孫得臣如京師。」左氏傳：「王使毛伯衛來錫公命，叔孫得臣如周拜。」

夏，仲孫蔑如京師宣公九年

常事不書，此何以書？以非常事書也。公如齊而仲孫蔑如京師〔一〕，其失常也大矣。曷不辟之？曰宣罪當誅〔二〕，辟之何爲？

【箋】

〔一〕《春秋·宣公九年》：「春，王正月，公如齊。公至自齊。夏，仲孫蔑如京師。」

〔二〕指宣公所立不正，即《左傳·文公十八年》：「文公二妃，敬嬴生宣公，敬嬴嬖，而私事襄仲。宣公長而屬諸襄仲，襄仲欲立之，叔仲不可。仲見于齊侯而請之，齊侯新立而欲親魯，許之。冬十月，仲殺惡及視，而立宣公。」

叔孫豹如京師襄公二十有四年

常事不書，此何以書？以非常事書也。此其爲非常事奈何？以歲之不易〔一〕，何急于如京師乎！豹之如京師也，以齊人之城郟也〔二〕，齊人城郟而晉人不知，其失常也大矣。然則曷爲不言齊人之城郟？晉人若不知而諸侯莫往者，我亦與有罪焉爾，不言城郟，辟不事天子之罪而全之也。全之則其言如京師何？惡晉侯之不臣也。齊侯睦于王室則圍之〔三〕，齊人勤於王事則伐之〔四〕，不事天子，晉首惡焉。夷儀言會而不言伐，不與晉侯之伐齊也。楚子伐鄭，不奪其諸侯之辭，予楚子之救齊也〔五〕。伐不書，救不書，不可得而見，書「叔孫豹如京師」則見矣。

【箋】

〔一〕《春秋·襄公二十四年》：「叔孫豹如京師。大饑。」

〔二〕左氏傳：「齊人城郟，穆叔如周聘，且賀城。王嘉其有禮也，賜之大路。」杜預集解：「郟，王城也。于是穀、洛斗，毁王宫。齊叛晉，欲求媚於天子，故爲王城之。」

〔三〕《春秋·襄公十八年》：「冬十月，公會晉侯、宋公、衛侯、鄭伯、曹伯、莒子、邾子、滕子、薛伯、杞伯、小邾子同圍齊。」

〔四〕《春秋·襄公二十四年》：「八月癸巳朔，日有食之。公會晉侯、宋公、衛侯、鄭伯、曹伯、莒子、邾子、滕子、薛伯、杞伯、小邾子于夷儀。」左氏傳：「會于夷儀，將以伐齊，水，不克。」

〔五〕指書作「楚子」，乃依舊以諸侯之稱稱之，即《春秋·襄公二十四年》：「冬，楚子、蔡侯、陳侯、許男伐鄭。」左氏傳：「冬，楚子伐鄭以救齊，門于東門，次于棘澤。諸侯還救鄭。」

春秋正辭卷三

内辭第三上

君父憂勤，臣子安樂，其永言〔一〕哉。諸侯子孫，苦於所不知者五焉〔二〕。上有明王，其賞不僭〔三〕。雖曰象賢〔四〕，曷嘗不選。蒙業以安之〔五〕，則寖微、寖滅之道也。始也未誓〔六〕，繼不類見〔七〕，苟無他故，王命忍弗録乎？公繼世〔八〕一。

【箋】

〔一〕永言，意同恒久。《梁書·武帝本紀中》：「以兹寡薄，臨御萬方，顧求夙志，永言祇惕。」

〔二〕指「五始」，見後文經例。

〔三〕《左傳·襄公二十六年》：「善爲國者，賞不僭而刑不濫。」孔穎達疏：「僭謂僭差，濫謂濫佚。」

〔四〕《儀禮·士冠禮》：「繼世以立諸侯，象賢也。」鄭玄注：「象，法也。爲子孫能法先祖之賢，故使之繼世也。」亦見《禮記·郊特牲》。

〔五〕蒙業，承蔭祖業。賈誼《治安策》：「立經陳紀，輕重同得，後可以爲萬世法程，雖有愚幼不肖之嗣，猶得蒙業而安，至明也。」

〔六〕誓，接受天子之策命。《周禮·春官·典命》：「凡諸侯之適子，誓於天子，攝其君，則下其君之禮一等。」鄭玄注：「誓，猶命也。言誓者，明天子既命以爲之嗣，樹子不易也。」

〔七〕類見，古禮名。諸侯死後世子見天子代父受國之禮。《禮記·曲禮下》：「既葬，見天子，曰類見。」鄭玄注：「代父受國。類，猶象也。執皮帛，象諸侯之禮見也。其禮亡。」孔穎達疏：「此諸侯世子父死，葬畢而見天子禮也。類，象也，言葬後未執玉而執皮帛以象諸侯見，故曰類見。」

〔八〕指正常繼位。

穀梁子曰：「諱莫如深，苟有所見，莫如深也。」〔一〕公羊子曰：「主人習其讀而問其傳，則未知己之有罪焉。」〔二〕左丘氏曰：「《春秋》之辭，微而顯，志而晦，非聖人誰能修之！」〔三〕公繼故〔四〕二。

【箋】

〔一〕《穀梁傳·莊公三十二年》。范甯集解：「深，謂君弑賊奔，隱痛之至也。」鍾文烝補注：「深，幽深也。」「凡爲諱文者，皆以其事不没而得諱。」

〔二〕《公羊傳·定公元年》。何休解詁：「此孔子畏時君，上以諱尊隆恩，下以辟害容身，慎之至也。」徐彥疏：「其傳未行，口授弟子，而作微辭以辟其害，亦是謹慎之甚。」

〔三〕《左傳·成公十四年》。

〔四〕指繼弑君。

衛武公年九十有五，使人日誦於側曰「靡哲不愚」〔一〕。不愚者，其以齋終乎〔二〕？非其地，不哲也。細行受細名，大行受大名〔三〕，幼不誄長，賤不誄貴〔四〕，正天名也。葬以死者之爵，實生者之事也。不正奚以名？舍禮奚以葬爲？君薨葬三。

【箋】

〔一〕《詩·大雅·抑》：「人亦有言，靡哲不愚。」毛傳：「靡哲不愚，國有道則知，國無道則愚。」朱熹集傳引董逌曰：「侯包言武公行年九十有五，猶使人日誦是詩而不離于其側。」《國語·楚語上》：「昔衛武公年數九十有五矣，猶箴儆於國……於是乎作《懿》詩以自儆也。」韋昭注：「《懿》，《詩·大雅·抑》之篇也。」

〔二〕齋終，即齊終，謂壽終正寢。《春秋·莊公三十二年》：「八月癸亥，公薨于路寢。」穀梁子傳：「路寢，正寢也。寢疾居正寢，正也。男子不絶于婦人之手，以齊終也。」陸德明音義：「齊，本亦作齋。」

〔三〕《逸周書·謚法》：「是以大行受大名，細行受細名。行出於己，名生於人。」

〔四〕《禮記·曾子問》：「賤不誄貴，幼不誄長，禮也。唯天子稱天以誄之。諸侯相誄，非禮也。」

薨以不地見故，君父之尊成也〔一〕。親吾君也而不地，臣子之痛深也〔二〕。故則不葬，然而地且葬〔三〕，豈無故哉？有所見矣。君薨故葬故四。

【箋】

〔一〕《公羊傳》隱公十一年：「公薨何以不地？不忍言也。」閔公二年：「公薨何以不地？隱之也。何隱爾？弒也。」

〔二〕《春秋》所書薨故而不地之魯君共有二位，即隱公、閔公。

〔三〕《春秋》所書薨故而地且葬之魯君僅有一位，即桓公。

諸侯出則絶，我可以曠八年無君乎？《春秋》之辭恒有君〔一〕。安於無君，意如〔二〕之心也；若猶有君，意如之迹也。聖人誅其心因其迹，未嘗絶昭公於魯焉。君孫〔三〕五。

【箋】

〔一〕魯昭公爲季平子所逐，在外流亡七年零四個月後薨。《春秋》于此期間，每年皆書昭公行在，如二十六年「三月，公至自齊居于運」，二十有七年，「春，公如齊，公至自齊，居于運」等。

〔二〕意如，即季孫意如，左氏、穀梁同，公羊作「季孫隱如」。姬姓，季氏，謚平，史稱「季平子」，魯國正卿。季武子之孫，承武子遺風，專魯國之政，在驅逐昭公之後，攝政七年多。昭公死于外，另立魯定公爲君。

〔三〕《春秋·昭公二十五年》：「九月己亥，公孫于齊，次于楊州。」孫，通遜，諱逃遁。

「毀不滅性，此聖人之政」〔一〕，然不非也，亦不譽〔二〕。生死非人所能也，加一辭焉則惑矣。子卒六。

【箋】

〔一〕《孝經・喪親》。

〔二〕《春秋・襄公三十一年》：「秋九月癸巳，子野卒。」左氏傳：「六月辛巳，公薨于楚宮。……立胡女敬歸之子子野，次于季氏。秋九月癸巳，卒，毁也。」杜預集解：「過哀毁瘠，以致滅性。」

慶父誅〔一〕，宣公享〔二〕；慶父略，宣公詳。伏其罪者，惡易盡也；享其利者，惡難盡也。宣公生，不若慶父死也。子卒故七。

【箋】

〔一〕《春秋・莊公三十二年》：「冬十月己未，子般卒。」左氏傳：「冬十月己未，共仲使圉人犖賊子般于黨氏。」共仲，即慶父，姬姓，謚共，孟孫氏（三桓之一）之祖，魯國上卿。莊公去世，他派人先後刺殺了繼位的子般與閔公，制造内亂，後在公子季友的逼迫下自縊。

〔二〕《春秋・文公十八年》：「冬十月，子卒。」左氏傳：「冬十月，仲殺惡及視，而立宣公。書曰『子卒』，諱之也。」公羊子傳：「子卒者孰謂？謂子赤也。何以不日？隱之也。何隱爾？弑也。」仲，又稱襄仲，即公子遂。宣公，即姬倭。文公卒，公子遂在齊惠公默許下，殺嫡子子赤（《左傳》爲惡及視），立庶子倭，即宣公。《史記・十二諸侯年表》：「魯立宣公不正，公室卑。」

大昏爲大常事，必録之。夫人，君之配也，不録，禮不備也〔一〕，襄公爲君之微也〔二〕。桓公既隕，女禍再宭〔三〕；莊公之季，詩人所不刺〔四〕；宣、成事異，若無異辭，以一字爲褒貶，古人不余欺也〔五〕。夫人八。

【箋】

〔一〕《春秋》録夫人大婚者，共桓、莊、宣、成四君，即桓公三年：「公子翬如齊逆女。九月，齊侯送姜氏于讙。公會齊侯于讙。夫人姜氏至自齊。」莊公二十四年：「夏，公如齊逆女。秋，公至自齊。八月丁丑，夫人姜氏入。」宣公元年：「公子遂如齊逆女。三月，遂以夫人婦姜至自齊。」成公十四年：「秋，叔孫僑如如齊逆女。」「九月，僑如以夫人婦姜氏至自齊。」

〔二〕魯襄公三歲繼位，時三桓專權，并于襄公十一年「作三軍，三分公室，而各有其一」。故莊存與稱「襄公爲君之微也」。此語出于《公羊傳·桓公十五年》：「然則曷爲不言忽之出奔？言忽爲君之微也，祭仲存則存矣，祭仲亡則亡矣。」何休解詁：「言忽微弱甚於鴻毛。」另據《左傳·襄公三十一年》，襄公夫人爲胡女敬歸，《春秋》未録，此殆莊存與言襄公微弱之緣由。

〔三〕魯桓公夫人文姜，與庶兄齊襄公通淫并謀殺了桓公。莊公末年，其子慶父與莊公夫人哀姜私通，并弑子般及閔公，後逃奔莒國。莊存與以爲，慶父之所以逃奔莒國，與文姜于莊公十九年、二十年兩次如莒有關，所謂「禍所從來」，「殺其身不已也，又將殺其子孫」（參見後文「絶夫人踰境」經例），故曰「女禍再宭」。

〔四〕《詩經》無《魯風》，故莊公末年，莊公夫人哀姜與莊公弟慶父、叔牙私通，弑子般及閔公事，無得詩人所刺。參見後文「絶夫人踰境」莊二年經例。

〔五〕《春秋》所書成公大婚，比宣公僅多一「氏」字。即宣公元年：「公子遂如齊逆女。三月，遂以夫人婦姜至自齊。」成公十四年：「秋，叔孫僑如如齊逆女。」「九月，僑如以夫人婦姜氏至自齊。」《公羊傳・宣公元年》：「夫人何以不稱『姜氏』？貶。曷爲貶？譏喪娶也。喪娶者公也，則曷爲貶夫人？內無貶于公之道也。內無貶于公之道，則曷爲貶夫人？夫人與公一體也。」另「以一字爲褒貶」，乃《春秋》通説，如杜預《春秋經傳集解序》：「《春秋》雖以一字爲褒貶，然皆須數字以成言。」

夫人子氏，隱之妻也，《穀梁》所傳，不可非也〔一〕。聲姜，齊媵女也，《公羊》有所受之，而不得其問之所起也〔二〕。終始具，終始正，齊姜也〔三〕；始不正著，終不正不著，穆姜也〔四〕。卑無廢尊之義也〔五〕。噫嘻，齊姜、穆姜之喪〔六〕，殆不備禮〔七〕，然且書之，聖人不忍略焉，君之配也，且君之妣也。然而有所略，有所不録，不有指乎？夫人薨葬九。

【箋】

〔一〕《春秋・隱公二年》：「十有二月乙卯，夫人子氏薨。」穀梁子傳：「夫人者，隱之妻也。」公羊子傳：「夫人子氏者何？隱公之母也。」左氏無傳，杜預以爲即桓公之母仲子。

〔二〕《春秋・僖公八年》：「秋七月，禘于大廟，用致夫人。」公羊子傳：「夫人何以不稱姜氏？貶。

曷爲貶？譏以妾爲妻也。其言以妾爲妻奈何？蓋脅于齊媵女之先至者也。」何休解詁：「僖公本聘楚女爲嫡，齊女爲媵，齊先致其女，脅僖公使用爲嫡。」此齊女，即魯僖夫人聲姜。

〔三〕《春秋》成公十四年：「秋，叔孫僑如如齊逆女」，「九月，僑如以夫人婦姜氏至自齊」。襄公二年：「夏五月庚寅，夫人姜氏薨」，七月「己丑，葬我小君齊姜。」

〔四〕「始不正著」者，指逆穆姜，《春秋》不書「氏」字，以譏喪取，即《春秋·宣公元年》：「公子遂如齊逆女。三月，遂以夫人婦姜至自齊。」公羊子傳：「夫人何以不稱『姜氏』？貶。曷爲貶？譏喪娶也。喪娶者公也，則曷爲貶夫人？内無貶于公之道也。内無貶于公之道，則曷爲貶夫人？夫人與公一體也。」「終不正不著」者，指穆姜淫于叔孫僑如（宣伯）（見《左傳·成公十六年》），而《春秋》于其薨葬無異書，即《春秋·襄公九年》：「五月辛酉，夫人姜氏薨。秋八月癸未，葬我小君穆姜。」

〔五〕葬爲臣子之事，故云。

〔六〕《春秋·襄公二年》：「夏五月庚寅，夫人姜氏薨。」七月「己丑，葬我小君齊姜。」公羊子傳：「齊姜者何？齊姜與繆姜，則未知其爲宣夫人與，成夫人與？」《左傳》以齊姜爲成公夫人，穆姜（《公羊》作「繆姜」）爲宣公夫人，莊存與同。何休反是。《春秋·襄公九年》：「五月辛酉，夫人姜氏薨。秋八月癸未，葬我小君穆姜。」

〔七〕夫人之尊與君同，故薨葬一如君禮。齊姜三月而葬，穆姜四月而葬，于禮皆爲渴葬，故莊存與以爲殆禮不備也。《公羊傳・隱公三年》：「葬者曷爲或日或不日？不及時而日，渴葬也。」何休解詁：「不及時，不及五月也。禮，天子七月而葬，同軌畢至。諸侯五月而葬，同盟至。大夫三月而葬，同位至。士逾月，外姻至。」

三綱絶則《春秋》絶之，且差其等焉。伏其罪，惡已盡；享其利，惡難盡。豈不信乎？「文姜者何？莊公之母也」，薨且葬焉〔一〕。莊公，吾先君也，公羊子則微言矣乎。夫人絶十。

【箋】

〔一〕《春秋・莊公二十二年》：「癸丑，葬我小君文姜。」公羊子傳：「文姜者何？莊公之母也。」文姜與庶兄齊襄公通姦，并弑丈夫魯桓公。胡安國傳：「文姜已歸爲國君母，臣子致送終之禮，雖欲貶之，不可得矣。」

齊桓明天子之禁曰：「無以妾爲妻。」〔一〕人道所以異於禽獸，此其幾希〔二〕。胡康侯曰：「以妾媵爲夫人，徒欲尊寵其所愛而不虞卑其身；以妾母爲夫人，徒欲崇貴其所生而不虞賤其父。卑其身則失位，賤其父則無本。」〔三〕《春秋》之指正矣。妾母十一。

【箋】

〔一〕《公羊傳・僖公三年》所録齊桓公與諸侯陽穀之會的盟辭。

〔二〕語出《孟子·離婁下》：「孟子曰：『人之所以異於禽獸者幾希。庶民去之，君子存之。』」趙岐注：「幾希，無幾也。知義與不知義之間耳。」

〔三〕胡安國《春秋胡氏傳·文公四年》。

適長子生則元子〔一〕也，矧終爲君者乎！舍是魯無適長子乎？不終爲君，《春秋》不書，非記事之史也〔二〕。「天之生我，我辰安在」〔三〕？以是子爲不怨矣〔四〕。子生十二。

【箋】

〔一〕元子，天子或諸侯的嫡長子。《儀禮·士冠禮》：「天子之元子猶士也。」鄭玄注：「元子，世子也。」

〔二〕《春秋》書「子生」僅一次，即《春秋·桓公六年》：「九月丁卯，子同生。」公羊子傳：「子同生者孰謂？謂莊公也。」

〔三〕《詩·小雅·小弁》：「靡瞻匪父，靡依匪母。不屬於毛，不離於裏。天之生我，我辰安在？」毛傳：「毛在外陽，以言父。裏在內陰，以言母。辰，時也。」孔穎達疏：「人無不瞻仰其父取法則者，無不依怙其母以長大者。今我獨不連屬於父乎？不離歷於母乎？何由如此不得父母之恩也？若此，則本天之生我，我所遇值之時安所在乎？豈皆值凶時而生，使我獨遭此也？」

〔四〕指莊公父母桓公、文姜皆不道無行，但莊公不怨。語出《孟子·告子下》：「高子曰：『《小弁》，小人之詩也。』孟子曰：『何以言之？』曰：『怨。』……〔孟子曰〕『《小弁》之怨，親親也。

親親，仁也。固矣夫，高叟之爲詩也！』」

諸侯之子，嫁於諸侯，尊同則録之〔一〕。無主後者〔二〕，親之戚之。「來歸」，雖不終，《河廣》之詩，可以爲法〔三〕。若宋共姬，守死善道之君子不是過也，録之詳且明〔四〕。婦人外成〔五〕，苟無「受我而厚之者」〔六〕，則同氣之恩重，不以爲常事而略之，厚之至也。事變具矣。内女十三。

【箋】

〔一〕《春秋·莊公四年》：「三月，紀伯姬卒。」穀梁子傳：「外夫人不卒，此其言卒，何也？吾女也，適諸侯則尊同，以吾爲之變，卒之也。」范甯集解：「禮，諸侯絶旁期，姑姊妹女子子嫁於國君者，尊與己同，則爲之服大功九月，變不服之例。然則適大夫者不書卒。」《春秋·僖公十六年》：「夏四月丙申，鄫季姬卒。」胡安國傳：「内女嫁於諸侯則尊同，尊同則記其卒。」

〔二〕無子，卒後無人主祭，爲「無主後」。《禮記·喪服小記》：「繼父不同居也者，必嘗同居，皆無主後。」

〔三〕《詩·衛風·河廣》小序：「宋襄公母歸于衛，思而不止，故作是詩也。」鄭箋：「宋桓公夫人，衛文公之妹，生襄公而出。襄公繼位，夫人思宋，義不可往，故作詩以自止。」

〔四〕共姬，原名伯姬，魯宣公之女，嫁與宋共公瑕，稱共姬。《春秋·襄公三十年》：「五月甲午，宋災，伯姬卒。」穀梁子傳：「取卒之日加諸災之上者，見以災卒也。其見以災卒奈何？伯姬之舍失火，左右曰：『夫人少辟火乎？』伯姬曰：『婦人之義，傅母不在，宵不下堂。』左右又曰：『夫人少辟火乎？』伯姬曰：『婦人之義，保母不在，宵不下堂。』遂逮乎火而死。婦人以貞爲行者也，伯姬之婦道盡矣。詳其事，賢伯姬也。」

〔五〕外成，謂女子出嫁。

〔六〕《禮記・檀弓上》：「喪服，兄弟之子猶子也，蓋引而進之也。嫂叔之無服也，蓋推而遠之也。姑姊妹之薄也，蓋有受我而厚之者也。」孔穎達疏：「『姑姊妹之薄也』者，未嫁之時爲之厚，今姑姊妹出嫁之後爲之薄，蓋有夫婿受我之厚而重親之，欲一心事於厚重，故我爲之薄。」

父母在，夫人寧〔一〕，禮也，禮則致。「女子及日乎閨門之内，不百里而奔喪」〔二〕，奔喪則犯禮，犯禮則輕重皆不致，非奔喪也〔三〕。夫人寧十四。

【箋】

〔一〕寧，指歸寧。《左傳・襄公十二年》：「楚司馬子庚聘于秦，爲夫人寧，禮也。」楊伯峻注曰：「婦女既嫁，返回母家省親曰寧。」

〔二〕《大戴禮記・本命》。孔廣森補注：「及日，猶終日。」

〔三〕莊存與此處反對何休之説。《春秋・文公九年》：「夫人姜氏如齊。……三月，夫人姜氏至自齊。」何休解詁：「奔父母之喪也。不言奔喪者，尊内，猶不言朝聘也，故以致起得禮也。」徐彦疏：「正以《春秋》之例，夫人違禮而出會者皆不致之，唯此一文而書『至』，故莊二年注云『有出道乃致，奔喪致』是也。」

「婦人既嫁不踰竟，踰竟，非正也」〔一〕。是謂與亂同事，雖不敗國，實小惡也。夫人踰竟十五。

【箋】

〔一〕《春秋·莊公十九年》：「夫人姜氏如莒。」穀梁子傳：「婦人既嫁不踰竟，踰竟，非正也。」

史盡其惡，聖人不削，「盡而不汙」〔一〕也。絶夫人踰竟十六。

【箋】

〔一〕《左傳·成公十四年》：「故君子曰：『《春秋》之稱，微而顯，志而晦，婉而成章，盡而不汙，懲惡而勸善，非聖人誰能脩之。』」

公繼世

元年春王正月隱公

五始，大教也。隱公，《春秋》之始也。「公即位」可闕乎？踐其位、行其禮，削不書乎〔一〕？抑未嘗踐其位、行其禮，無可書乎〔二〕？曰：公踐其位、行其禮，然後稱元年。「君之始年」〔三〕，非他人，隱公也。則何以不書？成公之讓〔四〕。與繼故者同辭〔五〕，非所以尊先君也。桓弒君兄，大惡矣，奚俟成隱之讓以甚之？且書仲子有賵〔六〕，書仲子有宫〔七〕，讓亦見之，即位，大始也，闕焉可乎？無惑乎？斥隱公即位與「衛人立晉」同實矣，不爲讓且爲簒矣〔八〕。大惑不解？盍觀夫子之賢伯夷、叔齊乎〔九〕！伯夷尊父命，人知之；伯夷逃父喪，人不知之；慭自處于不孝，所以尊父之命而全之也〔一〇〕。叔齊重天倫，人知之；叔齊尊父命，人不知之；立己非正命也，亦且逃之，寧犯二不孝，亦所以尊父之命而全之也。以是求仁而各得焉。善乎穀梁子之言，隱公「成父之惡」以爲讓〔一一〕！所由與伯夷、叔齊異矣。嘗得而推言《春秋》之志，天倫重矣，父命尊矣。讓國誠則循天理、承父命；不誠矣，雖行即位之事，若無事焉。是以不書即位也。君位，國之本也，南面者無君國之心，北面者有二君之志，位又焉在矣。「十年無正，隱不自正」〔一二〕，國以無正也。元年有正，正隱之宜爲正而不自爲正，不可一日而不之正也。

【箋】

〔一〕胡安國傳：「國君逾年改元，必行告廟之禮，國史主記時政，必書即位之事。而隱公闕焉，是仲尼削之也。」

〔二〕《日講》：「隱公自居於攝，雖改元朝廟與國人更始，而未行即位之禮，故不書即位。」

〔三〕公羊子傳：「元年者何？君之始年也。」

〔四〕公羊子傳：「公何以不言即位？成公意也。」

〔五〕《公羊傳·莊公元年》：「《春秋》君弑子不言即位。」《穀梁傳·桓公元年》：「繼故不言即位，正也。繼故不言即位之爲正，何也？曰：先君不以其道終，則子弟不忍即位也。繼故而言即位，則是與聞乎弑也。繼故而言即位，是爲與聞乎弑，何也？曰：先君不以其道終，己正即位之道而即位，是無恩於先君也。」

〔六〕《春秋·隱公元年》：「秋七月，天王使宰咺來歸惠公、仲子之賵。」公羊子傳：「桓未君，則諸侯曷爲來賵之？隱爲桓立，故以桓母之喪告于諸侯。」

〔七〕《春秋·隱公五年》：「九月，考仲子之宫。」公羊子傳：「考宫者何？考猶入室也，始祭仲子也。桓未君，則曷爲祭仲子？隱爲桓立，故爲桓祭其母也。然則何言爾？成公意也。」

〔八〕衛宣公名晉。《春秋·隱公四年》：「冬十有二月，衛人立晉。」公羊子傳：「晉者何？公子晉也。立者何？立者不宜立也。其稱人何？衆立之之辭也。然則孰立之？石碏立之。石碏立之，則其稱人何？衆之所欲立也。衆雖欲立之，其立之非也。」何休解詁：「立、納、入，皆爲篡。」

〔九〕《論語·述而》：「冉有曰：『夫子爲衛君乎？』子貢曰：『諾。吾將問之。』入，曰：『伯夷、叔齊何人也？』曰：『古之賢人也。』曰：『怨乎？』曰：『求仁而得仁，又何怨。』出，曰：『夫子不爲也。』」朱熹集注：「蓋伯夷以父命爲尊，叔齊以天倫爲重。其遜國也，皆求所以合乎天理之正，而即乎人心之安。」

〔一〇〕《史記·伯夷列傳》：「伯夷、叔齊，孤竹君之二子也。父欲立叔齊，及父卒，叔齊讓伯夷。伯夷曰：『父命也。』遂逃去。叔齊亦不肯立而逃之。國人立其中子。」

〔一一〕穀梁子傳：「桓弒而隱讓，則隱善矣。善則其不正焉何也？《春秋》貴義而不貴惠，信道而不信邪。孝子揚父之美，不揚父之惡。先君之欲與桓，非正也，邪也。雖然，既勝其邪心以與隱矣，已探先君之邪志而遂以與桓，則是成父之惡也。」

〔一二〕《穀梁傳·隱公十一年》。隱公在位十一年，除元年書「正月」外，其餘十年皆無「正月」。

元年春王正月公即位文公

即位者何？正位也。惡乎行之朝？正於廟則行之，受之祖以爲國紀。事畢而反喪服〔一〕，喪畢而請命乎天子。於先君之薨也，受命爲喪主，庶莫敢干焉〔二〕。文公即位何以書〔三〕？先君以正終，嗣君以正始〔四〕，雖不受命，于即位無譏焉爾。

【箋】

〔一〕指穿吉服行即位之禮後，依舊改穿喪服。

〔二〕謂庶子不敢有覬覦之心。

〔三〕《日講》：「自隱至文，桓公弒立外，惟文公書即位。蓋國無變事，舉行其禮，則史書其事也。」

〔四〕穀梁子傳：「繼正，即位正也。」

元年春王正月公即位成公

「誅君之子不立」〔一〕，公何以言即位？曰：天也。天不僭〔二〕，大命不至而又嗣之乎？曰：周公之嗣無絶，正也。烏乎，僭矣哉！天祚周公，曷禍其子孫而剥亂之？曰：禹有桀，湯有紂，文、武有幽、厲，人也。獨非天乎？曰：人動而天應之，吾聞之云爾。

【箋】

〔一〕語出《公羊傳・昭公十一年》：「誅君之子不立，非怒也，無繼也。」此處指成公之父宣公曾弑君奪位。即文公薨，襄仲殺子惡及視而立宣公。

〔二〕《書・大誥》：「天命不僭」。僭，差失。

公繼故

元年春王正月公即位桓公

公羊子曰：「繼弑君不言即位，此其言即位何？如其意也。」〔一〕然則與繼世者同辭，何以辨諸？文公繼世也，必志天王之錫命〔二〕，則異之矣。美惡不嫌，以同辭起問者〔三〕。然則桓公之言「即位」，主人習其讀，未知己之有罪焉，問其傳而後知之，斯著矣。問其傳而亦不知，則微辭也〔四〕。宣公繼故，成公繼世，其言「即位」同，則以「天子使召伯來錫公命」〔五〕異之，舍是不言錫命矣。襄公以下同於成公，不煩言也。追錫桓公命，則嫌於文公，王不稱天以大異之〔六〕。然則桓公之告終稱嗣也若之何〔七〕？諸侯與國爲體〔八〕，祀隱公以考廟，歸獄於蔿氏，以爲既討賊矣，以誣道蔽諸侯〔九〕。夫子作《春秋》，以閔、僖之不稱即位見之〔一〇〕，而同世相接之大小侯，不得委於不知賊矣。上天神明，先王、先公之靈，其可欺哉！以元年春王正月臨之於祖廟，而公之即位無異「致刑於甸人」〔一一〕矣。

【箋】

〔一〕《公羊傳·桓公元年》。

〔二〕《春秋·文公元年》：「天王使毛伯來錫公命。」公羊子傳：「錫者何？賜也。命者何？加我服也。」

〔三〕《公羊傳·隱公七年》：「《春秋》貴賤不嫌，同號；美惡不嫌，同辭。」

〔四〕語出《公羊傳·定公元年》：「定、哀多微辭，主人習其讀而問其傳，則未知己之有罪焉爾。」

〔五〕《春秋·成公八年》。

〔六〕《春秋·莊公元年》：「王使榮叔來錫桓公命。」

〔七〕《左傳·隱公七年》：「凡諸侯同盟，於是稱名。故薨則赴以名，告終稱嗣也。以繼好息民，謂之禮經。」杜預集解：「告亡者之終，稱嗣位之主。」

〔八〕《公羊傳·莊公四年》：「國、君何以爲一體？國、君以國爲體，諸侯世，故國、君爲一體也。」

〔九〕《左傳·隱公十一年》：「十一月，公祭鐘巫，齊于社圃，館于寪氏。壬辰，羽父使賊弑公于寪氏，立桓公，而討寪氏，有死者。」

〔一〇〕《公羊傳》對閔、僖不言即位，均認爲是繼弑君不言即位。

〔一一〕《禮記·文王世子》。甸人，周官名，掌田野之事及公族死刑。

元年春王正月莊公

「繼弑君不言即位，正也。繼弑君不言即位之爲正，何也？先君不以道終，則子不忍即位也。」〔一〕

【箋】

〔一〕穀梁子傳。

元年春王正月閔公

國不可以無受，貴受命也。先君之命在子般矣〔一〕，尊子般所以尊先君之命也〔二〕，尊命以尊祖。然則般何以無年，不干先君之統，不奪今君之尊，以體臣民也。如倫之喪而不斬〔三〕，從祖祔食而不廟〔四〕，不使臣民有貳尊也。子則如之何？曰：子爲之斬而不廟〔五〕。

【箋】

〔一〕《左傳・莊公三十二年》：「公疾，問後於叔牙。對曰：『慶父材。』問於季友，對曰：『臣以死奉般。』公曰：『鄉者牙曰「慶父材。」』成季使以君命命僖叔，待于鍼巫氏，使鍼季酖之。曰：『飲此則有後於魯國，不然，死且無後。』飲之，歸及逵泉而卒。立叔孫氏。八月癸亥，公薨于路寢。子般即位，次于黨氏。冬，十月己未，共仲使圉人犖賊子般于黨氏。成季奔陳，立閔公。」

〔二〕穀梁子傳：「繼弑君不言即位，正也。親之非父也，尊之非君也，繼之如君父也者，受國焉爾。」

〔三〕指閔公當爲子般行如倫之喪之禮而無服，不行臣子爲君的三年斬衰之禮。《禮記・文王世子》：「公素服不舉，爲之變，如其倫之喪，無服，親哭之。」鄭玄注：「倫，謂親疏之比也。」孔穎達疏：「如其親疏倫輩之喪。」《禮記・喪服四制》：「其恩厚者其服重，故爲父斬衰三年，以恩制者也。門内之治恩揜義，門外之治義斷恩，資於事父以事君而敬同。貴貴、尊尊，義之大者也，故爲君亦斬衰三年，以義制者也。」

〔四〕謂閔公當將子般從祖祔食，而不單獨立廟。

〔五〕謂假若閔公爲子般之子，則當服斬衰而不廟。

元年春王正月僖公

公羊子曰：「非子也，其稱子何？臣、子一例也。」〔一〕喪之三年〔二〕，祭之五廟〔三〕。

【箋】

〔一〕公羊子傳：「公何以不言即位？繼弒君，子不言即位。此非子也，其稱子何？臣、子一例也。」何休解詁：「僖公者，閔公庶兄。據閔公繼子般，傳不言子。僖公繼成君，閔公繼未踰年君。禮，諸侯臣諸父兄弟，以臣之繼君，猶子之繼父也，其服皆斬衰，故傳稱臣、子一例。」

〔二〕指僖公當依君父之禮，爲閔公服三年之喪。

〔三〕指僖公當依君父之禮，祭閔公于五廟。《禮記·祭法》：「諸侯立五廟，一壇一墠。曰考廟，曰王考廟，曰皇考廟，皆月祭之；顯考廟，祖考廟，享嘗乃止。」

君薨故葬故

冬十有一月壬辰公薨隱公十有一年

穀梁子曰「公薨不地，故也。」不忍言也。公羊子曰「何以不書葬？《春秋》君弒賊不討，不書葬，以爲無臣子也。」賊焉在？在享其國者。

春王正月公會齊侯于濼桓公十有八年

桓會皆月，始於垂〔一〕，終于濼。禍在此矣〔二〕，言公不言夫人姜氏，不盡其辭也。

【箋】

〔一〕《春秋·桓公元年》：「三月，公會鄭伯于垂。」何休解詁：「桓會皆月者，危之也。」

〔三〕左氏傳：「公會齊侯于濼，遂及文姜如齊。齊侯通焉，公謫之，以告。夏四月丙子，享公，使公子彭生乘公，公薨于車。」

公、夫人姜氏遂如齊

言「公」，言「夫人姜氏」，不言公及夫人，外之也〔一〕。「遂」，繼事也〔二〕。夫人則既會齊侯矣，曰「遂如齊」乎？無一人伏死而争而棄之乎？魯無臣也。三卿非其人，則謂之無臣矣。

【箋】

〔一〕公羊子傳：「公何以不言及夫人？夫人外也。夫人外者何？内辭也，其實夫人外公也。」

〔二〕《穀梁傳・桓公八年》：「遂，繼事之辭也。」

夏四月丙子，公薨于齊

于外則不可以不地〔一〕，要必有以明辨之：禮以椑從〔二〕，死于館有禮焉，「于齊」，曠如也，地如不地，故也〔三〕。終不忍言，何也？吾先君也，莊公之考也，「婉而成章」矣〔四〕。

【箋】

〔一〕《日講》：「魯君弒而薨者，以不地見其弒，而此書『薨于齊』，何也？薨在外，不得不書其地也。」

〔二〕《禮記・曾子問》：「曾子問曰：『君出疆，以三年之戒，以椑從。君薨，其入如之何？』」孔穎達疏：「曾子問夫子云：『諸侯之君，或出疆朝會，其出之時，以三年之戒，以椑從。戒，備也。謂以三年喪備衣衾之屬，並以椑棺而從。出既有備，今其入也如之何？』」

〔三〕《穀梁傳・隱公十一年》：「公薨不地，故也。隱之，不忍地也。」《公羊傳・閔公二年》：「公薨何以不地？隱之也。何隱爾？弒也。」

〔四〕《左傳・成公十四年》：「故君子曰：『《春秋》之稱，微而顯，志而晦，婉而成章，盡而不汙，懲惡而勸善，非聖人誰能脩之。』」

丁酉，公之喪至自齊

曷不言我之逆喪者，子不行，則不言臣之行。可乎？曰：權也，社稷宗廟誠重矣，有故則可，無故則不可。齊人，父之讎也，不敢以要我孤，何得以自行爲？

秋七月

雖有事，不書也。歲記一事也，且見「喪不貳事」也〔一〕。

【箋】

〔一〕《穀梁傳・文公十六年》：「喪不貳事。貳事，緩喪也。」亦見《禮記・王制》。

冬十有二月己丑，葬我君桓公

讐在外也，不可以不志葬〔一〕。葬則具其尊、親之辭，舉謚謁諸天子者也〔二〕。不忍以爲無臣，不敢以爲無子，「子同生」矣〔三〕。不復讐，而後痛之〔四〕。

【箋】

〔一〕公羊子傳：「賊未討，何以書葬？讎在外也。讎在外則何以書葬？君子辭也。」

〔二〕尊親之辭、舉謚，指「我君桓公」，以「我」示親，以「君」示尊，以「桓公」舉謚。

〔三〕《春秋·桓公六年》：「九月丁卯，子同生。」公羊子傳：「子同生者孰謂？謂莊公也。」

〔四〕《春秋·莊公四年》：「冬，公及齊人狩于郜。」公羊子傳：「齊人者，齊侯也。其曰人何也？卑公之敵，所以卑公也。何爲卑公也？不復讎而怨不釋，刺釋怨也。」

夫人

春正月，公會齊侯于嬴桓公三年

「昏禮不稱主人」〔一〕，矧可親求諸〔二〕？不言所爲，以此爲兩君相見云爾。則曷爲危其出〔三〕，實非相見云爾也。不致〔四〕，致則如愛之者然。

【箋】

〔一〕《公羊傳·隱公二年》。

〔二〕左氏傳：「會于嬴，成昏于齊也。」

〔三〕《春秋·桓公元年》：「三月，公會鄭伯于垂。」何休解詁：「桓公會皆月者，危之也。桓弑賢君，篡慈兄，專易朝宿之邑，無王而行，無仁義之心，與人交接，則有危也，故爲臣子憂之。」

〔四〕致，書至自某地。《公羊傳·桓公三年》：「翬何以不致？」劉尚慈譯注：「致，告致（稟告歸來），書至（記録「至自……」）。諸侯、卿大夫出境與會、與盟或出征等，回國後均要向宗廟報告，行告至禮，《春秋》書至，記録從哪裏歸來，諸侯夫人娶回國，要行廟見禮，書至，記録至自某國。告至，表示脱危平安而歸。」

公子翬如齊逆女

翬何以稱公子？桓公之大夫也〔一〕。成昏則親之〔二〕，逆女則不親之〔三〕，慎矣。大夫爲君逆，「在其國稱女」〔四〕，恒辭也，聖人録其始。《詩》曰「既曰告止」〔五〕，女之初，非不善也。

【箋】

〔一〕《春秋·隱公十年》：「夏，翬帥師會齊人、鄭人伐宋。」公羊子傳：「此公子翬也，何以不稱公子？貶。曷爲貶？隱之罪人也，故終隱之篇貶也。」公子翬挑唆桓公弑隱公，故終隱之篇不稱公子以示貶，而于桓之篇稱公子，乃譏其與桓公狼狽爲奸，即所謂「桓公之大夫也」。

〔二〕親之，指魯桓公親赴。《春秋·桓公三年》：「春正月，公會齊侯于嬴。」左氏傳：「會于嬴，成昏于齊也。」

〔三〕穀梁子傳：「逆女，親者也。使大夫，非正也。」另《春秋・隱公二年》：「九月，紀履緰來逆女。」公羊子傳：「此何以書？譏。何譏爾？譏始不親迎也。」

〔四〕《公羊傳・隱公二年》：「女曷爲或稱女，或稱婦，或稱夫人？女在其國稱女，在塗稱婦，入國稱夫人。」

〔五〕《詩・齊風・南山》：「取妻如之何？必告父母。既曰告止，曷又鞠止？」毛傳：「必告父母廟。鞠，窮也。」孔穎達疏：「魯桓既曰告廟而娶得之止，宜以婦道禁之，何爲又使窮極邪意而至齊乎？」小序：「刺襄公也。鳥獸之行，淫乎其妹。」鄭箋：「襄公之妹，魯桓公夫人文姜也。」

九月，齊侯送姜氏于讙

歸於京師則字之〔一〕，内女則字之〔二〕。來歸于我，曰姜氏，已焉〔三〕。讙，我之邑也。何言乎「齊侯送姜氏于讙」？譏。何譏爾？愛不以德也。自古之道，「男有分，女有歸」〔四〕，雖及庶人，必擇良人而耦之，况諸侯乎！《日月》之詩曰：「乃如之人兮，德音無良。」〔五〕衛莊姜傷己，豈遽忘於齊侯之耳乎！「送姜氏于讙」，何異委此子于蒺藜矣。魯侯之惡，非衛莊公比〔六〕。齊侯乃以自送女爲愛之乎？家之失教，所從來矣。齊之衰也，上無明君，下無察臣，國史明乎得失之迹，傷人倫之廢。《東方之日》〔七〕，在僖、襄之世而作是詩也。一國之本，非齊侯誰責哉。淫亂之禍，易〔八〕於鄰國。《春秋》略外録内，目「齊侯送姜氏」，而齊之爲國，悕矣〔九〕！

【箋】

〔一〕如《春秋·桓公九年》：「春，紀季姜歸于京師。」

〔二〕參見下文「内女」例。

〔三〕公羊子傳：「此入國矣，何以不稱夫人？自我言齊父母之于子，雖爲鄰國夫人，猶曰吾姜氏。」

〔四〕《禮記·禮運》。

〔五〕《詩·邶風·日月》。小序：「衛莊姜傷己也，遭州吁之難，傷己不見答于先君，以至困窮之詩也。」

〔六〕衛莊公寵庶子州吁，致使身後州吁作難，弑嫡兄衛桓公而自立。魯桓公則親弑庶兄魯隱公而自立。

〔七〕《詩·齊風·東方之日》小序：「刺衰也，君臣失道，男女淫奔，不能以禮化也。」

〔八〕易，蔓延。《東觀漢記·杜林傳》：「絶其本根，勿使能殖，畏其易也。」

〔九〕語出《公羊傳·成公十六年》：「曰在招丘，悕矣。」何休解詁：「悕，悲也。」

公會齊侯于讙

會齊侯爾，非親受諸舅姑之禮，在野不在廟也，則無譏焉〔一〕。

【箋】

〔一〕穀梁子傳：「無譏乎？曰：爲禮也，齊侯來也，公之逆而會之可也。」

夫人姜氏至自齊

《詩》曰：「説於農郊」，税而不舍也。又曰：「翟茀以朝」，見於公宫之正内〔一〕，有同牢之禮焉〔二〕。厥明見於君姑〔三〕，受朝於内宫，三月廟見〔四〕，然後請命於天子，夫人之禮成矣。禮成則備其辭，襄公以降闕不備，則不識於《春秋》。

【箋】

〔一〕《詩·衛風·碩人》：「碩人敖敖，説于農郊。四牡有驕，朱幩鑣鑣，翟茀以朝。」鄭箋：「説，當作『襚』……衣服曰『襚』，今俗語然。此言莊姜始來，更正衣服于衛近郊也。」毛傳：「翟，翟車也。」「茀，蔽也。」鄭箋：「此又言莊姜自近郊既正衣服，乘是車馬以入君之朝，皆用嫡夫人之正禮。」

〔二〕同牢，迎娶新婦至，新夫婦共食一牲的儀式。《禮記·昏義》：「婦至，壻揖婦以入，共牢而食，合卺而酳，所以合體，同尊卑，以親之也。」

〔三〕《禮記·昏義》：迎娶入之後，「夙興，婦沐浴以俟見。質明，贊見婦於舅姑。」夙興，早起。質明，猶黎明，天剛亮時。

〔四〕《禮記·曾子問》："三月而廟見，稱來婦也。擇日而祭於禰，成婦之義也。"《公羊傳·莊公二十四年》何休解詁："禮，諸侯既娶三月，然後夫人見宗廟；見宗廟，然後成婦禮。"

冬，齊侯使其弟年來聘

致夫人也〔一〕，非常事也，詳録之，志其初無不正也。

【箋】

〔一〕左氏傳："冬，齊仲年來聘，致夫人也。"杜預集解："古者女出嫁，又使大夫隨加聘問，存謙敬，序殷勤也。在魯而出，則曰致女；在他國而來，則總曰聘。故傳以致夫人釋之。"

十有二月乙卯，夫人子氏薨隱公二年

夫人薨葬

成隱爲君，則成君之妻爲"夫人"〔一〕。不書葬我君，則不書葬我小君。孰謂惠不立隱者？穀梁子正之矣〔二〕。書夫人薨，以是爲正，不然則文以見之。

【箋】

〔一〕穀梁子傳："夫人者，隱之妻也。卒而不書葬，夫人之義，從君者也。"與公羊子傳有異："夫人子氏者何？隱公之母也。何以不書葬？成公意也。何成乎公之意？子將不終爲君，故母亦不

終爲夫人也。」

〔三〕《穀梁傳·隱公元年》：「公何以不言即位？成公志也。焉成之？言君之不取爲公也。君之不取爲公，何也？將以讓桓也。讓桓正乎？曰不正。」

夏五月甲辰，孟子卒哀公十有二年

外女卒不書，孟子卒何以書？昭公夫人也。何以不稱夫人？娶同姓也〔一〕。曷爲「卒」之〔二〕？夫人之而禮不成也〔三〕。何言乎「孟子」？辭從主人也。曷爲不言「氏」〔四〕？「氏」繫姓者也，見「子」之非氏也。何以不書葬？葬者舉謚，謚配姓者也〔五〕，諱之終不可姓見之，終不可以「子」姓焉爾〔六〕。然則何言爾？譏失禮也。曷爲不于其取焉譏？盈乎諱也〔七〕。

【箋】

〔一〕公羊子傳：「孟子者何？昭公之夫人也。其稱孟子何？諱娶同姓，蓋吴女也。」穀梁子傳：「孟子者，何也？昭公夫人也。其不言夫人，何也？諱取同姓也。」

〔二〕依夫人禮當書「薨」，故發問。

〔三〕左氏傳：「夏五月，昭夫人孟子卒。昭公娶于吴，故不書姓；死不赴，故不稱夫人；不反哭，故不言葬小君。」杜預集解：「反哭者，夫人禮也。以同姓故，不成其夫人喪。」

〔四〕公羊子傳：「其稱孟子何？」何休解詁：「據不稱夫人某氏。」徐彦疏：「即隱二年冬，『十有二月，乙卯，夫人子氏薨』之屬是也。」

〔五〕如《春秋》莊公二十二年：「癸丑，葬我小君文姜。」何休解詁：「文者，謚也。夫人以姓配謚，欲使終不忘本也。」

〔六〕如《公羊傳·隱公元年》：「仲子者何？桓之母也。」何休解詁：「仲，字；子，姓。婦人以姓配字，不忘本也，因示不適同姓。」

〔七〕《公羊傳·僖公二十三年》：「何以不書葬？盈乎諱也。」何休解詁：「盈，滿也。相接足之辭也。」

夫人絶

三月，夫人孫于齊莊公元年

左丘氏曰：「不稱姜氏，絶不爲親，禮也。」公之喪至矣〔一〕，而夫人不至，逮期矣而不至，非孫也，其曰「孫」，不得復反之辭也，絶矣。絶則曷爲書「孫」？「内諱奔，謂之孫」〔二〕，以稱「夫人」，不可不言「孫」也。曷不去「夫人」而去「姜氏」？主人〔三〕不能也。「于齊」，歸獄于齊也。婦人有死罪無刑罪〔四〕，言絶則誅矣。得罪於父，非子之所能爲也。

【箋】

〔一〕《春秋・桓公十八年》：「夏四月丙子，公薨于齊。丁酉，公之喪至自齊。」

〔二〕公羊子傳：「孫者何？孫猶孫也。内諱奔，謂之孫。」

〔三〕主人，指魯莊公。

〔四〕刑罪，受刑處罰之罪，與死罪相對。《禮記・文王世子》：「公族其有死罪，則磬于甸人。其刑罪，則纖剸，亦告于甸人。」

妾母

秋七月，天王使宰咺來歸惠公、仲子之賵隱公元年

何以書？尊王命也，紀國喪也。尊王命以紀國喪，而天王之命在隱公矣。宰夫掌弔事共幣器財用〔一〕，冢宰待四方賓客之小治〔二〕。其來者，以官氏，中士也〔三〕。王使之乎？冢宰使之乎？持邦節者，非王命不行於天下，官實宰氏，必以王命將之。爲臣子者，必尊天王之命，以尊其先君。

「惠公」，既葬之稱也〔四〕。《春秋》斷隱公之元年以爲始，魯史所不敢，史不可不録其本。吾君以衰絰敬逆王命，則父子相繼之義明。夫不既須王使而受諸筵几〔五〕之下乎？當

喪爲主矣。伯夷、叔齊之不肯立，在不敢當喪爲主時也。古之人重喪主，既當主，孰得而干之，君臣之義在斯須之間而萬不可改。母弟以下，莫敢以其屬通。書曰「天王使宰咺來歸惠公仲子之賵」，成公之爲喪主也。成公之讓，而不成公之爲喪主，則不成隱之爲君，將不得成桓之爲弒。於是乎，「《春秋》之失，亂」〔六〕。聖人尊王命以紀國喪，而天王之命在隱公矣。

赴於諸侯且必告終稱嗣〔七〕，赴於天王乃告終而不請嗣，茲又使來歸賵焉？其誰曰可之！書「惠公」，以成隱之爲君；并書「仲子」，以成隱之爲讓。桓未立，且不得主仲子之喪；既立，且不敢祔仲子於廟。受之者子也，然則於何受之？公宮則筵几在焉，内宮則已褻矣，無聞焉。以「考仲子之宮」求之，其諸其下宮〔八〕與？

【箋】

〔一〕《周禮·天官·宰夫》：「凡邦之吊事，掌其戒令，與其幣器財用凡所共者。」

〔二〕《周禮·天官·大宰》：「凡邦之小治，則冢宰聽之。待四方之賓客之小治。」鄭玄注：「大事決於王，小事冢宰專平。」

〔三〕公羊子傳：「宰者何？官也。咺者何？名也。曷爲以官氏？宰士也。」何休解詁：「天子上士以名氏通，中士以官録，下士略稱人。」

〔四〕公羊子傳：「惠公者何？隱之考也。仲子者何？桓之母也。」

〔五〕筵几，坐席與几案，祭祀行禮時的陳設。

〔六〕《禮記·經解》：「故《詩》之失，愚；《書》之失，誣；樂之失，奢；《易》之失，賊；禮之失，煩；《春秋》之失，亂。」

〔七〕《左傳·隱公七年》：「七年春，滕侯卒。……故薨則赴以名，告終稱嗣也，以繼好息民，謂之禮經。」杜預集解：「告亡者之終，稱嗣位之主。」

〔八〕下宮，親廟，見《禮記·文王世子》：「諸子諸孫，守下宮下室。」鄭玄注。

九月，考仲子之宮隱公五年

何以書？成公之讓也〔一〕。考仲子之宮，非禮也。曷爲或言「考」焉，或言「立」焉〔二〕？尊之則曰立，卑之則曰考。仲子微也，雖爲之築宮，不得書；爲之考宮，則不可不書。曷不可不書？公莅事焉爾。公莅事焉，國人皆知吾君之讓桓矣。

然則得爲爾乎？曰不得也。惠公之命，在隱公不在桓公也。南面而臨其臣民，必尊君父之命以立乎其位，是故「至尊在，不敢伸其私尊」〔三〕。公爲惠公之後，義不得主聲子之喪、臨聲子之祭，況仲子乎〔四〕！儻以桓爲惠公後，且不得主仲子之喪、臨仲子之祭，況隱公乎！公子爲其母，欲終喪而不可得，禮不在五服，所不得也，先王有明禁矣〔五〕！況承君父命，爲宗廟社稷主，庶子所不得爲而爲之乎！廢君父之命，不可以定身。《盤庚》之誥曰：「今予命汝一，無起穢以自臭，恐人倚乃身，迂乃心。」〔六〕國有二君，民之身人則倚之，心則人迂之，穢將不知其何時起。

古之人繼世以立諸侯〔七〕，妻妾之名、適庶之辨，嚴如君臣。君父所命，則禮如適〔八〕，明於憂患與故〔九〕。子子孫孫，長世有道，守之而弗敢犯也。隱公之讓國，誠矣，如奉父命之不誠何？日損一日，歲亡一歲，於是乎羽父之弑械成〔一〇〕。《春秋》之義明，不得考仲子之宮，不得受仲子之賵，不得告仲子之喪，國之讒賊，何自生哉？

【箋】

〔一〕公羊子傳：「考宮者何？考猶入室也，始祭仲子也。桓未君，則曷爲祭仲子？隱爲桓立，故爲桓祭其母也。然則何言爾？成公意也。」

〔二〕如《春秋》成公六年：「二月辛巳，立武宮。」定公元年：「立煬宮。」

〔三〕《儀禮·喪服傳》。賈公彥疏：「解父在母屈之意也。」

〔四〕《左傳·隱公》：「惠公元妃孟子。孟子卒，繼室以聲子，生隱公。宋武公生仲子。仲子生而有文在其手，曰爲魯夫人，故仲子歸于我，生桓公而惠公薨，是以隱公立而奉之。」

〔五〕《儀禮·喪服》：「記：公子爲其母，練冠，麻，麻衣縓緣。爲其妻，縓冠，葛絰帶，麻衣縓緣。皆既葬除之。傳曰：何以不在五服之中也？君之所不服，子亦不敢服也。君之所爲服，子亦不敢不服也。」五服，指斬衰、齊衰、大功、小功、緦麻，五種喪服。

〔六〕《書·盤庚中》。蔡沈集傳：「爾民當一心以聽上，無起穢惡以自臭敗。恐浮言之人倚汝之身，迂汝之心，使汝邪僻而無中正之見也。」

〔七〕《儀禮·士冠禮》：「繼世以立諸侯，象賢也。」鄭玄注：「象，法也。爲子孫能法先祖之賢，故使之繼世也。」

〔八〕語出《左傳·莊公八年》：「僖公之母弟曰夷仲年，生公孫無知，有寵於僖公，衣服禮秩如適。」杜預集解：「適，大子。」

〔九〕語出《易·繫辭下》。韓康伯注：「故，事故也。」

〔一〇〕公子翬諂隱公，説隱公終爲君，不聽，恐泄其言，復説桓公弒隱公，詳見《公羊傳·隱公四年》。弒械成，謂弒君之兵械已準備好。《公羊傳·莊公三十二年》：「俄而牙弒械成。」何休解詁：「是時牙實欲自弒君，兵械已成，但未自行爾。有攻守之器曰械。」

初獻六羽

何以書？譏。何譏爾？用諸侯之盛樂也〔一〕。曰「考仲子之宫」且「獻六羽」乎？惠宫將以何獻矣？周公之廟、魯公之室，又將何以獻矣？獻六羽可言也，以妾僭君不可言也。不可言而言之，且目之曰「初」，以魯之用樂，爲所有大不可言者矣，僭天子也，諱之而不書矣，因事以書〔二〕。郊、禘則不曰「初」，自僖公始也〔三〕，其實亦見矣。有所諱，有所見。諱用八佾，則曰「初獻六羽」；見郊、禘之非禮自僖公始，則曰「禘于大廟，用致夫人」〔四〕，郊亦如之〔五〕；若禮率初者然。婉而不絞，聖人之文也。

【箋】

〔一〕公羊子傳：「初者何？始也。六羽者何？舞也。初獻六羽何以書？譏。何譏爾？譏始僭諸公也。六羽之爲僭奈何？天子八佾，諸公六，諸侯四。諸公者何？諸侯者何？天子三公稱公，王者之後稱公，其餘大國稱侯，小國稱伯、子、男。」

〔二〕公羊子傳：「始僭諸公，昉於此乎？前此矣。前此則曷爲始乎此？僭諸公，猶可言也；僭天子，不可言也。」

〔三〕郊、禘爲天子之禮，魯用郊、禘，乃爲僭禮，始見于《春秋》僖公篇，即，僖公八年：「秋七月，禘于太廟。」僖公三十一年：「夏四月，四卜郊不從，乃免牲，猶三望。」

〔四〕《春秋·僖公八年》。公羊子傳：「用者何？用者不宜用也。致者何？致者不宜致也。禘，用致夫人，非禮也。」

〔五〕《春秋·僖公三十一年》：「夏四月，四卜郊不從，乃免牲，猶三望。」公羊子傳：「卜郊，非禮也。卜郊何以非禮？魯郊，非禮也。魯郊何以非禮？天子祭天，諸侯祭土。天子有方望之事，無所不通；諸侯山川有不在其封内者，則不祭也。」

子生

九月丁卯，子同生桓公六年

何以書？適長子也。舉之有禮，名之有義，得殊異于適之法焉〔一〕。終克享其國，傳嗣子孫。此不易得之於天者，雖聖人弗能爲，伯邑考〔二〕是也。聖人敬而喜之，以書於策，不以父母之惡累其子。《書》曰「爾乃邁迹自身」〔三〕，蔡仲所以爲忠臣孝子也，方將觀其後，必先正其始焉。嗚呼！噫嘻！人之初生，何莫不正，況貴爲諸侯乎！天下無生而貴者，皆其父母之子也。文王、武王之生，何遽異於當世之君乎！彼丈夫也，我丈夫也，五十里之滕，可以爲善國〔四〕，則必自孝子始矣。盡善，願其若文王也〔五〕；不盡善，願其若舜、禹也〔六〕。「我辰安在」〔七〕？莊公之生，在九月丁卯矣，謹而志之。

【箋】

〔一〕左氏傳：「九月丁卯，子同生。以大子生之禮舉之，接以大牢，卜士負之，士妻食之。公與文姜、宗婦命之。公問名於申繻，對曰：『名有五：有信，有義，有象，有假，有類。以名生爲信，以德命爲義，以類命爲象，取於物爲假，取於父爲類。不以國，不以官，不以山川，不以隱疾，不以畜牲，不以器幣。周人以諱事神，名，終將諱之。故以國則廢名，以官則廢職，以山川則廢主，以畜牲則廢祀，以器幣則廢禮。晉以僖侯廢司徒，宋以武公廢司空，先君獻、武廢二山，是以大物不可以命。』公曰：『是其生也，與吾同物，命之曰同。』」

〔二〕伯邑考，文王嫡長子，爲商紂王所殺，未能繼承王位。

〔三〕《書·蔡仲之命》成王對蔡仲的訓辭：「爾乃邁迹自身，克勤無怠，以垂憲乃後。」孔安國傳：「汝乃行善跡用汝身，使可蹤跡而法循之，能勤無懈怠，以垂法子孫，世世稱頌，乃當我意。」

〔四〕《孟子·滕文公上》：「滕文公爲世子，將之楚，過宋而見孟子。孟子道性善，言必稱堯舜。世子自楚反，復見孟子。孟子曰：『世子疑吾言乎？夫道一而已矣。成覸謂齊景公曰：「彼丈夫也，我丈夫也，吾何畏彼哉！」顔淵曰：「舜何人也，予何人也，有爲者，亦若是。」公明儀曰：「文王，我師也，周公豈欺我哉！」今滕，絶長補短，將五十里也，猶可以爲善國。』」

〔五〕意爲如父母賢明盡善，則當效法文王。《史記·周本紀》稱文王之父季曆「篤於行義，諸侯順之。」而文王孝順之狀，見《禮記·文王世子》：「文王之爲世子，朝于王季，日三。鷄初鳴而衣服，至於寢門外，問内豎之御者曰：『今日安否？何如？』内豎曰：『安。』文王乃喜。及日中，又至，亦如之。及莫又至，亦如之。其有不安節，則内豎以告文王。文王色憂，行不能正履。王季復膳，然後亦復初。食上，必在視寒煖之節。食下，問所膳，命膳宰曰：『末有原！』應曰：『諾。』然後退。」

〔六〕意爲如父母暗昧不善，當效法舜和禹。舜之至親欲殺舜，但舜卻孝悌彌謹，如《史記·五帝本紀》稱：「舜父瞽叟頑，母嚚，弟象傲，皆欲殺舜。舜順適不失子道，兄弟孝慈。」禹之父鯀「爲人負命毀族」，「治水無狀」，而禹能够「傷先人父鯀功之不成受誅，乃勞身焦思」，治水以成。（《史記·夏本紀》）《禮記·祭法》稱：「鯀鄣鴻水而殛死，禹能脩鯀之功。」

〔七〕語出《詩經·小雅·小弁》：「天之生我，我辰安在？」

内女

九月，紀履綸來逆女。冬十月，伯姬歸于紀隱公二年

何以書？譏不親迎也〔一〕。《春秋》録内女之出入，謹夫婦也，厚人倫也，睦異姓也，兹則且哀亡國也〔二〕。則曷見其以不親迎書？書「伯姬歸于紀」，四者見矣。先書曰「紀履綸來逆女」，詳之也。詳之者，譏不親迎也。《禮》曰：「舅姑承子以授壻，恐事之逆也。」〔三〕九月逆焉，十月歸焉，豈禮也哉！

【箋】

〔一〕公羊子傳：「外逆女不書，此何以書？譏。何譏爾？譏始不親迎也。」穀梁子傳：「逆女，親者也。使大夫，非正也。」

〔二〕《直解》：「内女爲諸侯夫人書『歸』者五，而紀伯姬獨書『逆』，以後遭紀之變而閔之。且其娣叔姬之賢，不可不録，故叔姬之歸不得略，而於伯姬之歸特書『逆』，以明其爲嫡也。」《春秋·莊公四年》：「紀侯大去其國。」公羊子傳：「大去者何？滅也。孰滅之？齊滅之。」

〔三〕《禮記·坊記》：「子云：『昏禮，壻親迎，見於舅、姑。舅、姑承子以授壻，恐事之違也。』」鄭玄注：「舅姑，妻之父母也。妻之父爲外舅，妻之母爲外姑。父戒女曰『夙夜無違命』，母戒女曰『毋違宫事』。」

春王三月，叔姬歸于紀 隱公七年

叔姬者何？伯姬之娣也。歸于紀，何以書？以書其卒〔一〕，不可不書其歸也。叔姬卒何以書？無主也〔二〕。「尊同則得服其親服」〔三〕，無主雖卑，得服其親服。

【箋】

〔一〕《春秋·莊公二十九年》：「冬十有二月，紀叔姬卒。」

〔二〕齊欲滅紀，紀侯之弟紀季先期以酅入于齊，以存紀國五廟之祀。（詳見《公羊傳·莊公三年》）叔姬無子，國亡後歸酅以依紀季。《春秋·莊公十二年》：「春王三月，紀叔姬歸于酅。」公羊子傳：「其言歸于酅何？隱之也。何隱爾？其國亡矣，徒歸于叔爾也。」

〔三〕指魯君應爲叔姬服大功。《儀禮·喪服》：「君爲姑、姊妹、女子子嫁於國君者。傳曰：『何以大功也？尊同也，尊同則得服其親服。』」

杞伯姬來朝其子僖公五年

「其子」云爾，何言乎「朝」〔一〕？則未知其成人與，未成人與？以其言「朝」，知其成人也。則未知其爲長子與，世子與？以其言「朝」，知其爲長也。長則何以不稱世子？以父臨之稱世子，以母繫之稱其子。母，親至而尊不至也。世子射姑名〔二〕，此何以不名？微之也。成人而長子也，曷爲微之？貶之也，以是子爲失幾諫之道矣。噫嘻，伯姬之來也，且朝其子也，亦將必有杞伯之命焉，曷不言杞伯之使其子朝？不成其命之也。命于朝則成之，命于室不可得而成之。母於我有姑姊妹之義，因是以録其子。然而曰朝，何也？見之於廟也。命之於室，杞伯失爲人君父之道矣；見之於廟，公失所以教人爲臣子之道矣。允哉！《春秋》之文之多於道乎！

【箋】

〔一〕穀梁子傳：「諸侯相見曰朝。以待人父之道待人之子，非正也。」公羊子傳：「其言來朝其子何？内辭也，與其子俱來朝也。」

〔二〕《春秋·桓公九年》：「冬，曹伯使其世子射姑來朝。」

夏四月丙申，鄫季姬卒僖公十有六年

賢則録之，哀則録之。若鄫季姬者，亦不足録矣〔一〕。曷爲卒之？天之示人戒也，莫著于是矣。《歸妹》之「敝」也，「説以動」焉，「不當位」且「柔乘剛」也〔二〕，故曰「女承筐无實」〔三〕，不祥莫大焉。若季姬，若鄫子，殆必敝者也。往歲九月歸〔四〕，今兹四月卒，敝又若是速而鄫之禍未止〔五〕，可以戒乎？否乎？曷爲卒之？爲天道卒之也。「天監下民，典厥義，降年有永有不永」〔六〕，夫獨無不幸者乎？王者有盛德則下民不偏喪，氣衰則生物不遂，於是乎有鰥寡孤疾之民，王者之所哀矜，而疾敬厥德以拯之。其人無以取之〔七〕，謂之天之窮民〔八〕；其人有以取之〔九〕，雖貴且富謂之天之戮民，而人道之所棄也。曷爲卒之？爲人道卒之也。

【箋】

〔一〕《春秋·僖公十四年》：「夏六月，季姬及鄫子遇于防，使鄫子來朝。」公羊子傳：「鄫子曷爲使乎季姬來朝？内辭也，非使來朝，使來請己也。」何休解詁：「使來請娶己以爲夫人，下書『歸』是也。禮，男不親求，女不親許。魯不防正其女，乃使要遮鄫子淫泆，使來請己，與禽獸無異，故卑鄫子使乎季姬，以絶賤之也。月者，甚惡内也。」

〔二〕《易·歸妹》彖曰：「歸妹，人之終始也。説以動，所歸妹也。『征凶』，位不當也。『无攸利』，柔乘剛也。」象曰：「澤上有雷，歸妹。君子以永終知敝。」王弼注：「履于不正，説動以進，妖邪之道也。」「歸妹，相終始之道也，故以『永終知敝』。」孔穎達疏：「婦人謂嫁曰歸。歸妹，猶言嫁妹也。」

〔三〕《易·歸妹》：「上六：女承筐无實，士刲羊无血。无攸利。」孔穎達疏：「女之爲行，以上有承順爲美。……上六處卦之窮，仰則無所承受，故爲女承筐，則虛而無實。」

〔四〕《春秋·僖公十五年》九月：「季姬歸于鄫。」

〔五〕《春秋·僖公十九年》：「夏六月，宋人、曹人、邾人盟于曹南。鄫子會盟于邾。己酉，邾人執鄫子，用之。」公羊子傳：「惡乎用之？用之社也。其用之社奈何？蓋叩其鼻以血社也。」何休解詁：「魯本許嫁季姬於邾，季姬淫泆，使鄫子請己而許之，二國交忿，襄公爲此盟，欲和解之。既在會間，反爲邾所欺，執用鄫子。」另，鄫國衰亡之過程爲：《春秋·宣公十八年》：「秋七月，邾人戕鄫子于鄫。」公羊子傳：「戕鄫子于鄫者何？殘賊而殺之也。」《春秋·襄公六年》：「莒人滅鄫。」《春秋·昭公四年》：「九月，取鄫。」公羊子傳：「其言取之何？滅之也。滅之則其言取之何？内大惡諱也。」

〔六〕《書·高宗肜日》。孔安國傳：「天視下民，以義爲常。降年有永有不永，非天夭民，民中絶命。言天之下年與民，有義者長，無義者不長，非天欲夭民，民自不修義以致絶命。」

〔七〕謂咎不在己，横遭禍殃。

〔八〕《孟子·梁惠王下》：「老而無妻曰鰥，老而無夫曰寡，老而無子曰獨，幼而無父曰孤。此四者，天下之窮民而無告者，文王發政施仁，必先斯四者。」

〔九〕謂咎由自取。

齊人執子叔姬文公十有四年

「執」之爲言，治之也〔一〕，自我言則辱也。貴不治乎賤，親不辱乎疏。子叔姬，内女也，而齊人之君之母也，其言執何？以子叔姬之不答〔二〕於昭公爲已甚矣〔三〕。商人之禍，昭公爲之也，緣先君之意以執其君夫人，而若有辭焉。不言「執」，則無以知緣昭公之意也。「立妃設如大廟」，「立子設如宗社」〔四〕，敬之至也，重之至也。子叔姬當絶乎？昭公宜自絶之；不當絶乎？宜敬而親之。昭公于其妃，若絶若不絶，因于其子，若置若不置，臣民從是而生心，商人所以成乎弑也。

子之不可以其母廢立廢立也，聖王實制之矣。母出與廟絶，則子不得以私恩事，尊祖之義也。已絶其母，并廢其子，則有危宗廟之罪焉，不可不察也。矧其若不絶者乎！子可廢乎？而若置若不置，以受其端于大惡者之口，傷嗣害世，則昭公之爲之也。

奚齊〔五〕愛而不正，舍正而不愛。成舍之爲君，而不言「其君之子」〔六〕，見昭公無恩于其子，而義則齊人所宜君也。子叔姬以君之母見執于其臣，而目言之，見昭公不義于其妻，而子叔姬未免乎有罪也〔七〕。其言「齊人」何？自我言，子叔姬則齊人云爾。

【箋】

〔一〕《公羊傳·隱公七年》：「不與夷狄之執中國也。」何休解詁：「執者，治文也。」

〔二〕不答，謂丈夫不待見妻子。《漢書·五行志下之上》：「適不答茲謂不次，蜺直在左，蜺交在右。」顏師古注：「臣瓚曰：『夫不接妻謂不答。』」

〔三〕左氏傳：「子叔姬妃齊昭公，生舍。叔姬無寵，舍無威。公子商人驟施于國，而多聚士，盡其家，貸于公有司以繼之。夏五月，昭公卒，舍即位。……秋七月乙卯，夜，齊商人弒舍而讓元。元曰：『爾求之久矣，我能事爾，爾不可使多蓄憾，將免我乎？爾爲之。』……襄仲使告于王，請以王寵求昭姬于齊。曰：『殺其子，焉用其母？請受而罪之。』冬，單伯如齊，請子叔姬。齊人執之，又執子叔姬。」

〔四〕《大戴禮記·千乘》。

〔五〕奚齊，晉獻公庶子。獻公娶于賈，無子。烝於齊姜，生秦穆夫人及太子申生。又娶二女於戎，大戎狐姬生重耳，小戎子生夷吾。晉伐驪戎，驪戎男女以驪姬歸，生奚齊，其娣生卓子。驪姬嬖，欲立其子而譖群公子，致使申生自盡，重耳和夷吾外奔，而奚齊得立。獻公卒，申生之傅里克殺奚齊與卓子，而迎立夷吾（晉惠公）。參見《左傳》莊公二十八年、僖公九年傳。

〔六〕《春秋·文公十四年》九月甲申：「齊公子商人弒其君舍。」

〔七〕《春秋·文公十四年》：「冬，單伯如齊。齊人執單伯，齊人執子叔姬。」公羊子傳：「執者曷爲或稱行人，或不稱行人？稱行人而執者，以其事執也。不稱行人而執者，以己執也。單伯之罪何？道淫也。惡乎淫？淫乎子叔姬。然則曷爲不言齊人執單伯及子叔姬？內辭也，使若異罪然。」

齊人來歸子叔姬文公十有五年

來歸者〔一〕何？來歸之者〔二〕何？來歸者，得禮之辭也；來歸之者，不得禮之辭也。子叔姬不得以夫人之禮行矣。不得以禮則不書，其言「齊人來歸子叔姬」何？實夫人也，先君欲絶之，苟未之絶，則固君夫人也，齊人烏得而歸之，魯人烏得而受之。弑其君、執其君之母，遠國猶且討之，况鄰國乎！他人猶且讐之，况親者乎！「請受而罪之」，以説齊人，以魯爲失辭矣。然則何言爾？譏不討賊也。魯忘先王啓監治民之旨，則無以敬寡而屬婦矣〔三〕。

【箋】

〔一〕如《春秋》宣公十六年：「秋，郯伯姬來歸。」成公五年：「春，王正月，杞叔姬來歸。」

〔二〕如本條。

〔三〕《書·梓材》：「王啓監，厥亂爲民。曰：無胥戕，無胥虐，至于敬寡，至于屬婦，合由以容。」孔安國傳：「言王者開置監官，其治爲民，不可不勉。當教民無得相殘傷、相虐殺，至於敬養寡弱，至於存恤妾婦，和合其教，以大道以容之，無令見冤枉。」

絶夫人踰境

冬十有二月，夫人姜氏會齊侯于禚莊公二年

《春秋》文約而旨明，不可勝譏，則一譏而已〔一〕。姜氏絶〔二〕，而志踰竟，爲譏乎？則不可勝譏，曷不一譏而已？曰盡之也，言之辱也，言之長也〔三〕。曷爲盡之？刺莊公之不怨也。孰刺之？魯之人刺。衛之人惡宣姜，乃刺惠公焉〔四〕；齊之人惡文姜，且刺莊公焉〔五〕。魯獨無人乎？非無人也，魯無《風》也。魯無《風》則國人無以見其志，若習于上之惡〔六〕而安之者，然則何以異于戎狄之俗矣。魯秉周禮，教莫純焉，而比于戎狄，其不可以莫之辨也。彼明乎得失之迹者，有國史矣〔七〕，又從而削之乎？有不書，書則盡之！行道之人，猶將讟焉傷心〔八〕，恨其行之若此，而莊公尚燕然處乎？有不書，書則盡之！良史志也，即一國之人之志也。以爲譏，則義在諱矣；以爲刺，則義在盡矣。雖然，不汙也，此聖人之志也〔九〕。

【箋】

〔一〕《春秋·莊公四年》：「冬，公及齊人狩于禚。」公羊子傳：「公曷爲與微者狩？齊侯也。齊侯則其稱人何？諱與讎狩也。前此者有事矣，後此者有事矣，則曷爲獨於此焉譏？於讎者，將壹譏

而已，故擇其重者而譏焉，莫重乎其與讎狩也。於讎者則曷爲將壹譏而已？讎者無時，焉可與通，通則爲大譏。不可勝譏，故將壹譏而已，其餘從同同。」

〔二〕《春秋・莊公元年》：「三月，夫人孫于齊。」左氏傳：「不稱姜氏，絶不爲親，禮也。」

〔三〕《詩・鄘風・墻有茨》：「中冓之言，不可詳也。所可詳也，言之長也。」「中冓之言，不可讀也。所可讀也，言之辱也。」毛傳：「中冓，内冓也。」「長，惡長也。」「辱，辱君也。」

〔四〕《詩・鄘風・墻有茨》。小序：「公子頑通乎君母，國人疾之而不可道也。」鄭箋：「宣公卒，惠公幼，其庶兄頑烝於惠公之母，生子五人：齊子、戴公、文公、宋桓夫人、許穆夫人。」孔穎達疏：「此注刺君，故以宣姜系於君，謂之君母。《鶉之奔奔》則主刺宣姜與頑，亦所以惡公之不防閑，詩人主意異也。」《詩・鄘風・鶉之奔奔》：「鶉之奔奔，鵲之彊彊。人之無良，我以爲兄。鵲之彊彊，鶉之奔奔。人之無良，我以爲君。」毛傳：「君，國小君。」鄭箋：「小君，謂宣姜。」小序：「刺衛宣姜也。衛人以爲宣姜鶉、鵲之不若也。」

〔五〕《詩・齊風・猗嗟》，小序：「刺魯莊公也。齊人傷魯莊公有威儀技藝，然而不能以禮防閑其母，失子之道，人以爲齊侯之子焉。」

〔六〕左氏傳：「二年冬，夫人姜氏會齊侯于禚，書姦也。」

〔七〕語出《詩・周南・關雎》小序：「國史明乎得失之迹」。

〔八〕《書・酒誥》：「民罔不衋傷心。」

〔九〕《左傳・成公四十年》：「《春秋》之稱，微而顯，志而晦，婉而成章，盡而不汙，懲惡而勸善，非聖人誰能修之。」

夏，夫人姜氏如齊莊公十有五年

齊惡盡矣，則何言乎「夫人姜氏如齊」？以齊之有大災〔一〕，不可不志其故也。化不時則不生，男女無辨則亂生〔二〕，此衛所以滅也〔三〕。或乃以爲不害伯〔四〕，誰爲此言者？人道熄矣。君子録桓公之功，而傷其無本，謂三綱缺焉。亂男女之别，《春秋》所不忍書也，而不忍不書。若曰「人之無良，我以爲君」〔五〕。桓公始伯〔六〕，其遽忘襄公之禍而又以姑姊妹接之乎？可謂與亂同事矣。蓋天災應是而予之也。《春秋》之志行，天下並興於貞信，「男有分，女有歸」，民人無偏喪者，父不哭子，兄不哭弟。桓公不謹于禮，而四境之内大痢焉。若之何？既不若德，又不聽罪〔七〕，而以是爲數之適然也。

【箋】

〔一〕《春秋・莊公二十年》：「夏，齊大災。」公羊子傳：「大災者何？大瘠也。大瘠者何？痢也。何以書？記災也。外災不書，此何以書？及我也。」

〔二〕《禮記・樂記》：「化不時則不生，男女無辨則亂升，天地之情也。」鄭玄注：「辨，别也。升，成也。」

〔三〕《詩・衛風・氓》小序：「刺時也。宣公之時，禮義消亡，淫風大行，男女無別，遂相奔誘。華落色衰，復相棄背，或乃困而自悔，喪其妃耦，故序其事以風焉。美反正，刺淫泆也。」《禮記・樂記》：「鄭、衛之音，亂世之音也。」

〔四〕《説苑・尊賢》：「桓公問於管仲曰：『吾欲使爵腐於酒，肉腐於俎，得無害於霸乎？』管仲對曰：『此極非其貴者耳，然亦無害於霸也。』桓公曰：『何如而害霸？』管仲對曰：『不知賢，害霸；知而不用，害霸；用而不任，害霸；任而不信，害霸；信而復使小人參之，害霸。』桓公：『善。』」

〔五〕《詩・鄘風・鶉之奔奔》。

〔六〕《春秋・莊公十五年》：「春，齊侯、宋公、陳侯、衛侯、鄭伯會于鄄。」左氏傳：「復會焉，齊始霸也。」

〔七〕《書・高宗肜日》：「民有不若德，不聽罪。天既孚命，正厥德。」孔安國傳：「不順德，言無義。不服罪，不改修。」

夫人姜氏如莒莊公十九年　二十年

於莒乎？又何譏？則曷爲再言乎「夫人姜氏如莒」〔一〕？志女禍之易〔二〕於後嗣子孫也。姜氏生莊公；慶父，孟也；牙，叔也；友，季也。友也賢，慶及牙也惡〔三〕。慶爲國賊，莒實受之〔四〕。敖也莒甥，卒亦奔莒〔五〕。仲〔六〕之繫援乎莒也，孰爲之？姜氏爲之也。疾之蠱者〔七〕，惟甘殺其身不已也，又將殺其子孫。內主兵〔八〕，而外要援于邇國，慶父之禍魯也，重志乎《春秋》。姜氏再適莒，仲之父子亦再奔莒，禍所從來矣。

【箋】

〔一〕《春秋》莊公十九年、二十年兩次書姜氏如莒。

〔二〕易，蔓延。《東觀漢記·杜林傳》：「絶其本根，勿使能殖，畏其易也。」

〔三〕魯莊公、慶父、叔牙、季友，同爲桓公子。莊公疾，問後於叔牙，叔牙以慶父對。莊公以告季友，季友告以誓死奉子般，故酖叔牙而立其後。莊公薨，子般繼位，慶父弒之，季友奔陳，立閔公。詳見《左傳·莊公三十二年》。

〔四〕閔公二年，慶父弒閔公，季友以僖公適邾，慶父奔莒，季友乃入魯立僖公，以賂求慶父于莒，莒人歸之，自縊于道。詳見《左傳》。

〔五〕文公七年，徐伐莒，慶父之子公孫敖如莒涖盟，且爲公子遂逆己氏。登城見之，美，自爲娶之。公子遂欲攻之，文公止之。越明年，公孫敖如京師，不至而奔莒，從己氏焉。詳見《左傳》。

〔六〕仲，共仲，指慶父。

〔七〕《左傳·昭公元年》：「女，陽物而晦時，淫則生內熱惑蠱之疾。」杜預集解：「女常隨男，故言陽物。家道常在夜，故言晦時。」

〔八〕見《春秋·莊公二年》：「夏，公子慶父帥師伐於餘丘。」

春秋正辭卷四

内辭第三中

《詩》有指焉:「周公皇祖,亦其福女。」〔一〕愆忘〔二〕周公之禮,其福女哉?「禘于大廟」,以禘爲非〔三〕;「吉禘于莊公」,以吉爲非〔四〕。言「大事」、言「有事」,終以爲不可言而不言也〔五〕。宗廟一。

【箋】

〔一〕《詩·魯頌·閟宮》:「皇皇后帝,皇祖后稷。享以騂犧,是饗是宜,降福既多。周公皇祖,亦其福女。」毛傳:「騂,赤。犧,純也。」鄭箋:「其牲用赤牛純色,與天子同也。」孔穎達疏:「皇皇而美者,爲君之天及君祖后稷,獻之以赤與純色之牲。天與后稷於是歆饗之,於是以爲宜,下福與之,既已多大矣。周公與君祖伯禽,亦其福汝僖公矣。」按:此處莊存與以皇祖即周公,非若鄭箋以皇祖別爲「伯禽」也。(見莊存與《毛詩説·卷三·閟宫》)

〔二〕《詩·大雅·假樂》:「不愆不忘,率由舊章。」鄭箋:「不過誤,不遺失,循用舊典之文章,謂周公之禮法。」

〔三〕《春秋·僖公八年》:「秋七月,禘于太廟,用致夫人。」公羊子傳:「用者何?用者不宜用也。

致者何？致者不宜致也。禘，用致夫人，非禮也。」

〔四〕《春秋·閔公二年》：「夏五月乙酉，吉禘于莊公。」公羊子傳：「其言吉何？言吉者，未可以吉也。曷爲未可以吉？未三年也。」穀梁子傳：「吉禘者，不吉者也。喪事未畢而舉吉祭，故非之也。」

〔五〕謂《春秋》因非禮而爲魯諱，以「大事」「有事」代之。如《春秋》文公二年：「八月丁卯，大事於太廟，躋僖公」；宣公八年：「辛巳，有事於大廟」；昭公十五年：「二月癸酉，有事於武宫」。

魯之郊禘，自僖公始也〔一〕。成王建魯，「錫之山川，土田附庸」，《詩》言止矣〔二〕。既而言曰：「周公之孫，莊公之子，龍旂承祀，六轡耳耳。春秋匪解，享祀不忒。」乃遂曰：「皇皇后帝，皇祖后稷，享以騂犧」。嗟歎之曰：「是饗是宜，降福既多。」繼之曰「周公皇祖」〔三〕，若曰：吾君，周公之孫也〔四〕。可謂善頌，可謂善規者乎！《春秋》隱、桓、莊、閔之策書，無言郊者。人曰「僖公，魯之盛君也」〔五〕，聖人曰「周公其衰矣」〔六〕！郊二。

【箋】

〔一〕郊、禘爲天子之禮，魯用郊、禘，乃爲僭禮，始見于《春秋》僖公篇。即，僖公八年：「秋七月，禘于太廟。」僖公三十一年：「夏四月，四卜郊不從，乃免牲，猶三望。」公羊子傳：「魯郊，非禮也。魯郊何以非禮？天子祭天，諸侯祭土。天子有方望之事，無所不通，諸侯山川有不在其封内者，則不祭也。」

〔二〕《詩・魯頌・閟宮》：「錫之山川，土田附庸。」鄭箋：「賜之以山川土田及附庸，令專統之。」莊存與此處意在暗駁《禮記》成王賜魯郊、禘之説。《禮記・祭統》稱：「昔者周公旦有勳勞於天下。周公既没，成王、康王追念周公之所以勳勞者，而欲尊魯，故賜之以重祭。外祭則郊、社是也，内祭則大嘗、禘是也。夫大嘗、禘，升歌《清廟》，下而管《象》，朱干玉戚以舞《大武》，八佾以舞《大夏》，此天子之樂也。康周公，故以賜魯也。子孫纂之，至于今不廢。」

〔三〕《詩・魯頌・閟宮》。

〔四〕謂魯僖公。

〔五〕《魏書・卷四十三・房景先傳》。

〔六〕《禮記・禮運》：「孔子曰：『於呼哀哉！我觀周道，幽、厲傷之，吾舍魯何適矣？魯之郊禘，非禮也，周公其衰矣！杞之郊也，禹也；宋之郊也，契也；是天子之事守也。故天子祭天地，諸侯祭社稷。』」

雩以大爲僭，過則書〔一〕。昉於桓，成於僖〔二〕。有以瀆書，有以旱書〔三〕。雩三。

【箋】

〔一〕《春秋》記「雩」共二十次（不含昭公二十五年的「又雩」，因公羊子傳稱：「又雩者，非雩也，聚衆以逐季氏也。」），皆書作「大雩」，故莊存與如是説。

〔二〕《春秋》書「大雩」，首見於桓公五年，再見於僖公十一年、十三年。

〔三〕《春秋·桓公五年》：「大雩。」公羊子傳：「大雩者何？旱祭也。則何以不言旱？言雩則旱見，言旱則雩不見。」

失禮於社，止此乎〔一〕？舉其可道者，亦僭矣。「門」，侯之門也〔二〕，國家宮室有節焉，以門爲始。用牲四。

【箋】

〔一〕《春秋》書「用牲」共四次，即莊公二十五年：「六月辛未朔，日有食之，鼓用牲于社。」「秋，大水，鼓用牲于社、于門。」莊公三十年：「日有食之，鼓用牲于社。」文公十五年：「日有食之，鼓用牲于社。」其中，左氏、穀梁以爲用牲于社即爲非禮（俱見莊公二十五年傳），公羊僅以莊公二十五年秋的「于門」一條爲非禮，其他于社不爲非禮。詳參莊存與此處句義（因後文無經例），似從公羊。

〔二〕《春秋·莊公二十五年》：「秋，大水，鼓用牲于社、于門。」莊存與以爲，此門，乃諸侯宮室之門。似乎意在暗駁杜預與范甯，二人皆認爲「門，國門也。」

革制度曰畔，君討而不諱〔一〕，畔者在下也。病民之政，不可終日，至哀公極焉。十餘世而後亡禮教，信義未盡也。不言數何？若深没其文，慮後世或且仿而行之也，知什一爲天下之中正而已矣〔二〕。問焉必告之以其制，問改制則必告之以不知，聖人有敬心焉〔三〕。改制五。

【箋】

〔一〕《禮記·王制》：「變禮易樂者爲不從，不從者君流。革制度衣服者爲畔，畔者君討。有功德于民者，加地進律。」另見《白虎通·巡狩》引《尚書大傳》：「改衣服制度爲畔，畔者君討。有功者賞之。」

〔二〕《春秋·哀公十二年》：「春，用田賦。」何休解詁：「田，謂一井之田；賦者，斂取其財物也。言用田賦者，若今漢家斂民錢，以田爲率矣。不言井者，城郭里巷亦有井，嫌悉賦之。禮，税民，公田不過什一；軍賦，十井不過一乘。哀公外慕强吴，空盡國儲，故復用田賦，過什一。」但史無明文具體數量是多少。

〔三〕《左傳·哀公十一年冬》：「季孫欲以田賦，使冉有訪諸仲尼。仲尼曰：『丘不識也。』三發，卒曰：『子爲國老，待子而行，若之何子之不言也？』仲尼不對。而私于冉有曰：『君子之行也，度于禮，施取其厚，事舉其中，斂從其薄。如是則以丘亦足矣。若不度于禮，而貪冒無厭，則雖以田賦，將又不足。且子季孫若欲行而法，則周公之典在，若欲苟而行，又何訪焉？』弗聽。」

衛民居，愛民力。輕百姓，飾城郭，大禁也〔一〕。功重録之，不時甚焉。土功六。

【箋】

〔一〕語出《漢書·五行志》引《尚書大傳》：「好攻戰，輕百姓，飾城郭，侵邊境，則金不從革。」

狩有常所，有常度。大閱有恒歲。昭、定之世，玩無震矣〔一〕。病其國之以虛聲立也。天事武〔二〕，不以誠，惡得不曠。蒐狩七。

【箋】

〔一〕玩無震，謂嬉戲而失威肅。語出《國語·周語上》：「穆王將征犬戎，祭公謀父諫曰：『不可，先王耀德不觀兵。夫兵戢而時動，動則威，觀則玩，玩則無震。』」韋昭注：「玩，黷也。震，懼也。」

〔二〕《國語·楚語下》：「天事武，地事文，民事忠信。」韋昭注：「乾稱剛健，故武；地質柔順，故文。」

虛内事外聖所悲〔一〕，保五散壞伯之非〔二〕。講信脩睦謂人利〔三〕，背公植私曰不義。禮讓爲國兵争去〔四〕，小有違言吉無事〔五〕。公會諸侯八。

【箋】

〔一〕《春秋·隱公二年》：「春，公會戎於潛。」何休解詁：「凡書會者，惡其虛内務，恃外好也。古者諸侯非朝時不得逾竟。」

〔二〕保伍，亦作保五，即五家互保之基層編户組織。《春秋·桓公二年》：「三月，公會齊侯、陳侯、鄭伯于稷，以成宋亂。」何休解詁：「古者諸侯，五國爲屬，屬有長；二屬爲連，連有帥；三連爲卒，卒有正；七卒爲州，州有伯也。州中有爲無道者，則長、帥、卒、正、伯當征之；不征，則與同惡。當春秋時，天下散亂，保伍壞敗，雖不誅，不爲成亂。」

〔三〕《禮記·禮運》：「講信脩睦，謂之人利。爭奪相殺，謂之人患。」

〔四〕《論語·里仁》：「子曰：『能以禮讓爲國乎？何有！不能以禮讓爲國，如禮何？』」

〔五〕《易·需》：「九二：需于沙，小有言，終吉。《象》曰：需于沙，衍在中也。雖小有言，以吉終也。」孔穎達疏：「雖小有責讓之言，而終得其吉也。」

君不可輕，内則失臣，外則失親。公遇諸侯九。

「弗躬弗親，庶民弗信」〔一〕。古人尚簡，繁則必有所不躬親者矣。臣與境外之事，則外、内朝之事胥竊之〔二〕，《春秋》謹微。外臣與會十。

【箋】

〔一〕《詩·小雅·節南山》。

〔二〕指臣若參與境外之事，則境外、朝内皆將竊權。

以功利動，必輕身以先之，可已而不已也。命圭〔一〕有命，若之何替之。公會外臣十一〔二〕。

【箋】

〔一〕命圭亦作「命珪」。天子賜給王公大臣的玉圭。《周禮·考工記·玉人》：「命圭九寸，謂之桓圭，公守之；命圭七寸，謂之信圭，侯守之；命圭七寸，謂之躬圭，伯守之。」

〔二〕參見《春秋屬辭·變文以示意第三》「二諱公與王卿士盟不書公同微者」，其中兩條公會外臣之例：僖二十九年夏六月，會王人、晉人、宋人、齊人、陳人、蔡人、秦人，盟于翟泉；文十年秋七月，及蘇子盟于女栗。

公適諸侯皆書之，以非常事書也。「齊」、「晉」云爾，「如楚」謂何？然而有所不書，存天下之大防也〔一〕。「如」則致，有所不致，齊桓也〔二〕。非齊桓而不致，爲親者諱疾也〔三〕。

公適諸侯十二。

【箋】

〔一〕《春秋》書「公如齊」十三次，「公如晉」二十一次，「公如楚」僅二次。故莊存與以爲「如楚」未盡書，存天下之大防也。

〔二〕魯莊公九年至僖公十七年，齊桓公在位。此一期間，共書「公如齊」五次，四次書致，一次不致，但書致者均有原因，即：一、莊公二十二年：「冬，公如齊納幣。」二十三年「春，公至自齊。」公羊子傳：「桓之盟不日，其會不致，信之也。此之桓國何以致？危之也。何危爾？公一陳佗也。」何休解詁：「凡公之齊，所以起淫者，皆以危致也。」二、莊公二十三年：「夏，公如齊觀社。公至自齊。」何休解詁：「觀社者，觀祭社。諱淫言觀社者，與親納幣同義。」三、莊公二十四年：「夏，公如齊逆女。秋，公至自齊。」公羊子傳：「親迎，禮也。」何休解詁：「諱淫，故使若以得禮書也。」四、僖公十年：「春，王正月，公如齊。」本次未書致。五、僖公十五年：「春，王正月，公如齊。」「三月，公會齊侯、宋公、陳侯、衛侯、鄭伯、許男、曹伯，盟于牡丘。」「九月，公至自會。」公羊子傳：「桓公之會不致，此何以致？久也。」

〔三〕《春秋》書「公如」而不致者，除齊桓僅有的一次外，另有六次，皆作公如晉，至河乃復，見昭公二年、十二年、十三年、二十一年、二十三年、定公三年。其中公羊子兩次發傳，即昭公二年：「冬，公如晉。至河乃復。」公羊子傳：「其言至河乃復何？不敢進也。」昭公二十三年：「冬，公如晉，至河，公有疾，乃復。」公羊子傳：「何言乎公有疾乃復？殺恥也。」莊存與本此。另《穀梁傳·成公九年》：「爲尊者諱耻，爲賢者諱過，爲親者諱疾。」

「不軌不物，謂之亂政」，臧僖伯之諫不幸而中〔一〕。「書而不法，後嗣何觀」，可教百世，曹子之言〔二〕。「女有家，男有室，無相瀆也，謂之有禮」，申繻道其常而已矣〔三〕。其可曰禮爲小人設哉！公以非事舉十三。

【箋】

〔一〕《春秋·隱公五年》：「春，公觀魚于棠。」左氏傳：「臧僖伯諫曰：『……君，將納民于軌、物者也。故講事以度軌量謂之軌，取材以章物采謂之物。不軌不物，謂之亂政。』」

〔二〕《春秋・莊公二十三年》：「夏，公如齊觀社，公至自齊。」左氏傳：「夏，公如齊觀社，非禮也。曹劌諫曰：『不可！夫禮，所以整民也。故會以訓上下之則，制財用之節；朝以正班爵之義，帥長幼之序；征伐以討其不然。諸侯有王，王有巡守，以大習之。非是，君不舉矣。君舉必書，書而不法，後嗣何觀？』」另參見《國語・魯語上》。

〔三〕《春秋・桓公十八年》：「公與夫人姜氏遂如齊。」左氏傳：「春，公將有行，遂與姜氏如齊。申繻曰：『女有家，男有室，無相瀆也，謂之有禮，易此必敗。』公會齊侯于濼，遂及文姜如齊。齊侯通焉，公讁之，以告。夏四月丙子，享公，使公子彭生乘公，公薨于車。」

監一國曰守臣，長一州曰力臣〔一〕，自將以承天子威命。車，公車也；徒，公徒也。十二公無異辭，正名而已矣。公將十四。

【箋】

〔一〕《禮記・玉藻》：「凡自稱，天子曰予一人，伯曰天子之力臣；諸侯之於天子，曰某土之守臣某。」

未變常與〔一〕？衍在中與〔二〕？必剛健者也。如耻之，莫如貴德而尊士，能治其國家，誰敢侮之〔三〕。公次十五。

【箋】

〔一〕《易・歸妹》：「九二：眇能視，利幽人之貞。《象》曰：利幽人之貞，未變常也。」孔穎達疏：

「『未變常也』者，貞正者人之常也。九三失位，嫌其變常不貞。能以履中不偏，故云『未變常也』。」

〔二〕《易·需》：「九二：需于沙，小有言，終吉。《象》曰：需于沙，衍在中也。雖小有言，以吉終也。」孔穎達疏：「『需於沙，衍在中』者，衍謂寬衍，去難雖近，猶未逼於難，而寬衍在其中也，故『雖小有言，以吉終也』。」

〔三〕《春秋》莊公三年：「冬，公次于郎。」穀梁子傳：「次，止也，有畏也，欲救紀而不能也。」昭公二十五年：「九月己亥，公孫于齊，次于楊州。」昭公二十八年：「公如晉，次于乾侯。」昭公二十九年：「公如晉，次于乾侯。」昭公之「次」，皆爲流亡（被季氏所逐）途中的停駐。

重民故重師。君不在則師重〔一〕。君在而師不改重〔二〕，明嫌也，殺耻也。師十六。

【箋】

〔一〕謂《春秋》于公帥師出戰者，則書「公」，非公帥師者，則書「師」，書其重者也。《公羊傳·隱公五年》：「君將不言率師，書其重者也。」

〔二〕謂公帥師而書師不書公者，《春秋》共三次：一、莊公八年「春，王正月，師次于郎，以俟陳人、蔡人。甲午，祠兵。夏，師及齊師圍成，成降于齊師。秋，師還。」左氏傳：「夏，師及齊師圍郕，郕降于齊師。仲慶父請伐齊師，公曰：『不可。』」胡安國傳：「按《左氏》仲慶父請伐齊師，莊公不可，是國君上將親與圍郕之役也。」二、莊公三十年：「夏，師次于成。」穀梁子傳：「不言公，耻不能救鄭也。」三、僖公十八年：「夏，師救齊。」按：本條三傳無說，以上二例推之，當亦爲公帥師。

師不功曰戰〔一〕，師有功曰敗某師。詐則詳之〔二〕，已甚則詳之。內不言戰，言「戰」、言「敗」，大戒存焉。戰十七。

【箋】

〔一〕《春秋·桓公十年》：「冬，十有二月丙午，齊侯、衛侯、鄭伯來戰于郎。」公羊子傳：「此偏戰也，何以不言師敗績？內不言戰，言戰乃敗矣。」

〔二〕指書日以詳之，即後文「取國邑」隱十年經例莊存與所釋的「內恒曰敗某師，詐戰則日以異之。」（《春秋》內戰皆曰敗某師，以日不日別詐、偏；外戰則偏戰日，詐戰月。）詐戰，與偏戰對言，指未約日定地之戰。《公羊傳·桓公十年》：「此偏戰也，何以不言師敗績？」何休解詁：「偏，一面也。結日定地，各居一面，鳴鼓而戰，不相詐。」《公羊傳·僖公三十三年》：「詐戰不日，此何以日？」何休解詁：「詐，卒也，齊人語也。」

「內大惡諱」〔一〕，取小邑也，取大國也。言伐，取則邑著〔二〕；不言伐，取則國猶不著。不著猶若諱之然。然而書之，王者作，終不可以爲有也〔三〕。鄆，邑也，取不言伐〔四〕，以「疆鄆田」見之〔五〕。故曰日月不可毁也，雖有瞽者，如天文何〔六〕！取國、邑十八。

【箋】

〔一〕《春秋・隱公十年》：「六月壬戌，公敗宋師于菅。辛未，取郜。辛巳，取防。」公羊子傳：「取邑不日，此何以日？一月而再取也。何言乎一月而再取？甚之也。內大惡諱。此其言甚之何？《春秋》録內而略外，於外大惡書，小惡不書；於內大惡諱，小惡書。」何休解詁：「明取邑爲小惡，一月再取，小惡中甚者耳，故書也。於內大惡諱，於外大惡書者，明王者起當先自正，內無大惡，然後乃可治諸夏大惡，因見臣子之義，當先爲君父諱大惡也。內小惡書，外小惡不書者，內有小惡，適可治諸夏大惡，未可治諸夏小惡，明當先自正然後正人。小惡不諱者，罪薄耻輕。」

〔二〕如《春秋》僖公二十二年：「春，公伐邾，取須朐。」僖公二十六年：「公以楚師伐齊，取穀。」僖公三十三年：「公伐邾取叢。」文公七年：「春，公伐邾。三月甲戌，取須朐。」宣公四年：「公伐莒，取向。」宣公十年：「公孫歸父帥師伐邾，取蘱。」哀公二年：「春王二月，季孫斯、叔孫州仇、仲孫何忌帥師伐邾，取漷東田，及沂西田。」

〔三〕《春秋・昭公四年》：「九月，取鄫。」公羊子傳：「其言取之何？滅之也。滅之則其言取之何？內大惡諱也。」

〔四〕《春秋・昭公元年》：「三月，取鄆。」

〔五〕《春秋・昭公元年》：「叔弓帥師疆鄆田。」公羊子傳：「疆運田者何？與莒爲竟也。與莒爲竟，則曷爲帥師而往？畏莒也。」

〔六〕語出《論語・子張》：「叔孫武叔毀仲尼。子貢曰：『無以爲也，仲尼不可毀也。他人之賢者，丘陵也，猶可踰也。仲尼，日月也，無得而踰焉。人雖欲自絶，其何傷於日月乎！多見其不知量也。』」

義在大倫，土田末也；義在主器〔一〕，守之大也。命必自天子，彊侯而制之？取固直「取」〔二〕，歸言「歸之」〔三〕，言「之」云爾，制之云乎？略曰「汶陽田」，詳曰「鄆、讙、龜陰田」〔四〕，取者略之，來歸者詳之。土田十九。

【箋】

〔一〕主器，主掌宗廟祭祀。器，祭器。《易・序卦》：「主器者莫若長子。」

〔二〕《春秋・成公二年》：「取汶陽田。」左氏傳：「秋七月，晉師及齊國佐盟于爰婁，使齊人歸我汶陽之田。」公羊子傳：「汶陽田者何？鞌之賂也。」

〔三〕《春秋・成公八年》：「春，晉侯使韓穿來言汶陽之田，歸之于齊。」公羊子傳：「來言者何？内辭也，脅我使我歸之也。曷爲使我歸之？鞌之戰，齊師大敗。齊侯歸，弔死視疾，七年不飲酒、不食肉。晉侯聞之曰：『嘻！奈何使人之君，七年不飲酒、不食肉，請皆反其所取侵地。』」

〔四〕《春秋・定公十年》：「齊人來歸鄆、讙、龜陰田。」杜預集解：「三邑皆汶陽田也。泰山博縣北有龜山。陰，田在其北也。會夾谷，孔子相，齊人服義而歸魯田。」

我苟非賂，則既歸者不言前之取〔一〕。十二公之策内，固未嘗喪一邑。豈無喪邑？喪之不書〔二〕。書之有指。取邑歸邑二十。

【箋】

〔一〕《春秋》因賂既歸而書取者，如宣公元年："六月，齊人取濟西田。"公羊子傳："外取邑不書，此何以書？所以賂齊也。曷爲賂齊？爲弑子赤之賂也。"宣公十年："齊人歸我濟西田。"《春秋》哀公八年："夏，齊人取讙及闡。"冬，"齊人歸讙及闡。"公羊子傳："外取邑不書，此何以書？所以賂齊也。曷爲賂齊？爲以邾子益來也。"

〔二〕《公羊傳·隱公四年》："外取邑不書"。按，外取外邑、外取魯邑，皆不書。如隱四年，莒人伐杞取牟婁，隱六年宋伐鄭取長葛，乃外取外邑；宣元年齊人取濟西田、昭二十五年齊侯取運，乃外取魯邑；公羊皆發傳"外取邑不書，此何以書？"

入國重，入邑輕。公將而書重，重則不目公〔一〕；卿將乃書輕，輕且目專行〔二〕。入國、邑二十一。

【箋】

〔一〕指公將入國、邑，《春秋》貶其重者，則書入而不書公。《春秋·哀公七年》："秋，公伐邾。八月己酉，入邾，以邾子益來。"公羊子傳："入不言伐，此其言伐何？内辭也，若使他人然。"何休解詁：「諱獲諸侯，故不舉重而兩書，使若魯公伐而去，他人入之以來者，醇順他人來文。」

〔三〕指卿將入國、邑，《春秋》書卿以貶其輕者，且譏卿專權擅行。如《春秋》僖公二十七年：「乙巳，公子遂帥師入杞。」何休解詁：「日者，杞屬脩禮朝魯，雖無禮，君子躬自厚而薄責於人，不當乃入之，故録責之。」襄公十二年：「季孫宿帥師救台，遂入鄆。」公羊子傳：「大夫無遂事，此其言遂何？公不得爲政爾。」何休解詁：「時公微弱，政教不行，故季孫宿遂取鄆而自益其邑。」

無駭可追書〔一〕展也，展固氏若人也〔二〕。伯姬適蕩氏時，則蕩名而非氏〔三〕。氏蕩也，不氏展也，「疾始滅也」，且見人之非入而爲滅也〔四〕。君罪正於九伐之灋〔五〕，則君子爲之諱矣。諱之必有以見之。滅國二十二。

【箋】

〔一〕追書，事後追述的一種書法。《左傳·襄公元年》：「春己亥，圍宋彭城。非宋地，追書也。」杜預集解：「成十八年，楚取彭城以封魚石，故曰非宋地。夫子治《春秋》，追書系之宋。」

〔二〕《春秋·隱公八年》：「冬，十有二月，無駭卒。」左氏傳：「無駭卒，羽父請謚與族。公問族於衆仲，衆仲對曰：『天子建德，因生以賜姓，胙之土而命之氏。諸侯以字爲謚，因以爲族。官有世功，則有官族。邑亦如之。』公命以字，爲展氏。」

〔三〕《春秋·僖公二十五年》：「宋蕩伯姬來逆婦。」公羊子傳：「宋蕩伯姬者何？蕩氏之母也。其言來逆婦何？兄弟辭也。其稱婦何？有姑之辭也。」楊伯峻注：「據杜注及孔疏，蕩伯姬爲魯女之爲宋大夫蕩氏妻者。宋有蕩氏者，宋桓公生公子蕩，蕩生公子壽，壽生蕩意諸，意諸之後人以蕩爲氏。然嚴蔚、朱駿聲則以蕩伯姬即公子蕩之妻。」莊存與見解似亦與嚴、朱同。即伯姬出嫁公子蕩時，「蕩」是名。而《春秋》書作「宋蕩伯姬來逆婦」，乃是因其後人已以「蕩」爲氏，故公羊追書其爲「蕩氏之母也。」因此莊存與認爲《春秋》氏蕩（即書有「宋蕩伯姬來逆婦」）不氏展（無駭不書氏）。

〔四〕《春秋·隱公二年》：「無駭帥師入極。」公羊子傳：「無駭者何？展無駭也。何以不氏？貶。曷爲貶？疾始滅也。」

〔五〕《周禮·夏官·大司馬》：「以九伐之灋正邦國：馮弱犯寡則眚之；賊賢害民則伐之；暴内陵外則壇之；野荒民散則削之；負固不服則侵之；賊殺其親則正之；放弑其君則殘之；犯令陵政則杜之；外内亂、鳥獸行則滅之。」

特相會則讓事，古人行之〔一〕，亂人同事，得無危乎〔二〕！定之會，諸侯散矣〔三〕，君子身親之者，齊也不敢以爲安〔四〕，况會晉師乎〔五〕！飲至，史文也。《春秋》致地，致其愛君之正也。公行致地二十三。

【箋】

〔一〕《春秋·桓公二年》：「公及戎盟于唐。冬，公至自唐。」左氏傳：「冬，公至自唐，告于廟也。凡公行，告于宗廟；反行，飲至、舍爵、策勛焉，禮也。特相會，往來稱地，讓事也。自參以上，則往稱地，來稱會，成事也。」杜預集解：「特相會，公與一國會也。會必有主，二人獨會則莫肯爲主，兩讓，會事不成，故但書地。」

〔二〕《春秋·桓公二年》：「公及戎盟于唐。冬，公至自唐。」何休解詁：「致者，君子疾賢者失其所，不肖者反以相親榮，故與隱相違也。明前隱與戎盟，雖不信，猶可安也。今桓與戎盟，雖信，猶可危也，所以深抑小人也。凡致者，臣子喜其君父脱危而至。」

〔三〕《春秋·定公七年》：「秋，齊侯、鄭伯盟于鹹。齊人執衛行人北宫結以侵衛。齊侯、衛侯盟于沙。」左氏傳：「秋，齊侯、鄭伯盟于鹹，徵會于衛。衛侯欲叛晉，諸大夫不可，使北宫結如齊，而私於齊侯曰：『執結以侵我。』齊侯從之，乃盟于瑣。」《彙纂》引許翰曰：「齊、鄭之盟，叛晉也。霸道隳，諸侯散，離盟始復。志此，蓋自是中國無殷會矣。」引陳傅良曰：「特相盟自齊桓以來未之有也，於是再見，諸侯無主盟矣。是故石門志諸侯之合也，于鹹志諸侯之散也。」

〔四〕君子，謂孔子。《春秋·定公十年》：「夏，公會齊侯于夾谷，公至自夾谷。」左氏傳：「夏，公會齊侯于祝其，實夾谷。孔丘相。犁彌言於齊侯曰：『孔丘知禮而無勇，若使萊人以兵劫魯侯，必得志焉。』齊侯從之。孔丘以公退，曰：『士兵之！兩君合好，而裔夷之俘以兵亂之，非齊君所以命諸侯也。裔不謀夏，夷不亂華，俘不干盟，兵不偪好，於神爲不祥，于德爲愆義，於人爲失禮，君必不然。』齊侯聞之，遽辟之。將盟，齊人加於載書曰：『齊師出竟，而不以甲車三百乘從我者，有如此盟！』孔丘使茲無還揖對曰：『而不反我汶陽之田，吾以共命者，亦如之。』齊侯將享公，孔丘謂梁丘據曰：『齊魯之故，吾子何不聞焉？事既成矣，而又享之，是勤執事也。且犧象不出門，嘉樂不野合，饗而既具，是棄禮也；若其不具，用秕稗也。用秕稗君辱，棄禮名惡，子盍圖之？夫享所以昭德也，不昭不如其已也。』乃不果享。齊人來歸鄆、讙、龜陰之田。」

〔五〕《春秋·定公八年》：「公會晉師于瓦。公至自瓦。」

桓會不致〔一〕，不續終〔二〕則致〔三〕。諸夏之會，善惟蕭魚〔四〕，且不及齊桓之最〔五〕，其他焉望。縱有甚譏，亦同致之〔六〕，功罪在彼，安危在此。公行致會二十四。

【箋】

〔一〕桓，指齊桓公。《公羊傳·莊公二十三年》：「桓之盟不日，其會不致，信之也。」《穀梁傳·莊公二十七年》：「桓會不致，安之也。桓盟不日，信之也。」

〔二〕《易·未濟》：「《彖》曰：『未濟，亨』，柔得中也；『小狐汔濟』，未出中也；『濡其尾，無攸利』，不續終也。」王弼注：「小狐雖能渡而無餘力，將濟而濡其尾，力竭於斯，不能續終。險難猶未足以濟也。」

〔三〕桓會書致者共二次，即《春秋》僖公十五年：「三月，公會齊侯、宋公、陳侯、衛侯、鄭伯、許男、曹伯盟于牡丘，遂次于匡。……九月，公至自會。」公羊子傳：「桓公之會不致，此何以致？久也。」僖公十六年：「冬十有二月，公會齊侯、宋公、陳侯、衛侯、鄭伯、許男、邢侯、曹伯于淮。」僖公十七年：「九月，公至自會。」

〔四〕《春秋·襄公十一年》：「公會晉侯、宋公、衛侯、曹伯、齊世子光、莒子、邾子、滕子、薛伯、杞伯、小邾子伐鄭，會于蕭魚。公至自會。」左氏傳：「諸侯之師觀兵于鄭東門，鄭人使王子伯駢行成。甲戌，晉趙武入盟鄭伯。冬十月丁亥，鄭子展出盟晉侯。十二月戊寅，會于蕭魚。庚辰，赦鄭囚，皆禮而歸之。納斥候，禁侵掠。晉侯使叔肸告于諸侯。公使臧孫紇對曰：『凡我同盟，小國有罪，大國致討。苟有以藉手，鮮不赦宥，寡君聞命矣。』」

〔五〕《公羊傳·隱公元年》：「會，猶最也。」

〔六〕《春秋》書「公至自會」共二十七次。

得意不得意〔一〕，以等功狀，而定其摟諸侯以伐諸侯〔二〕之罪。序績惟僖，伐楚也〔三〕。莊伐戎〔四〕，而會潛之戎〔五〕，不復見奚斯有碩言矣〔六〕。且不曰得意，得固僅矣；致其危也，危其僅也。或危其久〔七〕，或危其亟〔八〕，或危其遠〔九〕，或危其勞，或危其非，或危其孤。諸侯未合而伐鄭，非之甚〔一〇〕；諸侯既散而侵鄭，孤之極〔一一〕。侵齊頻，侵齊致亦頻〔一二〕，夾谷不會，魯曷以寧哉〔一三〕！公行致侵伐二十五。

【箋】

〔一〕《春秋·莊公六年》：「秋，公至自伐衛。」公羊子傳：「曷爲或言致會，或言致伐？得意致會，不得意致伐。」何休解詁：「所伐國服，兵解國安，故不復録兵所從來，獨重其本會之時。所伐國不服，兵將復用，國家有危，故重録所從來。此謂公與二國以上也。公與一國及獨出用兵，得意不致，不得意致伐。公與二國以上出會盟，得意致會，不得意不致。公與一國出會盟，得意致地，不得意不致。皆例時。」

〔二〕語出《孟子·告子下》：「五霸者，摟諸侯以伐諸侯者也，故曰：五霸者，三王之罪人也。」

〔三〕《春秋·僖公四年》：「春王正月，公會齊侯、宋公、陳侯、衛侯、鄭伯，許男、曹伯侵蔡。蔡潰，遂伐楚，次于陘。」「八月，公至自伐楚。」

〔四〕《春秋·莊公二十六年》：「春，公伐戎。夏，公至自伐戎。」

〔五〕《春秋·隱公二年》：「春，公會戎于潛。」

〔六〕《詩·魯頌·閟宫》：「新廟奕奕，奚斯所作。孔曼且碩，萬民是若。」小序：「頌僖公能復周公之宇也」。

〔七〕指桓公十六年「公至自伐鄭」，參看後文經例。

〔八〕《春秋》襄公十八年：「冬十月，公會晉侯、宋公、衛侯、鄭伯、曹伯、莒子、邾子、滕子、薛伯、杞伯、小邾子同圍齊。曹伯負芻卒于師。」襄公十九年春：「公至自伐齊。」公羊子傳：「此同圍齊也，何以致伐？未圍齊也。未圍齊，則其言圍齊何？抑齊也。曷爲抑齊？爲其亟伐也。」

〔九〕《春秋·成公十三年》：「夏五月，公自京師，遂會晉侯、齊侯、宋公、衛侯、鄭伯、曹伯、邾人、滕人伐秦。」「秋七月，公至自伐秦。」何休解詁：「月者，危公幼而遠用兵。」

〔一〇〕《春秋・桓公十六年》：「夏四月，公會宋公、衛侯、陳侯、蔡侯伐鄭。秋七月，公至自伐鄭。」此時，周室衰微而諸侯力争，霸主尚未出現（春秋首位霸主齊桓公于莊公九年方歸國圖霸），故曰「諸侯未合」。

〔一一〕定公四年，晉失諸侯，霸業隳，諸夏復散，而定公侵鄭，孤立之甚。即《春秋・定公四年》：「五月，公及諸侯盟于皋鼬。」左氏傳：「晉人假羽旄於鄭，鄭人與之。明日或旆以會，晉於是乎失諸侯。」《春秋・定公六年》：「二月，公侵鄭。公至自侵鄭。」

〔一二〕《春秋・定公八年》：「春王正月，公侵齊。公至自侵齊。二月，公侵齊。三月，公至自侵齊。」

〔一三〕《春秋・定公十年》：「春王三月，及齊平。夏，公會齊侯于夾谷。公至自夾谷。」夾谷之會孔子攝相事，齊景公懼，遂歸所侵鄆、讙、龜陰之田。

「犆言，同時；累數，偕至」〔一〕。名之〔二〕、人之〔三〕，不奪朝之辭，皆小國也。大國無來接我者乎〔四〕？相爲賓〔五〕，班爵同，言來不可，言朝不可，獻捷之外無紀焉〔六〕。世子朝乎〔七〕？「既誓，下其君之禮一等；未誓，以皮帛繼子男」〔八〕，則何嫌乎其言朝也。來朝二十六。

【箋】

〔一〕《春秋・隱公十一年》：「春，滕侯、薛侯來朝。」穀梁子傳：「諸侯來朝，時；正也。犆言，同時也；累數，皆至也。」范甯集解：「犆言，謂别言也。若『穀伯綏來朝，鄧侯吾離來朝』，同時來，不俱至。」「累數，總言之也。若「滕侯、薛侯來朝」，同時俱至。」

〔二〕《春秋》桓公七年：「夏，穀伯綏來朝，鄧侯吾離來朝。」公羊子傳：「皆何以名？失地之君也。」莊公五年：「秋，倪黎來來朝。」公羊子傳：「倪者何？小邾也。小邾則曷爲謂之倪？未能以其名通也。黎來者何？名也。其名何？微國也。」

〔三〕《春秋・桓公十五年》：「邾人、牟人、葛人來朝。」公羊子傳：「皆何以稱人？夷狄之也。」

〔四〕語出《穀梁傳・隱公七年》：「其弟云者，以其來接於我，舉其貴者也。」

〔五〕《周禮・秋官・司儀》：「諸侯、諸伯、諸子、諸男之相爲賓也，各以其禮相待也。」

〔六〕《春秋・莊公三十一年》：「六月，齊侯來獻戎捷。」

〔七〕《春秋・桓公九年》：「冬，曹伯使其世子射姑來朝。」

〔八〕《周禮・春官・典命》：「凡諸侯之適子誓于天子，攝其君，則下其君之禮一等；未誓，則以皮帛繼子男。」

辨等於齊，絶倫於晉〔一〕。於陳，喜諸夏之厚；於鄭，傷諸夏之薄。及乎士鞅，侵欲甚矣〔二〕。聘而盟焉〔三〕，大夫其當君乎？專國者邪？亂國者邪？盍以是觀之。來聘二十七。

【箋】

〔一〕參見《諸夏辭・母兄母弟》經例「齊侯使其弟年來聘」條。

〔二〕陳、鄭、士鞅來聘之事，俱參見後文經例。

〔三〕《春秋》成公三年：「冬十有一月，晉侯使荀庚來聘。衛侯使孫良夫來聘。丙午，及荀庚盟。丁未，及孫良夫盟。」公羊子傳：「此聘也，其言盟何？聘而言盟者，尋舊盟也。」成公十一年：「晉侯使郤州來聘。己丑，及郤州盟。」襄公七年：「冬十月，衛侯使孫林父來聘。壬戌，及孫林父盟。」襄公十五年：「春，宋公使向戌來聘。二月己亥，及向戌盟于劉。」

齊大，鄭小；齊邇，鄭遠。速隱之禍，成桓之惡〔一〕，「渝平」〔二〕實啓之，曾莫之知〔三〕。「暨齊平」〔四〕，而後克鞌〔五〕、圍齊〔六〕，相尋無已之怨釋，可謂宿矣。鄭怨未久而我欲之〔七〕，聖人仕焉〔八〕。平二十八。

【箋】

〔一〕指魯隱公十一年，桓公弒隱公。

〔二〕《春秋·隱公六年》：「春，鄭人來渝平。」左氏傳：「春，鄭人來渝平，更成也。」杜預集解：「渝，變也。」孔穎達疏：「變平者，變更前惡而復爲和好。變即更之義，成則平之訓，故傳解『渝平』謂之『更成』。」《公羊傳》《穀梁傳》作「輸平」，意爲「敗其成也」「不果成也」，恰與《左傳》意反。莊氏此處從左氏。

〔三〕春秋之初，宋、衛爲一黨，齊、鄭爲一黨，魯初與宋、衛，五年，宋使者來告命失辭，隱公怒，六年，鄭人來渝平，魯遂與齊、鄭合，而與宋、衛交戰無已時。莊存與或以爲，魯國外戰不已，羽父掌魯兵權，得重用，貪求大宰，而弒械成。《左傳·隱公十一年》：「羽父請殺桓公，將以求大宰。

公曰：『爲其少故也，吾將授之矣。使營菟裘，吾將老焉。』羽父懼，反譖公于桓公，而請弒之。公之爲公子也，與鄭人戰于狐壤，止焉，鄭人囚諸尹氏。賂尹氏，而禱於其主鍾巫。遂與尹氏歸，而立其主。十一月，公祭鍾巫，齊于社圃，館于寪氏。壬辰，羽父使賊弒公于寪氏，立桓公，而討寪氏，有死者。」

〔四〕《春秋·昭公七年》：「春王正月，暨齊平。」穀梁子傳：「平者，成也。暨，猶暨暨也。暨者，不得已也，以外及内曰暨。」

〔五〕《春秋·成公二年》：「六月癸酉，季孫行父、臧孫許、叔孫僑如、公孫嬰齊帥師，會晉郤克、衛孫良夫、曹公子手，及齊侯戰于鞌，齊師敗績。」

〔六〕《春秋·襄公十八年》：「冬十月，公會晉侯、宋公、衛侯、鄭伯、曹伯、莒子、邾子、滕子、薛伯、杞伯、小邾子同圍齊。」

〔七〕《春秋·定公十一年》：「冬，及鄭平。」杜預集解：「平六年侵鄭取匡之怨。」《公羊傳·隱公元年》：「及，我欲之。」

〔八〕《史記·孔子世家》：定公九年，「定公以孔子爲中都宰，一年，四方皆則之。由中都宰爲司空，由司空爲大司寇。」

分棄前患乃爲平，申固前好則爲盟。莫善美於高子矣〔一〕。華孫〔二〕不與鮑之謀，昭公實寄坐之君〔三〕，挺諸宋人，不以闇君使察臣。杞雖夷，夏后氏之後，不志治田，志來盟，命歸杞田〔四〕，賢於言歸汶陽之田〔五〕。不使晉侯行於我，志杞子之柔於我，間晉而取之杞者，亦禁其欲矣。來盟二十九。

【箋】

〔一〕《春秋・閔公二年》：「冬，齊高子來盟。」公羊子傳：「高子者何？齊大夫也，何以不稱使？我無君也。然則何以不名？喜之也。何喜爾？正我也。其正我奈何？莊公死，子般弑，閔公弑，比三君死，曠年無君。設以齊取魯，曾不興師，徒以言而已矣。桓公使高子將南陽之甲，立僖公而城魯。或曰自鹿門至于争門者是也，或曰自争門至于吏門者是也，魯人至今以爲美談，曰：『猶望高子也。』」

〔二〕《春秋・文公十五年》：「三月，宋司馬華孫來盟。」

〔三〕鮑，即宋文公，與宋襄夫人弑宋昭公而自立，華孫非其黨，詳見後文經例。

〔四〕《春秋・襄公二十九年》：「晉侯使士鞅來聘。杞子來盟。」左氏傳：「晉平公，杞出也，故治杞。」「晉侯使司馬女叔侯來治杞田，弗盡歸也。晉悼夫人愠曰：『齊也取貨，先君若有知也，不尚取之』。公告叔侯。叔侯曰：『虞、虢、焦、滑、霍、揚、韓、魏，皆姬姓也，晉是以大。若非侵小，將何所取？武、獻以下，兼國多矣，誰得治之？杞，夏餘也，而即東夷。魯，周公之後也，而睦于晉。以杞封魯猶可，而何有焉？魯之于晉也，職貢不乏，玩好時至，公卿大夫相繼于朝，史不絶書，府無虚月，如是可矣，何必瘠魯以肥杞！且先君而有知也，毋寧夫人，而焉用老臣！』」

杜預集解：「夫人，平公母，杞女也。」「使魯歸前侵杞田，所歸少，故不書。」

〔五〕《春秋·成公八年》：「春，晉侯使韓穿來言汶陽之田，歸之于齊。」公羊子傳：「來言者何？內辭也，脅我使我歸之也。曷爲使我歸之？鞌之戰，齊師大敗，齊侯歸，弔死視疾，七年不飲酒、不食肉。晉侯聞之曰：『嘻！奈何使人之君七年不飲酒、不食肉，請皆反其所取侵地。』」

有來盟，有莅盟，常也。高子來盟，非常也；公子友莅盟，得常也〔一〕。以君命行，公位定，國家寧矣。平則莅盟，平徐、莒之怨，而我莅之〔二〕。魯，州伯也，若公孫敖何。莅盟三十。

【箋】

〔一〕《春秋·僖公三年》：「冬，公子友如齊莅盟。」公羊子傳：「莅盟者何？往盟乎彼也。其言來盟者何？來盟于我也。」

〔二〕《春秋·文公七年》：「冬，徐伐莒。公孫敖如莒莅盟。」左氏傳：「冬，徐伐莒。莒人來請盟，穆伯如莒涖盟。」

啓監爲民〔一〕，致寇害人。執言曰伐〔二〕，可以禮遣；淺事曰侵〔三〕，可以信守。未成乎戰，民已可哀〔四〕。楚諱其侵〔五〕，吴遂云伐〔六〕，聖人去魯〔七〕，戚之而不言四鄙〔八〕。南夷之醜，甚於荊楚。俗之不臧，泰伯不享焉，同姓云乎哉〔九〕！師加我三十一。

【箋】

〔一〕《書·梓材》：「王啓監，厥亂爲民。」孔安國傳：「言王者開置監官，其治爲民，不可不勉。」

〔二〕伐，原文作「代」，據《清經解》本改。《春秋·隱公七年》：「冬，天王使凡伯來聘。戎伐凡伯于楚丘，以歸。」公羊子傳：「此聘也，其言伐之何？執之也。執之則其言伐之何？大之也。曷爲大之？不與夷狄之執中國也。」

〔三〕如《春秋·僖公二十六年》：「齊人侵我西鄙。」穀梁子傳：「侵，淺事也。」

〔四〕《春秋》莊公十年：「夏六月，齊師、宋師次于郎。公敗宋師于乘丘。」公羊子傳：「其言次于郎何？伐也。伐則其言次何？齊與伐而不與戰，故言伐也。我能敗之，故言次也。」何休解詁：「二國纔止次，未成於伐，魯即能敗宋師，齊師罷去，故不言伐言次也。」定公九年：「秋，齊侯、衛侯次于五氏。」何休解詁：「欲伐魯也。善魯能卻難早，故書次而去。」

〔五〕謂《春秋》諱楚伐魯，不書。即《春秋·成公二年》：「十有一月，公會楚公子嬰齊于蜀。丙申，公及楚人、秦人、宋人、陳人、衛人、鄭人、齊人、曹人、邾人、薛人、鄫人，盟于蜀。」左氏傳：「冬，楚師侵衛，遂侵我，師于蜀。使臧孫往，辭曰：『楚遠而久，固將退矣。無功而受名，臣不敢。』楚侵及陽橋，孟孫請往賂之。以執斲、執鍼、織紝皆百人，公衡爲質，以請盟。楚人許平。十一月，公及楚公子嬰齊、蔡侯、許男、秦右大夫説、宋華元、陳公孫寧、衛孫良夫、鄭公子去疾及齊國之大夫，盟于蜀。」

〔六〕《春秋・哀公八年》：「吳伐我。」

〔七〕定公十三年至哀公十一年，孔子去魯周遊列國。

〔八〕《春秋・哀公八年》：「吳伐我。」左氏傳：「吳爲邾故，將伐魯……吳人盟而還。」胡安國傳：「吳爲邾故，興師伐魯，兵加國都而盟于城下，經書『伐我』，不言四鄙及與吳盟者，諱之也。」

〔九〕泰伯爲吳國開國之君，與魯同爲周室子孫，姬姓。詳見《史記・吳太伯世家》。

「外、内同若辭」〔一〕，下民之重通乎帝命矣。晉德於我，因遂徵師焉，且徵吾君，非乞師也〔二〕。抑之曰「乞師」，如是者終成之篇〔三〕。恃人可以保民乎！齊實威我，稱曰「來獻」〔四〕，聖人教天下張虛號立國基乎！見莊公之撥本崇末爲已甚矣。魯爲亡國，天下知之，心懾其威，反以自欺，莊公之篇多亡徵焉。宋、魯脣齒，深諱所捷〔五〕，導敵入室，作不典式〔六〕，鄉微晉文，諸夏遂熄〔七〕。襄公傷夷〔八〕，豈異兵死〔九〕。於周爲客，忍而如楚〔一〇〕。魯侯亦念「莫不率從，莫敢不諾」之頌〔一一〕，入耳而不煩否乎？皆亡徵也。乞師、獻捷三十二。

【箋】

〔一〕《春秋・僖公二十六年》：「公子遂如楚乞師。」公羊子傳：「乞師者何？卑辭也。曷爲以外、内同若辭？重師也。曷爲重師？師出不正反，戰不正勝也。」徐彥疏：「成十六年夏『晉侯使欒黶來乞師』，十七年秋『晉侯使荀罃來乞師』，外亦言乞師也。」

〔二〕《春秋·成公十三年》：「春，晉侯使郤錡來乞師。三月，公如京師。夏五月，公自京師遂會晉侯、齊侯、宋公、衛侯、鄭伯、曹伯、邾人、滕人伐秦。」杜預集解：「將伐秦也。侯伯當召兵，而乞師，謙辭。」

〔三〕包括成公十六年：「晉侯使欒黶來乞師」；成公十七年：「晉侯使荀罃來乞師」；成公十八年：「晉侯使士魴來乞師」。

〔四〕《春秋·莊公三十一年》：「六月，齊侯來獻戎捷。」公羊子傳：「齊，大國也，曷爲親來獻戎捷？威我也。其威我奈何？旗獲而過我也。」

〔五〕《春秋·僖公二十一年》：「秋，宋公、楚子、陳侯、蔡侯、鄭伯、許男、曹伯會于盂，執宋公以伐宋。冬，公伐邾。楚人使宜申來獻捷。」穀梁子傳：「捷，軍得也。其不曰宋捷，何也？不與楚捷於宋也。」公羊子傳：「此楚子也，其稱人何？貶。曷爲貶？爲執宋公貶。」

〔六〕《書·康誥》：「人有小罪，非眚，乃惟終，自作不典式爾。」金履祥注：「不典式，猶云不法也。」

〔七〕魯僖公二十八年，晉文公合晉、齊、宋、秦聯軍，大敗楚軍于城濮，遏楚國北上之勢，保衛了岌岌可危的諸夏形勢。

〔八〕傷夷，又作傷痍，指受創傷或被挫傷。《新唐書·李愬傳》：「愬以其軍初傷夷，士氣未完，乃不爲斥候部伍。」

〔九〕宋襄公與楚成王之「泓之戰」，宋襄公不聽公子目夷（字子魚，又名司馬子魚，宋襄公庶兄）之諫，不鼓不成列，最終大敗，傷股而亡。詳見《左傳・僖公二十二年》。

〔一〇〕《左傳・僖公二十四年》：「宋及楚平。宋成公如楚，還，入於鄭。鄭伯將享之，問禮於皇武子。對曰：『宋，先代之後也，於周爲客。天子有事，膰焉；有喪，拜焉。豐厚可也。』」

〔一一〕《詩・魯頌・閟宮》：「淮夷蠻貊，及彼南夷，莫不率從。莫敢不諾，魯侯是若。」小序：「頌僖公能復周公之宇也。」

告糴，一國之變事也〔一〕；歸粟，天下之變事也〔二〕。三十年之通〔三〕，無一年之畜，民事不勤，禍謫及焉。由臧孫爲急病〔四〕，由魯侯應削絀〔五〕矣。粟，四百里之賦也〔六〕，無五百里之繇〔七〕也。今茲吴入楚〔八〕，遽惟蔡是歸乎〔九〕？獨我乎？諸侯歸之，且實饋吴，不可言則辟之。諸侯畏楚，移而畏吴，尚忍言之乎！「歸粟于蔡」，「爲之難，言之得無訒乎」〔一〇〕！告糴歸粟三十三。

【箋】

〔一〕《春秋・莊公二十八年》：「大無麥禾，臧孫辰告糴于齊。」

〔二〕《春秋・定公五年》：「夏，歸粟于蔡。」公羊子傳：「孰歸之？諸侯歸之。曷爲不言諸侯歸之？

離至不可得而序，故言我也。」

〔三〕《禮記・王制》：「國無九年之蓄曰不足，無六年之蓄曰急，無三年之蓄曰國非其國也。三年耕必有一年之食，九年耕必有三年之食，以三十年之通，雖有凶旱水溢，民無菜色，然後天子食日舉以樂。」

〔四〕《國語・魯語上》：「魯饑，臧文仲言于莊公曰：『夫爲四鄰之援，結諸侯之信，重之以婚姻，申之以盟誓，固國之艱急是爲。鑄名器，藏寶財，固民之殄病是待。今國病矣，君盍以名器請糴于齊？』公曰：『誰使？』對曰：『國有饑饉，卿出告糴，古之制也。辰也備卿，辰請如齊。』公使往。從者曰：『君不命吾子，吾子請之，其爲選事乎？』文仲曰：『賢者急病而讓夷，居官者當事不避難，在位者恤民之患，是以國家無違。今我不如齊，非急病也。在上不恤下，居官而惰，非事君也。』」

〔五〕削絀，削減封地，貶降官爵。

〔六〕《書・禹貢下》：「五百里甸服：百里賦納總，二百里納銍，三百里納秸服，四百里粟，五百里米。」

〔七〕繇，通「徭」。賈誼《新書・屬遠》：「古者天子地方千里，中之而爲都，輸將徭使，其遠者不在五百里而至，……輸將者不苦其勞，徭使者不傷其費。」

〔八〕《春秋・定公四年》：「冬十有一月庚午，蔡侯以吳子及楚人戰于柏舉，楚師敗績，楚囊瓦出奔鄭。庚辰，吴入楚。」吴入楚，公、穀同，左氏作「吴入郢」。

〔九〕《春秋·定公五年》：「夏，歸粟于蔡。」歸，通饋，贈送。公羊子傳：「孰歸之？諸侯歸之。曷爲不言諸侯歸之？離至不可得而序，故言我也。」

〔一〇〕《論語·顔淵》：「司馬牛問仁。子曰：『仁者，其言也訒。』曰：『其言也訒，斯謂之仁已乎？』子曰：『爲之難，言之得無訒乎？』」朱熹集注：「訒，忍也，難也。」

宗廟

春正月己卯，烝。夏五月丁丑，烝桓公八年

宗廟之事敬矣，何可以不言王正月？周公、魯公之神靈，不廟食於桓公之手明矣〔一〕。雖然，孝子慈孫，豈知神之所饗，主人自盡其敬而已矣。祭祀不饗，《楚茨》有哀焉〔二〕。《春秋》之文，不可得而見，因祭之瀆而後見也〔三〕。欲見其瀆，必録其本，春正月以己卯烝矣，時享也。夏五月奚爲以丁丑烝乎？將毋闕然於心而數以媚乎？抑加常數以要譽於無知之小人乎？盡其敬乎？肆其誣乎？周公不饗，聖人明見之。《洛誥》曰：「儀不及物曰不享，惟不役志於享。」〔四〕既不饗矣，且以見桓公不成享也〔五〕。周公、魯公，二昭二穆〔六〕，祫于大廟〔七〕，是爲烝祫〔八〕，則隱公在焉，何以烝祭爲？而又黷之！

【箋】

〔一〕明矣，原文作「明白」，據文意是正。

〔二〕《詩・小雅・楚茨》小序：「刺幽王也。政煩賦重，田萊多荒，饑饉降喪，民卒流亡，祭祀不饗，故君子思古焉。」

〔三〕公羊子傳：「烝者何？冬祭也。春曰祠，夏曰礿，秋曰嘗，冬曰烝。常事不書，此何以書？譏。何譏爾？譏亟也。亟則黷，黷則不敬。」

〔四〕《書・洛誥》。蔡沈集傳：「諸侯惟不用志于享，則國人化之，亦皆謂上不必享矣。」

〔五〕《詩・商頌・烈祖》阮元校勘記：「經中『饗』『享』二字截然有別。享者，下享上也。饗者，上饗下也。自歐陽修《本義》以來，諸家論之審矣。」

〔六〕《禮記・王制》：「諸侯五廟，二昭二穆，與太祖之廟而五。」

〔七〕《公羊傳・文公二年》：「大事者何？大祫也。大祫者何？合祭也。其合祭奈何？毁廟之主陳于大祖，未毁廟之主，皆升，合食于大祖。五年而再殷祭。」何休注：「殷，盛也。謂三年祫，五年禘。」

〔八〕《禮記・王制》：「諸侯礿犆，禘一犆一祫，嘗祫，烝祫。」孔穎達疏：「謂諸侯先作時祭烝嘗，然後爲大祭之祫，故云『嘗祫，烝祫。』」

秋八月壬申，御廩災。乙亥，嘗桓公十有四年公羊子曰：「御廩者何？粢盛委之所藏也。常事不書，乙亥嘗何以書？曰：猶嘗乎？御廩災，不如勿嘗而已矣。」穀梁子曰：「以爲未易災之餘而嘗也」。周公既不饗矣，桓公不成享久矣，天災加焉，曾莫爲之變？魯史且文其過曰「書，不害也」〔一〕。「夫必多有是説，而後及其大人」〔二〕，傳之者猶自謂能學乎！聖人書之，義必致其極，嚴天威也，致孝享也〔三〕，戒内官也，豈曰恐懼焉爾乎？必先正厥事矣〔四〕。

【箋】

〔一〕左氏傳：「秋八月壬申，御廩災。乙亥，嘗。書，不害也。」杜預集解：「災其屋，救之則息，不及穀，故曰『書，不害』。」

〔二〕語出《左傳·昭公十八年》。杜預集解：「大人，在位者。」

〔三〕語出《易·萃·彖辭》。王弼注：「致孝之享也。」孔穎達疏：「享，獻也。」

〔四〕《書·高宗肜日》：「惟先格王，正厥事。」孔安國傳：「言至道之王遭變異，正其事而異自消。」

夏四月，取郜大鼎於宋。戊申，納于大廟桓公二年

「取」者，賂也〔一〕。賂則其曰「取」何？斷罪於取之者。「于宋」，取諸宋。必繫以國曰郜鼎，公羊子曰「器從名」〔二〕，王者將必畀其主人〔三〕。何以書？具弑君之獄辭〔四〕，將必考其獄貨〔五〕，所以極天罰也。何言乎「戊申納于大廟」？穀梁子曰：「以周公爲弗受

也。」〔六〕苟有孝子慈孫，其諸〔七〕則宜不終日而改諸矣。

【箋】

〔一〕左氏傳：「宋殤公立，十年十一戰，民不堪命。孔父嘉爲司馬，督爲大宰，故因民之不堪命，先宣言曰：『司馬則然。』已殺孔父而弑殤公，召莊公于鄭而立之，以親鄭。以郜大鼎賂公，齊、陳、鄭皆有賂，故遂相宋公。夏四月，取郜大鼎于宋。戊申，納于大廟，非禮也。」

〔二〕公羊子傳：「此取之宋，其謂之郜鼎何？器從名，地從主人。」何休解詁：「從本主名名之。從後所屬主人。」

〔三〕謂有王者興，必還其主人。

〔四〕《春秋·桓公二年》：「春王正月戊申，宋督弑其君與夷，及其大夫孔父。滕子來朝。三月，公會齊侯、陳侯、鄭伯于稷，以成宋亂。夏四月，取郜大鼎于宋。戊申，納于大廟。」

〔五〕獄貨，指斷案時受賄所得之物。《書·吕刑》：「獄貨非寶，惟府辜功，報以庶尤。」孔穎達疏：「治獄受貨，非家寶也。」

〔六〕穀梁子傳：「桓内弑其君，外成人之亂，受賂而退，以事其祖，非禮也，其道以周公爲弗受也。」

〔七〕其諸，猶或者。表示測度的語氣。《公羊傳·宣公十五年》：「上變古易常，應是而有天災，其諸則宜於此焉變矣。」

雩

大雩桓公五年秋

「雩」，記災也〔一〕。「大」，志僭也〔二〕。

【箋】

〔一〕公羊子傳：「大雩者何？旱祭也。則何以不言旱？言雩則旱見，言旱則雩不見。何以書？記災也。」

〔二〕《春秋》所書者，皆爲「大雩」。另《直解》：「天子雩於上帝，諸侯雩於境内山川。書『大雩』者，雩於上帝，因災以著僭也。經於魯之僭，皆因事而始見，其詞嚴，其旨微矣。」

土功

夏，城中丘隱公七年

左丘氏曰：「書，不時也。」〔一〕「咨十有二牧，曰：『食哉，惟時！』」〔二〕春耕、夏耘、秋收，皆九日而畢，先時戒之，後時則有辟。非誠士、誠商、誠工，皆傳於工三日〔三〕，在此時也。「王事惟農是務，無有求利於其官，以干農工」〔四〕，「穀不可勝食」〔五〕，由此道也。一日不作，終歲無獲，若之何奪之！公羊子曰：「以重書也。」無舊無新，營之曰城。累歲隳之，刬日立之。殫弊民力，比於平地。清風戒寒〔六〕，何歲不然。熟視無覩，曾不舉手。力役之暴，亟於師旅。下不厚事，舉其中者，用爲大作，利在耒耜〔七〕。既知其節，又知其時，聖人憂民，固如此乎！

【箋】

〔一〕意指興築之役，以冬季不奪農時爲應季，其它時節皆爲「不時」。

〔二〕《書·舜典》。孔安國傳：「咨，亦謀也。所重在於民食，惟當敬授民時。」

〔三〕《管子·乘馬》：「距國門以外，窮四竟之内，丈夫二犁，童五尺一犁，以爲三日之功。正月，令農始作，服于公田農耕，及雪釋，耕始焉，芸卒焉。士聞見博，學意察，而不爲君臣者，與功而不與分焉。賈知賈之貴賤，日至於市，而不爲官賈者，與功而不與分焉。工治容貌功能，日至於市，而不爲官工者，與功而不與分焉。……是故非誠賈不得食于賈，非誠工不得食于工，非誠農不得食于農，非信士不得立于朝。」三日之功，意費解，疑莊存與以爲「功」當作「工」。

〔四〕《國語·周語上》。農工，《國語》原文作「農功」。

〔五〕《孟子·梁惠王上》：「不違農時，穀不可勝食也。」

〔六〕《國語·周語中》：「駟見而隕霜，火見而清風戒寒。」韋昭注：「戒寒，謂霜降以後，清風先至，所以戒人爲寒備也。」

〔七〕耒耜，原文作「來耜」，誤。《易·益》：「初九：利用爲大作，元吉，無咎。《象》曰：元吉，無咎。下不厚事也。」虞翻曰：「大作，謂耕播，『耒耨之利』（見《繫辭傳》），蓋取諸此也。」侯果曰：「若能不厚勞于下民，不奪時于農畯，則大吉無咎矣。」

夏，城郎隱公九年

「書，不時」〔一〕。城再矣，曷再言之，以郎之爲邑近且大也。

【箋】

〔一〕左氏傳。

城祝丘桓公五年夏

書不時者三矣。秋末大雩，繼之以螽〔一〕，此歲之旱可知。歲旱而興役，不時、不恤甚矣。

【箋】

〔一〕《春秋·桓公五年》：「秋，蔡人、衛人、陳人從王伐鄭。大雩。螽。」

城諸及防莊公二十有九年冬

時城再書〔一〕，以用人多也。及，大及小也〔二〕。

【箋】

〔一〕《春秋·桓公十六年》:「冬,城向。」左氏傳:「書,時也。」《春秋·莊公二十九年》:「冬,十有二月,紀叔姬卒。城諸及防。」左氏傳:「書,時也。」

〔二〕穀梁子傳:「可城也,以大及小也。」

春,城小穀莊公三十有二年

書,不時也。三微之月〔一〕,猶不可干矣。

【箋】

〔一〕《禮斗威儀》:「三微者,三正之始,萬物皆微,物色不同,故王者取法焉。」三正,指夏、商、周三代正朔之月,夏正建寅,殷正建丑,周正建子。

遂城郚文公七年春

以師親役于城郚〔一〕,不恤民力甚矣。

【箋】

〔一〕《春秋·文公七年》:「三月甲戌,取須句。遂城郚。」

城平陽宣公八年冬

不時也。城不月〔一〕，則以知其不時〔二〕。不時多矣，以天有災〔三〕，國有大喪，而後志其不時也。

【箋】

〔一〕內城例時，外城例月。《春秋・隱公七年》：「夏，城中丘。」何休解詁：「城邑例時。」《春秋・僖公十四年春》徐彥疏：「正以隱七年『夏，城中丘』；襄十九年冬『城西郛』、『城武城』之屬，是內城不月。外城月者，即上元年夏六月『城邢』；二年春『王正月，城楚丘』之屬是也。」

〔二〕《春秋・宣公八年》：「冬，十月己丑，葬我小君敬嬴，雨不克葬。庚寅，日中而克葬。城平陽。」

〔三〕《春秋・宣公八年》：「秋，七月甲子，日有食之，既。」

冬，城鄆成公四年

時城也。何以知其時？不月則無以知其不時，繫之於冬，其時見矣。則何以書？邑在封疆之間，而大城之也。

城費襄公七年夏

書墮郈〔一〕，不書城郈，何以書城費？由季孫宿踰制而作之〔二〕，二家從而效之。以踰制歸之費，而宿之罪著矣。

【箋】

〔一〕《春秋・定公十二年》：「叔孫州仇帥師墮郈。……季孫斯、仲孫何忌帥師墮費。」公羊子傳：

「曷爲帥師墮郈，帥師墮費？孔子行乎季孫，三月不違。曰：『家不藏甲，邑無百雉之城。』於是帥師墮郈，帥師墮費。」左氏傳：「仲由爲季氏宰，將墮三都。於是叔孫氏墮郈，季氏將墮費，公山不狃、叔孫輒帥費人以襲魯。……費人北，國人追之，敗諸姑蔑。二子奔齊，遂墮費。將墮成，公斂處父謂孟孫：『墮成，齊人必至于北門。且成，孟氏之保障也，無成是無孟氏也。子僞不知，我將不墮。』冬，十二月，公圍成弗克。」

〔三〕費，季氏邑。季孫宿，季孫行父之子，此時的魯國執政。

冬，城防襄公十有三年

時城而書，以齊圍防〔一〕書也。

【箋】

〔一〕《春秋·襄公十七年》：「齊高厚帥師伐我北鄙，圍防。」

城西郛　城武成襄公十有九年冬

畏齊也〔一〕。近城西郛，遠城武成，其所以爲國者卑矣。

【箋】

〔一〕左氏傳：「城西郛，懼齊也。齊及晉平，盟于大隧，故穆叔會范宣子于柯。穆叔見叔向，賦《載馳》之四章。叔向曰：『肸敢不承命。』穆叔曰：『齊猶未也，不可以不懼。』乃城武城。」

城莒父及霄定公十有四年

以大及小也。時城而書之，功重役多也。

冬，城漆定公十有五年

頻歲以時城而書之，以國有大喪〔一〕而役民也。

【箋】

〔一〕《春秋·定公十五年》：「壬申，公薨于高寢。……秋，七月壬申，姒氏卒。」

春，城毗哀公五年

三微之月也，不時已見矣。何以書？前歲無一事，城西郛云爾〔一〕，今兹城毗云爾，果無事乎哉？

【箋】

〔一〕《春秋·哀公四年》：「城西郛。」

春，城邾瑕哀公六年

何以書？以不事國事而惟外患之防也。孰防？備邾也，以哀公之於邾爲已甚矣〔一〕。

【箋】

〔一〕《直解》：「瑕繫邾，邾邑也。魯未嘗取之邾而遽城之，恃强以迫邾也。是冬伐邾，明年遂入邾，蓋失其險而無以抗魯也。」

蒐狩

春正月，公狩於郎桓公四年

隱觀魚以五〔一〕，桓狩以四。以位爲樂，日引月長，意廣心逸，見於此矣。以仲冬狩，非不時也，則何以書？狩不以地也。諸侯之狩有常所矣。郎，近郊邑也。三郊之田，爲民恒産，下地猶當以牧，實倉廩、脩武備，以爲民也。爲田驅獸曰田，反致獸於田，俄且以稼穡之地爲禽獸之地，築臺焉〔二〕、築囿焉〔三〕，恣爲佚游，取近於國而朝夕往焉，郎不遠也。倣於桓之狩，淫於莊之臺，卒於昭之囿，而魯之國恤孰經營之乎！《春秋》之義行，則「庶土交正」，禹之明德也〔四〕。非聖人，誰能脩之！

【箋】

〔一〕謂隱公即位五年而後觀魚，即《春秋·隱公五年》：「春，公觀魚于棠。」

〔二〕《春秋·莊公三十一年》：「春，築臺于郎。」

〔三〕《春秋·昭公九年》：「冬，築郎囿。」

〔四〕《書·禹貢下》。孔安國傳：「交，俱也。衆土俱得其正。」

春二月己亥，焚咸丘桓公七年

焚林而田〔一〕，暴天物也，誠痛之而志之，且志其日焉，惡成矣。昆蟲、草木無不欲得其所，乃不仁如此哉！定火災者，軒轅氏其人也。春田主火萊也，火弊而田止，不移晷立已〔二〕。何乃乘栗烈之氣，虐而焚諸，上帝之大禁也。難以免身，時不具矣。二百四十二年，不再見也，其可忽諸！

【箋】

〔一〕杜預注：「焚，火田也。咸丘，魯地。……譏盡物，故書。」胡安國傳：「書焚咸丘，所謂焚林而田也。」

〔二〕《周禮·夏官·大司馬》：「遂以蒐田，有司表貉，誓民，鼓，遂圍禁，火弊，獻禽以祭社。」鄭玄注：「火弊，火止也。春田主用火，因焚萊除陳草，皆殺而火止。獻猶致也，屬也。田止，虞人植旌，衆皆獻其所獲禽焉。」

秋八月壬午，大閱桓公六年

八月實季夏，不時也。農事方盛，覿武乎哉！日以重之，天殃加焉。妨神農之事，夫既自作孽矣，不可以不之重也。曷爲或言閱，或言蒐？備具而數之，國尚强也；闕壞而補之，國寖弱矣〔一〕。舉國之衆而爲之曰大，非僭也〔二〕。大蒐地〔三〕，大閱不地，非一地也。

國之門，營軍軍壘焉〔四〕，各就其軍壘閱之，同日畢事焉。

【箋】

〔一〕公羊子傳：「大閱者何？簡車徒也。何以書？蓋以罕書也。」何休解詁：「比年簡徒謂之蒐，三年簡車謂之大閱，五年大簡車徒謂之大蒐」，「蒐例時，此日者，桓既無文德，又忽忘武備，故尤危録。」

〔二〕此處或意在反《直解》。《直解》：「凡王所舉多曰『大』，書『大閱』，又因以著僭也。」

〔三〕《春秋》昭公十一年：「大蒐于比蒲。」昭公十二年：「大蒐于昌間。」定公十三年：「大蒐于比蒲。」定公十四年：「大蒐于比蒲。」

〔四〕疑衍一「軍」字。《周禮·夏官·量人》：「量人掌建國之灋。以分國爲九州，營國城郭，營后宮，量市朝道巷門渠。造都邑亦如之。營軍之壘舍，量其市朝、州、涂、軍社之所里。」

公會諸侯

三月，公及邾儀父盟于蔑隱公元年

不書即位，必稱「公」？爲子受之父，告喪於大君〔一〕，則公之名正矣。雖然，「踰年稱公」〔二〕，孝子弗忍當也。盟約，信之重者。邾，附庸〔三〕也。忠信不行於至近夫？而後賴盟以足之？先君几筵〔四〕在寢，已於封内稱子之地，壇坫之上，兩君相見以嘉服乎？凶服乎？相者〔五〕其何稱？猶有神明，其弗臨也。夫子曰：「吾志在《春秋》，行在《孝經》」〔六〕「撥亂世，反諸正」〔七〕，亦教之孝弟而已矣。公之爲是盟，未嘗無保社稷、和民人之心，而忘其身之本於父母。非有所不得已於斯而以身先之，其不能終也。夫邦國之有約，王命也，伯職也，民事也。以公及邾，必貴而字之，《春秋》有指焉〔八〕。

凡書盟，皆惡之〔九〕，曷爲首事以書盟？則多矣。夫五帝三王，未有不致喪三年而能奉無私以勞天下者。告哀公曰「反諸身不誠，不順乎親，不信於友，上不獲乎天，下不可治其民，往而輒窮」〔一〇〕，與舜、文王之道左，君位危矣。辨不善之習以明善之實，「推見至隱」〔一一〕，《春秋》之教也。

「凡書盟者，惡之。君、大夫盟，例日，惡不信也；小信月，大信者時」〔一二〕。「微者盟，例時。有可采取，月」〔一三〕。

【箋】

〔一〕大君，周天子。《左傳・襄公二十一年》：「大君若不棄書之力，亡臣猶有所逃。」杜預集解：「大君，謂天王。」

〔二〕附庸，指附屬于諸侯大國的小國。《禮記・王制》：「公侯田方百里，伯七十里，子男五十里。

不能五十里者，不合於天子，附於諸侯，曰附庸。」」。

〔三〕《公羊傳·莊公三十二年》：「君存稱世子，君薨稱子某，既葬稱子，踰年稱公。」

〔四〕几筵，亦作「几梃」，猶几席，乃祭祀的席位，後亦因以稱靈座。《周禮·春官》有司几筵，專掌五几五席的名稱種類，辨其用處與陳設的位置。《國語·周語上》：「設桑主，布几筵。」

〔五〕相者，助主人傳命或導客之人。《禮記·雜記上》：「相者入告。」孔穎達疏：「相者，相主人傳命者也。」

〔六〕何休《春秋公羊傳序》引。

〔七〕《公羊傳·哀公十四年》：「撥亂世，反諸正，莫近諸《春秋》。」

〔八〕左氏傳：「曰『儀父』，貴之也。」公羊子傳：「儀父者何？邾之君也。何以名？字也。曷爲稱字？褒之也。曷爲褒之？爲其與公盟也。與公盟者衆矣，曷爲獨褒乎此？因其可褒而褒之。此其爲可褒奈何？漸進也。」

〔九〕何休解詁。

〔一〇〕《禮記·中庸》，孔子告哀公語。

〔一一〕《史記·司馬相如列傳論》：「《春秋》推見至隱，《易》本隱之以顯。」

〔一二〕何休解詁。

〔一三〕《春秋·隱公元年》：「九月，及宋人盟于宿。」何休解詁：「微者盟，例時，不能專正，故責略之。

此月者，隱公賢君，雖使微者，有可采取，故録也。」

夏五月辛酉，公會齊侯盟于艾隱公六年

公與諸侯盟自齊始，「會猶最也」〔一〕，同欲焉爾。我與齊盟誓，舊矣。公即位六年而後爲是盟，齊使遄至〔二〕，齊侯其有慕於公乎？公何不汲汲也？我得其爲我，不爲齊，弱也。終隱之身無不信，則其日何？僖亦有和輯東方諸侯之心，先睦於我，卒於與宋爲難，則鄭實問之〔三〕，日以謹之，「不逆詐，不億不信」〔四〕，以待其所歸。謂好事鄰國者，毋徒要結外援也。則豈不以齊侯不討隱之賊，而譏其不信乎？主書於送姜氏矣〔五〕。

【箋】

〔一〕《公羊傳·隱公元年》：「曷爲或言會，或言及，或言暨？會猶最也；及猶汲汲也；暨猶暨暨也。及，我欲之；暨，不得已也。」何休解詁：「最，聚也。直自若平時聚會，無他深淺意也。」

〔二〕《春秋·隱公七年》：「齊侯使其弟年來聘。」

〔三〕春秋之初，齊鄭爲一黨，宋衛爲一黨，攻伐無已。魯隱公八年，齊僖公卒平宋、衛于鄭。秋，會于温，盟于瓦屋。冬，使告成三國于魯，隱公聞命。但隱公九年，鄭伯以王命討宋，且結齊、魯，最終促成齊、鄭、魯三國聯合于隱公十年伐宋。詳見《左傳》。

〔四〕《論語·憲問》。邢昺疏：「不可逆料人之詐，不可億度人之不信也。」

〔五〕《春秋·桓公三年》：「齊侯送姜氏于讙」。

九月辛卯，公及莒人盟於浮來隱公八年

莒人乎？莒大夫乎？非大夫也，略其君之辭也〔一〕。曷爲略其君？不使若邾儀父之漸進也。莒人曾有善事乎？以其君録之，則將與邾、宿、滕、薛比〔二〕，必略不見其君，則與戎比而僅稱人爾〔三〕。聖人謹於名倫等物，無一辭不盡其心焉〔四〕。日以志之，言非大夫也，君也，詳略進退以見之。莒子不書卒，不若宿男〔五〕，著矣。

【箋】

〔一〕公羊子傳：「公曷爲與微者盟？稱人則從，不疑也。」何休解詁：「從者，隨從也，實莒子也。言莒子，則嫌公行微不肖，諸侯不肯隨從公盟，而公反隨從之，故使稱人，則隨從公不疑矣。」

〔二〕《春秋》隱公之篇，于邾、宿、滕、薛皆書其君以褒進之，即隱公元年「三月，公及邾儀父盟于蔑」，隱公八年「辛亥，宿男卒」，隱公十一年「春，滕侯、薛侯來朝」。

〔三〕《春秋》例書「人」以狄之。

〔四〕《春秋繁露·精華》：「《春秋》慎辭，謹于名倫等物者也。是故小夷言伐而不得言戰，大夷言戰而不得言獲，中國言獲而不得言執，各有辭也。」

〔五〕《春秋·隱公八年》：「辛亥，宿男卒。」

三月，公會鄭伯于垂桓公元年

桓會皆月，危之也〔一〕。

【箋】

〔一〕何休解詁。

夏四月丁未，公及鄭伯盟于越桓公元年

三月會，四月盟，兩君相見必先會而後盟，抑既會而乃繼之以盟，情狀靦矣。已致柔服〔一〕於人，人待其柔服而後許，且必犯非禮以相與〔二〕，然後交堅黨合，不可破矣。夏后鑄鼎象物，使民知神姦〔三〕，君子之作《春秋》，猶是也。《春秋》歲記一事，不以他事亂之，以其餘爲無足道焉〔四〕。

【箋】

〔一〕柔服，柔馴順服。《左傳·昭公三十年》：「若好吴邊疆，使柔服焉，猶懼其至。」

〔二〕指魯鄭不請于天子而互易朝宿之邑（許田與祊）。

〔三〕《左傳·宣公三年》：「昔夏之方有德也，遠方圖物，貢金九牧，鑄鼎象物，百物而爲之備，使民知神姦。」杜預集解：「象所圖物，鑄之於鼎。圖鬼神百物之形，使民逆備之。」

〔四〕本年《春秋》僅書魯公與鄭伯會盟，再未書他事。

丙戌，公會鄭伯盟于武父桓公十有二年冬十有一月

於鄭若無不信，則何以日？鄭離宋而即于我也。曷爲離宋？不堪宋求也〔一〕。不若同舟之遇風者，故曰不信。詩曰「方茂爾惡，相爾矛矣」〔二〕，郎之戰也〔三〕；「既夷既懌，如相醻矣」〔四〕，武父之盟也。

【箋】

〔一〕鄭厲公突因宋之力而入國奪位，宋多責賂于鄭，厲公不堪命，背宋聯魯。即《春秋》桓公十一年：「九月，宋人執鄭祭仲，突歸于鄭，鄭忽出奔衛。」桓公十三年：「春二月，公會紀侯、鄭伯。己巳，及齊侯、宋公、衛侯、燕人戰，齊師、宋師、衛師、燕師敗績。」左氏傳：「宋多責賂於鄭，鄭不堪命。故以紀、魯及齊與宋、衛、燕戰。不書所戰，後也。」

〔二〕《詩·小雅·節南山》。毛傳：「茂，勉也。」鄭箋：「相，視也。方争訟自勉於惡之時，則視女矛矣。言欲戰鬥相殺傷矣。」

〔三〕《春秋·桓公十年》：「冬，十有二月丙午，齊侯、衛侯、鄭伯來戰于郎。」

〔四〕《詩·小雅·節南山》。毛傳：「懌，服也。」鄭箋：「夷，説也。言大臣之乖争，本無大讎，其已相和順而説懌，則如賓主飲酒相酬酢也。」

二月丙午，公會邾儀父盟于趡桓公十有七年

盟不信則曰，曷比于蔑之盟而貴之〔一〕？趡之盟，非恒辭也，其恒辭則以内及外，國史也〔二〕；以侯及附庸，周班也。不曰「及」，而曰「會」，進其客，卑其主，則必曰儀父。若曰邾人，卑已甚矣。曷爲卑其主？不信儀父也。曷爲進其客？不信桓公也。不信儀父，桓公之不可也；不信桓公，儀父之可也。故曰弒逆大惡，無所容於天地矣。

【箋】

〔一〕指邾儀父稱字。

〔二〕此處公、穀經文皆書公「及」邾儀父，唯左氏書「會」，爲莊存與所采。

冬，公會齊侯于防隱公九年

嘉好之事曰會〔一〕，好會與，抑謀動干戈於鄰國也？聖人觀其後，先以好會録之，書時以存其常。觀於中丘而後知〔二〕，録防之會以其亟也。以惡實心而亟於争奪相殺，曾是以爲好乎！

【箋】

〔一〕《左傳·定公四年》：「若嘉好之事，君行師從，卿行旅從。」杜預集解：「謂朝會。」

〔二〕《春秋·隱公十年》：「春，王二月，公會齊侯、鄭伯于中丘。夏，翬帥師會齊人、鄭人伐宋。六月壬戌，公敗宋師于菅。辛未，取郜。辛巳，取防。」

夏，公會鄭伯于時來隱公十有一年

會之恒辭，不月而時〔一〕。公以不祥爲祥〔二〕，習而安之矣，哀哉！

【箋】

〔一〕《春秋·隱公二年》：「春，公會戎於潛。」何休解詁：「朝聘會盟，例皆時。」

〔二〕左氏傳：「夏，公會鄭伯于郲，謀伐許也。」

三月，公會鄭伯于垂桓公元年

桓會皆月，危之也〔一〕。「三月」，既葬之月〔二〕，非卒哭之月也〔三〕，不成喪矣〔四〕。未嘗不以典喪爲辭。州吁脩先君之怨〔五〕，桓也脩先君之好〔六〕，誰適與謀者？故曰無臣子也〔七〕。「會鄭伯」，謀定於鄭伯也。鄭伯來會，罪鄭伯也〔八〕。

【箋】

〔一〕何休解詁：「桓公會皆月者，危之也。桓弑賢君，篡慈兄，專易朝宿之邑，無王而行，無仁義之心，與人交接，則有危也，故爲臣子憂之。」

〔二〕《春秋·隱公十一年》：「冬，十有一月壬辰，公薨。」《禮記·王制》：「諸侯五日而殯，五月而葬。」

〔三〕卒哭，祭名。胡培翬曰：「蓋葬畢而虞，虞而卒哭，是喪之大事畢也。」《禮記·雜記下》：「諸侯五月而葬，七月而卒哭。」

〔四〕卒哭之後喪事方告一段落，才可恢復王事。桓公未卒哭，即外會鄭伯，于喪禮有缺。《禮記·喪服大記》：「既葬，與人立，君言王事，不言國事。大夫士言公事，不言家事。君既葬，王政入於國。既卒哭，而服王事。」

〔五〕魯隱公四年，衛州吁弑其君完，將脩先君之怨於鄭（隱公二年鄭人曾伐衛），而求寵於諸侯，以和其民。故聯合宋、陳、蔡、魯伐鄭，圍其東門，五日而還。詳見《左傳》。

〔六〕左氏傳：「春，公即位，修好于鄭。」魯隱公與鄭交好者，即，隱公六年「春，鄭人來輸平」，八年「鄭伯使宛來歸邴」，十年「春，王二月。公會齊侯、鄭伯于中丘。夏，翬帥師會齊人、鄭人伐宋」，十一年：「夏五月，公會鄭伯于時來。秋七月壬午，公及齊侯、鄭伯入許。」

〔七〕《春秋·隱公十一年》：「《春秋》君弑賊不討，不書葬，以爲無臣子也。」

〔八〕《直解》：「會鄭，求定位也。鄭方雄於諸侯，且與隱睦，故桓懼討而求會。書之，惡鄭伯也。」

六月，公會紀侯于郕〔一〕桓公三年

紀爲吾弱〔二〕，公不忌而親之矣。曷危其出？郕與會也。郕與紀，或有一人焉，未可知也〔三〕。無人焉，又何致矣。

【箋】

〔一〕《公羊傳》作「六月，公會紀侯于盛」。左、穀俱作：「六月，公會杞侯于郕」。

〔二〕意爲紀比魯弱小。

〔三〕指或有一起而問桓公弒君之罪的人。

夏四月，公會紀侯于郕〔一〕桓公六年

一朝〔二〕而再會，紀侯親矣。言曰昏姻之故〔三〕，桓亦何獨無恩於兄弟乎！利使然爾也。桓會則月，儻因紀侯而有動於其心乎，將必無所容於天地，恤鄰何本乎！

【箋】

〔一〕郕，穀梁同。左、公作「成」。

〔二〕《春秋·桓公二年》：「秋七月，紀侯來朝。」

〔三〕《春秋》隱公二年：「冬十月，伯姬歸于紀。」隱公七年：「春，王三月，叔姬歸于紀。」

公會宋公于夫鍾桓公十有一年九月

蒙上月也，不信我也。

冬十有二月，公會宋公于闞

再會矣。

秋七月丁亥，公會宋公、燕人盟于穀丘桓公十有二年

三會矣。

公會宋公于虛八月

四會矣。

冬十有一月，公會宋公于龜

五會矣。未有亟於是者。兩歲五會，毋亦天奪其魄乎？國君如此，難以免身。宋無譏乎？衛侯弗遇〔一〕，宋公辭平〔二〕，一也〔三〕。

【箋】

〔一〕《春秋·桓公十年》：「秋，公會衛侯于桃丘，弗遇。」公羊子傳：「會者何？期辭也。其言弗遇何？公不見要也。」何休解詁：「時實桓公欲要見衛侯，衛侯不肯見。公以非禮動，見拒有耻，故諱，使若會而不相遇。言弗遇者，起公要之也。弗者，不之深也，起公見拒深。傳言『公不見要』者，順經諱文。」

〔二〕左氏傳：「公欲平宋、鄭。秋，公及宋公盟于句瀆之丘，宋成未可知也，故又會于虛；冬，又會于龜。宋公辭平，故與鄭伯盟于武父。遂帥師而伐宋，戰焉。」

〔三〕謂衛侯因桓公以非禮動而拒會，宋公辭平亦與之類似，故于宋無譏。

春正月，公會鄭伯于曹桓公十有四年

比周而爲此會，則危其出何？小人之交則安有不危者！民不寧、國不靖，凡以鄭伯

也〔一〕。

【箋】

〔一〕《日講》：「前年魯會鄭、紀，敗齊、衛之師，恐其報怨，故爲此會以謀之。曹素與魯協，故魯會鄭於其地。公於鄭突比之至矣：十二年屢會，以平宋、鄭而不克，則爲武父之盟，爲宋之伐；十三年會戰；今又爲此會。同惡相濟明矣。」

公會齊侯于艾桓公十有五年夏五月

桓會皆月，則蒙上月也。禍在會于濼矣〔一〕，盟于黃，戰于奚〔二〕，反覆不可見乎！襄公，凶人也〔三〕，以僖公之爲甥舅〔四〕，郎之戰〔五〕，四國之敗〔六〕，曾幾何時，而亟亟於爲是會！不能定身，焉能定許〔七〕。

【箋】

〔一〕《春秋·桓公十八年》：「春王正月，公會齊侯于濼。公與夫人姜氏遂如齊。夏四月丙子，公薨于齊。」左氏傳：「公會齊侯于濼，遂及文姜如齊。齊侯通焉，公謫之，以告。夏四月丙子，享公，使公子彭生乘公，公薨于車。」

〔二〕《春秋·桓公十七年》：「春正月丙辰，公會齊侯、紀侯盟于黃。二月丙午，公及邾儀父盟于趡。夏五月丙午，及齊師戰于奚。」

〔三〕齊襄公，齊僖公之子，魯桓公之謀殺者，魯桓公十五年至魯莊公八年在位。

〔四〕甥舅，指女婿和岳父。齊僖公是魯桓公的岳父。

〔五〕《春秋·桓公十年》：「冬十有二月丙午，齊侯、衛侯、鄭伯來戰于郎。」

〔六〕《春秋·桓公十三年》：「春二月，公會紀侯、鄭伯。己巳，及齊侯、宋公、衛侯、燕人戰，齊師、宋師、衛師、燕師敗績。」

〔七〕左氏傳：「公會齊侯于艾，謀定許也。」

春正月，公會宋公、蔡侯、衛侯于曹桓公十有六年

疑之未伐也〔一〕，蔡至而陳不至，陳固毋怨于忽也〔二〕。蔡先衛，周班也〔三〕。

【箋】

〔一〕左氏傳：「春正月，會于曹。謀伐鄭也。」

〔二〕桓公十五年，鄭昭公忽入鄭復位，鄭厲公突出奔。桓公十六年，魯、宋、蔡、衛會于曹，謀伐忽以納突。因忽婚于陳（《左傳·隱公七年》：「鄭公子忽在王所，故陳侯請妻之，鄭伯許之，乃成昏。」），故莊存與稱陳與忽無怨。

〔三〕《左傳·定公四年》：「及皋鼬，將長蔡於衛。衛侯使祝佗私於萇弘曰：『聞諸道路，不知信否？若聞蔡將先衛，信乎？』萇弘曰：『信。蔡叔，康叔之兄也，先衛，不亦可乎。』」

秋，公會衛侯于桃丘，弗遇桓公十年

桃丘，地期也。「于桃丘」，公至期矣。衛侯卒不至，使人辭焉，故曰「弗遇」。何以書？病公與？弗信衛侯與？挺衛侯而出之，以爲非桓之黨也〔一〕。其戰不義〔二〕，其不義視齊侯、鄭伯則差愈。宋、魯有亂獄〔三〕，衛侯不與焉。其志誠不與桓相得，挺而出之。

【箋】

〔一〕穀梁子傳：「弗遇者，志不相得也。弗，内辭也。」

〔二〕《春秋·桓公十年》：「秋，公會衛侯于桃丘，弗遇。冬，十有二月丙午，齊侯、衛侯、鄭伯來戰于郎。」左氏傳：「冬，齊、衛、鄭來戰于郎。我有辭也。初，北戎病齊，諸侯救之，鄭公子忽有功焉。齊人餼諸侯，使魯次之，魯以周班後鄭。鄭人怒，請師於齊。齊人以衛師助之，故不稱侵伐。先書齊、衛，王爵也。」

〔三〕魯之亂獄，指桓公弒隱公。宋之亂獄，即《春秋·桓公二年》：「春，王正月戊申，宋督弒其君與夷，及其大夫孔父。滕子來朝。三月，公會齊侯、陳侯、鄭伯于稷，以成宋亂。」

公遇諸侯

夏，公及宋公遇於清隱公四年

《禮》曰：「諸侯未及期相見曰遇。」〔一〕穀梁子曰：「遇者，志相得也。」禮蓋省矣，未嘗不有禮焉〔二〕，不至用秕稗而棄禮也〔三〕。諸侯非民事不舉，《詩》曰「之子于征，劬勞于野，爰及矜人，哀此矜寡」〔四〕，此侯伯勞來，萬民還定而安集之詩也，是以不及期相見而如是其急。分災救患如此，討罪亦必如此。公及宋公有討衛〔五〕亂之心乎〔六〕？「遇於清」，不聞有一事焉，「相得」者何志矣？交譏之。

【箋】

〔一〕《禮記·曲禮下》。

〔二〕此處暗駁胡安國。胡安國傳：「凡書『遇』者，皆惡其無人君相見之禮也。」

〔三〕《左傳·定公十年》：「饗而既具，是棄禮也；若其不具，用秕稗也。用秕稗，君辱；棄禮，名惡。」杜預集解：「秕，穀不成者。稗，草之似穀者。言享不具禮，穢薄若秕稗。」

〔四〕《詩·小雅·鴻雁之什》。小序：「美宣王也。萬民離散，不安其居，而能勞來還定安集之，至于矜寡，無不得其所焉。」

〔五〕《清經解》本，奪「衛」字。

〔六〕左氏傳：「四年春，衛州吁弑桓公而立。公與宋公爲會，將尋宿之盟。未及期，衛人來告亂。夏，公及宋公遇于清。」

公適諸侯

春王正月，公如齊僖公十年

公適諸侯皆書之，以爲非常事也。桓之如齊也，大故也〔一〕；莊之如齊也〔二〕，非事也〔三〕。公曷爲而如齊？朝于齊也。諸侯相朝，禮乎？曰非禮也。「歲相問，殷相聘，世相朝」，謂之禮〔四〕。「三歲而聘，五歲而朝」，桓、文之令諸侯，則三王之罪人也〔五〕。以齊桓之志爲已滿矣，始干王章以令于天下，故謹而月之。公不致，猶信之也。報我不書〔六〕，猶有禮也。

【箋】

〔一〕指魯桓公如齊，而被齊襄公謀殺。《春秋·桓公十八年》：「春，王正月，公會齊侯于濼。公與夫人姜氏遂如齊。夏，四月丙子，公薨于齊。」

〔二〕《春秋》莊公二十二年：「冬，公如齊納幣。」二十三年「春，公至自齊。」公羊子傳：「桓之盟不日，其會不致，信之也。此之桓國何以致？危之也。何危爾？公一陳佗也。」何休解詁：「凡公之齊，所以起淫者，皆以危致也。」莊公二十三年：「夏，公如齊觀社。公至自齊。」何休解詁：「觀社者，觀祭社。諱淫言觀社者，與親納幣同義。」莊公二十四年：「夏，公如齊逆女。秋，公至自齊。」公羊子傳：「親迎，禮也。」何休解詁：「諱淫，故使若以得禮書也。」

〔三〕非事，暗指魯莊公如齊淫佚。《左傳·莊公二十七年》：「春，公會杞伯姬于洮，非事也。」杜預集解：「非諸侯之事。」

〔四〕《周禮·秋官·大行人》：「凡諸侯之邦交，歲相問也，殷相聘也，世相朝也。」鄭玄注：「小聘曰問。殷，中也。久無事，又於殷朝者及而相聘也。父死子立曰世，凡君即位，大國朝焉，小國聘焉。」

〔五〕《左傳·昭公三年》：「昔文、襄之霸也，其務不煩諸侯，令諸侯三歲而聘，五歲而朝，有事而會，不協而盟。」

〔六〕指此次齊對魯的報聘不書於《春秋》。

春王正月，公如齊僖公十有五年

公曷爲如齊？朝於齊也。五歲而再朝，非禮也〔一〕。公適諸侯皆書之，以爲非常事也。齊始干王章以令於天下，故謹而月之。公不致，猶信之也。報我不書，猶有禮也。

【箋】

〔一〕《禮記·王制》：「諸侯之於天子也，比年一小聘，三年一大聘，五年一朝。」

冬十月，公如齊僖公三十有三年

公適諸侯皆書之，以爲非常事也。此何以月？危之也。非有王事，舍宗廟、社稷之守而朝於齊，還反而没，危之也〔一〕。安不忘危，存不忘亡，治不忘亂，是以身安而國家可保。公往則危之乎？曰苟有天子之命，有百姓之事，則野死不以爲危，而牖下非所安也，正於義而已矣。

【箋】

〔一〕《春秋·僖公三十三年》：「冬十月，公如齊。十有二月，公至自齊。乙巳，公薨于小寢。」

十有二月，公至自齊

公適諸侯，舍齊桓則皆致，危之也。此何以月？危之中又有變焉，與薨同月也。薨同月，則不見以致。月如齊，月以盈之〔一〕。

【箋】

〔一〕謂詳書以月，以盈顯其危。

三月乙巳，及晉處父盟文公二年

孰盟之，公也。公則曷爲不言公，諱與大夫盟也〔一〕。何以不地？于晉也。于晉則曷爲不言公如晉？諱不如京師而如晉也〔二〕。未三年〔三〕而不見天子，未三年而見于晉侯，資父〔四〕之義絶於此矣，不可以莫之辟也。「主人習其讀而問其傳」〔五〕，以爲殺耻云爾，求其放心，而後知之。

【箋】

〔一〕公羊子傳：「此晉陽處父也，何以不氏？諱與大夫盟也。」

〔二〕左氏傳：「晉人以公不朝，來討。公如晉。夏，四月己巳，晉人使陽處父盟公以恥之。書曰『及晉處父盟』，以厭之也。適晉不書，諱之也。」

〔三〕指君父喪未三年。

〔四〕資父，贍養和侍奉父親。《孝經・士》：「資於事父以事君而敬同。」

〔五〕語出《公羊傳・定公元年》：「定哀多微辭。主人習其讀而問其傳，則未知己之有罪焉爾。」何休解詁：「設使定、哀習其經而讀之，問其傳解詁，則不知己之有罪。於是此孔子畏時君，上以諱尊隆恩，下以辟害容身，慎之至也。」

公以非事舉

春，公觀魚于棠隱公五年

以非事書也。十有二公之策書，其爲非事則屢，君子所書乎？曰：《春秋》非記事之史也，不勝譏，擇其重者而譏焉〔一〕。「公觀魚于棠」，何以重之？《春秋》之始，人固知此爲亂政矣[二]，則謹而志之。王迹熄矣，王澤未竭。爲王前驅，過時不反，《伯兮》刺焉，思行役不踰時之常典，而作是詩也[三]。君子作《春秋》，起教於微眇，奚待流連荒亡爲諸侯憂，而後譏其重乎！故曰「禮義之大宗」，「所爲禁者難知」矣[四]。

【箋】

〔一〕語出《公羊傳·莊公四年》：「前此者有事矣，後此者有事矣，則曷爲獨於此焉譏？於讎者，將壹譏而已，故擇其重者而譏焉，莫重乎其與讎狩也。於讎者則曷爲將壹譏而已？讎者無時，焉可與通，通則爲大譏。不可勝譏，故將壹譏而已，其餘從同同。」

〔二〕左氏傳：「五年春，公將如棠觀魚者。臧僖伯諫曰：『凡物不足以講大事，其材不足以備器用，則君不舉焉。君將納民於軌物者也，故講事以度軌量謂之軌，取材以章物采謂之物。不軌不物，謂之亂政。亂政亟行，所以敗也。』」

〔三〕《詩·衛風·伯兮》。小序：「刺時也。言君子行役，爲王前驅，過時而不返焉。」

〔四〕《史記·太史公自序》：「故《春秋》者，禮義之大宗也。夫禮禁未然之前，法施已然之後；法之所爲用者易見，而禮之所爲禁者難知。」

冬，公及齊人狩於禚莊公四年

何以知其是齊侯也？「可言公及人，不可言公及大夫」[一]，以伉也；可言公及人盟，不可言公及人狩，以瀆也。不可言而言之，實侯也，非人也〔二〕。「人」之，貶之也。曷不目齊侯而諱公，以爲魯人則莫可與齊侯狩也〔三〕。

【箋】

〔一〕《穀梁傳·隱公八年》：「可言公及人，不可言公及大夫。」范甯集解：「可言公及人，若舉國之人皆盟也。不可言公及大夫，如以大夫敵公故也。」

〔二〕公羊子傳：「公曷爲與微者狩？齊侯也。齊侯則其稱人何？諱與讎狩也。」

〔三〕魯莊公與齊襄公有殺父之仇，故言。

公將〔一〕

秋，公伐邾隱公七年

何以書？公將自此始也。諸侯在國曰守臣，在師曰軍將。《詩》曰「王于出征，以佐天子」〔二〕，言帥賦輿〔三〕以承天子威命，諸侯職也。公將，正也。伐邾，王命乎，告命〔四〕乎？不可得而見，伐邾則告命也可。邾在邦域之中矣，稱伐有辭也，邾無犯於我，嘗致怨於宋矣〔五〕。公將以書時爲常，君子正其本，其末卒於大不正，則月、日以詳之，略輕詳重。小不正，歸諸君；大不正，責諸臣。雖然，「君者，立於無過之地也」〔六〕，小不正焉雖有受，其大不正者君道虧矣。邾聽乎，否乎？不足書則皆省之。邾雖不聽，不書也，戰于升陘而後書之〔七〕。土功以不時書〔八〕，用師不以不時書乎？傷害之大無過于用師，不時奚足盡民之痛！世有揖讓而救焚溺者乎！用師有大時矣。《詩》曰「遵養時晦」〔九〕，非四時之時也。

【箋】

〔一〕據原注「按此上應有『公將』二字一行，稿本脱」補。

〔二〕《詩·小雅·六月》。

〔三〕《左傳·成公二年》：「群臣帥賦輿，以爲魯、衛請。」杜預集解：「賦輿，猶兵車。」

〔四〕《左傳·隱公五年》：「鄭人以王師會之伐宋，入其郛，以報東門之役。宋人使來告命。」楊伯峻注：「告命，以君命告急請救。」

〔五〕《左傳》隱公五年：「宋人取邾田，邾人告於鄭曰：『請君釋憾於宋，敝邑爲道。』鄭人以王師會之伐宋，入其郛，以報東門之役。」隱公七年：「秋，宋及鄭平。七月庚申，盟于宿。公伐邾，爲宋討也。」

〔六〕《禮記·禮運》。

〔七〕《春秋·僖公二十二年》：「秋八月丁未，及邾人戰于升陘。」

〔八〕參見前文「土功」條。

〔九〕《詩·周頌·酌》：「於鑠王師，遵養時晦。」鄭箋：「於美乎文王之用師，率殷之叛國以事紂，養是闇昧之君，以老其惡。」

戰

冬，十有二月丙午，齊侯、衛侯、鄭伯來戰于郎 桓公十年

公羊子曰：「内不言戰，言戰，乃敗矣。」孰志乎爲是戰？齊志乎，鄭志乎？「《春秋》無義戰」〔一〕，其不義必先者主之，齊志也〔二〕。搆我於鄭者，齊也。衛與齊同志，見之於胥命矣〔三〕。齊侯，親暱也〔四〕；鄭實定桓之位〔五〕；卒於怨讐，小人哉！使百姓肝腦塗地而不恤，不仁甚矣。以爵稱之，言不可一日在民上也，播其惡於衆，而後「人」之〔六〕。

【箋】

〔一〕《孟子·盡心下》。

〔二〕左氏傳：「冬，齊、衛、鄭來戰于郎，我有辭也。初，北戎病齊，諸侯救之，鄭公子忽有功焉。齊人餼諸侯，使魯次之。魯以周班後鄭，鄭人怒，請師於齊。齊人以衛師助之，故不稱侵伐。先書齊、衛，王爵也。」

〔三〕《春秋·桓公三年》：「夏，齊侯、衛侯胥命于蒲。」公羊子傳：「胥命者何？相命也。何言乎相命？近正也。此其爲近正奈何？古者不盟，結言而退。」

〔四〕齊侯，齊僖公祿父，乃文姜之父，魯桓公岳父，故莊存與稱「親暱」。

〔五〕魯桓公弑君得位後，鄭伯首與盟會以定其位。《春秋·桓公元年》：「三月，公會鄭伯于垂。鄭伯以璧假許田。夏，四月丁未，公及鄭伯盟于越。」

〔六〕《春秋·桓公十一年》：「春，正月，齊人、衛人、鄭人盟于惡曹。」

十有二月，及鄭師伐宋。丁未，戰於宋桓公十有二年

公將也，諱之而不書〔一〕。曷爲爲桓公諱？殃民之罪大矣。義不可不並而列之，民者，王者所甚重也。《春秋》重民，不以桓公而不諱其敗〔二〕，則不以桓公而不諱其惡矣。

【箋】

〔一〕左氏傳：「公欲平宋、鄭。秋，公及宋公盟于句瀆之丘，宋成未可知也，故又會于虛。冬，又會于龜，宋公辭平。故與鄭伯盟于武父，遂帥師而伐宋。戰焉，宋無信也。」

〔二〕公羊子傳：「此偏戰也，何以不言師敗績？內不言戰，言戰乃敗矣。」

五月丙午，及齊師戰於奚桓公十有七年

孰及之？內之微者也。實吾大夫，以爲無臣焉，則略之。何以略之？名之嫌於貶，氏之嫌於專，無臣焉，以恒辭略之，不暇責彼賁軍之將矣。

八月，公會齊侯、宋公、鄭伯、曹伯、邾人于檉。九月，公敗邾師于偃僖公元年

桓會〔一〕書郲人，然不恒書也。此何以書？以公敗郲師著之也。匝月爾，不信已速矣，曷不隱之而著之？我敗郲師有説焉：先君不以道終，郲、莒皆爲不義於我〔二〕，國耻也。敗人以振其耻，末矣，不忘先君猶有説焉。

【箋】

〔一〕指齊桓公（魯莊公九年至魯僖公十七年在位）所組織的諸侯盟會。

〔二〕姜氏與慶父弑閔公，後分别逃于郲、莒，即《春秋・閔公二年》：「九月，夫人姜氏孫于郲。公子慶父出奔莒。」

取國邑

六月壬戌，公敗宋師于菅隱公十年

詐戰〔一〕也。内恒曰敗某師〔二〕，詐戰則日以異之〔三〕。目公不諱，惡實成乎是〔四〕，入許〔五〕熟矣。

【箋】

〔一〕詐戰，與偏戰對言，指未約日定地之戰。《公羊傳・桓公十年》：「此偏戰也，何以不言師敗績？」何休解詁：「偏，一面也。結日定地，各居一面，鳴鼓而戰，不相詐。」《公羊傳・僖公三十三年》：「詐戰不日，此何以日？」何休解詁：「詐，卒也，齊人語也。」《公羊傳・昭公十七年》：「詐戰不言戰，此其言戰何？」徐彦疏：「經文言戰，而傳以詐戰問之者，正以夷狄質薄，不能結日偏戰。」

〔二〕《春秋・文公十一年》：「甲午，叔孫得臣敗狄于鹹。」公羊子傳：「其言敗何？」何休解詁：「據敗者，内戰文，非殺一人也。」徐彦疏：「以《春秋》之義，内魯爲王，王於諸侯無敵之義，但當言戰，戰則是内敗之文；言敗某師，則是内戰之文。」

〔三〕孔廣森通義：「偏戰日，詐戰不日。詐戰者曰『某敗某師于某』，偏戰者曰『某及某戰于某，某師敗績』，此外戰例也。《春秋》尊魯，不以敵辭言之，若内勝，皆曰『敗某師于某』，但以日不日别偏、詐耳。」

〔四〕左氏傳：「六月戊申，公會齊侯、鄭伯于老桃。壬戌，公敗宋師于菅。」

〔五〕《春秋・隱公十一年》：「秋，七月壬午，公及齊侯、鄭伯入許。」

辛未，取郜。辛巳，取防

取諸宋也，鄭歸于我〔一〕，曷不言自鄭歸之？主乎受者以爲言。曷主乎受者以爲言？有王者起，必使受者還其主人。主人不義，歸諸閒田〔二〕，掌于天子之縣師〔三〕，大夫守之，受者終不可以爲其有也。取以日何？浹旬而克二邑，甚之也〔四〕。

【箋】

〔一〕左氏傳：「庚午，鄭師入郜。辛未，歸于我。庚辰，鄭師入防。辛巳，歸于我。」

〔二〕閒田，指未被封賜的土地。《禮記·王制》：「名山大澤不以封，其餘以爲附庸閒田。」孔穎達疏：「若封人附於大國，謂之附庸，若未封人，謂之閒田。」

〔三〕《周禮·地官·縣師》：「縣師，掌邦國都鄙稍甸郊里之地域，而辨其夫家、人民、田萊之數，及其六畜車輦之稽。」

〔四〕公羊子傳：「此何以日？一月而再取也。何言乎一月而再取？甚之也。」

春，王正月，公及齊侯平莒及郯。莒人不肯，公伐莒取向〔一〕宣公四年

伐國取邑，未有言其故者。此其言故何？成莒人意也。平，善事也，莒不從善則其成之何？曰：公簒立，齊黨惡，二國并力，慮無不行於東諸侯者，而莒人不肯，天也，于是見之矣。平，善事也，公及齊侯平莒及郯，而何善之有！

【箋】

〔一〕此節原文在上兩節前，據原文注「此節在下二節後」改回。

入國邑

九月，入杞桓公二年

大夫微，内且不言其人〔一〕。入杞，暴小寡也。月録之，暴亦甚矣，惡已大矣，然不諱也〔二〕。

【箋】

〔一〕杜預集解：「不稱主帥，微者也。」

〔二〕《公羊傳·隱公二年》何休解詁：「入例時，傷害多則月。」

滅國

無駭帥師入極隱公二年

入國，大惡也。「暴内陵外則壇之」，正於九伐之法焉〔一〕。内大惡諱，「無駭帥師入極」，何以書？非入也，滅也〔二〕。辟所大不可，而後不辟所常不可也。諱之必有所見之，於卒乎削之〔三〕，然後知滅人國者，王誅之重者也。

【箋】

〔一〕《周禮·夏官·大司馬》：「〔大司馬〕以九伐之灋正邦國。馮弱犯寡，則眚之；賊賢害民，則伐之；暴内陵外，則壇之；……」鄭玄注：「内謂其國，外謂諸侯。『壇』讀如『同墠』之墠。《王霸記》曰『置之空墠之地』。鄭司農云：『壇讀從「憚之以威」之憚，書亦或爲墠。』玄謂置之空墠，以出其君，更立其次賢者。」

〔二〕公羊子傳：「無駭者何？展無駭也。何以不氏？貶。曷爲貶？疾始滅也。始滅昉於此乎？前此矣。前此則曷爲始乎此？託始焉爾。曷爲託始焉爾？《春秋》之始也。此滅也，其言入何？内大惡，諱也。」

〔三〕《公羊傳·隱公八年》：「冬，十有二月，無駭卒。」公羊子傳：「此展無駭也，何以不氏？疾始滅也，故終其身不氏。」

公行致地

冬，公至自唐見《外辭》

公行致伐

秋七月，公至自伐鄭桓公十有六年

久之也〔一〕，民病矣，不忍以桓公之故，而不痛此役也。《擊鼓》怨州吁〔二〕，桓則甚焉。

【箋】

〔一〕《春秋·桓公十六年》：「春正月，公會宋公、蔡侯、衛侯于曹。夏四月，公會宋公、衛侯、陳侯、蔡侯伐鄭。秋七月，公至自伐鄭。」

〔二〕《詩·邶風·擊鼓》小序：「怨州吁也。衛州吁用兵暴亂，使公孫文仲將而平陳與宋，國人怨其勇而無禮也。」

來朝

春，滕侯、薛侯來朝隱公十有一年

此滕子、薛伯也，曷謂之「滕侯、薛侯」？王者改元立號〔一〕，則爵命諸侯。《頌》所謂「我應受之」也〔二〕。隱公之策，以改元立號始之，以爵命諸侯終之，皆非常事也〔三〕。夫子曰「其辭，則某有罪焉」〔四〕，苟非至聖，可以作《春秋》自命乎！古人有言：「猶吴楚之君僭號稱王，蓋誅絶之罪也。」〔五〕

【箋】

〔一〕《公羊傳·隱公元年》：「元年者何？君之始年也。」何休解詁：「不言『公』，言『君之始年』者，王者、諸侯皆稱君。所以通其義於王者，惟王者然後改元立號。」

〔二〕《詩·周頌·賚》：「文王既勤止，我應受之。」鄭箋：「文王既勞心於政事，以有天下之業，我當而受之。」

〔三〕應屬「天子之事也」。

〔四〕《公羊傳·昭公十二年》：「《春秋》之信史也，其序，則齊桓、晉文；其會，則主會者爲之也；其詞，則丘有罪焉爾。」

〔五〕《漢書·楊雄傳下》："諸儒或譏以爲雄非聖人而作經，猶《春秋》吴楚之君僭號稱王，蓋誅絶之罪也。"

滕子來朝桓公二年

朝正月也。不知臧否，賤之不録其卒，使不若薛伯〔一〕。稱其爵，姑在邾人、牟人、葛人之右〔二〕。微國也，略責之。

【箋】

〔一〕《春秋·莊公三十一年》："夏四月，薛伯卒。"何休解詁："卒者，薛與滕俱朝隱公，桓弑隱而立，滕朝桓公，薛獨不朝，知去就也。"

〔二〕《春秋·桓公十五年》："邾人、牟人、葛人來朝。"公羊子傳："皆何以稱人？夷狄之也。"

秋七月，紀侯來朝

紀子也，稱侯何？追書也。天王之后將歸於京師〔一〕，而天王爵之也〔二〕。魯史不志王室事，則不可得見，追書於此以見之。噫！斯何人耶，伯姬所天〔三〕！伯姬實隱公之女子子〔四〕也，紀侯將以何面目朝於桓矣。隱之諸子，一不見於策書，觀其女子子，居可知矣。信乎其無臣子也〔五〕，奚有于女子子所適之侯乎！月以大異之〔六〕，夫已多於道矣。

【箋】

〔一〕天王于桓公八年娶后于紀，故云。即《春秋》桓公八年：「祭公來，遂逆王后于紀。」桓公九年：「春，紀季姜歸于京師。」

〔二〕何休解詁：「稱侯者，天子將娶於紀，與之奉宗廟，傳之無窮，重莫大焉，故封之百里。」

〔三〕天，丈夫的尊稱。《春秋・隱公二年》：「冬十月，伯姬歸于紀。」

〔四〕女子子，即女兒。《儀禮・喪服》：「女子子在室爲父。」鄭玄注：「女子子者，女子也，別於男子也。」伯姬，公羊言是「内女」，穀梁言是「吾女」，左氏無明文，杜預認爲是「魯女」，但俱未明言是誰之女，楊伯峻、程發軔皆認爲是惠公女，隱公妹，不詳何據，此處莊氏認爲伯姬爲隱公女，亦是推想之辭。

〔五〕《春秋・隱公十一年》：「《春秋》君弑賊不討，不書葬，以爲無臣子也。」

〔六〕徐彦疏：「凡朝例時」。

冬，紀侯來朝桓公六年

於是再朝矣。天王之后歸，實我爲之媒也，無譏焉〔一〕。

【箋】

〔一〕《春秋・桓公八年》：「祭公來。遂逆王后于紀。」公羊子傳：「祭公者何？天子之三公也。何以不稱使？婚禮不稱主人。遂者何？生事也。大夫無遂事，此其言遂何？成使乎我也。其成使乎我奈何？使我爲媒，可則因用是往逆矣。」

夏，穀伯綏來朝。鄧侯吾離來朝桓公七年〔一〕

失地之君也。天子之三公不名〔二〕，穀伯、鄧侯則名？辨等也。名之，見失地也〔三〕。不見取其國之人，遠國也。能朝乎？雖不能，亦必曰朝，諸夏之君也。其曰朝何？我有以禮之矣，公羊子曰：「貴者無後，待之以初也。」穀梁子曰：「犆言，同時也；累數，皆至也。」〔四〕州公何以不言朝？天子之三公也，言「來」則可，言「來朝」則不可，以爲「化我」，公羊氏失其傳也〔五〕。夫孰知州公化我？乃所以賢於穀伯、鄧侯矣乎？試思之，何遠之有〔六〕。

【箋】

〔一〕此條例，重見于《禁暴辭》「失地」經例。

〔二〕《公羊傳·桓公四年》：「其稱宰渠伯糾何？下大夫也。」何休解詁：「禮，君於臣而不名者有五：諸父兄不名，經曰『王札子』是也，《詩》曰『王謂叔父』是也；上大夫不名，『祭伯』是也；盛德之士不名，『叔肸』是也；老臣不名，『宰渠伯糾』是也。」

〔三〕公羊子傳：「皆何以名？失地之君也。其稱侯朝何？貴者無後，待之以初也。」何休解詁：「穀、鄧本與魯同貴爲諸侯，今失爵亡土來朝，託寄也，義不可卑，故明當待之如初。所謂『故舊不遺，則民不偷』。『無後』者，施於所奔國也，獨妻得配夫託衣食於公家，子孫當受田而耕，故云爾。」

〔四〕《春秋·隱公十一年》：「春，滕侯、薛侯來朝。」穀梁子傳：「犆言，同時也；累數，皆至也。」范甯集解：「犆言，謂別言也，若『穀伯綏來朝，鄧侯吾離來朝』，同時來，不俱至。」「累數，總言之也，若『滕侯、薛侯來朝』，同時俱至。」

〔五〕《春秋》桓公五年：「冬，州公如曹。」桓公六年：「春正月，寔來。」公羊子傳：「寔來者何？猶曰是人來也。孰謂？謂州公也。曷爲謂之寔來？慢之也。曷爲慢之，化我也。」何休解詁：「行過無禮謂之化，齊人語也。諸侯相過，至竟必假塗，入都必朝，所以崇禮讓，絶慢易，戒不虞也。今州公過魯都不朝魯，是慢之，爲惡，故書『寔來』，見其義也。」

〔六〕語出《論語·子罕》：「『唐棣之華，偏其反而。豈不爾思，室是遠而。』子曰：『未之思也，夫何遠之有？』」

郳人、牟人、葛人來朝桓公十有五年〔一〕

鄉曰郳儀父〔二〕，今曰郳人，不貴郳而賤牟與葛也。牟、葛宜不若郳人矣，皆稱人則均焉，賤之也〔三〕。則何以曰朝？附庸固曰朝矣。

【箋】

〔一〕原文誤作「十有四年」，《清經解》本亦誤，據《春秋》原文改。另此條例重見于《外辭》「小國」

經例。

〔二〕《春秋·隱公元年》：「三月，公及邾儀父盟于蔑。」

〔三〕公羊子傳：「皆何以稱人？夷狄之也。」

冬，曹伯使其世子射姑來朝見《諸夏辭》

來聘

齊侯使其弟年來聘見《諸夏辭》

春，陳侯使女叔來聘莊公二十有五年

終《春秋》而一志聘者，中國諸侯惟陳爾。舍陳則無簡者乎？曰：鄭亦簡矣。舍鄭則無簡者乎？曰：有，皆狄之矣。「陳侯使女叔來聘」，何以書？録齊桓之功也。桓公「糾合諸侯，謀其不協」〔一〕，玉帛之使，盛于中國，不可勝書，書必於其簡者。陳，三恪之封也〔二〕，自我言之，邇與戚不若宋、衛；自陳言之，齊桓没而日役乎楚矣。齊桓主中國，則陳不知有楚患，國家安寧而志一以奉王事，嘉好之使接于我焉。志陳之聘我，則中國諸侯見矣。終《春秋》而一志聘者，陳與鄭爾。何言乎「陳侯使女叔來聘」？言齊桓之力，安中國而義睦諸侯也。

【箋】

〔一〕《左傳·僖公二十六年》：「桓公是以糾合諸侯，而謀其不協，彌縫其闕，而匡救其災。」

〔二〕《左傳·襄公二十五年》：「昔虞閼父爲周陶正，以服事我先王。我先王賴其利器用也，與其神明之後也，庸以元女大姬配胡公，而封諸陳，以備三恪。」杜預集解：「周得天下，封夏、殷二王後，又封舜後，謂之恪。并二王後爲三國，其禮轉降，示敬而已，故曰三恪。」一説封黄帝、堯、舜之後于薊、祝、陳。《詩·陳風譜》孔穎達疏：「案《樂記》云：『武王未及下車，封黄帝之後于薊，封帝堯之後于祝，封帝舜之後于陳；下車乃封夏后氏之後于杞，投殷之後于宋。』則陳與薊、祝共爲三恪，杞、宋别爲二王之後矣。」

衛侯使甯俞來聘文公四年

于《傳》有之，魯、衛之相睦也，異於他國〔一〕。《春秋》始乎隱，傳世五君迄於文，百年矣。來聘昉于此乎？曰：否，前此矣，以爲常事焉而不書也。「衛侯使甯俞來聘」，何以書？喜之也。何喜爾？衛亡於狄，復存於齊桓〔二〕。及晉文伯而衛之禍亟焉，狄又乘之，衛無寧歲〔三〕。衛不殆于晉與狄，而遷以定其國，講于晉而後獲安〔四〕。玉帛之使行，衛庶無患矣。衛，兄弟之睦者也，志甯俞之來聘，喜衛之無患而志之也。

【箋】

〔一〕《左傳·定公六年二月》：「大姒之子，唯周公、康叔爲相睦也。」周公、康叔爲魯、衛之始祖。

〔二〕《春秋·閔公二年》：「十有二月，狄入衛。」左氏傳：「冬，十二月，狄人伐衛。衛懿公好鶴，鶴有乘軒者。將戰，國人受甲者皆曰：『使鶴，鶴實有禄位，余焉能戰。』公與石祁子玦，與甯莊子矢，使守，曰：『以此贊國，擇利而爲之。』與夫人繡衣，曰：『聽於二子。』渠孔御戎，子伯爲右，黄夷前驅，孔嬰齊殿。及狄人，戰于熒澤，衛師敗績，遂滅衛。……及敗，宋桓公逆諸河。宵濟，衛之遺民，男女七百有三十人。益之以共、滕之民，爲五千人。立戴公以廬于曹，許穆夫人賦《載馳》。齊侯使公子無虧帥車三百乘，甲士三千人以戍曹。歸公乘馬、祭服五稱，牛、羊、豕、鷄、狗皆三百，與門材，歸夫人魚軒、重錦三十兩。……僖之元年，齊桓公遷邢于夷儀。二年，封衛于楚丘。邢遷如歸，衛國忘亡。」

〔三〕魯僖公二十三年，重耳流亡于外，過衛，衛文公不禮。二十四年，重耳入國圖霸。二十八年，晉侯伐衛，楚人救衛，不克。夏四月，晉敗楚于城濮，衛成公（文公子）聞楚師敗，懼，出奔楚，使元咺奉叔武以受盟。六月，晉人復衛侯，成公自楚復歸于衛，殺叔武。元咺奔晉訴衛侯，晉人執衛侯歸之于京師，衛元咺自晉復歸于衛，立公子瑕。魯僖公三十年夏，晉侯使醫衍酖衛侯，不死。衛侯賄王與晉侯，且賂衛臣周歂、冶廑使納，衛侯復入衛，殺公子瑕及元咺。僖公三十一年，狄圍衛，十有二月，衛遷于帝丘。詳見《左傳》。

〔四〕《春秋·文公元年》：「晉侯伐衛。叔孫得臣如京師。衛人伐晉。」左氏傳：「晉文公之季年，諸侯朝晉。衛成公不朝，使孔達侵鄭，伐緜、訾及匡。晉襄公既祥，使告于諸侯而伐衛，及南陽。

先且居曰：『效尤，禍也。請君朝王，臣從師。』晉侯朝王于温。先且居、胥臣伐衛。五月辛酉朔，晉師圍戚。六月戊戌，取之，獲孫昭子。衛人使告于陳。陳共公曰：『更伐之，我辭之。』衛孔達帥師伐晉。」《左傳》文公二年：「六月，穆伯會諸侯及晉司空士縠，盟于垂隴，晉討衛故也。書士縠，堪其事也。陳侯爲衛請成于晉，執孔達以説。」文公三年：「衛侯如陳，拜晉成也。」

冬十有一月，晉侯〔一〕使荀庚來聘成公三年

晉，兄弟之國也，我事之敬矣。敬不答乎？何逮乎成之篇而後言「來聘」？向以爲常事焉而不書也。「晉侯使荀庚來聘」，何以書？抑之也。何抑爾？禮之始失也。偶晉於京師，其甚也以共〔二〕京師者共晉，微見乎僖〔三〕，至成而甚焉。晉侯益驕，非魯所望也。志晉之聘，見晉之爲晉，我之適者〔四〕而已矣。曷爲于此焉始？曰：王使不志矣，而後志晉使，《春秋》之大教也，不可不察。隱、桓之《春秋》，志王使聘五焉〔五〕；成、襄之《春秋》，志晉使聘九焉〔六〕。魯人之所以榮且喜者，移於晉矣。以共京師者共晉，聖人之所甚懼也。舍隱、桓，則志王使也罕，自成而下，王使亦絕不見，「章疑別微以爲民坊」〔七〕，《春秋》之大教也。《春秋》終不使魯人以待王使者待晉使，絕之若不相見者然，以尊王而抑晉。微故尊之，僭故抑之，王聘屢于隱、桓，晉聘屢于成、襄，皆以爲非常焉爾。

【箋】

〔一〕原文奪「侯」字，據《春秋》原文補。

〔二〕共，通「供」，供應，供奉。《周禮·夏官·羊人》：「共其羊牲。」鄭玄注：「共，猶給也。」《左傳·僖公四年》：「王祭不共，無以縮酒。」

〔三〕《春秋·僖公三十年》：「公子遂如京師，遂如晉。」莊存與認爲：「以京師遂乎晉，重晉若京師也。」（《天子辭》「大夫見天子」經例）。

〔四〕適者，意爲「匹敵者」。《禮記·雜記上》：「大夫訃于同國，適者，曰『某不禄』。」鄭玄注：「適，讀爲『匹敵』之『敵』，謂爵同者也。」

〔五〕即《春秋》隱公七年：「冬，天王使凡伯來聘。」隱公九年：「春，天子使南季來聘。」桓公四年：「夏，天王使宰渠伯糾來聘。」桓公五年：「天王使仍叔之子來聘。」桓公八年：「天王使家父來聘。」

〔六〕即《春秋》成公三年：「冬，十有一月，晉侯使荀庚來聘。」成公八年：「晉侯使士燮來聘。」成公十一年：「晉侯使郤犨來聘。」成公十八年：「晉侯使士匄來聘。」襄公元年：「晉侯使荀罃來聘。」襄公八年：「晉侯使士匄來聘。」襄公十二年：「夏，晉侯使士魴來聘。」襄公二十六年：「夏，晉侯使荀吴來聘。」襄公二十九年：「晉侯使士鞅來聘。」

〔七〕《禮記·坊記》：「夫禮者，所以章疑别微以爲民坊者也。」

春，宋公使華元來聘成公四年

《傳》有之，「諸侯宋、魯，於是觀禮」〔一〕。自我言之，壤地接而婚姻之國也。《春秋》

始乎隱，傳世七君至于成，百四十餘年，來聘昉於此乎？曰：否，前此矣，以爲常事焉而不書也。「宋公使華元來聘」，何以書？曰喜之也。何喜爾？往歲晉、衛〔二〕，今兹宋，玉帛之使交至，則喜之也。曷爲以喜書？喜乎此，則魯之爲國也僅〔三〕矣。

【箋】

〔一〕《左傳・襄公十年》：「宋公享晉侯于楚丘，請以《桑林》，荀罃辭。荀偃、士匄曰：『諸侯宋、魯，於是觀禮。魯有禘樂，賓祭用之。宋以《桑林》享君，不亦可乎？』」杜預集解：「宋，王者後，魯以周公故，皆用天子禮樂，故可觀。」

〔二〕《春秋・成公三年》：「冬，十有一月，晉侯使荀庚來聘。衛侯使孫良夫來聘。」

〔三〕僅，此處意爲「勉勉强强」。

晉侯使士燮來聘成公八年

何以書？非常事也，聘以要伐也〔一〕，君子以爲不成享矣。

【箋】

〔一〕《春秋・成公八年》：「晉侯使士燮來聘。叔孫僑如會晉士燮、齊人、邾人伐郯。」左氏傳：「晉士燮來聘，言伐郯也，以其事吴故。公賂之，請緩師。文子不可，曰：『君命無貳，失信不立。禮無加貨，事無二成，君後諸侯，是寡君不得事君也，燮將復之。』季孫懼，使宣伯帥師會伐郯。」

晉侯使郤犫來聘。己丑，及郤犫盟。季孫行父如晉成公十有一年

何以書？非常事也，聘以要盟也〔一〕。公親往而大夫答焉〔二〕，我又報之〔三〕，君子以爲足恭矣。實盟也，則其言聘何？聘而後盟者，辟要盟也〔四〕。則其言盟何？以大夫之答公爲不可受，故以盟言之，若晉之施於我者然。足恭，耻也，爲尊者諱耻〔五〕。

【箋】

〔一〕左氏傳：「十一年春，王三月，公至自晉。晉人以公爲貳於楚，故止公。公請受盟，而後使歸。郤犫來聘，且涖盟。」

〔二〕《春秋》成公十年：「秋七月，公如晉。」成公十一年：「春，王三月，公自至晉。」

〔三〕左氏傳：「夏，季文子如晉報聘，且涖盟也。」

〔四〕語出《穀梁傳·莊公十九年》：「此其志，何也？辟要盟也。」

〔五〕《直解》：「公方至而犫隨來，陽爲聘而實要盟也。公敵大夫辱也，故諱不書公。」

晉侯使士匄來聘成公十有八年

何以書？非常事也，以大夫答公也〔一〕。則其言之何？以大夫之答爲猶愈於已〔二〕。「所惡於右毋以交于左，所惡于左毋以交于右」〔三〕，《春秋》責人，先自厚也。

【箋】

〔一〕《春秋·成公十八年》：「公如晉。……晉侯使士匄來聘。」

〔二〕語出《孟子・盡心上》：「齊宣王欲短喪，公孫丑曰：『爲朞之喪，猶愈於已乎？』」朱熹集注：「已，猶止也。」

〔三〕《禮記・大學》。朱熹集注：「如不欲上之無禮於我，則必以此度下之心，而亦不敢以此無禮使之；不欲下之不忠於我，則必以此度上之心，而亦不敢以此不忠事之。至於前後左右，無不皆然。」

晉侯使荀罃來聘襄公元年

何以書？非常事也。晉脩禮於諸侯〔一〕，則曰非常事何？天王崩〔二〕而嘉事不廢，其失常也大矣。

【箋】

〔一〕左氏傳：「冬，衛子叔、晉知武子來聘，禮也。凡諸侯即位，小國朝之，大國聘焉，以繼好結信、謀事補闕，禮之大者也。」

〔二〕《春秋・襄公元年》：「九月辛酉，天王崩。」

夏，鄭伯使公子發來聘襄公五年

終《春秋》而一志聘者，中國諸侯惟鄭爾。舍鄭則無簡者乎？曰：陳亦簡矣。舍陳則無簡者乎？曰：有，皆狄之矣。「鄭伯使公子發來聘」，何以書？曰：戚之也。何戚爾？

鄭，兄弟之國也，人伐其喪，我與爲爾焉〔一〕。聘必稱先君以相接，志鄭之來聘，則我之不廢喪紀〔二〕見矣。人伐其喪，我與爲爾焉，成公不書葬〔三〕，戚之也。晉之有魯喪，亦鄭之憂也〔四〕；魯之有鄭喪，亦晉之憂也。而伐之，而逼之，我與爲爾焉，不得已也。三年之喪畢，玉帛之使通，以爲有兄弟於我，則于是焉戚之矣。終《春秋》而一志聘者，陳與鄭爾。于陳，喜諸侯之睦，則齊桓之爲之也；于鄭，傷諸侯之薄，則晉人之爲之也。奚其伯！奚其伯！報陳則志〔五〕，言睦也；報鄭不志，言薄也。以爲不足乎恩云爾。

【箋】

〔一〕《春秋·襄公二年》：「六月庚辰，鄭伯睔卒。晉師、宋師、衛甯殖侵鄭。秋七月，仲孫蔑會晉荀罃、宋華元、衛孫林父、曹人、邾人于戚。……冬，仲孫蔑會晉荀罃、齊崔杼、宋華元、衛孫林父、曹人、邾人、滕人、薛人、小邾人于戚，遂城虎牢。」左氏傳：「秋七月庚辰，鄭伯睔卒。於是子罕當國，子駟爲政，子國爲司馬。晉師侵鄭，諸大夫欲從晉，子駟曰：『官命未改。』會于戚，謀鄭故也。孟獻子曰：『請城虎牢以偪鄭。』知武子曰：『善』。」

〔二〕喪紀，喪事，此處指魯對待鄭之喪事未缺禮。《禮記·文王世子》：「喪紀以服之輕重爲序，不奪人親也。」鄭玄注：「紀，猶事也。」《左傳·僖公二十七年》：「夏，齊孝公卒。有齊怨，不廢喪紀，禮也。」

〔三〕指鄭成公睔，魯成公七年至魯襄公二年在位。

〔四〕《左傳·襄公三十一年》：「癸酉，葬襄公。公薨之月，子産相鄭伯以如晉，晉侯以我喪故，未之見也。子産使盡壞其館之垣，……〔曰〕雖君之有魯喪，亦敝邑之憂也。」杜預集解：「言鄭與魯，亦有同姓之憂。」

〔五〕報，指魯國的報聘。《春秋·莊公二十五年》：「春，陳侯使女叔來聘。……冬，公子友如陳。」杜預集解：「報女叔之聘。」

晉侯使士匄來聘襄公八年

何以書？非常事也，以大夫答公也〔一〕。則其言之何？以我之報之也〔二〕，若晉之施于我者然。

【箋】

〔一〕《春秋·襄公八年》：「春，王正月，公如晉。……公自至晉。……晉侯使士匄來聘。」

〔二〕《春秋·襄公九年》：「夏，季孫宿如晉。」

夏，晉侯使士魴來聘襄公十有二年

何以書？非常事也，以君答大夫也〔一〕。曷爲不諱耻？可已而不已曰足恭，不得已而不已曰順命也。以公之如晉爲不得已焉，殆乎召矣。

【箋】

〔一〕《春秋·襄公十二年》：「夏晉侯使士魴來聘。……公如晉。」

夏，晉侯使荀吴來聘襄公二十有六年

何以書？非常事也，召公焉。召諸侯以奬叛人，其失常也大矣〔一〕。曷爲不諱耻？不得已也。曷爲不諱惡？不得已也。

【箋】

〔一〕《春秋·襄公二十六年》：「衛孫林父入于戚以叛。……夏，晉侯使荀吴來聘。公會晉人、鄭良霄、宋人、曹人于澶淵。」左氏傳：「衛人侵戚東鄙，孫氏愬于晉。」「晉人爲孫氏故，召諸侯，將以討衛也。夏，中行穆子來聘，召公也。」「六月，公會晉趙武、宋向戌、鄭良霄、曹人于澶淵，以討衛，疆戚田。取衛西鄙懿氏六十，以與孫氏。」

晉侯使士鞅來聘襄公二十有九年

何以書，非常事也，《春秋》善改過、貴復正。晉以拜城杞來聘〔一〕，我以大夫報之〔二〕。晉改過而我復正，則何以書？以改過書也，以復正書也。

【箋】

〔一〕《春秋·襄公二十九年》：「仲孫羯會晉荀盈、齊高止、宋華定、衛世叔儀、鄭公孫段、曹人、莒

人、滕人、薛人、小邾人城杞。晉侯使士鞅來聘。」左氏傳：「范獻子來聘，拜城杞也。」

〔三〕《春秋・襄公二十九年》：「冬，仲孫羯如晉。」左氏傳：「冬，孟孝伯如晉，報范叔也。」

晉侯使韓起來聘昭公二年

何以書？非常事也。此其爲非常事奈何？大夫爲政而來見也〔一〕。即位而來見者，小國之君也，起也比乎小國之君，其失常也大矣。爲人臣者必使臣也〔二〕。

【箋】

〔一〕左氏傳：「二年春，晉侯使韓宣子來聘，且告爲政而來見，禮也。」杜預集解：「公即位故。」「代趙武爲政。雖盟主，而修好同盟，故曰禮。」

〔二〕語出《公羊傳・襄公二十九年》：「許人臣者必使臣，許人子者必使子也。」

晉侯使士鞅來聘昭公二十有一年

何以書？非常事也。此其爲非常事奈何？僭甚矣〔一〕。「天子微，諸侯僭；大夫强，諸侯脅。于是相貴以等，相覿以貨，相賂以利，而天下之禮亂矣」〔二〕。自是無書聘者矣。志「齊侯使其弟年來聘」〔三〕，以謹其始；志「晉侯使士鞅來聘」，以謹其終。玉帛之事，君子盡心焉而已。

【箋】

〔一〕左氏傳：「夏，晉士鞅來聘。叔孫爲政，季孫欲惡諸晉，使有司以齊鮑國歸費之禮爲士鞅。士鞅怒曰：『鮑國之位下，其國小，而使鞅從其牢禮，是卑敝邑也，將復諸寡君。』魯人恐，加四牢焉，爲十一牢。」杜預集解：「鮑國歸費，在十四年。牢禮各如其命數。魯人失禮，故爲鮑國七牢。」孔穎達疏：「杜以《周禮·掌客》云：上公饔餼九牢，侯伯七牢，子男五牢。以諸侯牢禮各以其命數，卿大夫來者亦當牢禮如其命數。計鮑國齊卿，不過三命，於法當三牢，而魯人失禮爲鮑國七牢也。下云『加四爲十一』，知本七也。」

〔二〕《禮記·郊特牲》。

〔三〕《春秋·隱公七年》。

平

春，鄭人來輸平隱公六年

曷不曰及鄭平？非我欲之。曷不曰暨鄭平？非不得已〔一〕。曰「鄭人來」，言平自鄭人而我許之也。則曷言乎「輸平」？我不得平於鄭，而後乃今始平也〔二〕。《春秋》斷隱公之元年以爲始，前之不平不可得而見，雖言平猶之不見也。齊之不平遠自靡笄之役〔三〕始，鄭之不平近自侵鄭〔四〕始，此既見其不平而言平也。鄭之不平不可見，必言乎輸平而後見。

前此有怨矣，棄前怨者今自鄭人，而我許之也。前怨謂何？「公之爲公子也，與鄭人戰於狐壤」〔五〕矣。然則何以書？講信脩睦而平之乎，抑比周鄙争而平之乎〔六〕？於平無譏焉，其終不遠矣，「介如石焉，寧用終日」，聖人知其幾矣〔七〕。「鄭人」，微也，謹而志之。

【箋】

〔一〕《公羊傳·隱公元年》：「及，我欲之；暨，不得已也。」

〔二〕左氏傳：「六年春，鄭人來渝平，更成也。」杜預集解：「渝，變也。」孔穎達疏：「變平者，變更前惡而復爲和好。變即更之義，成則平之訓，故傳解『渝平』謂之『更成』。」《公羊傳》《穀梁傳》作「輸平」，意爲「敗其成也」「不果成也」，恰與《左傳》意反。莊氏此處從左氏。

〔三〕靡笄之役，即鞌之戰，即成公二年：「六月癸酉，季孫行父、臧孫許、叔孫僑如、公孫嬰齊帥師會晉郤克、衛孫良夫、曹公子首及齊侯戰于鞌，齊師敗績。」

〔四〕《春秋·隱公四年》：「秋，翬帥師會宋公、陳侯、蔡人、衛人伐鄭。」

〔五〕《左傳·隱公十一年》：「公之爲公子也，與鄭人戰于狐壤，止焉。鄭人囚諸尹氏，賂尹氏而禱于其主鐘巫，遂與尹氏歸而立其主。」杜預集解：「内諱獲，故曰止。」

〔六〕胡安國傳：「鄭人曷爲納成於魯？以利相結，解怨釋仇，離宋、魯之黨也。公之未立，與鄭人戰于狐壤，止焉。元年及宋盟于宿，四年遇于清，其秋會師伐鄭，即宋、魯爲黨，與鄭有舊怨明矣。五年鄭人伐宋，入其郛，宋來告命，魯欲救之，使者失辭，公怒而止。其冬宋人伐鄭圍長葛，鄭伯知其適有用間可乘之隙也，是以來納成耳。」

〔七〕《易・繫辭下》：「介如石焉，寧用終日，斷可識矣！」孔穎達疏：「此夫子解釋此爻之時，既守志耿介，如石不動，才見幾微，即知禍福，何用終竟其日，當時則斷可識矣。」此處即指小序中所稱：「速隱之禍，成桓之惡，『渝平』實啓之」。

來盟

鄭伯使其弟語來盟見《諸夏辭》

宋司馬華孫來盟文公十有五年

來盟稱官何？非鮑之黨也。何亟稱乎非鮑之黨？見鮑之黨之甚且衆也〔一〕。其稱「華孫」何？嘉之〔二〕。曷爲嘉之？華耦卒而後昭公弑，則耦乃戴、桓之所憚也〔三〕。何以不稱使？宋殆乎無君矣〔四〕。閔不能乎君魯，則齊仲孫不言使〔五〕；昭不能乎君宋，則司馬華孫不言使。言將自是弑君也。

【箋】

〔一〕《春秋・文公十六年》：「冬十有一月，宋人弑其君杵臼」。左氏傳：「宋公子鮑禮於國人。宋饑，竭其粟而貸之。年自七十以上，無不饋詒也，時加羞珍異。無日不數於六卿之門。國之材人，無不事也；親自桓以下，無不恤也。公子鮑美而艷，襄夫人欲通之，而不可，乃助之施。昭公無道，國人奉公子鮑以因夫人。」「冬十一月甲寅，宋昭公將田孟諸，未至，夫人王姬使帥甸攻而殺之。」「文公（即鮑）即位，使母弟須爲司城。華耦卒，而使蕩虺爲司馬。」

〔二〕左氏傳：「三月，宋華耦來盟，其官皆從之。書曰『宋司馬華孫』，貴之也。」胡安國傳：「其曰『華孫』，猶季孫、叔孫、仲孫、臧孫之類。」

〔三〕戴、桓，指宋戴公、宋桓公之後裔，助宋文公弑昭公篡位者。《左傳・文公十八年》：「宋武氏之族道昭公子，將奉司城須以作亂。十二月，宋公殺母弟須及昭公子，使戴、莊、桓之族攻武氏于司馬子伯之館，遂出武、穆之族，使公孫師爲司城。」

〔四〕穀梁子傳：「司馬，官也。其以官稱，無君之辭也。」

〔五〕《春秋・閔公元年》：「冬，齊仲孫來。」

乞師

公子遂如楚乞師僖公二十有六年

《魯頌》曰：「戎狄是膺，荆舒是懲。」〔一〕亡何而不然！聞之董生論其指曰：「直乞師楚爾」〔二〕，可謂舛矣，且國之耻也。則曷不以爲公子遂之私行？公自將楚師以伐齊〔三〕，則不可得諱矣。君子不得已，於此録晉文之功也〔四〕。將言「公以楚師」，則先言「如楚乞師」，以承君命而往者，大不忠于國矣。回遹其謀〔五〕，以辱社稷，侵敗王略，雖曰君命，焉用彼相，朝無人焉，則公子遂責也。以爲公子遂之私行，則罪在三卿，君子傷國之空虛也，任一公子遂云爾已矣。

【箋】

〔一〕《詩·魯頌·閟宫》。

〔二〕《春秋繁露·精華》：「魯僖公以亂即位，而知親任季子。季子無恙之時，内無臣下之亂，外無諸侯之患，行之二十年，國家安寧。季子卒之後，魯不支鄰國之患，直乞師楚耳。僖公之情非輒不肖，而國衰益危者，何也？以無季子也。」

〔三〕《春秋·僖公二十六年》：「公以楚師伐齊，取穀。」

〔四〕晉文公以城濮之戰，捍衛諸夏，徹底阻斷楚國北上，即《春秋·僖公二十八年》：「夏，四月己巳，晉侯、齊師、宋師、秦師及楚人戰于城濮，楚師敗績。」

〔五〕《詩·小雅·小旻》：「謀猶回遹，何日斯沮。」毛傳：「回，邪；遹，僻。」

春秋正辭卷五

内辭第三下

「卿設如大門」〔一〕，小卿如四體〔二〕。文王立政，養友邦冢君〔三〕，必知其三卿〔四〕。「入天子國曰某士」〔五〕，明王不遺小國之臣〔六〕。《詩》曰：「平平左右，亦是率從。」〔七〕大夫有出疆之事，必君命也，必王事也。一州之内，兄弟甥舅之邦〔八〕，諏謀度詢〔九〕，不辱君命以奉天子，有交政于中國者乎〔一〇〕？大夫出疆一。

【箋】

〔一〕《大戴禮記・千乘》：「卿設如大門，大門顯美，小大尊卑中度。」孔廣森補注：「大門美，則衆室得其度；上卿賢，則衆職得其理。」

〔二〕《大戴禮記・千乘》：「國有四輔，輔，卿也。卿設如四體，毋易事，毋假名，毋重食。」孔廣森補注：「四輔，皆小卿也。」

〔三〕友邦冢君，指各國諸侯。《書・泰誓上》：「王曰：『嗟！我友邦冢君，越我御事庶士，明聽誓。』」孔安國傳：「冢，大。友諸侯，親之。稱大君，尊之。」

〔四〕《禮記・王制》：「大國三卿，皆命於天子。」「次國三卿，二卿命於天子，一卿命於其君。」「小國二卿，皆命於其君。」

〔五〕《禮記·曲禮下》：「列國之大夫，入天子之國曰『某士』，自稱曰『陪臣某』。」

〔六〕《孝經·孝治》：「昔者明王之以孝治天下也，不敢遺小國之臣，而況于公、侯、伯、子、男乎？」

〔七〕《詩·小雅·采菽》。毛傳：「平平，辯治也。」鄭箋：「率，循也。諸侯之有賢才之德，能辯治其連屬之國，使得其所，則連屬之國亦循順之。」

〔八〕《左傳·成公二年》：「兄弟甥舅，侵敗王略。」杜預集解：「兄弟，同姓國；甥舅，異姓國。」

〔九〕《國語·魯語下》：「諏謀度詢，必咨於周，敢不拜教。」「咨才爲諏，咨事爲謀，咨義爲度，咨親爲詢，忠信爲周。」韋昭注：「訪問於善爲咨，忠信爲周。言諏、謀、度、詢，必當諮之於忠信之人也。」

〔一〇〕《禮記·檀弓上》：「今之大夫，交政于中國。」鄭玄注：「言時君弱臣强，政在大夫，專盟會以交接。」

聘，大夫之禮；會，則焉得有大夫之禮？《論語》不云乎：「宗廟會同，非諸侯而何？」〔一〕盟必以其君之身及其國家爲之質，大夫讀其書，可乎？信在大夫，可乎？「及宋人盟于宿」〔二〕，亂之大者。「據亂而作」〔三〕，有指哉！大夫盟會二一。

【箋】

〔一〕《論語·先進》。

〔二〕《春秋・隱公元年》。公羊子傳：「孰及之？内之微者也。」杜預集解：「客主無名，皆微者也。」

〔三〕何休《春秋公羊傳序》：「傳《春秋》者非一，本據亂而作，其中多非常異義可怪之論」。

《小過》不及其君〔一〕，君行一，臣行二〔二〕，將幣於廟中〔三〕，必戒之曰：「臣不可過」。會有壇坫，何獨不然。雖然，兩君相見，會之禮惟君也。一君一臣，不得曰相見。奉君命以往，則不可以私見。吾知公孫敖〔四〕不亢〔五〕也，隕越〔六〕焉已矣。聘禮，受命不受辭，結以聘行乎，國利乎〔七〕？大夫而與諸侯之盟始于此，惡其以淺事將君命而壞天下之大防，不貶絶，不待貶絶也〔八〕。仲遂國賊，同類相求〔九〕；行父〔一〇〕中立〔一一〕，幸其包羞〔一二〕。伯、子、男可會也〔一三〕，終不可盟也。大夫會諸侯三。

【箋】

〔一〕《易・小過》：「六二：過其祖，遇其妣；不及其君，遇其臣，無咎。《象》曰：『不及其君』，臣不可過也。」孔穎達疏：「『臣不可過』者，臣不可自過其位也。」

〔二〕《韓詩外傳》卷四：「晏子聘魯，上堂則趨，授玉則跪……孔子問之。晏子對曰：『夫上堂之禮，君行一，臣行二。今君行疾，臣敢不趨乎？』」

〔三〕將，送。幣，指貢獻之財物。宗廟中將幣，是會同之禮的一儀節。《周禮・春官・太史》：「大會同朝覲，以書協禮事。及將幣之日，執書以詔王。」鄭玄注：「將，送也。」孔穎達疏：「幣，謂璧帛之等。」

〔四〕《春秋·文公元年》：「秋，公孫敖會晉侯于戚。」《春秋·文公二年》：「夏六月，公孫敖會宋公、陳侯、鄭伯、晉士穀，盟于垂斂。」《春秋·文公七年》：「公孫敖如莒涖盟。」公孫敖，謚穆，又稱孟穆伯，慶父之子，魯桓公之孫。魯僖公、魯文公時爲卿。

〔五〕亢，指大夫亢禮敵諸侯。《春秋·莊公二十二年》：「秋七月丙申，及齊高傒盟于防。」穀梁子傳：「不言公，高傒伉也。」范甯集解：「高傒驕伉，與公敵體，恥之，故不書公。」

〔六〕隕越，猶顛墜，喪失。《左傳·僖公九年》：「恐隕越于下，以遺天子羞。」杜預集解：「隕越，顛墜也。」

〔七〕《春秋·莊公十九年》：「秋，公子結媵陳人之婦于鄄，遂及齊侯、宋公盟。」公羊子傳：「大夫無遂事，此其言『遂』何？聘禮，大夫受命不受辭，出竟有可以安社稷、利國家者，則專之可也。」

〔八〕《公羊傳·昭公元年》：「《春秋》不待貶絶而罪惡見者，不貶絶以見罪惡也；貶絶然後罪惡見者，貶絶以見罪惡也。」《穀梁傳·文公十八年》：「有不待貶絶，而罪惡見者；有待貶絶，而惡從之者。」

〔九〕《春秋·文公十六年》：「春，季孫行父會齊侯于陽穀，齊侯弗及盟。夏五月，公四不視朔。六月戊辰，公子遂及齊侯盟于郪丘。」左氏傳：「十六年春，王正月，及齊平。公有疾，使季文子會齊侯于陽穀，請盟，齊侯不肯，曰：『請俟君間。』夏五月，公四不視朔，疾也。公使襄仲納賂于齊侯，故盟于郪丘。」公子遂，即仲遂，魯莊公之子，又稱東門遂、東門襄仲，謚襄。文公薨，公子遂殺公子惡、公子視，立敬嬴之子爲魯宣公。齊侯，爲齊懿公商人，齊桓公庶子，齊昭公弟。昭公死，太子舍即位，未踰年，商人弒舍自立。驕横，民不附，爲僕人所殺。魯文公十五年至魯文公十八年在位。故莊存與稱公子遂與齊侯爲「同類相求」。

〔一〇〕行父，即季文子，季友之孫。魯宣、成、襄時期執政，有政聲。

〔一一〕中立，中正獨立。《禮記·中庸》：「故君子和而不流，强哉矯。中立而不倚，强哉矯。」孔穎達疏：「中正獨立，而不偏倚，志意强哉，形貌矯然。」

〔一二〕指行父不與齊侯盟。

〔一三〕《左傳·僖公二十九年》：「夏，公會王子虎、晉狐偃、宋公孫固、齊國歸父、陳轅濤塗、秦小子憖，盟于翟泉，尋踐土之盟，且謀伐鄭也。卿不書，罪之也。在禮，卿不會公、侯，會伯、子、男可也。」

《盤庚》之誥曰：「命汝一。」〔一〕一，君也。二君一民〔二〕，公室卑矣。大都、小都〔三〕，田、役有戒，必出於治朝〔四〕，况軍旅哉！其將不目，近古也〔五〕。慶父也，遂也，初主兵，卒爲亂〔六〕，叔彭生無譏焉〔七〕。仲孫、叔孫，其誰適從？公室四分，季取其二〔八〕，叔氏之介季孫舊矣〔九〕，孟孫之耦季孫固矣〔一〇〕，豹獨知有公室焉〔一一〕。斯、何忌、州仇〔一二〕，三臣不能居公室，四方莫不聞〔三〕，將，豈自公命哉！大夫將四。

【箋】

〔一〕《書·盤庚中》：「今予命汝一，無起穢以自臭，恐人倚乃身、迂乃心。」蔡沈集傳：「爾民當一心以聽上，無起穢惡以自臭敗。」

〔二〕《易·繫辭下》：「陽，一君而二民，君子之道也；陰，二君而一民，小人之道也。」

〔三〕《左傳·隱公元年》：「先王之制：大都不過參國之一，中五之一，小九之一。」

〔四〕治朝，天子諸侯三朝之一。在路門外，司士掌之，爲每日視朝之所。《周禮·天官·大宰》：「王眡治朝，則贊聽治。」鄭玄注：「治朝，在路門外，群臣治事之朝。」劉獻廷《廣陽雜記》卷一：「周之時有三朝：庫門之外爲外朝，詢大事在焉；路門之外爲治朝，日視朝在焉；路門之內曰內朝，亦曰燕朝。」

〔五〕如，《春秋》桓公八年：「秋，伐邾。」桓公十二年：「十有二月，及鄭師伐宋。丁未，戰于宋。」桓公十七年：「及宋人、衛人伐邾。」

〔六〕慶父，魯莊公之弟。莊公薨，弒子般立閔公，後又弒閔公自立，史稱「慶父不死，魯難未已」。其掌兵事，見《春秋·莊公二年》：「夏，公子慶父帥師伐於餘丘。」公子遂，魯莊公之子。文公薨，弒公子惡、公子視，立敬嬴之子爲魯宣公。其掌兵事，見《春秋》僖公二十七年：「乙巳，公子遂帥師入杞。」僖公三十三年：「秋，公子遂帥師伐邾。」

〔七〕《春秋・文公十四年》：「春王正月，公至自晉。邾人伐我南鄙，叔彭生帥師伐邾。」叔彭生，又作叔仲彭生，公子叔牙之孫，謚惠，史稱叔仲惠伯，文公世子公子惡之師，後被公子遂所殺。叔彭生掌兵而尊君，故莊存與稱「無譏」。《左傳・文公十八年》：「冬十月，仲（即公子遂）殺惡及視，而立宣公。書曰子卒，諱之也。仲以君命召惠伯，其宰公冉務人止之，曰：『入必死。』叔仲曰：『死君命可也。』公冉務人曰：『若君命可死，非君命何聽？』弗聽。乃入，殺而埋之馬矢之中。」

〔八〕《左傳・昭公五年》：「春王正月，舍中軍，卑公室也。毀中軍于施氏，成諸臧氏。初，作中軍，三分公室，而各有其一。季氏盡征之，叔孫氏臣其子弟，孟氏取其半焉。及其舍之也，四分公室，季氏擇二，二子各一。皆盡征之，而貢于公。」

〔九〕介，助，佑，亦有使者之意。《詩・豳風・七月》：「爲此春酒，以介眉壽。」鄭箋：「介，助也。」《左傳・昭公元年》：「叔出季處，有自來矣。」杜預集解：「季孫守國，叔孫出使，所從來久。」

〔一〇〕耦，合也。《漢書・杜欽傳》：「然小臣不敢廢道而求從，違忠而耦意。」顔師古注：「耦，合也。」《左傳・成公十六年》：「魯之有季、孟，猶晉之有欒、范也，政令於是乎成。」

〔一一〕《春秋・襄公十五年》：「季孫宿、叔孫豹帥師城成郛。」《春秋・襄公二十三年》：「八月，叔孫豹帥師救晉，次于雍榆。」公羊子傳：「曷爲先言救而後言次，先通君命也。」另《左傳・昭公元年》：「季武子伐莒，取鄆。莒人告於會。楚告於晉曰：『尋盟未退，而魯伐莒，瀆齊盟，請戮其使。』樂桓子相趙文子，欲求貨於叔孫，而爲之請。使請帶焉弗與，梁其踁曰：『貨以藩身，子何愛焉？』叔孫［豹］曰：『諸侯之會，衛社稷也。我以貨免，魯必受師，是禍之也，何衛之爲？人之有墻，以蔽惡也，墻之隙壞，誰之咎也？衛而惡之，吾又甚焉。雖怨季孫，魯國何罪？叔出季處，有自來矣，吾又誰怨？然鮒［即樂桓子］也賄，弗與不已。』召使者裂裳帛而與之，曰：『帶其褊矣。』趙孟聞之曰：『臨患不忘國，忠也；思難不越官，信也；圖國忘死，貞也；謀主三者，義也。有是四者，又可戮乎？』乃請諸楚，曰：『魯雖有罪，其執事不辟難，畏威而敬命矣。子若免之，以勸左右可也，若子之群吏，處不辟污，出不逃難，其何患之有！患之所生，污而不治，難而不守，所由來也。能是二者，又何患焉？不靖其能，其誰從之？魯叔孫豹可謂能矣，請免之以靖能者。』」

〔二〕《春秋》定公八年：「季孫斯、仲孫何忌帥師侵衛。」定公十年：「叔孫州仇、仲孫何忌帥師圍郈。秋，叔孫州仇、仲孫何忌帥師圍郈。」定公十二年：「叔孫州仇帥師墮郈。衛公孟彄帥師伐曹。季孫斯、仲孫何忌帥師墮費。」哀公元年：「冬，仲孫何忌帥師伐邾。」哀公二年：「春王二月，季孫斯、叔孫州仇、仲孫何忌帥師伐邾，取漷東田，及沂西田。癸巳，叔孫州仇、仲孫何忌及邾子盟于句繹。」哀公三年：「季孫斯、叔孫州仇帥師城開陽。」「叔孫州仇、仲孫何忌帥師圍邾。」哀公六年：「冬，仲孫何忌帥師伐邾。」

〔三〕《禮記·檀弓下》：「悼公之喪，季昭子問于孟敬子曰：『爲君何食？』敬子曰：『食粥，天下之達禮也。吾三臣者之不能居公室也，四方莫不聞矣，勉而爲瘠，則吾能。毋乃使人疑夫不以情居瘠者乎哉！我則食食。」鄭玄注：「三臣，仲孫、叔孫、季孫也。」

國亂無象〔一〕，良臣不居。「如陳」，以君命行其事，乃私行也〔二〕；「告糴」，以邦事行於齊，則若不出於君命也〔三〕。其善志哉。大夫私行五。

【箋】

〔一〕《左傳·襄公九年》晉侯問災變與天道的關係，士弱曰：「在道，國亂無象，不可知也。」杜預集解：「言國無道則災變亦殊，故不可必知。」

〔二〕《春秋·莊公二十七年》：「秋，公子友如陳，葬原仲」。公羊子傳：「原仲者何？陳大夫也。大夫不書葬，此何以書？通乎季子之私行也。何通乎季子之私行？辟内難也。君子辟内難，而不辟外難。内難者何？公子慶父、公子牙、公子友，皆莊公之母弟也。父子慶父、公子牙通乎夫人，以脅公。季子起而治之，則不得與于國政；坐而視之，則親親。因不忍見也。故於是復請至于陳，而葬原仲也。」左氏傳：「非禮也。原仲，季友之舊也。」杜預集解：「季友違禮會外大夫葬，具見其事，亦所以知譏。」

〔三〕《春秋·莊公二十八年》：「臧孫辰告糴于齊。」公羊子傳：「告糴者何？請糴也。何以不稱使？以爲臧孫辰之私行也。曷爲以臧孫辰之私行？君子之爲國也，必有三年之委，一年不熟，告糴，譏也。」另參見《國語·魯語上》的相關記載。

大夫榮辱，國之榮辱也，喜而致之。内禄出災〔一〕，不以此乎？狐裘羔袖〔二〕，行父也〔三〕；羊質虎皮〔四〕，意如也〔五〕。惟叔孫舍不失辭、不失色、不失足〔六〕，取貴於《春秋》，公羊知之〔七〕。大夫執六。

【箋】

〔一〕内，通納。《大戴禮記・千乘》：「卿設如大門，大門顯美，小大尊卑中度。開明閉幽，内禄出災，以順天道，近者閑焉，遠者稽焉。」

〔二〕語出《左傳・襄公十四年》：「右宰穀從而逃歸，衛人將殺之。辭曰：『余不説初矣，余狐裘而羔袖。』乃赦之。」杜預集解：「狐裘羔袖，言一身盡善，惟少有惡。」

〔三〕《春秋・成公十六年》：「九月，晉人執季孫行父，舍之于招丘。」季孫行父，謚文，史稱季文子。宣公九年代公子遂爲魯執政，至襄公五年卒，爲政三十四年。執政期間，「見有禮於其君者事之，如孝子之養父母也；見無禮於其君者誅之，如鷹鸇之逐鳥雀也。」（《左傳・文公十八年》）且「無衣帛之妾，無食粟之馬，無藏金玉，無重器備，君子是以知季文子之忠於公室也。」（《左傳・襄公五年》）其賢行粹語多載在《左傳》。但宣公十八年冬，公薨，行父追究宣公殺適立庶的舊賬，逐公孫歸父（其父公子遂助宣公弑嫡奪位）而獨專魯政，「臧宣叔怒曰：『當其時不能治也，後之人何罪？子欲去之，許請去之。』遂逐東門氏。」此或爲莊存與稱其「狐裘羔袖」之因。

〔四〕語出揚雄《法言・吾子》：「羊質虎皮，見草而悦，見豺而戰，忘其皮之虎也。」李軌注：「羊假虎皮，見豺則戰；人假僞名，考實則窮。」季孫意如，謚平，魯昭公末年執政。昭公二十五年秋，昭公與臧孫等謀逐意如不克，公遜于齊。齊晉之君屢欲納公，其臣皆受意如賄，終不克納。意如攝君事者八年，及昭公卒，舍太子公衍而立定公，又葬昭公于墓道南。定公五年卒，而其子斯隨即爲家臣陽虎所囚。

〔五〕《春秋·昭公十三年》：「八月甲戌，同盟于平丘。公不與盟。晉人執季孫意如以歸。」

〔六〕《春秋·昭公二十三年》：「晉人執我行人叔孫舍。」《左傳》《穀梁傳》作「叔孫婼」。左氏傳：「邾人愬于晉，晉人來討。叔孫婼如晉，晉人執之。書曰『晉人執我行人叔孫婼』，言使人也。晉人使與邾大夫坐，叔孫曰：『列國之卿，當小國之君，固周制也。邾又夷也，寡君之命介子服回在，請使當之，不敢廢周制故也。』乃不果坐。韓宣子使邾人取其衆，將以叔孫與之，叔孫聞之，去衆與兵而朝。士彌牟謂韓宣子曰：『子弗良圖，而以叔孫與其讎，叔孫必死之。魯亡叔孫，必亡邾。邾君亡國，將焉歸？子雖悔之，何及？所謂盟主，討違命也，若皆相執，焉用盟主？』乃弗與，使各居一館。士伯聽其辭，而愬諸宣子，乃皆執之。士伯御叔孫，從者四人，過邾館以如吏。先歸邾子。士伯曰：『以芻蕘之難，從者之病，將館子於都。』叔孫旦而立，期焉，乃館諸箕。舍子服昭伯於他邑，范獻子求貨於叔孫，使請冠焉。取其冠法，而與之兩冠，曰：『盡矣。』爲叔孫故，申豐以貨如晉。叔孫曰：『見我，吾告女所行貨。』見而不出。吏人之與叔孫居於箕者，請其吠狗，弗與。及將歸，殺而與之食之。叔孫所館者，雖一日，必葺其墻屋，去之如始至。」另《禮記・表記》：「子曰：『君子不失足于人，不失色于人，不失口于人。是故君子貌足畏也，色足憚也，言足信也。』」

〔七〕《公羊傳・文公十四年》：「執者，曷爲或稱行人，或不稱行人？稱行人而執者，以其事執也；不稱行人而執者，以己執也。」何休解詁：「己者，己大夫，自以大夫之罪執之。」

古人之厚終也，建國數百千歲，彊諸侯欲行天子之禮於小國之臣，不果内〔一〕。自是以下，公卿巽愞，發蒙振落矣。如遇犬馬，犬馬自爲；如遇官徒，官徒自爲〔二〕。犬馬有勞於人，尚加帷蓋之報，親賢大臣何如哉〔三〕！桓、莊之篇不卒大夫〔四〕，傷已。大夫卒七。

【箋】

〔一〕《戰國策・趙三・秦圍趙之邯鄲》：「齊閔王將之魯，夷維子執策而從，謂魯人曰：『子將何以待吾君？』魯人曰：『吾將以十太牢待子之君。』夷維子曰：『子安取禮而來待吾君？彼吾君者，天子也。天子巡狩，諸侯辟舍，納筦鍵，攝衽抱几，視膳于堂下，天子已食，退而聽朝也。』魯人投其籥，不果納，不得入于魯。將之薛，假塗于鄒。當是時，鄒君死，閔王欲入吊。夷維子謂鄒之孤曰：『天子吊，主人必將倍殯柩，設北面于南方，然後天子南面吊也。』鄒之群臣曰：『必若此，吾將伏劍而死！』故不敢入于鄒。鄒、魯之臣，生則不得事養，死則不得飯含，然且欲行天子之禮于鄒、魯之臣，不果納。」

〔二〕賈誼《新書・階級》：「人主遇其大臣，如遇犬馬，彼將犬馬自爲也；如遇官徒，彼將官徒自爲也。」官徒，官府的徒隸。

〔三〕《漢書・陳湯傳》：「夫犬馬有勞于人，尚加帷蓋之報，況國之功臣者哉！」

〔四〕《公羊傳・莊公三年》：「溺者何？吾大夫之未命者也。」何休解詁：「莊公薄於臣子之恩，故不卒大夫，與桓同義。」

骨肉之親無絕，不受禄亦不去國。叔肹遭變而不失弟之道，以取貴於《春秋》〔一〕，繫之「公」，以公尚知愧乎？公母弟八。

【箋】

〔一〕《春秋・宣公十七年》：「冬，十有一月壬午，公弟叔肹卒。」《左傳》《穀梁傳》作「叔肸」。穀梁子傳：「其曰公弟叔肸，賢之也。其賢之，何也？宣弑而非之也。非之，則胡爲不去也？曰：兄弟也，何去而之？與之財，則曰：『我足矣！』織屨而食，終身不食宣公之食。君子以是爲通恩也，以取貴乎《春秋》。」

君子不施其親〔一〕，三刺之法，非所論於八議之辟也〔二〕，季子正矣〔三〕。公子買何罪而誅，以謂楚人者〔四〕，蔽之枉橈〔五〕，不當孰甚焉。僑如出，公子偃死，行父疏公之戚，而私戚其戚〔六〕。日詳之，隱之也。刺大夫九。

【箋】

〔一〕《論語・微子》：「周公謂魯公曰：『君子不施其親，不使大臣怨乎不以。故舊無大故，則不棄也。無求備于一人。』」朱熹集注：施，弛，遺棄也。

〔二〕三刺，是秋官司刺的執掌，詢衆以決當殺與否。八辟，指貴族、官吏犯罪，輕罪則宥，重罪則改以輕比，并按特殊程序審理，漢代改名爲八議。《周禮・秋官・小司寇》：「以八辟麗邦灋，附刑罰。一曰議親之辟，二曰議故之辟，三曰議賢之辟，四曰議能之辟，五曰議功之辟，六曰議貴之辟，七曰議勤之辟，八曰議賓之辟。以三刺斷庶民獄訟之中，一曰訊群臣，二曰訊群吏，三曰訊萬民。聽民之所刺宥，以施上服下服之刑。」孫詒讓正義：「此〔三刺〕與上八辟，皆於常法之外，別爲慎恤之典。但八辟止於親貴，而三刺則通於庶民，故經據庶民言之。」

〔三〕《春秋・莊公三十二年》：「秋七月癸巳，公子牙卒。」公羊子傳：「何以不稱弟？殺也。殺則曷爲不言刺？爲季子諱殺也。曷爲爲季子諱殺？季子之遏惡也，不以爲國獄，緣季子之心而爲之諱。季子之遏惡奈何？莊公病，將死，以病召季子。季子至而授之以國政，曰：『寡人即不起此病，吾將焉致乎魯國？』季子曰：『般也存，君何憂焉。』公曰：『庸得若是乎！牙謂我曰：「魯一生一及，君已知之矣，慶父也存。」』季子曰：『夫何敢！是將爲亂乎？夫何敢！』俄而牙弒械成。季子和藥而飲之，曰：『公子從吾言而飲此，則必可以無爲天下戮笑，必有後乎魯國。不從吾言，而不飲此，則必爲天下戮笑，必無後乎魯國。』於是從其言而飲之。飲之無傫氏，至乎王堤而死。公子牙今將爾，辭曷爲與親弒者同？君親無將，將而誅焉。然則善之與？曰：然。殺世子母弟，直稱君者，甚之也。季子殺母兄何善爾？誅不得辟兄，君臣之義也。然則曷爲不直誅而酖之？行誅乎兄，隱而逃之，使託若以疾死然，親親之道也。」

〔四〕《春秋·僖公二十八年》：「公子買戍衛，不卒戍，刺之。」公羊子傳：「刺之者何？殺之也。殺之，則曷爲謂之刺之？内諱殺大夫，謂之刺之也。」左氏傳：「公子買戍衛，楚人救衛，不克。公懼于晉，殺子叢［即公子買］以説焉。謂楚人曰：『不卒戍也。』」

〔五〕《禮記·月令》：「斬殺必當，毋或枉橈。」孔穎達疏：「枉謂違法曲斷，橈謂有理不申，應重乃輕，應輕更重。」

〔六〕《春秋·成公十六年》：「九月，晉人執季孫行父，舍之于苕丘。冬十月乙亥，叔孫僑如出奔齊。十有二月乙丑，季孫行父及晉郤犨盟于扈。公至自會。乙酉，刺公子偃。」按：叔孫僑如通於成公之母穆姜，欲逐季孫行父而專魯政，故説晉執行父以殺之。魯成公使子叔聲伯請季孫于晉，晉人赦之。行父歸，逐叔孫僑如，而殺成公庶弟公子偃，蓋與謀者也。故莊存與稱行父私其戚而疏公之戚。詳見《左傳》。

「大夫廢其事，終身不仕，死以士禮葬之」〔一〕。公孫敖實然〔二〕。魯人不忍傷其子之心，厚之道也。公孫歸父〔三〕善矣，遂之罪也，惡惡止其身〔四〕，聖人之指，深遠哉。僑如幸〔五〕，紇〔六〕非不幸，公子慭非卿，以重視大夫，昭公所親，意如所忌〔七〕，忌可重矣。大夫奔十。

【箋】

〔一〕《禮記·王制》。

〔二〕《春秋·文公八年》：「公孫敖如京師，不至而復。丙戌，奔莒。」按：魯文公七年，徐伐莒，慶父之子公孫敖如莒涖盟，且爲公子遂逆己氏。登城見之，美，自爲娶之。公子遂欲攻之，文公止之。越明年，公孫敖如京師，不至而奔莒，從己氏焉。生二子于莒而求復，其子文伯（公孫穀）以爲請，公子遂復之，三年而盡室以復適莒。文伯卒，立惠叔。公孫敖請重賂以求復，惠叔以爲請。許之，將來，九月，卒于齊。文公十五年，惠叔請歸葬，許之，取而殯之。詳見《左傳》。

〔三〕《春秋·宣公十八年》：「歸父還自晉，至檉，遂奔齊。」公羊子傳：「還者何？善辭也。何善爾？歸父使于晉，還自晉，至檉，聞君薨家遣，墠帷，哭君成踊，反命乎介，自是走之齊。」按：歸父，公子遂之子。出使晉國途中，宣公薨，季孫行父追究宣公與公子遂殺嫡立庶之罪，逐歸父。

〔四〕語出《公羊傳·昭公二十年》：「君子之善善也長，惡惡也短。惡惡止其身，善善及子孫。」

〔五〕《春秋·成公十六年》：「冬十月乙亥，叔孫僑如出奔齊。」

〔六〕《春秋·襄公二十三年》：「冬十月乙亥，臧孫紇出奔邾。」按：孟氏誣臧氏將爲亂，季孫不信。孟氏設計使信之，季孫怒攻臧氏，臧紇出奔邾。詳見《左傳》。

〔七〕《春秋·昭公十二年》：「冬，十月，公子慭出奔齊。」左氏傳：「故叔仲小、南蒯、公子慭謀季氏（季孫意如）。慭告公，而遂從公如晉。南蒯懼不克，以費叛如齊。子仲（公子慭）還及衛，聞亂，逃介而先，及郊，聞費叛，遂奔齊。」

先王之制，邑無百雉之城〔一〕。「大都耦國，亂之本也」〔二〕。叛者在前，抗者在目。臣有情僞，無以感之。伐邑厲矣，非聖人意也〔三〕。叛邑十一。

【箋】

〔一〕《左傳·隱公元年》：「祭仲曰：『都，城過百雉，國之害也。先王之制：大都不過參國之一，中五之一，小九之一。』」

〔二〕《左傳·閔公二年》。

〔三〕《春秋·定公十二年》：「叔孫州仇帥師墮郈。」「季孫斯、仲孫何忌帥師墮費。」公羊子傳：「曷爲帥師墮郈、帥師墮費？孔子行乎季孫，三月不違，曰：『家不藏甲，邑無百雉之城。』於是帥師墮郈、帥師墮費。雉者何？五板而堵，五堵而雉，百雉而城。」

士之八成〔一〕，《九刑》不忘〔二〕。聖人之辭，嚴於鈇鉞。口授弟子，不著竹帛〔三〕。邦賊十二。

【箋】

〔一〕八成，依以判罪決事的八種成例。《周禮·秋官·士師》：「掌士之八成：一曰邦汋，二曰邦賊，三曰邦諜，四曰犯邦令，五曰撟邦令，六曰爲邦盜，七曰爲邦朋，八曰爲邦誣。」鄭玄注：「八成者，行事有八篇，若今時《決事比》。」

〔二〕《左傳・文公十八年》：「爲大凶德，有常無赦。在《九刑》不忘。」《左傳・昭公六年》：「周有亂政而作《九刑》。」杜預集解：「周之衰，亦爲刑書，謂之《九刑》。」

〔三〕《公羊傳・隱公二年》：「紀子伯者何？無聞焉爾。」何休解詁：「言無聞者，《春秋》有改周受命之制，孔子畏時遠害，又知秦將燔《詩》《書》，其説口授相傳，至漢公羊氏及弟子胡毋生等，乃始記於竹帛，故有所失也。」

陪臣執國命〔一〕，不見於異邦。惟此一人而夫子究之，窮諸盜矣〔二〕。其命之專於國，所不能削者有一焉，從祀先公也〔三〕。爲國者慎毋棄先王之經，俾爲盜者藉手口哉。邦盜十三。

【箋】

〔一〕《論語・季氏》：「天下無道，則禮樂征伐自諸侯出。自諸侯出，蓋十世希不失矣；自大夫出，五世希不失矣；陪臣執國命，三世希不失矣。」何晏集解：「馬曰：『陪，重也。』謂家臣。陽虎爲季氏家臣。」

〔二〕窮諸盜，指窮治賤乎賤者之罪。《公羊傳・文公十六年》：「大夫弑君稱名氏，賤者窮諸人；大夫相殺稱人，賤者窮諸盜。」何休解詁：「降大夫使稱人，降士使稱盜者，所以別死刑有輕重也。」陳立義疏：「大夫弑君稱名氏，賤者則降同士稱人。大夫相殺稱人，賤者則降同士稱盜也。以大夫已降稱人，故士降稱盜也。」

〔三〕《春秋・定公十一年》：「從祀先公，盜竊寶玉、大弓。」公羊子傳：「盜者孰謂？謂陽虎也。陽虎者，曷爲者也？季氏之宰也。季氏之宰，則微者也，惡乎得國寶而竊之？陽虎專季氏，季氏專魯國。」

大夫盟會

九月，及宋人盟于宿隱公元年

諸侯之大夫稱人〔一〕，《春秋》之始也。内大夫出疆恒不氏，茲何以不名？貶絶則名〔二〕，名不如不名。名何以不如不名？大夫微也，微則以爲大夫之宜。宋，大國也；宿，微國也。宿爲主人，其君在焉〔三〕。何見？見之於男卒〔四〕也。吾與宋甥舅〔五〕，公在喪也，使大夫，愈於身親之。盟不自大夫出，必以其君與國爲之辭，則焉愈於身親之？君臣自父子立也，子子然後臣臣矣。終不若不盟之爲愈。出命者不可，承命而行者可以無貶。無貶不名，以當「宋人」而已矣。當「宋人」而已者，公侯之臣相爲國客之禮也〔六〕。

【箋】

〔一〕公羊子傳：「孰及之？内之微者也。」何休解詁：「内者，謂魯也。微者，謂士也。不名者，略微也。大者正，小者治，近者説，遠者來，是以《春秋》上刺王公，下譏卿大夫而逮士庶人。宋稱人者，亦微者也。魯不稱人者，自内之辭也。」穀梁子傳：「及者何？内卑者也。宋人，外卑者也。卑者之盟不日。」此二傳爲莊氏所不采。

〔二〕如，《春秋·隱公二年》：「無駭帥師入極。」公羊子傳：「無駭者何？展無駭也。何以不氏？貶。曷爲貶？疾始滅也。」《春秋·隱公四年》：「秋，翬帥師會宋公、陳侯、蔡人、衛人伐鄭。」公羊子傳：「翬者何？公子翬也。何以不稱公子？貶。曷爲貶？與弑公也。」

〔三〕胡安國傳：「微者盟會，不志于《春秋》。此其志者，有宿國之君也。」

〔四〕《春秋·隱公八年》：「辛亥，宿男卒。」

〔五〕《直解》：「隱、桓皆宋出」。

〔六〕《周禮·秋官·司儀》：「諸公之臣，相爲國客，則三積，皆三辭拜受。」鄭玄注：「謂相聘也。」

春，季孫行父會齊侯于陽穀。齊侯弗及盟 文公十有六年

承命以盟，不獲以盟反命〔一〕，行父耻乎？國耻也。則何言乎「弗及盟」？幸行父也。是齊侯也，是公子商人也，我不能討，讐我以爲榮，親我以爲辱〔二〕。何幸乎其弗及盟？「見不善如探湯」〔三〕，行父則不能，故會齊侯也。趨而陷焉，行父庶幾免矣，誠幸之也。

【箋】

〔一〕左氏傳：「十六年春，王正月，及齊平。公有疾，使季文子會齊侯于陽穀，請盟，齊侯不肯，曰：

『請侯君間。』」

〔二〕《春秋・文公十四年》：「齊公子商人弒其君舍。」左氏傳：「秋，七月乙卯夜，齊商人弒舍而讓元。元曰：『爾求之久矣，我能事爾，爾不可使多蓄憾，將免我乎？爾爲之。』」

〔三〕《論語・季氏》：「孔子曰：『見善如不及，見不善如探湯。吾見其人矣，吾聞其語矣。』」何晏集解：「孔曰：『探湯，喻去惡疾。』」

六月戊辰，公子遂及齊侯盟于郪丘

「及，我欲之」〔一〕，公子遂志乎爲是盟也。商人弗及行父盟，遂則及商人盟。遂其商人之徒與？有君命焉則遂何罪〔二〕？遂主兵久矣，不能討賊，受賊之侮，賂賊以請盟，其不知耻也，其不知畏也。畏非所畏，則不畏可畏。君獲其意，遂擅其功，文公無遠慮而任小人，不旋踵而遂乃行商人之事矣〔三〕。内大夫特盟諸侯〔四〕，未有書日者，汲汲與弒君之賊盟，故謹而日之。

【箋】

〔一〕《公羊傳・隱公元年》：「曷爲或言會，或言及，或言暨？會猶最也，及猶汲汲也。及，我欲之；暨，不得已也。」

〔二〕左氏傳：「夏五月，公四不視朔，疾也。公使襄仲納賂于齊侯，故盟于郪丘。」

〔三〕《左傳·文公十八年》：「冬十月，仲殺惡及視，而立宣公。」仲，即公子遂。

〔四〕特盟，指兩方相盟。《左傳·桓公二年》：「特相會，往來稱地，讓事也。」杜預集解：「特相會，公與一國會也。」

大夫將

八月，叔孫豹帥師救晉，次于雍榆襄公二十有三年

內不能救則書次不書救〔一〕，何言乎「救晉，次于雍榆」？善救晉也〔二〕。諸侯勤王，不救則罪也；州伯恤小國，不救則耻也。齊不足以敝晉，魯不足以敵齊，救已厚矣，不能，非魯耻也。書「次」，未能乎救也。未能乎救而言「救」，善之也。不爲譏乎？外救以言次爲譏，内救以不言救爲諱。何以善救晉？平陰〔三〕之役，齊爲我故伐晉以報平陰也〔四〕，報施之義則得矣。

【箋】

〔一〕《春秋·莊公三年》：「冬，公次于郎。」公羊子傳：「其言次于郎何？刺欲救紀而後不能也。」

〔二〕左氏傳：「齊侯遂伐晉，取朝歌。爲二隊，入孟門，登大行。張武軍于熒庭，戍郫邵，封少水，以報平陰之役，乃還。趙勝帥東陽之師以追之，獲晏氂。八月，叔孫豹帥師救晉，次于雍榆，

禮也。」

〔三〕平陰，原文誤作「陰平」，據《左傳》改。

〔四〕《春秋・襄公十八年》：「秋，齊師伐我北鄙。冬十月，公會晉侯、宋公、衛侯、鄭伯、曹伯、莒子、邾子、滕子、薛伯、杞伯、小邾子同圍齊。」左氏傳：「冬十月，會于魯濟，尋湨梁之言，同伐齊。齊侯御諸平陰，塹防門而守之，廣里。」「齊侯登巫山以望晉師，晉人使司馬斥山澤之險，雖所不至，必旆而疏陳之。使乘車者，左實右僞，以旆先，輿曳柴而從之。齊侯見之，畏其衆也，乃脱歸。丙寅晦，齊師夜遁。」「十一月丁卯朔，入平陰，遂從齊師。」

大夫執

意如至自晉 昭公十有四年

致大夫不去族，意如何以去族？賊也〔一〕。翬也，終隱之篇貶〔二〕，此曷爲一貶而已？因其可貶而貶之。此其爲可貶奈何？「尊晉罪己」〔三〕夫？意如知之。

【箋】

〔一〕意如，即季孫意如，謚平。昭公二十五年，昭公謀逐季氏，反爲意如所逐，在外流亡七年余而後薨。

〔二〕《公羊傳・隱公十年》：「此公子翬也，何以不稱公子？貶。曷爲貶？隱之罪人也，故終隱之篇貶也。」

〔三〕左氏傳：「春，意如至自晉。尊晉罪己也。」杜預集解：「以舍族爲尊晉罪己。」孔穎達疏：「一命大夫，經書爲人。以卿之貴，得備名氏。若有罪過，宜貶黜者，他國之卿則稱某人，魯卿不得自稱魯人，有罪則貶去其族。族去則非卿，此舍意如之族，是爲罪己也。季孫本實伐莒，晉人討而執之，放令歸魯，荷晉恩德，罪己亦以尊晉，故云尊晉罪己也。」

叔孫舍至自晉昭公二十有四年

意如去族，舍不去族？舊史去也，君子脩之不去也。不去舍，以去意如也。

大夫卒

公子益師卒隱公元年

公子與？公子而爲大夫者與？大夫也。《春秋》録大夫卒，以大夫録公子〔一〕。公子不爲大夫則不卒，必有故然後録之。曷爲録大夫卒？國體也〔二〕，命於天子者也〔三〕。曷爲以大夫録公子？魯無異姓大夫也，且見成、襄而下，公子無復爲大夫者也。知其國體，擇之不可不慎，任之不可不重，禮之不可不厚；知其命於天子，則不可以置私人，不可以不請命，不可以專廢置生殺。天子有司士官，「凡邦國，三歲則稽士任而進退其爵禄」〔四〕，諸侯之三大夫也。况生殺之柄乎！見魯無異姓大夫，則賢賢之義缺矣；見成、襄而下公子無復爲大夫，則親親之道缺。而世卿之害家凶國，爲王法所必禁矣。富哉，《春秋》之辭之指乎！

言盡于此而已乎？又有焉。公子不爲大夫，家之事也，有故然後録之。哀先君之遺體也，傷其散而之于四方也。曰是公子也，則未知其孝公之子與，惠公之子與？曰：孝公之子也，終公爲諸父。諸侯絶旁期〔五〕，實維一體之親也，則不可不與小斂。公不與，不可不志〔六〕。不日，譏不篤於禮也。《春秋》之義不可凡，其旨博矣。「族之相爲也，宜弔不弔，宜免不免，有司罰之」〔七〕，公可不自篤乎！一節闕焉，謹而志之，厚之至也。

【箋】

〔一〕胡安國傳：「凡公子、公孫登名於史册，貴戚之卿也。」

〔二〕《穀梁傳·莊公二十五年》：「大夫，國體也。」亦見昭公十五年傳。

〔三〕《禮記·王制》：「大國三卿，皆命於天子，下大夫五人，上士二十七人。次國三卿，二卿命於天子，一卿命於其君，下大夫五人，上士二十七人。小國二卿，皆命於其君，下大夫五人，上士二十七人。」另《禮記·王制》：「諸侯之上大夫卿、下大夫、上士、中士、下士凡五等。」鄭玄注：「上大夫曰卿。」

〔四〕《周禮·夏官·司士》。賈公彦疏：「邦國之卿、大夫、士總曰士也。」

〔五〕旁期，旁系親屬的喪服。《周禮·春官·司服》：「凡凶事，服弁服」。賈公彦疏：「天子、諸侯絶旁期」。

〔六〕左氏傳：「衆父卒，公不與小斂，故不書日。」杜預集解：「衆父，公子益師字。」

〔七〕《禮記·文王世子》。免，音wèn，喪服之一種，即去冠括髮，以布纏頭。《左傳·僖公十五年》：「使以免服、衰絰逆，且告。」杜預集解：「免、衰絰，遭喪之服。」

冬十有二月辛巳，公子彄卒隱公五年

大夫曰卒，正也〔一〕。隱公之篇四卒大夫，惟公子彄以正書之。彄者何？孝公之子，隱公之諸父。不當爲伯，乃叔父爾也〔二〕。隱於大夫，恩不薄，疏戚亦不相踰。小有闕，益師也；成禮，彄也。「古之人君於其大臣，疾則臨視之無數，死則往弔哭之，臨其小斂大斂，已棺塗而後爲之錫衰麻絰，親者以其親服，三臨其喪，未殯不飲酒食肉，未葬不舉樂，當宗廟之祭而死，爲之廢樂」〔三〕。《春秋》於仲遂〔四〕、叔弓〔五〕，謹而志之，則文王之法，其不盡熄於當年矣。故曰：「魯一變，至於道。」〔六〕志益師之闕，成彄之禮。無駭近，俠則遠〔七〕，或貶而不繫氏，或以未命不繫氏。凡所書者，有所表也。終桓之篇，不卒大夫，譏恩薄也；翬不卒，則國賊也。臧孫達〔八〕不卒，莊公之薄也；公子牙稱卒，以爲當誅而諱殺大夫也。以莊之不卒大夫，見牙之卒非卒也，殺也，公羊家有所受之〔九〕。彼徒據左丘，經將以何明之？經鮮不亂，傳且失之誣矣。

【箋】

〔一〕莊存與此處意旨與何休有别。《公羊傳·隱公元年》：「所見異辭，所聞異辭，所傳聞異辭。」何休解詁：「於所見之世，恩已與父之臣尤深，大夫卒，有罪無罪，皆日録之，『丙申，季孫隱如卒』是也。於所聞之世，王父之臣恩少殺，大夫卒，無罪者日録，有罪者不日，略之，『叔孫得臣卒』是也。於所傳聞之世，高祖曾祖之臣恩淺，大夫卒，有罪無罪皆不日，略之也，公子益師、無駭卒是也。」

〔二〕左氏傳：「冬十二月辛巳，臧僖伯卒。公曰：『叔父有憾於寡人，寡人弗敢忘，葬之加一等。』」臧僖伯，即公子彄，謚僖。

〔三〕《漢書·賈山傳》。

〔四〕《春秋·宣公八年》：「辛巳，有事于大廟。仲遂卒于垂。壬午，猶繹。萬入，去籥。」公羊子傳：「繹者何？祭之明日也。萬者何？干舞也。籥者何？籥舞也。其言萬入去籥何？去其有聲者，廢其無聲者，存其心焉爾。存其心焉爾者何？知其不可而爲之也。猶者何？通可以已也。」

〔五〕《春秋·昭公十五年》：「二月癸酉，有事于武宫。籥入，叔弓卒。去樂卒事。」公羊子傳：「其言去樂卒事何？禮也。君有事于廟，聞大夫之喪去樂卒事；大夫聞君之喪，攝主而往；大夫聞大夫之喪，尸事畢而往。」

〔六〕《論語·雍也》。何晏集解：「包曰：『言齊魯有太公、周公之餘化。太公大賢，周公聖人，今其政教雖衰，若有明君興之，齊可使如魯，魯可使如大道行之時。』」

〔七〕指無駭親近，所俠疏遠，詳見下文「俠卒」條。

〔八〕臧孫達，臧僖伯（公子彄）之子，謚哀。桓公二年，取郜大鼎于宋，戊申納于大廟，臧孫達諫其非禮。莊公十一年，宋大水，魯往吊，宋公子御説應對得宜，臧孫達曰：「是宜爲君，有恤民之心。」

〔九〕《公羊傳·莊公三十二年》：「秋，七月癸巳，公子牙卒。」公羊子傳：「何以不稱弟，殺也。殺則曷爲不言刺之？爲季子諱殺也。」

冬十有二月，無駭卒隱公八年

《春秋》有追書〔一〕。賜族矣〔二〕，不追書，貶之也，疾始滅國也〔三〕。滅國，先王所必誅而不赦，豈徒曰「我善爲戰」而已乎〔四〕。

【箋】

〔一〕追書，事後追述的一種書法。《左傳·襄公元年》：「元年春己亥，圍宋彭城。非宋地，追書也。」杜預集解：「成十八年，楚取彭城以封魚石，故曰非宋地。夫子治《春秋》，追書系之宋。」

〔二〕左氏傳：「無駭卒，羽父請謚與族。公問族於衆仲，衆仲對曰：『天子建德，因生以賜姓，胙之土而命之氏。諸侯以字爲謚，因以爲族。官有世功，則有官族。邑亦如之。』公命以字，爲展氏。」

〔三〕公羊子傳：「此展無駭也，何以不氏？疾始滅也，故終其身不氏。」

〔四〕《春秋・隱公二年》：「無駭帥師入極。」公羊子傳：「無駭者何？展無駭也。何以不氏？貶。曷爲貶？疾始滅也。」另《孟子・盡心下》：「孟子曰：『有人曰：我善爲陳，我善爲戰。大罪也。國君好仁，天下無敵焉。』」

俠卒 隱公九年

公羊子曰：「吾大夫之未命者也。」穀梁子曰：「俠者，所俠也。」公子益師、公子彄，親則諸父也；無駭，五廟之孫也；俠爲同姓與？異姓與？未可知也，故氏「所」矣，則疏於賜氏者。「未命」，未命於天子，焉得謂「隱不爵大夫」而不命之乎〔一〕！大國三卿，可不命於天子乎〔二〕？不命於天子則不成爲諸侯之大夫，故不氏也。

【箋】

〔一〕穀梁子傳：「俠者，所俠也。弗大夫者，隱不爵大夫也。隱之不爵大夫，何也？曰不成爲君也。」

〔二〕《禮記・王制》：「大國三卿，皆命于天子。」

春王三月辛卯，臧孫辰卒文公十年

卒何以日？辰，魯之崇也。得無貶乎？義不得無貶，而辭無貶也。曰周文公〔一〕、召康公〔二〕既没，周之賢臣無若樊仲山甫〔三〕者。《詩》曰：「衮職有闕，惟仲山甫補之。」尹吉甫之降心也若此〔四〕，跡〔五〕宣王之政，未純也。芮良夫之詩曰：「哀恫中國，具贅卒荒，靡有旅力，以念穹蒼。」〔六〕哀中國之大，無或陳力以念天事者。人曠天之命，可痛矣。睿聖武公，盛德至善，民不能忘，宜若天所屬意，而道不克繼文王〔七〕。

五百餘歲至於孔子〔八〕。先孔子未生，獨有一人曰柳下惠，魯公族，而伊尹、大公之倫也。蓋其盛哉，用天之降命，復文武之統於魯國，何不可得反者。而孔子因之，則世世猶三代也。魯世卿臧孫辰，聞人也，以其言爲魯大夫師，自知弗若季〔九〕，則護其故以蔽之，俾不通然後已〔一〇〕。以王者之法正之，蒙顯戮者，辰其首也，辭烏得無貶乎？曰義在指矣，曷不學乎《春秋》！

莊公季年迄於兹，辰也日在卿位，告糴〔一一〕之外無見焉。魯人皆崇之矣，聖人皆削之矣。季友卒，僖政衰〔一二〕；仲遂恣，宣慝伏〔一三〕。魯無人焉！孰知辰之至是始卒也！享卿禄者又五十年矣，不爲不久矣。噫，後之君子，欽念之哉！以臧孫辰之爲良大夫，當世謂之不朽，而閔、僖、文之《春秋》削之無一事可録者，則知蔽賢之罪大，而小善不足以自贖也，甚絶之也。義在指矣，曷不讀乎《春秋》！

【箋】

〔一〕周文公，即周公，謚文。輔佐成王平定叛亂，制禮作樂，奠定西周立國規模。

〔二〕召康公，即召公，謚康。輔佐成王、康王開創「成康之治」，《詩・召南・甘棠》美之。

〔三〕仲山甫，封于樊。輔佐宣王中興。

〔四〕《詩・大雅・烝民》。小序：「尹吉甫美宣王也，任賢使能，周室中興焉。」

〔五〕跡，考核；推究。《墨子・尚賢中》：「然後聖人聽其言，迹其行。」張純一集解：「迹，循實而考之也。」

〔六〕《詩・大雅・桑柔》。小序：「芮伯刺厲王也。」鄭箋：「芮伯，畿内諸侯王卿士也，字良夫。」

〔七〕《國語・楚語上》：「昔衛武公年數九十有五矣，猶箴儆于國，曰：『自卿以下至于師長士，苟在朝者，無謂我老耄而舍我，必恭恪于朝，朝夕以交戒我；聞一二之言，必誦志而納之，以訓導我。』在輿有旅賁之規，位寧有官師之典，倚几有誦訓之諫，居寢有褻御之箴，臨事有瞽史之導，宴居有師工之誦。史不失書，矇不失誦，以訓御之，于是乎作《懿》戒以自儆也。及其没也，謂之睿聖武公。」《詩・衛風・淇奥》小序：「美武公之德也。有文章，又能聽其規諫，以禮自防，故能入相于周。」據《詩・小雅・賓之初筵》及《詩・大雅・抑》的小序，衛武公生活于周幽王和周厲王之時，即周室衰頹，不克繼文王之時。

〔八〕《孟子·盡心下》:「由文王至於孔子五百有餘歲」。

〔九〕柳下惠,展氏,名獲,字禽,一字季。

〔一〇〕《論語·衛靈公》:「子曰:『臧文仲其竊位者與?知柳下惠之賢,而不與立也。』」《論語·微子》:「柳下惠爲士師,三黜。人曰:『子未可以去乎?』曰:『直道而事人,焉往而不三黜。枉道而事人,何必去父母之邦。』」《左傳·文公二年》:「仲尼曰:『臧文仲其不仁者三,不知者三。下展禽,廢六關,妾織蒲,三不仁也。作虚器,縱逆祀,祀爰居,三不知也。』」杜預集解:「展禽,柳下惠也。文仲知柳下惠之賢而使在下位。」臧孫辰,謚文,故稱文仲。

〔一一〕《春秋》書臧孫辰僅二次,一爲莊公二十八年「大無麥禾,臧孫辰告糴于齊」,一爲文公十年:「春王三月辛卯,臧孫辰卒」。

〔一二〕《春秋繁露·精華》:「魯僖公以亂即位,而知親任季子。季子無恙之時,内無臣下之亂,外無諸侯之患,行之二十年,國家安寧。季子卒之後,魯不支鄰國之患,直乞師楚耳。僖公之情非輒不肖,而國衰益危者,何也?以無季子也。」

〔一三〕《春秋·文公十八年》:「冬,十月,子卒。」左氏傳:「冬十月,仲(公子遂)殺惡及視,而立宣公。」

邦賊

宋公、陳侯、蔡人、衛人伐鄭。秋,翬帥師會宋公、陳侯、蔡人、衛人伐鄭隱公四年此再役也，宋志也〔一一〕。謀自衛人始〔二〕，宋不救患而生患，不討賊而助賊，則必以宋公主之，重其先、輕其後。斥衛州吁以當國之辭〔三〕，「衛人」則州吁之人矣。與賊爲徒曰「衛人」也，及其討賊亦曰「衛人」也〔四〕，名之必可言，固若是無辨乎？《春秋》以衛人卒能討賊而原衛人之心，恕其初從州吁之罪，一以「人」書之，平人也。《擊鼓》之怨〔五〕，衛人不以州吁爲君也。公孫文仲將，固無罪矣〔六〕，况師旅乎！

然則宋公、陳侯、蔡人，皆可不以黨亂臣而干王誅乎？應之曰：宋、陳、蔡皆有罪，得免罪者，惟陳侯焉。戴嬀大歸〔七〕，陳侯不知賊由州吁耶？又可曰不得不以兵從州吁耶？我與宋爲會，衛人告亂，則遇于清矣〔八〕。皆知州吁爲賊矣，殤公又聽其甘言悦耳乎〔九〕！宋公首惡，陳侯次之，皆稱其爵；蔡以末減，稱之曰人。貴者惡重，微者惡輕，王誅也。則陳侯何以免？書法何以見之？賊當國且在外，則稱地以急其誅〔一〇〕。「于濮」，喜得賊也。得賊，陳之力也〔一一〕，則罪與衛人偕免矣。不可赦者，翬也，且邦賊也；不終者，宋殤公也〔一二〕，又且首惡也。我以將尊師重之辭〔一三〕言之，蔽罪于翬，而公之不能終，斷可知矣。此再役也，不先目而後凡〔一四〕，于伐鄭如恒辭然，痛宋、鄭構兵，其爭奪相殺無已時。迨同盟于幽〔一五〕而後息焉，夫子曰：「管仲之力也。」〔一六〕

【箋】

〔一〕左氏傳：「秋，諸侯復伐鄭。宋公使來乞師，公辭之。羽父請以師會之，公弗許，固請而行。故書曰『翬帥師』，疾之也。諸侯之師敗鄭徒兵，取其禾而還。」

〔二〕左氏傳：「宋殤公之即位也，公子馮出奔鄭。鄭人欲納之。及衛州吁立，將脩先君之怨於鄭，而求寵於諸侯，以和其民。使告於宋曰：『君若伐鄭以除君害，君爲主，敝邑以賦與陳、蔡從，則衛國之願也。』宋人許之。於是陳、蔡方睦於衛，故宋公、陳侯、蔡人、衛人伐鄭，圍其東門，五日而還。」

〔三〕《春秋·隱公四年》：「戊申，衛州吁弑其君完。」公羊子傳：「曷爲以國氏？當國也。」

〔四〕《春秋·隱公四年》：「九月，衛人殺州吁于濮。」公羊子傳：「其稱人何？討賊之辭也。」

〔五〕《詩·邶風·擊鼓》小序：「怨州吁也。衛州吁用兵暴亂，使公孫文仲將而平陳與宋。國人怨其勇而無禮也。」

〔六〕指《春秋》不書公孫文仲將，乃不罪之也。

〔七〕《詩·邶風·燕燕》小序：「衛莊姜送歸妾也。」鄭箋：「莊姜無子，陳女戴嬀生子，名完，莊姜以爲己子。莊公薨，完立，而州吁殺之。戴嬀于是大歸，莊姜遠送之于野，作詩見己志。」

〔八〕《左傳·隱公四年》：「春，衛州吁弑桓公而立。公與宋公爲會，將尋宿之盟。未及期，衛人來告亂。夏，公及宋公遇于清。」

〔九〕殤公，指宋殤公，名與夷，本次伐鄭的主力。

〔一〇〕《春秋・隱公元年》：「夏五月，鄭伯克段于鄢。」公羊子傳：「其地何？當國也。齊人殺無知，何以不地？在内也。在内，雖當國，不地也。不當國，雖在外，亦不地也。」

〔一一〕《左傳・隱公四年》：「州吁未能和其民，厚「石碏子」問定君于石子「即石碏」。石子曰：『王覲爲可。』曰：『何以得覲？』曰：『陳桓公方有寵于王，陳、衛方睦，若朝陳使請，必可得也。』厚從州吁如陳。石碏使告于陳曰：『衛國褊小，老夫耄矣，無能爲也。此二人者，實弒寡君，敢即圖之。』陳人執之而請涖于衛。九月，衛人使右宰醜涖殺州吁于濮，石碏使其宰獳羊肩涖殺石厚于陳。君子曰：『石碏，純臣也，惡州吁而厚與焉，大義滅親，其是之謂乎。』」

〔一二〕《春秋・桓公二年》：「春王正月戊申，宋督弒其君與夷，及其大夫孔父。」

〔一三〕《公羊傳・隱公五年》：「將尊師衆，稱某率師。」

〔一四〕先目後凡，指同一事件中，《春秋》前文逐一書寫各國諸侯，後文則總書「諸侯」以代之，不再分列。如《春秋・僖公五年》：「公及齊侯、宋公、陳侯、衛侯、鄭伯、許男、曹伯會王世子于首戴。秋八月，諸侯盟于首戴。」公羊子傳：「諸侯何以不序？一事而再見者，前目而後凡也。」

〔一五〕《春秋・莊公十六年》：「冬十有二月，會齊侯、宋公、陳侯、衛侯、鄭伯、許男、曹伯、滑伯、滕子同盟于幽。」主盟者爲齊桓公。

〔一六〕《論語・憲問》：「子曰：『桓公九合諸侯，不以兵車，管仲之力也。如其仁。如其仁。』」

夏，翬帥師會齊人、鄭人伐宋隱公十年

公子翬也，終削公子而名之，見翬則隱之賊也，誅之矣〔一〕。「與謀曰及」〔二〕，翬何以言會？吾大夫不可以及諸侯也。齊人、鄭人，實齊侯、鄭伯也〔三〕，何以稱人？貶。宋、鄭搆兵，禍未有酷於是歲之相反復者〔四〕，尚自謂諸夏之君乎？略不言其君，猶有愛其君之心焉。

【箋】

〔一〕公羊子傳：「此公子翬也，何以不稱公子？貶。曷爲貶？隱之罪人也，故終隱之篇貶也。」

〔二〕《左傳·宣公七年》：「凡師出，與謀曰及，不與謀曰會。」

〔三〕左氏傳：「夏五月，羽父先會齊侯、鄭伯伐宋。」

〔四〕《春秋·隱公十年》：「春，王二月，公會齊侯、鄭伯于中丘。夏，翬帥師會齊人、鄭人伐宋。六月壬戌，公敗宋師于菅。辛未，取郜。辛巳，取防。秋，宋人、衛人入鄭。宋人、蔡人、衛人伐戴，鄭伯伐取之。冬，十月壬午，齊人、鄭人入郕。」

季孫意如會晉荀躒於適歷昭公三十有一年

此非君命〔一〕，曷爲以會言之如恒辭然？意如無君也，不以恒辭言之，則無用見意如之志也。成其志著其惡，然後日其卒，故曰「定、哀多微辭」〔二〕。

【箋】

〔一〕左氏傳：「晉侯將以師納公。范獻子曰：『若召季孫而不來，則信不臣矣。然後伐之，若何？』晉人召季孫。獻子使私焉，曰：『子必來，我受其無咎。』季孫意如會晉荀躒于適歷。荀躒曰：『寡君使躒謂吾子，何故出君？有君不事，周有常刑，子其圖之。』季孫練冠麻衣跣行，伏而對曰：『事君，臣之所不得也，敢逃刑命。君若以臣爲有罪，請囚于費，以待君之察也，亦唯君。若以先臣之故，不絕季氏，而賜之死。若弗殺弗亡，君之惠也，死且不朽。若得從君而歸，則固臣之願也，敢有異心。』夏四月，季孫從知伯如乾侯，子家子曰：『君與之歸，一慙之不忍，而終身慙乎！』公曰：『諾。』衆曰：『在一言矣，君必逐之。』荀躒以晉侯之命唁公，且曰：『寡君使躒以君命討於意如，意如不敢逃死，君其入也。』公曰：『君惠顧先君之好，施及亡人，將使歸，糞除宗祧以事君，則不能見夫人已。所能見夫人者，有如河。』荀躒掩耳而走，曰：『寡君其罪之恐，敢與知魯國之難！臣請復於寡君。』退而謂季孫：『君怒未怠，子姑歸祭。』」

〔二〕《公羊傳·定公元年》。

丙申，季孫意如卒定公五年

意如卒，不去族，累定公也〔一〕。能殺意如則無累乎？曰：是義、利之辨〔二〕，殺不殺不與焉。

【箋】

〔一〕胡安國傳：「意如何以書卒？見定公不討逐君之賊，以爲大夫全始終之禮也。」

〔二〕昭公被季孫意如所逐，在外流亡七年餘而後薨。後季孫意如擁立定公，則定公爲享利者，故云。

〔清〕莊存與 撰
辛智慧 箋

春秋正辭箋

下册

中華書局

春秋正辭卷六

二伯辭第四

桓公業霸，據時之先〔一〕。司馬九法〔二〕，軌跡易遵〔三〕。聖教貞一，王澤尚存。管仲相之，君臣同志。内治五年〔四〕，立功立事。北杏擬可〔五〕，陽穀麋至〔六〕。甯母〔七〕、首止〔八〕，郤姦尊義。其來徐徐，不以兵車〔九〕。五禁壹明，束牲載書〔一〇〕。葵丘盛矣，鎮其甍矣〔一一〕。難萃易渙〔一二〕，人心靈矣。《木瓜》永好〔一三〕，追思不忘。雖曰薄德〔一四〕，賴此一匡〔一五〕。齊桓盟會一。

【箋】

〔一〕齊桓公爲春秋時期崛起的第一位霸主。

〔二〕《周禮·夏官·大司馬》：「大司馬之職，掌建邦國之九法灋，以佐王平邦國。制畿封國，以正邦國；設仆辨位，以等邦國；進賢興功，以作邦國；建牧立監，以維邦國；制軍詰禁，以糾邦國；施貢分職，以任邦國；簡稽鄉民，以用邦國；均守平則，以安邦國；比小事大，以和邦國。」

〔三〕語出《史記・司馬相如列傳》：「故軌跡夷易，易遵也；湛恩蒙涌，易豐也；憲度著明，易則也；垂統理順，易繼也。」

〔四〕齊桓公于魯莊公九年即位，至魯莊公十三年第一次盟會天下諸侯于北杏，首尾共五年。

〔五〕《春秋・莊公十三年》：「春，齊侯、宋人、陳人、蔡人、邾人會于北杏。」楊伯峻注：「以諸侯而主天下之盟會，以此爲始。」穀梁子傳：「是齊侯、宋公也，其曰人，何也？始疑之。何疑焉？桓非受命之伯也，將以事授之者也。曰：可矣乎？未乎？舉人，衆之辭也。」

〔六〕《春秋・僖公三年》：「秋，齊侯、宋公、江人、黄人會于陽穀。」公羊子傳：「此大會也，曷爲末言爾？桓公曰：『無障谷，無貯粟，無易樹子，無以妾爲妻。』」穀梁子傳：「陽穀之會，桓公委端搢笏而朝諸侯，諸侯皆諭乎桓公之志。」左氏傳：「會於陽穀，謀伐楚也。」麇至，群集而來。《左傳・昭公五年》：「求諸侯而麇至。」

〔七〕《春秋・僖公七年》：「秋七月，公會齊侯、宋公、陳世子款、鄭世子華，盟于甯母。」左氏傳：「秋，盟于甯母，謀鄭故也。管仲言於齊侯曰：『臣聞之，招攜以禮，懷遠以德。德禮不易，無人不懷。』齊侯脩禮於諸侯，諸侯官受方物。鄭伯使大子華聽命於會，言於齊侯曰：『洩氏、孔氏、子人氏三族，實違君命，若君去之以爲成，我以鄭爲内臣，君亦無所不利焉。』齊侯將許之，管仲曰：『君以禮與信屬諸侯，而以姦終之，無乃不可乎？子父不奸之謂禮，守命共時之謂信，違此二者，姦莫大焉！』公曰：『諸侯有討於鄭，未捷，今苟有釁，從之，不亦可乎？』對曰：『君若綏之以德，加之以訓辭，而帥諸侯以討鄭，鄭將覆亡之不暇，豈敢不懼？若揔其罪人以臨之，鄭有辭矣，何懼？且夫合諸侯以崇德也，會而列姦，何以示後嗣？夫諸侯之會，其德刑禮義，無國不記，記姦之位，君盟替矣；作而不記，非盛德也。君其勿許，鄭必受盟。夫子華既爲大子，而求介於大國，以弱其國，亦必不免。鄭有叔詹、堵叔、師叔三良爲政，未可間也。』齊侯辭焉。子華由是得罪於鄭。」

〔八〕《春秋·僖公五年》：「公及齊侯、宋公、陳侯、衛侯、鄭伯、許男、曹伯會王世子于首止。秋八月諸侯盟于首止。」左氏傳：「會于首止，會王大子鄭，謀寧周也。」杜預集解：「惠王以惠后故，將廢大子鄭而立王子帶，故齊桓帥諸侯會王大子以定其位。」

〔九〕《論語·憲問》：「子曰：『桓公九合諸侯，不以兵車，管仲之力也。如其仁！如其仁！』」

〔一〇〕《春秋·僖公九年》：「夏，公會宰周公、齊侯、宋子、衛侯、鄭伯、許男、曹伯于葵丘。」「九月戊辰，諸侯盟于葵丘。」穀梁子傳：「桓盟不日，此何以日？美之也。爲見天子之禁，故備之也。葵丘之盟，陳牲而不殺，讀書加于牲上，壹明天子之禁，曰：『毋雍泉，毋訖糴，毋易樹子，毋以妾爲妻，毋使婦人與國事！』」

〔一一〕《國語·晉語二》：「葵丘之會，獻公將如會，遇宰周公，曰：『君可無會也。夫齊侯好示，務施與力而不務德，故輕致諸侯而重遣之，使至者勸而叛者慕。懷之以典言，薄其要結而厚德之，以示之信。三屬諸侯，存亡國三，以示之施。是以北伐山戎，南伐楚，西爲此會也。譬之如室，既鎮其甍矣，又何加焉？吾聞之，惠難遍也，施難報也。不遍不報，卒于怨讎。夫齊侯將施惠如出責，是以不果奉，而暇晉是皇，雖後之會，將在東矣。君無懼矣，其有勤也！』公乃還。」韋昭注：「甍，棟也。又何加，喻已成也。」

〔二〕《周易》有《萃》卦和《涣》卦，此處取其字面義。

〔三〕《詩·衛風·木瓜》：「投我以木瓜，報之以瓊琚。匪報也，永以爲好也。」小序：「美齊桓公也。衛國有狄人之敗，出處于漕，齊桓公救而封之，遺之車馬器物焉。衛人思之，欲厚報之，而作是詩也。」

〔四〕《左傳·僖公十九年》：「齊桓公存三亡國以屬諸侯，義士猶曰薄德。」杜預集解：「三亡國：魯、衛、邢。謂欲因亂取魯，緩救邢、衛。」

〔五〕《史記·齊太公世家》：「九合諸侯，一匡天下。」張守節正義：「匡，正也。一匡天下，謂定襄王爲太子之位也。」

伐衛〔一〕偏戰〔二〕，召陵大陳〔三〕。節制之師〔四〕，中外悉順。《旄丘》諷衛〔五〕，《褰裳》賦鄭〔六〕。危邦闇君，人思撥正。《小雅》既廢，征伐遂缺〔七〕。《甫田》戒荒〔八〕，遠略抑末〔九〕。傷財害民，幸有節也。困於金車〔一〇〕，正不譎也〔一一〕。齊桓侵伐一。

【箋】

〔一〕《春秋·莊公二十八年》：「甲寅，齊人伐衛。衛人及齊人戰，衛人敗績。」據《左傳》，莊公十九年，周室五大夫奉王子頹作亂以攻惠王，子頹敗走，逃亡于衛。莊公二十七年，「王使召伯廖賜齊侯命，且請伐衛，以其立子頹也。」二十八年，「春，齊侯伐衛。戰，敗衛師。數（指責）之以王命，取賂而還。」

〔二〕偏戰，約日定地各據一面之戰。《公羊傳・桓公十年》：「此偏戰也，何以不言師敗績？」何休注：「偏，一面也。結日定地，各居一面，鳴鼓而戰，不相詐。」

〔三〕《春秋・僖公四年》：「春王正月，公會齊侯、宋公、陳侯、衛侯、鄭伯、許男、曹伯侵蔡。蔡潰，遂伐楚，次于陘。夏，許男新臣卒。楚屈完來盟于師，盟于召陵。」左氏傳：「夏，楚子使屈完如師。師退，次于召陵。齊侯陳諸侯之師，與屈完乘而觀之。」公羊子傳：「屈完者何？楚大夫也。何以不稱使？尊屈完也。曷爲尊屈完？以當桓公也。其言盟于師、盟于召陵何？師在召陵也。師在召陵，則曷爲再言盟？喜服楚也。何言乎喜服楚？楚有王者則後服，無王者則先叛，夷狄也，而亟病中國。南夷與北狄交，中國不絕若綫。桓公救中國，而攘夷狄，卒怗荆，以此爲王者之事也。其言來何？與桓爲主也。前此者有事矣，後此者有事矣，則曷爲獨于此焉與桓公爲主？序績也。」

〔四〕節制，嚴整有制法。《荀子・議兵》：「秦之鋭士，不可以當桓文之節制；桓文之節制，不可以敵湯武之仁義。」

〔五〕《詩・邶風・旄丘》小序：「責衛伯也。狄人追逐黎侯，黎侯寓于衛，衛不能修方伯連率之職，黎之臣子以責于衛也。」

〔六〕《詩·鄭風·褰裳》小序：「思見正也。狂童恣行，國人思大國之正己也。」鄭箋：「狂童恣行，謂突與忽争國，更出更入，而無大國正之。」

〔七〕《詩·小雅·六月》小序：「《小雅》盡廢，則四夷交侵，中國微矣。」

〔八〕《詩·小雅·甫田》小序：「刺幽王也。君子傷今思古焉。」鄭箋：「刺者，刺其倉廩空虚，政煩賦重，農人失職。」

〔九〕《左傳·僖公九年》：「秋，齊侯盟諸侯于葵丘。曰：『凡我同盟之人，既盟之後，言歸于好。』宰孔先歸，遇晉侯曰：『可無會也，齊侯不務德而勤遠略，故北伐山戎，南伐楚，西爲此會也。東略之不知，西則否矣，其在亂乎？君務靖亂，無勤於行。』晉侯乃還。」

〔一〇〕《易·困》：「九四：來徐徐，困于金車，吝，有終。」王弼注：「志在于初而隔于二，履不當位，威令不行。棄之則不能，欲往則畏二，故曰『來徐徐，困于金車』也。」

〔一一〕《論語·憲問》：「子曰：『晉文公譎而不正，齊桓公正而不譎。』」

經營二十餘歲，中國諸侯擬議觀望，意未決也。存三亡國，而天下咸諭乎桓公之志。再爲義王〔一〕，克盡臣節。修禮諸侯，官受方物〔二〕，「魯人至今以爲美談，猶望高子」〔三〕，則修《春秋》之時也。「邢遷如歸，衛國忘亡」〔四〕，非以文、武、成、康之世近，周禮無恙故邪！雖曰未粹，苗莠粟粃〔五〕。晉文儗焉，則不算矣。齊桓救患存亡國三。

【箋】

〔一〕《大戴禮記・保傅》：「齊桓公得管仲，九合諸侯，一匡天下，再爲義王；失管仲，任豎刁、狄牙，身死不葬，而爲天下笑。」王聘珍解詁：「盧注云：『陽谷與召陵也。』聘珍謂：『義王』者，以義正王室也。再爲義王，謂首止與洮之會也。左氏僖五年傳曰：『會於首止，會王太子鄭，謀寧周也。』僖八年傳曰：『盟於洮，謀王室也。』杜彼注云：『惠王以惠后故，將廢大子鄭而立王子帶，故齊桓帥諸侯會王大子以定其位。』又云：『王人會洮還，而後王位定。』」

〔二〕《左傳・僖公七年》：「管仲言于齊侯曰：『臣聞之，招攜以禮，懷遠以德，德禮不易，無人不懷。』齊侯修禮于諸侯，諸侯官受方物。」杜預集解：「攜，離也。諸侯官司，各于齊受其方所當貢天子之物。」

〔三〕《春秋・閔公二年》：「冬，齊高子來盟。」公羊子傳：「高子者何？齊大夫也。何以不稱使？我無君也。然則何以不名？喜之也。何喜爾？正我也。其正我奈何？莊公死，子般弒，閔公弒，比三君死，曠年無君，設以齊取魯，曾不興師徒，以言而已矣。桓公使高子將南陽之甲，立僖公而城魯，或曰自鹿門至于爭門者是也，或曰自爭門至于吏門者是也，魯人至今以爲美談，曰：『猶望高子也。』」

〔四〕《左傳・閔公二年》：「僖之元年，齊桓公遷邢于夷儀。二年，封衛于楚丘。邢遷如歸，衛國忘亡。」

〔五〕語出《書・仲虺之誥》：「肇我邦于有夏，若苗之有莠，若粟之有秕。」孔穎達疏：「始我商家，國於夏世，欲見翦除，若莠生苗，若秕在粟，恐被鋤治簸颺。」

入國二載，教民三則〔一〕。期歲之間，定霸已亟〔二〕。待時乘勢，易如反手。「周之宗盟，異姓爲後」〔三〕。天子在焉，敢勿奔走〔四〕。考其武略，合三強國〔五〕，東西究海，搏心一力〔六〕。得臣自敗，儼然馮軾〔七〕。微晉公子，魯、衛、曹、鄭，懿親上邦，惟楚是聽。盟于召陵〔八〕，中原益病。意念深矣，我退楚還；臨事而懼，謀必萬全〔九〕。元帥尚德〔一〇〕，克亂在權〔一一〕。子行三軍，必將與焉〔一二〕。入曹圍許〔一三〕，慙於桓公〔一四〕。原、郤、狐、趙〔一五〕，豈敬仲、朋〔一六〕。狼、弧好兵〔一七〕，累世以彊。誄之曰文，乃在《彤弓》〔一八〕。晉文侵伐戰圍四。

【箋】

〔一〕《左傳・僖公二十七年》：「晉侯始入而教其民，二年，欲用之。子犯曰：『民未知義，未安其居。』于是乎出定襄王，入務利民，民懷生矣，將用之。子犯曰：『民未知信，未宣其用。』于是乎伐原以示之信。民易資者不求豐焉，明徵其辭。公曰：『可矣乎？』子犯曰：『民未知禮，未生其共。』于是乎大蒐以示之禮，作執秩以正其官，民聽不惑而後用之。出谷戍，釋宋圍，一戰而霸，文之教也。」

〔二〕晉文公于魯僖公二十四年入國即位，至二十八年城濮之戰敗楚，霸業成，前後僅四年。

〔三〕語出《左傳·隱公十一年》。杜預集解:「盟載書皆先同姓」。此處指晉爲姬姓諸侯,與周爲親,自當奔走王事。

〔四〕魯僖公二十四年,周王室發生王子帶之亂,周襄王出奔。二十五年,晉文公出兵滅帶,入襄王于王城。

〔五〕指聯合齊、宋、秦,敗楚于城濮。《春秋·僖公二十八年》:「夏四月己巳,晉侯、齊師、宋師、秦師及楚人戰于城濮,楚師敗績。楚殺其大夫得臣。」

〔六〕晉、齊、宋、秦,四國在地理上西抵關中,東至于海。

〔七〕晉楚城濮之戰,楚方主帥成得臣(芈姓,成氏,字子玉)不顧楚成王告誡,輕率進軍,晉軍退避三舍以誘敵深入,終大獲全勝。開戰之前,「子玉使鬥勃請戰,曰:『請與君之士戲,君馮軾而觀之,得臣與寓目焉』。」詳見《左傳·僖公二十八年》。

〔八〕指齊楚召陵之盟,見《春秋·僖公四年》。

〔九〕《左傳·僖公二十八年》:「子玉怒,從晉師。晉師退。軍吏曰:『以君辟臣,辱也。且楚師老矣,何故退?』子犯曰:『師直爲壯,曲爲老。豈在久乎?微楚之惠不及此,退三舍辟之,所以報也。背惠食言,以亢其讎,我曲楚直。其衆素飽,不可謂老。我退而楚還,我將何求?若其不還,君退臣犯,曲在彼矣。』退三舍。楚衆欲止,子玉不可。夏四月戊辰,晉侯、宋公、齊國歸父、崔夭、秦小子慭次于城濮。楚師背酅而舍,晉侯患之。聽輿人之誦曰:『原田每每,舍其舊而新是謀。』公疑焉。子犯曰：『戰也，戰而捷，必得諸侯。若其不捷，表裏山河，必無害也。』公曰：『若楚惠何？』欒貞子曰：『漢陽諸姬，楚實盡之。思小惠而忘大耻，不如戰也。』晉侯夢與楚子搏，楚子伏己而盬其腦，是以懼。子犯曰：『吉。我得天，楚伏其罪，吾且柔之矣。』」

〔一〇〕《左傳・僖公二十七年》：「〔晉〕于是乎蒐于被廬，作三軍，謀元帥。趙衰曰：『郤縠可。臣亟聞其言矣，説禮樂而敦《詩》《書》。《詩》《書》，義之府也。禮樂，德之則也。德義，利之本也。《夏書》曰：「賦納以言，明試以功，車服以庸。」君其試之。』乃使郤縠將中軍，郤溱佐之；使狐偃將上軍，讓于狐毛而佐之；命趙衰爲卿，讓于欒枝、先軫。使欒枝將下軍，先軫佐之。荀林父御戎，魏犨爲右。」

〔一一〕語出《左傳・襄公二十三年》：「夫克亂在權，子無懈矣。」

〔一二〕《論語・述而》：「子路曰：『子行三軍，則誰與？』子曰：『暴虎馮河，死而無悔者，吾不與也。必也臨事而懼，好謀而成者也。』」

〔一三〕《春秋・僖公二十八年》：「春，晉侯侵曹。晉侯伐衛。」「三月丙午，晉侯入曹，執曹伯，畀宋人。」「諸侯遂圍許。曹伯襄復歸于曹，遂會諸侯圍許。」按：重耳流亡過曹衛，曹伯、衛侯不爲禮。重耳入國復位後，狐偃獻計伐曹衛，以逼楚救而解楚對齊宋之圍。僖公二十八年，晉侯圍曹，執曹伯，分曹衛之田，以畀宋人。同年冬，又帥諸侯圍許。詳見《左傳》。

〔一四〕《左傳・僖公二十八年》：「齊桓公爲會而封異姓，今君（晉文公）爲會而滅同姓。」

〔一五〕原、郤、狐、趙，指晉文公的重臣先軫（姬姓，先氏。因采邑在原，又稱原軫），郤縠、郤溱，狐毛、狐偃，趙衰。

〔一六〕指齊桓公的重臣管仲和隰朋。

〔一七〕狼、弧，古星名，狀如弓矢，主征伐侵掠，此處喻晉國。《史記·天官書》：「其東有大星曰狼。狼角變色，多盜賊。下有四星曰弧，直狼。」張守節正義：「狼，一星，參東南。狼爲野將，主侵掠。」「弧，九星，在狼東南，天之弓也。以伐叛懷遠，又主備賊盜之知姦邪者。」

〔一八〕《詩·小雅·彤弓》。小序：「天子錫有功諸侯也。」鄭箋：「諸侯敵王所愾而獻其功，王饗禮之，於是賜彤弓一、彤矢百、玈弓矢千。凡諸侯，賜弓矢然後專征伐。」《左傳·僖公二十八年》：「王命尹氏及王子虎、內史叔興父策命晉侯爲侯伯，賜之大輅之服，戎輅之服，彤弓一，彤矢百，玈弓矢千，秬鬯一卣，虎賁三百人。曰：『王謂叔父，敬服王命，以綏四國，糾逖王慝。』晉侯三辭，從命。曰：『重耳敢再拜稽首，奉揚天子之丕顯休命。』受策以出，出入三覲。」

再致天子，日不繫月〔一〕。彼壯在輹，貞下乃吉〔二〕。儀容辭令，恭讓知節〔三〕。王官莅盟，書載八國〔四〕。越在外服〔五〕，各復舊職。惜也孔艱，徵會于溫〔六〕。疑衛弟昆，搆衛君臣。〔七〕陽正厥罪，陰偪其疆。圃田北境〔八〕，東割戚、匡〔九〕。坐使陪臣，盟于翟泉〔一〇〕。乾衣坤裳，惟其倒顛。諸侯力正〔一一〕，晉文始焉。大夫擅命，伊誰之愆。貶而稱人，告千萬年。晉文盟會五。

【箋】

〔一〕《春秋·僖公二十八年》：「公朝于王所。……天王狩于河陽。壬申，公朝于王所。」穀梁子傳：「獨公朝？與諸侯盡朝也。其日，以其再致天子，故謹而日之。」

〔二〕《易·大壯》：「九四：貞吉，悔亡。藩决不羸，壯于大輿之輹。」王弼注：「下剛而進，將有憂虞。而以陽處陰，行不違謙，不失其壯，故得『貞吉』而『悔亡』也。」孔穎達疏：「『壯於大輿之輹』者，言四乘車而進，其輹壯大無有能脱之者，故曰『藩决不羸，壯於大輿之輹』也。」

〔三〕見上「彤弓」注。

〔四〕《春秋·僖公二十八年》：「五月癸丑，公會晉侯、齊侯、宋公、蔡侯、鄭伯、衛子、莒子，盟于踐土。」左氏傳：「癸亥，王子虎盟諸侯於王庭。」

〔五〕外服，王畿以外的地方，所謂五服、九服之地，與内服相對。《書·酒誥》：「越在外服，侯、甸、男、衛、邦伯；越在内服，百僚、庶尹、惟亞、惟服、宗工，越百姓里居，罔敢湎于酒。」孔安國傳：「於在外國侯服、甸服、男服、衛服、國伯諸侯之長。」

〔六〕《左傳·僖公二十八年》：「獻俘授馘，飲至大賞，徵會討貳。」杜預集解：「徵召諸侯，將冬會于温。」《春秋·僖公二十八年》：「冬，公會晉侯、齊侯、宋公、蔡侯、鄭伯、陳子、莒子、邾子、秦人于温。」

〔七〕魯僖公二十三年，重耳流亡于外，過衛，衛文公不禮。二十四年，重耳入國圖霸。二十八年，晉侯伐衛，楚人救衛，不克。夏四月，晉敗楚于城濮，衛成公（文公子）聞楚師敗，懼，出奔楚，使元咺奉叔武以受盟。六月，晉人復衛侯，成公自楚復歸于衛，殺叔武。元咺奔晉訴衛侯，晉人執衛侯歸之于京師，衛元咺自晉復歸于衛，立公子瑕。魯僖公三十年夏，晉侯使醫酖衛侯，不死。衛侯賄王與晉侯，且賂衛臣周歂、冶廑使納，衛侯復入衛，殺公子瑕及元咺。詳見《左傳》。另，《公羊傳·僖公二十八年》：「衛侯之罪何？殺叔武也。何以不書？爲叔武諱也。《春秋》爲賢者諱，何賢乎叔武？讓國也。其讓國奈何？文公逐衛侯而立叔武，叔武辭立而他人立，則恐衛侯之不得反也。故於是己立，然後爲踐土之會，治反衛侯。衛侯得反，曰『叔武篡我』，元咺爭之曰『叔武無罪』，終殺叔武，元咺走而出。此晉侯也，其稱人何？貶。曷爲貶？衛之禍，文公爲之也。文公爲之奈何？文公逐衛侯而立叔武，使人兄弟相疑，放乎殺母弟者，文公爲之也。」

〔八〕《左傳·定公四年》：「〔封康叔〕自武父以南，及圃田之北竟，取於有閻之土，以共王職。」杜預集解：「圃田，鄭藪名。」按，康叔，周公之弟，衛國始封之祖。

〔九〕戚，首見於《春秋·文公元年》：「秋，公孫敖會晉侯于戚」；匡，首見於《春秋·僖公十五年》：「三月，公會齊侯、宋公、陳侯、衛侯、鄭伯、許男、曹伯，盟于牡丘，遂次于匡。」杜預認爲兩地皆是衛地。另《左傳·文公元年》：「晉文公之季年，諸侯朝晉。衛成公不朝，使孔達侵鄭，伐緜、訾及匡。晉襄公既祥，使告于諸侯而伐衛，及南陽。……五月辛酉朔，晉師圍戚。六月戊戌，取之，獲孫昭子。」楊伯峻注：匡，「本爲衛邑，鄭奪之，衛今又伐之。」《左傳·文公八年》：「八年春，晉侯使解揚歸匡、戚之田于衛，且復致公壻池之封，自申至於虎牢之境。」

〔一〇〕《春秋・僖公二十九年》：「夏六月，會王人、晉人、宋人、齊人、陳人、蔡人、秦人，盟于翟泉。」左氏傳：「夏，公會王子虎、晉狐偃、宋公孫固、齊國歸父、陳轅濤塗、秦小子憖，盟于翟泉，尋踐土之盟，且謀伐鄭也。卿不書，罪之也。」

〔一一〕力正，亦作力征，謂以武力征伐。《墨子・明鬼下》：「逮至昔三代帝王既没，天下失義，諸侯力正。」畢沅校注：「正，同征。」

齊桓盟會

冬，十有二月，會齊侯、宋公、陳侯、衛侯、鄭伯、許男、曹伯、滑伯、滕子，同盟于幽莊公十有六年

未有言同盟者，其言「同盟于幽」何？齊桓自是爲諸侯正也，諸侯之載辭自齊命之矣〔一〕。齊主命則其言「同盟」何？奪其爲正之辭也，若曰幸無異辭者爾。曷爲奪之？有天子存，則諸侯不得主諸侯命也。屬有長、連有帥、倅有正、州有伯〔二〕，輻輳並進，歸命天子，王者之政也。連數州之伯、正、長、帥，端拱揖讓而聽命於一侯，則三王之罪人也〔三〕。主命于是始，故奪之。

則何以不書公〔四〕？聖人以同於此盟者，皆大惡也。蓋自是禮樂征伐終自諸侯出，天下且見爲當然，而相率以安之矣。雖然，舍二幽之盟〔五〕，盡齊桓、晉文之事，卒無有更言「同盟」者，二公以奉天王之心而爲之辭〔六〕，尚猶有順之實焉。晉趙盾爲新城之盟〔七〕，《春秋》于是三言「同盟」〔八〕，而政始自大夫出矣。舉「公」、目諸侯、終以「趙盾」，誅趙盾之爲諸侯正也。日于下以謹之，使若不主於晉者然，趙盾非首惡哉！

前此有事，後此有事〔九〕，未有書「滑伯」者，書「滑伯」，罪其爲天子大夫而同外諸侯也，王畿于是乎日削矣。滕子不常見于桓之會，小國視滕者不書，而書「滕子」，哀其爲庶方小侯，既共命〔一〇〕于州之大國，而又奔命于他州之强國也。小國之民，于是乎不堪命矣，則皆主乎爲是盟者之罪。而受王命、承王官〔一一〕，上不能尊主，下不能庇民，皆不得以無罪。《春秋》「大降爾四國民命」〔一二〕，而告之萬世也。其誰知之，蓋亦弗思。

【箋】

〔一〕《日講》：「齊自北杏以後，屢合諸侯，有會而無盟，諸侯之心未一也。至此鄭服，始合九國之君而爲此盟，舉天下而聽命於一國，古未有也。然猶未敢專主盟之權，故載書曰『同盟』。至僖二年盟貫，齊始爲盟主，自後不復書『同』矣。」

〔二〕《禮記·王制》：「千里之外設方伯，五國以爲屬，屬有長；十國以爲連，連有帥；三十國以爲卒，卒有正；二百一十國以爲州，州有伯。」

〔三〕《孟子·告子下》：「孟子曰：『五霸者，三王之罪人也；今之諸侯，五霸之罪人也；今之大夫，今之諸侯之罪人也。』」

〔四〕左氏、穀梁經文無「公」字，公羊經有「公」字。

〔五〕另一次爲莊公二十七年「夏六月，公會齊侯、宋公、陳侯、鄭伯同盟于幽。」

〔六〕穀梁子傳：「同者，有同也，同尊周也。」

〔七〕《春秋·文公十四年》：「六月，公會宋公、陳侯、衛侯、鄭伯、許男、曹伯、晉趙盾。癸酉，同盟于新城。」

〔八〕《春秋》共書「同盟」十六次，首二次，即爲莊公十六年和二十七年的「幽」之盟。第三次，即爲趙盾的新城之盟。此後者爲：宣公十二年「晉人、宋人、衛人、曹人同盟于清丘」，十七年「公會晉侯、衛侯、曹伯、邾子同盟于斷道」，成公五年「十有二月己丑，公會晉侯、齊侯、宋公、衛侯、鄭伯、曹伯、邾子、杞伯同盟于蟲牢」，七年「公會晉侯、齊侯、宋公、衛侯、曹伯、莒子、邾子、杞伯救鄭。八月戊辰，同盟于馬陵」，九年「宋公、衛侯、鄭伯、曹伯、莒子、杞伯同盟于蒲」，十五年「癸丑，公會晉侯、衛侯、鄭伯、曹伯、宋世子成、齊國佐、邾人同盟于戚」，十七年「夏，公會尹子、單子、晉侯、齊侯、宋公、衛侯、曹伯、邾人伐鄭。六月乙酉，同盟于柯陵」，十八年「十有二月，仲孫蔑會晉侯、宋公、衛侯、邾子、齊崔杼，同盟于虛朾」，襄公三年「六月，公會單子、晉侯、宋公、衛侯、鄭伯、莒子、邾子、齊世子光。己未，同盟于鷄澤」，九年「冬，公會晉侯、宋公、衛侯、曹公、莒子、邾子、滕子、薛伯、杞伯、小邾子、齊世子光伐鄭，十有二月己亥，同盟于戲」，十一年「公會晉侯、宋公、衛侯、曹伯、齊世子光、莒子、邾子、滕子、薛伯、杞伯、小邾子伐鄭。秋七月己未，同盟于京城北」，二十五年「秋八月己巳，諸侯同盟于重丘」，昭公十三年「秋，公會劉子、晉侯、齊侯、宋公、衛侯、鄭伯、曹伯、莒子、邾子、滕子、薛伯、杞伯、小邾子于平丘。八月甲戌，同盟于平丘」。

〔九〕語出《公羊傳·僖公四年》：「前此者有事矣，後此者有事矣，則曷爲獨於此焉譏？」

〔一〇〕共命，敬從命令。共，通「恭」。《國語·魯語下》：「子計其利者，小國共命。」韋昭注：「共，敬從也。」

〔一一〕《左傳·定公元年》：「將承王官」。杜預集解：「承，奉也。」

〔一二〕《書·多士》：「王曰：『多士，昔朕來自奄，予大降爾四國民命，我乃明致天罰。』」孔安國傳：「昔我來從奄，謂先誅三監，後伐奄淮夷。民命，謂君也。大下汝民命，謂誅四國君。四國君叛逆，我下其命，乃所以明致天罰。」

夏六月，公會齊侯、宋公、陳侯、鄭伯，同盟于幽莊公二十七年

同盟，大惡也，及是再書而公不諱何？惡惡者疾始，其餘以實事録。視此者爲同盟乎？自參以上〔一〕，莫非主命之辭也，則莫非同盟也。曷爲志桓之同盟至於再？則已難乎

其同之也。主諸侯之命，有正諸侯之心，未有長諸侯之功，則不足以同之也。名生于不足，稱乎伯事不言同矣，近乎王事不言盟矣，降鄣〔二〕、滅遂〔三〕比也，功未足以掩其罪也。存三亡國〔四〕，而陽穀之會不言盟矣〔五〕。

【箋】

〔一〕語出《左傳・桓公二年》：「特相會，往來稱地，讓事也。自參以上，則往稱地，來稱會，成事也。」

〔二〕《春秋・莊公三十年》：「秋七月，齊人降鄣。」公羊子傳：「鄣者何？紀之遺邑也。降之者何？取之也。取之則曷爲不言取之？爲桓公諱也。外取邑不書，此何以書？盡也。」

〔三〕《春秋・莊公十三年》：「夏六月，齊人滅遂。」穀梁子傳：「遂，國也，其不日，微國也。」左氏傳：「春，會于北杏以平宋亂，遂人不至。夏，齊人滅遂而戍之。」滅遂同樣是齊桓公所爲。

〔四〕指存邢、衛、魯。《春秋》莊公三十二年：「狄伐邢。」閔公元年：「齊人救邢。」僖公元年：「齊師、宋師、曹伯次于聶北，救邢。夏六月，邢遷于夷儀。齊師、宋師、曹師城邢。」閔公二年：「十有二月，狄入衛。」左氏傳：「僖之元年，齊桓公遷邢于夷儀。二年，封衛于楚丘。邢遷如歸，衛國忘亡。」《春秋・閔公二年》：「冬，齊高子來盟。」公羊子傳：「高子者何？齊大夫也。何以不稱使？我無君也。然則何以不名？喜之也。何喜爾？正我也。其正我奈何？莊公死，子般弒，閔公弒，比三君死，曠年無君。設以齊取魯，曾不興師，徒以言而已矣。桓公使高子將南陽之甲，立僖公而城魯，或曰自鹿門至于争門者是也，或曰自争門至于吏門者是也。魯人至今以爲美談，曰：猶望高子也。」

〔五〕《春秋·僖公三年》：「秋，齊侯、宋公、江人、黄人會于陽穀。」

冬十有二月，公會齊侯、宋公、陳侯、衛侯、鄭伯、許男、邢侯、曹伯于淮僖公十有六年

曷言乎「邢侯」？淮，徐州川也；邢，冀州國也。以桓之用諸侯爲無節矣，傷財害民，國以危亡隨其後〔一〕。南仲之法廢，吉甫、方叔不可得見〔二〕，耗矣。「惠難徧也，施難報也」，宰周公知之〔三〕。

【箋】

〔一〕《春秋·僖公十七年》：「冬十有二月乙亥，齊侯小白卒。」左氏傳：「冬十月乙亥，齊桓公卒。易牙入，與寺人貂因内寵以殺群吏，而立公子無虧，孝公奔宋。十二月乙亥，赴。辛巳夜，殯。」《史記·齊太公世家》：「桓公病，五公子各樹党争立。及桓公卒，遂相攻，以故宫中空，莫敢棺。桓公屍在牀上六十七日，屍蟲出於户。十二月乙亥，無詭立，乃棺赴。辛巳夜，斂殯。」

〔二〕南仲、吉甫、方叔，皆爲周宣王時期的重臣、武將，曾帥軍攻打獫狁、淮夷、荆蠻等周邊部族。《詩·小雅·出車》：「赫赫南仲，薄伐西戎。」《詩·小雅·六月》：「薄伐玁狁，至于大原。文武吉甫，萬邦爲憲。」《詩·小雅·采芑》：「蠢爾蠻荆，大邦爲讎。方叔元老，克壯其猶。方叔率止，執訊獲醜。」

〔三〕《國語·晉語二》:「葵丘之會,獻公將如會,遇宰周公,曰:『君可無會也。夫齊侯好示,務施與力而不務德,故輕致諸侯而重遣之,使至者勸而叛者慕。懷之以典言,薄其要結而厚德之,以示之信。三屬諸侯,存亡國三,以示之施。是以北伐山戎,南伐楚,西爲此會也。譬之如室,既鎮其甍矣,又何加焉?吾聞之,惠難徧也,施難報也。不徧不報,卒于怨讎。夫齊侯將施惠如出責,是以不果奉,而暇晉是皇,雖後之會,將在東矣。君無懼矣,其有勤也!』公乃還。」

齊桓侵伐

夏,齊侯、許男伐北戎僖公十年

伐山戎言「齊人」〔一〕,此曷言乎「齊侯」?危之也。北戎其幾敵矣。其言「許男」何?豫州之國也,而伐乎北戎,閔許男也。

【箋】

〔一〕《春秋·莊公三十年》:「冬,公及齊侯遇于魯濟。齊人伐山戎。」

齊師、曹師伐厲僖公十有五年

厲,微國也,以齊伐之則何以書?遠也。勤遠略者,至是窮矣。何言乎「曹師」?閔曹也,北師在邢〔一〕,南師在厲,小國不堪任命矣。雖有他國不録,録曹師,甚閔之之辭也。

【箋】

〔一〕《春秋·僖公元年》：「齊師、宋師、曹伯次于聶北，救邢。」

春，齊人、徐人伐英氏僖公十有七年

何言乎「齊人、徐人伐英氏」？遠國也，玩無震矣〔一〕。徐不與楚同稱人〔二〕，曷爲與齊同稱人？齊將卑師少而人之〔三〕，進徐以偶之，因乎徐人也。君子終以齊桓爲節制之師。伐山戎不言燕人〔四〕，齊侯親之也，齊侯在是，則不言因燕人矣。「愛齊侯乎山戎」，是以人之〔五〕。

【箋】

〔一〕《國語·周語上》：「夫兵戢而時動，動則威，觀則玩，玩則無震。」韋昭注：「玩，黷也。震，懼也。」

〔二〕《春秋·僖公十五年冬》：「楚人敗徐于婁林。」

〔三〕《公羊傳·隱公五年》：「將卑師少，稱人。」

〔四〕《春秋·莊公三十年》：「冬，公及齊侯遇于魯濟。齊人伐山戎。」左氏傳：「冬，遇于魯濟，謀伐山戎也，以其病燕故也。」

〔五〕《春秋·莊公三十年》：「冬，公及齊侯遇于魯濟。齊人伐山戎。」穀梁子傳：「齊人者，齊侯也。

其曰人，何也？愛齊侯乎山戎也。」范甯集解：「不以齊侯敵乎山戎，故稱人。」

晉文盟會

夏六月，會王人、晉人、宋人、齊人、陳人、蔡人、秦人盟于翟泉見《天子辭》

春秋正辭卷七

諸夏辭第五

建牧立監〔一〕，國域州殊。上繫天子，爲下綴旒〔二〕。國之東遷，壞散保伍〔三〕。十二諸侯，於是焉數〔四〕。《春秋》本魯，以推諸夏。東方庶侯〔五〕，齊近且大。於衛爲睦〔六〕，宋、鄭、陳、蔡。録晉自僖〔七〕，聖心不怡。尹我一州，微國柔之〔八〕。在邦域中，實維附庸〔九〕。近説遠來，原始要終〔一〇〕。齊伯主會，釐〔一一〕挈曹、許〔一二〕；大夫交政〔一三〕，小侯迺叙〔一四〕；桓公陽穀，末言之爾〔一五〕。莊、僖小伯〔一六〕，豈鮮賓從，案經所書，此則特盟〔一七〕。離不言會〔一八〕，善惡微矣；謹而録之，其有指矣〔一九〕。皋鼬識散〔二〇〕，杵臼自雄〔二一〕。能令受命〔二二〕，悲乎撫膺。兩兩比耦，落落曙星〔二三〕。特盟會一。

【箋】

〔一〕《周禮·夏官·大司馬》：「建牧立監，以維邦國。」鄭玄注：「牧，州牧也。監，監國，謂君也。」

〔二〕《詩·商頌·長發》：「爲下國綴旒」。鄭箋：「綴，猶結也；旒，旌旗之垂者也。」此處意指牧、監上繫天子，下綴萬民，乃國之維繫。

〔三〕保伍，亦作保五，即五家互保之基層編户組織。《春秋·桓公二年》：「三月，公會齊侯、陳侯、鄭伯于稷，以成宋亂。」何休解詁：「當春秋時，天下散亂，保伍壞敗，雖不誅，不爲成亂。」

〔四〕進入春秋時期，諸侯國逐漸兼併爲十二個，《史記》有《十二諸侯年表》。

〔五〕庶，意爲「衆」；庶侯，義同「諸侯」。《書·大誥》：「爾庶邦君，越庶士、御事」。

〔六〕《左傳·定公六年》：「大姒之子，唯周公、康叔爲相睦也。」

〔七〕晉國于《春秋》首見于僖公二年「虞師、晉師滅下陽」。

〔八〕謂周天子令魯掌管一方，撫柔小國。微國，小國，衰微之國。《公羊傳·隱公七年》：「滕侯卒，何以不名？微國也。」《穀梁傳·莊公五年》：「黎來，微國之君，未爵命者也。」

〔九〕《論語·季氏》：「夫顓臾，昔者先王以爲東蒙主，且在邦域之中矣。」何晏集解：「孔曰：『魯七百里之封，顓臾爲附庸，在其域中。』」附庸，指附屬于諸侯大國的小國。《詩·魯頌·閟宮》：「錫之山川，土田附庸。」鄭箋：「賜之以山川土田及附庸，令專統之。」《禮記·王制》：「公侯田方百里，伯七十里，子男五十里；不能五十里者，不合於天子，附於諸侯曰附庸。」鄭玄注：「附庸者，以國事附於大國，未能以其名通也。」

〔一〇〕《易·繫辭下》：「《易》之爲書也，原始要終以爲質也。」孔穎達疏：「原窮其事之初始……又要會其事之終末。」

〔一一〕厪，古「勤」字。

〔一二〕如，《春秋》僖公五年：「公及齊侯、宋公、陳侯、衛侯、鄭伯、許男、曹伯會王世子于首止。」僖公九年：「夏，公會宰周公、齊侯、宋子、衛侯、鄭伯、許男、曹伯于葵丘。」

〔一三〕《禮記·檀弓上》：「今之大夫，交政於中國，雖欲弗哭，焉得而弗哭？」鄭玄注：「言時君弱臣强，政在大夫，專盟會以交接。」

〔一四〕《春秋》于大夫專權之時，方在盟會中歷叙小侯，如《春秋·襄公十六年》：「三月，公會晉侯、宋公、衛侯、鄭伯、曹伯、莒子、邾子、薛伯、杞伯、小邾子于湨梁。戊寅，大夫盟。」公羊子傳：「諸侯皆在是，其言大夫盟何？信在大夫也。何言乎信在大夫？徧刺天下之大夫也。曷爲徧刺天下之大夫？君若贅旒然。」

〔一五〕《春秋·僖公三年》：「秋，齊侯、宋公、江人、黄人會于陽穀。」公羊子傳：「此大會也，曷爲末言爾？」何休解詁：「末者，淺耳，但言會，不言盟。」

〔一六〕《國語·鄭語》：「齊莊、僖于是乎小伯。」韋昭注：「莊，齊大公後十二世莊公購。僖公，莊公之子禄父。小伯，小主諸侯盟會。」

〔一七〕《春秋·隱公三年》：「冬，十有二月，齊侯、鄭伯盟于石門。」此爲《春秋》書特盟之始。特盟，指兩國相盟。《春秋·桓公二年》：「公及戎盟于唐。」左氏傳：「特相會，往來稱地，讓事也；自參以上，則往稱地，來稱會，成事也。」杜預集解：「特相會，公與一國會也。」

〔一八〕《春秋·桓公二年》：「蔡侯、鄭伯會于鄧。」公羊子傳：「離不言會，此其言會何？蓋鄧與會爾。」何休解詁：「二國會曰離。」

〔一九〕指諸夏始畏楚也，參見後文經例。

〔二〇〕《春秋・定公四年》：「五月，公及諸侯盟于皋鼬。」左氏傳：「晉人假羽旄於鄭，鄭人與之。明日或旆以會，晉於是乎失諸侯。」參見下文「合諸侯」例。

〔二一〕杵臼，指齊景公。魯襄公二十六年至魯哀公五年在位。《春秋・定公七年》：「秋，齊侯、鄭伯盟于鹹。齊人執衛行人北宮結，以侵衛。齊侯、衛侯盟于沙。」左氏傳：「秋，齊侯、鄭伯盟于鹹，徵會于衛。衛侯欲叛晉，諸大夫不可，使北宮結如齊，而私於齊侯曰：『執結以侵我。』齊侯從之，乃盟于瑣。」《彙纂》引許翰曰：「齊、鄭之盟，叛晉也。霸道隳，諸侯散，離盟始復。志此，蓋自是中國無殷會矣。」引陳傅良曰：「特相盟自齊桓以來未之有也，於是再見，諸侯無主盟矣。是故石門志諸侯之合也，于鹹志諸侯之散也。」引家鉉翁曰：「于鹹、于沙，齊景圖霸之始事也。」

〔二二〕《孟子・離婁上》：「既不能令，又不受命，是絶物也。」

〔二三〕曙星，拂曉之星，喻孤離之狀。劉禹錫《送張盥赴舉》詩序：「向所謂同年友，當其盛時，聯袂齊鑣，亘絶九衢，若屏風然，今來落落如曙星之相望。」

及期曰會，不及期曰如會〔一〕，先期曰遇〔二〕。苟「不期」焉〔三〕，地無常所，焉得告命而志諸策書乎〔四〕！「志不相得」，不請先相見，先請壹似要之者〔五〕。必期以地，否則諸侯而爲匹夫行也，安得曰禮！禮不備，有事焉而不書，貴諸夏也，不然杞何貶乎〔六〕！僖公以終《春秋》，不復志遇〔七〕，聚言「會」，散言「次」〔八〕，則已文日敝，政日繁，大夫專，諸侯佻。遇二。

【箋】

〔一〕《春秋·僖公二十八年》：「五月癸丑，公會晉侯、齊侯、宋公、蔡侯、鄭伯、衛子、莒子，盟于踐土。陳侯如會。」公羊子傳：「其言如會何？後會也。」

〔二〕《禮記·曲禮下》：「諸侯未及期相見曰遇」。鄭玄注：「及，至也。」另《春秋·隱公八年》：「春，宋公、衛侯遇于垂。」左氏傳：「八年春，齊侯將平宋、衛，有會期。宋公以幣請於衛，請先相見，衛侯許之，故遇于犬丘。」

〔三〕《春秋·隱公四年》：「夏，公及宋公遇于清。」公羊子傳：「遇者何？不期也，一君出，一君要之也。」《春秋·隱公八年》：「春，宋公、衛侯遇于垂。」穀梁子傳：「不期而會曰遇，遇者，志相得也。」莊氏此處從左氏，反公、穀。

〔四〕《左傳·隱公十一年》：「凡諸侯有命，告則書，不然則否。師出臧否，亦如之。雖及滅國，滅不告敗，勝不告克，不書于策。」杜預集解：「命者，國之大事政令也。承其告辭，史乃書之于策。若所傳聞行言，非將君命，則記在簡牘而已，不得記于典策。此蓋周禮之舊制。」

〔五〕《春秋·桓公十年》：「秋，公會衛侯于桃丘，弗遇。」穀梁子傳：「弗遇者，志不相得也。弗，內辭也。」公羊子傳：「會者何？期辭也。其言弗遇何？公不見要也。」

〔六〕《春秋・僖公二十三年》：「冬，十有一月，杞子卒。」杜預集解：「杞入《春秋》稱侯，莊二十七年絀稱伯，至此用夷禮，貶稱子。」《春秋・僖公二十七年》：「春，杞子來朝。」左氏傳：「春，杞桓公來朝，用夷禮，故曰子。」

〔七〕《春秋》從僖公開始，未再記「遇」。

〔八〕謂諸侯盟會散壞，則書「次」以諱言之。如《春秋・定公九年》：「秋，齊侯、衛侯次于五氏。」杜預集解：「五氏，晉地。不書伐者，諱伐盟主，以次告。」

書遇以戒，書次以慎。因其憚之〔一〕，告以慎之；因其亟之〔二〕，告以戒之；愛諸夏之爲人君者也。一國之安危在此一人，此天子不怒而諸侯自爲正之法也〔三〕。次三。

【箋】

〔一〕指書「次」。如，《春秋》莊公三年「冬，公次于郎。」穀梁子傳：「次，止也，有畏也。」僖公十五年：「三月，公會齊侯、宋公、陳侯、衛侯、鄭伯、許男、曹伯盟于牡丘。遂次于匡。」穀梁子傳：「次，止也，有畏也。」

〔二〕指書「遇」。蓋先期爲遇，有亟亟之情。

〔三〕《禮記・聘義》：「諸侯相厲以禮，則外不相侵，內不相陵，此天子之所以養諸侯兵不用，而諸侯自爲正之具也。」

其惡未成，其志可誅。在楚克息，非人類也〔一〕。「紀人知之」〔二〕，事已行矣，已行未得，此實大惡，曾諸夏而至此極乎？不再見也。如四。

【箋】

〔一〕《左傳・莊公十四年》：「蔡哀侯爲莘故，繩息嬀以語楚子。楚子如息，以食入享，遂滅息。以息嬀歸，生堵敖及成王焉。」杜預集解：「繩，譽也」，「以食入享，「僞設享食之具」。

〔二〕《春秋・桓公五年》：「夏，齊侯、鄭伯如紀。」左氏傳：「夏，齊侯、鄭伯朝于紀，欲以襲之。紀人知之。」

交鄰有道保其國，保其國者保其民。天子設州伯，凡州之國、國之民，皆其職也〔一〕。亳城北之載辭曰「無蘊年，無壅利，無保姦，無留慝，救災患，恤禍亂，同好惡，獎王室」〔二〕，略具矣。不然冠帶之倫，安有寧宇哉！此非一州之伯能專之，兩州之伯實同之者也。不相命得乎？齊侯、衛侯皆州伯也，近正亦罕矣〔三〕。胥命五。

【箋】

〔一〕《禮記・王制》：「凡四海之内九州，州方千里。州建百里之國三十，七十里之國六十，五十里之國百有二十。凡二百一十國。名山大澤不以封，其餘以爲附庸、閒田。八州，州二百一十國。」

〔二〕《左傳・襄公十一年》：「秋七月，同盟于亳。范宣子曰：『不慎，必失諸侯。諸侯道敝而無成，能無貳乎？』乃盟。載書曰：『凡我同盟，毋蘊年，毋壅利，毋保姦，毋留慝，救災患，恤禍亂，同好惡，奬王室。或間兹命，司慎司盟，名山名川，群神群祀，先王先公，七姓十二國之祖，明神殛之，俾失其民，隊命亡氏，踣其國家。』」

〔三〕《春秋・桓公三年》：「夏，齊侯、衛侯胥命于蒲。」公羊子傳：「胥命者何？相命也。何言乎相命？近正也。此其爲近正奈何？古者不盟，結言而退。」杜預集解：「申約言以相命而不歃血也。」

特曰讓事，參曰成事〔一〕。三則善惡大矣。諸夏外也，吾君或在焉，不叙而主之，不必主也，外内之辨也。善惡皆主會者爲之。參盟會六。

【箋】

〔一〕《春秋・桓公二年》：「公及戎盟于唐，冬，公至自唐。」左氏傳：「特相會，往來稱地，讓事也；自參以上，則往稱地，來稱會，成事也。」杜預集解：「特相會，公與一國會也。會必有主，二人獨會則莫肯爲主，兩讓，會事不成，故但書地」；成事，「成會事」。

晉爲天下强國久矣，包周室，偪鄭、衛，聖人不至其國，成公之篇則狄之〔一〕，惡其犯令陵正，甚杜之也。宣公之篇合諸侯尠，莫頻於成、襄之篇。君在而重已在大夫〔二〕，亂天下之大防者，晉也。諸侯以晉爲正，實以力爲正。自時厥後，苟有力，其從之，何知仁義。以享其利者爲有德，其機在此。此謂大惡録之〔三〕，以諸夏輔京師〔四〕之道責之。合諸侯七。

【箋】

〔一〕指《春秋·成公元年》：「秋，王師敗績于茅戎。」公、穀均以敗王師者爲晉。《春秋》以自敗爲文，乃夷狄視晉。此一書法有成例，如《春秋·僖公二十一年》：「秋，宋公、楚子、陳侯、蔡侯、鄭伯、許男、曹伯會于盂。執宋公以伐宋。」公羊子傳：「孰執之？楚子執之。曷爲不言楚子執之？不與夷狄之執中國也。」另參見《外辭》「晉十」小序。

〔二〕《春秋·襄公三年》：「六月，公會單子、晉侯、宋公、衛侯、鄭伯、莒子、邾子、齊世子光。己未，同盟于鷄澤。陳侯使袁僑如會。戊寅，叔孫豹及諸侯之大夫，及陳袁僑盟。」穀梁子傳：「諸侯盟，又大夫相與私盟，是大夫張也。故鷄澤之會，諸侯始失正矣。大夫執國權，曰『袁僑』，異之也。」《春秋·襄公十六年》：「三月，公會晉侯、宋公、衛侯、鄭伯、曹伯、莒子、邾子、薛伯、杞伯、小邾子于溴梁。戊寅，大夫盟。」公羊子傳：「諸侯皆在是，其言大夫盟何？信在大夫也。何言乎信在大夫？徧刺天下之大夫也。曷爲徧刺天下之大夫？君若贅旒然。」

〔三〕《公羊傳·隱公十年》：「《春秋》録内而略外，於外大惡書，小惡不書；於内大惡諱，小惡書。」

〔四〕《公羊傳·隱公第一》徐彦疏引《文謚例》：「六輔者，公輔天子，卿輔公，大夫輔卿，士輔大夫，京師輔君，諸夏輔京師是也。」

諸侯之大夫不攝君，聽命於會〔一〕可，列於會不可。有三而已：專也，甚者亂，窮諸賊〔二〕。誰實使之？主會者責也。其君焉在？大夫與會八。

【箋】

〔一〕語出《左傳・僖公七年》：「鄭伯使大子華聽命於會。」

〔二〕窮諸賊，意爲發展到極致則弒君。賊，指稱弒君者。《公羊傳・文公十六年》：「大夫弒君稱名氏，賤者窮諸人；大夫相殺稱人，賤者窮諸盜。」

諸侯多在，晉大夫一人，會斯人也，稱斯師焉，盾猶知爲人臣乎〔一〕！大夫五人，荀偃主兵，鄭伯親之，率之乎，從之乎？伯、子、男與人臣夷乎〔二〕？諸侯會大夫師九。

【箋】

〔一〕《春秋・文公十四年》：「六月，公會宋公、陳侯、衛侯、鄭伯、許男、曹伯、晉趙盾，癸酉同盟于新城。……晉人納捷菑于邾，弗克納。」左氏傳：「晉趙盾以諸侯之師八百乘，納捷菑于邾。邾人辭曰：『齊出貜且長。』宣子曰：『辭順而弗從，不祥。』乃還。」

〔二〕《春秋・襄公十六年》：「叔老會鄭伯、晉荀偃、衛甯殖、宋人伐許。」左氏傳：「許男請遷于晉，諸侯遂遷許。許大夫不可，晉人歸諸侯。鄭子蟜聞將伐許，遂相鄭伯以從諸侯之師。穆叔從公，齊子帥師會晉荀偃。書曰：『會鄭伯』，爲夷故也。」杜預集解：「夷，平也。」

歃必稱名，君乎，臣乎？雞澤疑矣〔一〕，湨〔二〕梁擅矣，盟者不義，逃者義矣〔三〕。諸侯在大夫盟十。

【箋】

〔一〕謂大夫雞澤之盟，尚殊盟陳，未敢直書「大夫盟」，蓋尚知有疑忌。即《春秋·襄公三年》：「六月，公會單子、晉侯、宋公、衛侯、鄭伯、莒子、邾子、齊世子光。己未，同盟于雞澤。陳侯使袁僑如會。戊寅，叔孫豹及諸侯之大夫，及陳袁僑盟。」穀梁子傳：「諸侯盟，又大夫相與私盟，是大夫張也。故雞澤之會，諸侯始失正矣。大夫執國權，曰『袁僑』，異之也。」

〔二〕湨，原文訛作「溴」，《清經解》本不誤，徑改。

〔三〕《春秋·襄公十六年》：「三月，公會晉侯、宋公、衛侯、鄭伯、曹伯、莒子、邾子、薛伯、杞伯、小邾子于湨梁。戊寅，大夫盟。」左氏傳：「晉侯與諸侯宴于温，使諸大夫舞，曰：『歌詩必類！』齊高厚之詩不類。荀偃怒，且曰：『諸侯有異志矣！』使諸大夫盟高厚，高厚逃歸。於是，叔孫豹、晉荀偃、宋向戌、衛甯殖、鄭公孫蠆、小邾之大夫盟曰：『同討不庭』。」

清丘貶其人，同盟重，人雖甚輕，必重貶之〔一〕。新城一大夫也〔二〕，清丘四大夫也，舍是，大夫雖衆，不言同盟矣。趙盾重矣，慎毋忽此清丘之大夫也，自是而大夫之會接跡於成、襄、昭之篇，而晉大夫以畔告矣〔三〕。大夫會十一。

【箋】

〔一〕《春秋・宣公十二年》：「晉人、宋人、衛人、曹人，同盟于清丘。」左氏傳：「晉原縠、宋華椒、衛孔達、曹人同盟于清丘。曰：『恤病討貳』。於是卿不書，不實其言也。」

〔二〕《春秋・文公十四年》：「六月，公會宋公、陳侯、衛侯、鄭伯、許男、曹伯、晉趙盾。癸酉，同盟于新城。」

〔三〕《春秋・定公十三年》：「冬，晉荀寅、士吉射入于朝歌以叛。」

版尹〔一〕，王官之守也，示權中國，侯伯不得專焉。虎牢不繫鄭，知其所以乎？大夫無遂事，乃城虎牢乎〔二〕？城楚丘不與諸侯專封〔三〕，城淳于與大夫專封乎〔四〕？不以楚丘、緣陵〔五〕先邑之，不以遷夷儀〔六〕原本之，曰杞也，先王封國也，城之云爾，豈曰封〔七〕之〔八〕？嘻，甚矣，城成周亦大夫爲之而諸侯替矣〔九〕。大夫會城十二。

【箋】

〔一〕版尹，疑即阪尹，指險峻國土處所立之官守。《尚書・立政》：「夷微、盧烝，三亳阪尹。」鄭玄注：「三亳者，湯舊都之民服文王者，分爲三邑。其長居險，故云阪尹。」孫星衍疏：「云『其長居險，故云阪尹』者，阪是山坡之名，尹是正長之稱。既分亳爲三邑，自必各爲立長，其長稱阪尹，以居峻險處也。」

〔二〕《春秋・襄公二年》：「冬，仲孫蔑會晉荀罃、齊崔杼、宋華元、衛孫林父、曹人、邾人、滕人、薛人、小邾人于戚，遂城虎牢。」公羊子傳：「虎牢者何？鄭之邑也。其言城之何？取之也。取之則曷爲不言取之？爲中國諱也。曷爲爲中國諱？諱伐喪也。曷爲不繫乎鄭？爲中國諱也。大夫無遂事，此其言遂何？歸惡乎大夫也。」

〔三〕《春秋・僖公二年》：「春王正月，城楚丘。」公羊子傳：「孰城？城衛也。曷爲不言城衛？滅也。孰滅之？蓋狄滅之。曷爲不言狄滅之？爲桓公諱也。曷爲爲桓公諱？上無天子，下無方伯，天下諸侯有相滅亡者，桓公不能救，則桓公耻之也。然則孰城之？桓公城之。曷爲不言桓公城之？不與諸侯專封也。曷爲不與？實與而文不與。文曷爲不與？諸侯之義不得專封。諸侯之義不得專封，則其曰實與之何？上無天子，下無方伯，天下諸侯有相滅亡者，力能救之，則救之可也。」

〔四〕《春秋・襄公二十九年》：「仲孫羯會晉荀盈、齊高止、宋華定、衛世叔儀、鄭公孫段、曹人、莒人、滕人、薛人、小邾人城杞。」《左傳・昭公元年》：「城淳于，師徒不頓，國家不罷」。杜預集解：「襄二十九年城杞之淳于，杞遷都。」

〔五〕《春秋・僖公十四年》：「春，諸侯城緣陵。」公羊子傳：「孰城之？城杞也。曷爲城杞？滅也。孰滅之？蓋徐、莒脅之。曷爲不言徐、莒脅之？爲桓公諱也。曷爲爲桓公諱？上無天子，下無方伯，天下諸侯有相滅亡者，桓公不能救，則桓公耻之也。然則孰城之？桓公城之。曷爲不言桓公城之?不與諸侯專封也。曷爲不與?實與而文不與。文曷爲不與?諸侯之義不得專封也。諸侯之義不得專封,則其曰實與之何?上無天子,下無方伯,天下諸侯,有相滅亡者,力能救之,則救之可也。」

〔六〕《春秋·僖公元年》:「夏六月,邢遷于夷儀。」左氏傳:「齊師、宋師、曹師城邢,夏,邢遷于夷儀,諸侯城之,救患也。凡侯伯,救患、分災、討罪,禮也。」

〔七〕封,原文作「役」,據《清經解》本改。

〔八〕本句大意爲,不像「城楚丘」「城緣陵」一樣書「城淳于」,不像城夷儀一樣書作更根本的事由「杞遷于淳于」,而是《春秋》直接以國書爲「城杞」,是因爲杞乃夏後,先王封國,只能書「城」,不能專封。蓋不論書城某邑者,還是書「遷于」者,皆爲亡國遷都重建,故公羊子發傳有齊桓專封之意。若直接書城某國,則遷地再建之意不顯,專封之意亦諱隱。

〔九〕《春秋·昭公三十二年》:「冬,仲孫何忌會晉韓不信、齊高張、宋仲幾、衛世叔申、鄭國參、曹人、莒人、薛人、杞人、小邾人,城成周。」

諸侯執則名,名則絶,則執之者絶〔一〕;執之不名,則執之者不絶,歸而後名以絶之〔二〕。歸之不名,竟無罪也〔三〕。執之者不人,本有罪也〔四〕。曹伯以有罪爲無罪,公子喜時使之〔五〕,於公孫會見之〔六〕。執不言歸,執亦不名,人其執之者,以爲暴小寡〔七〕也,亦自絶矣〔八〕。「歸于京師」,善;「歸之于京師」,不善〔九〕。天王在是,執諸天子之側,而歸之于京師，欺人乎？欺天乎？「畀宋人」，宋人不免焉〔一〇〕；「以歸」，晉人絶矣〔一一〕。執諸侯十三。

【箋】

〔一〕如，《春秋》僖公十九年：「春王三月，宋人執滕子嬰齊。」哀公四年：「晉人執戎曼子赤歸于楚。」

〔二〕如，《春秋》僖公二十八年：「三月丙午，晉侯入曹，執曹伯畀宋人。……曹伯襄復歸于曹。」「晉人執衛侯歸之于京師。」僖公三十年：「衛侯鄭歸于衛。」

〔三〕如，《春秋》僖公二十一年：「秋，宋公、楚子、陳侯、蔡侯、鄭伯、許男、曹伯會于霍，執宋公以伐宋。……釋宋公。」成公十五年：「晉侯執曹伯，歸之于京師。」成公十六年：「曹伯歸自京師。」

〔四〕指執他人者，若不稱「人」（而稱「侯」），則被執者本有罪也。《公羊傳·僖公四年》：「稱侯而執者，伯討也。」

〔五〕《春秋》成公十五年：「癸丑，公會晉侯、衛侯、鄭伯、曹伯、宋世子成、齊國佐、邾人，同盟于戚。晉侯執曹伯，歸于京師。」成公十六年：「曹伯歸自京師。」公羊子傳：「執而歸者名，曹伯何以不名？而不言復歸于曹何？易也。其易奈何？公子喜時在內也。公子喜時在內則何以易？公子喜時者，仁人也，內平其國而待之，外治諸京師而免之。其言自京師何？言甚易也，舍是無難矣。」

〔六〕《春秋·昭公二十年》:「夏,曹公孫會自鄸出奔宋。」公羊子傳:「奔未有言自者,此其言自何?畔也。畔則曷爲不言其畔?爲公子喜時之後諱也。《春秋》爲賢者諱,何賢乎公子喜時?讓國也。其讓國奈何?曹伯廬卒于師,則未知公子喜時從與,公子負芻從與?或爲主于國,或爲主于師。公子喜時見公子負芻之當主也,逡巡而退。賢公子喜時,則曷爲爲會諱?君子之善善也長,惡惡也短。惡惡止其身,善善及子孫。賢者子孫,故君子爲之諱也。」

〔七〕《左傳·僖公二十一年》:「崇明祀,保小寡,周禮也。」楊伯峻注:「《老子》『小國寡民』即此『小寡』之義。」

〔八〕如,《春秋》僖公五年:「冬,晉人執虞公。」僖公十九年:「邾人執鄫子,用之。」成公九年:「晉人執鄭伯。」襄公十六年:「晉人執莒子、邾子以歸。」襄公十九年:「晉人執邾子。」昭公四年:「楚人執徐子。」哀公四年:「宋人執小邾子。」

〔九〕《春秋·僖公二十八年》「晉人執衛侯,歸之於京師。」公羊子傳:「歸之于者何?歸于者何?歸之于者,罪已定矣。歸于者,罪未定也。罪未定,則何以得爲伯討?歸之于者,執之于天子之側者也,罪定不定已可知矣;歸于者,非執之于天子之側者也,罪定不定未可知也。」

〔一〇〕《春秋·僖公二十八年》:「三月丙午,晉侯入曹,執曹伯畀宋人。」「曹伯襄復歸于曹」。

〔一一〕《春秋·襄公十六年》:「晉人執莒子、邾子以歸。」

詹之執不書,以逃來書〔一二〕。「逃義曰逃」〔一三〕,執者義也。義則不書執,以逃書乎?以逃來書乎？逃，賤乎賤矣，來且不書也。魯國幾亡以此賤乎賤之人〔三〕，然後以逃來書也。逃來之言，言之痛矣。執大夫非我人皆不言其歸。伯執而不可曰討，古之人討不然也，彼執行人，力正〔四〕也，桓惡亦大乎〔五〕？內齊桓也，大惡諱，小惡書〔六〕。大夫專執大夫，且執諸天子之側〔七〕，唐叔之後，不爲家人矣乎〔八〕。執大夫十四。

【箋】

〔一〕《春秋·莊公十七年》：「春，齊人執鄭詹。」穀梁子傳：「人者，衆辭也。以人執，與之辭也。鄭詹，鄭之卑者。卑者不志，此其志，何也？以其逃來志之也。逃來則何志焉？將有其末，不得不録其本也。鄭詹，鄭之佞人也。」鄭詹，左氏、穀梁同，公羊作「鄭瞻」。杜預集解因《左傳·僖公七年》有「叔詹、堵叔、師叔三良爲政」之語，遂以鄭瞻爲叔詹，「齊桓始伯，鄭既伐宋，又不朝齊。詹爲鄭執政大臣，詣齊見執，不稱行人，罪之也。行人例在襄十一年。諸執大夫，皆稱人以執之，大夫賤故。」與公羊認爲鄭瞻爲「微者」，穀梁認爲鄭詹爲「卑者」有異。莊存與采信了杜預的説法。

〔二〕《春秋·莊公十七年》：「秋，鄭詹自齊逃來。」穀梁子傳：「逃義曰逃。」杜預集解：「詹不能伏節守死，以解國患，而遁逃苟免，書『逃』以賤之。」

〔三〕《春秋·莊公十七年》：「秋，鄭瞻自齊逃來。」公羊子傳：「何以書？書甚佞也，曰：『佞人來矣！佞人來矣！』」何休解詁：「重言『來』者，道經主書者，若傳云爾，蓋痛魯知而受之，信其計策，以取齊淫女（徐彦疏：即下二十四年「夏，公如齊逆女」；秋，「夫人姜氏入」是也。知取齊淫女是鄭瞻之計者，《春秋説》文云），丹楹刻桷（徐彦疏：即下二十三年「秋，丹桓宫楹」；二十四年春，「刻桓宫桷」是也），卒爲後敗也（徐彦疏：即淫二叔殺二嗣子是也）。加逃者，抑之也。」按：莊公夫人哀姜通乎慶父、公子牙，弒子般、閔公。參見《左傳·閔公二年》及《公羊傳·莊公二十七年》。

〔四〕力正，亦作力征，以武力征伐。《墨子·明鬼下》：「逮至昔三代帝王既没，天下失義，諸侯力正。」畢沅校注：「正，同征。」

〔五〕《春秋·僖公四年》：「齊人執陳袁濤塗。」公羊子傳：「濤塗之罪何？辟軍之道也。其辟軍之道奈何？濤塗謂桓公曰：『君既服南夷矣，何不還師濱海而東，服東夷且歸。』桓公曰：『諾。』於是還師，濱海而東，大陷于沛澤之中。顧而執濤塗。執者曷爲或稱侯，或稱人？稱侯而執者，伯討也；稱人而執者，非伯討也。此執有罪，何以不得爲伯討？古者周公，東征則西國怨，西征則東國怨，桓公假塗于陳而伐楚，則陳人不欲其反由己者，師不正故也。不脩其師而執濤塗，古人之討則不然也。」

〔六〕《公羊傳·隱公十年》：「《春秋》録内而略外，於外大惡書，小惡不書；於内大惡諱，小惡書。」

〔七〕《春秋·定公元年》：「三月，晉人執宋仲幾于京師。」公羊子傳：「仲幾之罪何？不衰城也。其言于京師何？伯討也。伯討則其稱人何？貶。曷爲貶？不與大夫專執也。曷爲不與？實與而文不與。文曷爲不與？大夫之義，不得專執也。」

〔八〕《易·家人》：「《彖》曰：《家人》，女正位乎内，男正位乎外。男女正，天地之大義也。家人有嚴君焉，父母之謂也。父父、子子、兄兄、弟弟、夫夫、婦婦而家道正。正家，而天下定矣。」

玉帛使，終始一辭。兵革使，始微之，漸著之。「將卑」非卑，春秋之初，大夫卑也；「將尊」何尊，春秋之中，大夫張也〔一〕。師少稱人，師衆稱師，惡其君也；稱某帥師，危其師、惡其臣也；稱將不稱帥師，歸惡於將也；不稱君使之，將不中御也。師喪於外，邦亂於内，不擇故也。「君將不言帥師」，重君輕師乎？惡則惡重，功亦功重，吾見其惡矣，未見其功也，免師之罪辭也。受王嘉師〔二〕，兵死痛矣。乃以不義死乎？猶忍罪其不死者乎？而其君「不容於堯舜之世」〔三〕矣。侵伐十五。

【箋】

〔一〕《春秋·隱公五年》：「秋，衛師入盛。」公羊子傳：「曷爲或言率師，或不言率師？將尊師衆稱某率師，將尊師少稱將，將卑師衆稱師，將卑師少稱人。君將不言率師，書其重者也。」

〔二〕《書·吕刑》：「受王嘉師，監于兹祥刑。」孔安國傳：「有邦有土，受王之善衆而治之者，視於此善刑欲其勤而法之。」

〔三〕《孟子·告子下》：「孟子曰：『不教民而用之，謂之殃民。殃民者，不容於堯舜之世。』」

多其力者多其惡，師未加於敵，民已殘矣。出不正反〔一〕，不忍爲也。勸人乎哉？彊人乎哉？附和人乎哉？不得已而隨人乎哉？孟子曰：「不仁不智，無禮無義，人役也。」〔二〕君與國政〔三〕，愁自處於人役，而役人者於是乎多其力矣。孰知其惡積而不可掩乎〔四〕！不患其心之不仁也，患其衆之不足、從之不多也。會侵伐十六。

【箋】

〔一〕《春秋·僖公二十六年》：「公子遂如楚乞師。」公羊子傳：「乞師者何？卑辭也。曷爲以外内同若辭？重師也。曷爲重師？師出不正反，戰不正勝也。」何休解詁：「不正者，不正自謂出當復反、戰當必勝。兵，凶器；戰，危事；不得已而用之爾。乃以假人，故重而不暇別外内也。」穀梁子傳：「乞，重辭也。何重焉？重人之死也，非所乞也。師出不必反，戰不必勝，故重之也。」

〔二〕《孟子·公孫丑上》。

〔三〕《左傳·閔公二年》：「夫帥師，專行謀，誓軍旅，君與國政之所圖也，非大子之事也。」杜預集解：「國政，正卿。」

〔四〕《易·繫辭下》：「善不積不足以成名，惡不積不足以滅身。小人以小善爲无益而弗爲也，以小惡爲无傷而弗去也，故惡積而不可揜，罪大而不可解。」

救必善之。偕衆善也，獨往善也。君行君善，大夫行善在君。晉悼三善：圍彭城〔一〕謂之義，救陳〔二〕、蕭魚〔三〕謂之仁。不善則惡，無中立也。戍救十七。

【箋】

〔一〕《春秋·襄公元年》：「仲孫蔑會晉欒黶、宋華元、衛甯殖、曹人、莒人、邾人、滕人、宋人、薛人，圍宋彭城。」按：魯成公十五年夏，宋共公卒。諸大夫内訌，桓族之大夫魚石、向爲人、鱗朱、向帶、魚府出奔。十八年夏六月，楚、鄭同伐宋彭城，納五大夫，以三百乘戍之而還。同年七月，宋伐彭城。十一月，楚救彭城伐宋，宋華元如晉告急。晉悼公會諸侯師救宋，襄公元年降彭城，以宋五大夫在彭城者歸，寘諸瓠丘。詳見《左傳》。

〔二〕《春秋·襄公五年》：「公會晉侯、宋公、衛侯、鄭伯、曹伯、齊世子光救陳。」左氏傳：「楚子囊爲令尹。范宣子曰：『我喪陳矣，楚人討貳而立子囊，必改行而疾討陳。陳近于楚，民朝夕急，能無往乎？有陳，非吾事也，無之而後可。』冬，諸侯戍陳。子囊伐陳。十一月甲午，會于城棣以救之。」

〔三〕《春秋·襄公十一年》：「公會晉侯、宋公、衛侯、曹伯、齊世子光、莒子、邾子、滕子、薛伯、杞伯、小邾子伐鄭。會于蕭魚。」左氏傳：「甲戌，晉趙武入盟鄭伯。冬十月丁亥，鄭子展出盟晉侯。十二月戊寅，會于蕭魚。庚辰，赦鄭囚，皆禮而歸之。納斥候，禁侵掠。晉侯使叔肸告于諸侯。公使臧孫紇對曰：『凡我同盟，小國有罪，大國致討，苟有以藉手，鮮不赦宥。寡君聞命矣。』」

卒葬之指，「煩煩如繁諸乎？」〔一〕《公羊》奥且明矣，不可不學《穀梁》，《左丘》眊乎瞽哉！舍禮服則失本，舍《春秋》則拂經。諸侯卒葬十八。

【箋】

〔一〕語出《大戴禮記・少閒》：「公曰：『大哉，子之教我政也。列五王之德，煩煩如繁諸乎？』」盧辯注：「煩，衆也。如繁者，言如萬物之繁蕪也。」《春秋繁露・奉本》：「微國之君，卒葬之禮，録而辭繁。」

古人以背殯爲大惡〔一〕，短喪次焉〔二〕。未葬、未踰年君〔三〕十九。

【箋】

〔一〕殯，殮入棺。「諸侯五日而殯，五月而葬」（《禮記・王制》），先君殯而未葬，嗣君出有外事，稱爲背殯。《春秋》所書背殯，如：一、桓公十二年冬：「丙戌，衛侯晉卒。」桓公十三年：「春二月，公會紀侯、鄭伯。己巳，及齊侯、宋公、衛侯、燕人戰，齊師、宋師、衛師、燕師敗績。三月，葬衛宣公。」二、僖公九年：「春王三月丁丑，宋公禦説卒。夏，公會宰周公齊侯、宋子、衛侯、鄭伯、許男、曹伯于葵丘。」穀梁子傳：「天子之宰，通于四海，宋其稱子，何也？未葬之辭也。禮，柩在堂上，孤無外事，今背殯而出會，以宋子爲無哀矣。」三、僖公二十八年六月：「陳侯款卒（即陳穆公，《春秋》未書其葬）。」「冬，公會晉侯、齊侯、宋公、蔡侯、鄭伯、陳子、莒子、邾子、秦人于温。」四、僖公三十二年：「冬十有二月己卯，晉侯重耳卒。」僖公三十三年：「夏四月辛巳，晉人及姜戎敗秦于殽。癸巳，葬晉文公。」公羊子傳：「襄公親之，則其稱人何？貶。曷爲貶？君在乎殯而用師，危不得葬也。」五、成公二年：「八月壬午，宋公鮑卒。庚寅，衛侯遬卒。」成公三年：「春王正月，公會晉侯、宋公、衛侯、曹伯伐鄭。辛亥，葬衛繆公。……乙亥，葬宋文公。」六、定公四年：「春王二月癸巳，陳侯吴卒。三月，公會劉子、晉侯、宋公、蔡侯、衛侯、陳子、鄭伯、許男、曹伯、莒子、邾子、頓子、胡子、滕子、薛伯、杞伯、小邾子、齊國夏于召陵，侵楚。……五月，公及諸侯盟于皋鼬，杞伯戍卒于會。六月，葬陳惠公。」

〔二〕短喪，此處指先君喪未逾年，而子已稱爵。《公羊傳・莊公三十二年》：「君存稱世子，君薨稱子某，既葬稱子，踰年稱公。」《春秋》所書「短喪」，如：一、成公四年：「三月壬申，鄭伯堅卒。……葬鄭襄公。……冬，城鄆。鄭伯伐許。」二、宣公十年：「夏四月丙辰，日有食之。己巳，齊侯元卒。……六月，宋師伐滕。公孫歸父如齊葬齊惠公。……冬，公孫歸父如齊。齊侯使國佐來聘。」

〔三〕未葬未踰年君，即指背殯與未逾年稱君。

世子攝其君，禮也。未誓繼子男，不改也〔一〕。光俄長於滕〔二〕，烏乎可矣！世子二十。

【箋】

〔一〕《周禮・春官・典命》：「凡諸侯之適子，誓於天子，攝其君，則下其君之禮一等；未誓，則以皮帛繼子男。」鄭玄注：「誓，猶命也。言誓者，明天子既命以爲之嗣，樹子不易也。」

〔二〕《春秋・襄公十年》：「公會晉侯、宋公、衛侯、曹伯、莒子、邾子、齊世子光、滕子、薛伯、杞伯、小邾子，伐鄭。」左氏傳：「諸侯伐鄭，齊崔杼使大子光先至于師，故長於滕。」

諸侯臣其昆弟，母弟、母兄恩篤矣。妾母必不可夫人也，子必不可不親其母而事之也，天性也。至誠經綸〔一〕，人倫察焉。母弟母兄二十一。

【箋】

〔一〕語出《禮記·中庸》：「唯天下至誠，爲能經綸天下之大經，立天下之大本，知天地之化育。」

世子奔而君迎之，郕伯以地入〔一〕；父在牀而君會之，州蒲以師出〔二〕。初命之，首誅也。在會一衛侯，出入一衛侯，不嫌則兩見之〔三〕，出奔必不在會，會夷儀必不入夷儀也〔四〕。公子五爭〔五〕，鄭多君矣，忽未嘗稱爵也〔六〕，突出入未嘗不名也〔七〕，鄭伯非他人，必厲公也〔八〕。《春秋》明若日、信若時。疑君二十二。

【箋】

〔一〕《春秋·文公十二年》：「春王正月，郕伯來奔。」左氏傳：「春，郕伯卒，郕人立君。大子以夫鍾與郕邽來奔。公以諸侯逆之，非禮也。故書曰『郕伯來奔。』不書地，尊諸侯也。」

〔二〕《春秋·成公十年》：「五月，公會晉侯、齊侯、宋公、衛侯、曹伯伐鄭。」左氏傳：「晉侯有疾。五月，晉立大子州蒲以爲君，而會諸侯伐鄭。」

〔三〕《春秋》自襄公十四年「己未，衛侯衎出奔齊」，至襄公二十五年「衛侯入于夷儀」、二十六年「衛侯衎復歸于衛」，期間，襄公十六年的溴梁之會，十八年的圍齊之會，二十年的澶淵之盟，二十一年的商任之會，二十二年的沙隨之會，二十四、二十五年的兩次夷儀之會，皆書「衛侯」與會。出奔者，名衎，定公子，謚獻。魯成公十五年至魯襄公十四年及魯襄公二十七年至魯襄公二十九年在位，魯襄公十四年被執政大臣孫林父、甯殖所逐，出奔齊國，其族弟公孫剽立，是爲殤公。襄公二十六年，甯喜弒剽以納獻公復位。與會者，乃衛殤公，名剽。魯襄公十五年至魯襄公二十六年在位。

〔四〕《春秋·襄公二十五年》：「公會晉侯、宋公、衛侯、鄭伯、曹伯、莒子、邾子、滕子、薛伯、杞伯、小邾子于夷儀。」「衛侯入于夷儀。」參會者爲衛殤公，入夷儀者爲衛獻公。

〔五〕魯桓公十一年，鄭莊公卒，太子忽即位，是爲昭公，九月，宋莊公執祭仲，「出忽立突」，突即鄭厲公；魯桓公十五年，突謀殺祭仲失敗，出奔蔡，九月入于櫟，祭仲迎昭公復位；魯桓公十七年，高渠弭弒昭公而立公子亹；魯桓公十八年，齊襄公會諸侯于首止，伏甲而殺子亹，高渠弭與祭仲謀，召昭公弟公子儀（從杜注，《史記·鄭世家》作公子嬰）于陳而立之，是爲鄭子；魯莊公十四年，鄭厲公誘劫鄭大夫甫假，求入，甫假殺鄭子及其二子而迎鄭厲公，突自櫟復入即位。是爲「五争」。

〔六〕《春秋》凡書鄭忽者，從未書作「鄭伯」，如桓公十一年：「鄭忽出奔衛。」桓公十五年：「鄭世子忽復歸于鄭。」

〔七〕《春秋》凡書鄭突者，皆書名以絶之，如桓公十一年：「九月，宋人執鄭祭仲。突歸于鄭。」桓公十五年：「五月，鄭伯突出奔蔡。」「秋九月，鄭伯突入于櫟。」

〔八〕謂《春秋》認可的鄭伯爲厲公突。

邾、郳進〔一〕，牟、葛〔二〕微國不録其爵，若是者衆。蕭以附庸，竟邑於宋，痛其滅而以日詳之〔三〕。建極者，惟在無虐煢獨，畏高明哉〔四〕。附庸成子二十三。

【箋】

〔一〕《春秋·隱公元年》：「三月，公及邾儀父盟于眛。」公羊子傳：「儀父者何？邾婁之君也。何以名？字也。曷爲稱字？褒之也。曷爲褒之？爲其與公盟也。與公盟者衆矣，曷爲獨褒乎此？因其可褒而褒之。此其爲可褒奈何？漸進也。」《春秋·莊公五年》：「秋，郳黎來來朝。」郳，左、穀同，公羊作「倪」。公羊子傳：「倪者何？小邾婁也。小邾婁則曷爲謂之倪？未能以其名通也。黎來者何？名也。其名何？微國也。」從莊公十六年「邾子克卒」開始，《春秋》稱邾君爲「子」；從僖公七年「夏，小邾子來朝」開始，《春秋》稱小邾君爲「子」。

〔二〕《春秋·桓公十五年》：「邾人、牟人、葛人來朝。」公羊子傳：「皆何以稱人？夷狄之也。」

〔三〕《春秋·宣公十二年》：「冬十有二月戊寅，楚子滅蕭。」杜預集解：「蕭，宋附庸國。」按：蕭滅後，成爲宋邑，魯定公十二年，宋群公子奔蕭。

〔四〕《書·洪範》：「時人斯其惟皇之極。無虐煢獨而畏高明。」孔安國傳：「煢，單，無兄弟也。無子曰獨。單獨者，不侵虐之；寵貴者，不枉法畏之。」

紀子以「侯」，天王爵之〔一〕；杞公而「伯」，天王絀之〔二〕。「伯」云，夏也；「子」云，夷也〔三〕。因其禮也，聖無私也。褒封絀爵二十四。

【箋】

〔一〕《春秋·桓公二年》：「秋七月，紀侯來朝。」何休解詁：「稱侯者，天子將娶於紀，與之奉宗廟，傳之無窮，重莫大焉，故封之百里。」徐彥疏：「知天子將娶於紀者，正以下八年冬，『遂逆王后于紀』，九年『春，紀季姜歸于京師』之文也。知其元非大國者，正以隱二年『紀子伯、莒子盟于密』，伯、子並稱之，故知此『侯』非本爵也。知非暫得褒賞而已，而知封之百里者，正以自今以後，恒稱侯故也。即下六年夏，『公會紀侯于成』，十三年春『公會紀侯、鄭伯』之屬是也。」

〔二〕《春秋·莊公二十七年》：「杞伯來朝。」何休解詁：「杞，夏後，不稱公者，《春秋》黜杞、新周而故宋，以《春秋》當新王。黜而不稱侯者，方以子貶，起伯爲黜。」莊存與以爲「天王黜之」，與何休異。另《春秋·文公十二年》亦書：「杞伯來朝。」

〔三〕《春秋》僖公二十三年：「冬十有一月，杞子卒。」左氏傳：「十一月，杞成公卒。書曰『子』，杞，夷也。」僖公二十七年：「春，杞子來朝。」左氏傳：「春，杞桓公來朝，用夷禮，故曰子。公卑杞，杞不共也。」

特盟會

冬十有二月，齊侯、鄭伯盟于石門隱公三年盟于石門，何以書？大惡也。東方諸侯，莫肯用力於王室，自此始矣〔一〕。周室東遷，閔無召公之臣，日蹙國百里〔二〕。以至《終南》爲《秦風》〔三〕，《揚之水》戍申、許〔四〕。周公所職，東、北二方〔五〕，諸侯帥職，志未變也。郲鄘之湊〔六〕，齊在東，晉在北，西則秦，南則楚。《詩》曰：「彼有旨酒，又有嘉殽，洽比其鄰，昏姻孔云，念我獨兮，憂心慇慇。」〔七〕又曰：「四方有羡，我獨居憂。」〔八〕不謂齊、晉、秦、楚有羡，而王室獨乎！夫子作《春秋》，所懲者荊楚也。晉有《文侯之命》〔九〕，秦有襄公之詩〔一〇〕，《春秋》以序録十二諸侯，鄙秦而遠之〔一一〕，抑晉而後之〔一二〕。齊在東方，庶幾彼善于此。幽、平之際，惜齊無功可記於《詩》《書》。夫子言曰：「如有用我者，吾其爲東周乎！」〔一三〕帥東諸侯服事天子如文王也，則齊在所先致意矣，矧與魯實相表裏焉。經世之法，又必自近及遠乎！

書曰「齊侯、鄭伯盟于石門」，傷其非王命而私爲此盟也。平王命晉文侯與鄭夾輔周室，無廢王命〔一四〕；周公、大公，成王賜之盟，藏在盟府，大師職之〔一五〕。諸侯焉得私自爲盟乎！噫嘻，齊侯，州伯也；鄭伯，王卿士也；各率厥職，奚爲於石門而盟諸！祭伯不正其私交〔一六〕，則齊侯、鄭伯不正其私盟矣。於是乎伐許〔一七〕，於是乎如紀〔一八〕，皆天王之異姓而偪於齊、鄭者〔一九〕；於是乎王伐鄭〔二〇〕，則鄭首惡也；於是乎王人子突救衛〔二一〕，則齊首惡也。兆於石門，彰於瓦屋〔二二〕。齊歌《甫田》，刺無德而求諸侯〔二三〕，非達於事變而懷其舊俗者乎！東方諸侯之變，自石門之盟始，而天下之事，不得不以齊桓、晉文補苴王迹爲美談矣。不有聖人，誰與立天地之大義乎！或以天王喪未期歲〔二四〕，諸侯以賓禮相見，亦大惡也。曰：《春秋》有主書以立教，然後多連而博貫之。主書不以此，曷不以此？《春秋》正其本，嗣王若高宗〔二五〕，乃可以教諸侯，否則不薄待其子而厚責其臣矣。

【箋】

〔一〕石門之盟，爲《春秋》書外諸侯特相盟之始。

〔二〕《詩·大雅·召旻》：「昔先王受命，有如召公，日辟國百里。今也日蹙國百里。於乎哀哉！」

〔三〕《詩·秦風·終南》小序：「戒襄公也。能取周地，始爲諸侯，受顯服，大夫美之，故作是詩以戒勸之。」毛傳：「終南，周之名山中南也。」《國語·鄭語》：「平王之末，秦取周土。」

〔四〕《詩·王風·揚之水》：「彼其之子，不與我戍申」，「彼其之子，不與我戍許」。小序：「刺平王也。不撫其民而遠屯戍于母家，周人怨思焉。」鄭箋：「平王母家申國，在陳、鄭之南，迫近强楚，王室微弱而數見侵伐，王是以戍之。」

〔五〕《公羊傳·隱公五年》：「天子三公者何？天子之相也。天子之相則何以三？自陝而東者，周公主之；自陝而西者，召公主之；一相處乎內。」

〔六〕郟鄏，周朝東都，故地在今河南省洛陽市。《左傳·宣公三年》：「成王定鼎于郟鄏。」《史記·楚世家》：「昔成王定鼎于郟鄏，卜世三十，卜年七百，天所命也。」湊，指會聚之處。《逸周書·

作雒》：「乃作大邑成周于土中，……以爲天下之大湊。」

〔七〕《詩·小雅·正月》。小序：「大夫刺幽王也。」

〔八〕《詩·小雅·十月之交》。小序：「大夫刺幽王也。」毛傳：「羡，餘也。」

〔九〕《書·文侯之命》。書序認爲是周平王賜晉文侯仇之命；司馬遷認爲是周襄王賜晉文公重耳之命，《史記·晉世家》：「五月丁未，獻楚俘於周，駟介百乘，徒兵千。天子使王子虎命晉侯爲伯，賜大輅，彤弓矢百，玈弓矢千，秬鬯一卣，珪瓚，虎賁三百人。晉侯三辭，然後稽首受之。周作《晉文侯命》。」

〔一〇〕《詩·秦風》中的《駟驖》《小戎》篇，小序都認爲是美襄公之作。

〔一一〕《春秋·文公十二年》：「秦伯使遂來聘。」公羊子傳：「遂者何？秦大夫也。秦無大夫，此何以書？賢繆公也。」《春秋》以秦爲夷狄，故曰無大夫。

〔一二〕晉國遲至僖公二年「虞師、晉師滅下陽」，方在《春秋》中首現。

〔一三〕《論語·陽貨》。何晏集解：「興周道於東方，故曰東周。」

〔一四〕《左傳·宣公十二年》：「昔平王命我先君文侯曰：『與鄭夾輔周室，毋廢王命。』」《國語·晉語》：「鄭先君武公與晉文侯戮力同心，股肱周室，夾輔平王。」

〔一五〕《左傳·僖公二十六年》：「昔周公、大公股肱周室，夾輔成王。成王勞之而賜之盟曰：『世世子孫，無相害也！』載在盟府，大師職之。」

〔一六〕《春秋·隱公元年》："冬十有二月，祭伯來。"穀梁子傳："來者，來朝也。其弗謂朝，何也？寰内諸侯，非有天子之命，不得出會諸侯。不正其外交，故弗與朝也。聘弓鍭矢，不出竟場；束脩之肉，不行竟中；有至尊者，不貳之也。"

〔一七〕《春秋·隱公十一年》："秋七月壬午，公及齊侯、鄭伯入許。"左氏傳："秋七月，公會齊侯、鄭伯伐許。"

〔一八〕《春秋·桓公五年》："夏，齊侯、鄭伯如紀。"左氏傳："夏，齊侯、鄭伯朝于紀，欲以襲之，紀人知之。"

〔一九〕許、紀皆爲姜姓諸侯國。

〔二〇〕《春秋·桓公五年》："秋，蔡人、衛人、陳人從王伐鄭。"

〔二一〕《春秋》莊公五年："冬，公會齊人、宋人、陳人、蔡人伐衛。"莊公六年："春王正月，王人子突救衛。"

〔二二〕《春秋·隱公八年》："秋七月庚午，宋公、齊侯、衛侯盟于瓦屋。"左氏傳："齊人卒平宋、衛于鄭。秋，會于温，盟于瓦屋，以釋東門之役，禮也。"

〔二三〕《詩·齊風·甫田》小序："大夫刺襄公也，無禮義而求大功，不修德而求諸侯，志大心勞，所以求者非其道也。"

〔二四〕《春秋·隱公三年》："三月庚戌，天王崩。"

〔三五〕高宗，武丁，商帝小乙之子。在位期間，舉傅説，修德政，天下咸驩，殷道復興。《論語·憲問》載其諒陰三年不言之事，《書·高宗彤日》載祖己訓王之辭。

蔡侯、鄭伯會于鄧桓公二年

何以書？志天下之故也。蔡、鄭不相得，曷爲而會于鄧？左丘氏曰：「始懼楚也。」諸夏之所同患也，而近者先受之。鄧，微國也，於我則遠國也，因事以録之。漢陽諸侯微見于此〔一〕，申、息之亡，不識於《春秋》〔二〕。《春秋》約文而旨博，不以人事多寡爲繁省，識天下之故而已矣。

【箋】

〔一〕《左傳·僖公二十八年》：「漢陽諸姬，楚實盡之。」杜預集解：「水北曰陽。姬姓之國在漢北者，楚盡滅之。」

〔二〕申、息二國不見於《春秋》，僅見於《左傳》，首見於《左傳·僖公二十五年》：「楚鬭克、屈御寇以申、息之師戍商密。」楊伯峻注：「楚國經營中國，常用申、息之師。」

遇

宋公、衛侯遇于垂隱公八年

略内則何以録外？瓦屋之盟〔一〕，踰歲而寒矣〔二〕。宋、衛志相得〔三〕，終不會于稷〔四〕，垂之相見，信於瓦屋之莅牲焉。然則善之與？戒之也。非若宋公、齊侯之善志，亦無齊侯、陳侯、鄭伯之惡心〔五〕，猶有可救之道，則先時戒之，以愛諸夏之爲人君者。

【箋】

〔一〕《春秋·隱公八年》：「春，宋公、衛侯遇于垂。……秋七月庚午，宋公、齊侯、衛侯盟于瓦屋。」左氏傳：「春，齊侯將平宋、衛，有會期。宋公以幣請於衛，請先相見，衛侯許之，故遇于犬丘。」「齊人卒平宋、衛于鄭。秋，會于温，盟于瓦屋，以釋東門之役，禮也。」

〔二〕《春秋·隱公十年》：「春王二月，公會齊侯、鄭伯于中丘。夏，翬帥師會齊人、鄭人伐宋。六月壬戌，公敗宋師于菅。辛未，取郜。辛巳，取防。秋，宋人、衛人入鄭。宋人、蔡人、衛人伐戴，鄭伯伐取之。冬十月壬午，齊人、鄭人入郕。」

〔三〕穀梁子傳：「不期而會曰遇，遇者，志相得也。」

〔四〕指衛國不參加稷之會，即《春秋·桓公二年》：「三月，公會齊侯、陳侯、鄭伯于稷，以成宋亂。」

〔五〕指垂之遇，既無瓦屋之盟講和釋仇之善志，亦無稷之會謀成宋亂之惡心。

夏，齊侯、鄭伯如紀桓公五年

如

「外相如不書，此何以書」〔一〕？非如紀也，襲紀也。飾好貌，懷寇心，庶人猶謂之賊，況諸侯乎〔二〕！則何以無貶？庶人行則人之，此非人所爲，不可以稱人矣，予以侯伯之名，庶幾其以愧憤死乎！往不得所欲，事已行矣，行而不得，下得者一等也。

【箋】

〔一〕公羊子傳：「外相如不書，此何以書？離不言會也。」

〔二〕左氏傳：「夏，齊侯、鄭伯朝于紀，欲以襲之，紀人知之。」

胥命

夏，齊侯、衛侯胥命于蒲桓公三年

兩州之伯有其職，不可以主命，胥命也則可〔一〕。其辭則侯伯之盟猶有在者，葵丘五命，明天子之禁也〔二〕。晉有載書亦云：「凡我同盟，無蘊年，無壅利，無保姦，無留慝，救災患，恤禍亂，同好惡，奬王室。」〔三〕其善者辭也。非一州之長獨成之，必兩州之伯相與共守之，是以曰胥命也。不涖牲也〔四〕，故曰「近正」。《春秋》善衛侯，善其不會于稷也〔五〕，則以垂之遇録之矣〔六〕。

【箋】

〔一〕公羊子傳：「胥命者何？相命也。何言乎相命？近正也。此其爲近正奈何？古者不盟，結言而退。」穀梁子傳：「胥之爲言猶相也。相命而信諭，謹言而退，以是爲近古也。是必一人先，其以相言之，何也？不以齊侯命衛侯也。」

〔二〕《穀梁傳·僖公九年》：「葵丘之會，陳牲而不殺，讀書加于牲上，壹明天子之禁。曰：毋雍泉，毋訖糴，毋易樹子，毋以妾爲妻，毋使婦人與國事。」《孟子·告子下》：「葵丘之會諸侯，束牲載書而不歃血。初命曰：誅不孝，無易樹子，無以妾爲妻。再命曰：尊賢育才，以彰有德。三命曰：敬老慈幼，無忘賓旅。四命曰：士無世官，官事無攝，取士必得，無專殺大夫。五命曰：無曲防，無遏糴，無有封而不告。曰：『凡我同盟之人，既盟之後，言歸于好。』今之諸侯皆犯此五禁。」

〔三〕《左傳·襄公十一年》。

〔四〕杜預集解：胥命，「申約言以相命而不歃血也。」

〔五〕《春秋·桓公二年》：「三月，公會齊侯、陳侯、鄭伯于稷，以成宋亂。」

〔六〕《春秋·隱公八年》：「春，宋公、衛侯遇于垂。」

參盟會

秋七月庚午，宋公、齊侯、衛侯盟于瓦屋隱公八年

我不在會，何以書？志參盟也〔一〕。齊主爲此盟〔二〕，曷爲先宋？周班也〔三〕。齊先衛，非周之宗盟也〔四〕。鄭伯不書，不在會乎，在會乎？在會而削之也。則何以見其削之？參盟所甚惡也，況合諸侯乎！合諸侯，不得已而以北杏爲始事〔五〕。如志鄭伯，而宋非諸侯主也；不志鄭伯，則參盟爲無適主之辭也。然則何以獨不志鄭而削之？齊以鄭不平於宋而平之，鄭乃以齊大不平於宋而伐之〔六〕，鄭伯之不信甚矣，削之者賤之也。以無所長之，辭先宋公；以大不信之，實削鄭伯。然後知禮樂征伐有天子存，聖人必不願其自諸侯出矣。志其日，詳重也。

【箋】

〔一〕穀梁子傳：「外盟不日，此其日，何也？諸侯之參盟於是始，故謹而日之也。誥誓不及五帝，盟詛不及三王，交質子不及二伯。」

〔二〕左氏傳：「齊人卒平宋、衛于鄭。秋，會于温，盟于瓦屋，以釋東門之役，禮也。」

〔三〕《直解》：「盟成於齊而首宋，序爵也。《春秋》之初，猶序王爵，無伯也。桓、文以後，皆首伯國，則無王矣。」

〔四〕《左傳·隱公十一年》：「周之宗盟，異姓爲後。」

〔五〕《春秋·莊公十三年》：「春，齊侯、宋人、陳人、蔡人、邾人會于北杏。」此爲齊桓合諸侯之始。

〔六〕《春秋·隱公十年》：「春王二月，公會齊侯、鄭伯于中丘。夏，翬帥師會齊人、鄭人伐宋。」

春王二月，公會齊侯、鄭伯于中丘隱公十年

此則謀動干戈之惡成矣[一]。比周而黨，愈少鄙争而名愈辱。兄弟昏姻之國，卒于相怨一方，《詩》所謂「如蠻如髦」[二]者乎！月以詳之。「于中丘」[三]，主人首其惡矣。

【箋】

〔一〕左氏傳：「春王正月，公會齊侯、鄭伯于中丘。癸丑，盟于鄧，爲師期。夏五月，羽父先會齊侯、鄭伯伐宋。」

〔二〕《詩·小雅·角弓》。小序：「父兄刺幽王也。不親九族而好讒佞，骨肉相怨，故作是詩也。」毛傳：「蠻，南蠻也；髦，夷髦也。」

〔三〕《公羊傳·隱公七年》：「中丘者何？内之邑也。」則中丘爲魯邑。

春正月，齊人、衛人、鄭人盟于惡曹桓公十有一年

彼戰克而盟之以爲好[一]，衛及是乃與鄭平[二]。瓦屋之所求，始得矣。「人」之，貶之也。《春秋》惡兵，所尤痛者，糜爛其民而戰之也。日以志之，痛此蒼生同日而就死也。我之救死扶傷不給[三]，彼三國者，獨不寡人之妻、孤人之子、獨人父母乎！以戰勝爲榮，彼所以放其良心者，猶斧斤之於木矣。稱之曰人，問其好惡，尚有與人相近者乎，而爲此盟也！

【箋】

〔一〕《春秋·桓公十年》:「冬十有二月丙午,齊侯、衛侯、鄭伯來戰於郎。」

〔二〕左氏傳:「十一年春,齊、衛、鄭、宋盟于惡曹。」杜預集解:「宋不書,經闕。」

〔三〕語出司馬遷《報任少卿書》:「仰億萬之師,與單于連戰十有餘日,所殺過半當,虜救死扶傷不給。」

夏六月壬寅,公會紀侯、莒子盟于曲池〔一〕桓公十有二年

同州之小侯也,所以爲紀盟者,州伯之義如斯而已焉〔二〕。日以志之,不信也〔三〕。

【箋】

〔一〕紀侯,公羊、穀梁同;左氏作「杞侯」;《彙纂》引諸儒所論,皆以爲當作「紀侯」。

〔二〕《彙纂》引吴澂曰:「紀爲齊難,危急甚矣。魯桓切切爲紀謀,故屢會焉,而大國無與同心者。此會也,僅能與小弱之莒偕,其不能爲助,而無救於紀之亡也蓋可知矣。」

〔三〕《春秋·隱公元年》:「三月,公及邾儀父盟于蔑。」何休解詁:「君大夫盟例日,惡不信也。」

秋七月丁亥,公會宋公、燕人盟于穀丘

三會矣,日以志之,不信也。何言乎「燕人」?將言與之戰〔一〕,則先言與之盟,此之謂小人之盟。三會:一夫鍾、一闞、一穀丘〔二〕。

【箋】

〔一〕《春秋·桓公十三年》:「春二月,公會紀侯、鄭伯。己巳,及齊侯、宋公、衛侯、燕人戰,齊師、宋師、衛師、燕師敗績。」

〔二〕《春秋·桓公十一年》:「公會宋公于夫鍾。冬十有二月,公會宋公于闞。」

春正月丙辰,公會齊侯、紀侯盟于黄桓公十有七年

盟不信則日,公自謂能平齊、紀矣〔一〕。齊、紀不並立〔二〕,行路皆知之。齊侯〔三〕,凶人也〔四〕,僖公之不能得,而得之于斯人乎?諼公而公不知也〔五〕。

【箋】

〔一〕左氏傳:「十七年春,盟于黄。平齊、紀,且謀衛故也。」

〔二〕《春秋·莊公四年》:「紀侯大去其國。」公羊子傳:「大去者何?滅也。孰滅之?齊滅之。曷爲不言齊滅之?爲襄公諱也。《春秋》爲賢者諱,何賢乎襄公?復讎也。何讎爾?遠祖也。哀公亨乎周,紀侯譖之。以襄公之爲於此焉者,事祖禰之心盡矣。」

〔三〕齊侯,齊襄公,名諸兒,僖公子。魯桓公十五年至魯莊公八年在位。

〔四〕齊襄公殺魯桓公、鄭子亹(俱見《左傳·桓公十八年》)、滅紀(《春秋·莊公四年》)等。

〔五〕《直解》:「齊襄因公求平,詭爲此盟,以安紀之心而弛其備。後二年,齊遂遷紀三邑,是可以知齊人之本謀矣。」

合諸侯

公會晉侯、齊侯、宋公、衛侯、鄭伯、曹伯、莒子、邾子于商任襄公二十一年

冬，公會晉侯、齊侯、宋公、衛侯、鄭伯、曹伯、莒子、邾子、薛伯、杞伯、小邾子于沙隨襄公二十二年

《春秋》記諸侯之會不言所爲，不言所爲而所爲無不見，或見于前事，或見于後事，或以褒見事，或以貶見事。《春秋》是非二百四十二年之中〔一〕，約其文辭而旨博〔二〕，未有不見事而贅言會者。昔歲商任，今兹沙隨，前此者無事焉，後此者無事焉，間此者無事焉。察其文，貫其指，不褒以揚焉，不貶以抑焉，見主會者晉爾，非有關于天下之故〔三〕。非有關于天下之故則不書，此何以書？譏。何譏爾？主天下之會，不以天下之事而最天下之侯也。《周官》有之曰：「春朝諸侯而圖天下之事，秋覲以比邦國之功，夏宗以陳天下之謨，冬遇以協諸侯之慮，時會以發四方之禁，殷同以施天下之政。」〔四〕故曰：「四王之王也，樹德而濟同欲焉；五伯之伯也，勤而撫之以役王命。」〔五〕「有事而會，不協而盟」〔六〕，噫，斯侯也，僕僕爾期月而再動天下，屬諸侯，乃無一事焉可書於策者，則何以宗諸侯矣。然則諸侯何以序？有事而不事，事之而不將其事，則凡而不序；非事而事之，事之而亟其事，

則目之，見其以一臣之私而動諸侯之君也。會之者，無譏乎？棄而封守，跋涉山川，蒙犯霜露，以逞大國執政之心，庸得已乎！庸得已乎！惜其不師文王〔七〕，而日役于大國也。

【箋】

〔一〕語出《史記·太史公自序》。

〔二〕語出《史記·孔子世家》。

〔三〕左氏傳：「會於商任，錮欒氏也。」「冬，會于沙隨，復錮欒氏也。」杜預集解：「禁錮欒盈，使諸侯不得受。」按：欒盈爲范匄所逐，出奔于外。

〔四〕《周禮·秋官·大行人》。

〔五〕《左傳·成公二年》。杜預集解：四王，「禹、湯、文、武」。

〔六〕《左傳·昭公三年》：「昔文、襄之霸也，其務不煩諸侯，令諸侯三歲而聘，五歲而朝，有事而會，不協而盟。」杜預集解：「晉文公、襄公」。

〔七〕《孟子·離婁上》：「今也小國師大國而耻受命焉，是猶弟子而耻受命於先師也。如耻之，莫若師文王。師文王，大國五年，小國七年，必爲政於天下矣。」

五月，公及諸侯盟于皋鼬定公四年

舉「諸侯盟」，以公從諸侯也，聚辭也。舉「公及諸侯」，以諸侯從公也，散辭也〔一〕。

【箋】

〔一〕聚辭，直曰「諸侯盟」，無小大之序，則是聚。散辭，曰「公及諸侯」，以諸侯從公，各有爲盟之心，則是散。《春秋·僖公十四年》：「十有四年春，諸侯城緣陵。」穀梁子傳：「其曰諸侯，散辭也。聚而曰散，何也？諸侯城，有散辭也，桓德衰矣。」

大夫與會

柔會宋公、陳侯、蔡叔盟于折桓公十有一年

「柔者何？吾大夫之未命者也」〔一〕。大夫微則曷爲以名見？蔡叔在會也。無貶乎？大夫會公侯始于此，名以著之，貶之也。「蔡叔」，舉其親者字之，則貴之乎？以蔡人能討陳之賊〔二〕而録之矣。四國爲會，公弗親之而使大夫與焉，始謀不臧〔三〕，五會何益矣。不日其盟，宋、陳、蔡無不信也，惟不信我也。五會：一夫鍾、一闞、一穀丘、一虚、一龜〔四〕

【箋】

〔一〕公羊子傳、穀梁子傳。

〔二〕《春秋·桓公五年》：「春正月，甲戌、己丑，陳侯鮑卒。」左氏傳：「春正月，甲戌、己丑，陳侯鮑卒，再赴也。於是陳亂，文公子佗殺太子免而代之。公疾病而亂作，國人分散，故再赴。」《春

秋・桓公六年》：「蔡人殺陳佗。」公羊子傳：「陳佗者何，陳君也。」

〔三〕不臧，不善、不良。《詩・邶風・雄雉》：「不忮不求，何用不臧。」

〔四〕《春秋》桓公十一年：「公會宋公于夫鍾。冬十有二月，公會宋公于闞。」桓公十二年：「秋七月丁亥，公會宋公、燕人盟于穀丘。……公會宋公于虛。冬十有一月，公會宋公于龜。」左氏傳：「公欲平宋、鄭。秋，公及宋公盟于句瀆之丘。宋成未可知也，故又會于虛。冬，又會于龜，宋公辭平，故與鄭伯盟于武父，遂帥師而伐宋，戰焉。宋無信也。」

公會晉人、鄭良霄、宋人、曹人于澶淵 襄公二十六年

此晉趙武、宋向戌也，其稱人何？貶。曷爲貶？黨叛人也〔一〕。鄭良霄何以名？決嫌〔二〕也。嫌以伉公，貶也。鄭先宋，何也？先良霄、人向戌也。不諱公，決嫌也，嫌不使伉也。

【箋】

〔一〕魯襄公十四年，孫林父逐衛獻公，立公孫剽。襄公二十六年，衛甯喜弒其君剽，迎獻公歸，林父據戚以叛附于晉。即《春秋・襄公二十六年》：「春王二月辛卯，衛甯喜弒其君剽。衛孫林父入于戚以叛。甲午，衛侯衎復歸于衛。……公會晉人、鄭良霄、宋人、曹人于澶淵。」左氏傳：「六月，公會晉趙武、宋向戌、鄭良霄、曹人于澶淵，以討衛，疆戚田。取衛西鄙懿氏六十，以與孫氏。」

〔二〕决嫌，澄清疑似難明之事。嫌，疑似之處。晉葛洪《抱朴子·省煩》：「躊躇歧路之衢，愁勞群疑之藪，煎神瀝思，考校叛例，嘗有窮年竟不豁了，治之勤苦，决嫌無地。」

春王正月，季孫宿、叔老會晉士匄、齊人、宋人、鄭公孫蠆、曹人、莒人、邾人、滕人、薛人、杞人、小邾人，會吴于向襄公十有四年

此宿專魯之極致也。〔一〕

【箋】

〔一〕左氏傳：「十四年春，吴告敗于晉。會于向，爲吴謀楚故也。……於是，子叔齊子爲季武子介以會，自是晉人輕魯幣而益敬其使。」杜預集解：「齊子，叔老字也。言晉敬魯使，經所以并書二卿。」胡安國傳：「季孫宿以卿爲介而不使之免，叔老介於宿而不敢避，蓋兩失之。」《彙纂》引許翰曰：「四卿帥師自成公始，二卿列會自襄公始，大夫張也。」

冬，季孫宿會晉士匄、宋華閲、衛孫林父、鄭公孫蠆、莒人、邾人于戚

與孫氏〔一〕相倚，故季孫自出會，不叔出而季處也〔二〕。

【箋】

〔一〕孫林父逐衛獻公，冬，晉范匄會諸大夫于戚（孫氏邑），謀定衛也。詳見《左傳·襄公十四年》。

〔二〕《左傳·昭公元年》：「叔出季處，有自來矣。」杜預集解：「季孫守國，叔孫出使，所從來久。」

大夫會

晉人、宋人、衛人同盟于清丘宣公十有二年

此晉先縠、宋華椒、衛孔達也〔一〕，皆何以稱人？微之也。大夫以名氏會，惡權之在也。先縠無權焉〔二〕，不能主晉國之信，故微而人之。人則其曰同盟何？盟主之命在斯人也，見斯人之爲大夫也。何用見斯人之爲大夫？見所殺之大夫之爲斯人也〔三〕。

【箋】

〔一〕左氏傳：「晉原縠、宋華椒、衛孔達、曹人同盟于清丘，曰：『恤病討貳。』於是卿不書，不實其言也。」

〔二〕先縠，一稱彘子。宣公十二年佐中軍，從荀林父救鄭，史稱其「剛愎不仁，未肯用命」。詳見《左傳》。

〔三〕《春秋·宣公十三年》：「冬，晉殺其大夫先縠。」左氏傳：「冬，晉人討邲之敗，與清之師，歸罪於先縠而殺之，盡滅其族。」

執

春王三月，宋人執滕子嬰齊僖公十有九年

有天子存，則諸侯不專執諸侯。專執諸侯于是始，故貶而人之〔一〕。虞公亡國不名〔二〕，滕子嬰齊何以名〔三〕？諸侯執則絶，于其歸也名〔四〕，則于其執也不名，嬰齊之歸也不書，則于其執也名，絶之也。嬰齊絶則宋人絶矣，曷加貶焉〔五〕？以見其惡，其惡尚待貶也。滅圻〔六〕內邑，執三公，晉人貶絶矣。虞公亡國不名，不待貶而絶也，三公失地，固不名也。

【箋】

〔一〕何休解詁：「襄公有善志，欲承齊桓之業，執一惡人，不能得其過，故爲見其罪。所以助賢者，養善意也。」徐彥疏：「上四年傳云『稱侯而執者，伯討也。稱人而執者，非伯討也』。今此不稱『侯』，故解之。」

〔二〕《春秋·僖公五年》：「冬，晉人執虞公。」公羊子傳：「虞已滅矣，其言執之何？不與滅也。曷爲不與滅？滅者，亡國之善辭也，滅者，上下之同力者也。」

〔三〕《禮記·曲禮下》：「天子不言出，諸侯不生名，君子不親惡。」鄭玄注：「天子之言出，諸侯之生名，皆有大惡，君子所遠，出、名以絶之。」

〔四〕《公羊傳·成公十六年》：「執而歸者名」。

〔五〕指稱人而執（非稱侯而執）。

〔六〕圻，指京畿，天子直轄之地，亦指京城所領地區。《書·畢命》：「申畫郊圻，慎固封守，以康四海。」孔安國傳：「京圻安則四海安矣。」

衛侯鄭歸于衛僖公三十年

衛侯鄭何以名？絶。曷爲絶之？執而歸者皆絶之[一]。曷爲皆絶之？「《春秋》之義，用賢治不肖」[二]，「君者，立於無過之地也」[三]，尊爲公侯而身不免於罪，則不可以南面而臨其臣民。所以正諸侯，刑不用，而大夫、士、庶人莫敢不一于正也。王之道不僭賞[四]，天之道無畏高明[五]。不謹於禮，則在勢者去[六]，古今通誼也。執而歸者書歸，其論重；不書歸，其論輕。書復歸則惡其出，書歸則并不惡其入[七]，何也？絶故不復惡也。絶之而又見入焉，衛侯朔爾[八]，鄭伯突爾[九]，皆不容於誅。鄭也釋乎執，託于諸侯終其身焉可也。

【箋】

〔一〕衛成公名鄭。僖公二十八年，晉敗楚于城濮，衛成公懼，出奔楚。使元咺奉弟叔武從晉盟于踐土。六月，衛侯鄭歸自楚。前驅殺叔武，元咺奔晉訴，晉人執衛侯歸之于京師。元咺歸立公子瑕。僖公三十年，晉侯使醫酖衛侯，不死。已而納賂於王與晉侯，得釋。又賂衛臣周歂、冶廑使殺元咺及公子瑕，乃復歸。詳見《左傳》。

〔二〕《穀梁傳·昭公四年》：「《春秋》之義，用貴治賤，用賢治不肖，不以亂治亂也。」

〔三〕《禮記·禮運》。

〔四〕《左傳·襄公二十六年》：「善爲國者，賞不僭而刑不濫。」

〔五〕《書·洪範》：「無虐煢獨而畏高明。」孔安國傳：「煢，單，無兄弟也。無子曰獨。單獨者不侵虐之，寵貴者不枉法畏之。」

〔六〕《禮記·禮運》：「禹、湯、文、武、成王、周公，由此其選也。此六君子者，未有不謹於禮者也。以著其義，以考其信。著有過，刑仁講讓，示民有常。如有不由此者，在埶者去，衆以爲殃。」埶，同「勢」。鄭玄注：「埶，埶位也。去，罪退之也。殃，猶禍惡也。」

〔七〕《公羊傳·桓公十五年》：「曷爲或言歸，或言復歸？復歸者，出惡，歸無惡；復入者，出無惡，入有惡；入者，出、入惡；歸者，出、入無惡。」

〔八〕《春秋》桓公十六年：「十有一月，衛侯朔出奔齊。」莊公六年：「夏六月，衛侯朔入于衛。」公羊子傳：「衛侯朔何以名？絶。曷爲絶之？犯命也。其言入何？篡辭也。」

〔九〕《春秋·桓公十五年》：「五月，鄭伯突出奔蔡。……秋九月，鄭伯突入于櫟。」公羊子傳：「突何以名？奪正也。」

侵伐

鄭人伐衛隱公二年

諸侯相侵伐，惡也。輕用民死〔一〕，謂之殃民〔二〕；專命不請，謂之侵主權；作寇虐於中原，謂之敗王略〔三〕。「外大惡書」，内何以不諱而亦書？將毋鄭人伐衛爲惡小乎〔四〕？《春秋》，萬事之權衡也，彼有甚於侵伐者，差其輕重而論之。莫重乎滅人國，降次，遷次，入次，圍次，襲次，取邑、圍邑與伐國等，則常不兼言之；莫甚乎取師，詐戰次，戰次，獲次，伐國而與之盟，庶幾無惡，與之會，庶幾善者。有意善功惡焉〔五〕，有功善意惡焉，有功意俱善焉，有功意俱惡焉。重論先、輕論後，重其重者、輕其輕者。聖人明足以見之，義足以執之，仁足以覆之。伐衛，意之惡者也；將卑師少〔六〕，惡之輕者也。苟不差其等而一切論之，非聖人之志也。《春秋》惡兵之端，君子以端歸諸鄭。鄭人伐衛，其造兵端者乎？審而後斷，斷而後書。萌牙於母弟〔七〕，延蔓於宗盟〔八〕，卒於宋、鄭搆兵十一戰〔九〕，數十年而未已焉。與鄭同惡者，或不獲没其身〔一〇〕；鄭則公子五争〔一一〕，兩君見殺〔一二〕。吁，可畏哉！殃民、專命，寇虐之君，不可以惕焉驚、蠹焉傷矣乎。彼公孫滑之亂〔一三〕，非鄭伯誰首其惡矣，造兵端者果鄭矣。

【箋】

〔一〕語出《莊子·人世間》：「輕用其國，而不見其過；輕用民死，死者以國量乎澤若蕉。」

〔二〕《孟子·告子下》：「不教民而用之，謂之殃民，殃民者，不容於堯舜之世。」

〔三〕語出《左傳·成公二年》：「兄弟甥舅，侵敗王略。」杜預集解：「略，經略法度。」

〔四〕《公羊傳・隱公十年》：「《春秋》録内而略外，於外大惡書，小惡不書；於内大惡諱，小惡書。」何休解詁：「明取邑爲小惡，一月再取，小惡中甚者耳，故書也。於内大惡諱，於外大惡書者，明王者起當先自正，内無大惡，然後乃可治諸夏大惡，因見臣子之義，當先爲君父諱大惡也。内小惡書，外小惡不書者，内有小惡，適可治諸夏大惡，未可治諸夏小惡，明當先自正然後正人。小惡不諱者，罪薄耻輕。」在所傳聞世，何氏以魯爲内，以諸夏爲外。在但此處莊氏以諸夏爲内，夷狄爲外，與何休異。

〔五〕語出《書・舜典》孔穎達疏：「其有意善功惡，則令出金贖罪之刑」。

〔六〕《公羊傳・隱公五年》：「將卑師少，稱人。」

〔七〕隱公元年，鄭伯殺其弟共叔段，段之子公孫滑出奔衛。衛人爲之伐鄭，取廩延。隱公二年，鄭人伐衛以報之。詳見《左傳》。

〔八〕即指衛、鄭交惡，後引起宋、衛與鄭、齊、魯兩派的連年戰爭。

〔九〕魯隱公四年，衛州吁弑桓公而立，欲借先君之怨以伐鄭，而内和其民，故挑唆宋殤公伐鄭，從此開啓了鄭、宋構兵十一戰的歷史。所謂十一戰，即《春秋》隱公四年：「宋公、陳侯、蔡人、衛人伐鄭。秋，翬帥師會宋公、陳侯、蔡人、衛人伐鄭。」隱公五年：「邾人、鄭人伐宋。……宋人伐鄭，圍長葛。」隱公十年：「夏，翬帥師會齊人、鄭人伐宋。……秋，宋人、衛人入鄭。」桓公十二年：「十有二月，及鄭師伐宋。丁未，戰于宋。」桓公十三年：「春二月，公會紀侯、鄭伯。己巳，及齊侯、宋公、衛侯、燕人戰，齊師、宋師、衛師、燕師敗績。」桓公十四年：「宋人以齊人、蔡人、衛人、陳人伐鄭。」桓公十五年：「冬十有一月，公會宋公、衛侯、陳侯于袲，伐鄭。」桓公十六年：「夏四月，公會宋公、衛侯、陳侯、蔡侯伐鄭。」

〔一〇〕指魯桓公，後遭齊襄公謀殺。

〔一一〕魯桓公十一年，鄭莊公卒，太子忽即位，是爲昭公，九月，宋莊公執祭仲，「出忽立突」，突即鄭厲公；魯桓公十五年，突謀殺祭仲失敗，出奔蔡，九月入于櫟，祭仲迎昭公復位；魯桓公十七年，高渠彌弒昭公而立公子亹；魯桓公十八年，齊襄公會諸侯于首止，伏甲而殺子亹，高渠彌與祭仲謀，召昭公弟公子儀（從杜注，《史記・鄭世家》作公子嬰）于陳而立之，是爲鄭子；魯莊公十四年，鄭厲公誘劫鄭大夫甫假，求入，甫假殺鄭子及其二子而迎鄭厲公，突自櫟復入即位。是爲「五争」。

〔一二〕指鄭昭公忽、鄭子儀。

〔一三〕《左傳・隱公元年》：「鄭共叔之亂，公孫滑出奔衛。衛人爲之伐鄭，取廩延。鄭人以王師、虢師伐衛南鄙。請師於邾。」《春秋・隱公二年》：「鄭人伐衛。」左氏傳：「鄭人伐衛，討公孫滑之亂也。」

衛人伐晉文公元年

以爲盟主而伐之則不書〔一〕，何言乎「衛人伐晉」？不主晉之辭也。其人衛何？曰：

足以伐矣，晉侯猶在戚而師加於晉，則淺事也〔二〕。其言伐何？以衛人爲有辭焉。其有辭奈何？踐土之盟曰「皆奬王室，無相害也」〔三〕，其命諸侯曰：「各復舊職。」〔四〕康叔長諸侯于衛，唐叔長諸侯于唐，職在王室久矣，衛承王官不朝於晉，未失職也。晉伐衛而取其地，是相害也。齊孝公興師而伐魯，柳下季爲之辭曰：「棄命廢職，若先君何！」〔五〕而齊人無辭也。則衛人之伐晉，有辭矣。以力，則晉强而衛弱；以辭，則晉〔六〕絀而衛優。晉稱侯而後伐〔七〕，重衛也；衛稱人而言伐，抑晉也。曰將卑矣，師少矣，勝晉則不足，伐晉則足矣。然後知執言守禮之爲直，而怙勢陵正之不可以爲政於諸侯也。

諸侯無伯，亦《春秋》之所惡也，則其不主晉何？曰諸侯之無伯也，晉襄公始爲之也，不主晉於是始，而王道行矣。桓、文作而《春秋》有伯辭，實與而文不與也；桓、文没而《春秋》無伯辭，以爲是諸侯之力正者爾。未之狄也，則以諸夏之辭録之，有與人爲善之志焉〔八〕。夫位在藩臣，見人之不朝事己，而輒伐之，非所以安臣節而奉帥天子也。于是乎以人從欲而專行乎中國者，累世焉，卒以卑周室而啓吳、楚之心，晉襄公始爲之也。不主晉于是始，而王道行矣。

【箋】

〔二〕《春秋·定公九年》：「秋，齊侯、衛侯次于五氏。」杜預集解：「五氏，晉地。不書伐者，諱伐盟主，以次告。」

〔二〕左氏傳：「晉文公之季年，諸侯朝晉。衛成公不朝，使孔達侵鄭，伐緜、訾及匡。晉襄公既祥，使告于諸侯而伐衛，及南陽。先且居曰：『效尤，禍也。請君朝王，臣從師。』晉侯朝王于温，先且居、胥臣伐衛。五月辛酉朔，晉師圍戚。六月戊戌，取之，獲孫昭子。衛人使告于陳，陳共公曰：『更伐之，我辭之。』衛孔達帥師伐晉，君子以爲古，古者越國而謀。」

〔三〕《左傳·僖公二十八年》。

〔四〕《左傳》襄公二十五年：「城濮之役，文公布命曰：『各復舊職。』」定公元年：「晉文公爲踐土之盟曰：『凡我同盟，各復舊職。』」

〔五〕《左傳·僖公二十六年》：「夏，齊孝公伐我北鄙，衛人伐齊，洮之盟故也。公使展喜犒師，使受命于展禽。齊侯未入竟，展喜從之，曰：『寡君聞君親舉玉趾，將辱於敝邑，使下臣犒執事。』齊侯曰：『魯人恐乎？』對曰：『小人恐矣，君子則否。』齊侯曰：『室如縣罄，野無青草，何恃而不恐？』對曰：『恃先王之命。昔周公、大公股肱周室，夾輔成王。成王勞之，而賜之盟曰「世世子孫，無相害也」，載在盟府，大師職之。桓公是以糾合諸侯，而謀其不協，彌縫其闕，而匡救其災，昭舊職也。及君即位，諸侯之望曰：「其率桓之功。」我敝邑用不敢保聚。曰：「豈其嗣世九年，而棄命廢職，其若先君何！君必不然。」恃此以不恐。』齊侯乃還。」

〔六〕晉，原作魯，據《清經解》本改。

〔七〕《春秋·文公元年》:「晉侯伐衛。叔孫得臣如京師。衛人伐晉。」

〔八〕指書作「晉侯伐衛」,而不是書作「狄之」的「晉伐衛」。

春,晉人、衛人、陳人、鄭人伐宋文公十有七年〔一〕

列國大夫,未有書名以侵伐者。伯國〔二〕大夫從其例而不書〔三〕。不能討賊下〔四〕,方責諸侯,則大夫固可末減〔五〕矣〔六〕。

【箋】

〔一〕本條與下文《會侵伐》中例重出,此處當爲衍文。

〔二〕伯國,霸國。指春秋時取得霸主地位的諸侯國。陳亮《謀臣傳序》:「昔堯舜之際,專尚德化,三代之王以仁政,伯國以謀,戰國以力。」

〔三〕指書作「晉人」,而不書大夫名。

〔四〕賊下,指賊寇殘類。唐張九齡《敕天仙軍使張待賓書》:「近知賊下燒此,安然即去,竟無斥候,來不預知,如此防邊,無乃疏闊!」

〔五〕末減,謂從輕論罪或減刑。《左傳·昭公十四年》:「〔叔向〕三數叔魚之惡,不爲末減。」杜預注:「末,薄也;減,輕也。」

〔六〕《春秋·文公十六年》:「冬十有一月,宋人弒其君處臼。」據左氏傳,宋公子鮑因宋襄夫人之力,弒昭公處臼而自立,是爲文公。《春秋·文公十七年》:「春,晉人、衛人、陳人、鄭人伐宋。」

左氏傳：「春，晉荀林父、衛孔達、陳公孫寧、鄭石楚伐宋。討曰：『何故弑君？』猶立文公而還。卿不書，失其所也。」《左傳·宣公元年》：「宋人之弑昭公也，晉荀林父以諸侯之師伐宋，宋及晉平。宋文公受盟于晉，又會諸侯于扈，將爲魯討齊，皆取賂而還。」

晉趙穿帥師侵崇宣公元年〔一〕

崇者何？微國也。自我言之，遠國也。若此者，於《春秋》皆不書，「晉趙穿帥師侵崇」，何以書？曰：趙氏之弑械成矣〔二〕。盾也執國政，而穿也主兵，則弑械成矣。將尊矣，師衆矣〔三〕，崇小國也，其言侵何？見其威不加於敵，而禍實中於國也。

【箋】

〔一〕據原文注「此節在上一節前」，調整到現在位置。

〔二〕胡安國傳：「《傳》謂『設此謀者，趙穿也』，意者趙穿已有逆心，欲得兵權，託於伐國以用其衆乎？不然何謀之迂？而當國者「指趙盾」，亦不裁正而從之也。」《春秋·宣公二年》：「秋九月乙丑，晉趙盾弑其君夷皋。」穀梁子傳：「穿弑也，盾不弑，而曰盾弑，何也？以罪盾也。」

〔三〕《公羊傳·隱公五年》：「將尊師衆，稱某率師。」

宋師伐陳，衛人救陳宣公十有二年

宋稱師，非清丘之「人」也〔一〕；衛稱人，是清丘之「人」也。清丘之人則其稱救何？救爲善也。非其盟、非其伐，而善其救，去小人之約，存先君之信，以孔達爲無罪矣〔二〕。衛人救陳何以書？以衛殺其大夫孔達書也〔三〕。斷道書同盟〔四〕，後書伐齊〔五〕；蟲牢書同盟〔六〕，後書侵宋〔七〕；于蒲〔八〕、于戲〔九〕、于亳城北〔一〇〕書同盟，後書伐鄭；其不同以「侵」、「伐」見〔一一〕，不復以其事見。今宋、衛之不同見其事，何也？師不加于衛也。衛不信其盟，何以不受師？大夫孔達受其誅也。以一人之身塞一國之難〔一二〕，好信不好學以自賊焉〔一三〕，不足于賢，而不與不肖者同貶。書「救陳」，見其扞國難也。

【箋】

〔一〕《春秋·宣公十二年》：「晉人、宋人、衛人、曹人同盟于清丘。宋師伐陳，衛人救陳。」

〔二〕左氏傳：「晉原縠、宋華椒、衛孔達、曹人同盟于清丘，曰：『恤病討貳。』於是卿不書，不實其言也。宋爲盟故，伐陳。衛人救之。孔達曰：『先君有約言焉：若大國討，我則死之。』」

〔三〕《春秋·宣公十四年》：「春，衛殺其大夫孔達。」

〔四〕《春秋·宣公十七年》：「己未，公會晉侯、衛侯、曹伯、邾子，同盟于斷道。」

〔五〕《春秋·宣公十八年》：「春，晉侯、衛世子臧伐齊。」

〔六〕《春秋·成公五年》：「十有二月己丑，公會晉侯、齊侯、宋公、衛侯、鄭伯、曹伯、邾子、杞伯，同盟于蟲牢。」

〔七〕《春秋·成公六年》：「衛孫良夫率師侵宋。」「秋，仲孫蔑、叔孫僑如率師侵宋。」

〔八〕《春秋·成公九年》：「公會晉侯、齊侯、宋公、衛侯、鄭伯、曹伯、莒子、杞伯，同盟于蒲。」「晉人執鄭伯。晉欒書帥師伐鄭。」

〔九〕《春秋·襄公九年》：「冬，公會晉侯、宋公、衛侯、曹伯、莒子、邾子、滕子、薛伯、杞伯、小邾子、齊世子光，伐鄭。十有二月己亥，同盟于戲。」《春秋·襄公十年》：「公會晉侯、宋公、衛侯、曹伯、莒子、邾子、齊世子光、滕子、薛伯、杞伯、小邾子，伐鄭。」

〔一〇〕《春秋·襄公十一年》：「公會晉侯、宋公、衛侯、曹伯、齊世子光、莒子、邾子、滕子、薛伯、杞伯、小邾子，伐鄭。秋七月己未，同盟于亳城北。」「公會晉侯、宋公、衛侯、曹伯、齊世子光、莒子、邾子、滕子、薛伯、杞伯、小邾子，伐鄭。」

〔一一〕《公羊傳·莊公十年》：「曷爲或言侵，或言伐？觕者曰侵，精者曰伐。戰不言伐，圍不言戰，入不言圍，滅不言入。書其重者也。」何休解詁：「觕，粗也。將兵至境，以過侵責之，服則引兵去，用意尚粗。」「精，猶精密也。侵責之不服，推兵入境，伐擊之益深，用意稍精密。」《穀梁傳·隱公五年》：「伐國不言圍邑，此其言圍，何也？久之也。伐不踰時，戰不逐奔，誅不填服。苞人民、毆牛馬曰侵；斬樹木、壞宮室曰伐。」《左傳·莊公二十九年》：「凡師，有鐘鼓曰伐，無曰侵，輕曰襲。」

〔一二〕《左傳》宣公十三年：「清丘之盟，晉以衛之救陳也，討焉。使人弗去，曰：『罪無所歸，將加而師。』孔達曰：『苟利社稷，請以我說。罪我之由，我則爲政而亢大國之討，將以誰任？我則死之。』」宣公十四年：「春，孔達縊而死。衛人以説于晉而免，遂告于諸侯曰：『寡君有不令之臣達，構我敝邑于大國，既伏其罪矣，敢告。』」

〔三〕《論語·陽貨》：「好信不好學，其蔽也賊。」朱熹集注：「賊，謂傷害於物。」

會侵伐

邾人、鄭人伐宋隱公五年

《春秋》痛宋、鄭搆兵之禍，而惡兵之端。造端目鄭〔一〕，更端目宋〔二〕，惡著矣。寇所先著莫如導，爲導者不在大。邾，附庸也，主兵則弗勝〔三〕，導兵實優〔四〕。爲之先者重，將毋後者輕乎？非輕論鄭，鄭造兵端已見於前事矣，邾爲兵導於此乃見之，甚邾人之惡於鄭人也，鄭人焉得末減耶！鄉無鄭人，邾人能伐宋耶！稱「人」，師少矣；言「伐」，兵深矣。師不衆而用之深，導者爲力多矣夫。

【箋】

〔一〕《左傳·隱公元年》，鄭莊公平定其弟共叔段之亂，段之子公孫滑出奔衛，「衛人爲之伐鄭，取廩延」。《春秋·隱公二年》：「鄭人伐衛。」左氏傳：「鄭人伐衛，討公孫滑之亂也。」是爲《春秋》所書諸侯專征伐之始。

〔二〕《春秋·隱公四年》：「宋公、陳侯、蔡人、衛人伐鄭。秋，翬帥師會宋公、陳侯、蔡人、衛人伐鄭。」左氏傳：「宋殤公之即位也，公子馮出奔鄭，鄭人欲納之。及衛州吁立，將修先君之怨于鄭，而求寵于諸侯以和其民，使告于宋曰：『君若伐鄭以除君害，君爲主，敝邑以賦與陳、蔡從，則衛國之願也。』宋人許之。于是，陳、蔡方睦于衛，故宋公、陳侯、蔡人、衛人伐鄭，圍其東門，五日而還。」是爲《春秋》所書諸侯會伐之始。

〔三〕杜預注：「邾主兵，故序鄭上。」

〔四〕左氏傳：「宋人取邾田。邾人告于鄭曰：『請君釋憾于宋，敝邑爲道。』鄭人以王師會之，伐宋，入其郛，以報東門之役。」

夏，翬帥師會齊人、鄭人伐宋隱公十年

公子翬也，終削「公子」而名之，見諱則隱之賊也，誅之矣〔一〕。「與謀曰及」〔二〕，翬何以言會？吾大夫不可以及諸侯也。「齊人、鄭人」，實齊侯、鄭伯也〔三〕，何以稱人？貶。宋、鄭搆兵，禍未有酷於是歲之相反復者〔四〕，尚自謂諸夏之君乎！略不言其君，猶有愛其君之心焉。

【箋】

〔一〕公羊子傳：「此公子翬也，何以不稱公子？貶。何爲貶？隱之罪人也，故終隱之篇貶也。」

〔二〕《左傳·宣公七年》："凡師出，與謀曰及，不與謀曰會。"

〔三〕左氏傳："夏五月，羽父先會齊侯、鄭伯伐宋。"

〔四〕《春秋·隱公十年》："春王二月，公會齊侯、鄭伯于中丘。夏，翬帥師會齊人、鄭人伐宋。六月壬戌，公敗宋師于菅。辛未，取郜。辛巳，取防。秋，宋人、衛人入鄭。宋人、蔡人、衛人伐戴，鄭伯伐取之。冬十月壬午，齊人、鄭人入郕。"

宋人以齊人、蔡人、衛人、陳人伐鄭桓公十有四年

穀梁子曰："以者，不以者也。民者，君之本。使人以其死，非正也。"宋不爲諸侯長，其用他國之師則曰"以"。二伯用諸侯之師不曰"以"也。彼以爲王事，而自之出，其實"摟諸侯以伐諸侯也"。伐鄭，宋人意也〔一〕，非有執言〔二〕，鄭伯固其所樹〔三〕，其甘以壞，至於再戰而不止〔四〕，造意與寇賊何異？稱人，貶也。四國大夫，不復別其尊卑之辭，行其寇賊之意焉已矣。何以見四國之爲大夫？諸侯不"以"諸侯也。何以見宋人之爲宋公？大夫不"以"諸侯之大夫也。"蔡侯以吴子"〔五〕何？中國之君以夷狄之君可。然則鄭無譏乎？鄭伯之爲狂童〔六〕也，舍小弱見伐者，君子不爲恕辭。内之見伐，則由二伯而後目之〔七〕，告之自反而已。故曰"國必自伐，而後人伐之"〔八〕。

【箋】

〔一〕左氏傳："冬，宋人以諸侯伐鄭，報宋之戰也。焚渠門，入及大逵，伐東郊，取牛首，以大宮之椽

歸爲盧門之椽。」

〔二〕《易·師》六五：「田有禽，利執言，无咎。」程頤傳：「執言，奉辭也，明其罪而討之也。」

〔三〕《春秋·桓公十一年》：「九月，宋人執鄭祭仲。突歸於鄭。鄭忽出奔衛。」左氏傳：「初，祭封人仲足有寵于莊公，莊公使爲卿。爲公娶鄧曼，生昭公，故祭仲立之。宋雍氏女于鄭莊公，曰雍姞，生厲公。雍氏宗，有寵于宋莊公，故誘祭仲而執之，曰：『不立突，將死。』亦執厲公而求賂焉。祭仲與宋人盟，以厲公歸而立之。」

〔四〕《春秋》桓公十二年：「十有二月，及鄭師伐宋。丁未，戰于宋。」桓公十三年：「春二月，公會紀侯、鄭伯。己巳，及齊侯、宋公、衛侯、燕人戰。齊師、宋師、衛師、燕師敗績。」左氏傳：「宋多責賂于鄭，鄭不堪命。故以紀、魯及齊與宋、衛、燕戰。」

〔五〕《春秋·定公四年》：「冬十有一月庚午，蔡侯以吴子及楚人戰于柏舉。」

〔六〕《詩·鄭風·褰裳》小序：「思見正也。狂童恣行，國人思大國之正己也。」鄭箋：「狂童恣行，謂突與忽争國，更出更入，而無大國正之。」胡承珙曰：「《春秋·桓十五年》：『鄭伯突出奔蔡』，《公羊傳》：『突何以名？奪正也』；『鄭世子忽復歸于鄭』，《公羊傳》：『其稱世子何？復正也。』夫突爲奪正，忽爲復正，與《序》云『思見正』者合。然則所謂狂童，指突而言耳。」

〔七〕《春秋》莊公十九年：「冬，齊人、宋人、陳人伐我西鄙。」主伐者爲齊桓公。

〔八〕《孟子·離婁上》。

冬十有一月，公會宋公、衛侯、陳侯于袲，伐鄭桓公十有五年

先會後伐，莫適主此役之辭也。往歲宋以四國伐鄭矣，突在國也，二國與焉，俄則伐忽以納突乎〔一〕？私突者公也，公不能主此役，三國之君未知所成，則且爲明年之會〔二〕。然乃會四國以伐鄭，然而不言納鄭伯，何哉？宋、衛、陳、蔡因其兄弟之争，披鄭地而分之，以弱其國也，豈爲鄭伯突哉！而公之德鄭伯則甚矣，爲是三役，周三時而後反焉〔三〕。

【箋】

〔一〕左氏傳：「冬，會于袲，謀伐鄭，將納厲公也，弗克而還。」按：本年五月，鄭伯突出奔蔡，鄭世子忽復歸于鄭，故四國伐鄭納突。

〔二〕《春秋·桓公十六年》：「春正月，公會宋公、蔡侯、衛侯于曹。夏四月，公會宋公、衛侯、陳侯、蔡侯伐鄭。」

〔三〕魯桓公伐鄭之三役，歷冬、春、夏三季，而後返魯，即《春秋》桓公十五年：「冬十有一月，公會宋公、衛侯、陳侯于袲，伐鄭。」桓公十六年：「春正月，公會宋公、蔡侯、衛侯于曹。夏四月，公會宋公、衛侯、陳侯、蔡侯伐鄭。秋七月，公至自伐鄭。」

夏四月，公會宋公、衛侯、陳侯、蔡侯伐鄭桓公十有六年

伐鄭而分爲二君也。宋、衛在北，一心也；陳、蔡在南，一心也。相耦以艾鄭〔一〕，兩利

而俱存之，不以周班爲次〔三〕，以功意之善惡而輕重之，宋、衛重而陳、蔡輕也。

【箋】

〔二〕《左傳·昭公十六年》：「庸次比耦，以艾殺此地。」楊伯峻注：「庸次比耦，猶言共同合作。艾，同刈。艾殺猶言清除。」

〔三〕杜預集解：「蔡常在衛上，今序陳下，蓋後至。」

及宋人、衛人伐邾桓公十有七年〔一〕

及，内之微者也〔二〕。不曰會曰及，謀自我也〔三〕。宋人有怨〔四〕，衛人有怨〔五〕，我無怨焉。伐之，則朝矣〔六〕，且重之以盟〔七〕，而主乎爲此伐！雖曰微者，將不必卑，師不必少，譏無臣焉。十八年之策書，見一國賊也，見一未命大夫爾矣〔八〕。苟有一人如蔡季〔九〕者，《春秋》必有以見之。莊、閔、僖之危，賢季子〔一〇〕。故曰桓公無臣也。

【箋】

〔一〕本節據原文注「此節在上一節前」，調整到現在位置。

〔二〕《春秋·隱公元年》：「九月，及宋人盟于宿。」公羊子傳：「孰及之？内之微者也。」

〔三〕《公羊傳·隱公元年》：「及，我欲之；暨，不得已者。」

〔四〕左氏傳：「伐邾，宋志也。」《左傳·隱公五年》：「宋人取邾田，邾人告於鄭曰：『請君釋憾於宋，敝邑爲道。』鄭人以王師會之，伐宋，入其郛，以報東門之役。」

〔五〕《左傳·隱公元年》：「鄭共叔之亂，公孫滑出奔衛。衛人爲之伐鄭，取廩延。鄭人以王師、虢師伐衛南鄙，請師於邾。邾子使私於公子豫。豫請往，公弗許，遂行。」

〔六〕《春秋·桓公十五年》：「邾人、牟人、葛人來朝。」

〔七〕《春秋·桓公十六年》：「二月丙午，公會邾儀父，盟于趡。」

〔八〕指魯桓公在位十八年，《春秋》所書之桓公大夫，僅一國賊公子翬，及一未命大夫柔。即《春秋·桓公三年》：「公子翬如齊逆女。」公子翬弑魯隱公，故云國賊。《春秋·桓公十一年》：「柔會宋公、陳侯、蔡叔盟于折。」公羊子傳：「柔者何？吾大夫之未命者也。」徐彦疏：「隱九年春『俠卒』，傳云：『俠者何？吾大夫之未命者也』，彼注云『以無氏而卒之也』，然則此亦無氏而書見，故知未命之大夫也。」

〔九〕《春秋·桓公十七年》：「六月丁丑，蔡侯封人卒。秋八月，蔡季自陳歸于蔡。」左氏傳：「蔡桓侯卒，蔡人召蔡季于陳。秋，蔡季自陳歸于蔡，蔡人嘉之也。」杜預集解：「桓侯無子，故召季而立之。季内得國人之望，外有諸侯之助，故書字，以善得衆。」

〔一〇〕魯莊公疾，發生君位繼承問題。公子友（即季子）逼死欲擁立慶父的公子牙，立莊公子般爲君。公子慶父弑子般，立閔公，公子友奔陳。《春秋·閔公元年》：「季子來歸。」杜預集解：「季子忠於社稷，爲國人所思，故賢而字之。」閔公二年，公子慶父弑閔公，公子友以僖公適邾。國人不附慶父，慶父奔莒。公子友歸國立僖公，以賂求慶父于莒，慶父自縊。

春，晉人、衛人、陳人、鄭人伐宋文公十有七年

列國大夫，未有書名以侵伐者。伯國〔一〕大夫從其例而不書〔二〕。不能討賊下〔三〕，方責諸侯，則大夫固可末減〔四〕矣〔五〕。

【箋】

〔一〕伯國，霸國。指春秋時取得霸主地位的諸侯國。陳亮《謀臣傳序》：「昔堯舜之際，專尚德化，三代之王以仁政，伯國以謀，戰國以力。」

〔二〕指書作「晉人」，而不書大夫名。

〔三〕賊下，指賊寇殘類。唐張九齡《敕天仙軍使張待賓書》：「近知賊下燒此，安然即去，竟無斥候，來不預知，如此防邊，無乃疏闊！」

〔四〕末減，謂從輕論罪或減刑。《左傳・昭公十四年》：「〔叔向〕三數叔魚之惡，不爲末減。」杜預注：「末，薄也；減，輕也。」

〔五〕《春秋・文公十六年》：「冬十有一月，宋人弑其君處臼。」據左氏傳，宋公子鮑因宋襄夫人之力，弑昭公處臼而自立，是爲文公。《春秋・文公十七年》：「春，晉人、衛人、陳人、鄭人伐宋。」左氏傳：「春，晉荀林父、衛孔達、陳公孫寧、鄭石楚伐宋。討曰：『何故弑君？』猶立文公而還。卿不書，失其所也。」《左傳・宣公元年》：「宋人之弑昭公也，晉荀林父以諸侯之師伐宋，

宋及晉平。宋文公受盟于晉，又會諸侯于扈，將爲魯討齊，皆取賂而還。」

諸侯卒葬

八月庚辰，宋公和卒隱公三年

諸夏親暱，生相賓，死相哀，厚之道也。《春秋》以内辭録公、侯、伯、子、男之喪，小大有等，近遠有别，往來有報，薄厚有分。當禮焉，失禮焉，過禮焉，在我者躬自厚，在其主人者薄責之。生死之際，謂之大事，安危、存亡、治亂，機在此，善者表之，不善者謹之。明者著，微者辨，懷利弗與也，求名弗與也。君臣父子，厚莫重焉，不能反躬，則無以事宗廟、保子孫，皆以其終事觀之。萬事之變，舉往明來〔一〕，靡不有以豫之矣。「庚辰宋公和卒」，正也〔二〕。其正奈何？反國乎與夷也〔三〕。話言可載，宅心可允，復國之經，篤家之訓，可謂正矣。《春秋》之辭，於我君曰「公薨」，於人之君爵之而皆曰「卒」，尊己卑人〔四〕，本臣子之恩自致於君親〔五〕，而不貳其敬，義之大者也。豈曰「託王於魯」哉〔六〕！

【箋】

〔一〕《漢書·五行志上》：「董仲舒對曰：『《春秋》之道，舉往以明來』。」

〔二〕穀梁子傳：「諸侯日卒，正也。」

〔三〕《春秋·隱公三年》："癸未，葬宋繆公。"公羊子傳："當時而日，危不得葬也。此當時，何危爾？宣公謂繆公曰：『以吾愛與夷，則不若愛女；以爲社稷宗廟主，則與夷不若女，盍終爲君矣。』宣公死，繆公立。繆公逐其二子莊公馮與左師勃，曰：『爾爲吾子，生毋相見，死毋相哭。』與夷復曰：『先君之所爲不與臣國而納國乎君者，以君可以爲社稷宗廟主也。今君逐君之二子而將致國乎與夷，此非先君之意也。且使子而可逐，則先君其逐臣矣。』繆公曰：『先君之不爾逐，可知矣。吾立乎此，攝也。』終致國乎與夷。莊公馮弒與夷，故君子大居正。宋之禍，宣公爲之也。"

〔四〕《公羊傳·隱公三年》："諸侯曰薨，大夫曰卒。"

〔五〕《禮記·經解》："喪祭之禮，所以明臣子之恩也。"

〔六〕此處意在反何休。何休解詁："不言薨者，《春秋》王魯，死，當有王文。聖人之爲文辭孫順，不可言崩，故貶外言卒，所以褒内也。"

癸未，葬宋繆公十有二月〔一〕

公羊子曰："不及時而日，渴葬也。"哀不足，禮有餘也。"不及時而不日，慢葬也。"禮不足，哀且不足也。"過時而日，隱之也。"或内有亂，或外有寇焉。"過時〔二〕而不日，謂之不能葬。"臣子之恩已薄矣。"當時而不日，正也。"苟無大失、大危、大亂、大寇，不忍以爲非正，則謂之正也。"當時而日，危不得葬也。"生死、授受，不守先王之經，則無以爲法于天下後世，君子危之，不忍不以爲危也。《公羊》奥且明矣。「煩煩如繁諸」，百世之變，盡在《春秋》矣〔三〕。

葬宋穆公，正其終而危其葬，何指乎？致國乎與夷，正也；致國與夷而宋卒亂，危也。聖人無容心〔四〕焉。然則正固所以召危，天下將安適哉？正穆公之終以賢穆公，危穆公之葬以罪殤公。葬，生者之事也，不克負荷，廢二先君之功，則殤公之罪矣。雖然，舉大惡之人而加之其君之上〔五〕，殤公既蒙首惡之名矣〔六〕，何又危穆公之葬以見之乎？危宣公授國之不正也。穆公雖克反正，亂卒在再傳之後矣，「宣公可謂知人」〔七〕？知與夷不克負荷，盍明告天王而致國乎穆公矣；知穆公不負君兄，盍立與夷而俾穆公相之矣。穆公不爲君，宋人不二心於莊公〔八〕也。宋之臣民咸欲奉戴莊公，與夷安能立乎其位。穆公知孔父之對以忌克爲心，而使公子馮出居于鄭，且曰：「吾子其無廢先君之功。」棄德不讓，穆公不忍爲也；受國於其父，除害於其子，殤公忍而爲之〔九〕。苟宣公傳諸子而子自隕之，宣公無憾也。好讓國之名，啓爭國之禍。子曰「道之不明也，賢者過之」〔一〇〕，此之謂矣。

【箋】

〔一〕據原注「此節在上一節前」，調整到現在位置。

〔二〕過時，原文誤作「不及時」，據《公羊傳》改。

〔三〕語出《大戴禮記·少閒》：「公曰：『大哉，子之教我政也。列五王之德，煩煩如繁諸乎？』」盧辯注：「煩，衆也。如繁者，言如萬物之繁蕪也。」《春秋繁露·奉本》：「微國之君，卒葬之禮，録而辭繁。」

〔四〕容心，猶言存心，著意。此處謂夫子録其實，未有己意存于其間。昭槤《嘯亭雜録·徐中丞》：「故於服食居處，人以是供，公以是受，不容心於豐，亦不容心於儉也。」

〔五〕指《春秋·桓公二年》：「春王正月戊申，宋督弑其君與夷。」與夷，即宋殤公。

〔六〕語出《史記·太史公自序》：「爲人君父而不通於《春秋》之義者，必蒙首惡之名。」莊存與以爲，《春秋》書「某某（臣名）弑其君某」（即「舉大惡之人而加之其君之上」），而非書「某（國名）人弑其君某」或「某（國名）弑其君某」等，是含有譏貶被弑之君之意。

〔七〕左氏傳：「宋穆公疾，召大司馬孔父而屬殤公焉，曰：『先君舍與夷而立寡人，寡人弗敢忘。若以大夫之靈，得保首領以没，先君若問與夷，其將何辭以對？請子奉之以主社稷，寡人雖死，亦無悔焉。』對曰：『群臣願奉馮也。』公曰：『不可，先君以寡人爲賢，使主社稷，若棄德不讓，是廢先君之舉也，豈曰能賢。光昭先君之令德，可不務乎！吾子其無廢先君之功。』使公子馮出居於鄭。八月庚辰，宋穆公卒，殤公即位。君子曰：『宋宣公可謂知人矣。立穆公，其子饗之，命以義夫。《商頌》曰：「殷受命咸宜，百禄是荷。」其是之謂乎！』」

〔八〕宋莊公，即公子馮，穆公之子，弑與夷而代立。

〔九〕《左傳·隱公四年》：「宋殤公之即位也，公子馮出奔鄭，鄭人欲納之。及衛州吁立，將脩先君之怨於鄭，而求寵於諸侯，以和其民。使告於宋曰：『君若伐鄭，以除君害，君爲主，敝邑以賦與陳、蔡從，則衛國之願也。』宋人許之。」

〔一〇〕《禮記·中庸》：「子曰：『道之不行也，我知之矣。知者過之，愚者不及也。道之不明也，我知之矣。賢者過之，不肖者不及也。』」

夏四月，葬衛桓公隱公五年

以衛有臣而書桓公之葬〔一〕，不以宣公之篡而謂之無子〔二〕，聖人之裕也。何以不日？葬固不日也〔三〕，書過時而已矣，不謂之不能葬〔四〕。如以衛爲不能葬，則將痛齊諸兒乎〔五〕？公羊子之凡，不謂夫諸侯卒之有故者。

【箋】

〔一〕《公羊傳·隱公十一年》：「《春秋》君弑賊不討，不書葬，以爲無臣子也。子沈子曰：『君弑，臣不討賊非臣也，子不復讎，非子也。葬，生者之事也。《春秋》君弑賊不討，不書葬，以爲不繫乎臣子也。』」

〔二〕《春秋·隱公四年》：「戊申，衛州吁弑其君完。……九月，衛人殺州吁于濮。冬十有二月，衛人立晉。」何休解詁：「立、納、入，皆爲篡。」衛桓公，名完。衛宣公，名晉，桓公弟。莊氏此處「無子」之説，是以《公羊傳》之「臣、子一例」而言。

〔三〕《公羊傳·隱公三年》：「當時而不日，正也。」此處莊氏意爲「葬之得正，故不日。」

〔四〕左氏傳：「夏，葬衛桓公。衛亂，是以緩。」杜預集解：「有州吁之亂，十四月乃葬。」《傳》明其非慢也。」《公羊傳·隱公三年》：「過時而不日，謂之不能葬也。」

〔五〕《春秋》莊公八年：「冬十有一月癸未，齊無知弒其君諸兒。」莊公九年：「秋七月丁酉，葬齊襄公。」齊襄公乃無道之君，與文姜亂倫，并殺魯桓公、鄭子亹。《公羊傳·隱公三年》：「過時而日，隱之也。」何休解詁：「隱，痛也，痛賢君不得以時葬。」

滕侯卒隱公七年

滕，微國也〔一〕，所聞之世始書卒，所見之世乃書葬〔二〕，曷爲於所傳聞之世稱侯而書卒？以其子來朝〔三〕，恩録其父，王者所不辭也〔四〕。曷爲不卒其子？以朝於弒君者之朝〔五〕，而奪其恩。其稱「子」，固子也，無貶也。滕固子，則《春秋》何以「侯」之？其不倍矣乎？應之曰：聖人若曰，惟王者改元立號〔六〕，庶邦丕享〔七〕，則爵命諸侯〔八〕，「天子之事也」云爾已矣〔九〕。苟非其人，「天無二日，民無二王」〔一〇〕，不免於篡弒之誅，死罪之名〔一一〕。如其人，如其人！堯舜揖讓，湯武征誅，順天者存，逆天者亡矣。曷爲「貴賤不嫌」〔一二〕？貴者無常貴，賤者無常賤，昭明德、廢幽昏，决然而不可疑也，疑則萬不可以少嘗之矣。滕侯、薛侯，《春秋》當新王也〔一三〕；滕子、薛伯，親周也〔一四〕。公羊家識之矣。

【箋】

〔一〕公羊子傳:「何以不名,微國也。」

〔二〕《春秋・昭公十四年》:「八月,莒子去疾卒。」徐彦疏:「《春秋》之義,所傳聞之世,略於小國,不書其卒;至所聞之世,乃始書之,即文十三年『邾婁子蘧篨卒』之徒是也;至所見之世,文致大平,書小國而録之,卒月葬時,即下二十八年『秋七月癸巳,滕子寧卒。冬,葬滕悼公』之屬是也。」《公羊傳・隱公元年》何休解詁:「所見者,謂昭、定、哀,己與父時事也。所聞者,謂文、宣、成、襄,王父時事也;所傳聞者,謂隱、桓、莊、閔、僖,高祖、曾祖時事也。」

〔三〕《春秋・隱公十一年》:「春,滕侯、薛侯來朝。」

〔四〕何休解詁:「滕,微國,所傳聞之世未可卒,所以稱侯而卒者,《春秋》王魯,託隱公以爲始受命王,滕子先朝隱公,《春秋》褒之以禮,嗣子得以其禮祭,故稱侯見其義。」

〔五〕指朝魯桓公,即《春秋・桓公二年》:「滕子來朝。」

〔六〕《公羊傳・隱公元年》:「元年者何?君之始年也。」何休解詁:「不言公,言君之始年者,王者、諸侯皆稱君。所以通其義於王者,惟王者然後改元立號。」

〔七〕《書・梓材》:「后式典集,庶邦丕享。」孫星衍疏:「衆邦乃來享也。丕,語詞也。」

〔八〕語出《詩・小雅・瞻彼洛矣》小序:「思古明王能爵命諸侯,賞善罰惡焉。」

〔九〕《孟子・滕文公下》:「《春秋》,天子之事也。」

〔一〇〕《孟子·萬章上》:「孔子曰:『天無二日,民無二王。』」

〔一一〕《史記·太史公自序》:「爲人臣子而不通于《春秋》之義者,必陷簒弑之誅,死罪之名。」

〔一二〕公羊子傳:「何以不名?微國也。微國則其稱侯何?不嫌也。《春秋》貴賤不嫌,同號;美惡不嫌,同辭。」

〔一三〕《春秋·隱公十一年》:「春,滕侯、薛侯來朝。」何休解詁:「稱『侯』者,《春秋》託隱公以爲始受命王,滕、薛先朝隱公,故褒之。」《春秋繁露·三代改制質文》:「《春秋》上絀夏,下存周,以《春秋》當新王。《春秋》當新王者奈何?曰:王者之法,必正號,絀王謂之帝,封其後以小國,使奉祀之。下存二王之後以大國,使服其服,行其禮樂,稱客而朝。故同時稱帝者五,稱王者三,所以昭五端、通三統也。是故周人之王,尚推神農爲九皇,而改號軒轅謂之黄帝,因存帝顓頊、帝嚳、帝堯之帝號,絀虞而號舜曰帝舜,録五帝以小國。下存禹之後於杞,存湯之後於宋,以方百里,爵號公。使服其服,行其禮樂,稱先王客而朝。《春秋》作新王之事,變周之制,當正黑統。而殷、周爲王者之後,絀夏改號禹謂之帝,録其後以小國,故曰絀夏存周,以《春秋》當新王。」何休《文謚例》:「新周故宋,以《春秋》當新王,此一科三旨也。」

〔一四〕《春秋》經文,除隱公卷稱滕、薛之君爲「滕侯」「薛侯」外,其他卷皆稱本爵「滕子」「薛伯」。親周,即新周,亦即黜周,即因爲「以《春秋》當新王」,而將其前的周統黜退之義。更因黜周之故,滕、薛皆稱本爵。《春秋·莊公二十七年》何休解詁:「《春秋》黜杞,新周而故宋,以《春秋》當新王。」亦見宣公十六年何氏解詁。

夏六月己亥，蔡侯考父卒隱公八年

日卒，正也〔一〕。諸夏之國，自所傳聞之世，逮於哀十四年，以告終而識於策者，不可勝書。《春秋》録大略小，録近略遠，其書之各有指矣。以考其行，以稽其失，以痛其禍，以治其亂，恒於大國詳之。常所書者則宋，王者之後也；蔡，文王之昭也〔二〕；陳，三恪也〔三〕；鄭，諸姬之近者〔四〕；衛，康叔之後也；齊，王舅也。畢具於隱、桓之策矣。晉，武之穆也〔五〕，録之自詭諸始，且不書葬，有推而遠之之志焉，惡兼其宗國也〔六〕。小國如曹，所傳聞之世已書卒矣〔七〕；如滕〔八〕、如邾〔九〕、如莒〔一〇〕，則書自所聞之世；如薛〔一一〕、如許〔一二〕，則書以所見之世。至所見之世，舍莒皆書葬矣〔一三〕。哀公之策，小國皆卒日葬月矣，皆近乎我者也。遠國之大者惟秦也，不録穆公，以穆公而録康公〔一四〕，亦不志葬，至所見之世乃書葬〔一五〕。楚之卒自子旅焉始〔一六〕，吴之卒自子乘焉始〔一七〕，終不書葬〔一八〕。杞，王者之後，《春秋》降而爲夷，其賢於莒實多，志卒於僖之篇〔一九〕，志葬於襄之篇〔二〇〕，以迄於哀，皆以諸夏之辭録之，終不忍以爲外也。自曹以下，雖諸夏不得以當時不日爲正之指〔二一〕言之，其義類甚博，而且有要，不可不察。送死，大事也〔二二〕，聖人所甚重，士大夫之喪且必多見而識之，大小二《戴》實存焉。諸侯之事，父子、君臣之大倫，要在於《春秋》，故曰「禮義之大宗也」〔二三〕。

【箋】

〔一〕穀梁子傳：「諸侯日卒，正也。」另《公羊傳・隱公四年》何休解詁：「卒日葬月，達於《春秋》，爲大國例。」《公羊傳・桓公十年》何休解詁：「小國始卒，當卒月葬時。」《公羊傳・哀公三年》何休解詁：「哀公著治大平之終，小國卒葬，極於哀公者，皆卒日葬月。」

〔二〕《左傳・僖公二十四年》：「昔周公弔二叔之不咸，故封建親戚，以蕃屏周。管、蔡、郕、霍、魯、衛、毛、聃、郜、雍、曹、滕、畢、原、酆、郇，文之昭也。」杜預集解：「十六國皆文王子也。」

〔三〕《左傳・襄公二十五年》：「昔虞閼父爲周陶正，以服事我先王。我先王賴其利器用也，與其神明之後也，庸以元女大姬配胡公而封之陳，以備三恪。」杜預集解：「周得天下，封夏、殷二王後。又封舜後，謂之恪。并二王後爲三國。其禮轉降，示敬而已，故曰三恪。」

〔四〕《左傳・僖公二十四年》：「鄭有平、惠之勳，又有厲、宣之親，棄嬖寵而用三良，於諸姬爲近。」杜預集解：「平王東遷，晉、鄭是依。惠王出奔，虢、鄭納之。是其勳也。鄭始封之祖桓公友，周厲王之子，宣王之母弟。」

〔五〕《左傳・定公四年》：「曹，文之昭也；晉，武之穆也。」杜預集解：「武王子。」另見《左傳・僖公二十四年》。

〔六〕《春秋・僖公九年》：「甲戌，晉侯詭諸卒。」詭諸，即晉獻公，魯莊公十八年至魯僖公九年在位，其間滅虞、虢，殺世子申生，迫使重耳、夷吾出奔。

〔七〕《春秋·桓公十年》：「春王正月庚申，曹伯終生卒。」

〔八〕據上文，莊氏以爲隱公七年之「滕侯卒」，是「以其子來朝，恩録其父」，故屬變辭。而宣公九年「八月，滕子卒。」爲滕始書卒，屬所聞世，乃小國書卒正例。

〔九〕邾始書卒在莊公十六年「邾子克卒。」并于莊公二十八年再書「夏四月丁未，邾子瑣卒。」這兩次書卒，何休認爲是因爲邾「慕霸者，有尊天子之心，行進也。」同樣是變辭以見義，故不符合小國於所聞之世始書卒的常例。邾書卒當以文公十三年「邾子蘧蒢卒」爲始，此處莊存與應亦是此意。

〔一〇〕《春秋·成公十四年》：「春王正月，莒子朱卒。」莒始書卒。

〔一一〕《春秋·莊公三十一年》：「夏四月，薛伯卒。」何休認爲薛伯朝隱公，不朝弑君之桓公，知去就，故書卒。亦是變辭見義，非常辭。昭公三十一年「夏四月丁巳，薛伯穀卒。」爲薛始書卒。

〔一二〕《春秋》僖公四年：「夏，許男新臣卒。」文公五年：「冬十月甲申，許男業卒。」宣公十七年：「春王正月庚子，許男錫我卒。」襄公二十六年：「八月壬午，許男甯卒于楚。」昭公十九年：「夏五月戊辰，許世子止弑其君買。」哀公十三年：「夏，許男戍卒。」可見，許書卒横跨所傳聞世、所聞世、所見世，莊氏此處意指待考。

〔一三〕《春秋·昭公十四年》：「八月，莒子去疾卒。」未書葬。

〔一四〕《春秋·文公十八年》："秦伯罃卒。"罃，謚康，秦穆公子，魯文公七年至魯文公十八年在位。穆公爲秦之賢君，在位期間賢行衆多，如任用百里奚，納晉惠公，輸粟救晉飢，又納晉文公，助晉文公敗楚于城濮，用由余霸西戎等，但他以"三良"殉葬，故《春秋》不書其卒，而恩録其子。

〔一五〕《春秋·昭公六年》："葬秦景公。"秦始書葬。

〔一六〕《春秋·宣公十八年》："甲戌，楚子旅卒。"公羊子傳："何以不書葬？吴楚之君不書葬，辟其號也。"何休解詁："葬從臣子辭當稱王，故絶其葬，明當誅之。"

〔一七〕《春秋·襄公十二年》："秋九月，吴子乘卒。"

〔一八〕終《春秋》吴、楚不書葬。

〔一九〕《春秋·僖公二十三年》："冬十有一月，杞子卒。"

〔二〇〕《春秋·襄公六年》："秋，葬杞桓公。"

〔二一〕《公羊傳·隱公三年》："過時而不日，謂之不能葬也；當時而不日，正也。"

〔二二〕《孟子·離婁下》："孟子曰：『養生者，不足以當大事，惟送死可以當大事。』"

〔二三〕《史記·太史公自序》。

辛亥，宿男卒

宿，近國也，微矣。五等之侯如宿，不志卒於《春秋》。宿男卒，何以書？與吾大夫盟且先他國焉〔一〕，厚之也。君子作《春秋》，秉文王親諸侯之道，"不寧方來，後夫則告之凶」〔二〕。周公誥曰：「庶邦享作，兄弟方來。」〔三〕《春秋》始於隱公，宿與吾大夫盟，邾與公盟〔四〕，皆於我有作兄弟之誼矣。不哀其喪，豈可謂師文王者與！滕侯卒不日，宿男卒何以日？嫌與蔡侯考父同日而別異之。同盟而不名，微國也。

【箋】

〔一〕《春秋·隱公元年》：「九月，及宋人盟于宿。」公羊子傳：「孰及之？內之微者也。」何休解詁：「內者，謂魯也。微者，謂士也。不名者，略微也。……宋稱人者，亦微者也。魯不稱人者，自內之辭也。宿不出主名者，主國，主名與可知，故省文。」杜預集解：「客主無名，皆微者也。宿，小國，東平無鹽縣也。凡盟以國地者，國主亦與盟。」

〔二〕《易·比》：「不寧方來，後夫凶。」干寶曰：「天下歸德，不唯一方，故曰『不寧方來』。後服之夫，違天失人，必災其身，故曰『後夫凶』也。」

〔三〕《書·梓材》。

〔四〕《春秋·隱公元年》：「三月，公及邾婁儀父盟于眛。」

八月，葬蔡宣公

「不及時〔一〕而不日，慢葬也」〔二〕。哀不足且禮有闕矣。

【箋】

〔一〕《春秋·隱公八年》：「夏六月己亥，蔡侯考父卒。」《禮記·雜記下》：「諸侯五月而葬，七月而卒哭。」

〔二〕《公羊傳・隱公三年》。

春正月甲戌、己丑，陳侯鮑卒桓公五年

曷以二日卒之？疑以傳疑，見鮑之不能正其終也〔一〕。爲人君者，修身以俟死〔二〕，正其家人，正其國人，無有一邪人作於其間。陳侯何如哉？國亂矣，亦嘗執州吁〔三〕，奚爲于稷而會之〔四〕？

【箋】

〔一〕穀梁子傳：「鮑卒，何爲以二日卒之？《春秋》之義，信以傳信，疑以傳疑。陳侯以甲戌之日出，己丑之日得，不知死之日，故舉二日以包也。」公羊子傳：「曷爲以二日卒之？悈也。甲戌之日亡，己丑之日死而得，君子疑焉，故以二日卒之也。」左氏傳：「春正月，甲戌、己丑，陳侯鮑卒，再赴也。於是陳亂。文公子佗殺太子免而代之，公疾病而亂作，國人分散，故再赴。」

〔二〕語出《禮記・射義》。

〔三〕《左傳・隱公四年》：「石碏使告于陳曰：『衛國褊小，老夫耄矣，無能爲也。此二人者，實弑寡君，敢即圖之。』陳人執之，而請涖于衛。九月，衛人使右宰醜涖殺州吁于濮，石碏使其宰獳羊肩涖殺石厚于陳。」

〔四〕《春秋・桓公二年》：「三月，公會齊侯、陳侯、鄭伯于稷，以成宋亂。」

葬陳桓公

葬不月，則譏不獨在臣子，桓公失君父之道矣，賤之使與微國同實云〔一〕。

【箋】

〔一〕何休解詁：「不月者，責臣子也。知君父有疾，當營衛，不僅而失之也。《傳》曰：『葬，生者之事。』」徐彦疏：「正以卒日葬月，乃是大國之例，今書時，故決之。」

春王正月庚申，曹伯終生卒。夏五月，葬曹桓公桓公十年〔一〕

小國書卒，在所傳聞之世。卒月葬時，其常也〔二〕，則以射姑爲始〔三〕。終生卒日葬月，敬老也〔四〕。曹伯老矣，曷爲見之？以其使世子來朝〔五〕，不可以不之見，亂之階也。曹雖不亂，道則有以致之。不謂之正，必謂之敬老，公羊子有所受之。當時不日，而不謂之正，何也？莫之致而至者，命也，雖亂，不咎其人，謂之「天作孽」；致之而幸不至，非命也，雖不亂，必正其失，謂之「行險以徼幸」〔六〕。噫，彼壞國、喪家、亡人，不過先去其禮也〔七〕，亦奚其喪失全而後全亡。子曰：「言不可以若是，其幾也。」〔八〕

【箋】

〔一〕據原注「此節在上一節前」，調整到現在位置。

〔二〕《公羊傳·桓公十年》何休解詁：「小國始卒，當卒月葬時。」

〔三〕《春秋·莊公》二十三年：「冬十有一月，曹伯射姑卒。」二十四年：「春王三月。刻桓宫桷。葬曹莊公。」

〔四〕何休解詁：「小國始卒，當卒月葬時，而卒日葬月者，曹伯年老，使世子來朝，《春秋》敬老重恩，故爲魯恩録之猶深。」

〔五〕《春秋·桓公九年》：「冬，曹伯使其世子射姑來朝。」公羊子傳：「諸侯來曰朝，此世子也，其言朝何？《春秋》有譏父老子代從政者，則未知其在齊與？曹與？」

〔六〕語出《禮記·中庸》：「君子居易以俟命，小人行險以徼幸。」

〔七〕《禮記·禮運》：「故唯聖人爲知禮之不可以已也。故壞國、喪家、亡人，必先去其禮。故禮之於人也，猶酒之有糵也，君子以厚，小人以薄。」

〔八〕《論語·子路》：「定公問：『一言而可以興邦，有諸？』孔子對曰：『言不可以若是，其幾也。人之言曰「爲君難，爲臣不易。」如知爲君之難也，不幾乎一言而興邦乎？』」何晏集解引王肅注：「以其大要，一言不能正興國。幾，近也。有近一言可以興國。」

夏五月癸未，鄭伯寤生卒。秋七月，葬鄭莊公桓公十有一年

寤生之罪，不可不誅，浮於衛朔〔一〕矣。則何以書葬？曰朔之罪已見，寤生之罪未見，以不可書辟之也〔二〕。曰《春秋》誅亂賊，義有所辟，必有辭以誅之，未有但已者。突也定天子〔三〕，功不見，書葬以見之〔四〕；寤生抗天子且傷焉〔五〕，罪不可見，不書葬以見之奚不

可，而且書葬？將毋《春秋》有所緩，有所急與？曰《春秋》之于寤生，則既誅之矣。桓之元年于垂、于越〔六〕，皆誅辭也。假田爲孫辭，實蔽罪于鄭伯之文也，誅之矣。然則何以不去葬？曰：寤生之辟〔七〕有議焉，五廟之孫，於諸姬爲近，桓公死難〔八〕，武公佐平王以東遷〔九〕，鄭以《緇衣》〔一〇〕立國乎天下，其功有誅而無絶，則寤生之誅，禮爲之變且隱者也。誅之必續其子孫，奚爲不志其葬！《春秋》之侯，誅而葬者衆矣，以寤生曾不誅，疑聖人之志其葬？若已誅矣，苟非蔡靈侯〔一一〕，則王者不忍暴朽骨，又何疑焉！「秋七月，葬鄭莊公」，不以慢葬志也〔一二〕，志王者之法，有罪不敢赦，緣恩必哭之，如其倫之喪〔一三〕也。

【箋】

〔一〕《春秋·桓公十六年》：「十有一月，衛侯朔出奔齊。」公羊子傳：「衛侯朔何以名？絶。曷爲絶之？得罪于天子也。其得罪于天子奈何？見使守衛朔，而不能使衛小衆，越在岱陰齊，屬負茲舍，不即罪爾。」何休解詁：「時天子使發小衆，不能使行。越，猶走也。岱，岱宗，泰山也。山北曰陰。先言岱陰，後言齊者，明名山大澤不以封諸侯，以爲天地自然之利，非人力所能加，故當與百姓共之。」「屬，託也。天子有疾稱不豫，諸侯稱負茲，大夫稱犬馬，士稱負薪。舍，止也。託疾止不就罪。」

〔二〕鄭莊公抗天子命，且射傷周桓王，《春秋》避而未書，諱之也。

〔三〕突，即鄭厲公，鄭莊公庶子，曾兩度爲君。魯桓公十二年至魯桓公十五年，魯莊公十五年至魯莊公二十一年在位。魯莊公十九年，周室發生王子頹之亂，周惠王出奔，鄭厲公殺子頹以納王。詳見《左傳》莊公十九年、二十年、二十一年傳。

〔四〕《春秋·莊公二十一年》：「夏五月辛酉，鄭伯突卒。……冬十有二月，葬鄭厲公。」

〔五〕《春秋·桓公五年》：「秋，蔡人、衛人、陳人從王伐鄭。」左氏傳：「王奪鄭伯政，鄭伯不朝。秋，王以諸侯伐鄭，鄭伯禦之。……鄭師合以攻之，王卒大敗。祝聃射王中肩，王亦能軍。」

〔六〕《春秋·桓公元年》：「三月，公會鄭伯于垂。鄭伯以璧假許田。夏四月丁未，公及鄭伯盟于越。」

〔七〕辟，罪也。《左傳·僖公二十三年》：「策名委質，貳乃辟也。」杜預集解：「辟，罪也。」

〔八〕《史記·鄭世家》：「鄭桓公友者，周厲王少子而宣王庶弟也。宣王立二十二年，友初封于鄭。封三十三歲，百姓皆便愛之。幽王以爲司徒。……二歲，犬戎殺幽王於驪山下，并殺桓公。鄭人共立其子掘突，是爲武公。」

〔九〕《左傳·隱公六年》：「我周之東遷，晉、鄭焉依。」杜預集解：「幽王爲犬戎所殺，平王東徙，晉文侯、鄭武公左右王室，故曰晉、鄭焉依。」

〔一〇〕《詩·鄭風·緇衣》小序：「美武公也。父子並爲周司徒，善於其職，國人宜之，故美其德，以明有國善善之功焉。」鄭箋：「父，謂武公父桓公也。司徒之職掌十二教。善善者，治之有功也。鄭國之人皆謂桓公、武公居司徒之官，正得其宜。」

〔二〕蔡靈侯，即姬般。《春秋·昭公十一年》：「夏四月丁巳，楚子虔誘蔡侯般，殺之于申。」《春秋》未記其葬。另《春秋·襄公三十年》：「夏四月，蔡世子般弒其君固。」左氏傳：「蔡景侯爲大子般娶于楚，通焉，大子弒景侯。」

〔三〕《公羊傳·隱公三年》：「不及時而不日，慢葬也。」

〔三〕《禮記·文王世子》：「如其倫之喪，無服。」孔穎達疏：「如其親疏倫輩之喪。」

八月壬辰，陳侯躍卒桓公十有二年

陳厲公也，篡不明則不書葬以見之〔一〕。

【箋】

〔一〕魯桓公五年，陳桓公鮑卒，陳佗殺太子免而自立。翌年蔡人殺陳佗，而立蔡女所生之陳厲公躍。詳見《左傳》。

丙戌，衛侯晉卒十有一月

決日例也〔一〕。「是月」，決不日例也〔二〕。何不言「是日」？日重見也可，月重見則不可，嫌乎閏也，干支則不嫌。曷爲決日不日〔三〕？重日也；不決月不月，例之而已，月輕也。以重輕爲詳略，教人以易知，傳之萬世而無所疑。不然，古人往矣，古事遠矣，焉用知其事之在何日而筆之。

【箋】

〔一〕《春秋·桓公十二年》：「丙戌，公會鄭伯盟于武父。丙戌，衛侯晉卒。」穀梁子傳：「再稱日，決日義也。」范甯集解：「明二事皆當日也。晉不正，非日卒者也。不正，前見矣，隱四年『衛人立晉』是也。與齊小白義同。」楊士勛疏：「『決日』者，謂二事決宜書日，故經兩舉日文也。月則不然，縱有兩事合月，但舉一月以包之。其有蒙日明者，則亦不兩舉。」

〔二〕《春秋·僖公十六年》：「春，王正月戊申朔，隕石于宋五。是月，六鷁退飛，過宋都。」穀梁子傳：「『是月』也，決不日而月也。」范甯集解：「欲著石日鷁月，故言『是月』。若不言『是月』，則嫌與『戊申』同。」

〔三〕謂決日與決不日兩種情況。

三月，葬衛宣公桓公十有三年

卒日葬月，謂之正乎〔一〕？非正也。簒不書葬，晉之簒，前定也，不可以爲正矣〔二〕。宋子〔三〕、陳子〔四〕背殯出會，皆以在喪之稱稱之〔五〕，必諱桓公、穆公之葬，則齊桓、晉文有罪焉〔六〕。彼猶有人子之心，終身痛焉。必并去襄公〔七〕、共公〔八〕之葬，因其自責而責之。背殯不可固如此！衛侯朔〔九〕何如乎？如恒人矣〔一〇〕，則葬宣公如恒辭矣。獨無父兄、師保乎？童昏也，不可教訓，不知話言，以至此極也，其終不遠矣〔一一〕。

【箋】

〔一〕《春秋·桓公五年》：「葬陳桓公。」何休解詁：「正以卒日葬月，乃是大國之例。」

〔二〕《春秋·莊公三年》：「夏四月，葬宋莊公。」徐彦疏：「《春秋》之例，篡不明者，皆貶去其葬以見篡，即僖二十四年『晉侯夷吾卒』，注云『篡故不書葬，明當絶也』；又宣九年秋，『晉侯黑臀卒於扈』，彼注云『不書葬者，篡也』之屬是也。其篡明者，不嫌非篡，故不去葬以見篡，即隱四年『衛人立晉』，桓十二年冬『衛侯晉卒』，十三年春『葬衛宣公』；又莊九年『齊小白入于齊』，至僖十七年冬『齊侯小白卒』，十八年『秋葬齊桓公』；又哀六年秋『齊陽生入于齊』，至哀十年春『齊侯陽生卒』，夏『葬齊悼公』；此等皆由其初有立、入之文，不嫌非篡，故書其葬。」

〔三〕《春秋·僖公九年》：「春，王三月丁丑，宋公禦説卒（即宋桓公）。夏，公會宰周公、齊侯、宋子、衛侯、鄭伯、許男、曹伯于葵丘。」穀梁子傳：「宋其稱子何也？未葬之辭也。禮，柩在堂上，孤無外事。今背殯而出會，以宋子爲無哀矣。」按：殯，即殮入棺。「諸侯五日而殯，五月而葬」（《禮記·王制》），先君殯而未葬，嗣君出有外事，稱爲背殯。

〔四〕《春秋·僖公二十八年》：「〔六月〕，陳侯款卒（即陳穆公）。」「冬，公會晉侯、齊侯、宋公、蔡侯、鄭伯、陳子、莒子、邾子、秦人于温。」

〔五〕《公羊傳·莊公三十二年》：「君存稱世子，君薨稱子某，既葬稱子，踰年稱公。」

〔六〕宋桓公、陳穆公，《春秋》皆未書其葬。葵丘之會齊桓公主之，温之會晉文公主之，故云「有罪」。

〔七〕指宋襄公。名慈父，桓公子。《史記》名「茲甫」。宋楚泓之戰，宋大敗，襄公傷股，次年身死。《春秋》未書其葬。魯僖公十年至僖公二十三年在位。

〔八〕指陳共公，名朔，穆公子。卒於魯文公十三年。《春秋》未書其葬。魯僖公二十九年至魯文公十三年在位。

〔九〕指衛宣公之子衛惠公朔。魯桓公十三年至魯桓公十六年及魯莊公六年至魯莊公二十五年在位。其間曾出奔齊，黔牟當國十年。

〔一〇〕先君宣公未葬，朔已稱侯如常人。即《春秋》桓公十二年：「丙戌，衛侯晉卒。」桓公十三年：「春二月，公會紀侯、鄭伯。己巳，及齊侯、宋公、衛侯、燕人戰，齊師、宋師、衛師、燕師敗績。三月，葬衛宣公。」

〔一一〕語出《左傳·昭公三十年》：「不知天將以爲虐乎？使翦喪吴國，而封大異姓乎？其抑亦將卒以祚吴乎？其終不遠矣。」杜預集解：「言其事行可知不久。」

夏四月己巳，葬齊僖公桓公十有五年

危不得葬也〔一〕。

【箋】

〔一〕《春秋·桓公十四年》：「冬十有二月丁巳，齊侯祿父卒。」《公羊傳·隱公三年》：「當時而日，危不得葬也。」

癸巳，葬蔡桓侯桓公十有七年

渴葬也，哀不足，禮能有餘乎〔一〕？蔡桓侯非齊孝公比也〔二〕，以獻舞〔三〕薄於爲人後之誼矣。稱之曰「桓侯」，奪其臣子之辭〔四〕，雖有賢季於蔡，奚補桓侯不知忠臣之分？授不肖以位，薄其身、危其國矣。

【箋】

〔一〕《春秋·桓公十七年》：「六月丁丑，蔡侯封人卒。秋八月，蔡季自陳歸于蔡。癸巳，葬蔡桓侯。」左氏傳：「蔡桓侯卒，蔡人召蔡季于陳。秋，蔡季自陳歸于蔡，蔡人嘉之也。」何休解詁：「稱字者，蔡侯封人無子，季次當立，封人欲立獻舞而疾害季，季辟之陳。封人死，歸反奔喪，思慕三年，卒無怨心，故賢而字之。」

〔二〕《春秋·僖公二十七年》：「夏六月庚寅，齊侯昭卒。秋八月乙未，葬齊孝公。」杜預集解：「三月而葬，速。」齊孝公渴葬，是因爲内亂，即「十年，孝公卒，孝公弟潘殺孝公子而自立，是爲昭公。」（《史記·齊太公世家》）蔡桓侯與之有别，而同樣被渴葬，故莊存與以爲是「獻舞薄於爲人後之誼矣」。

〔三〕《春秋·莊公十年》：「秋九月，荆敗蔡師于莘，以蔡侯獻舞歸。」杜預集解認爲：「獻舞，蔡季。」但何休認爲是兩人，見上注。莊存與從何休。

〔四〕何休解詁：「稱侯者，亦奪臣子辭也。有賢弟而不能任用，反疾害之而立獻舞，國幾并于荆蠻，故賢季抑桓稱侯，所以起其事。」徐彦疏：「正以諸侯之葬皆稱公，故決之。」

冬十有二月，葬鄭厲公莊公二十有一年〔一〕

絶之而又見入焉，鄭伯突也〔二〕，衛侯朔也〔三〕，皆不容於誅。朔不葬，突何以葬？功以除突之罪也。突之功奈何？定王室也。惠王辟子頽之難，居於温，鄭伯誅子頽而王室定，罪固可得而除矣〔四〕。然則何以不言王出入？以鄭伯、虢叔克左右王室，不廢先王之命，若畿内之官。君子雖無競〔五〕乎，尚猶有親臣〔六〕也，故爲尊者諱也。

【箋】

〔一〕據原注「此節在上一節前」，調整到現在位置。

〔二〕《春秋·桓公十五年》：「五月，鄭伯突出奔蔡。……秋九月，鄭伯突入于櫟。」公羊子傳：「突何以名？奪正也。」《禮記·曲禮下》：「天子不言出，諸侯不生名，君子不親惡。」鄭玄注：「天子之言出，諸侯之生名，皆有大惡，君子所遠，出、名以絶之。」鄭厲公，名突。鄭莊公庶子，鄭昭公忽庶弟，曾兩度爲君。其母爲宋莊公寵臣雍氏之女，魯桓公十一年，鄭莊公去世，宋莊公脅迫鄭相祭仲「出忽立突」。魯桓公十一年至魯桓公十五年在位。忽出居邊邑櫟四年。魯桓公十五年，祭仲迎世子忽復位。「鄭伯突出奔蔡」，又「入櫟」居焉。歷鄭昭公、鄭子亹、鄭子嬰三君，於魯莊公十五年，厲公突指使大夫甫假殺鄭子嬰，在居櫟十七年後入鄭復位。魯莊公十五年至魯莊公二十一年在位。此間周室亂，惠王庶叔子頹以燕、衛伐王自立，鄭厲公與虢叔襲殺子頹，納惠王于周。

〔三〕《春秋·桓公十六年》：「十有一月，衛侯朔出奔齊。」公羊子傳：「衛侯朔何以名？絶。曷爲絶之？得罪于天子也。」《春秋·莊公六年》：「夏六月，衛侯朔入于衛。」公羊子傳：「衛侯朔何以名？絶。曷爲絶之？犯命也。」

〔四〕《左傳·莊公二十一年》：「夏，同伐王城。鄭伯將王自圉門入，虢叔自北門入，殺王子頹及五大夫。……五月，鄭厲公卒。」

〔五〕《詩·大雅·桑柔》：「君子實維，秉心無競。」毛傳：「競，彊。」鄭箋：「君子，謂諸侯及卿大夫也。其執心不彊於善，而好以力爭。」

〔六〕親臣，親信的臣子。《孟子·梁惠王下》：「王無親臣矣，昔者所進，今日不知其亡也。」

冬十有二月己卯，晉侯重耳卒僖公三十有二年

《春秋》所予二伯而已。

世子

冬，曹伯使其世子射姑來朝桓公九年

「誓於天子，曰世子。攝其君，則下其君之禮一等。未誓，則以皮帛繼子男」〔一〕，禮也。父老子代從政，天子之大夫，仍叔之子也〔二〕；在曹，則射姑〔三〕，諸侯世子也。會同則可攝，朝則不可以攝。射姑非攝，曹伯使之，非禮也。曹無大夫乎？次國三卿，當大國之下卿〔四〕，小聘〔五〕可也，何亟亟於使其世子來朝乎？好於我也。好於我者何人？可無譏乎？君使之非也，子不幾諫亦非也。曹伯老矣，不重其子；世子親矣，不念其君。危國亂家之道，二百四十二年，惟一曹世子。則其成之曰「來朝」何？命之者於朝，受之者於廟矣〔六〕。

【箋】

〔一〕《周禮·春官·典命》：「凡諸侯之適子，誓於天子，攝其君，則下其君之禮一等；未誓，則以皮帛繼子男。」鄭玄注：「誓猶命也。言誓者，明天子既命以爲之嗣，樹子不易也。《春秋》桓九年，曹伯使其世子射姑來朝，行國君之禮是也。」

〔二〕《春秋·桓公五年》：「天王使仍叔之子來聘。」公羊子傳：「仍叔之子者何？天子之大夫也。其稱仍叔之子何？譏。何譏爾？譏父老子代從政也。」

〔三〕公羊子傳：「諸侯來曰朝，此世子也，其言朝何？《春秋》有譏父老子代從政者，則未知其在齊與，曹與？」

〔四〕《左傳·成公三年》：「次國之上卿，當大國之中，中當其下，下當其上大夫。小國之上卿，當大國之下卿，中當其上大夫，下當其下大夫。上下如是，古之制也。」

〔五〕《禮記·王制》：「諸侯之於天子也，比年一小聘，三年一大聘，五年一朝。」鄭玄注：「比年，每歲也。小聘使大夫，大聘使卿，朝則君自行。」

〔六〕穀梁子傳：「朝不言使，言使非正也。使世子伉諸侯之禮而來朝，曹伯失正矣。諸侯相見曰朝，以待人父之道待人之子，以内爲失正矣。内失正，曹伯失正，世子可以已矣，則是故命也。尸子曰：『夫已多乎道。』」

母弟母兄

齊侯使其弟年來聘隱公七年

齊終《春秋》志聘五〔一〕，盡於此乎？曰：否，他以爲常事焉而不書也。「齊侯使其弟年來聘」，何以書？曰：志聘也，志諸侯之聘於此焉始。志諸侯之聘曷爲於此焉始？以志天子之聘於此焉始也〔二〕。「諸侯來曰朝，大夫來曰聘」〔三〕，諸侯之大夫來曰聘，天子之大夫來亦曰聘，若是班乎？故辨之云爾。「齊侯使其弟年來聘」，諸侯之大夫來咸視此；「天王使凡伯來聘」，天子之大夫來咸視此云爾。「《春秋》慎辭，謹於名倫等物」〔四〕者也。辨等於齊〔五〕，而絶倫於晉〔六〕，不可不察，天下之大教也。

孰往？大夫如齊也。曷爲不言大夫如齊？不言公如京師，則不言大夫如齊，以爲常事焉爾。公羊子曰：「母弟稱弟，母兄稱兄。」《傳》曰「母，親至而尊不至」〔七〕，教親親也。庶子爲侯必尊君母而親其母，不以親親害尊尊，亦不以尊尊害親親，是用内和而家理。「一人有子，三人緩帶」〔八〕，人情之至也。「有子曰：『禮之用，和爲貴。先王之道，斯爲美，小大由之。』」〔九〕

【箋】

〔一〕另外四次爲：桓公三年「冬，齊侯使其弟年來聘」，僖公三十三年「齊侯使國歸父來聘」，宣公十年「齊侯使國佐來聘」，襄公二十七年「春，齊侯使慶封來聘」。

〔二〕《春秋·隱公七年》：「齊侯使其弟年來聘。秋，公伐邾。冬，天王使凡伯來聘。」杜預集解：「凡伯，周卿士。凡，國；伯，爵也。」

〔三〕《春秋·隱公十一年》：「春，滕侯、薛侯來朝。」公羊子傳：「其言朝何？諸侯來曰朝，大夫來曰聘。」

〔四〕《春秋繁露·精華》。

〔五〕謂《春秋》于齊之聘，辨天王與諸侯之等别。即前文所言「『齊侯使其弟年來聘』，諸侯之大夫來咸視此；『天王使凡伯來聘』，天子之大夫來咸視此云爾。」

〔六〕謂《春秋》于晉之聘，劃開天王與諸侯的倫輩。指《春秋》隱、桓之篇，多志王使。自成公而下，王使絶不見矣，然後志晉使（成公三年「晉侯使荀庚來聘」，此爲《春秋》始志晉聘）。莊存與認爲，這類書法是出于魯「偶晉於京師，其甚也以共京師者共晉」，故《春秋》「絶之若不相見者然，以尊王而抑晉。」參見《天子辭》「王使」僖三十年經例、《内辭中》「來聘」成三年經例。

〔七〕《孝經·士章》：「資于事父以事母，而愛同；資于事父以事君，而敬同。故母取其愛而君取其敬，兼之者父也。」邢昺疏引劉炫曰：「母，親至而尊不至，豈則尊之不極也？」

〔八〕《穀梁傳·文公十八年》：「姪、娣者，不孤子之意也。一人有子，三人緩帶。」范甯集解：「上文直云姪、娣者，所以分别尊卑，明夫人須媵妾之意。下文總言緩帶者，欲見有子則喜樂之情均，貴賤之意等。……緩帶者，優游之稱也。」

〔九〕《論語·學而》。

鄭伯使其弟語來盟桓公十有四年

穀梁子曰：「來盟，前定也。」則曷不盟于曹矣〔一〕？不欲曹人與乎此盟也，爲私焉。鄭伯〔二〕使其弟，親者也。莊公之子多矣，惟母弟之爲戚〔三〕，私之中又有私焉。明神其聽乎？甚於要盟之不蠲矣〔四〕。

【箋】

〔一〕《春秋·桓公十四年》：「春正月，公會鄭伯于曹。」

〔二〕鄭伯，鄭厲公，鄭莊公庶子。

〔三〕戚，親近，親密。《孟子·梁惠王下》：「國君進賢，如不得已，將使卑踰尊，疏踰戚，可不慎與？」

〔四〕《左傳·襄公九年》：「明神不蠲要盟，背之可也。」杜預集解：「蠲，潔也。」

秋八月，蔡季自陳歸于蔡桓公十有七年

何以字？賢也。何賢乎蔡季？其出以義，其歸以仁。不求爲後，義也；終兄弟之恩，仁也〔一〕。以取貴乎《春秋》。

【箋】

〔一〕何休解詁：「稱字者，蔡侯封人無子，季次當立，封人欲立獻舞而疾害季，季辟之陳。封人死，歸反奔喪，思慕三年，卒無怨心，故賢而字之。」

春秋正辭卷八

外辭第六

楚有四稱〔一〕，自本逮末，無過曰子〔二〕。犯中國甚，與中國並，以至下者本之，惡其僭名也〔三〕。人之在僖之篇〔四〕，齊桓同好〔五〕，內〔六〕王貢也。子之自成之身〔七〕，晉景不正，楚討陳也〔八〕。襄、昭往焉〔九〕，外之奈何？夫子適焉〔一〇〕，謂諸夏何？言曰：「夷狄之有君，不如諸夏之亡也。」〔一一〕楚子軫「知大道矣」〔一二〕！楚一。

【箋】

〔一〕《春秋》書楚有四稱，即荊、楚、楚人、楚子。

〔二〕周始封楚爲子男之爵，但楚隨即僭號稱「王」（見《史記·楚世家》），而《春秋》所書楚之最高爵位無過於「楚子」。《史記·孔子世家》：「吴、楚之君自稱王，而《春秋》貶之曰『子』。」

〔三〕指稱楚至賤之名「荆」，即《春秋·莊公十年》：「秋九月，荆敗蔡師于莘，以蔡侯獻舞歸。」杜預集解：「荆，楚本號，後改爲楚。楚辟陋在夷，于此始通上國，然告命之辭猶未合典禮，故不稱將帥。」公羊子傳：「荆者何？州名也。州不若國，國不若氏，氏不若人，人不若名，名不若字，字不若子。蔡侯獻舞何以名？絶。曷爲絶之？獲也。曷爲不言其獲？不與夷狄之獲中國也。」穀梁子傳：「荆者，楚也。何爲謂之荆？狄之也。何爲狄之？聖人立，必後至；天子弱，必先叛；故曰荆，狄之也。」

〔四〕《春秋·僖公元年》：「楚人伐鄭」。此爲《春秋》首次稱楚爲「人」。

〔五〕《春秋·僖公四年》：「楚屈完來盟于師，盟于召陵。」左氏傳：「夏，楚子使屈完如師。師退，次于召陵。齊侯陳諸侯之師，與屈完乘而觀之。齊侯曰：『豈不穀是爲？先君之好是繼。與不穀同好，如何？』對曰：『君惠徼福於敝邑之社稷，辱收寡君，寡君之願也。』」

〔六〕內，通納。

〔七〕《春秋·僖公二十一年》：「秋，宋公、楚子、陳侯、蔡侯、鄭伯、許男、曹伯會于霍，執宋公以伐宋。」此爲《春秋》第一次稱楚爲「子」，此楚子，乃楚成王，名髡，魯莊公二十三年至魯文公元年在位。

〔八〕晉景公，名獳。魯宣公十年至魯成公十年在位。《春秋·宣公十年》：「癸巳，陳夏徵舒弒其君平國。」晉景公作爲諸夏盟主，没有奉辭伐罪，楚莊王卻占得先機，《春秋·宣公十一年》：「冬十月，楚人殺陳夏徵舒。」公羊子傳：「此楚子也，其稱人何？貶。曷爲貶？不與外討也。不與外討者，因其討乎外而不與也。雖內討亦不與也，曷爲不與？實與而文不與。文曷爲不與？諸侯之義，不得專討也。諸侯之義，不得專討，則其曰實與之何？上無天子，下無方伯，天下諸侯有爲無道者，臣弒君，子弒父，力能討之，則討之可也。」

〔九〕魯襄公、昭公皆曾如楚，即《春秋・襄公二十八年》：「十有一月，公如楚。」《春秋・昭公七年》：「三月，公如楚。」

〔一〇〕魯哀公六年，孔子困於陳蔡之間，經楚昭王營救，方得脱困至楚，同年昭王卒，孔子自楚返衛。詳見《史記・孔子世家》。

〔一一〕《論語・八佾》。邢昺疏：「諸夏，中國也。亡，無也。言夷狄雖有君長而無禮義，中國雖偶無君，若周、召共和之年，而禮義不廢，故曰：『夷狄之有君，不如諸夏之亡也。』」

〔一二〕《春秋・哀公六年》：「秋七月庚寅，楚子軫卒。」左氏傳：「吴伐陳，復脩舊怨也。楚子曰：『吾先君與陳有盟，不可以不救。』乃救陳，師于城父。」「秋七月，楚子在城父，將救陳。卜戰不吉，卜退不吉。王曰：『然則死也，再敗楚師，不如死；棄盟逃讎，亦不如死。死一也，其死讎乎！』」「是歲也，有雲如衆赤鳥，夾日以飛，三日。楚子使問諸周大史。周大史曰：『其當王身乎，若禜之，可移於令尹、司馬。』王曰：『除腹心之疾，而寘諸股肱，何益？不穀不有大過，天其夭諸？有罪受罰，又焉移之。』遂弗禜。初，昭王有疾，卜曰：『河爲祟。』王弗祭，大夫請祭諸郊。王曰：『三代命祀，祭不越望。江、漢、雎、章，楚之望也。禍福之至，不是過也。不穀雖不德，河非所獲罪也。』遂弗祭。孔子曰：『楚昭王知大道矣！其不失國也宜哉。《夏書》曰：「惟彼陶唐，帥彼天常，有此冀方。今失其行，亂其紀綱，乃滅而亡。」又曰：「允出兹在兹。」由己率常，可矣。』」楚昭王名軫，魯昭公二十七年至魯哀公六年在位。

徐州之戎，魯侯有膺〔一〕。王命曰征，馴之則寧。伯述是職〔二〕，惟在率服〔三〕。別生分類，有虞盛德〔四〕。彼實近我，職思其外〔五〕。莊、僖以後，蕞蒻流汰〔六〕。追戎濟西，録功在大〔七〕。戎二一。

【箋】

〔一〕《史記·魯周公世家》：「伯禽即位之後，有管、蔡等反也，淮夷、徐戎亦并興反。於是伯禽率師伐之於肸，作《肸誓》，曰：『陳爾甲冑，無敢不善，無敢傷牿。馬牛其風，臣妾逋逃，勿敢越逐，敬復之。無敢寇攘，逾墻垣。魯人三郊三隧，峙爾芻茭、糗糧、楨榦，無敢不逮。我甲戌築而征徐戎，無敢不及，有大刑。』作此《肸誓》，遂平徐戎，定魯。」

〔二〕伯，指伯禽。

〔三〕《書·舜典》：「柔遠能邇，惇德允元，而難任人，蠻夷率服。」孔安國傳：「佞人斥遠之，則忠信昭於四夷，皆相率而來服。」

〔四〕有虞，指舜。《書·舜典》：「帝〔舜〕釐下土，方設居方，別生分類。作《汨作》、《九共》九篇、《槀飫》。」鄭玄注：「生，姓也。別其姓族，分其類，使相從。」

〔五〕《詩·唐風·蟋蟀》：「無已大康，職思其外。」鄭箋：「外，謂國外至四境。」

〔六〕《春秋》所書諸夏伐戎，多見於莊、僖之篇。此後則戎勢衰，難與諸夏爲敵。

〔七〕《春秋·莊公十八年》：「夏，公追戎于濟西。」公羊子傳：「此未有言伐者，其言追何？大其爲中國追也。此未有伐中國者，則其言爲中國追何？大其未至而豫禦之也。其言于濟西何？大之也。」

狄逼并、冀，侵兹兖、豫。白狄在雍，宣策初著〔一〕。别之以赤，患其交互〔二〕。赤狄殲矣〔三〕，白狄來矣〔四〕。交剛〔五〕、大原〔六〕，并之侅〔七〕矣。鮮虞所踞，恒山之旁〔八〕。武衛不奮，失其紀綱。經世之志，率彼陶唐〔九〕。狄三。

【箋】

〔一〕《春秋·宣公八年》：「晉師、白狄伐秦。」白狄首見。

〔二〕《春秋·宣公三年》：「秋，赤狄侵齊。」赤狄首見。

〔三〕《春秋》宣公十五年：「六月癸卯，晉師滅赤狄潞氏，以潞子嬰兒歸。」宣公十六年：「春王正月，晉人滅赤狄甲氏及留吁。」

〔四〕《春秋·襄公十八年》：「春，白狄來。」公羊子傳：「白狄者何？夷狄之君也。何以不言朝？不能朝也。」

〔五〕《春秋·成公十二年》：「秋，晉人敗狄于交剛。」

〔六〕《春秋·昭公元年》：「晉荀吴帥師敗狄于大原。」

〔七〕侅，偏也。《莊子·盜跖》「侅溺於馮氣」陸德明釋文。

〔八〕《春秋·昭公十二年》：「晉伐鮮虞。」孔穎達疏：「鮮虞，夷狄也，近居中山。」

〔九〕《左傳・哀公六年》：「《夏書》曰：『惟彼陶唐，帥彼天常，有此冀方。今失其行，亂其紀綱，乃滅而亡。』」陶唐，即唐堯。杜預集解：「言堯循天之常道。」

召平淮夷，宣王征徐〔一〕。我之所職〔二〕，狼戾〔三〕如兹。國之人之，徐固桀也〔四〕。及其子之〔五〕，徐竟滅也〔六〕。楚之稱子，豈非劣也！徐四。

【箋】

〔一〕《詩・大雅・江漢》小序：「尹吉甫美宣王也，能興衰撥亂，命召公平淮夷。」《詩・大雅・常武》小序：「召穆公美宣王也，有常德以立武事，因以爲戒然。」孔穎達疏：「三句以下，言征伐徐國，使之來庭，克翦放命，服王威武，此事武功成立，是立武事也。」

〔二〕指淮夷和徐，在魯國職守範圍之内。

〔三〕狼戾，凶狠，暴戾。《戰國策・燕策一》：「夫趙王之狼戾無親，大王之所明見知也。」

〔四〕《春秋》僖公三年：「徐人取舒。」僖公十五年：「楚人敗徐于婁林。」僖公十七年：「春，齊人、徐人伐英氏。」文公七年：「冬，徐伐莒。」按：《春秋》稱國、稱人，皆爲夷狄視之的貶稱。

〔五〕《春秋・昭公四年》：「夏，楚子、蔡侯、陳侯、鄭伯、許男、徐子、滕子、頓子、胡子、沈子、小邾子、宋世子佐、淮夷會于申。楚人執徐子。」此爲「徐子」首見。

〔六〕《春秋・昭公三十年》：「冬十有二月，吴滅徐。徐子章禹奔楚。」

「及彼南夷，莫不率從」〔一〕。吳、越卬我，實曰上邦。伐郯之寇，行父懼亡〔二〕。范燮致伐，底寧東方〔三〕。倏而會吳，謀之不臧〔四〕。究於黄池〔五〕，居圉卒荒〔六〕。吳五。

【箋】

〔一〕《詩·魯頌·閟宫》。

〔二〕《左傳·成公七年》：「春，吳伐郯。郯成。季文子曰：『中國不振旅，蠻夷入伐，而莫之或恤。無弔者也夫！《詩》曰：「不弔昊天，亂靡有定。」其此之謂乎！有上不弔，其誰不受亂？吾亡無日矣。』君子曰：『知懼如是，斯不亡矣。』」

〔三〕《春秋·成公八年》：「晉侯使士燮來聘。叔孫僑如會晉士燮、齊人、邾人，伐郯。」左氏傳：「晉士燮來聘，言伐郯也，以其事吳故。公賂之，請緩師。文子不可，曰：『君命無貳，失信不立。禮無加貨，事無二成，君後諸侯，是寡君不得事君也。燮將復之。』季孫懼，使宣伯帥師會伐郯。」

〔四〕《春秋·成公十五年》：「冬十有一月，叔孫僑如會晉士燮、齊高無咎、宋華元、衛孫林父、鄭公子鰌、邾人，會吳于鍾離。」公羊子傳：「曷爲殊會吳？外吳也。曷爲外也？《春秋》内其國而外諸夏，内諸夏而外夷狄。王者欲一乎天下，曷爲以外内之辭言之？言自近者始也。」

〔五〕《春秋·哀公十三年》：「公會晉侯及吳子于黄池。」公羊子傳：「吳何以稱子？吳主會也。吳主會，則曷爲先言晉侯？不與夷狄之主中國也。其言及吳子何？會兩伯之辭也。不與夷狄之主中國，則曷爲以會兩伯之辭言之？重吴也。曷爲重吴？吴在是，則天下諸侯莫敢不至也。」

〔六〕《詩·大雅·召旻》：「旻天疾威，天篤降喪。瘨我饑饉，民卒流亡。我居圉卒荒。」孔穎達疏：「居謂城中所居之處，圉謂邊境。」

越能通名，於越不能〔一〕。楚虔主盟，挈而稱人〔二〕。靦然人面，蠡也去之〔三〕。句踐不良，聖人距之〔四〕。越六。

【箋】

〔一〕《春秋·定公五年》：「於越入吴。」公羊子傳：「於越者何？越者何？於越者，未能以其名通也；越者，能以其名通也。」

〔二〕《春秋·昭公五年》：「冬，楚子、蔡侯、陳侯、許男、頓子、沈子、徐人、越人伐吴。」楚子，即楚靈王虔，魯昭公二年至魯昭公十三年在位。此爲越首見。

〔三〕《史記·越王句踐世家》：「范蠡事越王句踐，既苦身瞁力，與句踐深謀二十餘年，竟滅吴，報會稽之耻，北渡兵於淮以臨齊、晉，號令中國，以尊周室，句踐以霸，而范蠡稱上將軍。還反國，范蠡以爲大名之下，難以久居，且句踐爲人可與同患，難與處安，爲書辭句踐曰：『臣聞主憂臣勞，主辱臣死。昔者君王辱于會稽，所以不死，爲此事也。今既以雪耻，臣請從會稽之誅。』句踐曰：『孤將與子分國而有之。不然，將加誅於子。』范蠡曰：『君行令，臣行意。』乃裝其輕寶珠玉，自與其私徒屬乘舟浮海以行，終不反。」

〔四〕《越絶書·外傳記地傳》："〔句踐〕居無幾，躬求賢聖。孔子從弟子七十人，奉先王雅琴，治禮往奏。句踐乃身被賜夷之甲，帶步光之劍，杖物盧之矛，出死士三百人，爲陣關下。孔子有頃姚稽到越。越王曰：『唯唯。夫子何以教之？』孔子對曰：『丘能述五帝三王之道，故奉雅琴至大王所。』句踐喟然嘆曰：『夫越性脆而愚，水行而山處，以船爲車，以楫爲馬，往若飄風，去則難從，鋭兵任死，越之常性也。夫子異則不可。』於是孔子辭，弟子莫能從乎。"

秦以伯見〔一〕，初非狄也〔二〕。襚〔三〕、聘〔四〕之交，俄一斥也。任好不卒〔五〕，乃卒罃也〔六〕。善及子孫，三良殉也〔七〕。儕諸白狄，桓無信也〔八〕。卒而不名，匿嫡名也〔九〕。秦七。

【箋】

〔一〕《春秋·僖公十五年》："十有一月壬戌，晉侯及秦伯戰于韓，獲晉侯。"此爲秦首見。

〔二〕《春秋·僖公三十三年》："夏四月辛巳，晉人及姜戎敗秦師于殽。"左、穀同，公羊作"敗秦于殽"。公羊子傳："其謂之秦何？夷狄之也。"穀梁子傳："不言戰而言敗，何也？狄秦也。其狄之何也？秦越千里之險，入虚國，進不能守，退敗其師徒，亂人子女之教，無男女之别，秦之爲狄，自殽之戰始也。"

〔三〕《春秋·文公九年》："秦人來歸僖公、成風之襚。"《公羊傳·隱公元年》："車馬曰賵，貨財曰賻，衣被曰襚。"

〔四〕《春秋·文公十二年》：「秦伯使術來聘。」

〔五〕《左傳·文公六年》：「秦伯任好卒，以子車氏之三子奄息、仲行、鍼虎爲殉。皆秦之良也，國人哀之，爲之賦《黄鳥》。君子曰：『秦穆之不爲盟主也宜哉！死而棄民。先王違世，猶詒之法，而況奪之善人乎！《詩》曰：「人之云亡，邦國殄瘁。」無善人之謂。若之何奪之？古之王者，知命之不長，是以並建聖哲，樹之風聲，分之采物，著之話言，爲之律度，陳之藝極，引之表儀，予之法制，告之訓典，教之防利，委之常秩，道之以禮，則使毋失其土宜，衆隸賴之，而後即命。聖王同之。今縱無法以遺後嗣，而又收其良以死，難以在上矣。』君子是以知秦之不復東征也。」

〔六〕《春秋·文公十八年》：「秦伯罃卒。」《左傳》《史記》認爲秦伯罃是秦康公，穆公子。魯文公七年至魯文公十八年在位。何休認爲是秦穆公。莊存與從左氏。

〔七〕意爲秦康公書卒，是由於穆公之賢善所蔭。穆公不書卒，是因以三良殉葬所致。《公羊傳·昭公二十年》：「君子之善善也長，惡惡也短。惡惡止其身，善善及子孫。」

〔八〕秦桓公，共公子。魯宣公六年至魯成公十四年在位。期間，魯成公九年與白狄伐晉。成公十一年與晉會于令狐，秦伯不肯涉河，使史顆盟晉侯于河東，晉郤犨盟秦伯于河西，歸而背晉成。已而又召狄與楚，欲導以伐晉。二三其德，唯利是視。成公十四年卒，《春秋》書「秦伯卒」，未稱名。詳見《左傳》成公十一年、成公十三年傳。

〔九〕《春秋》書秦伯卒，只有文公十八年「秦伯罃卒」，宣公四年「秦伯稻卒」，書卒稱名，其餘皆不書名，如昭公五年：「秦伯卒。」公羊子傳：「何以不名？秦者，夷也，匿嫡之名也。其名何？嫡得之也。」何休解詁：「嫡子生，不以名令于四境，擇勇猛者而立之。」「獨嬰、稻以嫡得立之。」

《振鷺》爲客〔一〕，即於東夷〔二〕。貶之者三〔三〕，志在扶微。夏禮本矣〔四〕，禹德遠矣。杞八。

【箋】

〔一〕《詩·周頌·振鷺》：「振鷺于飛，于彼西雝。我客戾止，亦有斯容。」小序：「二王之後來助祭也。」鄭箋：「二王，夏、殷也；其後，杞也、宋也。」

〔二〕《左傳·襄公二十九年》：「杞，夏餘也，而即東夷。」

〔三〕《春秋·僖公二十三年》：「冬十有一月，杞子卒。」左氏傳：「十一月，杞成公卒。書曰『子』，杞，夷也。不書名，未同盟也。」《春秋·僖公二十七年》：「春，杞子來朝。」左氏傳：「春，杞桓公來朝，用夷禮，故曰子。公卑杞，杞不共也。」《春秋·襄公二十九年》：「杞子來盟。」左氏傳：「杞文公來盟，書曰『子』，賤之也。」

〔四〕《論語·爲政》：「子曰：『殷因於夏禮，所損益，可知也；周因於殷禮，所損益，可知也。』」

子之稱爵已速〔一〕，父之從楚已果〔二〕。從楚人之〔三〕，伐許國之〔四〕。小人無朋，蠻貊不行〔五〕。鄭九。

【箋】

〔一〕《春秋·成公四年》："三月壬申，鄭伯堅卒。……夏，……葬鄭襄公。……冬，城鄆。鄭伯伐許。"伐許之"鄭伯"乃鄭悼公費，鄭襄公之子，魯成公五年至魯成公六年在位。《公羊傳·莊公三十二年》："君存稱世子，君薨稱子某，既葬稱子，踰年稱公。"鄭悼公稱"伯"未踰年，故存與稱其"稱爵已速"。

〔二〕指鄭襄公，名堅，穀梁作『賢』，魯宣公五年至魯成公四年在位。在位期間，晉、楚爭鄭。襄公之初向晉背楚，但屢爲楚伐，最終在魯宣公十二年爲楚攻破都城，鄭襄公肉袒牽羊謝罪，爲楚莊王所赦。從此一味從楚，與晉爲難，如《春秋·宣公十四年》："晉侯伐鄭"，左氏傳："鄭伯如楚，謀晉故也。"宣公十四年九月"楚子圍宋"救鄭，宣公十五年晉派"解揚如宋，使無降楚。曰：『晉師悉起，將至矣。』鄭人囚而獻諸楚。"《春秋》成公二年："冬，楚師、鄭師侵衛。"成公三年："春王正月，公會晉侯、宋公、衛侯、曹伯伐鄭。"

〔三〕《春秋·成公二年》："十有一月，公會楚公子嬰齊于蜀。丙申，公及楚人、秦人、宋人、陳人、衛人、鄭人、齊人、曹人、邾人、薛人、鄫人盟于蜀。"左氏傳："十一月，公及楚公子嬰齊、蔡侯、許男、秦右大夫説、宋華元、陳公孫寧、衛孫良夫、鄭公子去疾，及齊國之大夫盟于蜀。卿不書，匱盟也。於是乎畏晉而竊與楚盟，故曰匱盟。"

〔四〕《春秋·成公三年》："鄭伐許。"何休解詁："謂之鄭者，惡鄭襄公與楚同心，數侵伐諸夏。自此之後，中國盟會無已，兵革數起，夷狄比周爲黨，故夷狄之。」

〔五〕《論語·衛靈公》：「子曰：『言忠信，行篤敬，雖蠻貊之邦行矣；言不忠信，行不篤敬，雖州里行乎哉！』」

陰敗王師〔一〕，生居父爵〔二〕。晉之爲狄久矣。因其甚而後加之，傷之也。辭人之君，受人之臣〔三〕。委陳、蔡而不恤，〔四〕恣荀、范而不遏〔五〕，平公没而晉益無君焉〔六〕，則不得有大夫焉。國之也者，無君、無大夫之辭也，書曰「楚子伐徐，晉伐鮮虞」〔七〕，哀哉晉乎，猶在瀕死之凶人〔八〕下乎！晉十。

【箋】

〔一〕《春秋·成公元年》：「秋，王師敗績于貿戎。」公羊子傳：「孰敗之？蓋晉敗之。或曰貿戎敗之。然則曷爲不言晉敗之？王者無敵，莫敢當也。」穀梁子傳：「不言戰，莫之敢敵也。爲尊者諱敵不諱敗，爲親者諱敗不諱敵，尊尊親親之義也。然則孰敗之？晉也。」

〔二〕《春秋·成公十年》：「五月，公會晉侯、齊侯、宋公、衛侯、曹伯伐鄭。齊人來媵。丙午，晉侯獳卒。」左氏傳：「晉侯有疾，五月，晉立大子州蒲以爲君，而會諸侯伐鄭。」

〔三〕如《左傳》昭公十年：「戊子，晉平公卒。鄭伯如晉，及河，晉人辭之。游吉遂如晉。」昭公十二年：「公如晉，至河乃復。取郠之役，莒人愬于晉，晉有平公之喪，未之治也，故辭公。公子慭遂如晉。」

〔四〕《春秋·昭公八年》:「冬十月壬午,楚師滅陳。」《春秋·昭公十一年》:「夏四月丁巳,楚子虔誘蔡侯般,殺之于申。楚公子棄疾帥師圍蔡。」左氏傳:「楚師在蔡,晉荀吴謂韓宣子曰:『不能救陳,又不能救蔡,物以無親,晉之不能亦可知也已。爲盟主而不恤亡國,將焉用之?』」

〔五〕荀氏,晉卿族,後分爲中行、知二族。自中行穆子(荀吴)始與范鞅黨合,助其逐欒盈。及至范鞅子吉射,荀吴子寅,更結爲姻親,同攻趙鞅。知、韓、魏三族助趙鞅,范吉射、荀寅奔朝歌,定公五年又奔齊,二族遂亡。《春秋·定公十三年》書「冬,晉荀寅、士吉射入于朝歌以叛」。范氏,即士氏,晉卿族。自范獻子(名鞅)始專權納賄、凌虐諸侯,如昭公二十一年聘魯,范獻子僭禮徵十一牢,昭公三十一年,袒護季孫意如,致魯昭公不能返國。

〔六〕《史記·晉世家》:「二十六年,平公卒,子昭公夷立。昭公六年卒。六卿彊,公室卑。」晉平公,名彪,魯襄公十六年至魯昭公十年在位。

〔七〕《春秋·昭公十二年》。穀梁子傳:「其曰晉,狄之也。其狄之何也?不正其與夷狄交伐中國,故狄稱之也。」左氏傳:「晉荀吴僞會齊師者,假道於鮮虞,遂入昔陽。秋八月壬午,滅肥,以肥子緜臯歸。……晉伐鮮虞,因肥之役也。」伐鮮虞者爲荀吴,《春秋》不書,類同無大夫之辭。

〔八〕指書于「楚子伐徐」之後,此「楚子」,即楚靈王虔,弑君自立,于昭公十三年爲楚公子比所弑。

「不逆詐,不億不信」〔一〕。來則名〔二〕,侵則人〔三〕。志其初之來,以本之可以覺末,州伯何事矣?東夷十一。

【箋】

〔一〕《論語·憲問》："子曰：『不逆詐，不億不信，抑亦先覺者，是賢乎？』"朱熹集注："逆，未至而迎之也。億，未見而意之也。詐，謂人欺己。不信，謂人疑己。抑，反語辭。言雖不逆不億，而于人之情僞，自然先覺，乃爲賢也。"

〔二〕《春秋·僖公二十九年》："春，介葛盧來。……冬，介葛盧來。"公羊子傳："介葛盧者何？夷狄之君也。何以不言朝？不能乎朝也。"穀梁子傳："介，國也。葛盧，微國之君，未爵者也。其曰來，卑也。"

〔三〕《春秋·僖公三十年》："介人侵蕭。"

三人可責，皆不善也，有指矣〔一〕。小國十二。

【箋】

〔一〕《春秋·桓公十五年》："邾人、牟人、葛人來朝。"公羊子傳："皆何以稱人？夷狄之也。"何休解詁："桓公行惡而三人俱朝事之，三人爲衆，衆足責，故夷狄之。"

舒爲荆耦，邑別則散，衆散爲弱。淮之衛中國者，楚實制之矣〔一〕。聖人遠慮父母之國，以丘墓之在曲阜也〔二〕。群舒十三。

【箋】

〔一〕《左傳·文公十二年》："楚令尹大孫伯卒，成嘉爲令尹，群舒叛楚。夏，子孔執舒子平及宗子，遂圍巢。」杜預集解：「群舒，偃姓，舒庸、舒鳩之屬。」《春秋・宣公八年》：「楚人滅舒蓼。」左氏傳：「楚爲衆舒叛故，伐舒蓼，滅之。楚子疆之。」《春秋》成公十七年：「楚人滅舒庸。」襄公二十五年：「楚屈建帥師滅舒鳩。」

〔三〕意爲群舒作爲微國，其存滅本不足以書于《春秋》，但孔子書之，乃遠憂魯國爲楚所迫耳。《史記・仲尼弟子列傳》：「田常欲作亂於齊，憚高、國、鮑、晏，故移其兵欲以伐魯。孔子聞之，謂門弟子曰：『夫魯，墳墓所處，父母之國，國危如此，二三子何爲莫出？』」

淮夷以楚虔書〔一〕，楚子長諸侯，賤乃如斯，見其賊而誅之。淮夷十四。

【箋】

〔一〕《春秋・昭公四年》：「夏，楚子、蔡侯、陳侯、鄭伯、許男、徐子、滕子、頓子、胡子、沈子、小邾子、宋世子佐、淮夷會于申。楚人執徐子。秋七月，楚子、蔡侯、陳侯、許男、頓子、胡子、沈子、淮夷伐吴，執齊慶封，殺之。」此爲《春秋》中僅書之「淮夷」。主會之「楚子」，乃楚靈王虔。

周疆有戎，區以別之。或則邑焉，或則姓焉。實逼處此〔一〕，晉之咎也。遂以媚晉〔二〕，又何求也。曼氏子爵〔三〕，嘉〔四〕、赤〔五〕名，若是乎詳之，以當「楚子」、「晉人」，而晉、楚伏其罪。不以外而忽之。重人之死，哀族之亡，而凡有血氣者，莫不尊親矣，而非馳騖乎兼容并包也〔六〕。山戎〔七〕、北戎〔八〕，譏遠略也。諸戎十五。

【箋】

〔一〕指戎進逼而居處于諸夏之地。語出《左傳・隱公十一年》：「無滋他族實偪處此，以與我鄭國争此土也。」

〔二〕《春秋・僖公三十三年》：「夏四月辛巳，晉人及姜戎敗秦于殽。」

〔三〕《春秋・昭公十六年》：「楚子誘戎曼子殺之。」

〔四〕《春秋・定公四年》：「夏四月庚辰，蔡公孫歸姓帥師滅沈，以沈子嘉歸，殺之。」

〔五〕《春秋・哀公四年》：「晉人執戎曼子赤歸于楚。」

〔六〕《史記・司馬相如列傳》：「故馳騖乎兼容并包，而勤思乎參天貳地。」

〔七〕《春秋・莊公三十年》：「齊人伐山戎。」穀梁子傳：「齊人者，齊侯也。其曰人，何也？愛齊侯乎山戎也。其愛之，何也？桓内無因國，外無從諸侯，而越千里之險，北伐山戎，危之也。則非之乎？善之也，何善乎爾？燕，周之分子也，貢職不至，山戎爲之伐矣。」

〔八〕《春秋・僖公十年》：「夏，齊侯、許男伐北戎。」

敗不言獲，不語怪力〔一〕。書狄略之，書日詳之，爲天下記異也〔二〕。長狄十六。

【箋】

〔一〕《論語・述而》：「子不語怪、力、亂、神。」

〔二〕《春秋・文公十一年》：「冬十月甲午，叔孫得臣敗狄于鹹。」公羊子傳：「狄者何？長狄也。兄弟三人，一者之齊，一者之魯，一者之晉。其之齊者，王子成父殺之；其之魯者，叔孫得臣殺之；則未知其之晉者也。其言敗何？大之也。其日何？大之也。其地何？大之也。何以書？記異也。」穀梁子傳：「不言帥師而言敗，何也？直敗一人之辭也。一人而曰敗，何也？以衆焉言之也。《傳》曰：『長狄也』。弟兄三人佚宕中國，瓦石不能害。叔孫得臣，最善射者也，射其目，身横九畝，斷其首而載之，眉見於軾。然則何爲不言獲也？曰古者不重創，不禽二毛，故不言獲，爲内諱也。其之齊者，王子成父殺之，則未知其之晉者也。」

楚

楚人伐鄭僖公元年　**楚人侵鄭**僖公二年　**楚人伐鄭**僖公三年

楚何以稱人？入僖之篇始人之也。其稱人曷爲始於此？論齊桓之功也。四夷病中國莫楚若，近也。不自以爲天子臣，桓公爲召陵之盟，復職貢於周室焉。來盟以定約束，舉其臣之名且氏之〔一〕，列爲諸侯以承天子，故於僖之篇始人之也。君子以桓之與楚不踰節矣。自時厥後，雖犯中國，不敢叛天子，于是乎楚恒稱人。然不言楚子也，《春秋》于病中國甚者，辨其等也嚴，而王制〔二〕正無缺矣。

【箋】

〔一〕《春秋·僖公四年》：「楚屈完來盟于師，盟于召陵。」公羊子傳：「屈完者何？楚大夫也。何以不稱使？尊屈完也。曷爲尊屈完？以當桓公也。其言盟于師、盟于召陵何？師在召陵也。師在召陵，則曷爲再言盟？喜服楚也。何言乎喜服楚？楚有王者則後服，無王者則先叛，夷狄也而亟病中國。南夷與北狄交，中國不絶若綫，桓公救中國而攘夷狄，卒怗荆，以此爲王者之事也。其言來何？與桓爲主也。前此者有事矣，後此者有事矣，則曷爲獨於此焉？與桓公爲主，序績也。」

〔三〕王制，王之制度。王符《潛夫論·浮侈》：「今京師貴戚，衣服、飲食、車輿、文飾、廬舍，皆過王制，僭上甚矣。」

冬，楚人伐黄僖公十有一年　**夏，楚人滅黄**僖公十有二年

滅不書伐，以無救書也〔一〕。

【箋】

〔一〕左氏傳：「黄人恃諸侯之睦于齊也，不共楚職。曰：『自郢及我九百里，焉能害我！』夏，楚滅黄。」胡安國傳：「滅弦、滅温皆不書『伐』，滅黄而書『伐』者，罪桓公既與會盟而又不能救也。」

楚人敗徐于婁林僖公十有五年

夷狄相敗，何以書？中國救之則亦中國也〔一〕。曷爲國徐而人楚？楚入僖之篇始稱人也。君子美桓公之功，而嗛其服楚爲已僅〔二〕，皆于稱「楚人」乎見之。徐始見則稱人〔三〕，

今也國舉之，辭若中國敗夷狄者然，貶之也〔四〕。曷爲貶？人敗而役于楚也，貶之使不若楚，則役于楚見矣。徐不役楚，楚不能亡徐；徐不戰楚，楚且不能敗徐。而敗焉，而役焉，徐之罪也。則何以書？徐近我者也。魯實州之伯，其叛服〔五〕也，我有慶讓焉。不能率徐，失舊職矣。徐今兹役于楚，則且爲楚而伐莒〔六〕，則楚且侵我〔七〕而潰莒〔八〕。莒，彌近我者也，安危關我盛衰，不能衛莒，彌失職矣。自僖而徐爲楚役，及昭而徐且爲吳役，吳與楚爭徐而吳卒滅徐〔九〕，于是乎我事楚且降而事吳。事吳而吳且伐我〔一〇〕。楚侵我諱〔一一〕，吳伐我則不諱。據哀以録乎僖〔一二〕，諸侯次匡，大夫救徐，桓公之烈，到於今受其賜，不虚也〔一三〕。然則爲州伯者宜奈何？力能衛徐使不爲楚役，則文王之法也，雖伐徐以正之也可。

【箋】

〔一〕左氏傳：「春，楚人伐徐，徐即諸夏故也。三月，盟于牡丘，尋葵丘之盟，且救徐也。孟穆伯帥師，及諸侯之師救徐，諸侯次于匡以待之。……秋，伐厲以救徐也。……〔冬〕楚敗徐于婁林，徐恃救也。」

〔二〕嗛，不滿足。僅，勉强能够。

〔三〕《春秋》始志徐于莊公二十六年：「秋，公會宋人、齊人伐徐。」再志徐于僖公三年：「徐人取舒。」前者于被侵伐者書國爲通例，後者于主侵伐者如何書方爲《春秋》筆法，故莊存與稱後者爲「徐始見」。

〔四〕何休解詁：「謂之徐者，爲滅杞，不知尊先聖法度，惡重，故狄之也。」按：正以《春秋》敗例，當書作「某敗某師于某」，如隱公十年「公敗宋師于菅」，莊公十年「荆敗蔡師于莘」等，故此處單稱徐，乃夷狄之也。

〔五〕叛服，叛變或順服。蘇軾《司馬温公神道碑》：「惟西羌夏人，叛服不常。」

〔六〕《春秋·文公七年》：「冬，徐伐莒。公孫敖如莒涖盟。」

〔七〕《左傳·成公二年》：「冬，楚師侵衛，遂侵我，師于蜀。使臧孫往，辭曰：『楚遠而久，固將退矣。無功而受名，臣不敢。』楚侵及陽橋，孟孫請往，賂之以執斲、執鍼、織紝，皆百人，公衡爲質，以請盟。楚人許平。」

〔八〕《春秋·成公九年》：「楚公子嬰齊帥師伐莒。庚申，莒潰。」

〔九〕《春秋·昭公三十年》：「冬十有二月，吴滅徐，徐子章羽奔楚。」

〔一〇〕《春秋·哀公八年》：「吴伐我。」

〔一一〕成公二年，楚侵魯，師于蜀，《春秋》諱書作會盟，即「十有一月，公會楚公子嬰齊于蜀。丙申，公及楚人、秦人、宋人、陳人、衛人、鄭人、齊人、曹人、邾人、薛人、鄫人，盟于蜀。」相關史事參見《左傳》。

〔一二〕《春秋·隱公元年冬》何休解詁：「立愛自親始，故《春秋》據哀録隱，上治祖禰。」

〔一三〕《春秋·僖公十五年》：「三月，公會齊侯、宋公、陳侯、衛侯、鄭伯、許男、曹伯，盟于牡丘，遂次于匡。公孫敖帥師及諸侯之大夫救徐。」左氏傳：「春，楚人伐徐，徐即諸夏故也。三月，盟于牡丘，尋葵丘之盟，且救徐也。孟穆伯帥師，及諸侯之師救徐，諸侯次于匡以待之。」另《論語·憲問》：「子曰：『管仲相桓公，霸諸侯，一匡天下，民到于今受其賜。微管仲，吾其被髮左衽矣。』」

冬，楚人伐隨僖公二十年

隨者何？微國也。迫于楚，不列於中國之會盟。若此者，于《春秋》皆不書，何言乎「楚人伐隨」？録隨也。隨去楚而從中國以見伐，故録之云爾。其言伐何？隨不量力也〔一〕。則其録之何？隨，小國也，小國恥受命于大國，則盍師文王矣〔二〕！聖人所以歷七十二君之廷也〔三〕。

【箋】

〔一〕左氏傳：「隨以漢東諸侯叛楚。冬，楚鬬穀於菟帥師伐隨，取成而還。君子曰：『隨之見伐，不量力也。量力而動，其過鮮矣。善敗由己，而由人乎哉！』」

〔二〕《孟子·離婁上》：「今也小國師大國而恥受命焉，是猶弟子而恥受命於先師也。如恥之，莫若師文王。師文王，大國五年，小國七年，必爲政於天下矣。」

〔三〕《莊子·天運》：「孔子謂老聃曰：『丘治《詩》《書》《禮》《樂》《易》《春秋》六經，自以爲久矣，孰知其故矣；以奸者七十二君，論先王之道而明周、召之跡，一君無所鉤用。甚矣夫！人之難説也，道之難明邪？』」奸，音gān，干求。陸德明釋文：「鉤，取也。」

秋，宋公、楚子、陳侯、蔡侯、鄭伯、許男、曹伯會于盂[一]，執宋公以伐宋僖公二十有一年[二]

楚稱子何？其故爵也[三]。褒之與？進之與？曰非也。杞貶而後子[四]，楚伉而後子，烏乎褒！向州舉之[五]，今有爵，則曰非進之何？夔滅而子[六]，楚强而亦子，烏乎進！然則州舉之而復稱爵何？曰：州舉之者，著其本，聖人之所貶也。子云者，著其分也，不得過是之辭也。不得過是之辭者，以其僭王與？曰：雖侯伯不得而假焉。

【箋】

[一] 盂，原文誤作「孟」，據《左傳》改，公羊作「霍」，穀梁作「雩」。

[二] 二十有一年，原文誤作「二十有五年」，據《春秋》改。

[三] 周始封楚爲子男之爵，但楚隨即僭號稱「王」，詳見《史記·楚世家》。

[四] 《春秋·僖公二十三年》：「冬十有一月，杞子卒。」杜預集解：「杞入《春秋》稱侯，莊二十七年絀稱伯，至此用夷禮，貶稱子。」

[五] 《春秋·莊公十年》：「秋九月，荆敗蔡師于莘，以蔡侯獻舞歸。」公羊子傳：「荆者何？州名也。

州不若國，國不若氏，氏不若人，人不若名，名不若字，字不若子。蔡侯獻舞何以名？絶。曷爲絶之？獲也。曷爲不言其獲？不與夷狄之獲中國也。」《春秋·莊公十四年》：「秋七月，荆入蔡。」穀梁子傳：「荆者，楚也。其曰荆，何也？州舉之也。州不如國，國不如名，名不如字。」《春秋·莊公二十八年》：「秋，荆伐鄭。」穀梁子傳：「荆者，楚也。其曰荆，州舉之也。」

〔六〕《春秋·僖公二十六年》：「秋，楚人滅夔，以夔子歸。」

秋，楚人圍江文公三年　**秋，楚人滅江**文公四年

滅不言圍〔一〕，此其言圍何？圍，迫矣，以僅救書也〔二〕。

【箋】

〔一〕《公羊傳·莊公十年》：「戰不言伐，圍不言戰，入不言圍，滅不言入，書其重者也。」

〔二〕僅，勉强能够。《春秋·文公三年》：「晉陽處父帥師伐楚救江。」左氏傳：「楚師圍江，晉先僕伐楚以救江。冬，晉以江故告于周。王叔桓公、晉陽處父伐楚以救江，門于方城，遇息公子朱而還。」杜預集解：「子朱，楚大夫，伐江之帥也。聞晉師起而江兵解，故晉亦還。」

楚子使椒來聘文公九年

《春秋》憂後世，後世習其讀而詢其繫。此「楚子」也，向「楚世子商臣」也〔一〕，何若是乎其有君有大夫〔二〕！「秦伯使術來聘」，賢穆公也〔三〕；「吴子使札來聘」，賢季子也〔四〕；

楚子使椒來聘，若是乎？其同辭也。其同辭也，美惡不嫌也〔五〕。《春秋》之爲美惡者不嫌，至是止矣。嫌則教之信，異辭而後信；不嫌則教之疑，同辭而後疑。「楚子使椒來聘」，君子憂其不疑也。魯之人不疑斯受之，後之人不疑曰胡不受之，則是秦穆楚君，而季子楚使也，童昏且知其不可。夫受之之不可至如此，非同辭莫能使疑，莫能使疑則莫能使覺，憂其已乎！

辭、受、取、予，義之大閑〔六〕也。賢士潔其身，賢君潔其國，善人至則榮之，不肖入則耻之，賓主之辭非所以接商臣也〔七〕。無父無君，周公所膺〔八〕，況儼然承其玉帛而廟受之！牢禮、委積、膳獻、饗食、賓賜〔九〕，皆以中國之禮籍禮之？商臣之不討，非魯罪；商臣之聘而不辭，魯之君臣烏得以無罪！楚雖强，其主負不義于天下，名其爲賊，則無辭以用其衆也。自城濮以來，楚未能得志于中國，權固不足以休戚我矣〔一〇〕。且邾、莒之人，以通楚使執〔一一〕，小國且猶不受，而況大國乎！蜀之役〔一二〕，襄〔一三〕、昭〔一四〕之往，昉于受椒之聘而後至于是也。然則魯君臣宜奈何？閉關而絶楚使焉可也。

【箋】

〔一〕《春秋·文公元年》：「冬十月丁未，楚世子商臣弑其君頵。」

〔二〕指書「楚子」，書「椒」，乃有君有大夫之辭。公羊子傳：「椒者何？楚大夫也。楚無大夫，此何以書？始有大夫也。始有大夫則何以不氏？許夷狄者不一而足也。」

〔三〕《春秋・文公十二年》：「秦伯使術來聘。」術，公羊作「遂」。公羊子傳：「遂者何？秦大夫也。秦無大夫，此何以書？賢繆公也。何賢乎繆公？以爲能變也。」

〔四〕《春秋・襄公二十九年》：「吴子使札來聘。」公羊子傳：「吴無君無大夫，此何以有君有大夫？賢季子也。何賢乎季子？讓國也。……賢季子，則吴何以有君有大夫？以季子爲臣，則宜有君者也。」

〔五〕《公羊傳・隱公七年》：「《春秋》貴賤不嫌，同號；美惡不嫌，同辭。」

〔六〕閑，闌欄。《周禮・夏官・虎賁氏》：「舍則守王閑。」

〔七〕指商臣乃弑君之賊，魯不當以賓主之禮待之。

〔八〕《孟子・滕文公下》：「《詩》云：『戎狄是膺，荆舒是懲，則莫我敢承。』無父無君，是周公所膺也。」朱熹集注：「膺，擊也。」

〔九〕《周禮・天官・宰夫》：「凡朝覲、會同、賓客，以牢禮之灋，掌其牢禮、委積、膳獻、飲食、賓賜之飧牽，與其陳數。」

〔一〇〕城濮之戰，晉敗楚，楚人不復能北上。《春秋・僖公二十八年》：「夏四月己巳，晉侯、齊師、宋師、秦師及楚人戰于城濮，楚師敗績。楚殺其大夫得臣。」

〔一一〕《春秋・襄公十六年》：「晉人執莒子、邾子以歸。」左氏傳：「以我故，執邾宣公、莒犂比公。且曰：『通齊、楚之使。』」杜預集解：「十二年、十四年莒人侵魯，前年邾人伐魯，晉將爲魯討之，悼公卒，不克會，故平公終其事。」

〔二〕《春秋·成公二年》：「十有一月，公會楚公子嬰齊于蜀。丙申，公及楚人、秦人、宋人、陳人、衛人、鄭人、齊人、曹人、邾人、薛人、鄫人，盟于蜀。」左氏傳：「冬，楚師侵衛，遂侵我，師于蜀。使臧孫往，辭曰：『楚遠而久，固將退矣。無功而受名，臣不敢。』楚侵及陽橋，孟孫請往賂之，以執斲、執鍼、織紝，皆百人，公衡爲質，以請盟，楚人許平。」

〔三〕《春秋·襄公》二十八年：「十有一月，公如楚。」二十九年：「春王正月，公在楚。夏五月，公至自楚。」

〔四〕《春秋·昭公七年》：「三月，公如楚。」「九月，公至自楚。」

楚殺其大夫宜申文公十年

楚無大夫〔一〕，志殺其大夫不氏，以犯中國志也〔二〕；楚有大夫，志殺其大夫以氏，以淫刑志也〔三〕。終不譏楚之專殺大夫者，外楚也。宜申不犯中國，殺何以書？以宜申之殺爲不可不志也。宜申，楚之微也，商臣弑父與君而君于楚〔四〕，以商臣爲君，則宜無大夫者也。宜申何以得大夫于《春秋》？以是爲楚之大夫，而非商臣之大夫也。宜申躬受再生之德于其故君，志于讐商臣而謀討之〔五〕，其義固可以大夫于《春秋》矣。然而商臣覺而殺之，不克討賊而爲賊所誅，不志則疑于成商臣之誅，志之而後見其成宜申之討。曰北面事之，于兹十年矣，復可以討乎？曰：可。齊商人書「其君」，罪齊人也〔六〕；楚虔書「其君」，罪楚人也〔七〕；弑君者終爲賊，而不可以爲君矣。矧若商臣有父之親，有君之尊，而躬爲大逆乎！其道以刑餘罪人，爲皆得而殺之，彼北面而事之十年，亦刑餘罪人之比爾，胡爲其不可以討？且宜申而令尹司馬也，則討不可以待終日；宜申非令尹司馬也，則謀可以俟之十年。十年謀之，不得以齊人、楚人論，又不得以爲故君賊新君比。惟商臣之子，則不可以殺商臣爾。故君者在廟，在廟則可以行于廟中之子也。

【箋】

〔一〕《春秋·文公九年》：「冬，楚子使椒來聘。」公羊子傳：「椒者何？楚大夫也。楚無大夫，此何以書？始有大夫也。」

〔二〕《春秋》僖公二十八年：「夏四月己巳，晉侯、齊師、宋師、秦師及楚人戰于城濮，楚師敗績。楚殺其大夫得臣。」

〔三〕《春秋》成公十六年：「甲午，晦，晉侯及楚子、鄭伯戰于鄢陵，楚子、鄭師敗績。楚殺其大夫公子側。」襄公二年：「楚殺其大夫公子申。」襄公五年：「楚殺其大夫公子壬夫。」襄公二十二年：「楚殺其大夫公子追舒。」昭公五年：「楚殺其大夫屈申。」昭公十二年：「楚殺其大夫成熊。」昭公二十七年：「楚殺其大夫郤宛。」《左傳·襄公二十六年》：「今楚多淫刑，其大夫逃死於四方，而爲之謀主，以害楚國。」另參見《禁暴辭·殺大夫》諸例。

〔四〕《春秋·文公元年》：「冬十月丁未，楚世子商臣弒其君頵。」左氏傳：「初，楚子將以商臣爲大子，訪諸令尹子上。子上曰：『君之齒未也，而又多愛，黜乃亂也。楚國之舉，恒在少者。且是人也，蠭目而豺聲，忍人也，不可立也。』弗聽。既又欲立王子職，而黜大子商臣。商臣聞之而未察，告其師潘崇曰：『若之何而察之？』潘崇曰：『享江芊而勿敬也。』從之。江芊怒曰：『呼！役夫！宜君王之欲殺女而立職也。』告潘崇曰：『信矣。』潘崇曰：『能事諸乎？』曰：『不能。』『能行乎？』曰：『不能。』『能行大事乎？』曰：『能。』冬十月，以宫甲圍成王。王請食熊蹯而死，弗聽。丁未，王縊，謚之曰靈，不瞑，曰成，乃瞑。穆王立，以其爲大子之室與潘崇，使爲大師，且掌環列之尹。」

〔五〕左氏傳：「初，楚范巫矞似謂成王與子玉、子西（即宜申）曰：『三君皆將强死。』城濮之役，王思之，故使止子玉曰：『毋死』，不及。止子西，子西縊而縣絶，王使適至，遂止之，使爲商公。沿漢泝江，將入郢。王在渚宫，下，見之。懼而辭曰：『臣免於死，又有讒言，謂臣將逃，臣歸死於司敗也。』王使爲工尹。又與子家謀弒穆王〔即商臣〕。穆王聞之，五月，殺鬬宜申及仲歸。」

〔六〕意爲書「其君」，乃齊人已以商人（商人于文公十四年弒君自立）爲君，故《春秋》罪之。《春秋·文公十八年》：「夏五月戊戌，齊人弒其君商人。」

〔七〕意爲書「其君」，乃楚人已以虔（虔，原名圍，于昭公元年弒君自立）爲君，故《春秋》罪之。《春秋・昭公十三年》：「夏四月，楚公子比自晉歸于楚，弒其君虔于乾谿。」

楚子、蔡侯次于厥貉

諸侯絶則名〔一〕，楚子商臣何以不名？商臣之絶于兹十年矣〔二〕。得一絶焉爾，絶者不復屬。其稱楚子何？弒而代之者皆稱爵，不稱爵則無以知其代之也。何事知其代之也？「竊鉤者誅，竊國者爲諸侯」〔三〕。後世日毁聖人而疑天道，然則何事知其代之也？曰：所以明天道而達王事也。

王者，天之繼也。王不討罪，天誅加焉而人不知，猶之乎不誅爾，天誅不若王誅之爲明也。天下不可以一日無王者，此之謂天道。善人無禄，不善人無誅，而善以日勸，不善以日戒，終不遷其辭、易其志，天者，人之性也。人不可以不知天，此之謂王事。

夫不使人知其代之，以不利沮天下之惡也。不利果不足以沮天下之惡，雖以死懼之而民不畏。然則亂臣必誅，賊子必誅，治之末也，非《春秋》之所貴。《春秋》即天下之人、之心，而明示以不義；即天下之人、之心，而衆著之以義。以義死之，而弗敢犯也；以不義賂之天下，而途之人莫之從也。爲人子者，冠以著代〔四〕，昏授之室，必將敬且哀焉。莫敢以爲利，苟以爲利，則弒之端也。《春秋》使人知其代之者，使天下後世之人，知大惡之端恒于斯而絶之早也。

蔡侯何以無貶？以爵楚子則不人蔡侯也。削諸侯而獨著蔡侯〔五〕，不待貶絶而惡見矣。諸侯何以不書？《春秋》之外楚也，會盂則先宋而爵〔六〕，圍宋則主諸侯而人〔七〕，未嘗爵楚而又先之也。厥貉爵楚且先楚，則不可不奪其諸侯之辭也。然則何以見其有諸侯？《春秋》外次不書，必有關于天下之故而後書。楚外之外也，雖有關于天下之故，不書楚之次。不書而書，次非次也，會也。會之而言次，微之也。然則何以削諸侯而獨著蔡侯？蔡驟畔中國而堅于親楚，新城之盟不至〔八〕，甲午之卒不赴〔九〕，以蔡爲楚之徒也。

其爲楚之徒奈何？《春秋》有世子弑君，楚商臣、蔡般相望于八十四年之策書〔一〇〕，若接跡然，實斯侯之孫且曾孫也，乃其曾祖、王父與商臣比肩而立矣。夫楚之爲楚，不知君臣之義、父子之親、夫婦之别，蔡實親而習焉。久而不知，與之化矣。禍卒見于固與般之世，而蔡人安之若不知，亦與之化矣。則商臣之孽，中於蔡深也。弟子習《春秋》之讀，而約其修辭之法，般之書弑，既書蔡侯者三〔一一〕；先之者，惟楚子商臣之書弑，既書楚子者三〔一二〕；偶之者惟蔡侯已。《詩》曰：「於乎小子，未知臧否。匪手携之，言示之事。」〔一三〕爲人之祖若父，莫不欲其子孫之仁且孝。欲其子孫之仁且孝，必以中國之法爲其家法。蔡惟楚是親，則惟楚是師，于是乎其家果與楚同禍。而親楚猶若，楚親之猶若，俄而殺之，國滅矣〔一四〕。削諸侯而獨著蔡侯，以爲天下諸侯之國，未嘗有如蔡者也。

【箋】

〔一〕《禮記·曲禮下》：「天子不言出，諸侯不生名，君子不親惡。」鄭玄注：「天子之言出，諸侯之生名，皆有大惡，君子所遠，出、名以絶之。」《春秋·桓公十六年》：「十有一月，衛侯朔出奔齊。」公羊子傳：「衛侯朔何以名？絶。曷爲絶之？得罪于天子也。」

〔二〕《春秋·文公元年冬》書「楚世子商臣弑其君頵」，即已絶之矣。

〔三〕《莊子·胠篋》。

〔四〕《禮記·冠義》：「故冠於阼，以著代也。」孔穎達疏：「言適子必加冠于阼。阼是主人接賓之處。今適子冠于階阼，所以著明代父之意也。」

〔五〕左氏傳：「陳侯、鄭伯會楚子于息。冬，遂及蔡侯次于厥貉，將以伐宋。」

〔六〕《春秋·僖公二十一年》：「秋，宋公、楚子、陳侯、蔡侯、鄭伯、許男、曹伯，會于盂。執宋公以伐宋。」

〔七〕《春秋·僖公二十七年》：「冬，楚人、陳侯、蔡侯、鄭伯、許男圍宋。」公羊子傳：「此楚子也，其稱人何？貶。曷爲貶？爲執宋公貶。故終僖之篇貶也。」

〔八〕《春秋·文公十四年》：「六月，公會宋公、陳侯、衛侯、鄭伯、許男、曹伯、晉趙盾。癸酉，同盟于新城。」《左傳·文公十五年》：「新城之盟，蔡人不與。晉郤缺以上軍、下軍伐蔡，曰：『君弱，不可以怠。』戊申，入蔡。以城下之盟而還。」

〔九〕《春秋・莊公八年》：「春王正月，師次于郎，以俟陳人、蔡人。甲午，治兵。」穀梁子曰：「出曰治兵，習戰也；入曰振旅，習戰也。治兵而陳、蔡不至矣。」

〔一〇〕商臣弒君于魯文公元年，蔡般弒君于魯襄公三十年，前後相距八十四年。

〔一一〕《春秋》于襄公三十年書蔡世子般弒君之後，隨即三書「蔡侯」，即昭公四年：「夏，楚子、蔡侯、陳侯、鄭伯、許男、徐子、滕子、頓子、胡子、沈子、小邾子、宋世子佐、淮夷會于申。楚人執徐子。秋七月，楚子、蔡侯、陳侯、許男、頓子、胡子、沈子、淮夷伐吳。」昭公五年：「冬，楚子、蔡侯、陳侯、許男、頓子、沈子、徐人、越人伐吳。」

〔一二〕《春秋》于文公元年書商臣弒君之後，隨即三書「楚子」，即文公九年：「冬，楚子使椒來聘。」文公十年：「楚子、蔡侯次于厥貉。」文公十一年：「春，楚子伐圈。」

〔一三〕《詩・大雅・抑》。鄭箋：「臧，善也。『於乎』，傷王不知善否。我非但以手携掣之，親示以其事之是非。」

〔一四〕《春秋・哀公元年》：「楚子、陳侯、隨侯、許男圍蔡。」左氏傳：「元年春，楚子圍蔡，報柏舉也。里而栽，廣丈，高倍，夫屯晝夜九日，如子西之素。蔡人男女以辨，使疆于江、汝之間而還。蔡於是乎請遷于吳。」《春秋》哀公二年：「十有一月，蔡遷于州來。」哀公四年：「王二月庚戌，盜殺蔡侯申。」

春，楚子伐麇文公十有一年

麇者何？近楚之微國也。自我言之，遠國也；自楚言之，其屬國也。若此者，于《春秋》皆不書，「楚子伐麇」何以書？麇子，逃厥貉之會者也〔一〕。逃厥貉之會者，可以合之於中國矣，以此爲夷狄伐中國志之云爾。楚何以稱子？見麇子之以楚子逃也。大矣哉，麇猶知以楚子逃乎！

【箋】

〔一〕《春秋·文公十年》：「楚子、蔡侯次于厥貉。」左氏傳：「厥貉之會，麇子逃歸。」

戎

春，公會戎于潛隱公二年

淮夷，實《禹貢》徐州之域〔一〕。徐戎之云，魯公所征〔二〕。兹戎無所繫，在徐不疑焉〔三〕。伐凡伯矣〔四〕，侵曹矣〔五〕，此皆戎也。周公、魯公之世，吾與戎未有會也，役之而已。「公會戎於潛」，何以書？謹侯度也〔六〕。《抑》之詩曰：「夙興夜寐，洒掃庭内，維民之章。修爾車馬，弓矢戎兵，用戒戎作，用剔蠻方。」〔七〕《書》曰：「惇德允元，而難任人，蠻夷率服。」〔八〕建牧立監〔九〕，天子之守臣也。善者率服之，其次戒之、剔之。公之惇德何若？允元何若？邦有任人，難之何若？車馬之政，弓矢戎兵之器，百官總己以聽冢卿〔一〇〕，踰期年矣，撥亂之志有可觀乎？否乎？否而爲會恃外，危；可而爲會動悔〔一二〕，亦危。危之云者，欲公修魯公之法，而謹諸侯之度也。實逼處此〔一三〕，度外置之，治內、治外之謂何矣。

【箋】

〔一〕《書·禹貢》：「海、岱及淮，惟徐州。」蔡沈集傳：「徐州之域，東至海，南至淮，北至岱。」

〔二〕《史記·魯周公世家》：「伯禽即位之後，有管、蔡等反也，淮夷、徐戎亦並興反，於是伯禽率師伐之於肹，作《肹誓》。」司馬貞索隱：「《尚書》作《費誓》。」

〔三〕《直解》：「戎，徐戎，在魯東。」

〔四〕《春秋·隱公七年》：「天王使凡伯來聘，戎伐凡伯于楚丘，以歸。」

〔五〕《春秋·莊公二十四年》：「冬，戎侵曹。」

〔六〕《詩·大雅·抑》：「質爾人民，謹爾侯度，用戒不虞。」鄭箋：「侯，君也。」「慎女爲君之法度，用備不億度而至之事。」

〔七〕《詩·大雅·抑》。鄭箋：「章，文章法度也。」「剔，治也。」

〔八〕《書·舜典》。孔安國傳：「敦，厚也；元，善之長。言……厚行德信，使足長善。」「任，佞；難，拒也。佞人斥遠之，則忠信昭於四夷，皆相率而來服。」

〔九〕語出《周禮·夏官·大司馬》：「以作邦國，建牧立監。」

〔一〇〕《論語·憲問》：「君薨，百官總己，以聽於冢宰三年。」魯隱公即位僅兩年，故云。

〔二〕《易・困》：「曰動悔，有悔，征吉。」程頤傳：「動悔，動輒有悔，無所不困也。有悔，咎前之失也。」

〔三〕指戎進逼而居處于魯周邊。語出《左傳・隱公十一年》：「無滋他族，實偪處此，以與我鄭國爭此土也。」

秋八月庚辰，公及戎盟於唐

僖之篇，盟乃有楚〔一〕；哀之篇，盟卒不及吴〔二〕。會戎矣，即復書盟戎何？病之也。病其不終歲而再與接也。《易》曰：「見惡人，无〔三〕咎。」〔四〕見之而亟於邾與宋〔五〕，焉得无咎！則何以不諱其與之盟？居有近遠，交有新故，患有小大，差以别之，制御之道在其中矣。修政如文王，則事昆夷，爲仁人之保天下〔六〕，盟又何病？君不舉既廢之《小雅》〔七〕，而復行之《六月》《采芑》〔八〕，不爲無病矣，況與之盟乎！凡伯之伐在隱之篇，「大邦維屏」之謂何〔九〕？日以謹之〔一〇〕，病之也。「及」，內及外也，不使戎爲志乎此盟也，則豈不以其來接於我而許之乎？邾乎？宿乎〔一一〕？將滕、薛乎〔一二〕？而許其接於我乎？

【箋】

〔一〕《春秋・僖公四年》：「楚屈完來盟于師，盟于召陵。」公羊子傳：「屈完者何？楚大夫也。何以不稱使？尊屈完也。曷爲尊屈完？以當桓公也。其言盟于師、盟于召陵何？師在召陵也。師在召陵，則曷爲再言盟？喜服楚也。何言乎喜服楚？楚有王者則後服，無王者則先叛，夷狄也，而亟病中國。南夷與北狄交，中國不絕若綫。桓公救中國而攘夷狄，卒怗荆，以此爲王者之事也。」

〔二〕《春秋·哀公十二年》：「公會吴于槖皋。秋，公會衛侯、宋皇瑗于鄖。」左氏傳：「公會吴于槖皋，吴子使大宰嚭請尋盟。公不欲，使子貢對曰：『盟，所以周信也，故心以制之，玉帛以奉之，言以結之，明神以要之。寡君以爲苟有盟焉，弗可改也已。若猶可改，日盟何益？今吾子曰：「必尋盟。」若可尋也，亦可寒也。』乃不尋盟。吴徵會于衛。初，衛人殺吴行人且姚而懼，謀於行人子羽，子羽曰：『吴方無道，無乃辱吾君，不如止也。』子木曰：『吴方無道，國無道，必棄疾於人。吴雖無道，猶足以患衛，往也。長木之斃，無不摽也，國狗之瘈，無不噬也，而況大國乎！』秋，衛侯會吴于鄖。公及衛侯、宋皇瑗盟，而卒辭吴盟。」

〔三〕无，原文誤作「元」，《清經解》本不誤。

〔四〕《易·睽》初九。

〔五〕《春秋·隱公元年》：「三月，公及邾儀父盟于蔑。」「九月，及宋人盟于宿。」

〔六〕《孟子·梁惠王下》：「惟仁者爲能以大事小，是故湯事葛，文王事昆夷；惟智者爲能以小事大，故太王事獯鬻，句踐事吴。」

〔七〕《詩·小雅·六月》小序：「《小雅》盡廢，則四夷交侵，中國微矣。」

〔八〕《詩·小雅·六月》小序:「宣王北伐也。」《詩·小雅·采芑》小序:「宣王南征也。」

〔九〕《詩·大雅·板》:「大邦維屏,大宗維翰」。鄭箋:「大邦,成國諸侯也。大宗,王之同姓世適子也。」

〔一〇〕胡安國傳:「前此盟于蔑則不日、盟于宿則不日,後此盟于密則不日、盟于石門則不日,獨盟于唐而書日者,謹之也。」

〔一一〕《春秋·隱公元年》:「三月,公及邾儀父盟于蔑。」「九月,及宋人盟于宿。」

〔一二〕《春秋·隱公十一年》:「春,滕侯、薛侯來朝。」

戎伐凡伯于楚丘,以歸隱公七年〔一〕

重王命以重王使,伐國之罪,猶且降等焉,故大之也〔二〕。《春秋》有不可書,則辟之,此何以書?孰驕此戎者?我與有責焉耳矣〔三〕。「于楚丘」,罪其地之主人〔四〕;「以歸」,罪凡伯辱天王之命也。王室之從政者固若此乎!「不與夷狄之執中國」,豈與執天子之使哉!非「愈乎執」〔五〕也,執亦不言執也,《王風》是以諷于役〔六〕。閔矣,東方之侯,有一人起而問此戎者乎!

【箋】

〔一〕本條與《天子辭》「王臣外難」之例重出。

〔二〕公羊子傳：「凡伯者何？天子之大夫也。此聘也，其言伐之何？執之也。執之則其言伐之何？大之也。曷爲大之？不與夷狄之執中國也。其地何？大之也。」

〔三〕魯隱公與戎盟會，故云。《春秋・隱公二年》：「春，公會戎于潛。」「秋八月庚辰，公及戎盟于唐。」

〔四〕穀梁子傳：「楚丘，衛之邑也。」杜預集解：「楚丘，衛地。」

〔五〕穀梁子傳：「以歸，猶愈乎執也。」

〔六〕《詩・王風・君子于役》小序：「刺平王也。君子行役無期度，大夫思其危難以風焉。」

公及戎盟于唐 桓公二年

誣彼戎人，猶以是爲修先君之好乎〔一〕？既成宋亂〔二〕，無所還忌〔三〕。《詩》曰：「小大近喪，人尚乎由行，内奰于中國，覃及鬼方。」〔四〕况戎之邇我者乎！「唐」也，曾不易其地，得毋有動其心者〔五〕？

【箋】

〔一〕左氏傳：「公及戎盟于唐，脩舊好也。」即重修隱公二年盟戎於唐之好。

〔二〕《春秋・桓公二年》：「三月，公會齊侯、陳侯、鄭伯于稷，以成宋亂。」

〔三〕語出《左傳・昭公二十年》：「暴虐淫從，肆行非度，無所還忌。」杜預集解：「還，猶顧也。」

〔四〕《詩・大雅・蕩》。孔穎達疏：「王者所行，無小無大，莫不皆近喪亡。以此行居人之上，於是猶欲下民用行此道也。由君欲民行，故天下化之，惡及四遠。王初畏然，不醉而怒，在於中國。但人皆效之，此畏然惡行乃延及中國之外，至於鬼方之遠鄉，言其惡化之廣也。」

〔五〕隱公曾盟戎于唐，今桓公原地再盟，對其弑君兄之事曾不捫心自驚？

冬，公至自唐

「公至」自此始。越之盟〔一〕，稷之會〔二〕，不致也。獨致唐之盟，豈其以飲至〔三〕？致者，危之也〔四〕。桓會皆月，既莫不危之矣〔五〕。迨唐而後致，果其危之，則如愛之者！然非愛也，公所欲爲，無不從志〔六〕。舍爵、策勳，必于宗廟，明神弗蠲〔七〕，伊可畏也。十有八年好會，他無致者。兵行惟致伐鄭〔八〕。危其出，不危其復。出則不可容於天下，復則不可容於魯國。可畏哉，先君之祥禫時也〔九〕。

【箋】

〔一〕《春秋·桓公元年》：「夏四月丁未，公及鄭伯盟于越。」

〔二〕《春秋·桓公二年》：「三月，公會齊侯、陳侯、鄭伯于稷，以成宋亂。」

〔三〕左氏傳：「冬，公至自唐，告于廟也。凡公行，告于宗廟，反行飲至、舍爵、策勳焉，禮也。」杜預集解：「爵，飲酒器也。既飲置爵，則書勳勞於策，言速紀有功也。」孔穎達疏：「書勞策勳，其事一也。舍爵乃策勳，策勛常在廟，知飲至亦在廟也。」

〔四〕何休解詁：「致者，君子疾賢者失其所，不肖者反以相親榮，故與隱相違也。明前隱與戎盟，雖不信，猶可安也。今桓與戎盟，雖信，猶可危也，所以深抑小人也。凡致者，臣子喜其君父脱危而至。」

〔五〕《春秋·桓公元年》：「三月，公會鄭伯於垂。」何休解詁：「桓公會皆月者，危之也。桓弑賢君，篡慈兄，專易朝宿之邑，無王而行，無仁義之心，與人交接，則有危也，故爲臣子憂之。」

〔六〕《春秋·桓公元年》：「春王正月，公即位。」公羊子傳：「繼弑君不言即位，此其言即位何？如其意也。」

〔七〕語出《左傳·襄公九年》：「明神不蠲要盟，背之可也。」杜預集解：「蠲，潔也。」

〔八〕《春秋·桓公十六年》：「秋七月，公至自伐鄭。」

〔九〕《禮記·雜記下》：「期之喪，十一月而練，十三月而祥，十五月而禫。」

狄

狄滅温，温子奔衛見《天子辭》

徐

楚人敗徐于婁林見前

秦

晉人、秦人圍鄭僖公三十年

此晉侯、秦伯也，其稱人何？貶。曷爲貶？匿怨也〔一〕。鄭無禮于晉〔二〕，前與之同於王庭矣〔三〕。今而圍之，是匿怨也。且是師也，以治始，以亂終〔四〕，其與幾何〔五〕？君子以爲是晉人、秦人圍鄭而已。

【箋】

〔一〕匿怨，對人懷恨在心而不表現出來。《論語·公冶長》：「匿怨而友其人，左丘明耻之，丘亦耻之。」

〔二〕左氏傳：「九月甲午，晉侯、秦伯圍鄭。以其無禮於晉，且貳於楚也。晉軍函陵，秦軍氾南。佚之狐言於鄭伯曰：『國危矣，若使燭之武見秦君，師必退。』公從之。」

〔三〕《春秋·僖公二十八年》：「夏四月己巳，晉侯、齊師、宋師、秦師及楚人戰于城濮，楚師敗績。楚殺其大夫得臣。」左氏傳：「鄉役之三月，鄭伯如楚致其師，爲楚師既敗而懼，使子人九行成于晉。晉欒枝入盟鄭伯。五月丙午，晉侯及鄭伯盟于衡雍。丁未，獻楚俘于王，駟介百乘，徒兵千。鄭伯傅王，用平禮也。己酉，王享醴，命晉侯宥。王命尹氏及王子虎、內史叔興父策命晉侯爲侯伯。」

〔四〕魯僖公二十八年，晉文公聯合秦、齊、宋敗楚於城濮，二十九年會王人盟于翟泉，三十年，晉、秦、聯軍復圍鄭，以其無禮於晉，且貳於楚也。鄭派燭之武見秦伯，説以利害，秦伯説，盟鄭而退師。晉子犯請擊秦，文公不可，亦退師。此爲秦晉交惡之始。詳見《左傳》。

〔五〕語出《左傳·襄公二十九年》：「是盟也，其與幾何？」楊伯峻注：「即『其幾何歟』之變句，言不能久。」

秦人入鄀文公五年

鄀者何？微國也。自我言之，遠國也。若此者于《春秋》皆不書，何言乎「秦人入鄀」？以秦人之好兵爲見乎此，故謹而志之。「《春秋》之法，苦民尚惡之，況傷民乎！傷民尚痛之，況殺民乎」〔一〕！民者，《春秋》之所甚愛也；兵者，《春秋》之所甚痛也。舍用兵，則君無所令、臣無所職、民無所習？《春秋》之所甚惡也。于秦、楚、吴、越見之矣。《春秋》詳楚，要〔二〕吴、越，而微見秦。二百四十二年之中，志秦也罕矣。自入滑以來〔三〕，六歲而志兵者七焉〔四〕，何其詳也？可謂亟矣。然而秦之爲志于好兵，未見也，則以爲晉實使然〔五〕。今兹入鄀，胡爲乎〔六〕？亦晉人之以乎？向也入滑，胡爲乎？亦晉人之以乎？秦人好用兵，而先其端于天下，于入鄀然後見之也。君子删《詩》，以知天下之風，而察其自諸侯之民，其近兵而習之，未有如秦者也。于穆公、康公之交，而《無衣》〔七〕之篇作，則其志入鄀之時也。《春秋》表微，夫滑也、鄀也，非秦所以通道于東諸侯者乎？苟有桓、文之君，則知所以示權于中國矣，而況王者！兼國二十，開地千里〔八〕，皆于是乎見之，而猶未止也，遠矣哉！

【箋】

〔一〕《春秋繁露·竹林》：「《春秋》之法，凶年不修舊，意在無苦民爾。苦民尚惡之，況傷民乎！傷民尚痛之，況殺民乎！」

〔二〕要，約也。《易·繫辭下》：「原始要終以爲質也。」

〔三〕《春秋·僖公三十三年》：「春王二月，秦人入滑。」秦不聽蹇叔之勸，欲襲鄭，爲鄭先覺，秦只得順道滅滑而還。行進於殽，爲晉所伏，大敗。詳見《左傳》。

〔四〕指文公二年：「王二月甲子，晉侯及秦師戰于彭衙，秦師敗績。」「冬，晉人、宋人、陳人、鄭人伐秦。」文公三年：「秦人伐晉。」文公四年：「晉侯伐秦。」文公五年：「秦人入鄀。」文公七年：「戊子，晉人及秦人戰。」

〔五〕指《春秋·僖公三十年》：「晉人、秦人圍鄭。」乃晉用秦以伐別國。

〔六〕左氏傳：「初，鄀叛楚即秦，又貳於楚。夏，秦人入鄀。」

〔七〕《詩·秦風·無衣》小序：「刺用兵也。秦人刺其君好攻戰亟用兵，而不與民同欲焉。」

〔八〕《韓非子·十過篇》：「秦穆公迎［由余］而拜之上卿，問其兵勢與其地形。既以得之，舉兵而伐之，兼國十二，開地千里。」李斯《諫逐客書》作「并國二十」「舉地千里」。

小國

邾人、牟人、葛人來朝桓公十有五年〔一〕

鄉曰邾儀父〔二〕，今曰邾人，不貴邾而賤牟與葛也。牟、葛宜不若邾人矣，皆稱人則均焉。賤之也〔三〕，則何以曰朝？附庸固曰朝矣。

【箋】

〔一〕此條與《内辭中·來朝》之例重出。

〔二〕《春秋》隱公元年：「三月，公及邾儀父盟于蔑。」桓公十七年：「二月丙午，公會邾儀父盟于趡。」

〔三〕公羊子傳：「皆何以稱人？夷狄之也。」

春秋正辭卷九

禁暴辭第七

亡國之墟有數〔一〕，可爲悼懼。厲王大壞〔二〕，靡國不泯〔三〕；宣王中興，勞來還定〔四〕。檜之將亡，傷天下之無王〔五〕。《春秋》制義，以繼王迹〔六〕。覆宗絶祀，曷勝書滅。先内自克〔七〕，治齊爲桀〔八〕。桓公之初，不滅其慝〔九〕。荆楚殘虐〔一〇〕，大半不録〔一一〕。據近以書，猶溢策牘。吴復踵焉〔一二〕，幾及上國〔一三〕。「嗚呼有哀，國步斯頻」〔一四〕。宗盟相食，痛絶衛文〔一五〕。姜異〔一六〕芈庶〔一七〕，盍繹舊聞。曲沃兼翼〔一八〕，狼戾無親。焦、霍、韓、楊〔一九〕，又奚足云。衆噬偪陽，聖心不臧〔二〇〕。憑弱犯寡，曷謂安疆。狄、戎哀之〔二一〕，矧在冠裳。夔〔二二〕、庸〔二三〕識之，况近我邦。定、哀之間，小國卒亡〔二四〕。滅爲善辭〔二五〕，惟賤伯陽〔二六〕。亂姓曰滅，悲乎鄫人〔二七〕。貶在吴下，賤其敗倫〔二八〕。滅國一。

【箋】

〔一〕《荀子·哀公篇》：「君出魯之四門，以望魯四郊，亡國之虚則必有數蓋焉。」亦見《孔子家語·五儀》：「緬然長思，出於四門。周章遠望，睹亡國之墟，必將有數焉。」王肅注：「言亡國故墟，非但一。」

〔二〕《史記·周本紀》載，周厲王專利暴虐，國人道路以目，終至起義，「厲王出奔於彘」，周公和召公主政，史稱「共和」。「共和十四年，厲王死于彘」，太子靜繼位，是爲宣王。

〔三〕《詩經·大雅·桑柔》：「亂生不夷，靡國不泯。」毛傳：「夷，平也；泯，滅也。」鄭箋：「軍旅久出征伐，而亂日生不平，無國而不見殘滅也。」另小序稱：「《桑柔》，芮伯刺厲王也。」

〔四〕《詩·小雅·鴻雁》小序：「美宣王也。萬民離散，不安其居，而能勞來還定安集之，至于矜寡，無不得其所焉。」鄭箋：「宣王承厲王衰亂之敝而起，興復先王之道，以安集衆民爲始焉。」

〔五〕《春秋·哀公八年》：「春王正月，宋公入曹，以曹伯陽歸。」陳傅良後傳：「檜亡，東周之始也；曹亡，《春秋》之終也。夫子之删《詩》也，繫曹、檜於《國風》之後。於《檜》之卒篇曰『思周道也』，傷天下之無王也；於《曹》之卒篇曰『思治也』，傷天下之無伯也。」

〔六〕《孟子·滕文公下》：「《春秋》，天子之事。」《孟子·離婁下》：「王者之跡熄而《詩》亡，《詩》亡然後《春秋》作。」

〔七〕《春秋·隱公二年》：「無駭帥師入極。」公羊子傳：「無駭者何？展無駭也。何以不氏？貶。曷爲貶？疾始滅也。始滅昉於此乎？前此矣。前此則曷爲始乎此？託始焉爾。曷爲託始焉爾？《春秋》之始也。此滅也，其言入何？内大惡，諱也。」另《公羊傳·襄公九年》：「然則内何以不言火？内不言火者，甚之也。」何休解詁：「《春秋》以内爲天下法，動作當先自克責，故小有火，如大有災。」

〔八〕《春秋·莊公四年》：「紀侯大去其國。」公羊子傳：「大去者何？滅也。孰滅之？齊滅之。曷爲不言齊滅之？爲襄公諱也。」穀梁子傳：「大去者，不遺一人之辭也，言民之從者四年而後畢也。紀侯賢而齊侯滅之，不言滅而曰大去其國者，不使小人加乎君子。」齊襄公與妹私通，殺魯桓公，爲禽獸行，故《春秋》治之爲「桀」，不書「齊滅紀」，而書作「紀侯大去其國」。爲桀，語出《史記·平準書》：「其明年，南越反，西羌侵邊爲桀。於是天子爲山東不贍，赦天下。」《孟子·告子下》：「子服堯之服，誦堯之言，行堯之行，是堯而已矣；子服桀之服，誦桀之言，行桀之行，是桀而已矣。」

〔九〕齊桓公，名小白，魯莊公九年至魯僖公十七年在位。《春秋·莊公十年》：「冬十月，齊師滅譚，譚子奔莒。」公羊子傳：「何以不言出？國已滅矣，無所出也。」左氏傳：「齊侯之出也，過譚，譚不禮焉。及其入也，諸侯皆賀，譚又不至。冬，齊師滅譚，譚無禮也。譚子奔莒，同盟故也。」《春秋·莊公十三年》：「夏六月，齊人滅遂。」

〔一〇〕如《春秋》僖公五年：「楚人滅弦，弦子奔黄。」僖公十二年：「夏，楚人滅黄。」僖公二十六年：「秋，楚人滅夔，以夔子歸。」文公四年：「秋，楚人滅江。」文公五年：「秋，楚人滅六。」文公十六年：「楚人、秦人、巴人滅庸。」宣公八年：「楚人滅舒蓼。」等。

〔一一〕如《左傳》莊公六年：「還年，楚子伐鄧。十六年，楚復伐鄧，滅之。」莊公十四年：「楚子如息，以食入享，遂滅息。」文公五年：「冬，楚子燮滅蓼。」等，俱未録于《春秋》。

〔二〕如《春秋》昭公十三年：「吴滅州來。」昭公二十四年：「冬，吴滅巢。」昭公三十年：「冬十有二月，吴滅徐，徐子章禹奔楚。」

〔三〕《春秋·成公七年》：「吴伐郯。」左氏傳：「春，吴伐郯，郯成。季文子曰：『中國不振旅，蠻夷入伐，而莫之或恤，無弔者也。夫《詩》曰「不弔昊天，亂靡有定」，其此之謂乎？有上不弔，其誰不受亂，吾亡無日矣。』」

〔四〕《詩·大雅·桑柔》。毛傳：「步，行；頻，急也。」

〔五〕《春秋·僖公二十五年》：「春王正月丙午，衛侯燬滅邢。」公羊子傳：「衛侯燬何以名？絶。曷爲絶之？滅同姓也。」穀梁子傳：「燬之名何也？不正其伐本而滅同姓也。」衛文公，名燬。

〔六〕姜異，指姜姓齊國，爲異姓田氏（陳國公族）所代，則姜姓滅矣。《左傳·莊公二十二年》：「陳厲公，蔡出也，故蔡人殺五父而立之。生敬仲，其少也，周史有以《周易》見陳侯者。陳侯使筮之，遇《觀》之《否》，曰：『是謂「觀國之光，利用賓于王」，此其代陳有國乎？不在此，其在異國；非此其身，在其子孫。光遠而自他有耀者也。……若在異國，必姜姓也。姜，大嶽之後也。山嶽則配天，物莫能兩大，陳衰，此其昌乎？及陳之初亡也，陳桓子始大於齊，其後亡也，成子得政。』」杜預集解：「昭八年，楚滅陳。桓子，敬仲五世孫陳無宇。哀十七年，楚復滅陳。成子，陳常也，敬仲八世孫。」

〔一七〕芈，原文誤作「芊」。據《清經解》本改。芈庶，指楚國立君，恒以庶子，則嫡系亡矣。《左傳·文公元年》：「楚國之舉，恒在少者。」杜預集解：「舉，立也。」《左傳·昭公十三年》：「芈姓有亂，必季實立，楚之常也。」

〔一八〕《左傳·桓公八年》：「春，滅翼。」杜預集解：「曲沃滅之。」按：晉自唐叔始受封，傳世十一而至昭侯，昭侯封文侯之弟成師于曲沃，晉始亂，分爲二，以翼、曲沃别之，各自獨立傳世，其間互有攻伐（如《左傳·隱公五年》：「曲沃莊伯以鄭人、邢人伐翼。王使尹氏、武氏助之，翼侯奔隨。」）。至晉侯緡二十八年，齊桓公始霸，曲沃武公滅晉侯緡，并其地而有之，列爲諸侯，更號晉武公，晉復統一。詳見《史記·晉世家》。

〔一九〕《左傳·襄公二十九年》：「叔侯曰：『虞、虢、焦、滑、霍、揚、韓、魏，皆姬姓也，晉是以大。若非侵小，將何所取？武、獻以下，兼國多矣，誰得治之？』」

〔二〇〕《左傳·襄公十年》：「春，公會晉侯、宋公、衛侯、曹伯、莒子、邾子、滕子、薛伯、杞伯、小邾子、齊世子光，會吴于柤。夏五月甲午，遂滅偪陽。公至自會。」何休解詁：「滅日者，甚惡諸侯不崇禮義以相安，反遂爲不仁，開道彊夷滅中國。中國之禍，連蔓日及，故疾録之。滅比于取邑，例不當書『致』。書『致』者，深諱，使若公與上會，不與下滅。」

〔二一〕參見《外辭》「諸戎十五」小序。

〔二二〕《春秋·僖公二十六年》：「秋，楚人滅夔，以夔子歸。」

〔二三〕《春秋·文公十六年》：「楚人、秦人、巴人滅庸。」

〔二四〕《春秋》定公四年：「夏四月庚辰，蔡公孫歸姓帥師滅沈，以沈子嘉歸，殺之。」定公六年：「王正月癸亥，鄭游遬帥師滅許，以許男斯歸。」定公十四年：「三月辛巳，楚公子結、陳公子佗人帥師滅頓，以頓子牄歸。」定公十五年：「二月辛丑，楚子滅胡，以胡子豹歸。」《左傳·定公五年》：「秋七月，子期、子蒲滅唐。」

〔二五〕《公羊傳·僖公五年》：「滅者，亡國之善辭也。滅者，上下之同力者也。」

〔二六〕《春秋·哀公八年》：「春王正月，宋公入曹，以曹伯陽歸。」公羊子傳：「曹伯陽，何以名？絶。曷爲絶之？滅也。曷爲不言其滅？諱同姓之滅也。何諱乎同姓之滅？力能救之而不救也。」

〔二七〕《春秋·襄公六年》：「莒人滅鄫。」鄫，穀梁作「繒」。穀梁子傳：「非滅也。中國日，卑國月，夷狄時。繒，中國也，而時，非滅也。家有既亡，國有既滅，滅而不自知，由别之而不别也。莒人滅繒，非滅也，立異姓以莅祭祀，滅亡之道也。」范甯集解：「莒是繒甥，立以爲後，非其族類，神不歆其祀，故言滅。」

〔二八〕《春秋·襄公五年》：「公會晉侯、宋公、陳侯、衛侯、鄭伯、曹伯、莒子、邾子、滕子、薛伯、齊世子光、吴人、鄫人于戚。」公羊子傳：「吴何以稱人？『吴鄫人』云則不辭。」另見下文「用人十四」注。

紀侯大去，小人不加君子〔一〕。州公不復，不能效死〔二〕。梁實魚爛，土功一端〔三〕。孰非自取，不仁甚焉。國亡二。

【箋】

〔一〕《春秋·莊公四年》：「紀侯大去其國。」穀梁子傳：「大去者，不遺一人之辭也。言民之從者四年而後畢也。紀侯賢而齊侯滅之，不言滅而曰大去其國者，不使小人加乎君子。」按：即不書作「齊侯滅紀」，乃不使「齊侯」置於「紀」之上。

〔二〕《春秋·桓公五年》：「冬，州公如曹。」左氏傳：「冬，淳于公如曹。度其國危，遂不復。」

〔三〕《春秋·僖公十九年》：「梁亡。」公羊子傳：「此未有伐者，其言梁亡何？自亡也。其自亡奈何？魚爛而亡也。」左氏傳：「梁亡，不書其主，自取之也。初，梁伯好土功，亟城而弗處，民罷而弗堪，則曰『某寇將至』，乃溝公宫，曰『秦將襲我』，民懼而潰。秦遂取梁。」

不知其所以失，因其來而著之。曷謂之朝？待之以初〔一〕。失地三。

【箋】

〔一〕《春秋·桓公七年》：「夏，穀伯綏來朝，鄧侯吾離來朝。」公羊子傳：「皆何以名？失地之君也。其稱侯朝何？貴者無後，待之以初也。」何休解詁：「穀、鄧本與魯同貴爲諸侯，今失爵亡土來朝，託寄也，義不可卑，故明當待之如初，所謂『故舊不遺，則民不偷』。」

遷取王封，倍畔當誅，剗滅國邪！不可不察。稱師暴也，稱人賤也〔一〕。遷國邑四。

【箋】

〔一〕如《春秋》莊公元年：「齊師遷紀郱、鄑、郚。」莊公十年：「三月，宋人遷宿。」閔公二年：「春王正月，齊人遷陽。」

自非二伯，則曰盜兵〔一〕。日入惡重，目君若臣〔二〕。鄭尚有檢〔三〕，吴不比人〔四〕。先伐起之，責主怨客〔五〕。怠其閉修〔六〕，遺人以獲〔七〕。齊賊不誅，獨表入郛〔八〕。楚討則予，貪乃略諸〔九〕。封陳退師，誰當控扶〔一〇〕。入國邑五。

【箋】

〔一〕盜兵，指叛亂之兵。方孝孺《王君國祥墓碣》：「今城中無一軍而盜兵悍甚，此難與争鋒，當以計破之。」

〔二〕如《春秋》隱公十年：「冬十月壬午，齊人、鄭人入郕。」穀梁子傳：「入者，内弗受也。日入，惡入者也。郕，國也。」據《左傳》上下文，此次入郕者，爲齊侯、鄭伯，《春秋》不書（「目君若臣」），當爲諸夏諱大惡也（「日入惡重」）。

〔三〕《春秋·隱公十年》：「冬十月壬午，齊人、鄭人入郕。」左氏傳：「冬齊人、鄭人入郕，討違王命也。」《春秋·隱公十一年》：「秋七月壬午，公及齊侯、鄭伯入許。」左氏傳：「壬午，遂入許。許莊公奔衛。齊侯以許讓公，公曰：『君謂許不共，故從君討之。許既伏其罪矣，雖君有命，寡人弗敢與聞。』乃與鄭人。鄭伯使許大夫百里，奉許叔以居許東偏。曰：『天禍許國，鬼神實不逞于許君，而假手于我寡人。寡人唯是一二父兄，不能共億，其敢以許自爲功乎！寡人有弟，不能和協，而使餬其口於四方，其況能久有許乎！吾子其奉許叔，以撫柔此民也。吾將使獲也佐吾子，若寡人得没于地，天其以禮悔禍于許，無寧茲許公復奉其社稷，唯我鄭國之有請謁焉，如舊昏媾，其能降以相從也。無滋他族，實偪處此，以與我鄭國争此土也。吾子孫其覆亡之不暇，而況能禋祀許乎！寡人之使吾子處此，不唯許國之爲，亦聊以固吾圉也。』乃使公孫獲處許西偏，曰：『凡而器用財賄，無寘於許。我死，乃亟去之。吾先君新邑於此，王室而既卑矣，周之子孫，日失其序。夫許，大岳之胤也，天而既厭周德矣，吾其能與許争乎！』君子謂鄭莊公於是乎有禮。禮，經國家、定社稷、序民人、利後嗣者也。許無刑而伐之，服而舍之，度德而處之，量力而行之，相時而動，無累後人，可謂知禮矣。」

〔四〕如《春秋·定公四年》：「庚辰，吴入楚。」公羊子傳：「吴何以不稱子？反夷狄也。其反夷狄奈何？君舍于君室，大夫舍于大夫室，蓋妻楚王之母也。」

〔五〕《春秋·隱公十年》：「宋人、蔡人、衛人伐戴，鄭伯伐取之。冬十月壬午，齊人、鄭人入郕。」左氏傳：「秋七月庚寅，鄭師入郊。猶在郊，宋人、衛人入鄭，蔡人從之，伐戴。八月壬戌，鄭伯圍戴。癸亥，克之，取三師焉。宋、衛既入鄭，而以伐戴召蔡人，蔡人怒，故不和而敗。」公羊子傳：「其言伐取之何？易也。其易奈何？因其力也。因誰之力？因宋人、蔡人、衛人之力也。」

〔六〕語出《國語·晉語二》：「今晉侯不量齊德之豐否，不度諸侯之勢，釋其閉修，而輕於行道，失其心矣。君子失心，鮮不夭昏。」韋昭注：「閉，守也。修，治也。」

〔七〕《春秋·成公九年》：「楚公子嬰齊帥師伐莒。庚申，莒潰，楚人入鄆。」左氏傳：「冬十一月，楚子重自陳伐莒，圍渠丘。渠丘城惡，衆潰奔莒。戊申，楚入渠丘。莒人囚楚公子平，楚人曰：『勿殺，吾歸而俘。』莒人殺之。楚師圍莒，莒城亦惡。庚申，莒潰，楚遂入鄆，莒無備故也。君子曰：『恃陋而不備，罪之大者也。備豫不虞，善之大者也。』莒恃其陋，而不脩城郭，浹辰之間，而楚克其三都，無備也夫。」

〔八〕齊賊，即齊懿公商人，于文公十四年弑其君舍奪位。《春秋·文公十五年》：「齊侯侵我西鄙，遂伐曹，入其郛。」左氏傳：「齊侯侵我西鄙，謂諸侯不能也。遂伐曹，入其郛，討其來朝也。季文子曰：『齊侯其不免乎？己則無禮，而討於有禮者曰：「女何故行禮！」禮以順天，天之道也。己則反天，而又以討人，難以免矣。』」

〔九〕楚討則予，指《春秋》書「楚人殺陳夏徵舒」，稱人以殺，殺有罪也，乃予楚莊王之討罪。貪乃略諸，指因楚莊王討陳有貪婪之心，《春秋》書「楚子入陳」，「入」爲難辭、爲篡辭，乃略其討罪之功也。即《春秋·宣公十一年》：「冬十月，楚人殺陳夏徵舒。丁亥，楚子入陳。納公孫寧、儀行父于陳。」左氏傳：「冬，楚子爲陳夏氏亂故，伐陳。謂陳人無動，將討於少西氏。遂入陳，殺夏徵舒，轘諸栗門，因縣陳。陳侯在晉，申叔時使於齊，反，復命而退。王使讓之曰：『夏徵舒爲不道，弑其君，寡人以諸侯討而戮之，諸侯縣公皆慶寡人，女獨不慶寡人，何故？』對曰：『猶可辭乎？』王曰：『可哉！』曰：『夏徵舒弑其君，其罪大矣。討而戮之，君之義也。抑人亦有言曰：「牽牛以蹊人之田，而奪之牛。」牽牛以蹊者，信有罪矣；而奪之牛，罰已重矣。諸侯之從也，曰討有罪也。今縣陳，貪其富也。以討召諸侯，而以貪歸之，無乃不可乎？』王曰：『善哉！吾未之聞也。反之，可乎？』對曰：『吾儕小人，所謂取諸其懷而與之也。』乃復封陳，鄉取一人焉以歸，謂之夏州。故書曰：『楚子入陳，納公孫寧、儀行父于陳。』書有禮也。」

〔一〇〕控扶，控大國，扶小國。《穀梁傳・僖公五年》：「天子微，諸侯不享覲。桓控大國，扶小國，統諸侯」。鍾文蒸補注：「控，引也。」「扶，佐也。」

圍必恃衆，甚且久師。圍邑邑殘，圍國國縻。圍小，暴矣；圍大，勞矣。伐國圍邑，忿且驕矣。圍國邑六。

王者受命，命歸侵邑〔一〕。是曰經略，封彊以帖。牟婁疾始〔二〕，長葛伏法〔三〕。伐國取邑七。

【箋】

〔一〕《公羊傳・桓公二年》何休解詁：「諸侯土地各有封疆里數，今日取之，然後王者起，興滅國，繼絶世，反取邑。」

〔二〕《春秋・隱公四年》：「春王二月，莒人伐杞，取牟婁。」公羊子傳：「牟婁者何？杞之邑也。外取邑不書，此何以書？疾始取邑也。」

〔三〕《春秋》隱公五年：「宋人伐鄭，圍長葛。」左氏傳：「宋人伐鄭，圍長葛，以報入郛之役也。」隱公六年：「冬，宋人取長葛。」公羊子傳：「外取邑不書，此何以書？久也。」此處「長葛伏法」，由後文經例可知，意同長葛守法，即做了自己應該做的分内事。

力屈曰降，威加曰降之〔一〕。造謀如紀〔二〕，終盡降鄣〔三〕。四十餘年，齊惡已詳。奚待季世，乃識姜亡。七病三艾，不畜不得〔四〕。自以爲彊，此可心惻〔五〕。降國邑八。

【箋】

〔一〕《春秋·莊公八年》：「夏，師及齊師圍郕，郕降于齊師。」穀梁子傳：「其曰降于齊師何？不使齊師加威於郕也。」

〔二〕《春秋·桓公五年》：「夏，齊侯、鄭伯如紀。」左氏傳：「夏，齊侯、鄭伯朝于紀，欲以襲之。紀人知之。」

〔三〕《春秋·莊公三十年》：「秋七月，齊人降鄣。」公羊子傳：「鄣者何？紀之遺邑也。降之者何？取之也。取之則曷爲不言取之？爲桓公諱也。外取邑不書，此何以書？盡也。」

〔四〕《孟子·離婁上》：「今之欲王者，猶七年之病求三年之艾也。苟爲不畜，終身不得。苟不志於仁，終身憂辱，以陷於死亡。」

〔五〕《易·井》九三：「井渫不食，爲我心惻，可用汲。」孔穎達疏：「『爲我心惻』者，爲，猶使也。井渫而不見食，猶人脩己全潔而不見用，使我心中惻愴，故曰『爲我心惻』也。」

争，逆德也。兵，争之末；戰，兵之末。一跌不振，更事知之。其事好還，識古覺焉〔一〕。聖人之心，不寧惟是，仁而已矣。仁爲讓本，以仁去利；讓爲禮本，以讓去争；禮爲國本，以禮去兵。苟不務仁，不能去利，去兵無益，亡之道也。姑毋言去兵，姑教以不戰，療不仁之甚，爲不仁之瘳。《春秋》志戰，録内從外，曰盍姑無首惡〔二〕？必以日識之，曰一日惡成，没世不贖。北棄秦、晉，南絶吴、楚，冠帶之倫，廢文任武，卒乎「天下之人牧，未有不嗜殺人者」〔三〕。《春秋》樂道堯舜之道〔四〕，糜爛其民而戰之，不可同世立，録之將何説？《論語》不云乎：「放於利而行，多怨。」〔五〕「能以禮讓爲國乎，何有？」〔六〕「善人爲邦百年，亦可以勝殘去殺矣。」〔七〕「如有王者，必世而後仁。」〔八〕此非告以不善變〔九〕而之善之道乎！不仁不讓，争利害則必戰，争是非則亦必戰，爲惡不同，同歸於亂。及其大迷，並有争心。天之與人，誣曰交勝〔一〇〕，「胡不相畏，不畏于天」〔一一〕。「洪惟圖天之命，弗永寅念于祀」〔一二〕。斯嗜殺人者之説矣。戰九。

【箋】

〔一〕《老子·第三十章》：「以道佐人主者，不以兵强天下，其事好還。」

〔二〕《春秋·桓公十三年》：「春二月，公會紀侯、鄭伯。己巳，及齊侯、宋公、衛侯、燕人戰。齊師、宋師、衛師、燕師敗績。」公羊子傳：「曷爲後日？恃外也。其恃外奈何？得紀侯、鄭伯，然後能爲日也。內不言戰，此其言戰何？從外也。曷爲從外？恃外，故從外也。」

〔三〕《孟子·梁惠王上》。趙岐注：天下之人牧，「天下牧民之君」。

〔四〕《公羊傳·哀公十四年》。

〔五〕《論語·里仁》。

〔六〕《論語·里仁》。

〔七〕《論語·子路》。

〔八〕《論語·子路》。

〔九〕不善變，不善于棄非從是者。語出《孟子·滕文公上》：「子是之學，亦爲不善變矣。」

〔一〇〕劉禹錫《天論》：「天之能，人固不能也；人之能，天亦有所不能也。故余曰：天與人交相勝耳。」

〔一一〕《詩·小雅·雨無正》。

〔一二〕《書·多方》。孔安國傳：「大惟爲王謀天之命，不長敬念于祭祀，謂夏桀。」

敵者，言戰寧曰「敗」也，不曰「戰」也〔一〕。不敵也，彼相敗也，常不書而要吴與越也〔二〕。敗十。

【箋】

〔一〕敵，匹敵也。《公羊傳·桓公十二年》：「內不言戰，言戰乃敗矣。」另《春秋·文公七年》：「戊子，晉人及秦人戰于令狐，晉先眛以師奔秦。」公羊子傳：「此偏戰也，何以不言師敗績？敵也。」亦見《公羊傳・文公十二年》。

〔三〕要，約也。《春秋・定公十四年》：「五月，於越敗吴于檇李。」左氏傳：「吴伐越，越子勾踐禦之，陳于檇李。勾踐患吴之整也，使死士再禽焉，不動。使罪人三行，屬劍於頸，而辭曰：『二君有治，臣奸旗鼓，不敏於君之行前，不敢逃刑，敢歸死。』遂自剄也。師屬之目，越子因而伐之，大敗之。靈姑浮以戈擊闔廬，闔廬傷將指，取其一屨還。卒於陘，去檇李七里。夫差使人立於庭，苟出入，必謂己曰：『夫差，而忘越王之殺而父乎！』則對曰：『唯！不敢忘！』三年，乃報越。」

詐戰〔一〕，則晉愈於戎者有幾？然猶不言取。彼戰也，略言敗不日，著詐戰則日〔二〕。詳重略輕，義之別也。詐戰十一。

【箋】

〔一〕詐戰，與偏戰對言，指未約日定地之戰。《公羊傳・桓公十年》：「此偏戰也，何以不言師敗績？」何休解詁：「偏，一面也。結日定地，各居一面，鳴鼓而戰，不相詐。」《公羊傳・僖公三十三年》：「詐戰不日，此何以日？」何休解詁：「詐，卒也，齊人語也。」《公羊傳・昭公十七年》：「詐戰不言戰，此其言戰何？」徐彦疏：「經文言戰，而傳以詐戰問之者，正以夷狄質薄，不能結日偏戰。」

〔二〕《春秋·僖公三十三年》:「夏四月辛巳,晉人及姜戎敗秦于殽。」公羊子傳:「其謂之『秦』何?夷狄之也。曷爲夷狄之?秦伯將襲鄭,百里子與蹇叔子諫曰……然而晉人與姜戎要之殽而擊之,匹馬隻輪無反者。……詐戰不日,此何以日?盡也。」孔廣森通義:「《春秋》之義,愛民重衆而惡戰。秦趁危襲國,糜爛其師,則既狄之矣,彼自襲鄭,何與於晉?而晉徼利要殺至盡,故亦惡之甚,特加日以著其惡也。」《公羊傳·隱公六年》何休解詁:「戰例時,偏戰日,詐戰月。」

覆師〔一〕甚於詐戰。彼以禽獸擬人,而「取之」實以自陷於禽獸,則不忍目其日也。聖人之辭,信如此哉!然而不削,以人道哀之也。覆師十二。

【箋】

〔一〕此處「覆師」意爲將敵對方之師「覆而盡之」,詳見後文例。

齊有《還》詩,可以知微〔一〕。諸夏之君,輕死爲勇,未有如齊侯者也。前則商人〔二〕,後則莊公〔三〕。抽劍斷鞅〔四〕,誰昔然矣〔五〕。襲十三。

【箋】

〔一〕《詩·齊風·還》小序:「刺荒也。哀公好田獵,從禽獸而無厭,國人化之,遂成風俗。習於田獵謂之賢,閑於馳逐謂之好焉。」鄭箋:「荒,謂政事廢亂。」

〔二〕齊懿公，名商人，齊桓公庶子，齊昭公弟。昭公死，太子舍即位，未逾年，商人弑舍自立。好勇驕橫，民不附，爲僕人所殺。魯文公十五年至魯文公十八年在位。

〔三〕齊莊公，名光。在位期間，輕死好勇，于魯襄公二十三年，伐衛，遂伐晉，入孟門，登大行，張武軍於熒庭，戍郫邵，封少水，以報平陰之役。後被崔杼所弑。魯襄公二十年至魯襄公二十五年在位。

〔四〕晉、齊平陰之役，齊敗，齊靈公欲逃竄，爲太子光（後爲齊莊公）抽劍斷鞅所止。《左傳・襄公十八年》：「齊侯駕，將走郵棠。大子與郭榮扣馬曰：『師速而疾，略也，將退矣，君何懼焉。且社稷之主，不可以輕，輕則失衆，君必待之。』將犯之，大子抽劍斷鞅，乃止。」齊侯，齊靈公，名瑗（左氏、穀梁作「環」），齊莊公之父，魯成公十年至魯襄公十九年在位。楊伯峻注：「鞅，音央，馬頸之革。」

〔五〕《詩・陳風・墓門》：「夫也不良，國人知之。知而不已，誰昔然矣。」毛傳：「昔，久也。」鄭箋：「已，猶去也。誰昔，昔也。國人皆知其有罪惡而不誅退，終致禍難，自古昔之時常然。」

《春秋》有不忍書。亂男女之別，其殃如鄫〔一〕；逆父子之倫，其殃如蔡〔二〕。則不忍不書也。「用之」者，有常無赦〔三〕，無所容於天下。用人十四。

【箋】

〔一〕《春秋・僖公十四年》：「夏六月，季姬及鄫子遇于防，使鄫子來朝。」公羊子傳：「鄫子曷爲使乎季姬來朝？内辭也，非使來朝，使來請己也。」何休解詁：「使來請娶己以爲夫人，下書『歸』

是也。禮，男不親求，女不親許。魯不防正其女，乃時要遮鄫子淫泆，使來請己，與禽獸無異，故卑鄫子使乎季姬，以絶賤之也。」《春秋·僖公十九年》：「己酉，邾人執鄫子，用之。」

〔二〕《春秋》襄公三十年：「夏四月，蔡世子般弑其君固。」昭公十一年：「夏四月丁巳，楚子虔誘蔡侯般，殺之于申。楚公子棄疾帥師圍蔡。……冬十有一月丁酉，楚師滅蔡，執蔡世子有以歸，用之。」

〔三〕語出《左傳·文公十八年》：「爲大凶德，有常無赦」。杜預集解：「刑有常」。

般非侯，因虔以侯〔一〕；般必名，并虔以名〔二〕。因其殺人而殺逆之罪著〔三〕。居罪不若虔之甚，戎曼子不名〔四〕。異之於般，則般實禽也，不死社稷，哀哉。沈子以歸者，公孫姓殺之者〔五〕，蔡之君其曷以終焉。專殺諸侯十五。

【箋】

〔一〕《春秋·昭公十一年》：「夏四月丁巳，楚子虔誘蔡侯般，殺之于申。」蔡侯般弑其君父得位（見襄公三十年），《春秋》不與般爲君（《公羊傳·昭公十一年》：「不君靈公，不成其子也。」何休解詁：「靈公，即般也。不君，不與靈公，坐弑父誅，不得爲君也。」），此處因書「楚子」，而不得不書「蔡侯」。

〔二〕《春秋·昭公十一年》：「夏四月丁巳，楚子虔誘蔡侯般，殺之于申。」蔡侯般弑君父得位，《春秋》必書名以絶之。因書「蔡侯般」，則不得不書「楚子虔」，亦以絶虔，以明其罪。公羊子傳：

「楚子虔何以名？絶。曷爲絶之？爲其誘討也。此討賊也，雖誘之，則曷爲絶之？懷惡而討不義，君子不予也。」

〔三〕殺逆，通「弒逆」。意爲因楚子虔殺般，般必名以絶之，則虔不得不名，從而亦彰顯出楚子虔弒君之罪。楚子虔弒君，《春秋》未有明書，即《春秋·襄公三十一年》：「冬十有一月己酉，楚子麇卒。」左氏傳：「冬，楚公子圍將聘于鄭，伍舉爲介。未出竟，聞王有疾而還。伍舉遂聘。十一月己酉，公子圍至，入問王疾，縊而弒之。遂殺其二子幕及平夏。右尹子干出奔晉，宮厩尹子晳出奔鄭。殺大宰伯州犁于郟。葬王于郟，謂之郟敖。……楚靈王即位，薳罷爲令尹，薳啓彊爲大宰。」杜預集解：「靈王，公子圍也，即位易名熊虔。」另參見《誅亂辭》「弒」昭公十一年經例。

〔四〕《春秋·昭公十六年》：「楚子誘戎曼子殺之。」

〔五〕《春秋·定公四年》：「夏四月庚辰，蔡公孫姓帥師滅沈，以沈子嘉歸，殺之。」

邢，亡國也，諱之曰遷，善齊桓也〔一〕。衛，新國也，偪而又遷，惡晉文也〔二〕。許頻四遷，靡不備書，因楚以國，楚之善也〔三〕。蔡惟一遷，身弒國亡，吴之惡也〔四〕。以吴子戰，使蔡首惡也〔五〕。國遷十六。

【箋】

〔一〕《春秋·僖公元年》：「夏六月，邢遷于夷儀。齊師、宋師、曹師城邢。」《左傳·閔公二年》：「僖之元年，齊桓公遷邢于夷儀。二年，封衛于楚丘。邢遷如歸，衛國忘亡。」

〔二〕閔公二年，狄入衛，衛之遺民宵濟河，男女七百有三十人，益之以共滕之民，爲五千人。齊桓封之于楚丘。至僖公三十一年，晉文主諸夏，狄又圍衛，衛再遷帝丘，即《春秋·僖公三十一年》：「狄圍衛，十有二月，衛遷于帝丘。」

〔三〕《春秋》成公十五年：「許遷于葉。」左氏傳：「許靈公畏偪于鄭，請遷于楚。辛丑，楚公子申遷許于葉。」昭公九年：「許遷于夷。」左氏傳：「二月庚申，楚公子棄疾遷許于夷，實城父，取州來淮北之田以益之。」昭公十八年：「冬，許遷于白羽。」左氏傳：「楚左尹王子勝言於楚子曰：『許於鄭，仇敵也，而居楚地，以不禮於鄭。晉、鄭方睦，鄭若伐許，而晉助之，楚喪地矣。君盍遷許？許不專於楚，鄭方有令政。許曰「余舊國也」，鄭曰「余俘邑也」。葉在楚國，方城外之蔽也。土不可易，國不可小，許不可俘，讎不可啓，君其圖之。』楚子説。冬，楚子使王子勝遷許於析，實白羽。」定公四年：「許遷于容城。」

〔四〕《左傳·哀公元年》：「春，楚子圍蔡，報柏舉也。里而栽，廣丈，高倍。夫屯，晝夜九日，如子西之素。蔡人男女以辨，使疆于江、汝之間，而還。蔡於是乎請遷于吴。」《春秋·哀公二年》：「十有一月，蔡遷于州來。蔡殺其大夫公子駟。」左氏傳：「吴洩庸如蔡納聘，而稍納師。師畢入，衆知之，蔡侯告大夫，殺公子駟以説。哭而遷墓。冬，蔡遷于州來。」《左傳·哀公四年》：「春，蔡昭侯將如吴，諸大夫恐其又遷也，承。公孫翩逐而射之，入於家人而卒。」

〔五〕《春秋·定公四年》：「冬，十有一月庚午。蔡侯以吴子及楚人戰于柏舉，楚師敗績。」公羊子傳：「吴何以稱子？夷狄也而憂中國。其憂中國奈何？伍子胥父誅乎楚，挾弓而去楚，以干闔廬。闔廬曰：『士之甚！勇之甚！』將爲之興師而復讎于楚。伍子胥復曰：『諸侯不爲匹夫興師，且臣聞之，事君猶事父也，虧君之義，復父之讎，臣不爲也。』於是止。蔡昭公朝乎楚，有美裘焉，囊瓦求之，昭公不與。爲是拘昭公於南郢，數年，然後歸之。於其歸焉，用事乎河，曰：『天下諸侯苟有能伐楚者，寡人請爲之前列。』楚人聞之，怒，爲是興師，使囊瓦將而伐蔡。蔡請救于吴，伍子胥復曰：『蔡非有罪也，楚人爲無道，君如有憂中國之心，則若時可矣。』於是興師而救蔡。」穀梁子傳：「吴其稱子，何也？以蔡侯之以之，舉其貴者也。蔡侯之以之，則其舉貴者，何也？吴信中國而攘夷狄，吴進矣。」

存亡繼絶，古今通義。許叔〔一〕、紀季〔二〕，字以善之；蔡侯、陳侯，爵以成之〔三〕。「取須句」，未盡善也〔四〕；「歸邾子」，喜改過也〔五〕。善未盡，書復取〔六〕以見前之可善；能改過，目歸之「以」而告之以其過〔七〕。復國存祀十七。

【箋】

〔一〕《春秋·隱公十一年》：「秋七月壬午，公及齊侯、鄭伯入許。」左氏傳：「壬午，遂入許，許莊公奔衛。」《春秋·桓公十五年》：「許叔入于許。」穀梁子傳：「許叔，許之貴者也，莫宜乎許叔，其曰入，何也？其歸之道，非所以歸也。」

〔二〕《春秋·莊公三年》：「秋，紀季以酅入于齊。」按：齊欲滅紀，紀侯之弟紀季先期以酅入于齊，以存紀國五廟之祀。詳見《公羊傳·莊公三年》及何休解詁。

〔三〕《春秋·昭公十三年》：「蔡侯廬歸于蔡。陳侯吴歸于陳。」按：楚靈王于昭公八年滅陳，昭公十一年滅蔡。楚平王弑君奪位後，于昭公十三年復陳、蔡，而此時陳侯已死，太子偃師亦爲大臣所弑，蔡侯般及太子有，則皆已爲楚靈王所殺。故陳蔡歸國復位者，皆爲太孫，本爲未爵者也，即隱大子之子廬歸于蔡，悼大子之子吴歸于陳。詳見《左傳》。

〔四〕《左傳·僖公二十一年》：「邾人滅須句，須句子來奔。」《春秋·僖公二十二年》：「春，公伐邾，取須句。」左氏傳：「春，伐邾，取須句，反其君焉，禮也。」

〔五〕《春秋》哀公七年：「秋，公伐邾。八月己酉，入邾，以邾子益來。」哀公八年：「歸邾子益于邾。」

〔六〕《春秋·文公七年》：「三月甲戌，取須句。遂城郚。」

〔七〕《春秋·哀公七年》：「秋，公伐邾。八月己酉，入邾，以邾子益來。」穀梁子傳：「以者，不以者也。」范甯集解：「夫諸侯有罪，伯者雖執，猶以歸于京師。魯非霸王，而擅相執獲，故日入以表惡之。」

滅國

夏，齊人殲于遂莊公十有七年

王法：殺人者死，志乎殺則重，以智計殺人則彌重。遂人饗齊戍，醉而殺之，殺之重者也〔一〕。而以齊人自殲爲文，義遂之人而以爲無罪也。齊之君不得討，死者子孫不得讐，調人〔二〕有明法焉，王者遷遂人而定其居。雖然，上無天子，遂之餘民靡孑遺矣，皆爲遂之社稷、宗廟死也。以齊人自殲爲文，彊遂人之義而立之也。何謂彊遂人之義而立之？國之存亡，猶人之死生也，齊人滅遂，以遂人爲齊人，盡齊人也，則遂之名亡矣。聖人正以王者之法，諸侯擅滅國則誅，于齊桓公，以功覆過，爲之諱滅項〔三〕；其未有功，滅譚、遂，仍誅，文不諱〔四〕。

雖曰齊之滅之，終不可以爲齊之有之。「地從主人」，一邑且然，公羊子曰：「若楚王之妻娟，無時焉可也。」〔五〕夫必有齊人之實，乃命以齊人之名。苟有遂人之實，則不可被以齊人之名，必命以遂人之名矣。《春秋》別之曰「齊人」，自遂人言之也。其死者實齊人，其致之死者實遂人。遂人以謀殺齊人至于盡，齊之君臣固以爲遂人殺之，且以爲既柔服於齊之齊人而謀殺人以盡之，正其獄之名，告於諸侯。

君子作《春秋》，以自殲爲文，豈曰死者自取乎？罪齊侯自殺其民也。夫齊人，王嘉師也〔六〕，齊桓前有擅滅國之罪，後有殃民之罪，齊臣之主其役者，有陷君于大惡之罪。約其文曰「齊人殲于遂」，而遂人之名立矣。名立則義立，義立而遂人皆殺人而義者也，死者之子孫不得讐也。王者誅滅遂之齊人以謝遂人，誅殃民之君若臣以謝齊人。不學《春秋》，蒙首惡之名不可解，陷死罪之名不可掩，故曰：「禮義之大宗也」，所以「禁於未然之前」也〔七〕。義德、容德〔八〕，一以貫之矣。

【箋】

〔一〕穀梁子傳：「殲者，盡也。然則何爲不言遂人盡齊人也？無遂之辭也。無遂則何爲言遂？其猶存遂也。存遂奈何？曰：齊人滅遂，使人戍之，遂之因氏飲戍者酒而殺之，齊人殲焉。此謂狎敵也。」

〔二〕《周禮・地官・調人》：「調人掌司萬民之難而諧和之。凡過而殺傷人者，以民成之。鳥獸亦如之。凡和難，父之讎辟諸海外，兄弟之讎辟諸千里之外，從父兄弟之讎不同國。君之讎眂父，師長之讎眂兄弟，主友之讎眂從父兄弟。」

〔三〕《春秋・僖公十七年》：「夏，滅項。」公羊子傳：「孰滅之？齊滅之。曷爲不言齊滅之？爲桓公諱也。《春秋》爲賢者諱，此滅人之國，何賢爾？君子之惡惡也疾始，善善也樂終，桓公嘗有繼絶存亡之功，故君子爲之諱也。」

〔四〕齊桓公于魯莊公九年入國得立，滅譚、遂皆在早期未有功之時。《春秋》莊公十年：「冬十月，齊師滅譚。」莊公十三年：「夏六月，齊人滅遂。」

〔五〕《春秋・桓公二年》：「夏四月，取郜大鼎于宋。」公羊子傳：「此取之宋，其謂之郜鼎何？器從名，地從主人。器何以從名？地何以從主人？器之與人，非有即爾。宋始以不義取之，故謂之郜鼎。至乎地之與人，則不然，俄而可以爲其有矣。然則爲取可以爲其有乎？曰否。何者？若楚王之妻娟，無時焉可也。」何休解詁：「娟，妹也。」引此爲喻者，明其終不可名有也。」

〔六〕《書·吕刑》：「受王嘉師，監于茲祥刑。」孔安國傳：「受王之善衆而治之者，視於此善刑。」

〔七〕《史記·太史公自序》：「爲人君父而不通于《春秋》之義者，必蒙首惡之名。爲人臣子而不通于《春秋》之義者，必陷篡弑之誅、死罪之名。」「故《春秋》者，禮義之大宗也。夫禮禁未然之前，法施已然之後；法之所爲用者易見，而禮之所爲禁者難知。」

〔八〕語出《書·立政》：「亦越武王，率惟敉功，不敢替厥義德，率惟謀從容德，以並受此丕丕基。」孔安國傳：容德，「寬容之德」。

夏，滅項僖公十有七年

桓公之事，以滅項終乎〔一〕？爲桓公諱滅項〔二〕，則滅項惡矣。滅譚、遂不諱而諱滅項，則桓公善矣。凡諱，必皆誅絶之罪也。以功覆過，王者有八議〔三〕焉。凡譏也，貶也。《春秋》樂道堯舜之道〔四〕，察其所譏，堯舜之道存焉。「佑啓我後人，咸以正無缺」〔五〕，聖人之志也。

【箋】

〔一〕本年冬，齊桓公卒，即《春秋·僖公十七年》：「冬十有二月乙亥，齊侯小白卒。」

〔二〕公羊子傳：「孰滅之？齊滅之。曷爲不言齊滅之？爲桓公諱也。《春秋》爲賢者諱，此滅人之國，何賢爾？君子之惡惡也疾始，善善也樂終，桓公嘗有繼絶存亡之功，故君子爲之諱也。」

〔三〕八議，即八辟。《周禮·秋官·小司寇》：「以八辟麗邦灋附刑罰。一曰議親之辟，二曰議故之辟，三曰議賢之辟，四曰議能之辟，五曰議功之辟，六曰議貴之辟，七曰議勤之辟，八曰議賓之辟。」孫詒讓正義：「依《曲禮》注義，蓋凡入八議限者，輕罪則宥，重罪則改附輕比，乃有刑也。」

〔四〕《公羊傳·哀公十四年》：「君子曷爲爲《春秋》？撥亂世，反諸正，莫近諸《春秋》。則未知其爲是與？其諸君子樂道堯舜之道與？」

〔五〕《孟子·滕文公下》：「《書》曰：『丕顯哉，文王謨！丕承哉，武王烈！佑啓我後人，咸以正無缺。』」亦見《書·君牙》，孔安國傳：「開助我後嗣，皆以正道無邪缺。」

殺陳孔奂昭公八年

何以不言大夫？大夫，國體也，君死國亡則何大夫之有〔一〕。「國君死社稷，大夫死衆」〔二〕，正也。「殺陳孔奂」，則死之也。何以目？小人使殺君子，不予死也〔三〕。「可親而不可劫，可近而不可迫，可殺而不可辱」〔四〕，以孔奂爲有愧乎斯言矣，然則何言乎「殺陳孔奂」？「滅者，亡國之善辭；滅者，上下之同力者也」〔五〕，以孔奂爲圖國忘死者教，則愧；以孔奂爲忘君事讐者戒，則優；見陳之國亡，而存者尚有人也。先王之善建侯，貞于不拔焉已矣。

【箋】

〔一〕《春秋·昭公八年》:「冬十月壬午,楚師滅陳。執陳公子招,放之于越。殺陳孔奂。」

〔二〕《禮記·曲禮下》:「國君死社稷,大夫死衆,士死制。」鄭玄注:「衆謂君師,制謂君教令所使爲之。」

〔三〕滅陳之楚子,爲弑君自立之楚靈王熊虔。

〔四〕《禮記·儒行》:「儒有可親而不可劫也,可近而不可迫也,可殺而不可辱也。」

〔五〕《公羊傳·僖公五年》。

國亡

冬,州公如曹桓公五年

州公者何?天子之三公也。諸侯入爲三公,以國繫官,内曰采,外曰國,一也〔一〕。外相如不書,此何以書?未如曹也,去其國之辭也,言「如曹」以本其意〔二〕。曷爲本其意?其意蓋先有所臧否焉〔三〕。

【箋】

〔一〕《直解》:「以爵書公者宋是也,以官書公者則三公也。州,寰内邑,州公蓋食采於州而爲王之三公者也。」

〔二〕公羊子傳：「外相如不書，此何以書？過我也。」

〔三〕指州公對魯、曹二國的實力有所掂量，見下條經例。

春正月，寔來桓公六年

適我爲寄公〔一〕，不復其國也〔二〕。寔不如曹而適我，故曰「寔來」。魯，望國也；曹，小國也。託身焉爾，何暇論主人之臧否乎！哀之不責也。是三公也，夫安得名之〔三〕。

【箋】

〔一〕《儀禮·喪服傳》：「寄公者何也？失地之君也。」

〔二〕左氏傳：「六年春，自曹來朝。書曰『寔來』，不復其國也。」

〔三〕莊氏此處意在反胡傳。胡安國傳曰：「寔者，州公名也。《春秋》之法，諸侯不生名，失地、滅同姓則名。正名，經世之本，名正而天下定矣。」

失地

夏，穀伯綏來朝，鄧侯吾離來朝桓公七年

失地之君也。天子之三公不名〔一〕，穀伯、鄧侯則名，辨等也。名之，見失地也〔二〕。

不見取其國之人，遠國也。能朝乎？雖不能，亦必曰朝，諸夏之君也。其曰朝何？我有以禮之矣，公羊子曰：「貴者無後，待之以初也。」〔三〕穀梁子曰：「犆言，同時也；累數，皆至也。」〔四〕州公何以不言朝？天子之三公也，言「來」則可，言「來朝」則不可，以爲「化我」，公羊氏失其傳也〔五〕。夫孰知州公化我？乃所以賢於穀伯、鄧侯乎？試思之，何遠之有〔六〕。

【箋】

〔一〕《公羊傳·桓公四年》：「其稱宰渠伯糾何？下大夫也。」何休解詁：「禮，君於臣而不名者有五：諸父兄不名，經曰『王札子』是也，《詩》曰『王謂叔父』是也；上大夫不名，『祭伯』是也；盛德之士不名，『叔肸』是也；老臣不名，『宰渠伯糾』是也。」

〔二〕公羊子傳：「皆何以名？失地之君也。其稱侯朝何？貴者無後，待之以初也。」

〔三〕何休解詁：「穀、鄧本與魯同貴爲諸侯，今失爵亡土來朝，託寄也，義不可卑，故明當待之如初。所謂『故舊不遺，則民不偷』。」

〔四〕《春秋·隱公十一年》：「春，滕侯、薛侯來朝。」穀梁子傳：「犆言，同時也；累數，皆至也。」范甯集解：「犆言，謂別言也。若『穀伯綏來朝，鄧侯吾離來朝』，同時來，不俱至。」「累數，總言之也。若『滕侯、薛侯來朝』，同時俱至。」

〔五〕《春秋》桓公五年：「冬，州公如曹。」桓公六年：「春正月，寔來。」公羊子傳：「寔來者何？猶曰是人來也。孰謂？謂州公也。曷爲謂之寔來？慢之也。曷爲慢之，化我也。」何休解詁：「行過無禮謂之化，齊人語也。諸侯相過，至竟必假塗，入都必朝，所以崇禮讓，絶慢易，戒不虞也。今州公過魯都不朝魯，是慢之，爲惡，故書『寔來』，見其義也。」

〔六〕《論語·子罕》：「『唐棣之華，偏其反而。豈不爾思，室是遠而。』子曰：『未之思也，夫何遠之有？』」

入國邑

夏五月，莒人入向隱公二年

入國，大惡也。莒，我東偏之國也；向，我南偏之微國也。秉州伯之教，爲天子奮武衛，莒人入向，我不克柔遠能邇〔一〕見矣。莒有夷俗〔二〕，曷不以國目之？《春秋》之道宏矣，夫不以近於我乎？向亦卒亡而不書也，書取之莒〔三〕以見之。

【箋】

〔一〕《詩·大雅·民勞》：「柔遠能邇，以定我王。」鄭箋：「安遠方之國，順伽其近者。」

〔二〕《左傳·成公八年》：「莒子曰：『辟陋在夷，其孰以我爲虞？』」

〔三〕《春秋·宣公四年》：「春王正月，公及齊侯平莒及郯。莒人不肯，公伐莒，取向。」

秋，衛師入郕隱公五年

入爲寇之重者也〔一〕，稱師，重之也〔二〕。書時略輕，月詳之，日則彌詳之，傷害之淺深具矣〔三〕。受兵者無譏乎？郕，小國也；衛，大國也；暴小寡之罪大，則致寇之罪薄矣〔四〕。郕之爲國，宗盟也〔五〕，且我之同州也。衛既暴蔑〔六〕之，我必槁禬〔七〕之，是以志諸《春秋》。《鴻雁》所爲作也〔八〕。《小雅》非其人，必有以易之〔九〕，《春秋》何獨不然。

【箋】

〔一〕《公羊傳·莊公十年》：「戰不言伐，圍不言戰，入不言圍，滅不言入，書其重者也。」

〔二〕公羊子傳：「將卑師衆，稱師。」

〔三〕《公羊傳·隱公二年》：「入者何？得而不居也。」何休解詁：「入例時，傷害多則月。」

〔四〕左氏傳：「衛之亂也，郕人侵衛，故衛師入郕。」孔穎達疏：「《史記·管蔡世家》稱郕叔武，文王子，武王之母弟，『後世無所見』。」

〔五〕宗盟，同宗之盟。《左傳·隱公十一年》：「周之宗盟，異姓爲後。」孔穎達疏：「服虔以宗盟爲同宗之盟。」

〔六〕暴蔑，欺罔蔑視。《左傳·襄公二十年》：「慶氏無道，求專陳國，暴蔑其君，而去其親。」

〔七〕槁禬，犒勞軍隊并聚財援助。《周禮·秋官·小行人》：「若國師役則令槁禬之。」鄭玄注：「師役者，國有兵寇以匱病者也，使鄰國合會財貨以與之。」《大戴禮記·朝事》：「師役則令槁禬之，有福事則令慶賀之。」

〔八〕《詩・小雅・鴻雁》小序：「美宣王也。萬民離散，不安其居，而能勞來還定安集之，至于矜寡，無不得其所焉。」鄭箋：「宣王承厲王衰亂之敝而起，興復先王之道，以安集衆民爲始也。《書》曰：『天將有立父母，民之有政有居』，宣王之爲是務。」

〔九〕《墨子・兼愛下》：「子墨子曰：『非人者，必有以易之。』」意爲反對别人者，自己必定有可替代選項。《鹽鐵論・國疾》：「且夫《小雅》非人，必有以易之。諸生若有能安集國中，懷來遠方，使邊境無寇虜之災，租税盡爲諸生除之，何况鹽鐵均輸乎！」

秋，宋人、衛人入鄭隱公十年

戕敗人者，適以自戕而自敗，逾時已反乎爾矣〔一〕。不日且不月，酷未甚也。人之，賤之也。

【箋】

〔一〕《左傳・隱公十一年》：「冬十月，鄭伯以虢師伐宋。壬戌，大敗宋師，以報其入鄭也。」

冬十月壬午，齊人、鄭人入郕

稱人，賤之也。日入，虐甚矣。郕，微國也。六年之中，一殘於衛，再虐於齊、鄭，聖人猶幸我之不與焉。鄭無欲於郕，以是爲齊志也〔一〕。入鄭伐戴則先宋〔二〕，伐宋入郕則先齊〔三〕，釋怨鳩民之話〔四〕焉在？目翬帥師，餘則皆略而人之。必斥鄭伯，内且不爲公諱〔五〕。詐戰覆師〔六〕，斯獲罪於天也。

【箋】

〔一〕《直解》：「三國伐戴，宋志也；二國入郕，齊志也。郕近齊，蓋借力以弱郕而謀并也。鄭以郜與防媚魯，又以郕媚齊也。」

〔二〕《春秋·隱公十年》：「秋，宋人、衛人入鄭。宋人、蔡人、衛人伐戴。」左氏傳：「秋七月庚寅，鄭師入郊。猶在郊，宋人、衛人入鄭。蔡人從之，伐戴。」

〔三〕《春秋·隱公十年》：「夏，翬帥師會齊人、鄭人伐宋。」

〔四〕《春秋·隱公八年》：「秋七月庚午，宋公、齊侯、衛侯盟于瓦屋。」左氏傳：「冬，齊侯使來告成三國，公使衆仲對曰：『君釋三國之圖以鳩其民，君之惠也，寡君聞命矣，敢不承受君之明德。』」杜預集解：「鳩，集也。」

〔五〕《春秋·隱公十年》：「六月壬戌，公敗宋師于菅。」

〔六〕參見「詐戰十一」和「覆師十二」條。

秋七月壬午，公及齊侯、鄭伯入許隱公十有一年

鄭與許偪，幾於不並立〔一〕，曷言乎「公及齊侯、鄭伯入許」？償取郜、取防之德於鄭

者〔二〕，公之志也〔三〕。「兵莫憯於志」〔四〕，竭其力、享其實者次之〔五〕。日入，許之社稷殆不血食矣。

【箋】

〔一〕鄭與許接鄰，有吞許之心，隱公十一年，卒滅許，即《春秋·隱公十一年》：「夏，公會鄭伯于時來。秋七月壬午，公及齊侯、鄭伯入許。」至桓公十五年，許叔乃因鄭亂而復國。

〔二〕《春秋·隱公十年》：「六月壬戌，公敗宋師于菅。辛未，取郜。辛巳，取防。」左氏傳：「六月戊申，公會齊侯、鄭伯于老桃。壬戌，公敗宋師于菅。庚午，鄭師入郜，辛未，歸于我。庚辰，鄭師入防，辛巳，歸于我。」

〔三〕胡安國傳：「書『及』，則入許者公所欲也。」按：《公羊傳·隱公元年》：「及，我欲之。」

〔四〕《莊子·庚桑楚》：「兵莫憯於志，鏌鋣爲下；寇莫大於陰陽，無所逃於天地之間。」郭慶藩集釋：「憯，與慘同。」

〔五〕《春秋繁露·玉杯》：「《春秋》之論事，莫重於志。」

秦人入鄀見《外辭》

圍國邑〔一〕

【箋】

〔一〕原文本條在下一條「代國取邑」之後，據前文小序的條目順序，調整到現在位置。

宋人伐鄭圍長葛隱公五年

伐國不言圍邑〔一〕，惡鈞者，從一斷之。圍長葛則何以書？將言取邑，先言圍邑也〔二〕。曷爲先言圍邑而後言取邑？一役而期歲也。曾莫之救恤乎？主人安在矣。

【箋】

〔一〕穀梁子傳：「伐國不言圍邑，此其言圍，何也？久之也。」

〔二〕《春秋·隱公六年》：「冬，宋人取長葛。」公羊子傳：「外取邑不書，此何以書？久也。」杜預集解：「上有伐鄭圍長葛，長葛，鄭邑可知，故不言鄭也。」

晉人秦人圍鄭見外辭

伐國取邑

春王二月，莒人伐杞取牟婁隱公四年

《春秋》之始，曷爲先治取邑〔一〕？聖人爲政，内修七教，外行三至〔二〕，期月已可，三年有成〔三〕。則凡二百一十國以爲州〔四〕，悉明於天子之禁焉。魯，州伯也。莒，州屬也，有鄙桀心，入向不忌，伐杞取牟婁不忌，我可以自省而强於政治否乎？於兹四年〔五〕，鄰國不知有方伯存，曷以正天子之封疆而遏亂略〔六〕哉！「疾始取邑」，彼介疾〔七〕而不知懼，且以爲固然，從而效之，王迹熄矣〔八〕，嘉客斁矣〔九〕，其尚知疾哉！《春秋》不志内之取邑於杞〔一〇〕，諱之也。

【箋】

〔一〕公羊子傳：「牟婁者何？杞之邑也。外取邑不書，此何以書？疾始取邑也。」

〔二〕《大戴禮記·主言》：「〔孔子曰〕是故昔者明主内修七教，外行三至。七教修焉，可以守；三至行焉，可以征。七教不修，雖守不固；三至不行，雖征不服。是故明主之守也，必折衝于千里之外；其征也，衽席之上還師。是故内修七教而上不勞，外行三至而財不費，此之謂明主之道也。」「曾子曰：『敢問何謂七教？』孔子曰：『上敬老則下益孝，上順齒則下益悌，上樂施則下益諒，上親賢則下擇友，上好德則下不隱，上惡貪則下耻争，上强果則下廉耻，民皆有别，則貞、則正，亦不勞矣。此謂七教。』」「曾子曰：『敢問何謂三至？』孔子曰：『至禮不讓而天下治，至賞不費而天下之士説，至樂無聲而天下之民和。』」

〔三〕《論語·子路》：「子曰：『苟有用我者，期月而已可也，三年有成。』」

〔四〕《禮記·王制》：「三十國以爲卒，卒有正。二百一十國以爲州，州有伯。」

〔五〕謂隱公繼位已四年于兹。

〔六〕語出《書·武成》：「予小子既獲仁人，敢祗承上帝，以遏亂略。」孔安國傳：「略，路也。言誅紂敬承天意，以絶亂路。」

〔七〕《易·兑》九四：「商兑未寧，介疾有喜。」王弼注：「介，隔也。」孔穎達疏：「夫邪佞之人，國之疾也。」

〔八〕《孟子·離婁下》：「孟子曰：『王者之迹熄而《詩》亡，《詩》亡然後《春秋》作。』」

〔九〕嘉客，指二王後（于周爲客），此處特指杞。斁，厭也。語出《詩·商頌·那》：「我有嘉客，亦不夷懌。」

〔一〇〕《左傳·襄公二十九年》：「晉侯使司馬女叔侯來治杞田，弗盡歸也。」杜預集解：「使魯歸前侵杞田。所歸少，故不書。」魯國何時侵杞何田，《春秋》未書。

冬，宋人取長葛隱公六年

公羊子曰：「外取邑不書，此何以書？久也。」何言乎取邑之久？宋虐用其民，陵暴人之邑，踰年而卒逞其欲〔一〕，宋之將是師者服上刑，而其君爲大不仁矣。鄭不恤守死之臣若〔二〕民，莫之扞而棄之，亦不得以無罪。且長葛之效死，於邑法所宜，録其不得已而服於宋者，法所不當罪，是以言乎取邑之久也，王制備矣。

【箋】

〔一〕《春秋》隱公五年冬：「宋人伐鄭圍長葛。」隱公六年：「冬，宋人取長葛。」

〔二〕若，和，及。《書·召誥》：「拜手稽首，旅王若公。」

戰

春二月，公會紀侯、鄭伯。己巳，及齊侯、宋公、衛侯、燕人戰，齊師、宋師、衛師、燕師敗績桓公十有三年

孰爲是戰？紀先鄭，齊先宋，先者爲之也。不地，孰主？我也。非紀乎？兵加于紀，而我救之，則義也〔一〕。義何以不地？以其不地，知其伐我也。我爲主，則紀何以爲是戰？齊、紀深讐也〔二〕。宋、鄭之怨微〔三〕，不挾紀，齊不怒我，有紀然後成乎戰。然則四國何以伐我？我黨鄭而隙宋。是役也，以宋、鄭召兵，以齊、紀成戰，輕用民死，爲人而已。曰「會」，奪内之爲主而從外也〔四〕。衛何以侯？以衛朔爲不子矣〔五〕。大夫惡之，國人賤之，《芄蘭》所爲作也〔六〕。其詩曰：「能不我知」，是之不知而何知乎？以衛朔爲不子矣。古之爲師也必誓，致民志也。上輕用其民而民亦弗能死，「敗績」云者，自敗也。則誅其民乎？唯王者實能誅之而無所用誅，王道廢則不可勝誅而誅廢。誅而不解，變乃起矣。戰

稱侯、稱公、稱人，敗則皆稱師，重師也〔七〕，傷其長國家而輕害所重也。

【箋】

〔一〕胡安國傳：「《左氏》以爲鄭與宋戰，《公羊》以爲宋與魯戰，《穀梁》以爲紀與齊戰。趙匡考據經文，内兵則以紀爲主而先於鄭，外兵則以齊爲主而先於宋，獨取《穀梁》之説。蓋齊、紀者，世讎也。齊人合三國以攻紀，魯、鄭援紀而與戰。」

〔二〕紀侯譖齊哀公于周懿王，王烹之。齊哀公爲襄公九世之祖，故齊紀有深仇。參見《公羊傳·莊公四年》。

〔三〕左氏傳：「宋多責賂於鄭，鄭不堪命，故以紀、魯及齊與宋、衛、燕戰。」杜預集解：「立突賂。」

〔四〕公羊子傳：「曷爲後日？恃外也。其恃外奈何？得紀侯、鄭伯，然後能爲日也。内不言戰，此其言戰何？從外也。曷爲從外？恃外，故從外也。」

〔五〕衛侯朔，即衛惠公，此時乃背殯出會諸侯，即已稱侯，故云。《春秋》桓公十二年冬十一月：「丙戌，衛侯晉卒。」十三年：「三月，葬衛宣公。」《公羊傳·莊公三十二年》：「君存稱世子，君薨稱子某，既葬稱子，踰年稱公。」

〔六〕《詩·衛風·芄蘭》小序：「刺惠公也。驕而無禮，大夫刺之。」鄭箋：「惠公以幼童即位，自謂有才能而驕慢於大臣，但習威儀，不知爲政以禮。」

〔七〕穀梁子傳：「戰稱人，敗稱師，重衆也。」

秋七月，齊侯使國佐如師成公二年

何用見其佚獲與〔一〕？以臣敵君，又驕臣而抑君乎？曰絶齊侯，所以誅郤克也。郤克逞志于諸侯〔二〕而不誅，則晉其狄矣。若猶未之狄也，則不可以不奉王法，是故與晉爲善者，不可以不誅郤克。則何以絶齊侯？著郤克之罪而後誅之，且使齊侯奉王法也。「生而辱，不若死而榮」〔三〕。身可辱也，君與國爲體〔四〕，不可辱也。是故奔而歸者皆絶之〔五〕，執而歸者皆絶之〔六〕，獲而歸者皆絶之〔七〕。不能其家人，不能其國人，王法之所廢也。不廢則謂之僭。

重不免於罪，輕亦無解于不肖。不肖不可以治賢，王法之所黜也。不黜則謂之闇。不能治其國而至於戰，不能治其軍而致於敗。在國曰侯，在軍曰將，天子命之而守臣之節也。不死，其節辱，王命廢，且有罪。不廢則謂之縱。

僭也，闇也，縱也，非所以式序諸侯也。《春秋》謹王法，千乘之國，不重于王法。天子改立齊君，而頃公終身不入齊國，諸侯之國安而三軍之心壹矣〔八〕。

【箋】

〔一〕《春秋·成公二年》：「六月癸酉，季孫行父、臧孫許、叔孫僑如、公孫嬰齊帥師，會晉郤克、衛孫良夫、曹公子首及齊侯戰于鞌，齊師敗績。秋七月，齊侯使國佐如師。己酉，及國佐盟于袁婁。」公羊子傳：「君不使乎大夫，此其行使乎大夫何？佚獲也。其佚獲奈何？師還齊侯，晉郤克投戟逡巡再拜稽首馬前。逢丑父者，頃公之車右也，面目與頃公相似，衣服與頃公相似，代頃公當左，使頃公取飲。頃公操飲而至，曰：『革取清者。』頃公用是佚而不反。逢丑父曰：『吾賴社稷之神靈，吾君已免矣。』郤克曰：『欺三軍者，其法奈何？』曰：『法斮。』於是斮逢丑父。」

〔二〕魯宣公十七年，晉侯使郤克徵會于齊。齊頃公帷婦人使觀之，郤克足跛，登階，婦人笑於房。郤克怒，誓報此辱，故有成公二年帥諸大夫伐齊之鞌之戰。詳見《左傳》。

〔三〕語出《史記·范睢蔡澤列傳》。

〔四〕《公羊傳·莊公四年》：「國、君何以爲一體？國、君以國爲體，諸侯世，故國、君爲一體也。」

〔五〕如《春秋·桓公十六年》：「十有一月，衛侯朔出奔齊。」公羊子傳：「衛侯朔何以名？絶。曷爲絶之？得罪于天子也。」《春秋·莊公六年》：「夏六月，衛侯朔入于衛。」公羊子傳：「衛侯朔何以名？絶。曷爲絶之？犯命也。」

〔六〕如《春秋》僖公二十八年：「晉人執衛侯歸之于京師。」僖公三十年：「衛侯鄭歸于衛。」

〔七〕如《春秋·哀公七年》：「秋，公伐邾。八月己酉，入邾，以邾子益來。」公羊子傳：「邾婁子益何以名？絶。曷爲絶之？獲也。曷爲不言其獲？内大惡諱也。」《春秋·哀公八年》：「歸邾子益于邾。」

〔八〕本句爲莊氏假設句，頃公即經文中之「齊候」。

覆師

宋人、蔡人、衛人伐戴。鄭伯伐取之隱公十年秋

是遷戮〔一〕也，實速禍矣。戴，微國也，蔡人胡爲乎於斯争尋常以盡其民〔二〕？爲人牧者類如是乎？「人」之，賤之也。曷言乎「伐取之」〔三〕？覆而盡之也〔四〕。稱鄭伯，服上刑者匪他人，鄭伯也〔五〕。

【箋】

〔一〕遷戮，猶因屠戮甲順帶屠戮乙。語出《左傳·成公六年》：「吾來救鄭，楚師去我，吾遂至於此，是遷戮也。」

〔二〕左氏傳：「秋七月庚寅，鄭師入郊。猶在郊，宋人、衛人入鄭。蔡人從之，伐戴。八月壬戌，鄭伯圍戴。癸亥，克之，取三師焉。宋、衛既入鄭，而以伐戴召蔡人，蔡人怒，故不和而敗。」

〔三〕公羊子傳：「其言伐取之何？易也。其易奈何？因其力也。因誰之力？因宋人、蔡人、衛人之力也。」

〔四〕《左傳·莊公十一年》：「覆而敗之曰取某師。」杜預集解：「覆，謂威力兼備，若羅網所掩覆，一軍兼見擒制，故以取爲文。」

〔五〕穀梁子傳：「不正其因人之力而易取之，故主其事也。」

用人

鄫子會盟于邾。己酉，邾人執鄫子，用之僖公十有九年

邾何以稱人？貶〔一〕。用人猶待貶乎？不必誅乎？必誅也。必誅者固人之據「晉人執虞公」〔二〕。鄫子何以不名？國亡則名據「蔡世子有」〔三〕，國不亡則不名。何以不名？告喪者辭也〔四〕。順其辭以詔復讎之義，其子若臣不可使鄫一日姑存於天下。宋人主是盟，則宋人實使之，而蔽罪於邾〔五〕，宋人因邾人實造殺人之意，而後使之。且邾非鄙邑，豈曰受宋令而殺之哉！然則鄫子無惡乎？兵敗、國亡、身奔走，咸不得謂之無惡也。信乎無惡，則隱之而不書。曰《春秋》有不忍書，用人，所不忍也，而書之，則將有所大不忍者乎？著有夷狄行者，必及其身，而人道必始于別男女也〔六〕。所不忍者一人，所大不忍者天下萬世之人。

【箋】

〔一〕指邾文公書作「邾人」。左氏傳：「夏，宋公使邾文公用鄫子于次睢之社。」

〔二〕《春秋·僖公五年》：「冬，晉人執虞公。」左氏傳：「冬十二月丙子朔，晉滅虢，虢公醜奔京師。

師還館于虞，遂襲虞，滅之，執虞公，及其大夫井伯。」

〔三〕《春秋·昭公十一年》：「冬十有一月丁酉，楚師滅蔡，執蔡世子有以歸，用之。」

〔四〕指鄫國派赴魯國的告喪者之辭。

〔五〕《春秋·僖公十九年》：「夏六月，宋公、曹人、邾人盟于曹南。鄫子會盟于邾。己酉，邾人執鄫子，用之。」左氏傳：「夏，宋公使邾文公用鄫子于次睢之社，欲以屬東夷。」

〔六〕《春秋·僖公十四年》：「夏六月，季姬及鄫子遇于防，使鄫子來朝。」公羊子傳：「鄫子曷爲使乎季姬來朝？内辭也，非使來朝，使來請己也。」何休解詁：「使來請娶己以爲夫人，下書『歸』是也。禮，男不親求，女不親許。魯不防正其女，乃時要遮鄫子淫泆，使來請己，與禽獸無異，故卑鄫子使乎季姬，以絶賤之也。」

國遷

十有二月，衛遷于帝丘僖公三十有一年

齊桓之救衛，衛文之治國，所以録之詩也〔一〕。《曹》之卒章，傷天下之無伯〔二〕。故重耳已不足録矣，況其下乎〔三〕。

【箋】

〔一〕《詩·衛風·木瓜》小序：「美齊桓公也，衛國有狄人之敗，出處于漕，齊桓公救而封之，遺之車

馬器服焉。衛人思之，欲厚報之而作是詩也。」《詩·鄘風·定之方中》小序：「美衛文公也。衛爲狄所滅，東徙渡河，野處漕邑，齊桓公攘戎狄而封之。文公徙居楚丘，始建城市而營宫室，得其時制，百姓説之，國家殷富焉。」

〔二〕《詩經·曹風》的最末一詩爲《下泉》，小序稱：「《下泉》，思治也。曹人疾共公侵刻下民，不得其所，憂而思明王賢伯也。」孔穎達疏：「此謂思上世明王賢伯治平之時，若有明王賢伯，則能督察諸侯，共公不敢暴虐，故思之也。上三章皆上二句疾共公侵刻下民，下二句言思古明王。卒章思古賢伯。」

〔三〕胡安國傳：「中國衰微，夷狄强盛，衛侯不能自强於政治，晉文無卻四夷、安諸夏之功，莫不見矣。」

復國存祀

許叔入於許桓公十有五年〔一〕

入者何？篡辭也〔二〕。其曰許叔，非篡辭也，復國也〔三〕。復國則何以書入？難也〔四〕。何難乎爾？無王命與？曰：可復而復，復而後請命以列於諸侯，存亡國、繼絶世，此順之實也。陳、蔡復歸〔五〕，不待王命，《春秋》無奪辭，天下歸仁焉，又何奪乎許叔！然則何難乎爾？曰：許不爲許，于兹十有五年矣，入而後爲許也。許叔入而後爲許者，五廟僅存而社稷已不血食也。陳、蔡言「滅」〔六〕，則書「歸」以爲非楚所能滅也〔七〕。入許不言滅矣，則書曰「許叔入於許」，莫宜於許叔〔八〕，是以褒之。誅鄭伯之專取王封，而告許之臣若子致役于社稷，夙興夜處以求復之，十五年毋可一日忘之，而今日終其志也，故難之也。

【箋】

〔一〕據原注「此節在上一節前」，調整到現在位置。

〔二〕《公羊傳·莊公六年》：「其言入何？篡辭也。」

〔三〕隱公十一年，許爲鄭所滅。詳見《左傳》。

〔四〕《公羊傳·隱公八年》：「其言入何？難也。」

〔五〕《春秋·昭公十三年》：「蔡侯廬歸于蔡，陳侯吴歸于陳。」左氏傳：「楚之滅蔡也，靈王遷許、胡、沈、道、房、申於荆焉。平王即位，既封陳、蔡而皆復之，禮也。隱大子之子廬歸于蔡，禮也；悼大子之子吴歸于陳，禮也。」

〔六〕《春秋》昭公八年：「冬十月壬午，楚師滅陳。」昭公十一年：「冬十有一月丁酉，楚師滅蔡。」

〔七〕《春秋·昭公十三年》：「蔡侯廬歸于蔡。陳侯吴歸于陳。」穀梁子傳：「此未嘗有國也，使如失國辭然者，不與楚滅也。」

〔八〕穀梁子傳：「許叔，許之貴者也，莫宜乎許叔。其曰入，何也？其歸之道，非所以歸也。」

蔡侯廬歸于蔡。陳侯吳歸于陳昭公十有三年

侯之則不名，名者，失地之君也〔一〕。「蔡侯」、「陳侯」，未嘗以「侯」接於諸侯〔二〕，於是始侯也，則謂之失地之君何？曰：先王之所侯也，其侯無絕，非楚之所能滅也。雖滅之，適以自納于誅，其國未嘗不存，其子孫未嘗不侯。非楚之所能滅，則非楚之所能侯也〔三〕，汝以楚爲制陳、蔡存亡之命乎？君子脩《春秋》曰：楚曷嘗復陳、蔡哉，陳、蔡之人自復也。以棄疾言則虔爲君〔四〕，以陳、蔡言則虔君父之讎也〔五〕，陳人、蔡人不可一日爲楚人。此一役也，凡楚人無能解于弑君之罪，而凡陳人、蔡人皆殺人而義者也。楚焉得人陳、蔡之人，而不國其國、不君其君哉！國未嘗不存，子孫未嘗不侯，先王之命而實陳、蔡之人之義也。獲其義矣，豈曰「爲名」！《左傳》：「陳、蔡欲爲名」二君在楚，不謂之失地之君而何？國未嘗不存，子孫未嘗不侯，則歸而後告焉可也。「歸」者，順辭也〔六〕。噫！棄疾之無信也，鄭不反其犨、櫟〔七〕，而陳、蔡復其國，君子以自復之辭斷之。不信者，不得盡其辭矣。

【箋】

〔一〕《禮記·曲禮下》：「天子不言出，諸侯不生名，君子不親惡。諸侯失地，名。滅同姓，名。」穀梁子傳：「此未嘗有國也，使如失國辭然者，不與楚滅也。」另，《春秋·桓公七年》：「夏，穀伯綏

來朝。鄧侯吾離來朝。」公羊子傳：「皆何以名？失地之君也。」

〔二〕歸而復國之蔡廬、陳吴，皆爲太子之子，此前未嘗稱侯。

〔三〕公羊子傳：「此皆滅國也，其言歸何？不與諸侯專封也。」

〔四〕《春秋·昭公十三年》：「夏四月，楚公子比自晉歸于楚，弒其君虔于乾谿。楚公子棄疾殺公子比。」此一役，楚公子比、公子黑肱、公子棄疾、蔓成然、蔡朝吴帥陳、楚、不羹、許、葉之師，因四族之徒以入楚。靈王虔聞叛自盡，四族之徒不知，棄疾因而夜呼「王至矣」，公子比、公子黑肱聞而恐，皆自殺。棄疾得以即位，是爲楚平王。已而封陳、蔡而復之。詳見《左傳》。

〔五〕熊虔於昭公八年「滅陳」，昭公十一年「滅蔡」。

〔六〕胡安國傳：「曰『歸』者，順辭也。陳、蔡昔皆滅矣，不稱『復歸』者，不與楚虔之得滅也。其稱『歸于』者，國其所宜歸也。」另《公羊傳·桓公十五年》：「曷爲或言歸，或言復歸？復歸者，出惡，歸無惡；復入者，出無惡，入有惡；入者，出、入惡；歸者，出、入無惡。」

〔七〕《左傳》昭公元年：「楚公子圍使公子黑肱、伯州犁城犨、櫟、郟，鄭人懼。」昭公十三年：「〔楚平王〕使枝如子躬聘于鄭，且致犨、櫟之田。事畢，弗致。鄭人請曰：『聞諸道路，將命寡君以犨、櫟，敢請命。』對曰：『臣未聞命。』既復，王問犨、櫟，降服而對曰：『臣過失命，未之致也。』王執其手曰：『子毋勤，姑歸，不穀有事，其告子也。』」杜預集解：「犨、櫟，本鄭邑，楚中取之。平王新立，故還以賂鄭。」

春秋正辭卷十

誅亂辭第八

毁則爲賊〔一〕，辭必閱實〔二〕。被之空言，曷謂天罰〔三〕。晉有良史，書法不隱〔四〕。宋不告賊，斷獄彌謹；卿乃黨賊，賊乃據國〔五〕。稱國甚惡，何問小大〔六〕。世子非人，何殊内外〔七〕。賤窮諸盗〔八〕，閽醜其刑〔九〕。敢以疾赴，諸侯聾瞑；駟騑執政，趙盾比也〔一〇〕。楚虔、蔡般，名同棄也〔一一〕，復見起問，書葬哀世〔一二〕。察獄所歸，亨其利也。未相君臣，通一例也〔一三〕。以亂治亂，禁不許也〔一四〕。力能討之，功必録也〔一五〕。討而縱賊，罪其所由〔一六〕。畏而奉之，并罪諸侯〔一七〕。奔而受焉，謂之掩賊〔一八〕。非賊之徒，則不言「出」。「及其大夫」，惟取一節，匪以爲賢，其死可卹〔一九〕。自外曰戕〔二〇〕，舉國讐之。並列於會，庶人尤之〔二一〕。史不書賊，其罪「殺之」〔二二〕。聖人作經，以治有司〔二三〕。弑一。

【箋】

〔一〕《左傳・文公十八年》：「毁則爲賊，掩賊爲藏。竊賄爲盗，盗器爲姦。」杜預集解：「毁則，壞法也。」

〔二〕《書・吕刑》：「其罰百鍰，閲實其罪。」孔安國傳：「閲實其罪，使與罰名相當。」

〔三〕天罰，上天的誅罰。《書・多士》：「我乃明致天罰，移爾遐逖。」《左傳・昭公二十六年》：「毋速天罰，赦圖不穀，則所願也。」

〔四〕《左傳・宣公二年》：「乙丑，趙穿攻靈公於桃園。宣子未出山而復。大史書曰：『趙盾弑其君』，以示於朝。宣子曰：『不然。』對曰：『子爲正卿，亡不越竟，反不討賊，非子而誰？』宣子曰：『嗚呼！「我之懷矣，自詒伊慼」，其我之謂矣。』孔子曰：『董狐，古之良史也，書法不隱。』」

〔五〕指宋不來告弑君者之姓名，故魯史書作「宋人」。見後文文公十六年經例「冬十有一月，宋人弑其君杵臼」條。

〔六〕指不分大小國，凡稱國以弑者，皆爲君甚惡也。如《春秋・成公十八年》：「庚申，晉弑其君州蒲。」穀梁子傳：「稱國以弑其君，君惡甚矣。」再如文公十八年：「莒弑其君庶其。」定公十三年：「薛弑其君比。」

〔七〕參見後文例，文公元年「冬十月丁未，楚世子商臣弑其君頵。」襄公三十年「夏四月，蔡世子般弑其君固。」昭公十九年「夏五月戊辰，許世子止弑其君買。」

〔八〕《春秋・文公十六年》：「冬十有一月，宋人弑其君處臼。」公羊子傳：「弑君者曷爲或稱名氏，或不稱名氏？大夫弑君稱名氏，賤者窮諸人。大夫相殺稱人，賤者窮諸盗。」《春秋・哀公四年》：「春王三月庚戌，盜殺蔡侯申。」公羊子傳：「弑君，賤者窮諸人，此其稱盜以弑何？賤乎賤者也。賤乎賤者孰謂？謂罪人也。」

〔九〕《春秋·襄公二十九年》：「閽弑吴子餘祭。」公羊子傳：「閽者何？門人也，刑人也。刑人則曷爲謂之閽？刑人非其人也。君子不近刑人，近刑人則輕死之道也。」

〔一〇〕《春秋·襄公七年》：「十有二月，公會晉侯、宋公、陳侯、衛侯、曹伯、莒子、邾子于鄬。鄭伯髡頑如會，未見諸侯。丙戌，卒于鄵。」左氏傳：「鄭僖公之爲大子也，於成之十六年，與子罕適晉，不禮焉。又與子豐適楚，亦不禮焉。及其元年，朝于晉，子豐欲愬諸晉而廢之，子罕止之。及將會于鄬，子駟相，又不禮焉。侍者諫，不聽，又諫，殺之。及鄵，子駟使賊夜弑僖公，而以瘧疾赴于諸侯。簡公生五年，奉而立之。」子駟，穆公之子，名騑。

〔一一〕《春秋·昭公十一年》：「夏四月丁巳，楚子虔誘蔡侯般，殺之于申。」此處楚虔、蔡般俱稱名，違背「諸侯不生名」之禮，存與以爲乃《春秋》諸侯稱名以「絶之」之意，貶其弑君父之罪，而不贊同公、穀責「誘討」之説。參見後文例。

〔一二〕《春秋·襄公三十年》：「冬十月，葬蔡景公。」蔡景公，名固，蔡靈公般之父。公羊子傳：「賊未討，何以書葬？君子辭也。」參見後文例。

〔一三〕參見後文例昭公十三年「夏四月，楚公子比自晉歸于楚，弑其君虔于乾谿」條。

〔一四〕《春秋·昭公四年》：「秋七月，楚子、蔡侯、陳侯、許男、頓子、胡子、沈子、淮夷伐吴。執齊慶封殺之。」穀梁子傳：「慶封其以齊氏，何也？爲齊討也。靈王使人以慶封令以軍中曰：『有若齊慶封弑其君者乎？』慶封曰：『子一息，我亦且一言，曰有若楚公子圍弑其兄之子而代之爲君者乎？』軍人粲然皆笑。慶封弑其君，而不以弑君之罪罪之者，慶封不爲靈王服也，不與楚討也。《春秋》之義，用貴治賤，用賢治不肖，不以亂治亂也。孔子曰：『懷惡而討，雖死不服。』其斯之謂與！」

〔一五〕《春秋·宣公十一年》：「冬十月，楚人殺陳夏徵舒。」公羊子傳：「此楚子也，其稱人何？貶。曷爲貶？不與外討也。不與外討者，因其討乎外而不與也。雖内討亦不與也，曷爲不與？實與而文不與。文曷爲不與？諸侯之義，不得專討也。諸侯之義，不得專討，則其曰實與之何？上無天子，下無方伯，天下諸侯，有爲無道者，臣弑君，子弑父，力能討之，則討之可也。」

〔一六〕如《春秋》文公十六年：「冬十有一月，宋人弑其君杵臼。」文公十七年：「春，晉人、衛人、陳人、鄭人伐宋。」左氏傳：「春，晉荀林父、衛孔達、陳公孫寧、鄭石楚伐宋，討曰：『何故弑君？』猶立文公而還。卿不書，失其所也。」文公，即公子鮑，與襄夫人弑宋昭公杵臼，諸侯討而猶立之。

〔一七〕參見後文昭公元年經例「冬十有一月己酉，楚子麇卒」。

〔一八〕《左傳·文公十八年》：「毁則爲賊，掩賊爲藏。」孔穎達疏：「掩匿賊人是爲藏，言其藏罪人也。」參見後文莊公十二年「冬十月，宋萬出奔陳」，襄公二十八年「冬，齊慶封來奔」，昭公元年「秋，莒展輿出奔吴」，哀公四年「蔡公孫辰出奔吴」等經例。

〔一九〕參見後文桓公二年、莊公十二年、僖公十年經例。

〔二〇〕《春秋·宣公十八年》：「秋，邾人戕鄫子于鄫。」左氏傳：「凡自虐其君曰弑，自外曰戕。」

〔二一〕《春秋·襄公三十年》：「晉人、齊人、宋人、衛人、鄭人、曹人、莒人、邾人、滕人、薛人、杞人、小邾人會于澶淵。宋災故。」左氏傳：「爲宋災故，諸侯之大夫會，以謀歸宋財。冬十月，叔孫豹會晉趙武、齊公孫蠆、宋向戌、衛北宮佗、鄭罕虎及小邾之大夫，會于澶淵。既而無歸於宋，故不書其人。……書曰『某人某人會于澶淵。宋災故。』尤之也。不書魯大夫，諱之也。」尤，責過也，見《左傳·襄公十五年》：「見孟獻子，尤其室曰：『子有令聞，而美其室，非所望也。』」杜預集解。參見後文莊存與對本條經例的解說。

〔二二〕見後文經文中含有「殺之」之例。

〔二三〕《鹽鐵論·疾貪》：「駟馬不馴，御者之過也。百姓不治，有司之罪也。《春秋》刺譏不及庶人，責其率也。」

國不可以無受，無受則謂之篡。父命尊矣，臣、子一例〔一〕。君命其臣，皆謂之子。繼子如繼君，君命在是子〔二〕。自外如在國，君以國爲體〔三〕。繼體則皆爲之後。是故無父命曰篡，無君命曰篡，不爲之後曰篡，昆弟争國曰篡，因賊臣曰篡，殺君之子曰篡，雖討賊亦曰篡，討賊正而大夫專立之曰篡，出奔而復入曰篡，皆大故也。苟無故焉，不類見天子〔四〕，乃微見之，因事則見之。宋桓〔五〕、魯僖〔六〕，僅得免焉。篡二。

【箋】

〔一〕《春秋·僖公元年》：「元年春王正月。」公羊子傳：「公何以不言即位？繼弑君，子不言即位。此非子也，其稱子何？臣、子一例也。」

〔二〕如，《春秋·閔公元年》：「元年春王正月。」公羊子傳：「公何以不言即位？繼弑君不言即位。孰繼？繼子般也。孰弑子般，慶父也。」

〔三〕《公羊傳·莊公四年》：「國、君何以爲一體？國、君以國爲體。諸侯世，故國、君爲一體也。」

〔四〕《禮記·曲禮下》：「既葬，見天子，曰類見。」鄭玄注：「代父受國。類，猶象也。執皮帛，象諸侯之禮見也。其禮亡。」孔穎達疏：「此諸侯世子，父死，葬畢而見天子禮也。類，象也，言葬後未執玉而執皮帛以象諸侯見，故曰類見。」

〔五〕《史記·宋微子世家》：「十年夏，宋伐魯，戰於乘丘，魯生虜宋南宫萬。宋人請萬，萬歸宋。十一年秋，湣公與南宫萬獵，因博争行，湣公怒，辱之，曰：『始吾敬若；今若，魯虜也。』萬有力，病此言，遂以局殺湣公于蒙澤。大夫仇牧聞之，以兵造公門。萬搏牧，牧齒著門闔死。因殺太宰華督，乃更立公子游爲君。諸公子奔蕭，公子御説奔亳。萬弟南宫牛將兵圍亳。冬，蕭及宋之諸公子共擊殺南宫牛，弑宋新君游而立湣公弟御説，是爲桓公。」

〔六〕《史記·魯周公世家》：「先時，慶父與哀姜私通，欲立哀姜娣子開，及莊公卒，而季友立斑。十月己未，慶父使圉人犖殺魯公子斑于黨氏，季友奔陳，慶父竟立莊公子開，是爲愍公。愍公二年，慶父與哀姜通益甚，哀姜與慶父謀，殺愍公而立慶父。慶父使卜齮襲殺愍公于武闈。季友聞之，自陳與愍公弟申如邾，請魯求内之。魯人欲誅慶父，慶父恐，奔莒，于是季友奉子申入，立之，是爲僖公。」

天子廢之，奔不即罪。誅絶三。

出而歸者，絶之於其國而不誅也，盜國然後誅。諸侯出入四。

罪不請命，順者不納〔一〕，納者不順，善其「弗克」〔二〕。曰「衛世子」，婉而不絶，不順之實，亦無隱焉〔三〕。納子五。

【箋】

〔一〕《穀梁傳·僖公二十五年》：「納者，内弗受也。」

〔二〕《春秋·文公十四年》：「晉人納接菑于邾婁，弗克納。」公羊子傳：「納者何？入辭也。其言弗克納何？大其弗克納也。何大乎其弗克納？晉郤缺帥師，革車八百乘，以納接菑于邾婁，力沛若有餘而納之，邾婁人言曰：『接菑，晉出也；貜且，齊出也。子以其指，則接菑也四，貜且也六；子以大國壓之，則未知齊、晉孰有之也。貴則皆貴矣，雖然，貜且也長。』郤缺曰：『非吾力不能納也，義實不爾克也。』引師而去之，故君子大其弗克納也。此晉郤缺也，其稱人何？貶。曷爲貶？不與大夫專廢置君也。曷爲不與？實與而文不與。文曷爲不與？大夫之義，不得專廢置君也。」

〔三〕《春秋·哀公二年》：「晉趙鞅帥師納衛世子蒯聵于戚。」公羊子傳：「戚者何？衛之邑也。曷爲不言入于衛？父有子，子不得有父也。」何休解詁：「明父得有子而廢之，子不得有父之所有，故奪其國文，正其義也。」按：蒯聵，衛靈公世子。母南子召宋朝，定公十四年蒯聵弑母不克，奔晉。靈公卒，晉趙鞅納之，其子不受，入于戚。

諭教可不蚤乎？不推恩之禍如此乎？鍼如二君〔一〕，未若段甚〔二〕。秦伯有母，不犯王禁。逐世子母弟六。

【箋】

〔一〕《春秋·昭公元年》：「夏，秦伯之弟鍼出奔晉。」左氏傳：「秦后子有寵於桓，如二君於景。其母曰：『弗去，懼選。』癸卯，鍼適晉。」杜預集解：「后子，秦桓公子，景公母弟鍼也。其權寵如兩君。」「選，數也。恐景公數其罪而加戮。」

〔二〕《春秋·隱公元年》：「夏五月，鄭伯克段于鄢。」武姜生鄭莊公及共叔段，惡莊公而愛共叔段，爲請京使居之，謂之京城大叔。共叔段修城招携，且與武姜約襲莊公，莊公先發制人，段敗，出奔共。詳見《左傳》。

父者子之天，順命孰若此子乎？君父也，非有誅絶也，不可解之惡成〔一〕。處心積慮〔二〕，倉卒之變〔三〕，同一實也，待其終而後異之〔四〕。殺世子七。

【箋】

〔一〕語出《易・繫辭下》：「故惡積而不可揜，罪大而不可解。」此處指殺世子。

〔二〕《春秋・僖公五年》：「春，晉侯殺其世子申生。」晉侯，晉獻公佹諸，魯莊公十八年至魯僖公九年在位。晉獻公殺世子申生，有處心積慮之嫌，魯閔公元年，「分之都城而位以卿」，士蔿即以爲「大子不得立矣」，閔公二年，晉侯使大子申生出伐東山皋落氏，里克諫，獻公即曰：「寡人有子，未知其誰立焉。」僖公四年，晉獻公夫人驪姬欲以己子奚齊爲太子，誣陷申生毒殺獻公，申生於「十二月戊申，縊于新城。」詳見《左傳》。

〔三〕《春秋・襄公二十六年》：「秋，宋公殺其世子痤。」宋公，宋平公戌，魯成公十六年至昭公十年在位。魯襄公二十六年秋，楚客聘於晉，過宋，平公太子痤知之，請野享之。寺人惠墻伊戾爲太子内師而無寵，誣告太子盟楚將爲亂，平公囚太子，太子自縊。是爲存與所言之「倉卒之變」。詳見《左傳》。

〔四〕指以書「葬」與否來別異處心積慮之變和倉卒之變。《春秋・僖公九年》：「甲子，晉侯佹諸卒。」何休解詁：「不書葬者，殺世子也。」而《春秋・昭公十一年》：「葬宋平公。」

屢殺君世子〔一〕，是謂「國無主」〔二〕。《墓門》作諷〔三〕，初亡以此〔四〕。殺君世子八。

【箋】

〔一〕指殺君之世子，與上條「殺世子」的差別爲：「殺世子」爲君殺己之世子，「殺君世子」爲他人殺君之世子。關於陳國屢殺君世子之事，參見後文經例。

〔二〕語出《左傳・襄公二十九年》：「爲之歌《陳》，曰：『國無主，其能久乎！』」

〔三〕《詩・陳風・墓門》小序：「刺陳佗也。陳佗無良師傅，以至於不義，惡加於萬民焉。」鄭箋：「不義者，謂弒君而自立。」按：魯桓公五年，陳佗殺太子免而代之。

〔四〕《左傳・莊公二十二年》：「及陳之初亡也，陳桓子始大於齊。其後亡也，成子得政。」杜預集解：初亡，「昭八年，楚滅陳。」後亡，「哀十七年，楚復滅陳。」《春秋・昭公八年》：「春，陳侯之弟招殺陳世子偃師。夏四月辛丑，陳侯溺卒。……冬十月壬午，楚師滅陳，執陳公子招放之于越。殺陳孔奂。葬陳哀公。」左氏傳：「陳哀公元妃鄭姬生悼大子偃師，二妃生公子留，下妃生公子勝。二妃嬖，留有寵，屬諸司徒招與公子過。哀公有廢疾。三月甲申，公子招、公子過殺悼大子偃師，而立公子留。」「陳公子招歸罪於公子過而殺之。九月，楚公子棄疾帥師奉孫吳圍陳，宋戴惡會之。冬十一月壬午，滅陳。」

大夫國體，内曰專殺〔一〕，外曰淫刑〔二〕。辭同事異，以事見之。殺大夫九。

【箋】

〔一〕專殺，擅自殺人。《孟子・告子下》：「四命曰：士無世官，官事無攝，取士必得，無專殺大夫。」

〔二〕淫刑，濫用刑罰。《左傳・僖公二十三年》：「淫刑以逞，誰則無罪？」

放頗近古。稱國其亂小〔一〕，稱人其亂大〔二〕。放大夫十。

【箋】

〔一〕《春秋・宣公元年》：「晉放其大夫胥甲父于衛。」公羊子傳：「放之者何？猶曰無去是云爾。然則何言爾？近正也。此其爲近正奈何？古者大夫已去，三年待放，君放之，非也；大夫待放，正也。」

〔二〕《春秋・哀公三年》：「蔡人放其大夫公孫獵于吴。」

鄭賦《清人》，則不言奔〔一〕。有賢不安，曹〔二〕、宋〔三〕無君。齊目崔氏，世卿亂本〔四〕。意諸表官，死位自泯〔五〕。出不再入，亂在出也；出而更歸，歸有指也〔六〕。逃軍不「出」〔七〕，賁軍乃「出」〔八〕，輕重白矣。曾不少須，出入已速；恃晉之力，遂不碌碌〔九〕。奔固可怒，何不自忏〔一〇〕？讐國不適〔一一〕，戎首〔一二〕接跡〔一三〕。大夫奔十一。

【箋】

〔一〕《春秋・閔公二年》：「鄭棄其師。」左氏傳：「鄭人惡高克，使帥師次于河上，久而弗召，師潰而歸，高克奔陳。鄭人爲之賦《清人》。」《詩・鄭風・清人》小序：「刺文公也。高克好利而不顧其君，文公惡而欲遠之，不能，使高克將兵而禦狄于竟，陳其師旅，翱翔河上，久而不召，衆散而歸，高克奔陳。公子素惡高克進之不以禮，文公退之不以道，危國亡師之本，故作是詩也。」

〔二〕《春秋·莊公二十四年》：「冬，戎侵曹。曹羈出奔陳。」公羊子傳：「曹羈者何？曹大夫也。曹無大夫，此何以書？賢也。何賢乎曹羈？戎將侵曹，曹羈諫曰：『戎衆以無義，君請勿自敵也。』曹伯曰：『不可。』三諫不從，遂去之。故君子以爲得君臣之義也。」

〔三〕《春秋·文公八年》：「宋司城來奔。」穀梁子傳：「司城，官也。其以官稱，無君之辭也。」

〔四〕《春秋·宣公十年》：「齊崔氏出奔衛。」公羊子傳：「崔氏者何？齊大夫也。其稱崔氏何？貶。曷爲貶？譏世卿，世卿非禮也。」

〔五〕《春秋·文公八年》：「宋人殺其大夫司馬。宋司城來奔。」按：宋襄夫人，襄王之姊也，昭公不禮焉。魯文公八年，夫人因戴氏之族，殺昭公之大夫，司城蕩意諸來奔。文公十一年，公子遂聘于宋，言司城蕩意諸而復之。文公十六年，襄夫人殺昭公，蕩意諸死之。詳見《左傳》。

〔六〕如《春秋·成公十五年》：「宋華元出奔晉。宋華元自晉歸于宋。宋殺其大夫山，宋魚石出奔楚。」左氏傳：「秋八月，葬宋共公。於是華元爲右師，魚石爲左師，蕩澤爲司馬，華喜爲司徒，公孫師爲司城，向爲人爲大司寇，鱗朱爲少司寇，向帶爲大宰，魚府爲少宰。蕩澤弱公室，殺公子肥。華元曰：『我爲右師，君臣之訓，師所司也。今公室卑而不能正，吾罪大矣。不能治官，敢賴寵乎？』乃出奔晉。』二華，戴族也；司城，莊族也；六官者，皆桓族也。魚石將止華元，魚府曰：『右師反必討，是無桓氏也。』魚石曰：『右師苟獲反，雖許之討，必不敢。且多大功，國人與之，不反，懼桓氏之無祀於宋也。右師討，猶有戌在，桓氏雖亡，必偏。』魚石自止華元于河上，請討，許之，乃反。使華喜、公孫師帥國人攻蕩氏，殺子山。書曰『宋殺大夫山』，言背其族也。魚石、向爲人、鱗朱、向帶、魚府出舍於睢上，華元使止之，不可。冬十月，華元自止之，不可，乃反。魚府曰：『今不從，不得入矣。右師視速而言疾，有異志焉，若不我納，今將馳矣。』登丘而望之，則馳。騁而從之，則決睢澨，閉門登陴矣。左師、二司寇、二宰遂出奔楚。華元使向戌爲左師，老佐爲司馬，樂裔爲司寇，以靖國人。」

〔七〕《春秋·文公七年》：「戊子，晉人及秦人戰于令狐。晉先蔑奔秦。」穀梁子傳：「不言『出』，在外也。輟戰而奔秦，以是爲逃軍也。」

〔八〕指書「出奔」。《春秋·定公四年》：「冬十有一月庚午，蔡侯以吴子及楚人戰于柏舉，楚師敗績，楚囊瓦出奔鄭。庚辰，吴入郢。」

〔九〕如《春秋·僖公二十八年》：「六月，衛侯鄭自楚復歸于衛。衛元咺出奔晉。……晉人執衛侯歸之于京師。衛元咺自晉復歸于衛。」公羊子傳：「自者何？有力焉者也。此執其君，其言自何？爲叔武争也。」

〔一〇〕忓，安也，見《廣韻》。

〔一一〕《左傳·哀公八年》：「君子違，不適讎國。」杜預集解：「違，奔亡也。」

〔一二〕《禮記·檀弓下》：「毋爲戎首，不亦善乎！」鄭玄注：「爲兵主來攻伐曰戎首。」

〔一三〕如《左傳·襄公二十六年》：「今楚多淫刑，其大夫逃死於四方，而爲之謀主，以害楚國，不可救瘵，所謂不能也。子儀之亂，析公奔晉，晉人寘諸戎車之殿，以爲謀主。繞角之役，晉將遁矣，析公曰：『楚師輕窕，易震蕩也。若多鼓鈞聲，以夜軍之，楚師必遁。』晉人從之，楚師宵潰，晉遂侵蔡襲沈，獲其君，敗申息之師於桑隧，獲申麗而還。鄭於是不敢南面，楚失華夏，則析公之爲也。雍子之父兄譖雍子，君與大夫不善是也，雍子奔晉。晉人與之鄐，以爲謀主。彭城之役，晉、楚遇於靡角之谷，晉將遁矣，雍子發命於軍曰：『歸老幼，反孤疾，二人役歸一人，簡兵蒐乘，秣馬蓐食，師陳焚次，明日將戰。』行歸者而逸楚囚，楚師宵潰。晉降彭城而歸諸宋，以魚石歸。楚失東夷，子辛死之，則雍子之爲也。子反與子靈争夏姬，而雍害其事，子靈奔晉。晉人與之邢，以爲謀主。扞禦北狄，通吴於晉，教吴叛楚，教之乘車、射御、驅侵，使其子狐庸爲吴行人焉。吴於是伐巢、取駕、克棘、入州來。楚罷於奔命，至今爲患，則子靈之爲也。若敖之亂，伯賁之子賁皇奔晉。晉人與之苗，以爲謀主。鄢陵之役，楚晨壓晉軍而陳，晉將遁矣。苗賁皇曰：『楚師之良在其中軍王族而已，若塞井夷竈，成陳以當之，欒、范易行以誘之，中行、二郤必克二穆，吾乃四萃於其王族，必大敗之。』晉人從之，楚師大敗，王夷師熠，子反死之。鄭叛吴興，楚失諸侯，則苗賁皇之爲也。』子木曰：『是皆然矣。』」

不志出者，嘉其歸矣〔一〕。「曹無赤者」〔二〕，則大夫也。既出既歸，必有自焉〔三〕。苟非大國，莫或致焉〔四〕。國所不容，納甚戾焉〔五〕。大夫歸十二。

【箋】

〔一〕《春秋・桓公十七年》：「秋八月，蔡季自陳歸于蔡。」左氏傳：「蔡桓侯卒，蔡人召蔡季于陳。秋，蔡季自陳歸于蔡，蔡人嘉之也。」

〔二〕《春秋・莊公二十四年》：「赤歸于曹，郭公。」公羊子傳：「赤者何？曹無赤者，蓋郭公也。郭公者何？失地之君也。」

〔三〕如，一、《春秋》僖公二十八年「六月，衛侯鄭自楚復歸于衛。衛元咺出奔晉。」「晉人執衛侯歸之于京師。衛元咺自晉復歸于衛。」二、成公七年：「衛孫林父出奔晉。」成公十四年：「夏，衛孫林父自晉歸于衛。」三、成公十五年：「宋華元出奔晉。宋華元自晉歸于宋。」四、襄公二十年：「陳侯之弟黄出奔楚。」襄公二十三年：「陳侯之弟黄自楚歸于陳。」五、昭公元年：「楚公子比出奔晉。」昭公十三年：「夏四月，楚公子比自晉歸于楚。」六、定公十四年：「衛公孟彄出奔鄭。」哀公十年：「衛公孟彄自齊歸于衛。」

〔四〕《春秋》書大夫「自」某「歸」者如上，可見非自大國不致，蓋意存譏貶焉。

〔五〕《春秋・宣公十一年》：「丁亥，楚子入陳，納公孫寧、儀行父于陳。」

初僅在邑，繼乃在國〔一〕。速以日計〔二〕，久且歲計〔三〕。衆莫如辰〔四〕，易莫如鞅〔五〕。志在求食，書名乃章〔六〕。會則爲諱，善由子臧〔七〕。通濫之義，術宜有地〔八〕。叛人十三。

【箋】

〔一〕國，指國都。

〔二〕如《春秋·定公十三年》：「秋，晉趙鞅入于晉陽以叛。冬，晉荀寅、士吉射入于朝歌以叛。晉趙鞅歸于晉。」

〔三〕如《春秋》昭公二十年：「冬十月，宋華亥、向寧、華定出奔陳。」昭公二十一年：「宋華亥、向寧、華定自陳入于宋南里以叛。」昭公二十二年：「宋華亥、向寧、華定自宋南里出奔楚。」

〔四〕《春秋》定公十年：「宋公之弟辰暨仲佗、石彄出奔陳。」定公十一年：「春，宋公之弟辰及仲佗、石彄、公子地自陳入于蕭以叛。」按：宋公子地嬖蘧富獵，宋公嬖向魋。公子地有白馬四，魋欲之，宋公取而朱其尾鬣以與之。地怒，使其徒抶魋而奪之。母弟辰勸公子地出境，以爲宋公必止之。公子地出奔陳，公弗止，辰爲之請，弗聽。辰曰：『是我迋吾兄也，吾以國人出，君誰與處。』冬，辰遂暨仲佗、石彄出奔陳。定公十一年春，辰暨仲佗、石彄、公子地入于蕭以叛。秋，樂大心從之。大爲宋患。詳見《左傳》。

〔五〕《春秋·定公十三年》：「晉趙鞅入于晉陽以叛。冬，晉荀寅、士吉射入于朝歌以叛。晉趙鞅歸于晉。」公羊子傳：「此叛也，其言歸何？以地正國也。其以地正國奈何？晉趙鞅取晉陽之甲，以逐荀寅與士吉射。荀寅與士吉射者曷爲者也？君側之惡人也。此逐君側之惡人，曷爲以叛言之？無君命也。」

〔六〕《春秋》襄公二十一年：「邾庶其以漆閭丘來奔。」昭公五年：「夏，莒牟夷以牟婁及防兹來奔。」昭公三十一年：「冬，黑肱以濫來奔。」左氏傳：「冬，邾黑肱以濫來奔。賤而書名，重地故也。……以地叛，雖賤，必書地，以名其人。終爲不義，弗可滅已。……邾庶其、莒牟夷、邾黑肱，以土地出，求食而已，不求其名，賤而必書。」杜預《春秋經傳集解序》：「五曰『懲惡而勸善』，求名而亡，欲蓋而章。書齊豹『盜』、三叛人名之類是也。」孔穎達疏：「邾庶其、黑肱、莒牟夷三人，皆小國之臣，並非命卿，其名於例不合見經，竊地出奔，求食而已，不欲求其名聞，《春秋》故書其名，使惡名不滅。」

〔七〕《春秋·昭公二十年》：「夏，曹公孫會自鄸出奔宋。」公羊子傳：「奔未有言自者，此其言自何？畔也。畔則曷爲不言其畔？爲公子喜時之後諱也。《春秋》爲賢者諱，何賢乎公子喜時？讓國也。其讓國奈何？曹伯廬卒于師，則未知公子喜時從與？公子負芻從與？或爲主于國，或爲主于師。公子喜時見公子負芻之當主也，逡巡而退。賢公子喜時則曷爲爲會諱？君子之善善也長，惡惡也短。惡惡止其身，善善及子孫。賢者子孫，故君子爲之諱也。」公子喜時，字子臧，左傳作「公子欣時」。另《左傳·成公十三年》：「曹人使公子負芻守，使公子欣時逆曹伯之喪。秋，負芻殺其大子而自立也。諸侯乃請討之，晉人以其役之勞，請俟他年。冬，葬曹宣公。既葬，子臧將亡，國人皆將從之，成公乃懼，告罪，且請焉。乃反，而致其邑。」

〔八〕《春秋·昭公三十一年》：「冬，黑弓以濫來奔。」公羊子傳：「文何以無邾婁？通濫也。曷爲通濫？賢者子孫，宜有地也。賢者孰謂？謂叔術也。何賢乎叔術？讓國也。」

攻難之士，賤之曰盜〔一〕。厚養死士〔二〕，此幾先兆。陳遂以亡，是謂諸侯之孽〔三〕。莫之傳者，微言固不識也〔四〕。盜十四。

【箋】

〔一〕《春秋・昭公二十年》：「秋，盜殺衛侯之兄縶。」左氏傳：「齊氏〔豹〕用戈擊公孟〔縶〕，宗魯以背蔽之，斷肱，以中公孟之肩，殺皆之。」《左傳・昭公三十一年》：「齊豹爲衛司寇，守嗣大夫，作而不義，其書爲『盜』。……若艱難其身，以險危大人，而有名章徹，攻難之士，將奔走之。」杜預集解：「攻，猶作也。奔走，猶赴趣也。」另外，《春秋》書盜者還有襄公十年：「冬，盜殺鄭公子斐、公子發、公孫輒。」哀公四年：「庚戌，盜殺蔡侯申。」哀公十三年：「盜殺陳夏彄夫。」《公羊傳・文公十六年》：「大夫弑君稱名氏，賤者窮諸人；大夫相殺稱人，賤者窮諸盜。」

〔二〕指《春秋》後期及戰國時期，公卿普遍養死士的風氣，著名者如吴公子光之死士專諸，晉智氏之死士豫讓，燕太子丹之死士荆軻等。

〔三〕陳亡亦起因于大夫内亂。陳哀公元妃鄭姬，生悼大子偃師，二妃生公子留，下妃生公子勝。二妃嬖，留有寵，屬諸司徒招與公子過。陳哀公有廢疾，魯昭公八年三月，公子招、公子過殺悼大子偃師，而立公子留。夏四月辛亥，哀公縊。公子勝愬之于楚，公子留奔鄭，公子招歸罪於公子過而殺之。九月，楚公子棄疾帥師奉孫吴圍陳，宋戴惡會之。冬十一月壬午，滅陳。詳見

《左傳》。《詩·小雅·十月之交》：「下民之孽，匪降自天。」鄭箋：「孽，妖孽，謂相爲災害也。」

〔四〕《漢書·藝文志》：「昔仲尼没而微言絶，七十子喪而大義乖。故《春秋》分爲五，《詩》分爲四，《易》有數家之傳。」微言，李奇注：「隱微不顯之言也。」顔師古注：「精微要妙之言耳。」

弑

戊申，衛州吁弑其君完隱公四年春二月

曷爲不稱公子？絶也。子程子曰：「古者公族死刑則無服，况弑君乎！」故絶之也。此不待貶絶而罪惡見〔一〕，則其絶之何？正大法也。《春秋》據亂而作〔二〕，弑君之獄始于此。斥「州吁」，書賊辭也。以國氏，當國也〔三〕。目「其君完」，名之曰首惡〔四〕，以正其本，是謂王者治諸侯之法。於異邦則其辭顯，于邦賊則其辭隱，不忍以首惡歸之君，更謂臣子之義〔五〕。亂臣賊子不待貶絶而罪惡見，《春秋》不貶絶以見罪惡也。苟罪惡不見，必有辭以誅之，自「宋人弑其君杵臼」始矣〔六〕。

【箋】

〔一〕《公羊傳·昭公元年》：「《春秋》不待貶絶而罪惡見者，不貶絶以見罪惡也；貶絶然後罪惡見

者，貶絶以見罪惡也。」

〔二〕何休《春秋公羊傳序》：「傳《春秋》者非一，本據亂而作，其中多非常異義可怪之論。」徐彦疏：「孔子本獲麟之後得端門之命，乃作《春秋》。公取十二，則天之數，是以不得取周公、成王之史，而取隱公以下，故曰據亂而作，謂據亂世之史而爲《春秋》也。」

〔三〕公羊子傳：「曷爲以國氏？當國也。」穀梁子傳：「大夫弑其君，以國氏者，嫌也，弑而代之也。」

〔四〕《史記·太史公自序》：「爲人君父而不通于《春秋》之義者，必蒙首惡之名。」

〔五〕謂于他國弑君，則書弑君者名與君名，蓋貶絶之也。于魯弑君，則皆諱而不書，不忍以首惡歸之君，本臣子之分也。《公羊傳·隱公十年》：「《春秋》録内而略外，於外大惡書，小惡不書；於内大惡諱，小惡書。」

〔六〕指稱人以弑，乃歸罪嗣君與正卿。參見下文該條經例。

宋公、陳侯、蔡侯、衛人伐鄭四年夏

首惡在衛〔一〕，則其先宋何？誅賊黨也。誅之則其稱爵何？正其名以惡之也。

【箋】

〔一〕左氏傳：「宋殤公之即位也，公子馮出奔鄭，鄭人欲納之。及衛州吁立，將脩先君之怨於鄭，而求寵於諸侯，以和其民。使告於宋曰：『君若伐鄭以除君害，君爲主，敝邑以賦與陳、蔡從，則衛國之願也。』宋人許之，於是陳、蔡方睦於衛，故宋公、陳侯、蔡人、衛人伐鄭，圍其東門，五日而還。」

秋，翬帥師會宋公、陳侯、蔡人、衛人伐鄭

不稱公子，因其可誅而誅之〔一〕。翬，國賊也，而黨賊〔二〕，故曰可誅。師衆稱師〔三〕，此其稱帥師何？志專兵也。再舉四國，再伐也。宋乞師不書，蔽罪于翬也〔四〕。

【箋】

〔一〕公羊子傳：「翬者何？公子翬也。何以不稱公子？貶。曷爲貶？與弑公也。」穀梁子傳同。

〔二〕指黨州吁。與公子翬會伐鄭之「衛人」，即爲州吁。

〔三〕《公羊傳·隱公五年》：「將卑師衆，稱師。」

〔四〕左氏傳：「秋，諸侯復伐鄭。宋公使來乞師，公辭之。羽父請以師會之，公弗許，固請而行。故書曰『翬帥師』，疾之也。諸侯之師敗鄭徒兵，取其禾而還。」

九月，衛人殺州吁於濮

公羊子曰：「稱人者何？討賊之辭也。」當國者賊，在外則地〔一〕。「於濮」，非譏衛人之失賊〔二〕，予陳人之得賊也。予之討則不曰執之。不以石碏主之〔三〕，人得討之之辭也〔四〕。必告諸天子乎？周有常刑〔五〕，命之久矣。其月何？詳之也。詳之何也？正乎討也。

【箋】

〔一〕《春秋·隱公元年》:「夏五月,鄭伯克段于鄢。」公羊子傳:「其地何?當國也。『齊人殺無知』,何以不地?在内也。在内,雖當國,不地也。不當國,雖在外,亦不地也。」

〔二〕穀梁子傳:「于濮者,譏失賊也。」

〔三〕左氏傳:「州吁未能和其民,厚「石碏子」問定君於石子「即石碏」。石子曰:『王覲爲可。』曰:『何以得覲?』曰:『陳桓公方有寵於王,陳、衛方睦,若朝陳使請,必可得也。』厚從州吁如陳,石碏使告于陳曰:『衛國褊小,老夫耄矣,無能爲也。此二人者,實弑寡君,敢即圖之。』陳人執之,而請涖于衛。九月,衛人使右宰醜涖殺州吁于濮。石碏使其宰獳羊肩涖殺石厚于陳。君子曰:『石碏,純臣也。惡州吁而厚與焉,大義滅親,其是之謂乎!』」

〔四〕胡安國傳:「變文稱人,則是人皆有欲討賊之心,亦夫人之所得討也。」

〔五〕語出《左傳》莊公十四年:「傳瑕貳,周有常刑,既伏其罪矣。」另見昭公三十一年:「周有常刑,子其圖之。」

春王正月戊〔一〕申,宋督弑其君與夷,及其大夫孔父桓公二年

不當國,督曷爲以國氏?《春秋》之始,大夫微也〔二〕。微則奚自以弑君?與夷失君道矣〔三〕。君臣位相絶,則不言及,《春秋》以君及大夫者三〔四〕,尚其從君死也。公羊子曰:「孔父可謂義形於色矣。」「正色而立於朝,則人莫敢過而致難於其君者。」「于是先攻孔父

之家。」孔父前死，君不忍稱其名，故字之〔五〕。王者之成法，封其子以附庸〔六〕，繫月於王而不闕，以見之〔七〕。《春秋》責賢者備〔八〕，孔父、仇牧、荀息，克以一節應先王之法，《春秋》不責之以備也，治政安君他日論也。《春秋》曷爲尚此三人？亂不自斯人出，斯人一心於所事，前定者終不變，孔父〔九〕、荀息〔一〇〕也；猝然不驚，不顧其身，仇牧也〔一一〕。若左氏所傳，則孔父危其身以及其君〔一二〕，而《春秋》誣矣。獲罪聖人者，傳左丘氏者也。

【箋】

〔一〕戊，原文誤作「伐」。《清經解》本不誤。

〔二〕謂大夫微，故不書姓氏，而以國氏。

〔三〕左氏傳：「宋殤公立，十年十一戰，民不堪命。孔父嘉爲司馬，督爲大宰，故因民之不堪命，先宣言曰：『司馬則然』，已殺孔父而弑殤公，召莊公于鄭而立之，以親鄭。」宋殤公，名與夷。

〔四〕另外兩次爲莊公十二年：「秋八月甲午，宋萬弑其君接及其大夫仇牧。」僖公十年：「晉里克弑其君卓及其大夫荀息。」

〔五〕穀梁子傳：「孔父先死，其曰及，何也？書尊及卑，《春秋》之義也。孔父之先死，何也？督欲弑君而恐不立，於是乎先殺孔父，孔父閑也。何以知其先殺孔父也？曰：子既死父不忍稱其名，臣既死君不忍稱其名，以是知君之累之也。孔，氏；父，字，謚也。或曰：其不稱名，蓋爲祖諱也，孔子故宋也。」

〔六〕其子，指孔父之子。何休解詁：「言及者，使上及其君，若附大國以名通，明當封爲附庸，不絶其祀，所以重社稷之臣也。」

〔七〕「桓無王」，但本年書王，穀梁子認爲是「正與夷之卒也。」胡氏認爲是「以天道王法正督之罪也。」（采程子意）莊氏在《奉天辭·審天命廢興》中，引用程子「正督之罪」之説，但此處似指書王，是爲了説明依照王法當封孔父之子以附庸。

〔八〕《新唐書·太宗本紀贊》：「然《春秋》之法，常責備於賢者。」

〔九〕《左傳·隱公三年》：「宋穆公疾，召大司馬孔父而屬殤公焉。曰：『先君舍與夷而立寡人，寡人弗敢忘。若以大夫之靈，得保首領以没，先君若問與夷，其將何辭以對？請子奉之，以主社稷，寡人雖死，亦無悔焉。』對曰：『群臣願奉馮也。』公曰：『不可，先君以寡人爲賢，使主社稷，若棄德不讓，是廢先君之舉也，豈曰能賢。光昭先君之令德，可不務乎？吾子其無廢先君之功。』使公子馮出居於鄭。八月庚辰，宋穆公卒，殤公即位。」《公羊傳·隱公四年》：「及者何？累也。弒君多矣，舍此無累者乎？曰有，仇牧、荀息，皆累也。舍仇牧、荀息，無累者乎？曰有。有則此何以書？賢也。何賢乎孔父？孔父可謂義形於色矣。其義形於色奈何？督將弒殤公，孔父生而存，則殤公不可得而弒也，故於是先攻孔父之家。殤公知孔父死，己必死，趨而救之，皆死焉。孔父正色而立於朝，則人莫敢過而致難於其君者，孔父可謂義形於色矣！」

〔一〇〕《春秋·僖公十年》：「晉里克弒其君卓子，及其大夫荀息。」公羊子傳：「及者何？累也。弒君多矣，舍此無累者乎？曰有，孔父、仇牧皆累也。舍孔父、仇牧無累者乎？曰有。有則此何以書？賢也。何賢乎荀息？荀息可謂不食其言矣。其不食其言奈何？奚齊、卓子者，驪姬之子也，荀息傅焉。驪姬者，國色也，獻公愛之甚，欲立其子，於是殺世子申生。申生者，里克傅之。獻公病將死，謂荀息曰：『士何如則可謂之信矣？』荀息對曰：『使死者反生，生者不愧乎其言，則可謂信矣。』獻公死，奚齊立。里克謂荀息曰：『君殺正而立不正，廢長而立幼，如之何？願與子慮之。』荀息曰：『君嘗訊臣矣，臣對曰：「使死者反生，生者不愧乎其言，則可謂信矣。」』里克知其不可與謀，退弒奚齊。荀息立卓子，里克弒卓子，荀息死之。荀息可謂不食其言矣。」

〔二〕《春秋·莊公十二年》：「秋八月甲午，宋萬弒其君接，及其大夫仇牧。」公羊子傳：「及者何？累也。弒君多矣，舍此無累者乎？孔父、荀息皆累也。舍孔父、荀息無累者乎？曰有。有則此何以書？賢也。何賢乎仇牧？仇牧可謂不畏彊禦矣。其不畏彊禦奈何？萬嘗與莊公戰，獲乎莊公。莊公歸，散舍諸宮中，數月，然後歸之。歸反爲大夫於宋，與閔公博，婦人皆在側，萬曰：『甚矣，魯侯之淑，魯侯之美也！天上諸侯宜爲君者，唯魯侯爾！』閔公矜此婦人，妒其言，顧曰：『此虜也！爾虜焉故，魯侯之美惡乎至？』萬怒，搏閔公，絶其脰。仇牧聞君弒，趨而至，遇之于門，手劍而叱之。萬臂摋仇牧，碎其首，齒著乎門闔。仇牧可謂不畏彊禦矣。」

〔三〕《左傳》桓公元年：「宋華父督見孔父之妻于路，目逆而送之。曰：『美而艷。』」桓公二年：

「春，宋督攻孔氏，殺孔父而取其妻。公怒，督懼，遂弒殤公。君子以督爲有無君之心而後動於惡，故先書弒其君。」

三月，公會齊侯、陳侯、鄭伯于稷，以成宋亂

大罪則絶，其曰「公」、「侯」、「伯」何？義不爲公諱〔一〕，而公爲志焉〔二〕，則無爲貶諸侯也。其不曰「及」，著同惡也。《春秋》誅亂賊，明白未有如此辭者也。自州吁伏罪，以迄於兹，内則桓也，外則督也，不誅而享之矣〔三〕。君子於内必志而晦，於外則懲惡而已矣。督之亂獄〔四〕，不可同于衆罪之辭，著其始以律其後。書曰「公會齊侯、陳侯、鄭伯于稷，以成宋亂」，顯其誅也，他皆比類以從事。謂之士之八成〔五〕，在《九刑》不忘〔六〕。

【箋】

〔一〕公羊子傳：「内大惡諱，此其目言之何？遠也，所見異辭，所聞異辭，所傳聞異辭。隱亦遠矣，曷爲爲隱諱？隱賢而桓賤也。」

〔二〕穀梁子傳：「以者，内爲志焉爾，公爲志乎成是亂也。此成矣，取不成事之辭而加之焉。於内之惡，而君子無遺焉爾。」

〔三〕魯桓公弒君兄得位，而華督則弒宋殤公而立莊公，且遂相之。皆爲未受誅而享利者也。詳見《左傳》。

〔四〕亂獄，不容易判决的大案。《周禮·秋官·訝士》：「四方有亂獄，則往而成之。」鄭玄注：「亂獄，謂若君臣宣淫，上下相虐者也。」孫詒讓正義：「此皆獄之尤重大、不易平斷者也。」

〔五〕《周禮·秋官·士師》：「掌士之八成：一曰邦汋，二曰邦賊，三曰邦諜，四曰犯邦令，五曰撟邦令，六曰爲邦盜，七曰爲邦朋，八曰爲邦誣。」鄭玄注：「八成者，行事有八篇，若今時《决事比》。」

〔六〕《左傳·文公十八年》：「爲大凶德，有常無赦。在《九刑》不忘。」杜預集解：「《九刑》之書今亡。」

夏四月，取郜大鼎於宋。戊申，納于大廟見《内辭》

冬十有一月癸未，齊無知弑其君諸兒莊公八年

諸兒戕魯侯〔一〕，抗王命〔二〕，鳥獸之行，惡加于萬民，罪乃應誅絶焉。其目無知以弑何？無知居臣子之節，可以義去，不可以利處，況敢以利奪乎！是賊而已矣〔三〕。不稱公孫，絶也〔四〕。

【箋】

〔一〕諸兒，即齊襄公，魯桓公十五年至魯莊公八年在位。《左傳·桓公十八年》：「公會齊侯于濼，遂及文姜如齊。齊侯通焉，公謫之，以告。夏，四月丙子，享公，使公子彭生乘公，公薨于車。」

〔二〕《春秋》莊公五年：「冬，公會齊人、宋人、陳人、蔡人伐衛。」莊公六年：「春王正月，王人子突救衛。」

〔三〕左氏傳：「齊侯使連稱、管至父戍葵丘。瓜時而往，曰：『及瓜而代。』期戍，公問不至。請代，弗許。故謀作亂。僖公之母弟曰夷仲年，生公孫無知，有寵於僖公，衣服禮秩如適，襄公絀之。二人因之以作亂。連稱有從妹在公宮，無寵，使間公，曰：『捷，吾以女爲夫人。』冬十二月，齊侯游于姑棼，遂田于貝丘，見大豕，從者曰：『公子彭生也。』公怒曰：『彭生敢見。』射之，豕人立而啼。公懼，隊于車，傷足喪屨。反，誅屨於徒人費，弗得，鞭之見血。走出，遇賊于門，劫而束之。費曰：『我奚御哉！』袒而示之背，信之。費請先入，伏公而出鬭，死于門中。石之紛如死于階下。遂入，殺孟陽于牀，曰：『非君也，不類。』見公之足于户下，遂弒之，而立無知。」穀梁子傳：「大夫弒其君，以國氏者，嫌也，弒而代之也。」

〔四〕胡安國傳：「無知曷爲不稱『公孫』而以國氏？罪僖公也。弒君者無知，於僖公何罪乎？不以公孫之道待無知，使恃寵而當國也。」

春，齊人殺無知莊公九年

孰殺之？雍廩殺之〔一〕。雍廩以報其虐〔二〕，其以討賊之辭予之何〔三〕？不逆詐〔四〕廢正法也。不地，在内也〔五〕；不月，略之也。略之何也？以爲未足乎討也。未足乎討而亟予之，人得討之之義也〔六〕。

【箋】

〔一〕左氏傳：「九年春，雍廩殺無知。」

〔二〕《左傳·莊公八年》：「初，公孫無知虐于雍廩。」杜預集解：「雍廩，齊大夫。爲殺無知傳。」

〔三〕《春秋·隱公四年》：「九月，衛人殺州吁于濮。」公羊子傳：「其稱人何？討賊之辭也。」

〔四〕《論語·憲問》：「子曰：『不逆詐，不億不信，抑亦先覺者，是賢乎？』」邢昺疏：「不可逆料人之詐，不可億度人之不信也。」

〔五〕《公羊傳·隱公元年》：「『齊人殺無知』，何以不地？在内也。在内，雖當國，不地也。不當國，雖在外，亦不地也。」

〔六〕胡安國傳：「弒君之賊，人人之所惡，夫人之所得討，故稱『人』。」

秋七月丁酉，葬齊襄公

此書弒矣，義不爲隱〔一〕。日葬，惡内也〔二〕，賊討可以葬，國讎則我不可以會葬〔三〕。其日，謹之也。此書弒矣，而何隱之有？

【箋】

〔一〕《春秋·隱公十一年》：「冬十有一月壬辰，公薨。」公羊子傳：「何以不書葬？隱之也。何隱爾？弒也。弒則何以不書葬？《春秋》君弒賊不討，不書葬，以爲無臣子也。子沈子曰：『君弒，臣不討賊，非臣也；子不復讎，非子也。葬，生者之事也。《春秋》君弒賊不討，不書葬，以爲不繫乎臣子也。』」

〔二〕《春秋·隱公八年》：「八月，葬蔡宣公。」公羊子傳：「卒何以日而葬不日？卒赴，而葬不告。」何休解詁：「赴天子也」，「不告天子也」。另《公羊傳·隱公四年》何休解詁：「卒日，葬月，達於《春秋》，爲大國例。」惡内，即惡魯，語出《穀梁傳·莊公九年》：「當齊無君，制在公矣，當可納而不納，故惡内也。」

〔三〕《直解》：「魯會葬也，終于事仇，天理滅矣。」

秋八月甲午，宋萬弑其君捷，及其大夫仇牧莊公十有二年

不稱族，絶也〔一〕。及仇牧，何以書？公羊子曰：「仇牧可謂不畏彊禦矣。」

【箋】

〔一〕指萬以國氏，不稱族，絶也。

冬十月，宋萬出奔陳

賊不復見〔一〕，萬何以書出奔？惡受賊也〔二〕。宋卒討之不書，蔽罪于陳也。然則何以不書葬？以不書討，故不書葬，略輕以明重也。以宋之臣子，功不足乎揚，而亦不逮乎絶也。

【箋】

〔一〕《春秋・宣公六年》：「春，晉趙盾、衛孫免侵陳。」公羊子傳：「趙盾弒君，此其復見何？親弒君者趙穿也。」何休解詁：「據宋督、鄭歸生、齊崔杼弒其君，後不復見。」另《春秋繁露・玉杯》：「君殺賊討，則善而書其誅；若莫之討，則君不書葬，而賊不復見矣。不書葬，以爲無臣子也；賊不復見，以其宜滅絶也。」

〔二〕左氏傳：「十二年秋，宋萬弒閔公于蒙澤。遇仇牧于門，批而殺之，遇大宰督于東宫之西，又殺之。立子游，群公子奔蕭，公子御説奔亳。南宫牛、猛獲帥師圍亳。冬十月，蕭叔大心及戴、武、宣、穆、莊之族，以曹師伐之，殺南宫牛于師，殺子游于宋，立桓公。猛獲奔衛，南宫萬奔陳，以乘車輦其母，一日而至。宋人請猛獲于衛，衛人欲勿與，石祁子曰：『不可，天下之惡一也，惡於宋而保於我，保之何補？得一夫而失一國，與惡而棄好，非謀也。』衛人歸之。亦請南宫萬于陳，以賂。陳人使婦人飲之酒，而以犀革裹之，比及宋，手足皆見，宋人皆醢之。」

冬，晉里克殺其君之子奚齊僖公九年

不月，不正也〔一〕。公羊子曰：「其言弒其君之子奚齊何？弒未踰年之君也。」穀梁子曰：「其君之子云者，國人不子也，不正其殺世子申生而立之也〔二〕。」

【箋】

〔一〕何休解詁：「弒未踰年君，例當月。不月者，不正遇禍，終始惡明，故略之。」不正遇禍，指被立

者（奚齊）所立不正而遭弑。

〔三〕晉獻公殺世子申生而立奚齊。

晉里克弑其君卓，及其大夫荀息僖公十年

國人不子，則國人亦不君也，其稱君何？里克之君也，里克中立以成其謀〔一〕。及荀息，何以書？公羊子曰：「荀息可謂不食其言矣。」不日，不正也〔二〕。息輔不正，信非所信，則其稱「及」何？「荀息可謂不食其言矣。」克始不去族，大夫强也，弑君而衆安之也。

【箋】

〔一〕《直解》：「卓亦庶也，書弑者，正其爲里克之君也。里克好勇而不知義，當申生之被讒以死也，不能争而欲以中立苟免」。《日講》大意同。里克乃太子申生之傅。

〔二〕何休解詁：「不日者，不正遇禍，終始惡明，故略之。」徐彦疏：「正以成君見弑者例書日，今此不日，故解之。」不正遇禍，指卓所立不正而遭弑。

晉殺其大夫里克夏

公羊子曰：「里克弑二君，則曷爲不以討賊之辭言之？惠公之大夫也。」〔一〕殺之矣，其曰惠公之大夫何？奚齊、卓子之弑也，夷吾〔二〕有利心焉，安受其實而詭其名，是與于亂賊之甚者也。目「其大夫」，歸獄于夷吾也〔三〕。奚子〔四〕、卓子，以孽代宗，夷吾以王命立

乎其位〔五〕，則歸獄焉何也？已忘其君父，以千乘爲利，因賊臣而立焉，雖有王命，是亦篡也。篡有所見則不書入，以全王命也。

【箋】

〔一〕公羊子傳：「里克弒二君，則曷爲不以討賊之辭言之？惠公之大夫也。然則孰立惠公？里克也。里克弒奚齊、卓子，逆惠公而入。里克立惠公，則惠公曷爲殺之？惠公曰：『爾既殺夫二孺子矣，又將圖寡人，爲爾君者，不亦病乎？』於是殺之。」

〔二〕晉惠公，名夷吾。

〔三〕穀梁子傳：「稱國以殺，罪累上也。里克弒二君與一大夫，其以累上之辭言之，何也？其殺之不以其罪也。」

〔四〕奚子，《清經解》本作「奚齊」。

〔五〕左氏傳：「夏四月，周公忌父、王子黨會齊隰朋立晉侯。晉侯殺里克以説。將殺里克，公使謂之曰：『微子，則不及此。雖然，子弒二君與一大夫，爲子君者，不亦難乎？』對曰：『不有廢也，君何以興？欲加之罪，其無辭乎？臣聞命矣。』伏劍而死。」

春，晉殺其大夫丕鄭父僖公十有一年

鄭父，名也，里克之黨也〔一〕，稱「其大夫」何？惠公之大夫也。賊討何以不書葬〔二〕？

不以討賊之辭言之，故不書葬。

【箋】

〔一〕參見《左傳・僖公十年》。

〔二〕指不書晉君卓之葬。

冬十月丁未，楚世子商臣弒其君頵 文公元年

楚無大夫〔一〕，言「世子」何？盡其親也〔二〕。不言「其父」，言「其君」，盡其尊也。盡其尊、親之辭，以誅亂賊也〔三〕。楚卒未志，其志頵何？世子弒君，不可以楚不志也〔四〕。其日何？盡其辭也。本何休及陳氏《後傳》。

【箋】

〔一〕《公羊傳・文公九年》：「椒者何？楚大夫也。楚無大夫，此何以書？始有大夫也。」

〔二〕語出《穀梁傳・昭公八年》：「鄉曰陳公子招，今曰陳侯之弟招，何也？曰盡其親，所以惡招也。」

〔三〕何休解詁：「楚無大夫，言世子者，甚惡世子弒父之禍也。不言『其父』，言『其君』者，君之於世子，有父之親，有君之尊。言世子者，所以明有父之親；言君者，所以明有君之尊，又責臣子當討賊也。日者，夷狄子弒父，忍言其日。」

〔四〕陳傅良後傳：「楚卒未志，據《傳》，楚武王卒于莊四年，文王卒于十九年，其志頵何？世子弒君，不可以楚不志也。」

齊公子商人弒其君舍文公十有四年秋九月

穀梁子曰：「舍未踰年，其曰君何也？成舍之爲君，所以重商人之弒也。」其以重言之何也？弒而代之也〔一〕。稱公子，公子强也。「不日，未成君也」〔二〕。未成君而目「其君」，故不日。

【箋】

〔一〕左氏傳：「子叔姬妃齊昭公，生舍。叔姬無寵，舍無威。公子商人驟施於國，而多聚士，盡其家，貸於公有司以繼之。夏五月，昭公卒，舍即位。……秋七月乙卯夜，齊商人弒舍而讓元，元曰：『爾求之久矣，我能事爾，爾不可使多蓄憾。將免我乎？爾爲之。』」

〔二〕楊士勛疏：「傳例，凡弒君書日以明正。」

冬十有一月，諸侯盟于扈文公十有五年

諸侯何以不序？貶。曷爲貶？欲討齊而不能也〔一〕。

【箋】

〔一〕諸侯因商人弒君而欲討齊，杜預集解：「將伐齊，晉侯受賂而止，故總曰諸侯，言不足序列。」左

氏傳：「冬十一月，晉侯、宋公、衛侯、蔡侯、鄭伯、許男、曹伯盟于扈。尋新城之盟，且謀伐齊也。齊人賂晉侯，故不克而還。」

冬十有一月，宋人弒其君杵臼文公十有六年

稱「人」以弒，舉衆之辭〔一〕，則罪曷在？曰：在嗣君、在正卿〔二〕。罪有在則曷不書其主？不以賊告也。不以賊告，非稱人則不知其罪之在也。曷爲不書「及蕩意諸」？徒死也。其以爲徒死何也？受賊言矣〔三〕。荀息何以書「及」？弒一君，復立一君，權盡力竭而後斃，非束手者也，是以及荀息也，夫亦非賢之也。大國何以不日〔四〕？君知禍而不克避也。

【箋】

〔一〕《春秋·隱公四年》：「冬十有二月，衛人立晉。」公羊子傳：「其稱人何？衆立之之辭也。」左氏傳：「書曰『衛人立晉』，衆也。」

〔二〕弒君者不名而書「人」，可見罪無所歸，乃繼位者及正卿不討賊也。據《左傳》，宋公子鮑禮于國人，交通于六卿，宋襄夫人助之，弒昭公而自立，是爲宋文公。詳見文公八年、十六年、十八年傳。

〔三〕左氏傳：「既，夫人將使公田孟諸而殺之。公知之，盡以寶行。蕩意諸曰：『盍適諸侯？』公

曰：『不能其大夫，至于君祖母以及國人，諸侯誰納我？且既爲人君，而又爲人臣，不如死。』盡以其寶賜左右，以使行。夫人使謂司城〔蕩意諸〕去公，對曰：『臣之而逃其難，若後君何？』冬十一月甲寅，宋昭公將田孟諸，未至，夫人王姬使帥甸攻而殺之。蕩意諸死之。」

〔四〕《公羊傳·隱公四年》何休解詁：「〔諸侯〕卒日，葬月，達於《春秋》，爲大國例。」

諸侯會于扈文公十有七年

諸侯何以不序？貶。曷爲貶？不能討賊也〔一〕。黨賊則序，不能討則不序。序以爲誅，不序以爲貶。伐宋者，大夫也，則曷爲貶諸侯？不以權與大夫也，貶諸侯而罪具矣。

【箋】

〔一〕《春秋·文公十七年》：「春，晉人、衛人、陳人、鄭人伐宋。夏四月癸亥，葬我小君聲姜。齊侯伐我西鄙。六月癸未，公及齊侯盟于穀。諸侯會于扈。」左氏傳：「十七年春，晉荀林父、衛孔達、陳公孫寧、鄭石楚伐宋，討曰：『何故弑君！』猶立文公而還。卿不書，失其所也。夏四月癸亥，葬聲姜。有齊難，是以緩。齊侯伐我北鄙，襄仲請盟。六月，盟于穀。晉侯蒐于黄父，遂復合諸侯于扈，平宋也。公不與會，齊難故也。書曰『諸侯』，無功也。」胡安國傳：「諸侯無討賊之功，則略而不序。」

夏五月戊戌，齊人弑其君商人文公十有八年賊不復見〔一〕，稱「其君商人」何？罪齊人〔二〕而惡諸侯也。弑不稱盜〔三〕，罪商人也。其日，商人之罪則見矣，不嫌也〔四〕。

【箋】

〔一〕《春秋·宣公六年》：「春，晉趙盾、衛孫免侵陳。」公羊子傳：「趙盾弑君，此其復見何？親弑君者趙穿也。」何休解詁：「據宋督、鄭歸生、齊崔杼弑其君，後不復見。」

〔二〕《日講》：「商人前書弑舍，今不從州吁、無知之例以討賊書者，蓋罪齊人既以爲君而又殺之也。」

〔三〕左氏傳：「齊懿公〔即商人〕之爲公子也，與邴歜之父爭田，弗勝。及即位，乃掘而刖之，而使歜僕。納閻職之妻，而使職驂乘。夏五月，公游于申池。二人浴于池，歜以扑抶職，職怒，歜曰：『人奪女妻而不怒，一抶女庸何傷。』職曰：『與刖其父而弗能病者何如？』乃謀弑懿公，納諸竹中。歸，舍爵而行，齊人立公子元。」

〔四〕商人弑君奪位，所立不正，依《春秋》例，其遭弑當不書日，故莊存與解之。

莒弑其君庶其文公十有八年

稱國以弑何？微國也〔一〕。此世子弑君也〔二〕，曷不稱世子？非世子也。曷不盡其尊、親之辭？庶子不得體君也〔三〕。不書賊則罪曷在？曰：此大變也，不得盡其尊、親之辭，則不盡其辭，微之也，狄之也。目莒僕而不稱「其父」，則是國人僕也，稱國以弒則可，國人僕則不可，故微之也，狄之也。必求其罪之在，有司之法也。《春秋》，禮義之大宗也〔四〕，治有司者也〔五〕，法可窮，《春秋》之道則不窮。

【箋】

〔一〕公羊子傳：「稱國以弒何？稱國以弒者，衆弒君之辭。」

〔二〕左氏傳：「莒紀公子生大子僕，又生季佗。愛季佗而黜僕，且多行無禮於國。僕因國人以弒紀公，以其寶玉來奔，納諸宣公。公命與之邑。」

〔三〕《左傳》以爲莒僕爲世子，莊存與以爲，《春秋》不盡其尊、親之辭（指不書作「莒世子僕弒其君庶其」），則說明莒僕非世子也。

〔四〕《史記·太史公自序》。

〔五〕《鹽鐵論·疾貪》：「駟馬不馴，御者之過也。百姓不治，有司之罪也。《春秋》刺譏不及庶人，責其率也。」

秋九月乙丑，晉趙盾弒其君夷皋宣公二年

《傳》曰：「親弒君者，趙穿也。親弒君者趙穿，則曷爲加之趙盾？不討賊也。」〔一〕史狐書賊曰「趙盾弒其君」，盾曰：「不然。」史狐曰：「子爲正卿，亡不越境，反不討賊，則志

同。志同則書重，非子而誰？」君子修《春秋》曰：「董狐，古之良史也，書法不隱。」〔二〕故書曰「晉趙盾弒其君夷皋」，不討賊也。「曰於盾也，見忠臣之至；於許世子〔三〕，見孝子之至」〔四〕。

【箋】

〔一〕《公羊傳·宣公六年》。

〔二〕左氏傳。

〔三〕《春秋·昭公十九年》：「夏五月戊辰，許世子止弒其君買。……冬，葬許悼公。」公羊子傳：「賊未討，何以書葬？不成于弒也。曷爲不成于弒？止進藥而藥殺也。止進藥而藥殺，則曷爲加弒焉爾？譏子道之不盡也。其譏子道之不盡奈何？曰：樂正子春之視疾也，復加一飯，則脱然愈；復損一飯，則脱然愈；復加一衣，則脱然愈；復損一衣，則脱然愈。止進藥而藥殺，是以君子加弒焉爾。曰『許世子止弒其君買』，是君子之聽止也；『葬許悼公』，是君子之赦止也。赦止者，免止之罪辭也。」

〔四〕穀梁子傳。范甯集解：「邵曰：『盾以亡不出竟，反不討賊，受弒君之罪，忠不至故也。止以病不知嘗藥，受弒父之罪，孝不至故也。』」

夏六月乙酉，鄭公子歸生弒其君夷宣公四年謀弑君者，公子宋也[一]，以歸生爲首惡，何也？宋有無君之心，於歸生乎謀先，將而誅焉，歸生之職也；不誅而聽焉，則賊由歸生而已矣。本胡氏[二]、陳氏[三]

【箋】

〔一〕左氏傳：「楚人獻黿於鄭靈公，公子宋與子家（即歸生）將見。子公（即公子宋）之食指動，以示子家。曰：『他日我如此，必嘗異味。』及入，宰夫將解黿，相視而笑。公問之，子家以告。及食大夫黿，召子公而弗與也。子公怒，染指於鼎，嘗之而出。公怒，欲殺子公。子公與子家謀先，子家曰：『畜老猶憚殺之，而况君乎。』反，譖子家，子家懼而從之。夏，弑靈公。」

〔二〕胡安國傳：「歸生與宋並爲大夫，乃貴戚之卿，同執國政，可以不從一也；嘗統大師與宋戰，獲其元帥，已得兵權，可以不從二也；聞宋逆謀，登時而覺，先事誅之，猶反手耳。夫據殺生之柄，仗大義以制人，使人聽己，猶犬羊之伏於虎也。何畏於人？懼其見殺而從之也哉。計不出此，顧以畜老憚殺比方君父，歸生之心悖矣。故《春秋》捨公子宋而以弑君之罪歸之，爲後世鑒。」

〔三〕陳傅良後傳：「首弑君者，公子宋也，則其蔽罪於歸生何？歸生爲正卿，而宋有無君之心，非歸生孰禁之？於歸生乎謀先，然而弗禁，則賊由歸生而已矣。是故歸生之弑，公子宋啓之，不以罪宋而罪歸生。」

春，晉趙盾、衛孫免侵陳宣公六年

趙盾弑君，此其復見何？免盾之罪辭與？曰：非也。不復見，辭與親弑者同，討賊之義隱矣。非晉大夫，侵伐未有書名者，書「衛孫免」何？見「晉趙盾」，則不得人衛孫免也。

癸巳，陳夏徵舒弑其君平國宣公十年五月

徵舒不强也，曷爲不去族？著其族也。或曰是亦其君有罪焉，曰：何必陳靈公，凡弑君皆然，許世子止不嘗藥累及許君，舉大惡之人而加之其君之上，惡之也〔一〕。曰《春秋》誅亂賊，亦非其君父乎？曰《康誥》曰「惟君惟長，不能厥家人，越厥小臣、外正，惟威惟虐，大放王命，乃非德用乂」〔二〕，固司寇所詰也〔三〕。「《春秋》，天子之事也」，罪其君父，所以正本也。故曰「爲人君父而不通於《春秋》之義者，必蒙首惡之名；爲人臣子而不通於《春秋》之義者，必陷簒弑之誅、死罪之名」〔四〕。徵舒絶矣，靈公不得爲無罪也。著其族，著靈公所由弑也〔五〕。

【箋】

〔一〕《春秋·昭公十九年》：「夏五月戊辰，許世子止弑其君買。」所謂「惡之」，指惡許君。

〔二〕孫星衍疏：「能者，《漢書》注：『師古曰：「善也。」』言乂惟國君及長民者，有不以善化導其家人者，于其小臣、外正，惟爲威虐于民，放棄王命，乃非德教可治。」

〔三〕《周禮·秋官·司寇》：「乃立秋官司寇。使帥其屬而掌邦禁，以佐王刑邦國。」

〔四〕《史記・太史公自序》。

〔五〕《左傳》宣公九年：「陳靈公與孔寧、儀行父通於夏姬，皆衷其衵服以戲于朝。洩冶諫曰：『公卿宣淫，民無効焉，且聞不令。君其納之。』公曰：『吾能改矣。』公告二子，二子請殺之，公弗禁，遂殺洩冶。」宣公十年：「陳靈公與孔寧、儀行父飲酒於夏氏，公謂行父曰：『徵舒似女。』對曰：『亦似君。』徵舒病之，公出，自其廄射而殺之，二子奔楚。」徵舒，夏姬之子。

秋，晉侯會狄于欑函 宣公十有一年

外會不書，晉侯會狄何以書？病晉也。其病晉何也？病不討賊也〔一〕。病晉，則其稱「晉侯」何？稱「晉侯」以會狄，所以病晉侯也。

【箋】

〔一〕《日講》：「陳夏徵舒爲亂，楚方伸大義於天下，晉爲霸主乃孜孜於群狄，至往會焉，卑亦甚矣。直書其事，深譏之也。」

冬十月，楚人殺陳夏徵舒

此楚子也，其稱人何？討賊之辭也〔一〕。中國有亂獄，天子不能誅，諸侯不能正，而楚人能之，故予之也〔二〕。此入而殺也，則先書「殺陳夏徵舒」何？不以入陳累討賊也〔三〕。其月何？以是爲討之正也〔四〕。

【箋】

〔一〕《春秋·隱公四年》：「九月，衛人殺州吁于濮。」公羊子傳：「其稱人何？討賊之辭也。」

〔二〕公羊子傳：「此楚子也，其稱人何？貶。曷爲貶？不與外討也。不與外討者，因其討乎外而不與也。雖内討亦不與也。曷爲不與？實與而文不與。文曷爲不與？諸侯之義，不得專討也。諸侯之義不得專討，則其曰實與之何？上無天子，下無方伯，天下諸侯有爲無道者，臣弑君、子弑父，力能討之，則討之可也。」

〔三〕《春秋·宣公十一年》：「冬十月，楚人殺陳夏徵舒。丁亥，楚子入陳，納公孫寧、儀行父于陳。」左氏傳：「冬，楚子爲陳夏氏亂故，伐陳。謂陳人無動，將討於少西氏。遂入陳，殺夏徵舒，轘諸栗門，因縣陳。」穀梁子傳：「此入而殺也，其不言入，何也？外徵舒於陳也。其外徵舒於陳，何也？明楚之討有罪也。」

〔四〕何休以爲「討賊例時」（見隱四年「衛人殺州吁于濮」解詁），莊存與以爲討賊例月，書月以詳之，乃正乎討也。另參見前文隱公四年「九月，衛人殺州吁於濮」條莊存與解説。

春，葬陳靈公宣公十有二年

過時而不日，謂之不能葬〔一〕。此不月何〔二〕？僅可以葬也。討此賊者非臣子也，則不能之甚也。公羊子曰：「討此賊者非臣子也，何以書葬？君子辭也，楚已討之矣。」

【箋】

〔一〕《公羊傳·隱公三年》。

〔二〕《公羊傳·隱公四年》何休解詁：「〔諸侯〕卒日，葬月，達於《春秋》，爲大國例。」

庚申，晉弑其君州蒲成公十有八年正月

稱國以弑，則罪曷在？曰：在正卿。罪有在，則曷不書其主？不以賊赴也〔一〕。曷不稱人而稱國？不舉衆也，以異于杵臼也。其日何？詳之也〔二〕。周不書入，義不繫乎入也〔三〕。

【箋】

〔一〕《日講》：「弑君而書國，趙汸曰『不以賊赴』，是矣。」

〔二〕何休解詁：「日者，二月庚申日。上繫於正月者，起正月見幽，二月庚申日死也。」徐彦疏：「稱國以弑者例書時，而此書日，故解之。」

〔三〕左氏傳：「春王正月庚申，晉欒書、中行偃使程滑弑厲公〔即州蒲〕，葬之于翼東門之外。以車一乘，使荀罃、士魴逆周子于京師而立之，生十四年矣。」

鄭伯髡頑如會，未見諸侯。丙戌，卒于鄵襄公七年冬十有二月

「鄵者何？鄭之邑也。諸侯卒其封内不地，此何以地？隱之也。何隱爾？弑也」〔一〕。

孰弑之？公子騑弑之。曷爲不言弑？以疾赴也〔二〕。以疾赴則曷爲遂言之〔三〕？「爲中國諱也」，舉大惡之人而加之其君之上，惡之也〔四〕。「宋公佐卒于曲棘」〔五〕，不著其事，此未見諸侯，其曰如會何？致其志也，隱之也。取卒之名而加之如會之上，見以如會卒也。以如會卒則曷爲爲之諱？「不使夷狄之民加乎中國之君也」〔六〕。以疾赴則從史也，非諱也，其曰諱，何也？辭繁而不殺〔七〕，非徒從者也，著其事而後卒之，故曰「爲中國諱也」。諱則如賊不可知何？曰：不諱則如所不能知何〔八〕？

始之書賊也，去其族〔九〕，去其族而後有不去其族，不去其族而後有稱人，有稱人而後有稱國，有稱國而後有書卒。因其赴而爲之諱也，而後有不承其赴而爲之諱者。稱「世子」，盡其尊、親之辭也；書「閽」、書「盜」，賤乎賤者也。有司之法，不失賊而已。《春秋》，禮義之大宗也，治有司者也。然則有司安所詰與？安受其實，則在嗣君；志不討賊，則在正卿；主其名、受其賊，則在主者；史不書賊，則并在史官；如是而已矣。史，有司也，《春秋》治有司者也。以史法議《春秋》，是以臣之無有作福、作威、玉食，而禁其辟也〔一〇〕。

【箋】

〔一〕鄵，公羊、穀梁作「操」。公羊子傳：「操者何？鄭之邑也。諸侯卒其封内不地，此何以地？隱之也。何隱爾？弑也。孰弑之？其大夫弑之。曷爲不言其大夫弑之？爲中國諱也。曷爲爲中國諱？鄭伯將會諸侯于鄬，其大夫諫曰：『中國不足歸也，則不若與楚。』鄭伯曰：『不可。』其大夫曰：『以中國爲義則伐我喪，以中國爲彊則不若楚。』於是弑之。鄭伯髡原何以名？傷而反，未至乎舍而卒也。未見諸侯，其言如會何？致其意也。」

〔二〕左氏傳：「子駟使賊夜弑僖公，而以瘧疾赴于諸侯。」

〔三〕遂言之，指同一主語連言兩事。《春秋・昭公十三年》：「楚公子比自晉歸于楚，弑其君虔于乾溪。」穀梁子傳：「歸一事也，弑一事也，而遂言之，以比之歸弑，比不弑也。」鍾文烝補注：「其歸也于楚，一事也；其弑也于乾溪，又一事也。經不再出『楚公子比』四字而連文言之，有似遂事之辭。」

〔四〕意爲《春秋》若書作「公子騑弑其君髡頑」，則同樣惡鄭公髡頑，此處不作如是書，乃爲鄭公（中國）諱也。

〔五〕《春秋・昭公二十五年》。公羊子傳：「曲棘者何？宋之邑也。諸侯卒其封内不地，此何以地？憂内也。」

〔六〕穀梁子傳：「未見諸侯，其曰如會，何也？致其志也。禮：諸侯不生名。此其生名，何也？卒之名也。卒之名，則何爲加之如會之上？見以如會卒也。其見以如會卒，何也？鄭伯將會中國，其臣欲從楚，不勝其臣，弑而死。其不言弑，何也？不使夷狄之民加乎中國之君也。其地，於外也；其日，未踰竟也。日卒時葬，正也。」

〔七〕《公羊傳·僖公二十二年》：「《春秋》辭繁而不殺者，正也。」何休解詁：「繁，多也。殺，省也。正，得正道尤美。」

〔八〕《日講》：「鄭人以疾訃，魯史以卒書，孔子無所據以革之，故特文以發人之疑而見其實也。」

〔九〕《春秋·隱公十年》：「夏，翬帥師會齊人、鄭人伐宋。」公羊子傳：「此公子翬也，何以不稱公子？貶。曷爲貶？隱之罪人也，故終隱之篇貶也。」

〔一〇〕《書·洪範》：「惟辟作福，惟辟作威，惟辟玉食。臣無有作福、作威、玉食，臣之有作福、作威、玉食，其害于而家，凶于而國。」孔安國傳：「言惟君得專威福，爲美食。」

夏，葬鄭僖公襄公八年

其不月，不能乎葬也〔一〕。公羊子曰：「賊未討，何以書葬？爲中國諱也。」

【箋】

〔一〕《公羊傳·隱公四年》何休解詁：「〔諸侯〕卒日，葬月，達於《春秋》，爲大國例。」

夏五月乙亥，齊崔杼弒其君光。公會晉侯、宋公、衛侯、鄭伯、曹伯、莒子、邾子、滕子、薛伯、小邾子于夷儀襄公二十有五年

此諸侯伐齊也，不書，不予伐也。曷爲不予伐？齊崔杼弒君，諸侯伐齊，是討賊也。

修怨而伐，君弑而舍，書伐則疑于討賊，故不予伐也〔一〕。「諸侯盟于扈」，不序，不能乎討也〔二〕。此何以序？非不討而已。則何以無貶？大夫恒稱人則貶諸侯，大夫貶而後稱人，則不可以人諸侯也，正名而已矣。

【箋】

〔一〕左氏傳：「晉侯濟自泮，會于夷儀，伐齊，以報朝歌之役。齊人以莊公說，使隰鉏請成。慶封如師，男女以班。賂晉侯以宗器、樂器，自六正、五吏、三十帥、三軍之大夫、百官之正長、師旅及處守者，皆有賂。晉侯許之，使叔向告於諸侯。公使子服惠伯對曰：『君舍有罪，以靖小國，君之惠也。寡君聞命矣！』」杜預集解：「朝歌役在二十三年。不書伐齊，齊人逆服，兵不加。」「以弑莊公說晉也。」

〔二〕《春秋·文公十五年》：「冬十有一月，諸侯盟于扈。」參見前文莊存與對此條的解說。

秋八月己巳，諸侯同盟于重丘

齊與盟〔一〕，曷爲不見齊？不使齊得同乎此盟也。

【箋】

〔一〕左氏傳：「秋七月己巳，同盟于重丘，齊成故也。」

春王二月辛卯，衛甯喜弑其君剽襄公二十有六年公子瑕不成君〔一〕，此成剽之君何？重甯喜之弒也。剽不正〔二〕，其日何也〔三〕？剽以辛卯弒，衎以甲午復〔四〕，其日，見以弒復也〔五〕。衎復正，則其以重言之何？剽爲宗廟社稷主，殖也，喜也，北面而臣事之。臣剽而貳衎，奉衎以辭剽之爲君，書曰「弒其君」，言罪之在喜也。

【箋】

〔一〕《春秋·僖公三十年》：「秋，衛殺其大夫元咺及公子瑕。衛侯鄭歸于衛。」杜預集解：「瑕立經年，未會諸侯，故不稱君。」

〔二〕《春秋·襄公十四年》：「己未，衛侯出奔齊。」左氏傳：「衛人立公孫剽，孫林父、甯殖相之。」

〔三〕穀梁子傳：「此不正，其日，何也？殖也立之，喜也君之，正也。」另《春秋·僖公十年》：「晉里克弒其君卓。」何休解詁：「不日者，不正遇禍，終始惡明，故略之。」徐彦疏：「正以成君見弒者例書日，今此不日，故解之。」不正遇禍，指被立者所立不正而遭弒。

〔四〕衛獻公，名衎，定公子。魯成公十五年立，魯襄公十四年，被執政大臣孫林父、甯殖所逐，出奔齊國。其族弟公孫剽立，是爲殤公。魯襄公二十六年，甯殖之子甯喜弒剽以迎獻公復位。魯成公十五年至魯襄公十四年及魯襄公二十七年至魯襄公二十九年在位。

〔五〕《春秋·襄公二十六年》：「甲午，衛侯衎復歸於衛。」按：魯襄公二十六年，衛獻公衎使與甯喜言，以求復。甯喜遂伐孫氏，克之，殺衛侯剽，迎獻公以入。詳見《左傳》。

晉人執衛甯喜

執大夫，有罪則不書其執，執者，不宜執也。此有罪，何以不宜執，不宜其罪執之也〔一〕。不以罪甯喜，晉人乃不免矣〔二〕。

【箋】

〔一〕公羊子傳：「此執有罪，何以不得爲伯討？不以其罪執之也。」《公羊傳·僖公四年》：「稱侯而執者，伯討也。稱人而執者，非伯討也。」

〔二〕《日講》：「殖與喜之惡一也，殖以附晉免，喜以背晉執；林父與喜之惡一也，林父以附晉獲庇，喜以背晉見執。然則晉非執弒君之賊，執不附己者耳，故稱人以著其罪焉。」

衛殺其大夫甯喜襄公二十有七年夏

此復正也，曷爲以弒君之獄歸焉？喜爲衎而弒也。衎，剽之君也，剽非衎之君，則歸獄焉，何也？以王法絶之也。衎由林父出，出十二年而衛民莫之思，諸侯莫之納，由不仁也。卒以入者，弒君也，君子以是爲匹夫也。不以弒君之罪罪喜者，歸獄于衎也〔一〕。然則剽無惡與？曰：舉大惡之人而加之其君之上，惡之也〔二〕。叛林父〔三〕、人趙武、向戌〔四〕，而剽之獄具矣〔五〕。

【箋】

〔一〕穀梁子傳：「甯喜由君弒君，而不以弒君之罪罪之者，惡獻公也。」

〔二〕指《春秋・襄公二十六年》書「衛甯喜弒其君剽」。所謂「惡之」，指惡衛公剽。

〔三〕《春秋・襄公二十六年》：「春王二月辛卯，衛甯喜弒其君剽。衛孫林父入于戚以叛。甲午，衛侯衎復歸于衛。」左氏傳：「孫林父以戚如晉，書曰『入于戚以叛』，罪孫氏也。」

〔四〕《春秋・襄公二十六年》：「公會晉人、鄭良霄、宋人、曹人于澶淵。」左氏傳：「六月，公會晉趙武、宋向戌、鄭良霄、曹人于澶淵以討衛，疆戚田。取衛西鄙懿氏六十以與孫氏。」

〔五〕謂以孫林父爲叛，且不名助林父之趙武、向戌而「人」之，則《春秋》立場明矣，乃誅林父所立之剽也。

冬，齊慶封來奔襄公二十有八年

此受賊也〔一〕，目言之何？微內惡也。受人之賊，則以微言之何？慶封之爲齊大夫也久矣，可以言來聘〔二〕，則可以言來奔，景公之大夫也，而不以其罪逐之也〔三〕。

【箋】

〔一〕《春秋・昭公四年》：「秋七月，楚子、蔡侯、陳侯、許男、頓子、胡子、沈子、淮夷伐吳，執齊慶封，殺之。遂滅賴。」左氏傳：「秋七月，楚子以諸侯伐吳。宋大子、鄭伯先歸，宋華費遂、鄭大夫從。使屈申圍朱方，八月甲申，克之。執齊慶封而盡滅其族。將戮慶封，椒舉曰：『臣聞無瑕者可以戮人。慶封惟逆命，是以在此，其肯從於戮乎？播於諸侯，焉用之？』王弗聽，負之釜鉞，以徇於諸侯。使言曰：『無或如齊慶封，弑其君，弱其孤，以盟其大夫。』慶封曰：『無或如楚共王之庶子圍，弑其君兄之子麇而代之，以盟諸侯。』王使速殺之。」杜預集解：「齊崔杼弑君，慶封其黨也，故以弑君罪責之。」

〔二〕《春秋·襄公二十七年》：「春，齊侯使慶封來聘。」

〔三〕魯襄公二十五年，崔杼弑齊莊公光，立景公而相之，慶封爲左相。襄公二十七年，崔氏諸子爭權内亂，慶封趁機滅崔氏，崔杼自縊，慶封當國。二十八年，慶封嗜酒荒淫，齊諸卿謀殺其子，共逐之，遂奔魯。參見《左傳》。

閽弑吳子餘祭襄公二十有九年夏五月

不日，略之也。公羊子曰：閽，門者也〔一〕。「不稱名姓，閽不得齊于人；不稱其君，閽不得君其君也。」「賤人非所貴也，貴人非所刑也，刑人非所近也。舉至賤而加之吳子，吳子近刑人也」〔二〕。

【箋】

〔一〕公羊子傳：「閽者何？門人也，刑人也。刑人則曷爲謂之閽？刑人非其人也。君子不近刑人，近刑人則輕死之道也。」

〔二〕穀梁子傳。

夏四月，蔡世子般弒其君固襄公三十年

不日，何也？不盡其辭也。既盡其尊、親之辭矣，不日，何也？夷狄則盡之〔一〕，中國而夷狄則夷狄之〔二〕，以同而異也。

【箋】

〔一〕《春秋·文公元年》何休解詁：「夷狄子弒父，忍言其日。」

〔二〕何休解詁：「不日者，深爲中國隱痛，有子弒父之禍，故不忍言其日。」穀梁子傳：「其不日，子奪父政，是謂夷之。」

冬十月，葬蔡景公

公羊子曰：「賊未討，何以書葬？君子辭也。」胡氏以爲「偏刺天下之諸侯也」。天下諸侯至是而無以討賊措其心者矣。不書葬，無臣子也。無臣子而書葬，天下諸侯皆無臣子也。

晉人、齊人、宋人、衛人、鄭人、曹人、莒人、邾人、滕人、薛人、杞人、小邾人會于澶淵，宋災故

會未有言其所爲者，其言「宋災故」何？言故非其故也。宋共姬葬〔一〕，蔡景公亦葬〔二〕，宋災則爲之變〔三〕，世子弒君則無變，至是而天下諸侯無以討賊措其心者，言故非其

故也，惡之也〔四〕。大夫不名，貶。曷爲貶大夫？權在大夫也，以天下諸侯爲皆無臣子也〔五〕。内大夫不書，大惡諱也〔六〕。

【箋】

〔一〕《春秋・襄公三十年》：「秋七月，叔弓如宋，葬宋共姬。」公羊子傳：「外夫人不書葬，此何以書？隱之也。何隱爾？宋災，伯姬卒焉。其稱謚何？賢也。何賢爾？宋災伯姬存焉，有司復曰：『火至矣，請出。』伯姬曰：『不可，吾聞之也，婦人夜出，不見傅、母不下堂。』傅至矣，母未至也，逮乎火而死。」

〔二〕《春秋・襄公三十年》：「冬十月，葬蔡景公。」公羊子傳：「賊未討，何以書葬？君子辭也。」

〔三〕《春秋・襄公三十年》：「夏四月，蔡世子般弑其君固。五月甲午，宋災。宋伯姬卒。」

〔四〕《日講》：「世子弑君之惡不能討，宋之災已過時矣，而合十二國爲會以更其財，不亦傎乎！使不書『宋災故』，則習其讀者疑於欲討蔡般而不果矣。」

〔五〕公羊子傳：「此大事也，曷爲使微者？卿也。卿則其稱人何？貶。曷爲貶？卿不得憂諸侯也。」

〔六〕左氏傳：「爲宋災故，諸侯之大夫會，以謀歸宋財。冬十月，叔孫豹會晉趙武、齊公孫蠆、宋向戌、衛北宮佗、鄭罕虎及小邾之大夫，會于澶淵。既而無歸於宋，故不書其人。……不書魯大夫，諱之也。」

十有一月，莒人弒其君密州襄公三十有一年

此庶子弒其君也〔一〕，則舉衆言之何？不得盡其尊、親之辭，則展輿如國人也，君子以爲不可〔二〕。其曰人何〔三〕？見展輿之有徒衆也。

【箋】

〔一〕左氏傳：「莒犁比公生去疾及展輿，既立展輿，又廢之。犁比公虐，國人患之。十一月，展輿因國人以攻莒子，弒之，乃立。去疾奔齊，齊出也。展輿，吴出也。」

〔二〕指因展輿爲庶子，不能書作「莒世子弒其君密州」，而只能書作「莒展輿弒其君密州」，如此則不得盡其尊、親之辭（「其君」，表尊；「世子」，表親），而展輿類若國人，孔子以爲不可，故書作「莒人弒其君密州」。

〔三〕何，《清經解》本誤作「可」。

秋，莒展輿出奔吴昭公元年

此踰年矣，不稱莒子，賊也。何用見其賊也？不奔去疾而奔展輿，蔽罪于吴也。知其賊則何以不書賊〔一〕？庶子也，不得盡其尊、親之辭，寧不盡其辭也。莒僕不言來奔，未成乎受賊也〔二〕。

【箋】

〔一〕指上一條未書莒展輿，而書「莒人」。

〔三〕《春秋·文公十八年》：「莒弒其君庶其。」左氏傳：「莒紀公子生大子僕，又生季佗，愛季佗而黜僕，且多行無禮於國。僕因國人以弒紀公，以其寶玉來奔，納諸宣公。公命與之邑，曰：『今日必授。』季文子使司寇出諸竟，曰：『今日必達。』」杜預集解：「未見公而文子出之，故來不書。」

冬十有一月己酉，楚子麇卒

此楚人弒其君也〔一〕，何以書卒？爲中國諱也。楚圍弒君，則曷爲爲中國諱？圍反中國會〔二〕，則弒其君；立乎位，則舉中國往會之〔三〕，我又朝焉〔四〕；弒君之賊未有如虔者也。會，天下大故；公行，國之大事；不可以莫之志也。虔主中國會，不可以莫之諱也，諱麇之弒，存中國也。然則何用見其弒也？麇，封也，般也，虔也，《春秋》辭一也〔五〕，見虔之爲賊也。辭從主人，則麇不成子也〔六〕，卒何以書？成麇之子，書麇之卒，見以故卒也。

【箋】

〔一〕左氏傳：「冬，楚公子圍將聘于鄭，伍舉爲介。未出竟，聞王有疾而還。伍舉遂聘。十一月己酉，公子圍至，入問王疾，縊而弒之。遂殺其二子幕及平夏。右尹子干出奔晉，宮厩尹子晳出奔鄭。殺大宰伯州犁于郟。葬王于郟，謂之郟敖。……楚靈王即位，薳罷爲令尹，薳啓彊爲大宰。」杜預集解：「靈王，公子圍也，即位易名熊虔。」

〔二〕《春秋·昭公元年春》：「叔孫豹會晉趙武、楚公子圍、齊國弱、宋向戌、衛齊惡、陳公子招、蔡公孫歸生、鄭罕虎、許人、曹人于虢。」

〔三〕《春秋·昭公四年》：「夏，楚子、蔡侯、陳侯、鄭伯、許男、徐子、滕子、頓子、胡子、沈子、小邾子、宋世子佐、淮夷會于申。」

〔四〕《春秋·昭公七年》：「三月，公如楚。」

〔五〕此處意旨不詳，或指《春秋》書三人皆被稱名而殺。

〔六〕楚子麇，楚康王子，魯襄公二十九年至魯昭公元年在位。熊圍弑麇，葬麇于郟，不以之爲王，而未謚王號，謂之郟敖，史稱楚郟敖。

楚公子比出奔晉

君弑雖不書弑，非與乎故則不書其奔，此何以書？己不繫君之存亡，有間位之心焉。无所容而出，罪之也。辭不殆于賊乎？賊不以爲類，君子曰類也。

執齊慶封殺之昭公四年

殺有罪則不言執〔一〕，此言執殺之何？不予討也〔二〕。諸侯在是，而辭主乎楚子，何也〔三〕？雖諸侯不予討也，役乎賊也〔四〕。殺齊慶封何以書？慶封之賤而書，不貴楚虔而賤齊慶封也。

【箋】

〔一〕《日講》：「《春秋》書殺他國大夫之法有二：凡有罪而當誅者，曰某人殺某，若楚人殺陳徵舒是也；無罪者，書執而殺之，若『執蔡世子有以歸，用之』，『執陳行人干徵師，殺之』是也。」

〔二〕穀梁子傳：「慶封弑其君，而不以弑君之罪罪之者，慶封不爲靈王服也，不與楚討也。《春秋》之義，用貴治賤，用賢治不肖，不以亂治亂也。孔子曰：『懷惡而討，雖死不服。』其斯之謂與？」

〔三〕《春秋·昭公四年》：「秋七月，楚子、蔡侯、陳侯、許男、頓子、胡子、沈子、淮夷伐吴，執齊慶封殺之。」

〔四〕謂諸侯爲弑君之楚子虔所役使。

夏四月丁巳，楚子虔誘蔡侯般殺之于申昭公十有一年

般名，虔何以名？般之賊已著，虔之賊未著，一施之然後著。非以其誘中國與？曰：非也〔一〕。雖不以誘，不利其國，虔固不得討也〔二〕。般之名，棄之也，虔亦名，并棄之也〔三〕。杞用夷禮則夷之〔四〕，曾般也而中國之與？《春秋》之討賊也，正名而已矣，我無加損焉；名窮於不可正，加一辭焉，而弑君之賊無所容於天下萬世。故曰法可窮，《春秋》之義則不窮。其日何？謹之也；其地何？謹之也〔五〕；以别於討賊之辭也〔六〕。

【箋】

〔一〕 穀梁子傳：「何爲名之也？夷狄之君誘中國之君而殺之，故謹而名之也。」

〔二〕《日講》：「〔楚虔〕既與般會申，又再會伐吴，豈以般爲賊哉！今謀取其國，重幣甘言誘以會而殺之，則爲誘蔡侯殺之于申而已。」

〔三〕《穀梁傳·襄公七年》：「禮，諸侯不生名。」

〔四〕《春秋·僖公二十七年》：「春，杞子來朝。」左氏傳：「春，杞桓公來朝，用夷禮，故曰子。公卑杞，杞不共也。」

〔五〕 穀梁子傳：「稱時、稱月、稱日、稱地，謹之也。」

〔六〕 何休以爲「討賊例時」（見隱四年「衛人殺州吁于濮」解詁），莊存與以爲討賊例月，參見前文宣公十一年「冬十月，楚人殺陳夏徵舒」條莊存與解説。

執蔡世子有以歸，用之

公羊子曰：「此未踰年之君也，其稱世子何？不君靈公，不成其子也。不君靈公，則曷爲不成其子？誅君之子不立，非怒也，無繼也。」不立則其曰世子何？般可絶，蔡不可絶，嫌絶蔡，故不去世子。世子者，與祖爲體。然則得有蔡乎？曰：卒有蔡者，其子也〔一〕。存蔡故曰世子，般絶則子不得而有蔡也。

【箋】

〔一〕楚靈王滅蔡，殺蔡靈公般，至楚平王則復蔡，君蔡平公。蔡平公，名廬，般之孫。《春秋・昭公十三年》：「蔡侯廬歸于蔡，陳侯吴歸于陳。」左氏傳：「隱大子之子廬歸于蔡，禮也。」杜預集解：「隱大子，大子有也。」

夏四月，楚公子比自晉歸于楚，弑其君虔于乾谿昭公十有三年

穀梁子曰：「自晉，晉有奉焉爾。歸而弑，不言歸。言歸，比不弑也。」此見以比之歸弑也。比因人亂而爲之主，故加弑焉〔一〕。「于乾谿」，令行於乾谿矣。虔立則比出，比反則虔弑，比未始以臣事虔也，其以君比何？比有利心焉〔二〕。出則不聞正虔之罪也，反則有間于虔之位也。因亂臣以自立，是亦虔之亂臣也。不日，略也。

【箋】

〔一〕楚靈王滅陳、蔡而不禮群喪職之族，魯昭公十三年，諸人脅楚公子比、公子黑肱爲之主，帥徒以入楚。靈王聞叛自盡，而國人不知，棄疾因夜呼「王至矣」，公子比、公子黑肱聞而恐，皆自殺。棄疾得以即位，是爲楚平王。詳見《左傳》。

〔二〕《日講》：「比前奔晉避禍耳，今歸楚逐利耳，非討虔也。比因親争國，故書『公子』以著其情，固不得不書『其君』以正其罪。」

楚公子棄疾殺公子比

不稱人以殺，不予討也。比何以稱「公子」？不成爲君也〔一〕。不去「公子」，罪棄疾也。曷不并削之？著以公子争也。非免比之罪辭與？曰：比立乎位矣，非虚加之也，又何以免焉。

【箋】

〔一〕公羊子傳：「比已立矣，其稱公子何？其意不當也。其意不當，則曷爲加弑焉爾？比之義宜乎效死不立。」

冬十月，葬蔡靈公

般也，生死無所容于天地，則何以書葬？曰：葬，生者事也。般也誅，廬不可以有蔡〔二〕。廬也有蔡，則孫不可以不葬其祖。上無天子，下無方伯，不咨于禮，不詢于衆，廬于是有蔡，于是葬靈公。絶靈公者，不得不絶廬，書靈公之葬，明廬之不得有蔡也。然則成之爲「蔡侯」而曰「歸」，何也？中國不能存蔡，蔡復存，舍廬則莫主蔡，是蔡絶也，蔡不可絶，故過而予之也。《春秋》有過辭乎？曰「與其殺不辜，寧失不經」〔三〕，《春秋》之過，虞帝之過也。

【箋】

〔一〕《春秋·昭公十一年》："楚師滅蔡，執蔡世子有以歸，用之。"公羊子傳："此未踰年之君也，其稱世子何？不君靈公，不成其子也。不君靈公，則曷爲不成其子？誅君之子不立，非怒也，無繼也。"靈公，名般，子有，孫廬。《春秋·昭公十三年》："蔡侯廬歸于蔡，陳侯吴歸于陳。冬十月，葬蔡靈公。"

〔二〕《左傳·襄公二十六年》："故《夏書》曰：『與其殺不辜，寧失不經。』懼失善也。"亦見《書·大禹謨》。

夏五月戊辰，許世子止弑其君買昭公十有九年

其日何？盡其辭也。中國不盡其辭，則何以日〔一〕？止不弑也，以異於蔡般也。止出奔不書〔二〕，不使同於親弑者也〔三〕。

【箋】

〔一〕《春秋》文公元年，何休解詁："夷狄子弑父，忍言其日。"襄公三十年何休解詁："不日者，深爲中國隱痛，有子弑父之禍，故不忍言其日。"

〔二〕左氏傳："夏，許悼公瘧。五月戊辰，飲大子止之藥，卒。大子奔晉。書曰：『弑其君』。君子曰：『盡心力以事君，舍藥物可也。』"

〔三〕見前文小序，莊存與稱："非賊之徒，則不言『出』。"

冬，葬許悼公

公羊子曰：「賊未討，何以書葬？不成于弒也。曷爲不成于弒？止進藥而藥殺也。止進藥而藥殺，則曷爲加弒焉？譏子道之不盡也。」然則爲止宜奈何？左氏曰：「盡心力以事君，舍藥物可也。」然則何以書葬？「免止之罪辭」與〔一〕？曰：非也，不書葬，辭與直弒者同，嘗藥之義隱矣。止不嘗藥，累及許君，非虛加之也，則何以免焉〔二〕。

【箋】

〔一〕公羊子傳：「『葬許悼公』，是君子之赦止也。赦止者，免止之罪辭也。」

〔二〕《直解》：「前書『弒其君』，見止有弒君之事。有是事而正其罪，非强加之也，法無可貸也。繼書悼之葬，明止無弒之心。無是心而寬其辭，非旋赦之也，情有可原也。哭泣『嗌不容粒』以死，法可已矣，非失賊也，故得書葬，不使與故弒者同科，《春秋》之權衡審矣。」

夏四月，吴弒其君僚 昭公二十有七年

其曰吴，夷也。不日，以異於晉也〔一〕。

【箋】

〔一〕何休以爲稱國以弒者，明失衆，例皆時（文十八年冬解詁）。弒僚書月，乃明僚非失衆見弒（見何休本條解詁）。此一解説爲莊存與不采，莊存與以爲晉弒其君書日（《春秋·成公十八年》：

「庚申，晉弒其君州蒲。」），此處乃異吴于晉也，蓋有外夷狄之義。

薛弑其君比定公十有三年冬

其曰薛，微國也，薛無大夫也〔一〕。

【箋】

〔一〕胡安國傳：「稱國以弑者，當國大臣之罪也。」

春王二月庚戌，盗殺蔡侯申哀公四年

何以稱盗？非大夫也。翩非有徒衆也，卒起而蔡侯弑焉，不終日而討之〔一〕。公孫也，則盗而已矣。以至賤而加之蔡侯，蔡侯不戒也。討之不書，賤盗也。其日何？異蔡于吴〔二〕，異君于臣也〔三〕。

【箋】

〔一〕左氏傳：「春，蔡昭侯將如吴，諸大夫恐其又遷也，承。公孫翩逐而射之，入於家人而卒。以兩矢門之，衆莫敢進。文之鍇後至，曰：『如墻而進，多而殺二人。』鍇執弓而先，翩射之，中肘，鍇遂殺之。故逐公孫辰，而殺公孫姓、公孫盱。」

〔二〕閽弑吴子不書日，即《春秋・襄公二十九年》：「〔夏五月〕，閽弑吴子餘祭。」

〔三〕盗殺大夫不書日，即《春秋》襄公十年：「冬，盗殺鄭公子斐、公子發、公孫輒。」昭公二十年：

「秋，盜殺衛侯之兄縶。」哀公十三年：「盜殺陳夏區夫。」

蔡公孫辰出奔吴

君弑，非與乎故則不書其奔，辰書奔，與乎故也〔一〕。

【箋】

〔一〕《日講》：「書公孫辰出奔於盜殺蔡侯申之後，則辰與聞乎弑矣。」

夏，蔡殺其大夫公孫姓、公孫霍

此討賊也，何以稱大夫？不予討也。曷爲不予？不均也。辰也出，而姓也、霍也死，故曰不均。不言「及」，不以姓及霍也。

冬十有二月，葬蔡昭公

何以書葬？刑雖不均，罪有所歸矣，不使蔡爲無臣子也。

齊陳乞弑其君荼哀公六年

此陽生殺之，曷爲加弑于陳乞？荼，陳乞之君也，陽生正，荼不正〔一〕，陳乞以景之亂命而君之，卒召陽生，荼其不死乎〔二〕？殺荼者，乞也。陽生受其位而獄不歸焉，何也？曰：陳乞欲亂齊而有之，陽生寄也，蔽罪于陳乞而亂臣之情得矣〔三〕。

【箋】

〔一〕穀梁子傳：「陽生入而弑其君，以陳乞主之，何也？不以陽生君荼也。其不以陽生君荼，何也？陽生正，荼不正。」

〔二〕公羊子傳：「景公謂陳乞曰：『吾欲立舍，何如？』陳乞曰：『所樂乎爲君者，欲立之則立之，不欲立則不立。君如欲立之，則臣請立之。』陽生謂陳乞曰：『吾聞子蓋將不欲立我也？』陳乞曰：『夫千乘之主，將廢正而立不正，必殺正者，吾不立子者，所以生子者也。走矣。』與之玉節而走之。景公死而舍立，陳乞使人迎陽生于諸其家。除景公之喪，諸大夫皆在朝，陳乞曰：『常之母，有魚菽之祭，願諸大夫之化我也。』諸大夫皆曰諾，於是皆之陳乞之家。坐，陳乞曰：『吾有所爲甲，請以示焉。』諸大夫皆曰諾。於是使力士舉巨囊而至于中霤，諸大夫見之，皆色然而駭。開之，則闖然公子陽生也。陳乞曰：『此君也已！』諸大夫不得已皆逡巡北面，再拜稽首而君之爾。自是往弑舍。」

〔三〕《日講》：「於是齊政由陳氏矣。彼陽生者，一亡公子而已，乞不有無君之心，則陽生何由而入，荼何自而弑？《春秋》明正其罪，所以正首惡杜亂源也。」

公會吴伐齊。三月戊戌，齊侯陽生卒哀公十年

此齊人弑君也〔一〕，何以書卒？爲内諱惡也。曷不諱伐而諱弑？齊因伐而弑也。以蠻夷伐鄰國，鄰之君以弑聞，師不變、賊不獲，徐卒事乃反〔二〕，是戕〔三〕之也。諱弑，内大惡諱

也。喪，終事之大也，隱衛侯速〔四〕，善晉士匄〔五〕，伐人之喪，惡之大也。内大惡諱，不諱而又著之，諱有大于伐人之喪者也，見陽生之以伐弑也。然則如齊人何？曰：罪有所歸，固無諱也，罪無所歸，治魯人乃所以治齊人也。

【箋】

〔一〕左氏傳：「公會吴子、邾子、郯子伐齊南鄙，師于鄎。齊人弑悼公，赴于師。吴子三日哭于軍門之外。徐承帥舟師，將自海入齊，齊人敗之，吴師乃還。」

〔二〕《春秋·哀公十年》：「五月，公至自伐齊。」

〔三〕《左傳·宣公十八年》：「凡自虐其君曰弑，自外曰戕。」

〔四〕《春秋》成公二年：「［八月］庚寅，衛侯速卒。」「冬，楚師、鄭師侵衛。」成公三年春：「辛亥，葬衛穆公。」楚、鄭伐喪而書「侵」，故莊存與曰「隱」。

〔五〕《春秋·襄公十九年》：「晉士匄帥師侵齊，至穀，聞齊侯卒，乃還。」公羊子傳：「還者何？善辭也。何善爾？大其不伐喪也。」

晉趙鞅帥師侵齊

書「侵」何？以伐喪，微之也〔一〕。此非恒喪也，曷爲如恒辭然？鞅，叛人也〔二〕，不足乎責也，則侵齊已矣。

【箋】

〔一〕《日講》：「乘吴之亂，伐齊之喪，無名甚矣，故書『侵』。」《公羊傳·莊公十年》：「曷爲或言侵，或言伐？觕者曰侵，精者曰伐。」

〔二〕《春秋·定公十三年》：「秋，晉趙鞅入于晉陽以叛。」

五月，公至自伐齊

何以書？卒伐事也，譏師之不變也。微外曰「侵」，甚内曰「伐」，而陽生之弑見矣。

葬齊悼公

不日，慢葬也。何以書？著人之在殯而侵伐不變也。著者著，則諱者白矣。

秋七月，邾人戕鄫子於鄫宣公十有八年

自外曰戕〔一〕。不稱君，自外也；不稱盜，大夫也。何以書？罪邾人也。「于鄫」，以鄫爲無臣子也〔二〕。鄫未有書卒者〔三〕，人戕其君，不可以鄫不志也。

【箋】

〔一〕左氏傳：「秋，邾人戕鄫子于鄫。凡自虐其君曰弑，自外曰戕。」

〔二〕胡安國傳：「于鄫者，刺臣子不能救君難也。」

〔三〕《春秋》未有書鄫子卒者。

篡

冬十有二月，衛人立晉隱公四年

納、入、立，皆篡也〔一〕。公羊子之義，允哉！允哉！討賊莫善於衛人〔二〕，晉之爲篡也，有二義焉：桓公有子不當廢，且不請於天子而人自立之也〔三〕。董子曰：「《春秋》於其嫌得者，見不得。」〔四〕莫疑於晉之立矣。晉且不得，《春秋》諸侯其能解免於篡者希矣。雖然，安寧無事，亦略之而已，故曰不勝譏則譏其重者〔五〕，未明者著之，已明者去之，人事雖博，所不存也。

【箋】

〔一〕何休解詁：「立、納、入皆爲篡。」徐彦疏：「立爲篡者，此文『衛人立晉』，昭二十三年『尹氏立王子朝』之屬是也。其納爲篡者，『納頓子于頓』，及文十四年『晉人納捷菑』之屬是也。其入爲篡者，小白、陽生之屬是也。」

〔二〕指《春秋·隱公四年》：「戊申，衛州吁弒其君完。……九月，衛人殺州吁于濮。冬十有二月，衛人立晉。」完，即衛桓公。

〔三〕胡安國傳：「晉雖諸侯之子，内不承國於先君，上不稟命於天子，衆謂宜立而遂自立焉，可乎？」

〔四〕《春秋繁露·楚莊王》。嫌，疑似。得，得當，得理。

〔五〕《公羊傳·莊公四年》：「故擇其重者而譏焉……不可勝譏，故將壹譏而已，其餘從同同。」

蔡人殺陳佗〔一〕桓公六年秋八月

陳佗者何？陳君也。何以知其爲陳君也？《春秋》兩下相殺不書〔二〕，雖異國猶不書也。以其書之，知其爲陳君也〔三〕。然則曷爲不言戕陳侯？賊也。其賊奈何？殺世子免而代之也〔四〕。蔡人於是殺佗以立躍〔五〕。其稱「蔡人」何？討賊之辭也〔六〕。佗之賊何以不見？于殺乎見之也。曷爲于殺乎見之？免之殺不書也。何以不書？公子之重視大夫，世子之重視君。免之爲世子，則未知其誓于天子與，未誓于天子與？以其不書，知其未誓也。然則佗何以見賊于《春秋》？免宜爲君者也。未誓則何以宜爲君？適庶長幼命于天也，君臣上下命於王也。陳侯鮑不早成其子，國本危，王命慢，天倫廢，國亂而再赴，以二日卒之，見鮑之不能正其終也。佗，賊也，鮑失君父之道矣，于免無譏焉。不書，隱之也。躍爲志乎得國，篡何以不書？佗重而躍減也，于不葬見之矣〔七〕，佗賤而躍忍也。

【箋】

〔一〕佗，原文誤作「陀」，據《春秋》原文改。

〔二〕《穀梁傳·宣公十五年》：「兩下相殺，不志乎《春秋》。」亦見于昭公八年。

〔三〕穀梁子傳：「陳佗者，陳君也。其曰陳佗，何也？匹夫行，故匹夫稱之也。其匹夫行奈何？陳侯熹獵，淫獵于蔡，與蔡人争禽，蔡人不知其是陳君也而殺之。何以知其是陳君也？兩下相殺不道。其不地，於蔡也。」

〔四〕《春秋·桓公五年》：「春正月，甲戌、己丑，陳侯鮑卒。」左氏傳：「春正月，甲戌、己丑，陳侯鮑卒。再赴也。於是陳亂，文公子佗殺太子免而代之。公疾病而亂作，國人分散，故再赴。」

〔五〕躍，即陳厲公。《左傳·莊公二十二年》：「陳厲公，蔡出也。故蔡人殺五父而立之。」杜預集解：「五父，陳佗也。」

〔六〕《公羊傳·隱公四年》：「九月，衛人殺州吁于濮。」公羊子傳：「其稱人何？討賊之辭也。」

〔七〕《春秋·桓公十二年》：「八月壬辰，陳侯躍卒。」《春秋》未書其葬。

九月，宋人執鄭祭仲，突歸于鄭桓公十有一年

納、立、入，皆簒也，曷不言突之入？于其出奔也，名之見其簒矣〔一〕。何以不書入？挈乎祭仲也，罪祭仲也〔二〕。則何以不言祭仲立之？非仲所欲立也，罪宋人也〔三〕。則何以不言納？突不求立，仲不聽宋，宋人焉能納之哉！書曰「宋人執鄭祭仲，突歸于鄭」，斷三罪之鈞也。字其臣，名其君乎？祭仲，天子之命大夫也〔四〕，突不繫鄭，不成爲君之辭也。突

歸而後仲君之，突弱而仲强見矣。宋稱人，執大夫之恒辭也，不待貶絶而惡見矣〔五〕。

【箋】

〔一〕《春秋·桓公十五年》：「五月，鄭伯突出奔。」公羊子傳：「突何以名？奪正也。」

〔二〕公羊子傳：「突何以名？挈乎祭仲也。其言歸何？順祭仲也。」何休解詁：「挈猶提挈也。突當國，本當言鄭突，欲明祭仲從宋人命，提挈而納之，故上繫於祭仲。」穀梁子傳：「曰歸，易辭也。祭仲易其事，權在祭仲也。」即，「入」爲「難」辭（《公羊傳·隱公八年》：「其言入何？難也。」），鄭突有祭仲做内應，故不曰「入」。

〔三〕《春秋·桓公十一年》：「秋七月，葬鄭莊公。九月，宋人執鄭祭仲，突歸于鄭。鄭忽出奔衛。」左氏傳：「夏，鄭莊公卒。初，祭封人仲足有寵於莊公，莊公使爲卿。爲公娶鄧曼，生昭公，故祭仲立之。宋雍氏女於鄭莊公，曰雍姞，生厲公。雍氏宗，有寵於宋莊公，故誘祭仲而執之，曰：『不立突，將死。』亦執厲公而求賂焉。祭仲與宋人盟，以厲公歸而立之。」

〔四〕胡安國傳：「［祭仲］何以不名？命大夫也。」

〔五〕《公羊傳·僖公四年》：「執者，曷爲或稱侯，或稱人？稱侯而執者，伯討也；稱人而執者，非伯討也。」

鄭忽出奔衛

《春秋》撥亂，君出皆不曰出，君必大惡，而後以其人加之，天子治諸侯之義也。鄭忽當國也，不稱爵；既葬稱子也〔一〕，而不稱子。左丘氏曰：「公侯曰子。」〔二〕公羊子曰：「《春秋》伯、子、男，一也。」忽以出奔而後絶，非既絶而後奔，故曰「辭無所貶」〔三〕。天子治諸侯，彼奔走不得保其社稷，而不降之在畎畝乎〔四〕？不待貶矣。

【箋】

〔一〕《公羊傳·桓公十一年》：「夏五月癸未，鄭伯寤生卒。秋七月，葬鄭莊公。」另《公羊傳·莊公三十二年》：「君存稱世子，君薨稱子某。既葬稱子，踰年稱公。」

〔二〕《左傳·僖公九年》：「凡在喪，王曰小童，公侯曰子。」

〔三〕公羊子傳：「忽何以名？《春秋》伯、子、男，一也。辭無所貶。」孔廣森通義：「本所以公侯在喪稱子者，緣孝子之心不忍當君位，示自貶損，從小國辭也。鄭，伯爵，乃與子、男爲一等，若亦改稱子，未見貶損之義，且令滕、莒、邾婁等國亦在喪稱子，反嫌是爵。故更降之，同於附庸君稱名，此爲伯、子、男未逾年之達號。」

〔四〕指鄭忽稱名而不稱子，類同匹夫。

誅絶

十有一月，衛侯朔出奔齊桓公十有六年

天子黜朔立黔牟〔一〕。此諸侯同姓之卿，「君有大過則諫，反復之而不聽，則易位之」，正也〔二〕。告諸天子，天子易之。孟子論燕可伐矣〔三〕，曾謂大夫而可以專廢置其君乎！何言乎「出奔齊」？罪齊人也。

【箋】

〔一〕公羊子傳：「衛侯朔何以名？絶。曷爲絶之？得罪于天子也。其得罪于天子奈何？見使守衛朔，而不能使衛小衆。越在岱陰齊，屬負茲舍，不即罪爾。」何休解詁：「屬，託也。天子有疾稱『不豫』，諸侯稱『負茲』，大夫稱『犬馬』，士稱『負薪』。舍，止也。託疾止，不就罪。」穀梁子傳：「朔之名，惡也，天子召而不往也。」左氏傳：「初，衛宣公烝於夷姜，生急子，屬諸右公子。爲之娶於齊而美，公取之。生壽及朔，屬壽於左公子。夷姜縊，宣姜與公子朔構急子。公使諸齊，使盜待諸莘，將殺之。壽子告之，使行，不可，曰：『棄父之命，惡用子矣，有無父之國則可也。』及行，飲以酒，壽子載其旌以先，盜殺之。急子至曰：『我之求也，此何罪？請殺我乎。』又殺之。二公子故怨惠公。十一月，左公子洩、右公子職立公子黔牟，惠公奔齊。」《日講》：「朔繼立已五年，二公子雖怨之，以其承國於父，未敢廢立。必因召而不往，王欲致討，然後得行其志。莊六年，諸侯納朔而王人子突救衛，則公、穀所傳蓋信而有徵也。」

〔二〕《孟子·萬章下》。

〔三〕《孟子·公孫丑下》：「沈同以其私問曰：『燕可伐與？』孟子曰：『可。』……齊人伐燕。或問曰：『勸齊伐燕，有諸？』曰：『未也。沈同問燕可伐與？吾應之曰可。彼然而伐之也。彼如曰：「孰可以伐之？」則將應之曰：「爲天吏則可以伐之。」今有殺人者，或問之曰：「人可殺與？」則將應之曰：「可。」彼如曰：「孰可以殺之？」則將應之曰：「爲士師則可以殺之。」今以燕伐燕，何爲勸之哉！』」

君出入

五月，鄭伯突出奔蔡桓公十有五年

稱鄭伯，君也；稱名，篡也〔一〕。曰「出奔蔡」，不書其出之者，大夫惡得而出其君乎？諸侯之策非名也，《春秋》以天子黜諸侯之法書之〔二〕。

【箋】

〔一〕公羊子傳：「突何以名，奪正也。」《日講》：「書名，著其篡也；書『鄭伯』，見國人已奉之爲君，諸侯已與爲同列也。」

〔二〕謂諸侯之舊史策書記載此事，當不書名，夫子作《春秋》，以天子黜諸侯之法，書名以絶之。

鄭世子忽復歸于鄭

何言乎「鄭世子忽」？不成爲君之辭也。本之曰「世子」，宜爲君者也。忽在王所接諸侯，舊矣〔一〕，其如不能乎爲君何哉！「復歸」之爲言，絶也〔二〕。侯亦當絶，又况世子。諸侯奔走不保社稷，王者違天道而建諸，則不克以《多方》〔三〕簡矣。

【箋】

〔一〕《左傳》隱公三年：「故周、鄭交質，王子狐爲質於鄭，鄭公子忽爲質於周。」隱公七年：「鄭公子忽在王所，故陳侯請妻之，鄭伯許之，乃成昏。」

〔二〕公羊子傳：「其稱世子何？復正也。曷爲或言歸，或言復歸？復歸者，出惡，歸無惡；復入者，出無惡，入有惡；入者，出、入惡；歸者，出、入無惡。」

〔三〕《書·多方》書序：「成王歸自奄，在宗周，誥庶邦，作《多方》。」孔安國傳：多方，「衆方天下諸侯。」

秋九月，鄭伯突入于櫟

再稱名，絶也。曰「復歸」，其論輕；曰「入」，其論重。櫟，邑也，曷爲與入國同辭？國人之從鄭伯突者，與忽分左右焉。東方諸侯惟知鄭有突，不知鄭有忽，忽不成乎爲君，突成乎爲簒，不待入于鄭而後加之矣。則可以斷突之罪當誅矣，已明者去之〔一〕。

【箋】

〔一〕《春秋繁露·楚莊王》：「《春秋》之用辭，已明者去之，未明者著之。」

納子

夏，公伐齊納糾。九月，齊人取子糾殺之莊公九年

先名之，見「納」之爲篡辭也。後繫以「子」，見糾之宜立也〔一〕。

【箋】

〔一〕公羊子傳：「其稱子糾何？貴也。其貴奈何？宜爲君者也。」

春王正月，宋公、曹伯、衛人、邾人〔一〕伐齊僖公十有八年

此納子昭于齊〔二〕，曷爲不言納？言納者，不成乎立也，成乎立矣，則不言納。不言納則不爲篡與？曰：篡也。桓不誓其子而以私屬之宋之君〔三〕，宋不請于王而以力正之齊之衆，衆立之固篡也，衆弗立而假他國之君以立，獨非篡乎！篡則曷爲不言昭之入？略昭而責宋也。宋自謂己可以成昭之爲君矣。齊主乎爲是戰，而使宋主之，四國伐，而宋以偏戰〔四〕，見宋襄之恃其力，而力固不足以爲人之正也，有敵之者矣。

曰昭之爲篡，不以無虧長且有君命焉爾乎？曰：爲人子利其父之死以有位，則不可以爲子矣，矧乃死父不收而稱兵以争國者乎〔五〕！無虧非子也，何長之有？且君之有命，必與國政圖之〔六〕，告之宗廟、社稷，使一國之人户知之，然後成之爲君命。未聞奄尹庖隸之

人，介宫闈階闥之側，而可以稱君之命者。雖君實親命之，臣民之義，不敢受以爲君命，非其地故也，非其人故也，則無虧之命焉在矣！無虧矯君父之命，委其死于牖户而忍若不知，則惡逆矣，曷不以討賊之辭言之？曰：賤之而不書其殺也。刑餘之人〔七〕無所比數，親爲君之子，與之比而求立焉，則賤乎賤者也。無虧當誅則子昭宜立，故略不見昭之篡也。嗚呼！宋襄公以力正諸侯，不奉天子命而陷人於篡，則齊之人義可以不受。救之者〔八〕，不可以不書，雖狄猶且書之〔九〕，見王命之義尊也。

【箋】

〔一〕邾人，原文奪，據《春秋》補。

〔二〕左氏傳：「春，宋襄公以諸侯伐齊。三月，齊人殺無虧。……齊人將立孝公，不勝四公子之徒，遂與宋人戰。夏五月，宋敗齊師于甗，立孝公而還。」齊孝公，即公子昭。

〔三〕《左傳·僖公十七年》：「齊侯之夫人三：王姬、徐嬴、蔡姬，皆無子。齊侯好内，多内寵，内嬖如夫人者六人：長衛姬生武孟，少衛姬生惠公，鄭姬生孝公，葛嬴生昭公，密姬生懿公，宋華子生公子雍。公與管仲屬孝公於宋襄公，以爲大子。雍巫有寵於衛共姬，因寺人貂以薦羞於公，亦有寵，公許之立武孟。管仲卒，五公子皆求立。冬十月乙亥，齊桓公卒。易牙入，與寺人貂因内寵以殺群吏，而立公子無虧〔即武孟〕。孝公奔宋。」

〔四〕《春秋·僖公十八年》：「春王正月，宋公、曹伯、衛人、邾人伐齊。夏，師救齊。五月戊寅，宋師及齊師戰于甗，齊師敗績。」據《公羊傳・桓公十年》：「此偏戰也，何以不言師敗績？」可知言敗績，乃偏戰。

〔五〕《史記・齊太公世家》：「桓公病，五公子各樹党争立。及桓公卒，遂相攻，以故宫中空，莫敢棺。桓公屍在牀上六十七日，屍蟲出於户。十二月乙亥，無詭立，乃棺赴。辛巳夜，斂殯。」

〔六〕國政，正卿。《左傳・閔公二年》：「夫帥師，專行謀，誓軍旅，君與國政之所圖也。」

〔七〕指寺人貂等奄尹庖隸之人。

〔八〕《春秋・僖公十八年》：「夏，師救齊。」穀梁子傳：「善救齊也。」

〔九〕《春秋・僖公十八年》：「五月戊寅，宋師及齊師戰于甗，齊師敗績。狄救齊。」穀梁子傳：「善救齊也。」

逐世子母弟

衛世子蒯聵出奔宋定公十有四年秋

《春秋》幾終而後一志者，世子出奔也。子無去父之義〔一〕，凡民愚不肖盡知之，聖人皆削之矣。「衛世子蒯聵出奔宋」，何以書？父子之變，極矣〔二〕！又加之以輒〔三〕，不可以莫之志也。蒯聵得罪于君父、君母，忍不即罪而去之，以司寇之辟辟之，誅不孝則已矣。

蒯聵誠已誅，焉用志其出？不惟不誅，國人且立其子，焉可以不志其出！志其出，聖人之誅蒯聵也，且正輒之不宜立也〔四〕。輒不宜立而衛竟立輒，則蒯聵之不誅竟不可誅。輒誠安其臣民以事宗廟、社稷，而得君祖母之心，則蒯聵殆無罪矣。立輒之惡在大夫，全父之孝在輒，天下稱順焉。子臧賢讓千乘之國〔五〕，而釋負芻當主之罪〔六〕。輒也有千乘之國，而白蒯聵出奔之無罪，賢於公子喜時矣。而輒非人也，立不爲父，獨以爲己，其心以爲父自得罪，己自得國也。

子無拒父之事，凡民愚不肖盡知之。文而不慙曰「以王父命辭父命也」〔七〕，賢智尚猶惑之。苟非聖人，不能諭其子以道，則輒之當誅亟焉。輒誠已誅，又焉用志「圍戚」！不惟不誅，且曰不以親親害尊尊〔八〕，焉可以不志！志圍戚，聖人之誅輒也，且正蒯聵之不釋罪也，王法盡矣。然而曰非聖人不能諭其子以道，將謂聖人則能喻其子以道乎？《書》曰：「速由文王作罰，刑兹無赦。」〔九〕而又可諭乎？毋問其不喻也，喻又可赦乎？曰：衛之君母存，赦蒯聵則赦矣。且既立輒，則既赦蒯聵矣。《易》曰：「有子，考无咎。」〔一〇〕子之善，可以洗考之不善，輒能子矣，蒯聵何俟于赦！不幸熒惑者衆，以利害劫輒，邪説又作，卒于終不可諭而吾夫子始去衛矣。反魯作《春秋》，具其獄以告萬世，不得已也。嗚呼！自古大惡之成，莫不確有可不成之幾，而禮義必先，刑辟必後，于此乎決之。

【箋】

〔一〕何休解詁：「主書者，子雖見逐，無去父之義。」

〔二〕衛靈公爲夫人南子召宋朝，會于洮。太子蒯聵羞之，召戲陽速殺夫人，不果，太子奔宋，靈公盡逐其黨。詳見《左傳》。

〔三〕輒，蒯聵之子，衛靈公逐蒯聵，立其孫輒爲君。輒立而拒父，魯哀公二年，晉趙鞅帥師納蒯聵于戚。

〔四〕《公羊傳·昭公十一年》：「誅君之子不立，非怒也，無繼也。」

〔五〕《左傳·成公十五年》：「諸侯將見子臧于王而立之，子臧辭曰：『《前志》有之，曰「聖達節，次守節，下失節。」爲君，非吾節也。雖不能聖，敢失守乎？』遂逃，奔宋。」子臧，即公子喜時。

〔六〕《公羊傳·昭公二十年》：「何賢乎公子喜時？讓國也。其讓國奈何？曹伯廬卒于師，則未知公子喜時從與，公子負芻從與？或爲主于國，或爲主于師。公子喜時見公子負芻之當主也，逡巡而退。」

〔七〕《春秋·哀公三年》：「春，齊國夏、衛石曼姑帥師圍戚。」公羊子傳：「齊國夏曷爲與衛石曼姑帥師圍戚？伯討也。此其爲伯討奈何？曼姑受命乎靈公而立輒，以曼姑之義，爲固可以距之也。輒者，曷爲者也？蒯聵之子也。然則曷爲不立蒯聵而立輒？蒯聵爲無道，靈公逐蒯聵而立輒。然則輒之義可以立乎？曰可。其可奈何？不以父命辭王父命，以王父命辭父命，是父之行乎子也；不以家事辭王事，以王事辭家事，是上之行乎下也。」

〔八〕語出《穀梁傳·文公二年》：「君子不以親親害尊尊，此《春秋》之義也。」此處即指公羊子傳之「不以家事辭王事」。

〔九〕《書·康誥》。

〔一〇〕《易·蠱》。

夏五月，鄭伯克段于鄢隱公元年

克乎？殺乎？殺也〔一〕。殺世子母弟，目君稱「鄭伯」，見克之爲殺之也。非奔乎？奔亦卒歸于死〔二〕，殺之不在手刃之，在其君之意而已矣。然則何以不曰殺而曰克？段非束手者也，戰矣〔三〕。戰故曰克，克故不曰戰。段卒死，何以不曰殺之于鄢？不死于鄢，則曷曰殺之于鄢？以傷而死也。以傷死，則曷不殊其輕重？君殺大夫之辭也〔四〕。不殺世子母弟則何以必目君？傷其天性也，何異自殺其身矣。一體之戚，何至不可並生于天地，豈必在忍人〔五〕，一端失所以教〔六〕，否不復通，逝不復還，斷不復續，是故遭人倫之變者，必以舜爲法于天下後世〔七〕，而周公且曰有過也〔八〕。「封君之孫，盡臣諸父昆弟」〔九〕，稱「鄭伯」，以君道責之。其家不可教則民不法之，王者復何賴于有諸侯。一國之事，繫一人之本，鄭俗流失自鄭伯始矣〔一〇〕。

【箋】

〔一〕公羊子傳：「克之者何？殺之也。殺之則曷爲謂之克？大鄭伯之惡也。曷爲大鄭伯之惡？母欲立之，己殺之，如勿與而已矣。段者何？鄭伯之弟也。」

〔二〕公、穀認爲段被殺，左氏認爲段出奔，左氏傳：「京叛大叔段，段入于鄢。公伐諸鄢，五月辛丑，大叔出奔共。」另《左傳・隱公十一年》鄭伯稱：「寡人有弟，不能和協，而使餬其口於四方。」

〔三〕穀梁子傳：「何以不言殺？見段之有徒衆也。」

〔四〕語出《公羊傳・僖公七年》：「稱國以殺者，君殺大夫之辭也。」

〔五〕語出《左傳・文公元年》：「是人也，蠭目而豺聲，忍人也，不可立也。」杜預集解：「能忍行不義。」

〔六〕左氏傳：「稱鄭伯，譏失教也。」

〔七〕《史記・五帝本紀》：「舜父瞽叟頑，母嚚，弟象傲，皆欲殺舜。舜順適不失子道，兄弟孝慈。欲殺，不可得；即求，嘗在側。」

〔八〕《史記・管蔡世家》：「武王既崩，成王少，周公旦專王室。管叔、蔡叔疑周公之爲不利於成王，乃挾武庚以作亂。周公旦承成王命伐誅武庚，殺管叔，而放蔡叔，遷之，與車十乘，徒七十人從。」《孟子・公孫丑下》：「見孟子問曰：『周公何人也？』曰：『古聖人也。』曰：『使管叔監殷，管叔以殷畔也，有諸？』曰：『然。』曰：『周公知其將畔而使之與？』曰：『不知也。』『然則聖人且有過與？』曰：『周公弟也，管叔兄也，周公之過，不亦宜乎？』」

〔九〕鄭國始封于周宣王二十二年，始封君友乃周厲王少子，周宣王庶弟，是爲鄭桓公。桓公子爲武公，武公子爲莊公，即克段者也。《儀禮・喪服傳》：「是故始封之君，不臣諸父昆弟；封君之子，不臣諸父而臣昆弟；封君之孫，盡臣諸父昆弟。」

〔一〇〕鄭俗淫靡，如《論語・衛靈公》即稱「鄭聲淫」。

殺君世子

陳人殺其公子御寇莊公二十有二年春

公子不爲大夫則不書，公子御寇何以書？世子也〔一〕。何以不言世子？不誓于天子也，不誓于天子則公子而已矣〔二〕。殺世子母弟目君，此其稱人以殺何？非其君殺之，以大夫專殺之也。君殺之則必曰世子，大夫殺之則曰公子。何言乎兩下相殺〔三〕？言其殺君世子而安之也。殺君世子者，陳爲亟，故曰「國無主，其能久乎」〔四〕！

【箋】

〔一〕左氏傳：「春，陳人殺其大子御寇，陳公子完與顓孫奔齊。顓孫自齊來奔。」

〔二〕《直解》：「據左氏，御寇爲陳世子，張洽曰：『不稱世子，未誓於王也，未誓則稱公子，重王命也。』」

〔三〕《穀梁傳・桓公六年》：「兩下相殺，不道。」范甯集解：「兩大夫相殺，不書《春秋》。」鍾文烝補注：「注言『兩大夫』，是謂卿與卿相殺。傳云『兩下』，不必兩者兼卿。兩下者，别乎君殺大夫及衆殺大夫之辭，猶言兩臣也。兩臣相殺，苟非矯王命殺世子，事涉重大，則皆以不道爲常。」

〔四〕《左傳・襄公二十九年》：「爲之歌《陳》，「季札」曰：『國無主，其能久乎！』」

春，陳侯之弟招殺陳世子偃師。夏四月辛丑，陳侯溺卒昭公八年

招何以稱弟？招不爲陳侯之弟，則不能以殺偃師。陳侯以母弟私之，授廢立之意焉。招藉君弟之寵，然後殺君嗣之重〔一〕。愛弟而親之，是也，而私之，而賊之，陳侯失君兄之道矣。溺之卒，如恒辭，正乎其弱植而爲寄生之君〔二〕，不可如何矣。世子，身之貳也，人俄得殺之？其因是以卒乎？其不因是以卒乎？國人孰爲正明目而辨之哉！告其終之若正，乃其終之莫知爲不正云爾。溺且不免首惡之名，然而如恒辭然，罪不獨在其君父也。

是獄也，「兩下相殺」乎〔三〕？曰：非也。正體而傳宗廟社稷之重，世子也。《禮》曰「母弟官子咸有臣志」〔四〕，世子之義，卑伏于一人，盡一國之人莫不致卑伏焉。招不得兄事陳侯，則不得以兄之子待偃師，謂之「兩下相殺」，烏乎可！繫世子于陳則尊著矣，不稱殺，辟成尊之辭也；稱「世子」而加之辭曰「殺」，以偃師不能乎爲世子矣。爲世子于今幾

年，而竟以見殺乎！目「陳侯」，罪陳侯之危其子以危宗廟社稷，而亦恨偃師之危其身以危君父也。君子以此正爲人君父、爲人臣子者。

【箋】

〔一〕左氏傳：「陳哀公元妃鄭姬生悼大子偃師，二妃生公子留，下妃生公子勝。二妃嬖，留有寵，屬諸司徒招與公子過。哀公有廢疾，三月甲申，公子招、公子過殺悼大子偃師而立公子留。夏四月辛亥，哀公縊。干徵師赴于楚，且告有立君。公子勝愬之于楚，楚人執而殺之。公子留奔鄭。書曰『陳侯之弟招殺陳世子偃師』，罪在招也；『楚人執陳行人干徵師殺之』，罪不在行人也。」

〔二〕《左傳·襄公三十年》：「六月，鄭子産如陳蒞盟。歸，復命，告大夫曰：『陳，亡國也，不可與也。聚禾粟，繕城郭，恃此二者而不撫其民。其君弱植，公子侈，大子卑，大夫敖，政多門，以介於大國，能無亡乎？不過十年矣。』」

〔三〕穀梁子傳：「鄉曰陳公子招，今曰陳侯之弟招，何也？曰盡其親，所以惡招也。兩下相殺，不志乎《春秋》，此其志何也？世子云者，唯君之貳也，云可以重之，存焉，志之也。」

〔四〕《大戴禮記·千乘》。

陳人殺其大夫公子過

何言乎大夫相殺？陳無君也。何言乎「殺其大夫」？不予討也。曷爲不予討？招歸罪于過而殺之也〔一〕。然則何言爾？言其自是而國滅也。

【箋】

〔一〕左氏傳：「陳公子招歸罪於公子過而殺之。九月，楚公子棄疾帥師奉孫吳圍陳，宋戴惡會之。冬十一月壬午，滅陳。」

殺大夫〔一〕

鄭殺其大夫申侯僖公七年

申侯者何？鄭之大夫也〔二〕。申者何？國也；侯者何？名也。曷爲以申氏？繫之申也。曷爲繫之申？考行者本諸鄉里。鄭曷爲以羈〔三〕爲卿？齊桓以邑命之也。伯可以命諸侯之大夫與？曰：請之天子則可，不請之天子則不可。申侯以名氏見，以齊桓爲請之矣。齊請而後命之，鄭不請而專殺之，「以説于齊」。殺人以説于人，以申侯爲無罪矣〔四〕，是以文公〔五〕不書葬。

【箋】

〔一〕殺大夫書法有二：一者，稱國以殺；二者，稱人以殺。稱國以殺，有四義，即，一、君殺大夫之辭（《公羊傳・僖公七年》）；二、道殺也（半路而殺，《公羊傳・僖公三十三年》）；三、殺無罪也

（《穀梁傳》僖七、宣九年）；四、罪累上也（《穀梁傳》僖十、三十三，文六，襄二十三、二十七年）。稱人以殺，有三義，即，一、討賊之辭（《公羊傳·隱公四年》）；二、大夫相殺稱人，賤者窮諸盜（《公羊傳》文十七，昭一、十三年）；三、殺有罪也（《穀梁傳》隱四，莊九，文七、九年）。莊存與下文解説，多以此爲本，故列之于此，以清眉目。

〔二〕《左傳》僖公四年：「陳轅濤塗謂鄭申侯曰：『師出於陳、鄭之間，國必甚病。若出於東方，觀兵於東夷，循海而歸，其可也。』申侯曰：『善。』濤塗以告齊侯，許之。申侯見曰：『師老矣，若出於東方而遇敵，懼不可用也。若出於陳、鄭之間，共其資糧屝屨，其可也。』齊侯説，與之虎牢，執轅濤塗。」僖公五年：「陳轅宣仲怨鄭申侯之反己於召陵，故勸之城其賜邑，曰：『美城之，大名也，子孫不忘，吾助子請。』乃爲之請於諸侯而城之，美，遂譖諸鄭伯曰：『美城其賜邑，將以叛也。』申侯由是得罪。」僖公七年：「夏，鄭殺申侯以説于齊，且用陳轅濤塗之譖也。初，申侯，申出也，有寵於楚文王，文王將死，與之璧，使行。曰：『唯我知女，女專利而不厭，予取予求，不女疵瑕也。後之人，將求多於女，女必不免。我死，女必速行，無適小國，將不女容焉。』既葬，出奔鄭，又有寵於厲公。子文聞其死也，曰：『古人有言曰「知臣莫若君」，弗可改也已。』」

〔三〕羈，指別國寄居之人。《左傳·昭公七年》：「單獻公棄親用羈。」杜預集解：「羈，寄客也。」

〔四〕穀梁子傳：「稱國以殺大夫，殺無罪也。」

〔五〕指鄭文公。

陳殺其大夫洩冶宣公九年

此大夫相殺也[一]，曷爲以君殺大夫之辭言之[二]？行其君之意也。「長君之惡其罪小，逢君之惡其罪大」[三]。身爲不義，不足録也；以其君之意行不義，爲君造其意以行不義，不可不録也。以大夫之意歸之君，見以大夫殺之，不若以其君之殺之爲重矣。曷爲重之？爲洩冶重之也。然則孰殺之？公孫寧、儀行父殺之。于《春秋》何見？見之於其「納」也[四]。「納者，内弗受也」，以陳之人爲不可受也。與乎弑則言奔以見賊，不與乎弑則不言奔以説無罪，公孫寧、儀行父不言奔則無罪，其言納何？奔之云者，不可容于天下；納之云者，不可容于陳之四封之内也。雖然，《周官》之法，「男女之陰訟，聽之于勝國之社」[五]，不欲使人知之。

嗚呼！不謹于禮，若陳靈公之君臣，其罪狀固不可見于策矣。且如以此罪罪，則不比人數，賤乎賤者也，亦不足録矣。然則以何罪罪公孫寧、儀行父？以殺洩冶之罪罪之也。其殺洩冶則衆著于市朝之地，而非不可知、非不可言。《春秋》之防亂，以微不以顯；《春秋》之討罪，以見不以隱。且「殺人不忌爲賊」，固皋陶所以必誅而不赦也[六]。弑君之獄斷[七]，殺大夫之獄不可以莫之斷，全楚之討以正弑平國之誅，不許楚之納以正殺洩冶之辟[八]。公孫寧、儀行父之罪，萬世卒不可得而除者，以殺洩冶故也。非聖人莫能脩之矣。

【箋】

〔一〕左氏傳：「陳靈公與孔寧、儀行父通於夏姬，皆衷其衵服以戲于朝。洩冶諫曰：『公卿宣淫，民無効焉，且聞不令。君其納之。』公曰：『吾能改矣。』公告二子，二子請殺之，公弗禁，遂殺洩冶。」

〔二〕《公羊傳·僖公七年》：「稱國以殺者，君殺大夫之辭也。」

〔三〕《孟子·告子下》：「長君之惡其罪小，逢君之惡其罪大。今之大夫皆逢君之惡，故曰『今之大夫，今之諸侯之罪人也。』」

〔四〕《春秋·宣公十一年》：「丁亥，楚子入陳，納公孫寧、儀行父于陳。」穀梁子傳：「納者，内弗受也。」

〔五〕《周禮·地官·媒氏》。鄭玄注：「陰訟，争中冓之事以觸法者。」孫詒讓正義：「以男女淫泆陰事之訟，故謂之陰訟。」

〔六〕《左傳·昭公十四年》：「己惡而掠美爲昏，貪以敗官爲墨，殺人不忌爲賊。《夏書》曰：『昏、墨、賊，殺。』皋陶之刑也，請從之。」

〔七〕《春秋·宣公十年》：「癸巳，陳夏徵舒弒其君平國。」平國，即陳靈公。

〔八〕辟，罪也。《春秋·宣公十一年》：「冬十月，楚人殺陳夏徵舒。丁亥，楚子入陳，納公孫寧、儀行父于陳。」

衛殺其大夫孔達宣公十有四年

此晉人殺衛大夫也，曷爲稱國以殺如恒辭然？不予殺也。盟主不可以命諸侯之大夫，則不可以殺諸侯之大夫，有天子存也。然則何以見其非衛人殺之？君殺大夫不言其所爲〔一〕，譏在專殺爾。專殺者，不出于其君則不可以不言其所爲，言「衛人救陳」〔二〕，前此矣，見孔達所爲殺也；言「晉人、宋人、衛人、曹人同盟于清丘」，前此矣，見孔達之爲晉人殺也〔三〕。殺無罪以説于人，罪在衛〔四〕；使人殺無罪以説于人，則罪在晉人。而曰「衛殺其大夫」者，以爲非晉之所得殺也。救陳稱人而不名，以孔達之不專于救陳也，有君命矣。達受其罪爾，知其非衛人殺之也，是以穆公不去葬〔五〕。

【箋】

〔一〕《公羊傳·僖公七年》：「稱國以殺者，君殺大夫之辭也。」

〔二〕《春秋·宣公十二年》：「晉人、宋人、衛人、曹人同盟于清丘。宋師伐陳，衛人救陳。」左氏傳：「晉原縠、宋華椒、衛孔達、曹人同盟于清丘，曰『恤病討貳』。於是卿不書，不實其言也。宋爲盟故，伐陳。衛人救之，孔達曰：『先君有約言焉，若大國討，我則死之。』」

〔三〕《左傳·宣公十三年》：「清丘之盟，晉以衛之救陳也，討焉。使人弗去，曰：『罪無所歸，將加而師。』孔達曰：『苟利社稷，請以我説。罪我之由，我則爲政而亢大國之討，將以誰任？我則死之。』」

〔四〕左氏傳：「十四年春，孔達縊而死。衛人以説于晉而免，遂告于諸侯曰：『寡君有不令之臣達，構我敝邑于大國，既伏其罪矣，敢告。』衛人以爲成勞，復室其子，使復其位。」

〔五〕《春秋·成公三年》：「辛亥，葬衛穆公。」

秋，鄭殺其大夫公孫黑昭公二年

公孫黑，鄭之亂人也。誅之則亂止，子産于是乎能定鄭矣〔一〕。曷爲以累上之辭言之〔二〕？能以定其國爲悦，不能以弛其親〔三〕爲己悲也。弛其親，君子所大不忍也，雖措刑于天下，終身以爲己之過，不曰己不與古聖人同其時也。子産之辭，毋乃已忍乎？幸能誅之以正。國之刑書〔四〕，不復存吾親親之恩也。雖然，「司寇將至」，則不致之司寇，何謂無親親之恩？法必自司寇出，致刑于甸人〔五〕，誠有赦之之心焉，隱之也。尸之加木焉，則是以兄弟爲國人也。不議自司寇則無法，身質其辭〔六〕則傷恩，惜其有救世之才，而愧於王者之道也。公孫黑非大夫，成之爲「其大夫」何？君與國政，知之而不禁，且不更其書，則大夫之矣〔七〕。以殺大夫累其上，則不以大夫之累其上，子晳〔八〕之惡成矣，非以矯君位而後成也。終將誅之，姑弗禁之，欲已亂于國者，察之哉！

【箋】

〔一〕左氏傳：「秋，鄭公孫黑將作亂，欲去游氏而代其位，傷疾作而不果。駟氏與諸大夫欲殺之。

子産在鄙，聞之，懼弗及，乘遽而至，使吏數之曰：『伯有之亂，以大國之事，而未爾討也。爾有亂心無厭，國不女堪。專伐伯有，而罪一也；昆弟争室，而罪二也；薰隧之盟，女矯君位，而罪三也。有死罪三，何以堪之？不速死，大刑將至。』再拜稽首辭曰：『死在朝夕，無助天爲虐。』子産曰：『人誰不死？凶人不終，命也。作凶事，爲凶人。不助天，其助凶人乎？』請以印「公孫黑之子」爲褚師。子産曰：『印也若才，君將任之。不才，將朝夕從女。女罪之不恤，而又何請焉？不速死，司寇將至。』七月壬寅，縊。尸諸周氏之衢，加木焉。」

〔二〕《穀梁傳·僖公十一年》：「稱國以殺，罪累上也。」

〔三〕《禮記·坊記》：「子云：『君子弛其親之過，而敬其美。』」《論語·微子》：「周公謂魯公曰：『君子不施其親，不使大臣怨乎不以。故舊無大故，則不棄也。無求備于一人。』」朱熹集注：施，弛，遺棄也。

〔四〕《左傳·昭公六年》：「三月，鄭人鑄刑書。叔向使詒子産書曰：『……今吾子相鄭國，作封洫、立謗政、制參辟、鑄刑書，將以靖民，不亦難乎？』」

〔五〕《禮記·文王世子》：「公族其有死罪，則磬于甸人。其刑罪，則纖剸，亦告于甸人。公族無宫刑。獄成，有司讞于公，其死罪，則曰某之罪在大辟；其刑罪，則曰某之罪在小辟。公曰『宥之』，有司又曰『在辟。』公又曰『宥之。』有司又曰『在辟。』及三宥不對，走出，致刑于甸人。」

〔六〕《禮記·少儀》：「毋訾衣服成器，毋身質言語。」鄭玄注：「質，成也。聞疑則傳疑，若成之，或有所誤也。」

〔七〕《左傳·昭公元年》：「鄭爲游楚亂故，六月丁巳，鄭伯及其大夫盟于公孫段氏。罕虎、公孫僑、公孫段、印段、游吉、駟帶私盟于閨門之外，實薰隧。公孫黑强與於盟，使大史書其名，且曰『七子』。子産弗討。」

〔八〕晳，原文誤作「晢」，《清經解》本不誤，據改。子晳，即公孫黑。

宋人殺其大夫文公七年

「大夫相殺稱人」。何言乎大夫相殺？言將自是弒君也〔一〕。何以不名？衆也，且非其罪也〔二〕。

【箋】

〔一〕《公羊傳·昭公元年》：「大夫相殺稱人，此其稱名氏以殺何？言將自是弒君也。」

〔二〕左氏傳：「夏四月，宋成公卒。於是公子成爲右師，公孫友爲左師，樂豫爲司馬，鱗矔爲司徒，公子蕩爲司城，華御事爲司寇。昭公將去群公子，樂豫曰：『不可。公族，公室之枝葉也。若去之，則本根無所庇陰矣。葛藟猶能庇其本根，故君子以爲比，况國君乎？此諺所謂「庇焉而縱尋斧焉」者也，必不可，君其圖之。親之以德，皆股肱也，誰敢攜貳？若之何去之？』不聽，穆、襄之族，率國人以攻公，殺公孫固、公孫鄭于公宫。六卿和公室，樂豫舍司馬，以讓公子卬，昭公即位而葬。書曰『宋人殺其大夫』，不稱名，衆也，且言非其罪也。」杜預集解：「華、樂、皇皆戴族。」

宋人殺其大夫司馬文公八年

「大夫相殺稱人」〔一〕。何言乎大夫相殺？言將自是弑君也〔二〕。殺大夫未有稱其官者，此其稱司馬何？司馬主兵，君之威也，而人得殺之，則劫弑之形成矣。國刑不可以擅于貴臣，國兵不可以聽于不肖，言殺其大夫，言殺其大夫司馬，言將自是弑其君也。然則何以不名？非其罪也。其以官稱，非鮑之黨也，因著宋之得稱官也。宋，王者之後也。

【箋】

〔一〕左氏傳：「宋襄夫人，襄王之姊也，昭公不禮焉。夫人因戴氏之族，以殺襄公之孫孔叔，公孫鍾離及大司馬公子卬，皆昭公之黨也。司馬握節以死，故書以官。」

〔二〕《春秋·文公十六年》：「冬十有一月，宋人弑其君杵臼。」左氏傳：「宋公子鮑禮於國人，宋饑，竭其粟而貸之。年自七十以上，無不饋詒也，時加羞珍異。無日不數於六卿之門。國之材人，無不事也。親自桓以下，無不恤也。公子鮑美而艷，襄夫人欲通之，而不可，夫人助之施。昭公無道，國人奉公子鮑以因夫人，……冬十一月甲寅，宋昭公將田孟諸，未至，夫人王姬使帥甸攻而殺之。」

晉人殺其大夫先都　晉人殺其大夫士縠〔一〕及箕鄭父文公九年

「大夫相殺稱人」〔二〕。何言乎大夫相殺？言將自是弑君也〔三〕。殺大夫曷爲或言及或不言及？君殺大夫不言及，不殊其尊卑之辭也；大夫相殺然後言及，殊其尊卑之辭也。盜〔四〕殺不殊，大夫尊矣；君殺不殊，大夫卑矣；同位然後差而次之，見其兩下相殺云爾。此皆繫時不繫月，曷爲再稱「晉人」以殺？見其以次殺之也。以次殺之者，非亂也，法也。以法殺之則其曰大夫相殺何？諸侯不得專殺，請于天子；大夫不得專殺，聽于諸侯。非弑逆大惡，雖執政無敢自致辟焉，非所辟而辟之，故曰大夫相殺也。君者，以刑德制其臣者也，釋其刑德而使臣用之，則君反制于其臣矣。是晉人也，何言乎「晉人」？何再言乎「晉人」？言將自是弑其君也。

【箋】

〔一〕縠，原文誤作「穀」，《清經解》本不誤，據改。

〔二〕《左傳》文公九年：「夷之蒐，晉侯將登箕鄭父、先都，而使士縠、梁益耳將中軍。先克曰：『狐、趙之勳，不可廢也。』從之。先克奪蒯得田于堇陰。故箕鄭父、先都、士縠、梁益耳、蒯得作亂。」文公十年：「三月甲戌，晉人殺箕鄭父、士縠、蒯得。」

〔三〕《春秋·宣公二年》：「秋九月乙丑，晉趙盾弑其君夷皋。」

〔四〕《公羊傳·文公十六年》：「弑君者曷爲或稱名氏，或不稱名氏？大夫弑君稱名氏，賤者窮諸人。大夫相殺稱人，賤者窮諸盜。」

秋，衛殺其大夫元咺及公子瑕僖公三十年

衛侯之命未得行乎國也，則稱國以殺其大夫何？正元咺爲成公之大夫也〔二〕。天子可以絶鄭于衛，元咺不可以絶成不爲君〔三〕。言「其大夫」，正之爲其大夫也。則曷不以討罪之辭言之〔三〕？咺當誅，非成公所得誅，且其所以誅者，非所以誅也，見殺之而後歸云爾〔四〕。

「及公子瑕」，卑者也〔五〕。殺之而後歸，非卑者也，當國矣，不以當國之辭言之何？鄭絶則瑕宜爲君者也。宗廟社稷，君其守也，臣民之心，不可曠年無君〔六〕。天子絶鄭而不命衛有君，天子失正矣，而衛人安之不請命，衛無臣矣。位不可以無命，立君不可以無衆，固瑕見已之宜立而即之。而不以當國之辭言之者，見瑕之宜立也。宜立而假一大夫以立，則以爲未嘗立也。未嘗立則卑且無罪，而不諱其死何？《春秋》爲賢者諱，賢非無罪之謂也，瑕惡賢而諱之？瑕宜爲君，以元咺及之何？微其分而著其故也。咺不臣於鄭，宜不臣于瑕，成公殺叔武，而元咺殺瑕，是以君子微其分而著其故。

人徒知千乘之爲利，則宜爲君者危，國無君而宜爲君者益危。讓且不危，况其即之乎？子臧宜爲君而能讓，季札不宜爲君而能讓，其讓皆無迹焉〔七〕。自隱約以成讓，不近名以成讓，是以身安而人敬尊之，至德之次也。叔武宜爲君，能讓而殺；公子瑕宜爲君，不

能讓而亦殺。夫見人之宜爲君而勸其即之，見人之宜爲君而譏其不即之，吾以爲未嘗學《春秋》矣。

【箋】

〔一〕魯僖公二十八年，晉文公將伐曹，假道于衛，衛人弗許。還，自河南濟，侵曹伐衛。衛成公欲與楚，國人不欲，故出其君以説于晉。城濮之戰，衛侯聞楚師敗，懼，出奔楚，遂適陳，使元咺奉叔武以守國。六月，晉人復衛侯。衛侯歸，前驅射殺叔武。元咺出奔，遂訟成公于晉。晉執成公，歸之于京師，寘諸深室，咺歸立公子瑕。魯僖公三十年，衛成公以賂釋，遂賂周歂、冶廑殺元咺及公子瑕，成公復入。詳見《左傳》。

〔二〕衛成公，名鄭。

〔三〕《穀梁傳·莊公九年》："稱人以殺大夫，殺有罪也。"

〔四〕左氏傳："晉侯使醫衍酖衛侯，甯俞貨醫，使薄其酖，不死。公爲之請，納玉於王與晉侯，皆十瑴。王許之，秋，乃釋衛侯。衛侯使賂周歂、冶廑，曰：『苟能納我，吾使爾爲卿。』周、冶殺元咺及子適、子儀，公入祀先君。"公子瑕，字子適。杜預集解："子儀，瑕母弟。不書殺，賤也。"

〔五〕穀梁子傳："及公子瑕，公子瑕累也，以尊及卑也。"

〔六〕《公羊傳·文公九年》："緣民臣之心，不可一日無君；緣終始之義，一年不二君，不可曠年無君。"

〔七〕《左傳·襄公十四年》：「吴子諸樊既除喪，將立季札。季札辭曰：『曹宣公之卒也，諸侯與曹人不義曹君，將立子臧。子臧去之，遂弗爲也，以成曹君。君子曰：「能守節。」君，義嗣也，誰敢奸君？有國非吾節也。札雖不才，願附於子臧，以無失節。』固立之，棄其室而耕，乃舍之。」另參見《左傳·成公十五年》。

陳殺其大夫慶虎及慶寅襄公二十有三年

稱國以殺，君殺大夫之辭也〔一〕。君殺大夫不言及，殺大夫言及，非君殺大夫之辭也。然則孰殺之？國人殺之。曷爲不言國人殺之？君命也。此其爲君命奈何？陳侯在楚，慶虎、慶寅以陳叛，距君之歸，國人殺二子而歸君〔二〕。「《春秋》之義，用貴治賤」〔三〕。君命行于臣，臣承命而致之民，曰君命也；君命不行于其臣，行于其民，民承命而行誅于其臣，曰君命也；君命不行於其臣，其民不聽其臣而誅之以承其君，亦曰君命也；見君命之無不通也。不言叛，言叛則其民與有罪焉爾；不稱人以殺，稱人以殺則國無君之辭云爾。不以逆命之臣污無罪之民，則德昭；以順命之民治有罪之臣，則威震；王道之大者也。則曷爲不以討賊之辭言之〔四〕？君實有臣而命不行焉，則非獨其臣之罪也，責其君所以全其爲君焉爾。

【箋】

〔一〕《公羊傳·僖公七年》：「稱國以殺者，君殺大夫之辭也。」

〔二〕左氏傳：「陳侯如楚。公子黄愬二慶於楚，楚人召之，使慶樂往，殺之。慶氏以陳叛。夏，屈建從陳侯圍陳。陳人城，板隊而殺人，役人相命，各殺其長，遂殺慶虎、慶寅。楚人納公子黄。」杜預集解：「慶氏忿其板隊，遂殺築人，故役人怒而作亂。」

〔三〕《穀梁傳・昭公四年》：「《春秋》之義，用貴治賤，用賢治不肖，不以亂治亂也。」

〔四〕《春秋・隱公四年》：「九月，衛人殺州吁于濮。」公羊子傳：「其稱人何？討賊之辭也。」

楚殺其大夫得臣僖公二十有八年

楚無大夫〔一〕，何言乎「殺其大夫得臣」？得臣志乎爲戰也〔二〕。中國與夷狄不言戰，苟言戰，皆中國主之，則志乎戰者不見矣。晉侯退舍，楚子命無從晉師，果于爲城濮之戰者，得臣也。戰稱人，殺稱名，見「楚人」之爲得臣也〔三〕。謀人之軍，師敗則死之，則其曰「殺」何？不予死也。楚之人，猾夏之人也〔四〕，抗中國而戰，則殺之爲果；中國戰而克，則俘之以爲功；所以昭戎經也。惟奔者不誅，其俘者盡致王罰焉。而得臣者，其戎首也，聽其死者楚爾，于王法則當殺。王法行于中國不行于楚，《春秋》稱中國大夫以禁專殺，稱楚殺大夫以訖王誅，辭同而事異則以事見之，《春秋》之法也。何不以氏？楚無大夫也。

【箋】

〔一〕《公羊傳・文公九年》：「楚無大夫」。亦見《穀梁傳》僖公四年、文公九年、成公二年傳。

〔二〕城濮之戰，成得臣爲楚將，楚成王令其「無從晉師」，不聽。晉師退避三舍，楚衆欲止，得臣不可。輕躁進軍，戰而大敗，遂被賜死。詳見《左傳》。

〔三〕《春秋・僖公二十八年》：「夏四月己巳，晉侯、齊師、宋師、秦師及楚人戰于城濮，楚師敗績。楚殺其大夫得臣。」

〔四〕《左傳・僖公二十一年》：「蠻夷猾夏，周禍也。」孔穎達疏：「猾，訓爲亂，故云亂諸夏也。」

楚殺其大夫公子側成公十有六年

何言乎「楚殺其大夫」？殺無罪也〔一〕。公子側之爲無罪奈何？君實不信而棄其好〔二〕，君實不武而敗其師〔三〕。君人者，記人之功，忘人之過，立于無過之地，不聞其有過而委之於臣也。良臣不諉過于下，而況君乎！大夫非無罪也，罪不及死而殺之，則以爲無罪也。然而公子側死之，其曰「殺」何？公子嬰齊爲之也。君執狐疑之心，臣喪讒賊之口，則以爲其君殺之也。

楚殺其大夫，曷爲皆以殺無罪書？王者以三典〔四〕，刑邦國、侯、甸、男邦、采、衛獄，無敢專殺。行人達之以聽于司寇，期而斷大獄則歸于京師。蠻夷鎮蕃欲讞者，聽之；不欲，弗强。然而父兄不幸，幼孤爲奴，係累而號泣〔五〕，象胥傳命〔六〕，有淫刑之禁焉。犯禁則有以治之，所以奉天也。

楚，蠻夷也。《春秋》内諸夏而外夷狄，天子微，中國不式命，北則狄，南則吴，西則秦，皆以狄道治其臣民，其爲淫刑也多矣。《春秋》未有言其殺大夫者，而專言乎楚，正楚之殺大夫則皆正矣。以夷狄之刑治中國，則中國亂矣；以中國之刑治夷狄，則夷狄畔矣。《春秋》不譏楚專殺者，不以中國責楚也。不志專殺而志淫刑，以夷狄治楚也。側何以氏公子？楚有大夫也〔七〕。

【箋】

〔一〕《穀梁傳·宣公九年》：「稱國以殺其大夫，殺無罪也。」

〔二〕《左傳·成公十二年》：「宋華元克合晉、楚之成。夏五月，晉士燮會楚公子罷、許偃。癸亥，盟于宋西門之外，曰：『凡晉、楚無相加戎，好惡同之，同恤菑危，備救凶患。若有害楚，則晉伐之。在晉，楚亦如之。交贄往來，道路無壅，謀其不協，而討不庭。有渝此盟，明神殛之，俾隊其師，無克胙國。』」《春秋·成公十五年》：「楚子伐鄭。」左氏傳：「楚將北師，子囊曰：『新與晉盟而背之，無乃不可乎？』子反〔即公子側〕曰：『敵利則進，何盟之有！』」

〔三〕《春秋·成公十六年》：「甲午晦，晉侯及楚子、鄭伯戰于鄢陵。楚子、鄭師敗績。楚殺其大夫公子側。」左氏傳：「子反〔即公子側〕命軍吏察夷傷、補卒乘、繕甲兵、展車馬，鷄鳴而食，唯命是聽。晉人患之，苗賁皇徇曰：『蒐乘補卒、秣馬利兵、脩陳固列、蓐食申禱，明日復戰！』乃逸楚囚。王聞之，召子反謀。穀陽豎獻飲於子反，子反醉而不能見。王曰：『天敗楚也夫，余不可以待。』乃宵遁。晉入楚軍，三日穀。……楚師還，及瑕，王使謂子反曰：『先大夫之覆師徒者，君不在，子無以爲過，不穀之罪也。』子反再拜稽首曰：『君賜臣死，死且不朽。臣之卒實奔，臣之罪也。』子重（即公子嬰齊）復謂子反曰：『初隕師徒者，而亦聞之矣，盍圖之？』對曰：『雖微先大夫有之，大夫命側，側敢不義？側亡君師，敢忘其死？』王使止之，弗及而卒。」

〔四〕《周禮·秋官·大司寇》：「大司寇之職，掌建邦之三典，以佐王刑邦國、詰四方。一曰刑新國用輕典，二曰刑平國用中典，三曰刑亂國用重典。」

〔五〕《孟子·梁惠王下》：「若殺其父兄，係累其子弟，毀其宗廟，遷其重器，如之何其可也？」

〔六〕《周禮·秋官·象胥》：「象胥掌蠻、夷、閩、貉、戎、狄之國使，掌傳王之言而諭説焉，以和親之。」

〔七〕《春秋·文公九年》：「冬，楚子使椒來聘。」公羊子傳：「椒者何？楚大夫也。楚無大夫，此何以書？始有大夫也。始有大夫則何以不氏？許夷狄者不一而足也。」

楚殺其大夫公子申襄公二年

何言乎「楚殺其大夫」？殺無罪也。公子申非無罪也，罪不及死而殺之，則以爲無罪也〔一〕。

【箋】

〔一〕左氏傳：「楚公子申爲右司馬，多受小國之賂，以偪子重、子辛，楚人殺之。故書曰『楚殺其大夫公子申』。」

楚殺其大夫公子壬夫襄公五年〔一〕

何言乎「楚殺其大夫」？殺無罪也。壬夫非無罪也，罪不及死而殺之，則以爲無罪也〔二〕。七年之中，殺三大夫以求諸侯者，惟楚子審爾〔三〕。貴戚若此，疏且賤者無所容，而民無所措手足矣。噫，斯楚之所以敗于吴也。

【箋】

〔一〕五年，原文誤作「四年」，據《春秋》原文改。

〔二〕左氏傳：「楚人討陳叛故，曰：『由令尹子辛實侵欲焉。』乃殺之。書曰『楚殺其大夫公子壬夫』，貪也。君子謂楚共王於是不刑。《詩》曰：『周道挺挺，我心扃扃，講事不令，集人來定。』己則無信，而殺人以逞，不亦難乎？」

〔三〕楚共王，名審，謚共。魯成公元年至魯襄公十三年在位。

楚殺其大夫公子追舒襄公二十有二年

何言乎「楚殺其大夫」？殺無罪也。殺一大夫亦志之乎？追舒之罪薄矣〔一〕。不及死而殺之，彼以爲故而已矣。志之以詔人君之自作故者。

【箋】

〔一〕左氏傳：「楚觀起有寵於令尹子南〔即公子追舒〕，未益禄而有馬數十乘。楚人患之，王將討焉。子南之子棄疾爲王御士，王每見之，必泣。棄疾曰：『君三泣臣矣，敢問誰之罪也？』王曰：『令尹之不能，爾所知也，國將討焉，爾其居乎？』對曰：『父戮子居，君焉用之？洩命重刑，臣亦不爲。』王遂殺子南於朝，轘觀起於四竟。子南之臣謂棄疾，請徙子尸於朝。曰：『君臣有禮，唯二三子。』三日，棄疾請尸，王許之。既葬，其徒曰：『行乎？』曰：『吾與殺吾父，行將焉入？』曰：『然則臣王乎？』曰：『棄父事讎，吾弗忍也。』遂縊而死。」

楚殺其大夫屈申昭公五年

此楚子虔殺其大夫也，則何言乎其殺無罪？屈申無罪也，以其疑殺之爾〔一〕。

【箋】

〔一〕左氏傳：「楚子以屈申爲貳於吴，乃殺之。」杜預集解：「造生貳心。」

楚殺其大夫成熊〔一〕昭公十有二年

此楚子虔殺其大夫，何言乎殺無罪？成熊無罪也，以其疑殺之也〔二〕。刑人者與衆棄之，不以一人之信殺之也，況以一人之疑殺之乎？一人疑則殺之，王者之大禁也，不可以嗜殺如楚虔而莫之志也。

【箋】

〔一〕成熊，公羊作「成然」，穀梁作「成虎」，左氏傳文亦作成虎，孔疏云：「經書熊，傳言虎者，此人名熊字虎，傳言其字，經書其名，名字相覆，猶伯魚名鯉。」

〔二〕左氏傳：「楚子謂成虎，若敖之餘也，遂殺之。或譖成虎於楚子，成虎知之而不能行。書曰『楚殺其大夫成虎』，懷寵也。」

楚殺其大夫郤宛昭公二十有七年

此楚子軫〔一〕殺其大夫也，則何言乎其殺無罪？見楚子居〔二〕之殺無罪也。曷爲不言殺乎居之世，而言乎軫之世？郤宛之殺，居殺之也。然則曷爲不言殺乎居之世？重郤宛也。其殺郤宛奈何？郤宛，楚之良大夫也；費無極，楚之讒人也〔三〕。楚子居好讒，如親受無極言，無不行。是君生而存，楚國衆指無極焉。居即世，軫即位，已奮其詐謀，殺郤宛如反手，楚國莫不讟〔四〕焉。郤宛之殺，無極殺之也，假居之餘寵而能以殺，則以爲居之殺之也。

曰：嘻！讒臣既迨易世矣，其若探湯〔五〕時也，猶足以賊良臣而失人心焉，若此當其世將如何矣！然而居也存，奔世子焉不志，殺世子傅焉不志〔六〕；居也没，而殺郤宛焉則志，重郤宛也。郤宛之爲大夫也，「直而和，國人悦之」。郤宛死，國人謗，誅無極以謝焉而不快〔七〕。楚人之重郤宛也，賢于君世子，而讒人殺之，志讒人之善擇所重而後殺之也。

然則于楚子軫無譏乎？曰：譏。何譏爾？譏有讒而不誅也。此未三年也〔八〕，先君甚愛之，已殺之可乎？曰：不終日而去之，孝子猶恐不及焉，奚其待！夫讒人之誅，天法也，有司之職也，不得委乎在喪之子，又奚其待！不終日而去之，孝子猶恐不及焉。此楚子軫也，讒巧敗其國焉而不誅，醜厲危其身焉而又不誅，未能乎爲君，而又何言乎其殺無罪？言爲人君父者，不通于《春秋》之義，貽後嗣以讒賊，而詔臣子，使知遭變之權也。

【箋】

〔一〕楚昭王，名壬，又名軫，楚平王之子。魯昭公二十七年至魯哀公六年在位。

〔二〕《春秋·昭公二十六年》：「九月庚申，楚子居卒。」楚平王原名棄疾，改名居。魯昭公十四年至魯昭公二十六年在位。

〔三〕郤宛直而和，國人説之，費無極惡之，而譖郤宛于令尹子常焉。無極説郤宛帷甲而宴子常，乃反譖郤宛將爲不利，子常信之，遂令攻郤氏。郤宛聞之，遂自殺。詳見《左傳》。

〔四〕盡，悲傷痛苦。《書·酒誥》：「民罔不盡傷心」。

〔五〕探湯，探試沸水，比喻艱難痛苦之境。韋莊《和鄭拾遺秋日感事一百韻》：「中原初縱燎，下國竟探湯。盜據三秦地，兵纏八水鄉。」

〔六〕《左傳》昭公十九年：「楚子之在蔡也，郹陽封人之女奔之，生大子建。及即位，使伍奢爲之師。費無極爲少師，無寵焉，欲譖諸王。曰：『建可室矣。』王爲之聘於秦，無極與逆，勸王取之。正月，楚夫人嬴氏至自秦。」昭公二十年：「費無極言於楚子曰：『建與伍奢將以方城之外叛。自以爲猶宋、鄭也，齊、晉又交輔之，將以害楚，其事集矣。』王信之，問伍奢，伍奢對曰：『君一過多矣，何信於讒？』王執伍奢，使城父司馬奮揚殺大子，未至，而使遣之。三月，大子建奔宋。」

〔七〕《左傳・昭公二十七年》：「楚郤宛之難，國言未已，進胙者莫不謗令尹。沈尹戌言於子常曰：『夫左尹與中廐尹莫知其罪，而子殺之，以興謗讟，至于今不已。戌也惑之。仁者殺人以掩謗，猶弗爲也。今吾子殺人以興謗而弗圖，不亦異乎？夫無極，楚之讒人也，民莫不知。去朝吴，出蔡侯朱，喪太子建，殺連尹奢，屏王之耳目，使不聰明。不然，平王之温惠共儉，有過成、莊，無不及焉，所以不獲諸侯，邇無極也。今又殺三不辜，以興大謗，幾及子矣。子而不圖，將焉用之？夫鄢將師矯子之命，以滅三族，國之良也，而不愆位。吴新有君，疆埸日駭，楚國若有大事，子其危哉！知者除讒以自安也，今子愛讒以自危也，甚矣其惑也。』子常曰：『是瓦之罪，敢不良圖。』九月己未，子常殺費無極與鄢將師，盡滅其族，以説于國，謗言乃止。」囊瓦，字子常。

〔八〕《論語・學而》：「三年無改於父之道，可謂孝矣。」亦重見于《論語・里仁》。

大夫奔

鄭棄其師 閔公二年

《春秋》不治士庶人〔一〕。雖然，戰而北、守而降、戍而潰，戮民也。師潰而歸〔二〕，獨無罪乎？曰致其師有罪，則蔽罪〔三〕于棄之者也。蔽罪於棄之者，則免師之罪辭也，是謂王者之法。曰汝「受王嘉師」〔四〕，惡一大夫而陷數千百人干犯師禁之罪，汝罪當云何矣？故曰「鄭棄其師」，大惡也。然則何以治其師？曰：鄭之君若臣，必委罪于一二人，而釋其衆矣。《春秋》撥亂世，必原人情，赦小過，録鄭詩曰「二矛重英，河上乎翱翔」〔五〕。以爲其潰，則衆人所不言而同然也。若之何而委罪于一二人乎？苟求其罪之首，則棄其師者是已。《春秋》之法行，天下無冤民，而長衆者不敢布其逆令，如是則能以衆正，胡爲不能治其師！

【箋】

〔一〕《鹽鐵論·疾貪》：「駟馬不馴，御者之過也。百姓不治，有司之罪也。《春秋》刺譏不及庶人，責其率也。」

〔二〕左氏傳：「鄭人惡高克，使帥師次于河上，久而弗召，師潰而歸。高克奔陳，鄭人爲之賦《清人》。」公羊子傳：「鄭棄其師者何？惡其將也。鄭伯惡高克，使之將，逐而不納，棄師之道也。」穀梁子傳：「惡其長也，兼不反其衆，則是棄其師也。」

〔三〕蔽罪，判罪。《左傳·昭公十四年》：「罪在雍子，雍子納其女於叔魚，叔魚蔽罪邢侯。」杜預集解：「蔽，斷也。」

〔四〕《書·吕刑》。孔安國傳：「受王之善衆」。

〔五〕《詩·鄭風·清人》。毛傳：「刺文公也，高克好利而不顧其君，文公惡而欲遠之，不能，使高克將兵而禦狄于竟，陳其師旅，翱翔河上，久而不召，衆散而歸，高克奔陳。公子素惡高克進之不以禮，文公退之不以道，危國亡師之本，故作是詩也。」孔穎達疏：「言高克所率清邑之人，今在于彭地。狄人以去，無所防禦。高克乃使四馬被馳駈遨游，旁旁然不息，其車之上建二種之矛，重有英飾，河水之上，于是翱翔。言其不復有事，可召之使還，而文公不召，故刺之。」

宋司城來奔文公八年

奔以官稱，非鮑之黨也〔一〕。

【箋】

〔一〕公子鮑與宋襄夫人弑宋昭公，鮑以自立。司城蕩意諸來奔。詳見《左傳》。

大夫歸

秋八月，蔡季自陳歸于蔡見《外辭》

叛人

衛孫林父入于戚以叛襄公二十有六年

孰叛？叛衛侯衎也。衎未復，則其以叛言之何〔一〕？正君臣之辭也。衎爲社稷、宗廟主，林父北面而臣事之，出衎而立剽，立剽而辭衎之爲君，林父志也。書曰「入于戚以叛」，正君臣之辭也，罪林父也〔二〕。

【箋】

〔一〕《春秋·襄公二十六年》：「春王二月辛卯，衛甯喜弑其君剽。衛孫林父入于戚以叛。甲午，衛侯衎復歸于衛。」

〔二〕左氏傳：「書曰『入于戚以叛』，罪孫氏也。」

春秋正辭卷十一

傳疑辭第九

至聖有作，必傳疑，然乃信傳〔一〕。闕不敢筆，綴輯之謹耳〔二〕。闕不竟削，乃日月之明也〔三〕。其闕皆羨〔四〕，不羨者不明，則非闕文。傳諸萬世。傳疑辭一。

【箋】

〔一〕《穀梁傳》桓公五年：「《春秋》之義，信以傳信，疑以傳疑。」莊公七年：「《春秋》著以傳著，疑以傳疑。」

〔二〕如，《春秋·桓公十四年》：「夏五，鄭伯使其弟語來盟。」公羊子傳：「夏五者何？無聞焉爾。」穀梁子傳：「夏五，傳疑也。」杜預集解：「不書『月』，闕文。」

〔三〕《春秋》于部分經文僅書年月而無下文。莊存與贊同公羊家之説，以爲下文闕佚而年月不删，乃《春秋》謹四時也。如，《春秋·隱公六年》：「秋七月。」公羊子傳：「此無事，何以書？《春秋》雖無事，首時過則書。首時過，則何以書？《春秋》編年，四時具，然後爲年。」

〔四〕羨，多餘，有餘。《詩·小雅·十月之交》：「四方有羨。」毛傳：「羨，餘也。」

《春秋》列十二公之策書，聖人據己所見，録祖之所逮聞〔一〕。魯史從赴告，聖人從史文〔二〕。不從則削之，不從則改之、損之、益之，聖人制義，不可易也〔三〕。從舊作述，有司不敢主義，惟聖人主之〔四〕，左丘明故曰「非聖人，誰能脩之」〔五〕。從史文二。

【箋】

〔一〕《公羊傳·哀公十四年》：「《春秋》何以始乎隱？祖之所逮聞也。」何休解詁：「記高祖以來事，可及問聞知者。猶曰我但記先人所聞，辟制作之害。」

〔二〕杜預《春秋經傳集解序》：「周德既衰，官失其守。上之人不能使《春秋》昭明，赴告策書，諸所記注，多違舊章。仲尼因魯史策書成文，考其真僞，而志其典禮。上以遵周公之遺制，下以明將來之法。其教之所存，文之所害，則刊而正之，以示勸誡，其余則皆即用舊史。史有文質，辭有詳略，不必改也。」後人將以上説法總結爲「經承舊史」。另《左傳·隱公十一年》：「凡諸侯有命，告則書，不然則否。師出臧否，亦如之。雖及滅國，滅不告敗，勝不告克，不書于策。」杜預集解：「命者，國之大事政令也。承其告辭，史乃書之于策。若所傳聞行言，非將君命，則記在簡牘而已，不得記于典策。此蓋周禮之舊制。」後人將以上説法總結爲「史承赴告」。如皮錫瑞《經學通論·春秋》「論《春秋》是作不是抄録」條：「若如杜預『經承舊史，史承赴告』之説，止是鈔録一過，并無褒貶義例，則略識文字之鈔胥皆能爲之，何必孔子！」

〔三〕《史記·孔子世家》：「孔子在位聽訟，文辭有可與人共者，弗獨有也。至於爲《春秋》，筆則筆，削則削，子夏之徒不能贊一辭。」

〔四〕《孟子·離婁下》：「孟子曰：『王者之迹熄而《詩》亡，《詩》亡然後《春秋》作。晉之《乘》，楚之《檮杌》，魯之《春秋》，一也。其事則齊桓、晉文，其文則史。孔子曰：「其義則丘竊取之矣。」』」

〔五〕《左傳·成公十四年》。

闕文

紀子伯莒子盟于密〔一〕隱公二年

「紀」、「莒」，國也；「子」，爵也；「伯」，不知其國，必存其爵，闕文明矣〔二〕。密在莒、魯之間，要結好援，紀因我而獲盟于莒，我有持危國之志焉，故志之。逮桓、莊而紀卒亡〔三〕，聖人之所哀矜也。虚内事外，雖勤奚益〔四〕？孟子曰：「鑿斯池也，築斯城也，與民守之，效死而民弗去，則是可爲也。」〔五〕

【箋】

〔一〕伯，公、穀同，左氏作「帛」，三傳于此異説。公羊子傳：「紀子伯者何？無聞焉爾。」穀梁子傳：「或曰紀子伯莒子，而與之盟。或曰年同爵同，故紀子以伯先也。」范甯集解：「紀子以莒子爲伯，而與之盟。伯，長也。」「年爵雖同，紀子自以爲伯而先。」左氏傳：「冬，紀子帛、莒子盟于密，魯故也。」杜預集解：「子帛，裂繻字也。莒魯有怨，紀侯既昏于魯，使大夫盟莒以和解之。」

〔二〕莊存與以爲，此條經文當爲「紀子、□伯、莒子盟于密」，經文缺一字。

〔三〕《春秋·莊公四年》：「紀侯大去其國。」公羊子傳：「大去者何？滅也。孰滅之？齊滅之。曷爲不言齊滅之？爲襄公諱也。《春秋》爲賢者諱，何賢乎襄公？復讎也。何讎爾？遠祖也。」

〔四〕《春秋·隱公二年》：「春，公會戎於潛。」何休解詁：「凡書會者，惡其虛內務，恃外好也。」

〔五〕《孟子·梁惠王下》。

附録

《春秋舉例》一卷

《春秋》貴賤不嫌，同號；美惡不嫌，同辭《公羊》隱七年滕侯卒傳

何休曰：「貴賤不嫌者，通同〔一〕號稱也。若齊亦稱侯，滕亦稱侯；微者亦稱人，貶亦稱人。皆有起文。」竊謂若「王子虎卒」，「王子猛卒」，亦貴賤不嫌也〔二〕。

何休曰：「若繼體君稱即位，繼弑君亦稱即位。皆有起文。」竊謂若「秦伯使術來聘」〔三〕，「吴子使劄來聘」〔四〕，美也；「楚子使椒來聘」〔五〕，惡也。人皆知之，故使同辭以起問者。

又若子般弑亦稱卒〔六〕，子野毁亦稱卒〔七〕，則以閔公不言即位異之；宣公亦言即位，昭公亦言即位，則「子卒」不日以異之〔八〕。《春秋》之文，信如四時。

又若莊公元年〔九〕「王姬歸於齊」，齊襄也；十一年「王姬歸於齊」，齊桓也。一無惡，一有惡，則以「單伯逆王姬」，「築王姬之館於外」〔一〇〕見之。又以後之徒言歸也〔一一〕，而見「逆」與「築館」之爲起文。詳略互相明，以使不嫌也。

又若諸侯篡國亦書入，「天王入于成周」亦書入。《傳》曰「不嫌」〔一三〕，亦其義也。又若不能乎朝亦言來〔一三〕，不與其朝亦言來〔一四〕，則其人不嫌也。又若我無君不稱使，「齊高子來盟」是也〔一五〕。「宋司馬華孫來盟」亦不稱使〔一六〕，則其主不嫌也。

又若諸侯卒正書葬，篡不明去葬〔一七〕，嫌也。篡明者書葬，不嫌也。篡已明而不書葬，重於篡也；篡不明而書葬，因其事也。齊景公之篡也，以書「齊慶封來奔」見之〔一八〕；宋文公之篡也，以書「諸侯會于扈」見之〔一九〕；齊惠公〔二〇〕、鄭襄公〔二一〕、晉悼公〔二二〕皆不見篡，徒以不書弒君之葬，則知其不討賊矣，篡亦見之矣；衛宣公受國於討賊之後，嫌於非篡，則書「立」以明之〔二三〕；晉成公以賊復見〔二四〕，亦嫌於應受國，則去葬以明之〔二五〕。齊惠、鄭襄、晉悼、齊景，皆晉成公比也，然與不篡者同辭，而書葬以起問者，明義法也〔二六〕。

又若殺大夫稱國稱名，同辭矣。乃如晉殺先穀，衛殺孔達，其事不同，則孔達有起文以異之〔二七〕；陳殺洩冶〔二八〕，晉殺三郤〔二九〕，其事不同，則洩冶有起文以異之〔三〇〕；鄭殺申侯，齊殺國佐，鄭殺公孫黑〔三一〕，其事亦不同，皆無起文，則去葬以明殺無罪，書葬以明殺有罪，亦異之〔三二〕。

又若晉殺三郤亦稱國，晉殺胥童亦稱國，則與君弒同月而先書，以大異之〔三三〕。

又若「晉侯殺其世子申生」，「宋公殺其世子痤」，則不書葬，以明晉侯之志乎殺以異之〔三四〕。

【箋】

〔一〕同，原文誤作「用」，據阮刻《春秋公羊傳注疏》改。

〔二〕王子虎，周卿士。王子猛，周景王太子，即周悼王。

〔三〕《春秋·文公十二年》。左氏傳：「秦伯使西乞術來聘，且言將伐晉。襄仲辭玉曰：『君不忘先君之好，照臨魯國，鎮撫其社稷，重之以大器，寡君敢辭玉。』對曰：『不腆敝器，不足辭也。』主人三辭，賓客曰：『寡君願徼福于周公、魯公，以事君。不腆先君之敝器，使下臣致諸執事，以爲瑞節，要結好命，所以藉寡君之命，結二國之好，是以敢致之。』襄仲曰：『不有君子，其能國乎？國無陋矣。厚賄之。』」

〔四〕《春秋·襄公二十九年》。公羊子傳：「吴無君無大夫，此何以有君有大夫？賢季子也。何賢乎季子？讓國也。」

〔五〕《春秋·文公九年》。左氏傳：「冬，楚子越椒來聘，執幣傲。叔仲惠伯曰：『是必滅若敖氏之宗。傲其先君，神弗福也。』」公羊子傳：「椒者何？楚大夫也。楚無大夫，此何以書？始有大夫也。始有大夫，則何以不氏？許夷狄者不一而足也。」

〔六〕《春秋·莊公三十二年》：「冬十月己未，子般卒。」左氏傳：「八月癸亥，公薨于路寢，子般即位。次于黨氏。冬十月己未，共仲使圉人犖賊子般于黨氏，成季奔陳，立閔公。」

〔七〕《春秋・襄公三十一年》：「秋九月癸巳，子野卒。」左氏傳：「六月辛巳，公薨于楚宮。……立胡女敬歸之子子野，次于季氏。秋九月癸巳，卒，毁也。」杜預集解：「過哀毁瘠，以致滅性。」

〔八〕文公薨，公子遂殺適子赤（左氏以爲是惡及視），而立庶子宣公。繼弑君不言即位，宣公書即位，則以子赤卒不書日以異之。《春秋・宣公元年》：「春王正月，公即位。」公羊子傳：「繼弑君不言即位，此其言即位何？其意也。」《春秋・文公十八年》：「冬十月，子卒。」公羊子傳曰：「子卒者孰謂？謂子赤也。何以不日？隱之也。何隱爾？弑也。弑則何以不日？不忍言也。」

〔九〕元年，原文誤作「二年」，據《春秋》原文徑改。

〔一〇〕《春秋・莊公元年》：「夏，單伯逆王姬。秋，築王姬之館于外。」公羊子傳：「何以書？譏。何譏爾？築之，禮也，于外，非禮也。于外何以非禮？築于外，非禮也。其築之何以禮？主王姬者必爲之改築。主王姬者則曷爲必爲之改築？於路寢則不可，小寢則嫌，群公子之舍則以卑矣，其道必爲之改築者。」

〔一一〕莊公十一年之「歸」，未有「逆」及「築館」等事。

〔一二〕《春秋・昭公二十六年》：「冬十月，天王入于成周。」公羊子傳：「成周者何？東周也。其言入何？不嫌也。」何休解詁：「上言天王，著有天子已明，不嫌爲篡，主言入者，起其難也。」

〔一三〕《春秋・僖公二十九年》：「春，介葛盧來。」公羊子傳：「介葛盧者何？夷狄之君也。何以不言朝？不能乎朝也。」何休解詁：「不能升降揖讓也。」《春秋・襄公十八年》：「春，白狄來。」公羊子傳：「白狄者何？夷狄之君也。何以不言朝？不能朝也。」

〔一四〕《春秋・隱公元年》：「冬十有二月，祭伯來。」穀梁子傳：「來者，來朝也。其弗謂朝，何也？寰内諸侯，非有天子之命，不得出會諸侯。不正其外交，故弗與朝也。聘弓鍭矢不出竟場，束脩之肉不行竟中，有至尊者，不貳之也。」

〔一五〕《春秋・閔公二年》：「冬，齊高子來盟。」公羊子傳：「高子者何？齊大夫也。何以不稱使？我無君也。」

〔一六〕《春秋・文公十五年》：「三月，宋司馬華孫來盟。」穀梁子傳：「司馬，官也。其以官稱，無君之辭也。」

〔一七〕《公羊傳・隱公十一年》：「《春秋》君弒賊不討，不書葬，以爲無臣子也。」

〔一八〕魯襄公二十五年，崔杼及慶封弒齊莊公光，而立景公。魯襄公二十八年，齊慶封來奔，莊存與以爲，非賊之徒，則不言出（《誅亂辭》「弒」小序），言出，則其爲賊黨明矣。

〔一九〕魯文公十六年，公子鮑（即宋文公）與宋襄夫人弒昭公而自立，魯文公十七年，「諸侯會于扈」，莊存與以爲，乃欲圖討鮑弒君之罪也。

〔二〇〕齊惠公，名元，齊懿公商人之弟。魯文公十八年，邴歜、閻職弒懿公，齊人立惠公。《春秋》未書齊懿公之葬。

〔二一〕鄭襄公，名堅，鄭靈公夷庶弟。魯宣公四年，公子歸生弒靈公，鄭人立襄公。《春秋》未書靈公之葬。

〔二二〕晉悼公，名周，晉厲公州蒲堂侄。魯成公十八年，欒書、中行偃弒厲公，晉人逆周于京師而立之。《春秋》未書晉厲公之葬。

〔二三〕衛宣公，名晉。《春秋·隱公四年》：「冬十有二月，衛人立晉。」公羊子傳：「晉者何？公子晉也。立者何？立者不宜立也。其稱人何？衆立之之辭也。然則孰立之？石碏立之。石碏立之，則其稱人何？衆之所欲立也。衆雖欲立之，其立之非也。」

〔二四〕晉成公，即公子黑臀。魯宣公二年，趙盾弒靈公，逆公子黑臀于周而立之。《春秋·宣公六年》：「春，晉趙盾、衛孫免侵陳。」公羊子傳：「趙盾弒君，此其復見何？親弒君者，趙穿也。」

〔二五〕《春秋·宣公九年》：「辛酉，晉侯黑臀卒于扈。」《春秋》未書其葬。

〔二六〕《春秋》宣公十年：「葬齊惠公。」成公四年：「葬鄭襄公。」襄公十六年：「葬晉悼公。」哀公五年：「葬齊景公。」

〔二七〕《春秋》宣公十三年：「冬，晉殺其大夫先穀。」宣公十四年：「春，衛殺其大夫孔達。」所謂「起文」，指宣公十二年「晉人、宋人、衛人、曹人同盟于清丘。宋師伐陳，衛人救陳。」參見《誅亂辭》「殺大夫」經例「衛殺其大夫孔達」莊存與解說。

〔二八〕《春秋·宣公九年》：「陳殺其大夫泄冶。」左氏傳：「陳靈公與孔寧、儀行父通於夏姬，皆衷其袓服以戲于朝。洩冶諫曰：『公卿宣淫，民無効焉，且聞不令。君其納之。』公曰：『吾能改矣。』公告二子，二子請殺之，公弗禁，遂殺洩冶。」

〔二九〕《春秋·成公十七年》：「晉殺其大夫郤錡、郤犫、郤至。」晉厲公侈，多外嬖，欲盡去群大夫而立其左右。三郤族大多怨，卒遭屠戮，皆尸諸朝。詳見《左傳》。

〔三〇〕指《春秋·宣公十一年》：「丁亥，楚子入陳，納公孫寧、儀行父于陳。」參見《誅亂辭》「殺大夫」經例「陳殺其大夫洩冶」莊存與解説。

〔三一〕公孫黑，原文誤作「公子黑」，徑改。

〔三二〕殺申侯者爲鄭文公接，魯莊公二十二年至魯僖公三十二年在位。《春秋》未書其葬；殺國佐者爲晉悼公周，魯襄公元年至魯襄公十五年在位，《春秋·襄公十六年》：「春王正月，葬晉悼公。」殺公孫黑者爲鄭簡公嘉，魯襄公八年至魯昭公十二年在位，《春秋·昭公十二年》：「五月，葬鄭簡公。」

〔三三〕胥童，晉厲公寵臣，佐謀厲公殺三郤，旋又以甲劫欒書、中行偃，勸厲公一并誅之。厲公不忍，反爲欒書、中行偃所劫，胥童遭誅。《春秋·成公十八年》：「春王正月，晉殺其大夫胥童。庚申，晉弒其君州蒲。」

〔三四〕晉侯，爲晉獻公，魯莊公十八年至魯僖公九年在位，其間寵驪姬而愛其子奚齊，殺世子申生，《春秋》未書其葬。宋公，爲宋平公，魯成公十六年至昭公十年在位，《春秋·昭公十一年》：

「葬宋平公。」

《春秋》辭繁而不殺者，正也《公羊》僖公二十二年戰泓傳

竊謂若「救邢」、「城邢」，再言「齊師、宋師」〔一〕；又若「侵曹」、「伐衛」，再言「晉侯」〔二〕；又若首止無中事，而復舉「諸侯」〔三〕。

【箋】

〔一〕《春秋·僖公元年》：「齊師、宋師、曹伯次于聶北，救邢。夏六月，邢遷于夷儀。齊師、宋師、曹師城邢。」

〔二〕《春秋·僖公二十八年》：「春，晉侯侵曹。晉侯伐衛。」

〔三〕《春秋·僖公五年》：「公及齊侯、宋公、陳侯、衛侯、鄭伯、許男、曹伯會王世子于首止。秋八月，諸侯盟于首止。」首止，公、穀作「首戴」。穀梁子傳：「無中事而復舉『諸侯』，何也？尊王世子而不敢與盟也。尊則其不敢與盟，何也？盟者，不相信也，故謹信也，不敢以所不信而加之尊者。桓，諸侯也，不能朝天子，是不臣也；王世子，子也，塊然受諸侯之尊己，而立乎其位，是不子也。桓不臣，王世子不子，則其所善焉何也？是則變之正也。天子微，諸侯不享覲，桓控大國、扶小國、統諸侯，不能以朝天子，亦不敢致天王，尊王世子于首戴，乃所以尊天王之命也。世子含王命會齊桓，亦所以尊天王之命也。世子受之可乎？是亦變之正也。天子微，諸侯不享覲，世子受諸侯之尊己，而天王尊矣，世子受之可也。」

一事而再見者，先目而後凡也《公羊》僖五年盟首戴傳

竊謂若葵丘，先會後盟〔一〕；新城之役，先伐後救〔二〕；温之會，先會後圍許〔三〕。

【箋】

〔一〕《春秋·僖公九年》：「夏，公會宰周公、齊侯、宋子、衛侯、鄭伯、許男、曹伯于葵丘。……九月戊辰，諸侯盟于葵丘。」

〔二〕《春秋·僖公六年》：「夏，公會齊侯、宋公、陳侯、衛侯、曹伯伐鄭，圍新城。……諸侯遂救許。」

〔三〕《春秋·僖公二十八年》：「冬，公會晉侯、齊侯、宋公、蔡侯、鄭伯、陳子、莒子、邾人、秦人于温。……諸侯遂圍許。」

《春秋》見者不復見也《公羊》哀三年桓、僖宮災傳

何休曰作楚宮不書是也〔一〕。竊謂書「墮郈」〔二〕，不書城郈，亦是也。「立武宮」書者，嫌於不毀也〔三〕；「城費」書者，季首惡也〔四〕。

【箋】

〔一〕《春秋·襄公三十一年》：「夏六月辛巳，公薨于楚宮。」何休解詁：「公朝楚，好其宮，歸而作之，故名之云爾。作不書者，見者不復見。」

〔二〕《春秋·定公十二年》：「叔孫州仇帥師墮郈。」

〔三〕《春秋・成公六年》：「二月辛巳，立武宮。」公羊子傳：「武宮者何？武公之宮也。立者何？立者不宜立也。立武宮非禮也。」《春秋・昭公十五年》：「二月癸酉，有事于武宮。」

〔四〕《春秋・襄公七年》：「城費。」左氏傳：「南遺爲費宰。叔仲昭伯爲隧正，欲善季氏而求媚於南遺，謂遺：『請城費，吾多與而役。』故季氏城費。」《春秋・定公十二年》：「季孫斯、仲孫何忌帥師墮費。」

《春秋》不待貶絶而罪惡見者，不貶絶以見罪惡也

竊謂凡書外弒君、殺君世子、叛人之類是也。

貶絶然後罪惡見者，貶絶以見罪惡也《公羊》昭元年會虢傳

竊謂内弒君、殺子，諱不見，則貶絶以見其與乎故也〔一〕，及凡言「貶」「絶」者皆是。

【箋】

〔一〕語出《春秋・宣公元年》：「春王正月，公即位。」穀梁子傳：「繼故而言即位，與聞乎故也。」

擇其重者而譏焉《公羊》莊四年狩禚傳

竊謂若諸侯不享覲，不可勝譏，則書公如齊於上，書大夫如京師於下，而月如齊以異之〔一〕。又若諸侯不奔喪會葬，不可勝譏，則書「公子遂如晉，葬晉襄公」〔二〕，書「叔孫得臣如京師，辛丑，葬襄王」〔三〕，日以異之；書「十有二月甲寅，天王崩。乙未，楚子昭卒」，不

以日先後爲叙，以大異之〔四〕。

【箋】

〔一〕《春秋・宣公九年》：「春王正月，公如齊。公至自齊。夏，仲孫蔑如京師。」《公羊傳・隱公二年》何休解詁：「朝聘會盟，例皆時。」

〔二〕《春秋・文公六年》。

〔三〕《春秋・文公九年》。

〔四〕《春秋・襄公二十八年》。左氏傳：「癸巳，天王崩。未來赴，亦未書，禮也。」「王人來告喪，問崩日，以甲寅告，故書之，以徵過也。」

貶必於其重者《公羊》僖元年夫人喪歸傳

竊謂若「仲遂卒於垂」，卒而削公子〔一〕；「叔孫得臣卒」，卒而去其日〔二〕；皆終事也。無駭終其身不氏〔三〕，翬終隱之篇不稱公子〔四〕，以其見於經罕矣。意如執而致，致而後去族〔五〕，其重者不可得貶絶〔六〕，則因事而見之。

【箋】

〔一〕《春秋・宣公八年》。公羊子傳：「仲遂者何？公子遂也。何以不稱公子？貶。曷爲貶？爲弑子赤貶。」

〔二〕《春秋・宣公五年》。何休解詁：「不日者，知公子遂欲弒君，爲人臣知賊而不言，明當誅。」

〔三〕《春秋・隱公二年》：「無駭帥師入極。」公羊子傳：「無駭者何？展無駭也。何以不氏？貶。曷爲貶？疾始滅也。」

〔四〕《春秋・隱公十年》：「夏，翬帥師會齊人、鄭人伐宋。」公羊子傳：「此公子翬也，何以不稱公子？貶。曷爲貶？隱之罪人也，故終隱之篇貶也。」

〔五〕《春秋》昭公十三年：「晉人執季孫意如以歸。」昭公十四年：「春，意如至自晉。」穀梁子傳：「大夫執則致，致則名。意如惡，然而致，見君臣之禮也。」

〔六〕指季孫意如逐昭公，《春秋》諱而不書，不得貶絶，故貶絶于執而歸時。

譏始　疾始《公羊》隱二年、四年傳

竊謂若喪不三年，不勝譏，則自閔公始，書「吉禘於莊公」〔一〕；妾母爲夫人，不勝譏，則自成風始，一以「宗廟臨之而後貶」〔二〕亦所謂於其重者，一以「外之弗夫人而見正」〔三〕。王再不稱『天』以大異之〔四〕。

【箋】

〔一〕《春秋・閔公二年》：「夏五月乙酉，吉禘于莊公。」公羊子傳：「其言吉何？言吉者，未可以吉也。曷爲未可以吉？未三年也。三年矣，曷爲謂之未三年？三年之喪，實以二十五月。其言『于莊公』何？未可以稱宮廟也。曷爲未可以稱宮廟？在三年之中矣。吉禘于莊公，何以書？

譏。何譏爾？譏始不三年也。」

〔二〕《春秋·僖公八年》：「秋七月，禘于大廟，用致夫人。」穀梁子傳：「用者，不宜用者也；致者，不宜致者也。言夫人，必以其氏姓，言夫人而不以氏姓，非夫人也，立妾之辭也，非正也。夫人之，我可以不夫人之乎？夫人卒葬之，我可以不卒葬之乎？一則以宗廟臨之而後貶焉，一則以外之弗夫人而見正焉。」楊士勛疏：「《左氏》以夫人爲哀姜，因禘祭而致之于廟。《公羊》以爲僖公本取楚女爲嫡，取齊女爲媵，齊女先至，遂脅公，使立之爲夫人，故因禘祭而見于廟。此傳及注意，則以夫人爲成風。致之者，謂致之于大廟，立之以爲夫人。與二傳違者，若《左氏》以夫人爲哀姜，元年爲齊所殺，何爲今日乃致之？若《公羊》以爲齊之媵女，則僖公是作《頌》賢君，縱爲齊所脅，豈得以媵妾爲夫人乎？明知二傳非也。今傳云『一則以宗廟臨之而後貶焉，一則以外之弗夫人而見正焉』，檢經傳之文符同，故知是成風也。」

〔三〕《春秋·文公九年》：「秦人來歸僖公成風之襚。」穀梁子傳：「秦人弗夫人也，即外之弗夫人而見正焉。」鍾文烝補注：「若以成風爲夫人，當直言成風。今繫僖公言之，明爲弗夫人之辭。」

〔四〕《春秋·文公五年》：「春王正月，王使榮叔歸含且賵。三月辛亥，葬我小君成風。王使召伯來會葬。」

書之重、辭之複，嗚呼！不可不察，其中必有美者焉〔一〕

竊謂美者，「因其行事而加王心焉」〔二〕之謂也。若僖公之篇，書一時不雨者三〔三〕；

又若文公之篇，歷時而不雨，若是者三〔四〕；昭公之篇，公如晉而復者五〔五〕；又若「伯姬歸于宋」〔六〕，書「納幣」〔七〕、書「來媵」〔八〕、書「致女」〔九〕，異於他女之歸者；又若書「許遷」者四〔一〇〕；又若莊公之篇三書「築臺」〔一一〕；又若定公之篇書齊、衛次者三〔一二〕。

【箋】

〔一〕《春秋繁露·祭義》引孔子語。亦見引于僖公四年何休解詁。

〔二〕《春秋繁露·俞序》：「孔子曰：『吾因其行事，而加乎王心焉，以爲見之空言，不如行事博深切明。』」

〔三〕《春秋·僖公》二年：「冬十月，不雨。」三年：「春王正月，不雨。夏四月，不雨。」

〔四〕《春秋·文公》二年：「自十有二月不雨，至于秋七月。」十年：「自正月不雨，至于秋七月。」十三年：「自正月不雨，至秋七月。」

〔五〕《春秋·昭公》二年：「冬，公如晉，至河乃復。」十二年：「公如晉，至河乃復。」十三年：「公如晉，至河乃復。」二十一年：「公如晉，至河乃復。」二十三年：「冬，公如晉，至河，公有疾，乃復。」

〔六〕《春秋·成公九年》。

〔七〕《春秋·成公八年》：「夏，宋公使公孫壽來納幣。」

〔八〕《春秋·成公》八年：「衛人來媵。」九年：「晉人來媵。」十年：「齊人來媵。」公羊子傳：「媵不書，此何以書？録伯姬也。三國來媵，非禮也，曷爲皆以録伯姬之辭言之？婦人以衆多爲侈也。」

〔九〕《春秋·成公九年》：「夏，季孫行父如宋致女。」公羊子傳：「未有言致女者，此其言致女何？録伯姬也。」

〔一〇〕《春秋》成公十五年：「許遷于葉。」昭公九年：「許遷于夷。」昭公十八年：「冬，許遷于白羽。」定公四年：「許遷于容城。」

〔一一〕《春秋·莊公三十一年》：「春，築臺于郎。……築臺于薛。……秋，築臺于秦。」

〔一二〕《春秋·定公》九年：「秋，齊侯、衛侯次于五氏。」十三年：「春，齊侯、衛侯次于垂葭。」十五年：「齊侯、衛侯次于渠蒢。」

《春秋要指》一卷

《春秋》以辭成象，以象垂法，示天下後世以聖心之極。觀其辭，必以聖人之心存之，史不能究，游、夏不能主〔一〕，是故善説《春秋》者，止諸至聖之法而已矣。公羊子曰：「王者孰謂？謂文王也。」〔二〕「其諸君子樂道堯舜之道與？」〔三〕無或執一辭以爲見聖，無或放一辭而不至於聖。推見至隱〔四〕，懷之爲難，違之斯已難。得其起問，又得其應問，則幾無難〔五〕。應而不本其所起，見爲附也；起而不達其所以應，見爲惑也。《詩》曰：「唐棣之華，偏其反而。」〔六〕《春秋》之辭，其起人之問有如此也。執一者不知問，無權者不能應〔七〕，子曰：「未之思也，夫何遠之有。」其亦可以求所應問而得之矣。

【箋】

〔一〕《史記·孔子世家》：「孔子在位聽訟，文辭有可與人共者，弗獨有也。至於爲《春秋》，筆則筆，削則削，子夏之徒不能贊一辭。」程頤《春秋傳序》：「先儒之傳，游、夏不能贊一辭，辭不待贊者也，言不能與於斯爾。」

〔二〕《公羊傳·隱公元年》。

〔三〕《公羊傳·哀公十四年》。

〔四〕《史記·司馬相如列傳》：「太史公曰：『《春秋》推見至隱，《易》本隱之以顯』。」

〔五〕《春秋繁露·玉杯》：「《春秋》起問數百，應問數千，同留經中。翻援比類，以發其端。卒無妄言而得應於傳者。」起問，又作起文，指《春秋》以某些特定書法引人疑惑發問，以寓藏大義。應問，指對疑問的回應。

〔六〕《論語·子罕》：「『唐棣之華，偏其反而。豈不爾思，室是遠而。』子曰：『未之思也，夫何遠之有？』」

〔七〕《孟子·盡心上》：「所惡執一者，爲其賊道也，舉一而廢百也。」趙岐注：「所以惡執一者，爲其不知權，以一知而廢百道也。」

《春秋》之辭，文有不再襲，事有不再見，明之至也。事若可類，以類索其別；文若可貫，以貫異其條。聖法已畢，則人事雖博，所不存也。

《春秋》詳内略外，詳尊略卑，詳重略輕，詳近略遠，詳大略小，詳變略常，詳正略否。

《春秋》之義，不可書則辟之，不忍書則隱之，不足書則去之，不勝書則省之。辭有據正則不當書者，皆書其可書，以見其所不可書；辭有詭正而書者，皆隱其所大不忍，辟其所大不可，而後目其所常不忍、常不可也；辭若可去、可省而書者，常人之所輕，聖人之所重。《春秋》非記事之史，不書多於書，以所不書知所書，以所書知所不書。

《春秋》治亂必表其微，所謂「禮禁未然之前」也〔一〕。凡所書者，有所表也，是故《春秋》無空文。

【箋】

〔一〕《史記·太史公自序》：「故《春秋》者，禮義之大宗也。夫禮禁未然之前，法施已然之後，法之所爲用者易見，而禮之所爲禁者難知。」

《春秋》書天人外内之事，有主書以立教也。然後多連而博貫之，則王道備矣。

《春秋》博列國之載，因魯史以約文，於所不審，則義不可斷，皆削之而不書。書則斷之者，斷則審之者，故曰：「《春秋》之信史也。」〔一〕存闕文而不益，實其所不削也。不審其事則去之，不審其文則存之，傳之萬世而不可亂也。

【箋】

〔一〕《春秋·昭公十二年》：「春，齊高偃帥師納北燕伯于陽。」公羊子傳：「伯于陽者何？公子陽生也。子曰：『我乃知之矣。』在側者曰：『子苟知之，何以不革？』曰：『如爾所不知何？《春秋》之信史也，其序，則齊桓晉文；其會，則主會者爲之也；其詞，則丘有罪焉耳。』」

《春秋》之辭，禮不備，則雖有事焉而不書。

《春秋》辭異則指異。事異而辭同則以事見之，事不見則文以起之。嫌者使異，不嫌使同。

《春秋》歷數十年之事，以一辭約之。有歲記一事，則不以他事雜之。有歷歲記一事，則不以小事亂之。

《春秋》緣本録末，有兼存之義，有半見之文。

《春秋》記事，以義爲從，則不以日先後叙。

《春秋》之辭，斷十二公之策而列之，則十二公之行狀莫不著也。辭有屢於一公之策書者，有屢於一年之策書者，有曠而不志者，有曠而一志者，不可不察也。《春秋》志天事，必以尊嚴之辭承之。志災異，皆以前後事求之。異不在大，於事有明徵乃志之。徵之不明，則不存也；人莫之省，則不見也；患其褻之也。志分土〔一〕，近者詳，遠者略，見經世之志。然九州之域，四裔之防，具矣。梁山〔二〕、沙麓〔三〕，皆河之記也；河宗、岱宗，以三望著之〔四〕；星表北斗〔五〕，次表大辰〔六〕，其他則凡之矣。

【箋】

〔一〕分土，猶分野，這裏指諸侯國。《後漢書·陳蕃傳》：「夫諸侯上象四七，垂燿在天，下應分土，藩屏上國。」李賢注：「上象四七，謂二十八宿各主諸侯之分野，故曰下應分土，言皆以輔王室也。」

〔二〕《春秋·成公五年》：「梁山崩。」公羊子傳：「梁山者何？河上之山也。梁山崩，何以書？記異也。何異爾？大也。何大爾？梁山崩，壅河三日不沬。外異不書，此何以書？爲天下記異也。」

〔三〕《春秋·僖公十四年》：「秋八月辛卯，沙鹿崩。」公羊子傳：「沙鹿者何？河上之邑也。此邑也，其言崩何？襲邑也。沙鹿崩，何以書？記異也。外異不書，此何以書？爲天下記異也。」

〔四〕《春秋》僖公三十一年：「夏四月，四卜郊不從，乃免牲，猶三望。」公羊子傳：「三望者何？望祭也。然則曷祭？祭泰山、河、海。曷爲祭泰山、河、海？山川有能潤于百里者，天子秩而祭之。觸石而出，膚寸而合，不崇朝而徧雨乎天下者，唯泰山爾。河、海潤于千里。」另《春秋》宣公三年：「春王正月，郊牛之口傷，改卜牛，牛死，乃不郊，猶三望。」成公七年：「不郊猶三望。」

〔五〕《春秋·文公十四年》：「秋七月，有星孛入于北斗。」公羊子傳：「孛者何？彗星也。其言入于北斗何？北斗有中也。何以書？記異也。」

〔六〕《春秋·昭公十七年》：「冬，有星孛于大辰。」公羊子傳：「孛者何？彗星也。其言于大辰何？在大辰也。大辰者何？大火也。大火爲大辰，伐爲大辰，北辰亦爲大辰。何以書？記異也。」

《春秋》志天子之大夫，上下列其等，戚疏異其分。父子之恩，長幼之序，靡不畢見。以三公兼官，惟志冢宰爾〔一〕。諸侯之臣，雖内大夫不稱其官，官之志，惟宋爾〔二〕。

【箋】

〔一〕如《春秋·僖公九年》：「夏，公會宰周公、齊侯、宋子、衛侯、鄭伯、許男、曹伯于葵丘。」公羊子傳：「宰周公者何？天子之爲政者也。」《春秋·僖公三十年》：「冬，天王使宰周公來聘。」

〔二〕《春秋·文公八年》：「宋人殺其大夫司馬。宋司城來奔。」

《春秋》志會盟，有重章以見義，有一書以斷義。志會在列者不悉書，志兵同役者不悉書。以常所書，知所偶書；以偶所書，知常所不書。志聘有褒、有譏，有喜、有戚，有惡、有抑，有系乎其君，有系乎其臣，皆以前後事起之。小國未有志聘者，小國大夫常不書故也；大國未有志朝者，雖然，嘗書「齊侯來獻戎捷」〔一〕矣。衛侯會葬〔二〕，鄭伯拜盟〔三〕，齊侯來逆共姬〔四〕，皆見於《傳》，「魯有禘樂，賓、祭用之」〔五〕，二百四十二年，大侯之來接于我者，蓋有之矣，《春秋》不書也。齊、晉、楚書「公如」，舍齊、晉、楚未有書「公如」者，非無往也，往不書也。內大夫無如秦者、如吴者，非不往也，往不書也。舍牟〔六〕、郲〔七〕，大夫無如小國者，大夫常不如小國也。舍滕〔八〕，大夫無會葬小國之君者，大夫常不會小國之君葬也。以不書推所書，故曰凡所書者，有所表也。舍宿男〔九〕，微國未有書卒者，若須句、若顓臾、若任、若牟，皆宿之倫，而無一書者，可以知所書之必有指矣。「須句子來奔」，見於傳而《春秋》不書〔一〇〕，豈「不見公」哉〔一一〕！然則「邾子益來奔」〔一二〕，其有義乎？其無義乎？

【箋】

〔一〕《春秋·莊公三十一年》。公羊子傳：「齊，大國也。曷爲親來獻戎捷？威我也。其威我奈何？旗獲而過我也。」

〔二〕《左傳·隱公元年》：「衛侯來會葬，不見公，亦不書。」

〔三〕《左傳·桓公元年》：「冬，鄭伯拜盟。」

〔四〕《左傳・莊公十一年》：「冬，齊侯來逆共姬。」

〔五〕《左傳・襄公十年》。孔穎達疏：「禘是禮之大者，群公不得與同，而於賓得同禘者，敬鄰國之賓，故得用大祭之樂也。」

〔六〕《春秋・僖公五年》：「夏，公孫兹如牟。」

〔七〕《春秋・襄公六年》：「冬，叔孫豹如邾。」

〔八〕《春秋・昭公三年》：「夏，叔弓如滕。五月，葬滕成公。」

〔九〕《春秋・隱公八年》：「辛亥，宿男卒。」何休解詁：「宿本小國，不當卒，所以卒而日之者，《春秋》王魯，以隱公爲始受命王，宿男先與隱公交接，故卒褒之也。」

〔一〇〕《左傳・僖公二十一年》：「任、宿、須句、顓臾，風姓也，實司大皞與有濟之祀，以服事諸夏。邾人滅須句，須句子來奔，因成風也。成風爲之言於公曰：『崇明祀，保小寡，周禮也。蠻夷猾夏，周禍也。若封須句，是崇皞、濟而脩祀紓禍也。』」

〔一一〕《左傳》以爲不見公者，《春秋》不書，（《左傳・隱公元年》：「衛侯來會葬，不見公，亦不書。」）莊存與駁之。

〔一二〕《春秋・哀公十年》。

《春秋》志卒葬，聖人以送死爲大事，爲人君父言之，則所以善吾生者，乃所以善吾死也。爲臣子言之，親喪固所自盡也，而必盡之於禮，然後爲忠孝之至矣。

《春秋》志城邑，時不時悉書之矣。然而有所不書者焉，則非一義一法可以概凡城之志也。凡城之志，皆譏也，而所譏不同；凡盟，皆惡之，而所惡不同；凡兵，皆不義，而輕重各有主；凡奔，皆重其禍，而邪正各有偶。苟一義一法足以斷其凡，則無可凡，皆削而不書。《春秋》非記事之史也，所以約文而示意也。是故有單辭，有兩辭，有複辭，有衆辭。衆辭可凡，而不可凡也；複辭可要，而不可要也；兩辭備矣，可益而不可益也；單辭明矣，可殊異而不可殊也。故曰：「游、夏不能贊一辭。」

《春秋》志亂獄，必有辭以誅之，未有或但已〔一〕者也。如有一人不正其罪，則說不師古而失其傳也。

【箋】

〔一〕但已，謂不復深究或就此了事。《漢書·淮陽獻王劉欽傳》：「縱不伏誅，必蒙遷削貶黜之罪，未有但已者也。」

《春秋》之辭，於所尊則致其嚴，於所親則致其愛，於所哀則致其戚，於所痛則致其重，於所善則致其喜，於所賢則致其美，於所危則致其憂，於所賤則致其辨，於所惡則致其尤，於所誅則致其法，於所矜則致其疑，莫不見乎辭。微乎！微乎！不見其跡，索而得之，有憤焉、有樂焉。「致五至而行三無，以橫於天下」〔一〕，其《春秋》之志乎！

【箋】

〔一〕《禮記・孔子閒居》：「孔子閒居，子夏侍。子夏曰：『敢問《詩》云「凱弟君子，民之父母」，何如斯可謂民之父母矣？』孔子曰：『夫民之父母乎？必達於禮樂之原，以致五至而行三無，以橫於天下。四方有敗，必先知之，此之謂民之父母矣。』子夏曰：『民之父母既得而聞之矣，敢問何謂五至？』孔子曰：『志之所至，《詩》亦至焉；《詩》之所至，禮亦至焉；禮之所至，樂亦至焉；樂之所至，哀亦至焉。哀樂相生，是故正明目而視之，不可得而見也；傾耳而聽之，不可得而聞也。志氣塞乎天地，此之謂五至。』子夏曰：『五至既得而聞之矣，敢問何謂三無？』孔子曰：『無聲之樂，無體之禮，無服之喪，此之謂三無。』」

《陳氏後傳》曰：「『稱人者，討賊之辭。』苟能討，雖微者予之；異邦人書，夷狄書，皆予之也。苟不能討，則雖四國之大夫伐宋，不書其人。苟不討而疑於討，則雖十二國之君伐齊，不書伐。」〔二〕

竊謂苟與乎故，則晉惠公之殺里克、丕鄭父〔二〕，衛獻公之殺甯喜〔三〕，皆稱國以殺而不去「其大夫」〔四〕。苟身爲大逆，則楚子虔之殺蔡侯般、殺齊慶封，書「誘」、書「執」，因其討賊，而文一施之〔五〕。苟不於其國，雖殺之如南宮長萬〔六〕、公子慶父〔七〕，不書殺，因不書葬〔八〕，不足予乎其討賊也。苟於其在位而殺之以自爲，如楚公子棄疾，則比不去「公子」，而棄疾以當上之辭言之〔九〕。苟成之爲君而又殺焉，則且以「弒」書，若齊人殺商人稱「弒其君」也〔一〇〕。苟釋首惡而殺其党，如公孫姓、公孫霍，則稱國以殺而不去「其大夫」〔一一〕。

惟純乎大義如衛人者，得討賊之正矣，「於濮」，非譏衛人之失賊也〔一二〕，予陳人之得賊也。雖於義不純，雍廩報其虐而不以爲出於私〔一三〕，楚子入陳而不以爲肆其詐〔一四〕，即以蔡人之欲立其出，寧正躍之爲篡，而不奪蔡人之能討也〔一五〕。嗚呼！若衛人，誠討賊之善者也，然而「立晉」，則且陷其君以篡焉〔一六〕。「立」之爲言，篡辭也。所謂「於其嫌得者，見不得也」〔一七〕。

雖不予討，若宋人亦庶乎其善者也。書「宋萬出奔陳」〔一八〕，罪陳人之受賊，不罪宋人之失賊。公子慶父亦然，書「奔莒」〔一九〕，罪莒人也。不書殺，因不書葬，疑若加以不討賊之辭，而宋桓、魯僖皆無篡辭焉〔二〇〕。此不可不察。亦惟二君不篡，亦惟二君尚能由己爲先君討賊，《春秋》不以宋、魯爲無臣子也。

予之而辭有詳略，州吁月〔二一〕，無知不月〔二二〕；州吁地，陳佗不地〔二三〕。蔡人不若陳人之公，齊人不若衛人之正。不予而辭有善惡，宋公、魯侯能繼先君，宋則以不書殺子游〔二四〕見其善；我則以褒高子盟〔二五〕，而著立僖公之美。皆善辭也。夫立僖公與立晉何異？實與者，齊桓存亡國之功〔二六〕；實不與者，大夫專廢置君之罪也〔二七〕。若其文，則皆不與矣，無王命焉爾。宋，先代之後，立而後請之，無傷也。

其與賊同志者，皆著其與賊同惡也，寧第不予哉！虔也，棄疾也，賊也，誅之而後已；夷吾〔二八〕也，公子元〔二九〕也，篡也，當廢；衎〔三〇〕也，再入亦盜國也，當廢；蔡之執政有失賊之罪，辰之奔不徒罪吴也，姓、霍之殺稱大夫，見蔡人不能正辰之罪而聽之出也〔三一〕。陳公子招，賊也〔三二〕，「歸罪於過而殺之」〔三三〕，而不以當上之辭言之，以衆殺大夫之辭言之者〔三四〕，招之罪已明，過之罪未明，稱人以殺之然後明〔三五〕，稱國以殺之猶不明也。如以當上之辭言之，則過疑于召伯、毛伯〔三六〕，無以知其爲招之徒矣。然不去「其大夫」者，不予「陳人」也，且見其爲招之殺之也。若公子比之罪已明矣，而公子棄疾以當上之辭言之〔三七〕，則不僅見其爲比之徒，且見其實爲謀主而虔之賊矣。非聖人，誰能脩之！

【箋】

〔一〕《春秋·隱公四年》：「九月衛人殺州吁于濮。」陳傅良後傳：「石碏非大夫，則何以得書？討賊，天下之大義也。苟能討，雖微者得書，異邦人得書，據『蔡人殺陳佗』；夷狄得書，據楚子殺陳夏徵舒書『人』。苟不能討，雖以四國之大夫伐宋，不書其大夫，事見文十七年。疑於討也而非討，則雖以十二國之君伐齊，不書伐矣，事在襄二十五年。討賊，天下之大義，《春秋》重以予人也。」

〔二〕晉里克、丕鄭父弒奚齊及卓，而助秦納晉惠公。惠公與聞乎弒，入國而殺里克、丕鄭父。《春秋·僖公十年》：「晉殺其大夫里克。」《春秋·僖公十一年》：「春，晉殺其大夫丕鄭父。」

〔三〕衛獻公謀復入，甘辭誘甯喜弒殤公剽，及入國而殺甯喜。《春秋·襄公二十七年》：「衛殺其大夫甯喜。」

〔四〕僖公十年殺里克、十一年殺丕鄭父、襄公二十七年殺甯喜，穀梁子均以「稱國以殺，罪累上也」發傳。

〔五〕魯昭公元年，公子圍（即位後改名虔）弒其君麇，即所謂「身爲大逆」。《春秋》昭公十一年：「夏四月丁巳，楚子虔誘蔡侯般，殺之于申。」昭公四年：「秋七月，楚子、蔡侯、陳侯、許男、頓子、胡子、沈子、淮夷伐吳。執齊慶封，殺之。」

〔六〕《春秋·莊公十二年》：「秋八月甲午，宋萬弒其君捷，及其大夫仇牧。十月，宋萬出奔陳。」左氏傳：「『宋人』請南宮萬于陳，以賂。陳人使婦人飲之酒，而以犀革裹之，比及宋，手足皆見。宋人皆醢之。」捷，即宋閔公。

〔七〕《公羊傳・僖公元年》：「公子慶父弑閔公，走而之莒，莒人逐之。將由乎齊，齊人不納。却反舍于汶水之上，使公子奚斯入請。季子曰：『公子不可以入，入則殺矣。』奚斯不忍反命于慶父，自南涘，北面而哭。慶父聞之曰：『嘻，此奚斯之聲也！諾，已！』曰：『吾不得入矣。』於是抗輈經而死。」

〔八〕宋閔公、魯閔公，《春秋》均未書葬。

〔九〕魯昭公元年，公子圍（即位後改名虔）弑其君麇，楚公子比出奔晉。昭公十三年，楚公子棄疾脅比而立之，夏四月，公子比自晉歸于楚，弑其君虔于乾谿。已而公子棄疾殺公子比而自立。即《春秋・昭公十三年》：「楚公子棄疾殺公子比。」公羊子傳：「比已立矣，其稱公子何？其意不當也。其意不當，則曷爲加弑焉爾？比之義宜乎效死不立。」穀梁子傳：「當上之辭也。當上之辭者，謂不稱人以殺，乃以君殺之也。討賊以當上之辭，殺非弑也。」范甯集解：「實有弑君之罪，則人人皆欲殺，宜稱人以殺之。今言『楚公子棄疾殺公子比』，明棄疾所殺，非弑君之人。」

〔一〇〕子叔姬妃齊昭公，生舍。叔姬無寵，舍無威。公子商人驟施於國，而多聚士，文公十四年夏五月，昭公卒，舍即位。秋七月乙卯夜，齊商人弑舍而自立。即《春秋・文公十八年》：「夏五月戊戌，齊人弑其君商人。」

〔一一〕《春秋・哀公四年》：「夏，蔡殺其大夫公孫姓、公孫霍。」左氏傳：「春，蔡昭侯將如吳，諸大夫恐其又遷也，承。公孫翩逐而射之，入於家人而卒。以兩矢門之，衆莫敢進。文之鍇後至，曰：『如墻而進，多而殺二人。』鍇執弓而先，翩射之，中肘。鍇遂殺之。故逐公孫辰，而殺公孫姓、公孫盱。」杜預集解：「盱，即霍也。」

〔一二〕《春秋・隱公四年》：「戊申，衛州吁弒其君完。」「九月，衛人殺州吁于濮。」穀梁子傳：「于濮者，譏失賊也。」

〔一三〕魯莊公八年，齊公孫無知弒齊襄公。翌年，無知因私憾遭雍廩所殺。但《春秋》不以此而不予討，依舊書以討賊之辭（稱人以殺）。即《春秋・莊公九年》：「春，齊人殺無知。」《左傳》莊公八年：「初，公孫無知虐于雍廩。」莊公九年「春，雍廩殺無知。」

〔一四〕魯宣公十年，陳夏徵舒弒其君平國。翌年楚莊王討其弒君之罪，而縣陳，後以申叔之諫，復封陳，蓋初志在得陳之土田也。《春秋》不以莊王之詐而不予討，依舊以討賊之辭書之。即《春秋・宣公十一年》：「冬十月，楚人殺陳夏徵舒。」左氏傳：「冬，楚子爲陳夏氏亂故，伐陳。謂陳人無動，將討於少西氏。遂入陳，殺夏徵舒，轘諸栗門，因縣陳。陳侯在晉。申叔時使於齊反，復命而退……，乃復封陳。」

〔一五〕魯桓公五年，陳桓公鮑卒，陳佗殺太子免而自立。蔡人欲立蔡女所生之陳厲公躍，而殺陳佗。《春秋》書以討賊之辭（稱人以殺），不因蔡之私心不予其討。即《春秋・桓公六年》：「蔡人殺陳佗。」公羊子傳：「陳佗者何，陳君也。」另《左傳・莊公二十二年》：「陳厲公，蔡出也。故蔡人殺五父而立之。」杜預集解：「五父，陳佗也。」《左傳・襄公二十五年》：「〔鄭子産曰〕桓公之亂，蔡人欲立其出，我先君莊公奉五父而立之，蔡人殺之。我又與蔡人奉戴厲公，至於莊、宣，皆我之自立。」

〔一六〕《春秋・隱公四年》：「冬十有二月，衛人立晉。」公羊子傳：「晉者何？公子晉也。立者何？立者不宜立也。其稱人何？衆立之之辭也。然則孰立之？石碏立之。石碏立之，則其稱人何？衆之所欲立也。衆雖欲立之，其立之非也。」何休解詁：「立、納、入皆爲篡。」

〔一七〕《春秋繁露・楚莊王》。嫌，疑似。得，得當，得理。

〔一八〕《春秋・莊公十二年》：「秋八月甲午，宋萬弑其君捷，及其大夫仇牧。十月，宋萬出奔陳。」

〔一九〕《春秋・閔公二年》。魯莊公死，慶父弑世子子般，立閔公，後又弑閔公自立，國人不附，奔莒。

〔二〇〕《春秋》不書殺宋萬、慶父，因而不書宋閔公、魯閔公之葬，類乎不討賊之辭，以諱乎弑，從而使繼位的宋桓公、魯僖公免於篡辭。《公羊傳・隱公十一年》：「何以不書葬？隱之也。何隱爾？弑也。弑則何以不書葬？《春秋》君弑賊不討，不書葬，以爲無臣子也。」

〔二一〕《春秋・隱公四年》：「九月，衛人殺州吁于濮。」左氏傳：「陳人執之（州吁），而請涖于衛。九月，衛人使右宰醜，涖殺州吁于濮。」

〔二二〕《春秋・莊公九年》：「春，齊人殺無知。」

〔二三〕《春秋・桓公六年》：「秋八月壬午，大閲。蔡人殺陳佗。」

〔二四〕《春秋·莊公十二年》:「秋八月甲午,宋萬弑其君捷,及其大夫仇牧。十月,宋萬出奔陳。」左氏傳:「秋,宋萬弑閔公于蒙澤,遇仇牧于門,批而殺之,遇大宰督于東宫之西,又殺之,立子游。……冬十月,蕭叔大心及戴、武、宣、穆、莊之族,以曹師伐之,殺南宫牛于師,殺子游于宋,立桓公。」

〔二五〕《春秋·閔公二年》:「冬,齊高子來盟。」公羊子傳:「高子者何?齊大夫也。何以不稱使?我無君也。然則何以不名?喜之也。何喜爾?正我也。其正我奈何?莊公死,子般弑,閔公弑,比三君死,曠年無君,設以齊取魯,曾不興師,徒以言而已矣。桓公使高子將南陽之甲,立僖公而城魯,或曰自鹿門至于争門者是也,或曰自争門至于吏門者是也。魯人至今以爲美談,曰『猶望高子也』。」

〔二六〕語出《公羊傳·僖公元年》:「曷爲爲桓公諱?上無天子,下無方伯,天下諸侯有相滅亡者,桓公不能救則桓公耻之。曷爲先言次而後言救?君也。君則其稱師何?不與諸侯專封也。曷爲不與?實與而文不與。文曷爲不與?諸侯之義,不得專封也。諸侯之義,不得專封,則其曰實與之何?上無天子,下無方伯,天下諸侯有相滅亡者,力能救之,則救之可也。」

〔二七〕語出《公羊傳·文公十四年》:「此晉郤缺也,其稱人何?貶。曷爲貶?不與大夫專廢置君也。曷爲不與?實與而文不與。文曷爲不與?大夫之義,不得專廢置君也。」

〔二八〕夷吾,即晉惠公,晉獻公子。晉獻公寵妾驪姬謀殺太子申生,夷吾出奔梁。獻公卒,里克弑奚齊、卓子，迎重耳，重耳不歸。夷吾在秦國支持下入晉，立爲君。魯僖公十年至魯僖公二十四年在位。

〔二九〕公子元，即齊惠公，齊懿公弟，魯宣公元年至魯宣公十年在位。魯文公十八年，邴歜、閻職弑懿公，齊人立公子元。

〔三〇〕衎，即衛獻公。魯成公十五年立，魯襄公十四年被執政大臣孫林父、甯殖所逐，出奔齊國，其族弟公孫剽立，是爲殤公。襄公二十六年，甯喜弑剽以納獻公復位。魯成公十五年至魯襄公十四年及襄公二十七年至襄公二十九年在位。

〔三一〕《春秋·哀公四年》：「春，王二月庚戌，盜殺蔡侯申。蔡公孫辰出奔吴。……夏，蔡殺其大夫公孫姓、公孫霍。」左氏傳：「四年春，蔡昭侯將如吴，諸大夫恐其又遷也，承。公孫翩逐而射之，入於家人而卒。以兩矢門之，衆莫敢進。文之鍇後至，曰：『如墻而進，多而殺二人。』鍇執弓而先，翩射之，中肘。鍇遂殺之。故逐公孫辰，而殺公孫姓、公孫盱。」

〔三二〕《春秋·昭公八年》：「春，陳侯之弟招殺陳世子偃師。夏四月辛丑，陳侯溺卒。叔弓如晉。楚人執陳行人干徵師殺之。陳公子留出奔鄭。」左氏傳：「陳哀公元妃鄭姬生悼大子偃師，二妃生公子留，下妃生公子勝。二妃嬖，留有寵，屬諸司徒招與公子過。哀公有廢疾。三月甲申，公子招、公子過殺悼大子偃師而立公子留。夏四月辛亥，哀公縊。干徵師赴于楚，且告有立君。公子勝愬之于楚，楚人執而殺之。公子留奔鄭。書曰『陳侯之弟招殺陳世子偃師』，罪在招也；『楚人執陳行人干徵師殺之』，罪不在行人也。」

〔三三〕《春秋・昭公八年》：「陳人殺其大夫公子過。」左氏傳：「陳公子招歸罪於公子過而殺之。九月，楚公子棄疾帥師奉孫吳圍陳，宋戴惡會之。冬十一月壬午，滅陳。」

〔三四〕當上之辭，指書作「某某（人名）殺某」。衆殺大夫之辭，指稱人以殺。

〔三五〕《穀梁傳・隱公四年》：「稱人以殺，殺有罪也。」

〔三六〕《春秋・宣公十五年》：「王札子殺召伯、毛伯。」穀梁子傳：「王札子者，當上之辭也。殺召伯、毛伯，不言其，何也？兩下相殺也。」鍾文烝補注：「當上之辭者，謂不稱『王人』以殺，是以王命殺也。」左氏傳：「王孫蘇與召氏、毛氏爭政，使王子捷殺召戴公及毛伯衛，卒立召襄。」杜預集解：「王子捷即王札子。」「襄，召戴公之子。」

〔三七〕《春秋・昭公十三年》：「楚公子棄疾殺公子比。」穀梁子傳：「當上之辭也。當上之辭者，謂不稱人以殺，乃以君殺之也。討賊以當上之辭，殺非弒也。」

國不可以無受，貴受命也。無受則篡。公羊子之義，納、入、立，皆篡也，何休氏傳之矣〔一〕。允哉！允哉！君位，奸之伺也，是故《春秋》於生死授受之際，盡其防焉。衞人立晉，首正之矣。夫討賊莫善乎衞人，然而晉之爲篡也，有三義焉：桓公有子不當廢也〔二〕，且不請于天子，而人自立之也。此義著，《春秋》之諸侯，其能解免於篡者，希矣！然而安寧無事，亦略之而已，所謂不勝譏，則譏其重者〔三〕。

莫不善於不討賊而有其國，則篡之重者也。與聞乎故，而即乎其位，則弑君之賊而已矣〔四〕。殺其君之子而即之，亦弑也。先君以道終，已不宜立而立乎其位，雖無納、入、立之文，皆篡也。先君以道終，已在外而入其國、即其位，不宜立，固篡也，宜立而不請于天子，亦篡也。有輕重焉爾。雖「大其弗克納」，而納者之不義必著焉〔五〕。

不討賊而有其國，若晉侯黑臀是也，無納、入、立之文，則不書葬以見之〔六〕，雖逆之于周，宜若有天子之命，然無辭以言其非篡，不討賊故也。討賊之義大矣！不討賊之罪重矣！齊侯元不討商人之賊〔七〕，鄭伯堅不討夷之賊〔八〕，晉侯周不討州蒲之賊〔九〕，鄭伯嘉不討髡頑之賊〔一〇〕，齊侯杵臼不討光之賊〔一一〕，皆視此矣。

與聞乎故而即于其位，宋公鮑是也。杵臼之賊非他人，實鮑也〔一二〕。

殺其君之子而即之，齊侯潘是也〔一三〕。文不見乎《春秋》，則不書葬以見之〔一四〕。子叔姬爲昭公夫人〔一五〕，魯不會其葬哉？知聖人削之也。

先君以道終，已不宜立而即乎其位，雖無納、入、立之文，篡也。曹伯負芻是也〔一六〕。書「執」以見其篡〔一七〕，書「歸自京師」以見子臧宜立而能讓國，則以曹伯爲宜歸也〔一八〕。歸莫善於「歸自京師」矣。

先君以道終，已不當立而入其國、即其位，雖無納、入、立之文，亦篡也。晉侯重耳是也〔一九〕。不書「入」，爲文公諱本惡也〔二〇〕。宜立而不請于天子，齊侯昭是也〔二一〕。不書「納」，不書「入」，見其宜立也。以宋主戰而書「救齊」，見宋襄公之陷人於篡也〔二二〕。納而弗克納者，捷菑是也，著晉人之非義，而後大其能改之〔二三〕。然而不書晉趙盾，不可書也，諸侯不可以專廢置諸侯，大夫其可以專廢置諸侯乎？大夫而專廢置諸侯，而又可以大其弗克納乎？故避之也。

先君不以道終，國無君，已不宜立而入其國、即其位，則書「入」，齊小白是也〔二四〕。宜立而不請于天子，則書「納」，公伐齊納糾是也。於其殺之則稱子，見糾之宜立也〔二五〕。然其爲篡則均焉，以爲是兄弟争國而已矣。

能爲先君討賊，已不宜立而即之，陳侯躍是也〔二六〕。篡也，則不書葬以見之〔二七〕。《春秋》不以躍利在得國，而奪蔡人討賊之義〔二八〕；亦不以蔡人既克討賊，而原陳侯躍之爲篡。道如日月，並行而不相悖〔二九〕。

不能爲先君討賊，已雖宜立，而入其國、即其位，而逸其賊，則志乎得國而已。莒去疾是也〔三〇〕。書「入」、書「自」，以莒去疾爲無恩於先君，徒兄弟争國而已，篡也。「自齊」，齊有罪焉爾，以爲曾不若蔡人之殺陳佗也。然而去疾不書奔〔三一〕，不與聞乎故也，非弑也，篡也。

逐君之子而立爲君，「突歸於鄭」是也〔三二〕。不書「入」，於其出奔也則名之，見其爲篡也〔三三〕。何以不書「入」？「挈乎祭仲〔三四〕也」，罪祭仲也〔三五〕。何以不書立？非仲所欲立也，罪宋人也。何以不書納？突不求立，仲不聽宋，宋人烏能納之哉！書曰「宋人執鄭祭仲，突歸於鄭」，見三罪之均也。鄭忽不稱爵，見其爲子也。而不稱子，「《春秋》伯、子、男一也」。忽以出奔而後絶，非既絶而後奔也，故曰「辭無所貶」〔三六〕。非無所貶也，左氏曰「公侯曰子」〔三七〕，且將言「世子」〔三八〕，則不可得先言子。曷先不言世子？君在稱世子，既葬則稱子〔三九〕。曷終言世子？言忽爲君之微也，宜爲君而自喪之。

逐一君立一君，成乎爲君者，蔡侯東國是也〔四〇〕。篡也，不書葬以見之〔四一〕。

一君出一君立，未成乎爲君，然而宜立，且有天子之命焉，讓而不即乎其位，衛叔武是也〔四二〕。書曰「衛子」〔四三〕，以天子之命立之也。其不曰侯而曰子，成其爲讓而賢之也；不書其殺，爲賢者諱也。

先君以道終，已在外，國有君，以己之宜立，因賊臣而入其國、即其位、弑其君，齊陽生是也〔四四〕。書「入」不書弑，見其宜立，而不以不宜立者君之也。然而以篡言者，違父命也；然而不書陽生弑者，斷其罪于陳乞也。陳乞亂齊：景公以乞能立其所愛，而不知乞能殺其所愛，是故以荼爲乞之君也；陽生以乞爲能授我以國，而不知其實盜我之國，已實未嘗有國也。陽生烏能簒，乞使之簒也，其又可以乞之弑爲陽生之弑乎哉！彼志乎記事者，且曰陳乞不弑也，陽生實殺安孺子〔四五〕。

先君以道終，己在外，國宜有君，因國人逆〔四六〕己而求入焉，卒亦不克納，則雖不宜立，而罪不在公子也，逆之者罪也，納之者罪也。不受者無罪，斷逆者之罪於先蔑，而不罪趙盾〔四七〕。始雖主乎逆之，後實主乎不受之，盾以反正自名焉。然而盾之爲臣，康公之爲君，謀國不臧，輕用民死，以晉人爲主乎是戰，敗秦而不言秦之敗〔四八〕，見趙盾之殃晉民而已，而專廢置君之罪見矣；晉實以詐覆秦師，而不言「取」，見秦康公之殃其民而已，而納不宜納之罪亦見矣。于公子雍無誅焉，故不見秦之納也；於先蔑有誅焉，故見蔑之奔也。晉人且不義先蔑，而況君子之于趙盾乎！

【箋】

〔一〕《春秋·隱公四年》：「冬十有二月，衛人立晉。」公羊子傳：「晉者何？公子晉也。立者何？立者不宜立也。其稱人何？衆立之之辭也。然則孰立之？石碏立之。石碏立之則其稱人何？衆之所欲立也。衆雖欲立之，其立之非也。」何休解詁：「立、納、入皆爲簒。」

〔二〕衛桓公，名完，衛莊公子，爲庶弟州吁所弑。衛人討州吁，迎桓公弟晉於邢而立之，是爲宣公。

〔三〕《公羊傳·莊公四年》：「前此者有事矣，後此者有事矣，則曷爲獨於此焉譏？於讎者，將壹譏而已，故擇其重者而譏焉，莫重乎其與讎狩也。於讎者則曷爲將壹譏而已？讎者無時，焉可與通，通則爲大譏，不可勝譏，故將壹譏而已，其餘從同同。」

〔四〕如《春秋・宣公元年》：「春王正月，公即位。」穀梁子傳：「繼故而言即位，與聞乎故也。」

〔五〕《春秋・文公十四年》：「晉人納接菑于邾，弗克納。」公羊子傳：「納者何？入辭也。其言弗克納何？大其弗克納也。何大乎其弗克納？晉郤缺帥師，革車八百乘，以納接菑于邾婁，力沛若有餘而納之。邾婁人言曰：『接菑，晉出也；貜且，齊出也。子以其指，則接菑也四，貜且也六。子以大國壓之，則未知齊、晉孰有之也。貴則皆貴矣，雖然，貜且也長。』郤缺曰：『非吾力不能納也，義實不爾克也。』引師而去之。故君子大其弗克納也。」左氏以爲帥師者爲趙盾：「晉趙盾以諸侯之師八百乘，納捷菑于邾。邾人辭曰：『齊出貜且長。』宣子曰：『辭順而弗從，不祥。』乃還。」

〔六〕黑臀，即晉成公，《春秋》未書其葬。《春秋・宣公二年》：「秋九月乙丑，晉趙盾弒其君夷臯。」左氏傳：「乙丑，趙穿攻靈公於桃園。宣子未出山而復。大史書曰『趙盾弒其君』，以示於朝。……宣子使趙穿逆公子黑臀于周，而立之。」

〔七〕《春秋・文公十八年》：「夏五月戊戌，齊人弒其君商人。」左氏傳：「[邴歜、閻職]乃謀弒懿公，納諸竹中。歸舍爵而行，齊人立公子元。」

〔八〕《春秋・宣公四年》：「夏六月乙酉，鄭公子歸生弒其君夷。」左氏傳：「楚人獻黿於鄭靈公，公子宋與子家（即公子歸生）將見。子公（即公子宋）之食指動，以示子家，曰：『他日我如此，必嘗異味。』及入，宰夫將解黿，相視而笑。公問之，子家以告。及食大夫黿，召子公而弗與也。子公怒，染指於鼎，嘗之而出。公怒，欲殺子公。子公與子家謀先，子家曰：『畜老猶憚殺之，而況君乎！』反譖子家，子家懼而從之，夏，弑靈公。書曰『鄭公子歸生弑其君夷』，權不足也。君子曰：『仁而不武，無能達也。』凡弑君稱君，君無道也；稱臣，臣之罪也。鄭人立子良，辭曰：『以賢則去疾不足，以順則公子堅長。』乃立襄公。」鄭襄公，名堅。

〔九〕《春秋·成公十八年》：「庚申，晉弑其君州蒲。」左氏傳：「春王正月庚申，晉欒書、中行偃使程滑弑厲公，葬之于翼東門之外，以車一乘。使荀罃、士魴逆周子于京師而立之，生十四年矣。」晉悼公，名周。

〔一〇〕《春秋·襄公七年》：「十有二月，公會晉侯、宋公、陳侯、衛侯、曹伯、莒子、邾子于鄬。鄭伯髡頑如會，未見諸侯。丙戌，卒于鄵。」左氏傳：「鄭僖公之爲大子也，於成之十六年與子罕適晉，不禮焉。又與子豐適楚，亦不禮焉。及其元年朝于晉，子豐欲愬諸晉而廢之，子罕止之。及將會于鄬，子駟相，又不禮焉。侍者諫，不聽；又諫，殺之。及鄵，子駟使賊夜弑僖公，而以瘧疾赴于諸侯。簡公生五年，奉而立之。」鄭簡公，名嘉。

〔一一〕《春秋·襄公二十五年》：「夏五月乙亥，齊崔杼弑其君光。」崔杼弑齊莊公，而立景公杵臼。

〔一二〕《春秋·文公十六年》：「冬十有一月，宋人弑其君杵臼」。按：宋襄夫人，襄王之姊也，昭公杵曰不禮焉。魯文公八年，夫人因戴氏之族，殺昭公之大夫。宋公子鮑美而艷，襄夫人欲通之而不可，乃助之施，國人奉公子鮑以因夫人。文公十六年，襄夫人殺昭公，文公（即鮑）即位。」

〔一三〕齊昭公，名潘，齊孝公昭之弟。《左傳》未記其奪位事。《史記・齊太公世家》稱：「孝公卒，孝公弟潘因衛公子開方殺孝公子，而立潘，是爲昭公。昭公，桓公子也。」

〔一四〕齊昭公，魯僖公二十八年至魯文公十四年在位，《春秋》書其卒，未記其葬。

〔一五〕《春秋・文公十四年》：「齊人執子叔姬。」左氏傳：「子叔姬妃齊昭公，生舍。叔姬無寵，舍無威。」

〔一六〕《春秋・成公十三年》：「夏五月，公自京師，遂會晉侯、齊侯、宋公、衛侯、鄭伯、曹伯、邾人、滕人伐秦。曹伯盧卒于師。……冬，葬曹宣公。」左氏傳：「曹人使公子負芻守，使公子欣時逆曹伯之喪。秋，負芻殺其大子而自立也。諸侯乃請討之，晉人以其役之勞，請俟他年。冬，葬曹宣公。既葬，子臧將亡，國人皆將從之，成公乃懼，告罪，且請焉。乃反而致其邑。」

〔一七〕《春秋・成公十五年》：「癸丑，公會晉侯、衛侯、鄭伯、曹伯、宋世子成、齊國佐、邾人同盟于戚。晉侯執曹伯，歸于京師。」

〔一八〕《春秋・成公十六年》：「曹伯歸自京師。」公羊子傳：「執而歸者名，曹伯何以不名？而不言復歸于曹何？易也。其易奈何？公子喜時在内也。公子喜時在内則何以易？公子喜時者仁人也，内平其國而待之，外治諸京師而免之。其言自京師何？言甚易也，舍是無難矣。」

〔一九〕魯僖公二十四年，重耳結束在外十九年的流亡生涯，入國即位，《春秋》未書。

〔二〇〕《公羊傳·僖公十年》：「晉之不言出入者，踊爲文公諱也。齊小白入于齊，則曷爲不爲桓公諱？桓公之享國也長，美見乎天下，故不爲之諱本惡也。文公之享國也短，美未見乎天下，故爲之諱本惡也。」

〔二一〕齊孝公，名昭。齊桓公鄭姬之子。齊桓公立其爲太子，託付于宋襄公。後又答應立大衛姬之子武孟爲嗣。桓公死，五公子争立，公子昭奔宋。宋襄公擊潰四公子，納公子昭。魯僖公十八年至二十七年在位。《春秋》未書其入與納。

〔二二〕《春秋·僖公十八年》：「春王正月，宋公、曹伯、衛人、邾人伐齊。夏，師救齊。五月戊寅，宋師及齊師戰于甗。齊師敗績。狄救齊。」

〔二三〕《春秋·文公十四年》：「晉人納捷菑于邾，弗克納。」左氏傳：「晉趙盾以諸侯之師八百乘，納捷菑于邾。邾人辭曰：『齊出貜且長。』宣子曰：『辭順而弗從，不祥。』乃還。」

〔二四〕《春秋·莊公九年》：「夏，公伐齊，納子糾。齊小白入于齊。」

〔二五〕《春秋·莊公九年》：「九月，齊人取子糾殺之。」

〔二六〕魯桓公五年，陳桓公鮑卒，陳佗殺太子免而自立。蔡人殺陳佗，而立蔡女所生之陳厲公躍。

〔二七〕《春秋·桓公十二年》：「八月壬辰，陳侯躍卒。」《春秋》未記其葬。

〔二八〕《春秋·桓公六年》：「蔡人殺陳佗。」公羊子傳：「陳佗者何？陳君也。」按：稱人以殺，討賊之辭也。

〔二九〕語出《禮記·中庸》：「萬物並育而不相害，道並行而不相悖。」

〔三〇〕《春秋·昭公元年》：「秋，莒去疾自齊入于莒。」左氏傳：「[展輿弒其君密州]，莒展輿立，而奪群公子秩。公子召去疾于齊。秋，齊公子鉏納去疾，展輿奔吴。」

〔三一〕《春秋·襄公三十一年》：「十有一月，莒人弒其君密州。」左氏傳：「莒犁比公生去疾及展輿，既立展輿，又廢之。犁比公虐，國人患之。十一月，展輿因國人以攻莒子，弒之，乃立。去疾奔齊，齊出也。」

〔三二〕《春秋·桓公十一年》：「九月，宋人執鄭祭仲。突歸于鄭。鄭忽出奔衛。」左氏傳：「夏，鄭莊公卒。初，祭封人仲足有寵於莊公，莊公使爲卿，爲公娶鄧曼，生昭公，故祭仲立之。宋雍氏女於鄭莊公，曰雍姞，生厲公。雍氏宗，有寵於宋莊公，故誘祭仲而執之，曰：『不立突，將死。』亦執厲公而求賂焉。祭仲與宋人盟，以厲公歸而立之。秋九月丁亥，昭公奔衛。己亥，厲公立。」

〔三三〕《春秋·桓公十五年》：「五月，鄭伯突出奔蔡。」公羊子傳：「突何以名？奪正也。」

〔三四〕祭仲，原文誤作「蔡仲」，據《公羊傳》原文改，下同。

〔三五〕《春秋·桓公十一年》：「九月，宋人執鄭祭仲。突歸于鄭。鄭忽出奔衛。」公羊子傳：「突何以名？挈乎祭仲也。其言歸何？順祭仲也。」何休解詁：「挈猶提挈也。突當國，本當言鄭突，欲明祭仲從宋人命，提挈而納之，故上繫於祭仲。」穀梁子傳：「曰歸，易辭也。祭仲易其事，權在祭仲也。」即，「入」爲「難」辭（《公羊傳・隱公八年》：「其言入何？難也。」），鄭突有祭仲做內應，故不曰「入」。

〔三六〕《春秋・桓公十一年》：「夏五月癸未，鄭伯寤生卒。秋七月，葬鄭莊公。九月，宋人執鄭祭仲。突歸于鄭。鄭忽出奔衛。」公羊子傳：「忽何以名？《春秋》伯、子、男，一也。辭無所貶。」孔廣森通義：「本所以公侯在喪稱子者，緣孝子之心不忍當君位，示自貶損，從小國辭也。鄭，伯爵，乃與子、男爲一等，若亦改稱子，未見貶損之義，且令滕、莒、邾婁等國亦在喪稱子，反嫌是爵，故更降之，同於附庸君稱名，此爲伯、子、男未逾年之達號。」

〔三七〕《左傳・僖公九年》：「凡在喪，王曰小童，公侯曰子。」

〔三八〕《春秋・桓公十五年》：「五月，鄭伯突出奔蔡。鄭世子忽復歸于鄭。」

〔三九〕《春秋・莊公三十二年》：「君存稱世子，君薨稱子某。既葬稱子，踰年稱公。」

〔四〇〕《春秋・昭公二十一年》：「春王三月，葬蔡平公。」「冬，蔡侯朱出奔楚。」左氏傳：「費無極取貨於東國，而謂蔡人曰：『朱不用命於楚，君王將立東國，若不先從王欲，楚必圍蔡。』蔡人懼，出朱而立東國。」

〔四一〕《春秋・昭公二十三年》：「夏六月，蔡侯東國卒于楚。」《春秋》未記其葬。

〔四二〕《春秋・僖公二十八年》：「晉人執衛侯歸之于京師。衛元咺自晉復歸于衛。」公羊子傳：「衛侯之罪何？殺叔武也。何以不書？爲叔武諱也。《春秋》爲賢者諱，何賢乎叔武？讓國也。其讓國奈何？文公逐衛侯而立叔武，叔武辭立而他人立，則恐衛侯之不得反也。故於是己立，然後爲踐土之會，治反衛侯。衛侯得反，曰『叔武簒我』，元咺争之曰『叔武無罪』，終殺叔武，元咺走而出。」

〔四三〕《春秋・僖公二十八年》：「五月癸丑，公會晉侯、齊侯、宋公、蔡侯、鄭伯、衛子、莒子盟于踐土。」

〔四四〕《春秋・哀公六年》：「齊陽生入于齊，齊陳乞弒其君荼。」荼，公羊作「舍」。公羊子傳：「弒而立者，不以當國之辭言之，此其以當國之辭言之何？爲諼也。此其爲諼奈何？景公謂陳乞曰：『吾欲立舍，何如？』陳乞曰：『所樂乎爲君者，欲立之則立之，不欲立則不立。君如欲立之，則臣請立之。』陽生謂陳乞曰：『吾聞子蓋將不欲立我也。』陳乞曰：『夫千乘之主，將廢正而立不正，必殺正者。吾不立子者，所以生子者也，走矣。』與之玉節而走之。景公死而舍立，陳乞使人迎陽生于諸其家。除景公之喪，諸大夫皆在朝，陳乞曰：『常之母有魚菽之祭，願諸大夫之化我也。』諸大夫皆曰：『諾。』於是皆之陳乞之家，坐，陳乞曰：『吾有所爲甲，請以示焉。』諸大夫皆曰：『諾。』於是使力士舉巨囊而至于中霤，諸大夫見之，皆色然而駭，開之則闖然公子陽生也。陳乞曰：『此君也已！』諸大夫不得已，皆逡巡北面，再拜稽首而君之爾。自是往弒舍。」

〔四五〕安孺子，即荼。左氏傳：「公（即陽生）使朱毛告於陳子曰：『微子則不及此。然君異於器，不可以二。器二不匱，君二多難，敢布諸大夫。』僖子（即陳乞）不對而泣曰：『君舉不信群臣乎？以齊國之困，困又有憂，少君不可以訪，是以求長君，庶亦能容群臣乎！不然，夫孺子何罪？』

毛復命，公悔之。毛曰：『君大訪於陳子，而圖其小可也。』使毛遷孺子於駘，不至，殺諸野幕之下，葬諸殳冒淳。」

〔四六〕逆，原文誤作「送」，據文意是正。

〔四七〕《左傳》文公六年：「八月乙亥，晉襄公卒。靈公少，晉人以難故，欲立長君。趙孟曰：『立公子雍。好善而長，先君愛之，且近於秦。秦，舊好也。置善則固，事長則順，立愛則孝，結舊則安。爲難故，故欲立長君，有此四德者，難必抒矣。』……使先蔑、士會如秦，逆公子雍。」文公七年：「秦康公送公子雍于晉，曰：『文公之入也，無衛，故有呂、郤之難。』乃多與之徒衛。穆嬴日抱太子以啼于朝，曰：『先君何罪？其嗣亦何罪？舍適嗣不立，而外求君，將焉寘此？』出朝，則抱以適趙氏，頓首於宣子曰：『先君奉此子也而屬諸子，曰「此子也才，吾受子之賜；不才，吾唯子之怨。」今君雖終，言猶在耳，而棄之，若何？』宣子與諸大夫皆患穆嬴，且畏偪，乃背先蔑而立靈公，以禦秦師。」

〔四八〕《春秋·文公七年》：「戊子，晉人及秦人戰于令狐。晉先蔑奔秦。」左氏傳：「箕鄭居守。趙盾將中軍，先克佐之。荀林父佐上軍。先蔑將下軍，先都佐之。步招御戎，戎津爲右。及堇陰，宣子曰：『我若受秦，秦則賓也。不受，寇也。既不受矣，而復緩師，秦將生心。先人有奪人之心，軍之善謀也。逐寇如追逃，軍之善政也。』訓卒利兵，秣馬蓐食，潛師夜起。戊子，敗秦師于令狐，至于刳首。己丑，先蔑奔秦，士會從之。」